ALAIN FELKEL

AUFSTAND

DIE DEUTSCHEN
ALS REBELLISCHES
VOLK

LÜBBE

Gustav Lübbe Verlag in der Verlagsgruppe Lübbe

Originalausgabe

Copyright © 2009 by Verlagsgruppe Lübbe
GmbH & Co. KG, Bergisch Gladbach

Textredaktion: Matthias Michel, Wiesbaden
Karten: Reinhard Borner, Wipperfürth
Umschlaggestaltung: HildenDesign, München
Umschlagmotiv: © ann triling/shutterstock
Satz: Kremerdruck GmbH, Lindlar
Gesetzt aus der Weiß-Antiqua
Druck und Einband: Friedrich Pustet, Regensburg

Printed in Germany
ISBN 978-3-7857-2387-6

5 4 3 2 1

Sie finden uns im Internet unter: www.luebbe.de
Bitte beachten Sie auch: www.lesejury.de

Meinen Eltern und Susann

INHALT

VORWORT

Welches Land kann sich seine Freiheit erhalten, wenn die Herr-
scher nicht von Zeit zu Zeit gewarnt werden, dass ihr Volk sich den
Widerstandsgeist bewahrt hat?
Thomas Jefferson, US-amerikanischer Präsident 1801–1809

Zwei Jahrtausende sind vergangen, seit es auf deutschem –
damals noch germanischem – Boden zum ersten, schriftlich
überlieferten Befreiungskampf gekommen ist und der Rebell
Arminius große Teile Germaniens von den Römern befreite.
Zwanzig Jahre sind vergangen, seit im Osten Deutschlands
eine spontane Protestbewegung Tausender in eine sanfte Revolution mündete, die dank sowjetischer Duldung das marode
SED-Regime stürzte und so nicht nur Reformen, sondern sogar
die deutsche Wiedervereinigung überhaupt erst ermöglichte.

Zweitausend Jahre bewegter Geschichte liegen zwischen
diesen beiden Daten, die als Schlüsselereignisse äußerst bedeutend für die deutsche Nationalidentität und Nationenbildung
geworden sind. Eins vor allem kennzeichnet diese epochalen
Wendemarken deutscher Geschichte: dass sie siegreiche Aufstände waren – der eine ein klassischer Befreiungskampf, der
andere eine Revolution.

Beide Aufstände beseitigten unerträgliche Rechts- und
Gesellschaftszustände und brachten das zurück, wonach die
Menschheit nach Ansicht des französischen Philosophen Albert Camus seit Anbeginn ihrer Schöpfung strebt: Freiheit,
eine gerechtere Gesellschaftsordnung und nationale sowie in-
dividuelle Selbstbestimmung. Im Kampf gegen die römischen
Unterdrücker und in der Ablehnung des SED-Überwachungs-
staats fanden sowohl die Krieger des Arminius wie auch die

Demonstranten des Jahres 1989 zu einer neuen gesellschaftlichen Identität, die man mit den berühmten Worten Camus' treffend beschreiben kann: »Ich empöre mich, also sind wir.« Einmal begonnen, kannten diese Erhebungen kein Zurück und entwickelten eine seltsame, nicht aufzuhaltende Eigendynamik. Um diese überhaupt entwickeln zu können, mussten sie zunächst in Gang gebracht werden – eine der Hauptschwierigkeiten bei Aufständen. In eindrucksvoller Weise verdichtet Friedrich Schiller in seinem *Wilhelm Tell* den Schlüsselmoment einer jeden Erhebung, den Punkt ohne Umkehrmöglichkeit, der jedem Aufstand, jeder Revolte und jeder Revolution eigen ist.

Wenn der Gedrückte nirgends Recht kann finden,
Wenn unerträglich wird die Last – greift er
Hinauf getrosten Mutes in den Himmel
Und holt herunter seine ewgen Rechte,
Die droben hangen unveräußerlich
Und unzerbrechlich wie die Sterne selbst –
Der alte Urstand der Natur kehrt wieder,
Wo Mensch dem Menschen gegenübersteht –
Zum letzten Mittel, wenn kein andres mehr
Verfangen will, ist ihm das Schwert gegeben –
Der Güter höchstes dürfen wir verteidgen
Gegen Gewalt – Wir stehn vor unser Land,
Wir stehn vor unsre Weiber, unsre Kinder! [1]

Mit dem Verweis auf die Verzweiflung durch Unterdrückung, mit dem Hinweis auf das ewige Recht spielt Schiller auf einen alten menschlichen Traum an: auf den einer idyllischen und gerechten Urgesellschaft, die keine Hierarchien, sondern nur eine freiheitliche Anarchie gleichberechtigter Individuen kennt. Dies ist stets das Programm einer Rebellion: die Wie-

---

[1] Friedrich Schiller, *Wilhelm Tell*, 2. Akt, 2. Szene.

derherstellung eines alten Rechtszustands, der von der Masse der Bevölkerung im Vergleich zu den gegenwärtigen Verhältnissen als gesellschaftliches Ideal empfunden wird.

Was aber ist der Unterschied zwischen Aufstand, Rebellion und Revolution? Zunächst einmal gilt festzuhalten, dass ein Aufstand meist eine bewaffnete Erhebung einer größeren gesellschaftlichen Gruppe gegen die herrschende Macht ist. Protestaktionen, die sich in Krawallen und Tumulten erschöpfen, werden meist Aufruhr oder Unruhen genannt.

Zu den schwersten Formen des Aufstands gehören der Volksaufstand, die nationale Erhebung oder der Befreiungskampf gegen eine fremde Besatzungsmacht, die Rebellion oder die Revolution. Volksaufstände – im romanischen und englischen Sprachraum auch »Revolten« genannt – entstehen meist spontan, wie Leo Trotzki, einer der brillantesten revolutionären Taktiker, beschreibt:

Als elementaren Aufstand bezeichnen Historiker und Politiker gewöhnlich eine solche Massenbewegung, die, geeint durch Feindschaft gegen das alte Regime, weder klare Ziele, noch ausgearbeitete Kampfmethoden, noch eine bewusst zum Siege führende Leitung besitzt.

Im Gegensatz zum Volksaufstand können Befreiungskämpfe, Rebellionen und Revolutionen durchaus zentral geleitet sein. Da in diesem Buch neben Volksaufständen vor allem von Rebellionen und Revolutionen die Rede sein wird, lohnt es sich, an dieser Stelle genauer auf ihre Begrifflichkeit einzugehen.

Die Bezeichnung eines Aufstands als »Rebellion« bedeutete im 18. Jahrhundert noch wortwörtlich nichts anderes als »Wiederaufnahme des Krieges«, und zwar meist durch die zuvor unterlegene Partei. Später wurde der Begriff zu einem weiteren Synonym für Revolte, Empörung und Aufstand. Innerhalb dieser Begriffsgruppe nimmt die »Revolte« eine Sonderfunktion ein. Sie kennzeichnet oft einen lokal begrenzten, unmittelbar entstehenden Aufstand einer relativ kleinen Gruppe Unzufriedener wie beispielsweise der Matrosen des III. Geschwaders während der Kieler Matrosenrevolte 1918. Der Begriff »Revolution« ist spätlateinischen Ursprungs und enstammt dem astronomischen Werk *De revolutionibus orbeum coelestium* (»Von der Umdrehung der Himmelskörper«) von Nikolaus Kopernikus. Er bedeutet so viel wie »Umwälzung« oder »Umdrehung« und beschrieb ursprünglich nichts anderes als die Umlaufbahnen von Planeten. Bald jedoch wurde der Begriff politisiert. Als »Revolution« bezeichnete man vorerst einen durch Gewalt herbeigeführten Umsturz ohne tiefgreifende gesellschaftliche Umwälzungen, zum Beispiel die 1688 erfolgte »Glorious Revolution« in England, die mit dem Sturz Jakobs II. und der Einführung der konstitutionellen Monarchie endete. Erst später wurde der Begriff durch die Französische Revolution von 1789 zu dem, was wir heute idealtypisch unter »Revolution« verstehen: eine durch einen gewaltsamen Umsturz bedingte, tiefgreifende gesellschaftliche Umwälzung, die den Willen zum Neuen hat und meist mit der völligen Entmachtung der herrschenden Gesellschaftsschicht endet. Albert Camus sah den Unterschied zwischen »Revolte« (Aufstand/Rebellion) und »Revolution« darin, dass die Revolte nur Menschen, die Revolution aber Menschen und Prinzipien tötet und aufgrund einer Idee von Herrschaft ein neues System errichtet.

Doch Camus' Erklärungsmuster, so trefflich es auch ist, richtet den Revolutionsbegriff allzu starr an den Ergebnissen der Französischen Revolution aus und berücksichtigt nicht ihre schrittweise Eskalation. Die Französische Revolution verlief weder nach Plan, noch dachten die Bastillestürmer an einen Systemwechsel. Denn 1789 war aufseiten der Empörer zwar der Wille zur politischen Veränderung da, aber kein systemumwälzendes Programm vorhanden. Alles begann mit einem Volksaufstand, mit dem Sturm auf die Bastille, der – wenn man

14

so will – Frankreich jene »Glorious Revolution« brachte, die in England bereits 110 Jahre früher erfolgt war. Infolge des Bastillesturms wurden die regierenden Minister gestürzt und die absolutistische Macht des Königs beschnitten, nicht aber das Königtum selbst als politisches System gefährdet. 1789 endete für Frankreich mit einer Verfassungsreform, der Erklärung der Menschenrechte und der Abwandlung des monarchischen Prinzips.

Der von Camus beschworene Systemwechsel erfolgte in aller Radikalität erst ab 1792 mit dem Zusammentritt des Nationalkonvents und der Hinrichtung Ludwigs XVI. im Jahre 1793. Damit war der Übergang Frankreichs von einer konstitutionellen Monarchie zur Republik besiegelt.

Der Übergang vom Aufstand zur Revolution kann also fließend sein. Oft beginnen Aufstände mit der Revolte Einzelner, die sich gegen einen von ihnen als Unrecht empfundenen Zustand empören. Erfasst diese Revolte von Individuen kleinere Gruppierungen und springt sie von diesen auf größere Teile der Bevölkerung über – und sogar andere Landesteile –, wird diese Revolte zur Rebellion oder zum Aufstand.

Wird dieser Aufstand von Volksmassen getragen und entsteht er spontan, spricht man vom Volksaufstand. Ein Volksaufstand, der nicht nur auf bloßer Ablehnung unbeliebter Regierungsmaßnahmen beruht und lediglich punktuelle Veränderungen fordert, sondern das ganze Herrschaftssystem beseitigen will und ein revolutionäres Programm entwickelt, ist eine Revolution.

Aufstände, die sich gegen die Vertreter einer fremden Besatzungsmacht und deren Unterdrückung richten, sind Befreiungskämpfe. Meist haben diese Befreiungskämpfe die Form von Volksaufständen.

Aber gab es überhaupt derartige Aufstandsbewegungen, Volksaufstände, Rebellionen und Revolutionen in Deutschland? Die Antwort lautet Ja – nur sind die meisten deutschen Aufstände und Revolutionen der Allgemeinheit bestenfalls noch skizzenhaft bekannt, weil sie im Schulunterricht oder in den Medien unter »ferner liefen« eingeordnet und oberflächlich angerissen werden. Ausnahmen bestätigen natürlich auch hier die Regel: So wurde der Novemberrevolution in der schulischen und politischen Bildung der DDR viel Raum eingeräumt, die Verfassungsbewegung der 1848er-Revolution durch die bürgerliche Geschichtsschreibung der Bundesrepublik als Meilenstein in der demokratischen Entwicklung Deutschlands eingeordnet und entsprechend vermittelt.

Und trotzdem herrscht in Deutschland die Meinung vor, die Deutschen seien ein Volk, das in der Vergangenheit fast sklavisch alles erduldete, was fürstliche und staatliche Autoritäten verordneten, das nie lernte, um seine demokratische Freiheit zu kämpfen. Noch immer herrscht der Irrglaube vor, dass die Deutschen erst mit den Prinzipien von Freiheit, Gleichheit und Einigkeit vertraut wurden, als französische Revolutionstruppen 1792 in Deutschland einmarschierten oder die über Hitler siegreichen Alliierten sie 1945 damit beglückten. Das Gegenteil ist der Fall. Die Deutschen sind ein rebellisches Volk, das hinsichtlich seiner Aufstandsgeschichte den Vergleich mit anderen Nationen nicht zu scheuen braucht. Der deutschen Geschichte mangelt es nicht an Helden und Mythen, tragischen Niederlagen und glorreichen Siegen im Kampf um Freiheit und Gerechtigkeit. Sicher, es gab ihn wirklich, den in der Karikatur verewigten sprichwörtlichen »deutschen Michel«, jenen bis zu Trotteligkeit gutmütigen Spießbürger; es gab den unterwürfigen Untertan, der ohne zu murren gehorchte, oder den Mitläufer des Dritten Reiches, der von all den Verbrechen der Nazis nichts gewusst haben will, obwohl er sie selbst in die Tat umsetzte, indem er stur seine Befehle ausführte.

Aber die deutsche Geschichte bietet auch vieles mehr: ein Sammelsurium freiheitsliebender Recken wie Arminius und Widukind, gesellschaftlicher Utopisten vom Schlage eines Thomas Müntzer, verwegener Volkstribunen und Bauernführer, die nicht davor zurückschreckten, selbst den Kaiser

16

herauszufordern. Die namenlosen deutschen Demokraten und Republikaner der Jahre 1848/49, die Arbeiter und Matrosen der Novemberrevolution 1918, die protestierenden DDR-Bürger der Jahre 1953 und 1989 – sie alle waren keine gefügigen Untertanen, sondern Rebellen in Geist und Tat.

Von ihnen handelt dieses Buch. Es ist der Versuch, Schlüsselereignisse deutscher Geschichte so packend nahezubringen, wie sie sich ereignet haben, und dabei ein freiheitliches Selbstverständnis im Umgang mit der eigenen Historie und der nationalen Identität herzustellen. Daher fiel die Wahl auf Freiheitskämpfe, Volksaufstände und Revolutionen, die einerseits charakteristisch und andererseits für die politische Entwicklung Deutschlands von entscheidender Bedeutung waren. Zur Vertiefung finden sich am Ende der jeweiligen Kapitel weiterführende Literaturhinweise.

Schließlich – last but not least – danke ich Susann Schindler und Richard Mestwerdt herzlich für ihre Unterstützung bei der Arbeit an diesem Buch.

Ein Hinweis zur Orthografie:
Die Schreibweise der Zitate wurde zugunsten einer besseren Lesbarkeit behutsam an die neue Rechtschreibung angeglichen.

GEGEN ADLER UND LEGIONEN
DER AUFSTAND DES ARMINIUS GEGEN
DIE RÖMER

Deutschland, verlass mich nicht mit deinen Fluren, Bergen, Tälern
und Männern! Ich kämpfe ja nur deinethalb: die Feinde sollen deine
Waldungen nicht zum Schiffsbau zerschlagen, dir deine Herrlich-
keit, deinen Söhnen ihr Blut und ihre Freiheit nehmen! – Du mit
ewigem Grün prangender Rhein, du donnernde Donau, du, meine
Weser, und du, leuchtende Elbe, die ihr in allen so vielen Schlachten
uns zur Seite wart, helfende, blitzende unendliche Schwerter, – ihr
solltet speichelleckend fluten unter dem Brückengekett des Römers?
Nein, wir sind dankbar und werden euch erlösen.[1]

Diese hehren Worte – dem Cherusker[2] Arminius, hier ver-
deutscht zu Hermann, von dem Dramatiker Christian Dietrich Grabbe 1836 in den Mund gelegt – sind symptomatisch
für das Bild, welches sich im 19. Jahrhundert die Öffentlichkeit Deutschlands vom »Befreier Germaniens« machte. So und
nicht anders stellten sich seit Ulrich von Huttens Arminius-
gedicht deutsche Dichterpatrioten ihren Arminius vor, der 9
n. Chr. drei römische Legionen unter der Führung des Publius
Quinctilius Varus vernichtet hatte: als Urgestalt deutschen
Heldentums, die sich aus Heimatliebe gegen auferlegtes Unrecht gewehrt habe und damit nicht nur zum Befreier Germaniens, sondern zum Bezwinger Roms geworden sei.

Dichter wie Klopstock, Kleist oder der erwähnte Grabbe

[1] Hermann der Cherusker in *Die Hermannsschlacht* von Christian
Dietrich Grabbe.
[2] Die Cherusker waren ein germanischer Stamm, der zwischen
Weser und Elbe siedelte und nach anfänglichem Widerstand gegen
die Römer zu deren Bundesgenossen wurde, bis er sich 9 n. Chr.
unter Arminius gegen den römischen Feldherrn Varus erhob.

erspürten den charismatischen Zauber von Arminius und die einzigartige historische Bedeutung seiner Rebellion, die sie als einen weichenstellenden Sieg feierten.

Der Cherusker eignete sich aufgrund seiner kurzen Heldenvita für unterschiedliche Projektionen: Mal stand wie bei Grabbe das Motiv der nationalen Erhebung in Form des Freiheitskrieges im Vordergrund, mal wie bei Kleist die tragische Heldenfigur des auf dem Höhepunkt seiner Macht durch Verrat gescheiterten Reichseinigers.

Immer aber wurde Arminius/Hermann als Projektionsfigur auserkoren, wenn es in Deutschland darum ging, sich auf die urwüchsige Kraft des Germanentums zu beziehen, das seit der Wiederentdeckung von Tacitus' *Germania*[1] mit dem Deutschtum gleichgesetzt wurde. Die historische Tatsache, dass es den Germanen zwischen Elbe und Rhein unter Arminius gelungen war, sich von der römischen Herrschaft zu befreien, wurde unter Bismarck vollends zum identitätsstiftenden Mythos der deutschen Nation geschmiedet. Der Cherusker mutierte zum Supermann, triumphierend den Fuß auf das Natterngezücht besiegter römischer Legaten, Legionäre und Liktoren setzend, und die Varusschlacht wurde in grenzenloser Verzerrung ihrer weltgeschichtlichen Bedeutung von deutschen Historikern wie Theodor Mommsen zum Wendepunkt der Geschichte und zur Zeitenwende Roms hochstilisiert.

Noch bevor das Hermannsdenkmal 1875 nach 37-jähriger Bauphase eingeweiht werden konnte, war der Sieger der Varusschlacht zum Vielzweck-Freiheitsmythos erstarrt, dessen schimmernde Wehr als deutungsoffene Projektionsfläche den jeweiligen politischen Strömungen diente, die sich später des Helden bemächtigten. Das wilhelminische Kaiserreich wie das Dritte Reich schlachteten den Arminius-Mythos weidlich

---

[1] Tacitus' *Germania* wurde nur in einer einzigen Handschrift überliefert. 1455 in der Klosterabtei Hersfeld aufgefunden, gelangte sie von dort nach Italien.

aus. Die Nachkriegszeit war hingegen eher von einem verhaltenen Umgang mit dem einstigen Helden der Varusschlacht geprägt, bis am Ende des 20. Jahrhunderts neueste archäologische Entdeckungen bei Kalkriese – und in deren Gefolge darauf fußende historische Filmdokumentationen – erneut einen regelrechten »Arminius-Boom« auslösten.

Doch wer war die historische Figur hinter diesem kraftvollen Mythos? Was war dran am Arminius-Aufstand, der wie keine Erhebung der deutschen Geschichte den Archetypus der Rebellion auf deutschem Boden verkörperte?

BLUT UND HONIG

Im Herbst des Jahres 9 n. Chr. schien Roms Triumph über die letzten freien Stämme Germaniens perfekt. Fast vier Jahre lang hatte der Pannonische oder Illyrische Aufstand gewütet, bis es Augustus' Feldherrn, dem späteren Kaiser Tiberius, gelungen war, die rebellischen Balkanvölker so vernichtend zu schlagen, dass ihre Führer die Kapitulation anboten. Der römische Kaiser konnte wieder erleichtert aufatmen. Endlich würde wieder Frieden in allen Provinzen des römischen Imperiums herrschen. Jetzt bot sich ihm die Möglichkeit, mit aller Macht gegen den letzten Rivalen Roms vorzugehen: den Markomannenherrscher Marbod, dessen jenseits der Elbe gelegenes Reich direkt an den römisch beherrschten Teil Germaniens grenzte.

Doch es kam anders, und Augustus' Traum zerplatzte wie eine Seifenblase. Fünf Tage nach Beendigung des Pannonischen Aufstands überbrachte ihm ein Bote Marbods ein seltsames Behältnis. Es enthielt den in Honig eingelegten Kopf jenes Mannes, den Augustus bei bester Gesundheit wähnte und der seit zwei Jahren römischer Statthalter in Germanien war: Publius Quinctilius Varus. War dieser Anblick schon grauenvoll genug, so berichtete der Bote Marbods noch weitaus Schrecklicheres. Was dem Kaiser zu Ohren kam, war nichts weniger als die Apokalypse der augusteischen Germanienpolitik.

Nicht nur Varus hatte in einer gewaltigen militärischen Auseinandersetzung im tiefsten Innern Germaniens den Tod gefunden. Zusammen mit dem Statthalter Roms waren alle Legaten (Legionskommandeure), Lagerpräfekten und hohen Offiziere gefallen. Drei römische Legionen, die besten und erfahrensten Roms, waren zusammen mit fünf Kohorten und der gesamten Reiterei – alles in allem eine mindestens 20 000 Mann umfassende Kampftruppe – in den germanischen Wäldern niedergemetzelt und buchstäblich in Stücke gehauen worden. Die Zenturionen ersten Ranges hingen gekreuzigt in den Bäumen der heiligen Haine, ein Teil der Legionäre lag erschlagen und aufgeschlitzt in den Opfergruben der alten Götter ihrer Feinde, der Rest fristete ein erbärmliches Dasein in Gefangenschaft.

Die wenigen Streitkräfte, die dem Gemetzel entkommen waren, hatten sich zu einem befestigten Lager namens Aliso geflüchtet und kämpften gegen die von Blutrausch und Beutegier entfesselten Stämme der Marser, Brukterer, Chatten[1] und Cherusker um ihr Leben. Der Rest der noch verbliebenen römischen Streitkräfte in Germanien zog sich in Eilmärschen zur Rheinlinie zurück, einerseits, um weitere Angriffe der Aufständischen aufzuhalten, andererseits, um zu verhindern, dass der Funke des Aufstands nach Gallien übersprang.

Das Schlimmste aber war nicht einmal die militärische Niederlage des Varus, sondern das aus ihr resultierende politische Desaster. Die in endlosen Feldzügen unterworfenen germanischen Stammesgebiete zwischen Rhein und Elbe wurden innerhalb weniger Wochen verloren, römische Mi-

---

[1] Marser: Germanischer Stamm in Nordhessen. – Brukterer: Germanischer Volksstamm, der nach Kenntnisstand der historischen Forschung im Gebiet der Ems siedelte. Er wurde zwar 12 v. Chr. von Drusus unterworfen, lehnte sich aber immer wieder gegen Rom auf. – Chatten: Germanischer Stamm im Gebiet Hessens.

litärlager, Siedlungen und Marktplätze gingen in Flammen auf. Damit war die Errichtung einer germanischen Provinz gescheitert.

Für Augustus brach eine Welt zusammen. Fassungslos flehte er den Geist von Varus an, ihm seine Legionen wiederzugeben, und ließ sich als Zeichen seiner Trauer und Verzweiflung einen Bart wachsen.

War Rom zwischen Rhein und Elbe jahrzehntelang in der Offensive gewesen, so hatte sich das Blatt deutlich gewendet. Jetzt sah es so aus, als ob die Germanen jederzeit die Alpen überqueren und in Italien einfallen könnten. Panik ergriff die italische Bevölkerung, und die Urangst vor dem *Furor Teutonicus*, dem scheinbar unaufhaltsamen Ansturm entfesselter Germanenhorden, griff bis nach Rom um sich. Auch vor Augustus machte sie nicht halt: Sofort nach Erhalt der Nachricht von Varus' Niederlage trennte er sich von seiner vornehmlich aus Batavern [1] bestehenden Leibgarde, die ihm jahrelang treu und ergeben gedient hatte.

Verursacher dieses Desasters war ein Cherusker, der viele Jahre seiner Jugend als politische Geisel in Rom gelebt hatte und sogar in den römischen Ritterstand befördert worden war: Arminius, Sohn des Cheruskerfürsten Segimer und Militärpräfekt der unter dem Oberbefehl von Varus stehenden Bundestruppen in Germanien.

Was hatte sich mit dem Amtsantritt des Varus als Statthalter geändert? Trug Rom selbst Schuld am ersten schriftlich überlieferten Aufstand auf deutschem Boden?

Stoßen wir in den von wissenschaftlichen Glaubenskämpfen [2] durchzogenen Morast der sogenannten »Varuskatastro-

---

[1] Die Bataver waren ein germanischer Stamm an der Rheinmündung, der Ende des ersten vorchristlichen Jahrhunderts von den Römern unterworfen wurde.

[2] Zur Lokalisation des Kampfortes und zur Deutung der Varusschlacht wurden über die Jahrhunderte hinweg etwa 700 Theorien aufgestellt.

phe« vor und befassen uns näher mit Roms Germanienpolitik, die einen Teil der unter Augustus stattfindenden imperialen Neuausrichtung bildete.

GERMANIEN IN DEN FÄNGEN DER RÖMER

Nachdem Octavian – dem später der Ehrenname Augustus verliehen wurde – im Machtkampf gegen seine anfänglichen Verbündeten, dann seine Konkurrenten Lepidus und Marcus Antonius triumphiert hatte, setzte er sich die Erneuerung des römischen Staatswesens zum Ziel. Das mahnende Beispiel des Attentats auf Cäsar vor Augen, verzichtete er darauf, den römischen Senat seine faktische Alleinherrschaft allzu deutlich spüren zu lassen, und regierte Rom als *princeps*, als Erster unter Gleichen.

Diese Staatsform, der Prinzipat, erwies sich als effektiv für die Befriedung Roms nach all den blutigen Bürgerkriegsjahren, die der Ermordung Cäsars gefolgt waren, und zog gewaltige Reformen im Innern nach sich. Innerhalb weniger Jahrzehnte schuf Augustus aus der blutleeren Republik ein neues Rom und begründete eine Staatsform, die in der westlichen Reichshälfte bis zum Untergang Roms 476 Bestand haben sollte: das römische Kaisertum. Den Ehrentitel eines Cäsaren im Namen führend, verhielt sich Augustus bald wie ein mit allen Vollmachten ausgestatteter hellenistischer Alleinherrscher. Fern davon, ein spiritueller Romantiker zu sein, belebte Augustus alte, fast in Vergessenheit geratene religiöse Kulte und führte neue ein, zu deren Oberpriester er sich selbst ernannte.

Wesentlich für die Erneuerung der Staatsorganisation war die Reorganisation des Reiches, indem er die Provinzen neu gliederte. Vor allem setzte er die Expansion Roms mit allen Mitteln fort: Im Osten schloss er mit den Parthern Frieden und setzte durch, dass Armenien ein römisches Klientelkönigtum wurde. Im Norden eroberte er 15 v. Chr. nach gewaltigen Offensiven das nördliche Alpenvorland, auf dem Balkan stabilisierte er die römische Herrschaft im Illyricum.

Fast schien es so, als könnte nach all den Eroberungsfeldzügen der Janustempel, dessen Türen anzeigten, ob im Reich Krieg oder Frieden herrschte, endlich geschlossen werden, als die germanischen Stämme der Sugambrer, Usipeter und Tenkterer in Ostgallien einfielen. Die germanischen Raubscharen plünderten die Grenzregion und schlugen die unter dem Statthalter Marcus Lollius zu Hilfe eilende 5. Legion vernichtend, bevor sie sich mit ihrer Beute wieder über den Rhein zurückzogen – eine derartige Provokation konnte sich Rom nicht bieten lassen.

Die Niederlage der 5. Legion schmälerte nicht nur das militärische Prestige Roms – zumal sie auch den Legionsadler, ihr höchstes Feldzeichen, verloren hatte –, sondern wies zugleich auf die Verwundbarkeit der gallischen Ostgrenze hin. Schon Agrippa hatte den ursprünglich rechtsrheinisch siedelnden Stamm der Ubier auf das linke, also gallische Flussufer am Niederrhein umgesiedelt und ihm Aufgaben der Grenzverteidigung zugewiesen. Genauso war er weiter im Süden mit den Stämmen der Vangionen, Nemeter und Triboker verfahren, die die gallische Ostgrenze am Oberrhein gegen germanische Angriffe aus dem Osten sicherten. Doch dieser Schutzschild konnte das immer häufiger stattfindende Einsickern germanischer Raubscharen in Gallien nicht verhindern.

Wie Tacitus berichtet, wurde der Druck der Sugambrer so groß, dass Augustus ab 16 v. Chr. von seiner Friedenspolitik gegenüber Germanien abwich und von nun an offensiv gegen die östlich des Rheins siedelnden Völkerschaften vorging.

Ob Augustus tatsächlich Germanien erobern wollte oder ob es lediglich seine Absicht war, die gallische Ostgrenze auf dem rechten Rheinufer durch eine mit Militäranlagen gesicherte Pufferzone zu schützen, kann aufgrund der heutigen

Quellenlage nicht eindeutig geklärt werden. Fest steht, dass die römische Expansion nach Germanien hinein in mehreren Etappen erfolgte und von Augustus' Stiefsohn Drusus energisch durchgeführt wurde. Zwischen 16 und 12 v. Chr. errichtete der frisch gekürte Oberbefehlshaber der Rheinarmee vier große Operationsbasen am Rhein: das Lager Castra Vetera (das heutige Birten bei Xanten), Numaga (Nimwegen), den Flottenstützpunkt Fectio (Vechten unweit von Utrecht) und Moguntiacum (Mainz) an der Einmündung des Mains in den Rhein. Überall entlang der gallisch-germanischen Wassergrenze entstanden militärische Stützpunkte wie Novaesium (Neuss), sodass das linke Rheinufer bald vor römischen Waffen starrte. Damit waren die Operationsbasen für die folgenden Feldzüge gegen die Germanen geschaffen.

Während der Jahre 12/11 v. Chr. verheerte Drusus mit seinen Truppen das Land der an der Niederlage des Lollius maßgeblich beteiligten Stämme der Sugambrer und Usipeter, ohne die Germanen in einer großen Entscheidungsschlacht vernichtend schlagen zu können. Ein Jahr später zog er entlang des Maintals durch die Wetterau gegen die Chatten, die sich zusammen mit den Sugambrern gegen Rom verbündet hatten. Bei den im Jahr darauf folgenden Kämpfen stieß Drusus nach harten Gefechten gegen Sueben und Cherusker bis zur Elbe vor, wo ihm – wie Cassius Dio[1] berichtet – eine germanische Seherin seinen nahen Tod weissagte.

Eine Frau, größer als Menschenmaß, war ihm begegnet und hatte gesagt: »Wohin eilst du, unersättlicher Drusus? Es ist dir nicht vergönnt, dies alles hier zu sehen. Kehre um! Das Ende deiner Taten

---

[1] Cassius Dio (155–235 n. Chr.): Griechischstämmiger Geschichtsschreiber, geboren in Nikäa (Bythinien), war zweimal Konsul, dann Statthalter in Afrika, Dalmatien und Pannonien. Verfasste die *Römische Geschichte*, die von der Vorgeschichte Roms bis ins Jahr 229 reicht, in 80 Büchern, von denen viele nur fragmentarisch überliefert sind.

*und deines Lebens ist gekommen.« Nun ist es zwar ein Wunder, dass
ein solches Wort von der Gottheit an einen Menschen ergeht, doch
habe ich keinen Grund den Glauben zu versagen.* [1]

Die Prophezeiung der riesenhaften Seherin sollte sich erfüllen.
Auf dem Rückzug von der Elbe stürzte Drusus auf dem Weg
ins Winterlager vom Pferd und brach sich ein Bein. Die Verletzung war so schwer, dass der römische Feldherr bald darauf
an ihr verstarb. Er wurde von Augustus durch seinen Bruder
Tiberius ersetzt, der an der Spitze der Rheinarmee die von
Drusus begonnenen Eroberungen derartig erfolgreich fortsetzte, dass die Sugambrer und alle anderen Stämme Germaniens Rom schließlich um Frieden baten.

Jetzt trug die römische Zermürbungstaktik endlich Früchte.
Ein gewaltiger Schuss Perfidie besorgte den Rest: Listenreich
wie Odysseus ließ Augustus, der zu diesem Zeitpunkt in Gallien weilte, den germanischen Stämmen verkünden, dass es
ohne die Teilnahme der Sugambrer keine Friedensverhandlungen mit den anderen germanischen Stämmen geben würde,
was die zuerst noch verhandlungsunwilligen Sugambrerfürsten aufgrund des Drucks ihrer Bundesgenossen an den Verhandlungstisch zwang. Was dann folgte, war zwar ein genialer
Coup römischer Außenpolitik, aber selbst für damalige Verhältnisse ein brutaler Verstoß gegen geltendes Kriegsrecht.
Augustus ließ die Gesandten der Sugambrer gefangensetzen
und raubte somit dem stärksten politischen Widersacher in
Germanien die politische Führung. Entmutigt und verzweifelt,
ihren Todfeinden auf Gedeih und Verderb ausgeliefert zu sein,
brachten sich die gefangenen sugambrischen Stammesvertreter selbst um.

Mit diesem harten Schlag glaubte Augustus das Sugambrerproblem ein für alle Mal gelöst und Germanien befriedet.
Nirgendwo regte sich noch Widerstand. Die zwischen Weser

---

[1] Cassius Dio, *Römische Geschichte*, LV, 1,3.

und Elbe siedelnden Cherusker hatten sich nach anfänglicher Gegenwehr 11 v. Chr. ebenfalls unterworfen und die römische Vorherrschaft in Nordgermanien anerkannt. Ein durch Geiselgestellung bekräftigter Vertrag räumte ihnen den Status von römischen Bundesgenossen ein. Dadurch waren sie zwar verpflichtet, Rom für seine Kriegszüge ein Truppenkontingent zu stellen, blieben aber von Tributzahlungen verschont.

Die anschließende Zwangsumsiedlung germanischer Stämme durch die Römer veränderte die politische Landschaft innerhalb Germaniens schlagartig. Folgt man den Berichten Suetons[1], so wurden 40 000 der ursprünglich im Siegerland beheimateten Sugambrer und Sueben auf das linke Rheinufer umgesiedelt. Nur wenig später mussten auch die Hermunduren[2] auf römischen Druck hin ihre angestammten Siedlungsplätze am Quellgebiet der Elbe verlassen und neue Wohnsitze am oberen Main und im heutigen Mittelfranken beziehen, welche wiederum zuvor von den Sueben geräumt worden waren. Derjenige Teil der Sueben, der nicht an den Oberrhein deportiert worden war, zog 6 v. Chr. unter der Führung eines jungen Adeligen namens Marbod freiwillig in das einstige Siedlungsgebiet der keltischen Bojer auf dem Gebiet des heutigen Böhmen. Wahrscheinlich hatte Marbod, der sich wie Arminius als Geisel seines Stammes in Rom aufgehalten hatte, seine Stammesangehörigen davon überzeugen können, dass weiterer militärischer Widerstand gegen die Supermacht am Tiber aussichtslos sei. Es kann mit Sicherheit angenommen werden, dass neben dem politischen Weitblick Marbods die

---

[1] Sueton (70–140 n. Chr.): Römischer Historiker, war zeitweise Geheimsekretär Hadrians. Sein Werk umfasst Lebensbeschreibungen von Dichtern, Grammatikern und Rhetoren, am bekanntesten sind seine Kaiserbiographien (*De vita Caesarum*).

[2] Hermunduren (auch Ermunduren): Germanischer Teilstamm zwischen Erzgebirge, Harz, Thüringer Wald und Schwarzer Elster. Sie spielten in den Kämpfen der Germanen gegen die Römer eine wichtige Rolle und gingen im 3. Jahrhundert in den Thüringern auf.

Drohkulisse marschbereiter römischer Legionen der entscheidende Motor für den Exodus der Sueben war.

Wie hoch die Gebietsverluste der Chatten und Brukterer gewesen sein mögen, ob sie überhaupt welche hatten, lässt sich anhand der Quellen nicht nachvollziehen. Sicher ist, dass die römische Politik der Umsiedlung gegnerischer germanischer Stämme das Gebiet zwischen Rhein, Main und Weser dauerhaft veränderte. Auch nach dieser kontrollierten Völkerwanderung scheint Rom weiterhin an seiner systematischen Eroberung Germaniens festgehalten zu haben, denn in den Jahren 1 bis 4 n. Chr. tobte noch einmal ein großer Krieg in Germanien, der sogenannte *Immensum Bellum*, welcher erst durch das Eingreifen von Tiberius siegreich beendet werden konnte. Als im Jahr 5 n. Chr. die an der ostfriesischen Küste siedelnden Chauken unterworfen und die ins Hoheitsgebiet der Cherusker eingedrungenen Langobarden wieder auf ihre ostelbischen Siedlungsgebiete zurückgeschlagen werden konnten, befand sich ganz Germanien zwischen Rhein und Elbe fest unter römischer Vorherrschaft. Nicht ohne Anmaßung berichtete Velleius Paterculus [1] in seiner *Historia Romana*:

Es gab in Germanien nichts mehr zu besiegen außer dem Stamm der Markomannen, der unter seinem Führer Marbod seine früheren Wohnsitze verlassen, sich ins Innere des Landes zurückgezogen hatte und nun das Land innerhalb des Herzynischen Waldes bewohnte. [2]

So klug Marbods Taktik anfänglich war: Rom konnte man nicht entkommen. Die Mühlen der römischen Expansion mahlten unentwegt weiter, die Türen des Janustempels blieben geöff-

[1] Velleius Paterculus (20/19 v. Chr.–30 n. Chr.) diente als Offizier des Tiberius in Germanien und Pannonien. Seine *Historia Romana* ist der einzige bisher bekannte zeitgenössische Bericht über Ursachen und Umstände der Varusschlacht.
[2] Velleius Paterculus, *Historia Romana*, II, 108.

net. Berauscht von ihren Erfolgen marschierten im nächsten Jahr zwölf Legionen unter dem Kommando des Tiberius an den Grenzen des Markomannenreichs auf, sechs an der Oberelbe, sechs an der pannonischen Nordgrenze. Doch ausgerechnet der gegen das Markomannenreich geplante Feldzug wurde den römischen Expansionsgelüsten zum Verhängnis. Der entscheidende Schlag traf die gegen Marbod aufmarschierten römischen Legionen nicht etwa in Germanien, sondern im längst unterworfen geglaubten Illyricum. Dort sorgten die Zwangsrekrutierungen der jungen wehrfähigen Bevölkerung und die Einführung des Zensus für wachsende Unruhe, bis sich die Spannungen in einem gewaltigen Aufstand entluden.

Zunächst ermordeten die aufständischen Illyrer fast alle römischen Händler, Siedler und Legionsveteranen, dann stürmten sie gegen römische Stützpunkte und Zwingburgen wie Sirmium (Sremska Mitrovica) oder Salonae (Solin bei Split) an. Der Siegeslauf der Rebellen bewirkte, dass der Aufstand nach und nach große Teile Illyriens erfasste. Der Zulauf an Wehrfähigen war so groß, dass Velleius Paterculus behauptete, das Heer der Rebellen habe 200 000 Mann betragen, was sicher übertrieben ist. Diese Angabe darf aber zumindest als Beleg dafür angesehen werden, dass die Aufständischen zahlenmäßig überlegen waren. In der Folge stellte Rom seine germanischen Angriffspläne zurück, schloss einen Waffenstillstand mit Marbod und zog schleunigst Truppen nach Illyrien zurück. Der Krieg war mörderisch, und die Illyrer taktierten geschickt: Wenn sie überlegen waren, suchten sie die offene Schlacht, doch sobald sie sich unterlegen fühlten, zogen sie sich in die Berge zurück und zerstreuten sich.

Nach und nach war Augustus gezwungen, 150 000 Mann – darunter schnell mobilisierte Freiwilligenheere und 10 000 eigens in den Dienst zurückbeorderte Veteranen – unter der Führung von Tiberius gegen die Illyrer ins Feld zu führen. Erst gute vier Jahre später, im Jahr 9 n. Chr., siegte die römische Armee doch noch über die Aufständischen, die aufgrund der römischen Verwüstungsstrategie und von Versorgungsengpässen dem Hungertod nahe waren und letztendlich aufgaben.

Ob Arminius in Illyrien auf römischer Seite kämpfte und sich dabei auszeichnete, ist unter Historikern umstritten und letzten Endes von der Interpretation einer Textstelle in der *Historia Romana* von Velleius Paterculus abhängig. Doch auch wenn nicht eindeutig bewiesen werden kann, dass Arminius in Pannonien gekämpft hat, mag er aufgrund von Berichten anderer die richtigen Schlüsse aus dem Verlauf des Aufstands gezogen haben.

Wie die Illyrer war sich Arminius sicher, dass die römischen Legionen zu bezwingen waren, wenn man sich nicht auf ihre konventionelle Kampfweise einließ und stattdessen eine Art Guerillataktik anwendete. Aber wieso glückte ihm, was den Illyrern trotz aller Tapferkeit und taktischem Geschick versagt blieb? Eine mögliche Antwort gibt die Biographie des germanischen Helden.

DER SCHATTENRISS DES HELDEN

Von Arminius' Herkunft weiß man wenig. Nach gängiger Lehrmeinung wurde er 18 v. Chr. geboren und wuchs zur Zeit der augusteischen Germanenkriege auf. Er stammte aus einer der führenden Familien der Cherusker, eines germanischen Stammes, der nördlich des Harzes das Land zwischen Weser und Elbe besiedelte. Sein Vater war der Cheruskerfürst Segimer, sein Onkel ein weiterer Anführer der Cherusker, Ingiomerus. Beide, Vater wie Onkel, waren Vertreter der prorömischen Partei des Germanenstammes. Arminius kam höchstwahrscheinlich als Geisel nach Rom, um dem Bündnis zwischen Rom und Cheruskien mehr Gewicht zu verleihen. Während seiner Dienstzeit brachte er es nicht nur zum Militärpräfekten, der eine eigene Auxiliareinheit anführte, er bekam sogar aufgrund besonderer Verdienste und wohl auch wegen seiner privilegierten Abstammung die römische Ritterwürde verliehen. Damit erhielt Arminius das römische Bürgerrecht. Diese Praxis war ein bewährtes Mittel der Römer, um die unterworfenen oder in Abhängigkeit gebrachten Führungseliten Germaniens fester an sich zu binden und sie so als Bundesgenossen ihrer Herrschaft zu gewinnen. Auch Arminius' Bruder, der nur unter seinem römischen Namen Flavus – »der Blonde« – bekannt ist, trat wie Arminius in den römischen Heeresdienst und machte dort Karriere.

Mit dem römischen Bürgerrecht war der cheruskische Fürstensohn in den Augen seiner römischen Kampfgenossen vollends zum Römer geworden. In welch hohem Ansehen Arminius bei den Römern stand, belegt die Tatsache, dass er als Militärpräfekt die Truppen der Bundesgenossen kommandierte – ein Umstand, der später entscheidend für den siegreichen Verlauf seiner Erhebung werden sollte.

Wie Arminius zu seinem Namen gekommen ist, ob er wirklich »Hermann« oder »Irminius« hieß, was dann latinisiert wurde, lässt sich anhand der Quellen nicht mehr nachvollziehen. Viel wichtiger als sein Name ist für unsere Betrachtung Arminius' Charakter. Im Gegensatz zu den von späteren Generationen auf ihn projizierten »germanischen« Eigenschaften wie Heldenmut und körperliche Stärke verkörperte Arminius vor allem römische Sittsamkeit: Vernunft, Disziplin und politische Umsicht. Diese Tugenden paarten sich in seinem Fall mit persönlichen Qualitäten wie Kühnheit, Tatkraft, einem ungeheuren Ausmaß an strategischem Geschick und politischer Beredsamkeit, was kein anderer als Velleius Paterculus bestätigt:

Es gab damals einen jungen Mann aus vornehmem Geschlecht, der tüchtig im Kampf und rasch in seinem Denken war, ein beweglicherer Geist, als es die Barbaren gewöhnlich sind. Er hieß Arminius und war der Sohn des Sigimer, eines Fürsten jenes Volkes. Im letzten

GEGEN ADLER UND LEGIONEN

Feldzug hatte er beständig auf unserer Seite gekämpft und hatte mit dem römischen Bürgerrecht auch den Rang eines römischen Ritters erlangt. [1]

Arminius war stark romanisiert und hatte gelernt, die untereinander zerstrittenen germanischen Stämme mit den Augen eines Römers zu sehen und sie als politisch-kulturelle Einheit wahrzunehmen. Nach dem Abschluss seiner militärischen Ausbildung war er im Dienstrang eines Militärpräfekten oberster Befehlshaber der cheruskischen Hilfstruppen geworden und hatte damit innerhalb der römischen Militärhierarchie die höchste Stufe erklommen, die einem »Barbaren« zu Zeiten des Prinzipats möglich war. Arminius schien völlig assimiliert, doch der Schein trog. Ohne es zu wissen, hatte die römische Wölfin jahrelang eine Schlange an ihrer Brust genährt, die sich bald häuten sollte, um die zweifelhaften Früchte römischer Zivilisation aufs Heftigste zu bekämpfen. Noch stand Arminius treu zu Rom, als ein Mann die Bühne betrat, der den Auftrag hatte, aus Germanien eine römische Provinz zu machen.

VARUS – DER TRÄGE FELDHERR?

Publius Quinctilius Varus wurde etwa 7 n. Chr. Statthalter in Germanien. Mit ihm war kein unerfahrener Neuling nach Germanien gekommen, sondern ein gestandener Verwaltungsfachmann, der sich mehrfach bewährt hatte. Varus stammte aus altpatrizischer Familie, und seine Laufbahn konnte sich sehen lassen: 13 v. Chr. war er zusammen mit Tiberius Konsul gewesen, 5 v. Chr. hatte er als Prokonsul die Provinz Africa verwaltet. Dann war er von Augustus, dessen Großnichte Claudia Pulchra er geheiratet hatte, als Statthalter nach Syrien

---

[1] Velleius Paterculus, *Historia Romana*, II, 118,2.

abkommandiert worden, wo er wenig wählerisch schien, wenn es darum ging, dem römischen Steuerrecht Geltung zu verschaffen und sich dabei hemmungslos zu bereichern. Auf gut römisch: Varus war kein Mann, der lang fackelte, wenn es um den eigenen Vorteil ging, wie Velleius Paterculus lakonisch hinsichtlich seiner Statthalterschaft in Syrien anmerkt: »Arm betrat er ein reiches Land, reich verließ er ein armes.«

Ebenso wie Velleius lässt auch der römische Geschichtsschreiber Cassius Dio in diesem Punkt keinen Zweifel aufkommen und bringt das Verhalten Varus' unmissverständlich auf den Punkt:

Als jedoch Quinctilius Varus Statthalter der Provinz Germanien wurde und in Wahrnehmung seines Amtes sich auch mit den Angelegenheiten dieser Volksstämme befasste, da drängte er darauf, die Menschen rascher umzustellen, und erteilte ihnen nicht nur Befehle, als wenn sie tatsächlich römische Sklaven wären, sondern trieb sogar von ihnen, wie von Unterworfenen, Steuern ein. Eine derartige Behandlung wollten sie sich aber nicht gefallen lassen. [1]

Und damit nennt Cassius Dio einen der wichtigsten Gründe, weswegen Arminius den Aufstand wagte: drückende wirtschaftliche Not der unterworfenen Germanenstämme aufgrund von Tributeintreibung – und damit hatten die Römer aus cheruskischer Sicht den Bundesvertrag gebrochen. Dieser verpflichtete die Cherusker zwar dazu, Roms Vorherrschaft anzuerkennen und Bundestruppen zu stellen, befreite sie aber im Gegenzug von Zahlungen an das Imperium.

Dies änderte sich unter Varus. Offensichtlich hatte der römische Statthalter den Auftrag, die im *Immensum Bellum* unterworfenen Gebiete zu provinzialisieren und wegen der enormen Kosten des Illyrischen Aufstands schnellstens Tribut in Germanien einzutreiben – was er gegen alle Widerstände der

[1] Cassius Dio, *Römische Geschichte*, IV, 56,18–22.

Einheimischen rigoros tat. Denn in Sachen schneller Steuer-
erhebungen ohne Rücksicht auf Verluste war Varus ein Ex-
perte, wie seine Karriere verrät: Schon in Syrien war es unter
seiner Herrschaft wegen Tributeintreibungen zu Spannungen
gekommen, die sich in einem Aufstand entladen hatten.

Wie in Syrien ging Varus auch in Germanien dazu über,
nicht nur Tribute einzutreiben, sondern Recht zu sprechen,
und das mit einer den Germanen gleichermaßen unvorstell-
baren Schnelligkeit, Konsequenz und Grausamkeit. Der römische Historiker Lucius Annaeus Florus[1] berichtet:

*Nachdem jener [Drusus] gestorben war, begannen sie, des Varus
Quinctilius Wollust und Stolz nicht weniger als seine Grausamkeit
zu hassen. Er wagte es, Landtage abzuhalten, und sprach das Recht
im Lager, als könnte er das Ungestüm der Barbaren durch die Ruten
des Liktors und des Herolds Stimme dämpfen.*

Die Tatsache, dass Varus im cheruskischen Hoheitsgebiet römisches Recht einführte und völlig willkürlich anwandte, ist
aufgrund der Quellenlage eindeutig. Von der heutigen Forschung wird der Akt der Rechtsprechung als Beleg für den
Provinzialisierungsauftrag von Varus angesehen. Dies bedeutete einen klaren Bruch mit alten germanischen Rechtstraditionen. Jahrhunderte zuvor war es das Privileg der Hohen
Priester gewesen, im *Thing*, der Volksversammlung, Recht zu
sprechen. Todesurteile wurden nur selten und erst nach Abstimmung aller im Thing Versammelten im Namen der Götter
an den Verurteilten vollzogen.[2]

Damit war jetzt Schluss. Der neue Statthalter Germaniens
hatte nach römischem Rechtsverständnis das alleinige Recht,
Todesstrafen zu verhängen. Und Varus war ein Mann, der

[1] Lucius Annaeus Florus verfasste ca. 120 n. Chr. einen kurzen
Abriss der römischen Geschichte, der von der Zeit der Gründung
der Stadt Rom bis zur Zeit des Kaisers Augustus reicht.
[2] Tacitus, *Germania*, 7.

dieses Machtinstrument oft anwandte, denn mit Exekutionen kannte er sich bestens aus. In Judäa hatte er etwa zeitgleich zur Geburt Jesu König Herodes bei der Niederschlagung eines Aufstands unterstützt und somit an der Kreuzigung von 2000 Juden mitgewirkt, sodass die Rebellion in sich zusammenbrach und die aufständische Provinz seitdem für befriedet gelten konnte. Vertrat Varus den Standpunkt, dass das einmal Erfolgreiche sich immer wieder bewährt? Brach er den Widerstand, der sich gegen die Tributeintreibung richtete, mit immer drakonischeren Strafen?

Ein Ausschnitt aus einer antirömischen Schmährede, die Arminius im Jahr 15 n. Chr. an sein Heer richtete, bestätigt diese Vermutung:

> *Die echten Germanen würden es niemals verzeihen, dass sie zwischen Elbe und Rhein Ruten, Beile und Togen erlebten. Andere Völker hätten nichts von Hinrichtungen erfahren, sie wüssten nichts von Tributen, weil sie die Römerherrschaft nicht kennen gelernt hätten.* [1]

Was Arminius hier ansprach, musste jeden freien Germanen zur Weißglut treiben. Der Unmut der Cherusker wuchs zur Erbitterung: Kein germanischer Priester, sondern ein römischer Statthalter sprach über Germanen Recht, ohne Vertreter der Bevölkerung vorher zu konsultieren. Römische Rechtsdiener, die Liktoren, stäupten die Delinquenten mit Ruten oder brachten sie grausam mit dem Beil zu Tode, wenn sie sie nicht kreuzigten, was umso qualvoller war. Dies muss während Varus' Statthalterschaft recht häufig geschehen sein. Anders ist es nicht zu erklären, dass die aufständischen Germanen nach ihrem Sieg über Varus' Legionen auf so unbeschreiblich grausame Art und Weise Rache an den römischen Verwaltungs- und Justizbeamten nahmen:

[1] Tacitus, *Annalen*, I, 59.

Nichts war unerträglicher als der Spott der Barbaren, vorzüg-
lich gegen diejenigen, die mit der Rechtsprechung des Varus zu tun
gehabt hatten [...] Einigen stachen sie die Augen aus, anderen
schnitten sie die Hände ab, einem nähte man den Mund zu, nach-
dem man ihm vorher noch die Zunge herausgeschnitten hatte. Der
Barbar, der sie in der Hand hielt, spottete: Endlich, Schlange, hast
du aufgehört zu zischen![1]

Aber nicht nur harte Tribute und eine aus germanischer Sicht
grausame Rechtsprechung ließen die verbündeten Aufständischen zum Schwert greifen. Es war auch die stetig wachsende
Anzahl römischer Stützpunkte, die den Rebellen unter Arminius ein Dorn im Auge war.

Um die römischen Standlager und Kastelle mit ständiger
Besatzung bildeten sich Marktflecken. Römer und Germanen
trieben in friedlicher Koexistenz Handel. Vor allem scheint es
zu ersten systematischen Stadtgründungen durch die Römer
gekommen zu sein, wie der spektakuläre Fund der Römerstadt
bei Waldgirmes in Hessen beweist. Hier stießen Archäologen
1994 zum ersten Mal auf einstmals chattischem Gebiet auf
Steinmauern einer rechtsrheinischen Römerstadt des augusteischen Zeitalters, die aufgrund ihrer Größe und systematischen
Anlage alle Anzeichen einer Provinzhauptstadt aufweist. Den-
drochronologische Gutachten zeigen, dass die Hölzer eines
Brunnens um 4 v. Chr. geschlagen wurden. Germanische Ke-
ramikfunde in Waldgirmes bestätigen, dass es einen Warengü-
teraustausch zwischen römischen Besatzungstruppen und ein-
heimischer Bevölkerung gab. Das Abreißen der Münzfunde
nach 9 n. Chr. weist in den Augen der Archäologen darauf hin,
dass die Stadt infolge der nach der Varusschlacht entbrannten
Kämpfe von den Römern aufgegeben werden musste. Und damit belegt die Ausgrabung bei Waldgirmes, dass es sich bei
der freigelegten Stadtsiedlung um ein gezieltes Kolonisations-

---

[1] Florus, *Römische Geschichte*, II, 30.

projekt gehandelt hat. Die Provinzialisierung Germaniens war demnach 9 n. Chr. in vollem Gange. Arminius und seine Mitverschwörer mussten handeln, wollten sie das Rad der Geschichte zurückdrehen. Die alte Freiheit konnte nur verteidigt werden, solange der Widerstandswille der Cherusker noch nicht völlig gebrochen war und die römische Besiedlung noch nicht alle Teile Germaniens erfasst hatte.

DIE VERSCHWÖRUNG

Da es bei den Germanen keine schriftliche Überlieferung gab, wissen wir von dem Aufstand nur das, was römische Quellen berichten. Wie Cassius Dio schildert, war die Erhebung von langer Hand geplant und keine spontane Unmutsreaktion auf ein durch Varus ausgelöstes Ereignis – was angesichts der römischen Truppenstärke auch ein Himmelfahrtskommando gewesen wäre.

Sie empörten sich indes nicht in aller Offenheit, da sie sahen, dass viele römische Truppen am Rhein, viele aber auch in ihrem eigenen Lande standen. Stattdessen nahmen sie Varus bei sich auf, taten so, als wollten sie alle ihnen erteilten Befehle ausführen, und lockten ihn auf diese Weise weit vom Rhein weg, ins Cheruskerland bis an die Weser. Dort zeigten sie sich höchst friedlich und freundschaftlich und erweckten damit in ihm den Glauben, sie könnten auch ohne die Anwesenheit von Soldaten ein unterwürfiges Leben führen. [1]

Nach Cassius Dios Bericht führten Arminius und seine Mitverschwörer Varus gründlich in die Irre und wiegten ihn in Sicherheit. Arminius nutzte geschickt seine Sonderstellung als Militärpräfekt der Auxiliareinheiten aus und bewog Varus

[1] Cassius Dio, *Römische Geschichte*, IV, 56,18–22.

dazu, immer kleinere Truppenkontingente in entlegene Regionen und Krisenherde seiner Provinz zu entsenden, um so für die öffentliche Sicherheit zu sorgen. Varus ging auf die Vorschläge von Arminius ein, was verheerende Folgen haben sollte.

Varus behielt daher seine Legionen, wie es in einem Feindesland richtig gewesen wäre, nicht beisammen, sondern verteilte viele seiner Soldaten an schwache Gemeinwesen, die ihn darum baten, angeblich zu dem Zweck, entweder verschiedene Punkte zu bewachen oder Räuber festzunehmen oder gewisse Lebensmitteltransporte zu geleiten. [1]

Die Zersplitterung römischer Truppenteile war mit Sicherheit ein begünstigender Faktor im Falle einer Erhebung, jedoch keine Erfolgsgarantie. Um den Großteil der Legionen sofort auszuschalten, mussten Tausende von Mitstreitern unter höchster Geheimhaltung gewonnen werden. Erschwerend kam für die Rebellen hinzu, dass sie sich aus verschiedenen germanischen Stämmen – Marser, Brukterer, Chatten, Cherusker – rekrutierten, die noch Jahre zuvor untereinander verfeindet gewesen waren. Die organisatorische Hauptschwierigkeit bestand hingegen darin, ihre Kampfverbände unbemerkt von den römischen Spähern zur selben Zeit an einem zuvor bestimmten Ort zu versammeln, um dann an einem Tag losschlagen zu können. Dies war vor allem wichtig, um den weitaus besser gedrillten und bewaffneten Gegner schon in der Anfangsphase vernichten zu können, das heißt bevor er seine drückende Überlegenheit im Feld ausnutzen konnte. Arminius wusste um die große Gefahr, die die Durchführung des Unternehmens in sich barg. Seit der Zeit der Kimbern und Teutonen hatten die Germanen nie wieder einen derartig starken römischen Kampfverband in offenem Kampf besiegt. Arminius'

---

[1] Cassius Dio, *Römische Geschichte*, IV, 56,18–22.

einzige Trümpfe waren die ihm unterstellten kampferprobten cheruskischen Auxiliartruppen, die Todesverachtung seiner Anhänger und die Ahnungslosigkeit des Gegners.

Die Terminierung des Aufstands auf einen festen Zeitpunkt barg in sich große Probleme: Sie musste einerseits im Geheimen vonstatten gehen, andererseits den Anführern des Aufstands genug Zeit lassen, ihre Krieger zusammenzurufen. Je größer der zeitliche Vorlauf der Mobilisierung der Aufständischen, desto höher wurde das Risiko, dass den Römern der Plan verraten wurde. Arminius ging deshalb äußerst behutsam vor und erweiterte nur langsam den Kreis der Verschwörer, wie Velleius zu berichten weiß:

Erst weihte er nur wenige, dann mehrere in seinen Plan ein. Die Römer könnten vernichtet werden, das war seine Behauptung, mit der er auch überzeugte. Er ließ den Beschlüssen Taten folgen und legte den Zeitpunkt für den Hinterhalt fest. [1]

Die Pläne der Verschwörer fanden nicht überall Beifall, sondern stießen bei der römerfreundlichen Partei auf energischen Widerstand. Ihr Anführer war Segestes, dessen Verhältnis zu Arminius unfreiwillig ein ganz besonderes war: Er hasste Arminius, weil dieser seine Tochter Thusnelda entführt und ohne seine Zustimmung geehelicht hatte. Aber das Schicksal meinte es gut mit den Plänen des Brauträubers. Obwohl Segestes den Plan seines ungeliebten Schwiegersohns noch in der Nacht vor dem Aufstand verriet, verhallten seine Warnungen bei Varus ungehört. Wahrscheinlich vermutete der römische Statthalter, dass Segestes Arminius aus niederen persönlichen Motiven verleumdete, und ließ die Sache auf sich beruhen.

Damit waren die Würfel gefallen, Arminius' List war geglückt. Zum Zeitpunkt von Segestes' Verrat hatte sich die Schlinge um die Legionen, Kohorten und Reitergeschwader

[1] Velleius Paterculus, *Historia Romana*, II, 118,3.

der Varusarmee immer enger gezogen. Cherusker, Marser, Brukterer und Chatten warteten nur darauf, zuzuschlagen. Was folgte, war ein grausames Gemetzel, über dessen Verlauf sich bis heute die Gelehrten streiten, weil es auf germanischer Seite keine Quellen und auf römischer Seite nur wenige schriftliche Überlieferungen gibt, die sich zum Teil widersprechen.

DAS VARUSMASSAKER

Es ist kaum möglich, über die Varusschlacht zu schreiben, ohne sich auf den Pfad der Rekonstruktion und der Lokalisierung des Tathergangs zu begeben. Die Forschung ist auf die Verortung der Schlacht fixiert, ihr Verlauf stößt auf geringeres Interesse. Da es aber gerade die Varusschlacht ist, die Arminius – weit mehr als sein Abwehrkampf gegen Germanicus – zum Mythos machte, scheint an dieser Stelle ein Wort angebracht zu den hinsichtlich des Verlaufs der Ereignisse geführten Kontroversen.

Heute wie damals ist von elementarer Bedeutung die Frage, welchen Schriftquellen man Vorrang einräumt: ob man der Schilderung von Cassius Dio oder der von Lucius Annaeus Florus folgt und wie man die Berichte von Tacitus und Velleius Paterculus interpretiert.

Cassius Dio schildert, wie das Varusheer auf dem Marsch vom Sommer- zum Winterlager aufgrund einer Kriegslist vom Hauptpfad in unwegsame Gebiete weggelockt wird und auf einem dreitägigen Todesmarsch durch fortwährende Hinterhalte der Germanen zugrunde geht. Für diese Version sprach sich bereits im 19. Jahrhundert der große Althistoriker Theodor Mommsen aus, und ihr wird von der Mehrheit der Historiker und Archäologen bis heute der Vorzug gegeben.

Aufgrund sensationeller Bodenfunde bei Kalkriese nimmt Wolfgang Schlüter, der Leiter der Ausgrabungen, sogar an, den genauen Ort der Varusschlacht gefunden zu haben: Zum ersten Mal fand man in Deutschland tierische wie materielle Relikte eines mörderischen Kampfes zwischen Germanen und Römern, die nicht älter als 9 n. Chr. sind. Trotz dieser Fundfülle bleiben viele Fragezeichen. Das Ausmaß der Streuung der oft zitierten Münz- und Militärfunde bei Kalkriese deckt sich bis jetzt nicht mit den Berichten von der vernichtenden Niederlage eines 20 000-Mann-Heeres, das nach Meinung der Archäologen einen 15 Kilometer langen Heerwurm gebildet hatte und in der Kalkrieser Enge mit Mann und Maus unterging. Die heute als unumstößliche Wahrheit formulierte These, dass die Römer bei Kalkriese in eine Falle gerieten und nach einer dreitägigen Schlacht auf dem Marsch vernichtet wurden, erscheint voreilig.

Nirgendwo in den Quellen von Velleius, Tacitus und Florus findet sich ein Beleg dafür, dass die Varusarmee während ihres Marsches angegriffen und vernichtet wurde.[1] Denn eines impliziert die Information Cassius Dios: Ein dreitägiger Marsch von drei Legionen hätte das Vorhandensein dreier Marschlager vorausgesetzt. Diese Lager müssten, sollte die Schlacht bei Kalkriese stattgefunden haben, dort auch in der Nähe zu finden sein. Dieser Nachweis konnte bisher nicht erbracht werden.

Die einzige Textstelle, die etwas über das Auffinden der Varuslager durch Germanicus' Truppen berichtet, findet sich bei Tacitus. Sie liefert eine ganz andere Information als Dio:

---

[1] Tatsächlich gibt es keinen einzigen Beweis für den Wahrheitsgehalt des Berichts von Cassius Dio. Nach Tacitus (*Annalen*, I, 61) besichtigten die aus der Schlacht oder Gefangenschaft entkommenen Soldaten zusammen mit Germanicus das Schlachtfeld und wirkten beinahe kriminalistisch an der Rekonstruktion des Geschehens mit. Tacitus:»Sie sagten ihm: hier seien die Legaten gefallen, dort seien die Adler entrissen, wo dem Varus die erste Wunde beigebracht, und wo er mit unglücklicher Hand und durch eigenen Stoß sich den Tod gegeben habe.«

GEGEN ADLER UND LEGIONEN

*Dann betreten sie die Stätte der Trauer, für den Anblick wie
für die Erinnerung grauenvoll. Das erste Lager des Varus zeigte
durch seinen weiten Umfang und die Absteckung des Feldherren-
platzes, dass drei Legionen daran gearbeitet hatten. Weiterhin
erkannte man an dem halbverfallenen Wall und flachen Graben,
dass sich dort die schon zusammengeschmolzenen Reste gelagert
hatten.* [1]

Fügt man kriminalistisch die enthaltenen Informationen zusammen, ergibt sich eher, dass es – wenn überhaupt – zwei Le-
gionslager gab: das ursprüngliche Dreilegionenlager und eine
notdürftige, provisorische Verteidigungsanlage, die entweder
auf der Grundfläche des Dreilegionenlagers oder zumindest
davon unweit von den zusammengeschmolzenen Resten der
Varuslegionen bis zur Kapitulation verteidigt wurde.

Der Bericht Cassius Dios enthält vor allem teils unglaub-
würdige, teils widersinnige Details: So plant Arminius einen
Aufstand, der voraussetzt, dass unter höchster Geheimhaltung
ein gesamtgermanischer Heerbann von mindestens 20000
Männern einst verfeindeter Stämme zusammenberufen wird,
ohne dass dies den Römern auffallen würde. Da marschiert
Varus trotz heftigstem Widerstand, trotz eigener Verwundung und schweren Verlusten unbeirrt weiter ins tiefste Feindesland, um seine Männer ausgerechnet an einer Stelle, die für
die Aufstellung als Kampfformation ungeeignet ist, endgültig
massakrieren zu lassen, während er sich stilgerecht ins eigene
Schwert stürzt. Cassius Dio berichtet weiter, dass die Römer
inmitten germanischer Urwälder vernichtet wurden, obwohl
Tacitus schildert, dass ihre Leichen sechs Jahre später von den
Truppen des Germanicus »in medio campo«, das heißt mitten
auf dem Feld, aufgefunden wurden. [2]

Eine völlig gegenteilige Schilderung des Kampfgeschehens

---

[1] Tacitus, *Annalen*, I, 61.
[2] Ebenda.

bietet der römische Historiker Lucius Annaeus Florus: Ihm zufolge wurden die römischen Truppen völlig überraschend an einem Gerichtstag überfallen und nach mehrtägigen Gefechten vernichtet. Bestand in dieser Überrumpelung die List des Arminius?

So griffen sie ihn [Varus], der an nichts dachte und nichts derart fürchtete, unversehens an, während er sie – welche Sorglosigkeit! – vor seinen Richterstuhl rief; von allen Seiten drangen sie ein und plünderten das Lager; drei Legionen wurden vernichtet. Varus folgte freiwillig dem Strom des Verderbens. Nichts war blutiger als dieses Gemetzel in Sümpfen und Wäldern.[1]

Diese Version, in der historischen Forschung von der Mehrheit nach wie vor meist ohne Angabe von wirklich stichhaltigen Argumenten als unglaubwürdig abgetan, deckt sich in vielen Punkten mit den Berichten von Velleius Paterculus und Tacitus. Vor allen Dingen ist sie plausibel und lässt keinen Erklärungsnotstand zu – erst recht nicht, wenn man berücksichtigt, welche Vollmachten Varus als Provinzstatthalter in Germanien besaß.

Zu den Pflichten eines Provinzstatthalters gehörte es, die unterworfene Bevölkerung zu Landtagen einzuberufen und Recht zu sprechen. Folgt man der Schilderung Florus', so wäre für Arminius die Notwendigkeit entfallen, umständliche und riskante Pläne zu schmieden, um die Römer zu einer bestimmten Zeit an einer bestimmte Stelle in eine Falle zu locken: Dann hätte Arminius einander begünstigende Faktoren ausgenutzt, anstatt sie erst hervorzurufen. Und dann fügt sich das Zusammenströmen der eigens von den Römern einberufenen männlichen cheruskischen Bevölkerung an einem Gerichtstag nahtlos an die von Dieter Timpe[2] angenommene Verschwö-

---

[1] Florus, *Römische Geschichte*, II, 30.
[2] Dieter Timpe, *Arminius-Studien*, Heidelberg 1970.

GEGEN ADLER UND LEGIONEN

rung cheruskischer Bundestruppen unter der Führung von Arminius.

Vor allem offenbart sich durch Florus' Version des Geschehens eine natürliche Mechanik der Rebellion: Ein symbolträchtiges Ereignis wird zu einem öffentlich wirksamen Manifest des bewaffneten Widerstands benutzt, der politische Gegner vollständig überrascht – was die vollständige Niederlage des ansonsten haushoch überlegenen römischen Heeres erklärt. In diesem Fall symbolisiert der Anlass des Aufstands, nämlich ein römischer Gerichtstag, sogar noch die politische Drangsal: die widerrechtliche Aneignung politischer Herrschaftsrechte durch die römischen Besatzer und ihre blutige Abstrafung durch die Rebellen unter Arminius.

Paul Höfer, der entschiedenste Gegenspieler Theodor Mommsens, entwickelte in seinem 1888 veröffentlichten Buch *Die Varusschlacht* basierend auf Florus eine überzeugende Indizienkette jenes denkwürdigen Ereignisses, das, sollte er recht haben, besser den Namen »Varusmassaker« verdient hätte. [1]

Sobald der Feldherr das Tribunal bestieg, pflegten Adler- und Standartenträger mit ihren Feldzeichen sich auf beiden Seiten des Tribunals aufzustellen. [...] Am Fuße des Tribunals standen während der Ansprachen und Gerichtssitzungen, wie auf dem Forum zu Rom, so auf dem Forum des Lagers die Herolde und Liktoren, gewärtig, die Befehle und Strafen des Prokonsuls auszuführen. Als Prokonsul hatte Varus 12 Liktoren. Diese bildeten aber auch den einzigen Schutz, dessen sich Varus auf dem Tribunal bediente. [...] Der weite Platz vor dem Tribunal war von Cheruskern besetzt, de-

---

[1] Es mag verwundern, dass an dieser Stelle angesichts der Masse von modernen Publikationen aus einem Werk zitiert wird, das vor 120 Jahren erschienen ist und auf den ersten Blick veraltet scheint. Das Gegenteil ist der Fall: Ich kenne kein Werk, dass originärer ist und sich so intensiv mit der Auswertung der Quellen auseinandersetzt. Die Kontroverse ist die gleiche wie vor 120 Jahren. Schon damals gab es Münzfunde bei Barenaue unweit Kalkriese.

ren Rechtssachen hier entschieden werden sollten. In dieser Situation lag jedenfalls die strafbare Nachlässigkeit, jene »summa socordia«, welche Velleius [an Varus] tadelt. Die Soldaten standen nicht unter Waffen. [1]

Sind Höfers Überlegungen korrekt, dann hatte Varus in sträflichem Leichtsinn einen tödlichen Fehler gemacht, und Arminius' Überraschungstaktik war in allen Punkten aufgegangen. Er hatte nicht nur den Zeitpunkt geschickt gewählt, er hatte dem Gegner zudem auch Ort und Kampftaktik aufgedrängt, wobei er – so Höfer – tiefgehende Kenntnis römischer Rechtsgepflogenheiten bewies.

Wir wissen von Varus, dass es ihm zumindest vorläufig gelang, sich vor den Germanen in Sicherheit zu bringen. Andere Römer hatten weniger Glück. Wie die Berichte von den später erfolgten Hinrichtungen der Oberzenturionen beweisen, wurden diese sowie große Teile des im Heer anwesenden römischen Adels von den Cheruskern lebend gefangen genommen. [2]

Die Legionäre, die zu den Adlern, den Feldzeichen, eilten, um sich zum Widerstand zu sammeln, wurden niedergemacht, ebenso diejenigen, die ihr Heil in der Flucht suchten, wie Tacitus in seinen *Annalen* andeutet.

---

[1] Auf diesen Aspekt ging Marbod 17 n. Chr. ein, als er einen Zwist der Cherusker ausnutzte, um zugunsten von Arminius' Onkel Ingiomerus zu intervenieren, und seine Truppen mit folgenden Worten für den kommenden Kampf mit den Cheruskern anfeuerte: »Der wahnsinnige und der Kriegsführung unkundige Arminius maße sich dagegen fremden Ruhm an, weil er drei dienstfreie Legionen und deren vertrauensseligen Führer treulos hintergangen habe.« Tacitus, *Annalen*, II, 46.

[2] Selbst Seneca nahm in einer seiner Episteln (Nr. 47) Bezug auf die Varusschlacht: »Wie viele Männer glänzender Abkunft, welche die senatorische Laufbahn mit Kriegsdienst begannen, hat das Schicksal der varianischen Niederlage erniedrigt! Den einen hat sie zum Hirten, den einen zum Wächter einer Hütte gemacht!«

Mitten auf dem Felde lagen die bleichen Knochen, bald zerstreut, bald haufenweise, je nachdem die Soldaten geflohen waren oder Widerstand geleistet hatten. [1]

Inmitten des Durcheinanders muss es Arminius' Kohorten und den zum Gericht berufenen Verschwörern gelungen sein, die Lagertore zu öffnen. Damit war die römische Niederlage besiegelt. Aus den umliegenden Wäldern strömten Tausende germanischer Krieger in das Dreilegionenlager und machten nieder, was ihnen vor die Klinge kam. Die römische Führung versagte, an geordneten Widerstand war nicht mehr zu denken. Schlimmer noch: Einer der Legaten, Numonius Vala, der Oberbefehlshaber der Reiterei, ließ mit seiner Truppe die Fußsoldaten im Stich und versuchte, sich auf eigene Faust mit seinen Männern zum Rhein durchzuschlagen. Der fahnenflüchtige Legat starb, so schreibt Velleius, als Deserteur; doch ob durch Germanenhand während des Durchbruchs oder später wegen Fahnenflucht durch den römischen Henker, das ist aufgrund der Zweideutigkeit der Textstelle bis heute nicht geklärt. [2] Trotzdem gelang es Varus und einigen seiner Offiziere und Legionäre zu entkommen. Wahrscheinlich rettete sie am ersten Kampftag die Beutegier der Germanen vor der totalen Vernichtung.

Als die Nacht einbrach, verschanzten sich die Reste der Legionen hinter hastig aufgeworfenen Erdwerken. Doch dies war nur ein Aufschub der Tragödie. Von Verzweiflung übermannt, wohl wissend, dass er Schmach und Schande durch seinen Leichtsinn auf sich geladen hatte, stieß sich Varus das Schwert in den Leib. Damit war das Schicksal der Legionen besiegelt.

---

[1] Tacitus, *Annalen*, I, 61.
[2] Ebenda; die Textstelle lautet: »Jedoch das Schicksal rächte seine Schandtat: Er überlebte seine Kameraden nicht, von denen er desertiert war, sondern fand als Deserteur den Tod.« Dies kann zweierlei bedeuten – dass er bei der Ausbruchsschlacht fiel oder als Deserteur hingerichtet wurde.

So weit die Ansicht von Paul Höfer, dessen Ausführungen auf der fundierten Analyse sämtlicher verwendbarer Schriftquellen beruhen und den Wahrheitsgehalt von Florus' Schilderung in keinster Weise anzweifeln. Für die Anhänger des »Todesmarsch-Mythos« hat diese Version natürlich einen großen emotionalen Nachteil: Es raubt dem Arminius-Mythos das Element der mit großer Feldherrentaktik bis ins letzte Detail vorausgeplanten Vernichtungsschlacht und befleckt die Heldenpose mit dem hässlichen Schandfleck des Verrats. Der Aufstand wird zur Messerstecherei wagnerianischen Ausmaßes, die Schlacht zum Massaker.

Egal welche Version man für richtig hält: Trotz aller Widersprüchlichkeit schildern beide Berichte die völlige Ausweglosigkeit der Lage, in die sich Varus mit seinen Legionen aufgrund von Arminius' List manövriert hatte. Ob es ein klassischer Hinterhalt war, der einer marschierenden Armee gelegt wurde, wie Cassius Dio meint, oder ob der Hinterhalt darin bestand, dass die Römer inmitten von Bergen, Wäldern oder Sümpfen ohne ihr Wissen umzingelt waren, mag dahingestellt sein.

Klar ist, dass das von Arminius geplante Überraschungsmoment sofort nach Eröffnung der Feindseligkeiten zu Buche schlug, dass die Römer gleich zu Beginn die schwere Ausrüstung und den Proviant verloren, ja so gravierende Verluste erlitten, dass sie von Anfang an kaum an offensive Gegenschläge denken konnten. Nirgendwo schimmert in den Berichten durch, dass die Legionäre überhaupt den Hauch einer Siegeschance hatten. Ganz im Gegenteil: Sie, die grausamen und allseits gefürchteten Bezwinger Germaniens, standen gleich zu Beginn der Schlacht mit dem Rücken zur Wand, wie Velleius mit Bitterkeit bemerkt.

Die tapferste Armee von allen, führend unter den römischen Truppen, was Disziplin, Tapferkeit und Kriegserfahrung angeht, wurde durch die Indolenz des Führers, die betrügeri-

sche List des Feindes und die Ungunst des Schicksals in einer
Falle gefangen. Weder zum Kämpfen noch zum Ausbrechen
bot sich ihnen, so sehnlich sie es auch wünschten, ungehindert
Gelegenheit, ja einige mussten sogar schwer dafür büßen, dass
sie als Römer ihre Waffen und ihren Kampfgeist eingesetzt
hatten. Eingeschlossen in Wälder und Sümpfe, in einem
feindlichen Hinterhalt, wurden sie Mann für Mann abge-
schlachtet – und zwar von dem Feind, den sie ihrerseits wie
Vieh abgeschlachtet hatten – dessen Leben und Tod von ihrem
Zorn und Mitleid abhängig gewesen war. [1]

Der hohe Blutzoll, Varus' Selbstmord und der Verlust ihrer
höchsten Befehlshaber – durch Tod oder Flucht – wirkte
sich neben der Ausweglosigkeit der Lage zersetzend auf die
Kampfmoral der Legionäre aus. Nach hinhaltendem Widerstand ergaben sie sich letztendlich der immer größer werdenden Masse von Aufständischen, deren Zahl in der Hoffnung
auf Beute durch Zulauf der umliegenden Stämme auf ein Viel-
faches anschwoll, während die römischen Truppen kontinuierlich zusammenschmolzen.

Arminius' Prophezeiung, dass die Römer geschlagen werden könnten, wenn man es nur richtig anstellte, war in Erfüllung gegangen. Das abschließende Blutgericht zeigt, dass die
Einführung römischer Gesetze ein entscheidendes Motiv für
den Aufstand gewesen war. Wie es scheint, parodierte Arminius den gefallenen Statthalter, indem er von einer erhöhten
Stelle – etwa dem Tribunal? – über Angehörige der Varusarmee drakonische Strafen verhängte. Anschließend wurden die
zum Tode Verurteilten gekreuzigt oder in Martergruben erschlagen.

Selbst die Gefallenen fanden keine Schonung, wie der Umgang mit Varus' Leiche zeigt:

---

[1] Velleius Paterculus, *Historia Romana*, II, 119.

Den halb verkohlten Leichnam des Varus rissen die Feinde in ihrer
Rohheit in Stücke. Sie trennten sein Haupt ab und sandten es zu
Marbod. Dieser schickte es zu Caesar Augustus, der ihm trotz allem
die Ehre eines Familienbegräbnisses gewährte. [1]

Arminius hatte einen vollständigen Sieg errungen. Die römische Niederlage war so desaströs und in den Augen von Augustus und dessen späterem Nachfolger Tiberius so beschämend,
dass die vernichteten Legionen nie mehr aufgestellt wurden
und keine neugegründete Legion ihre Nummern 17, 18 und
19 trug. Des Weiteren verfügte Augustus eine absolute Nach-
richtensperre über die wahren Gründe der Niederlage, und
keiner der Überlebenden durfte das italische Festland zu seinen Lebzeiten je wieder betreten. Dies hatte nach dem römischen Ehrenkodex nichts damit zu tun, dass die Betroffenen
vernichtend geschlagen worden waren. Augustus selbst hatte
sich nach der Katastrophe von Carrhae [2] gegen die Parther
noch jahrelang darum bemüht, die Gefangenen der Armee
des Crassus auszulösen und die verlorenen Feldzeichen wie-
derzuerlangen. Die Varusarmee hatte vielmehr durch uneh-
renhaftes Verhalten Schande auf das bis dahin ungebrochene
Prestige der römischen Armee geladen, und der Nimbus von
der Unbesiegbarkeit Roms hatte einen empfindlichen Schlag
erlitten.

Um den Schaden klein zu halten, war es Geschichtsschrei-
bern zu Lebzeiten von Augustus verboten, die Schlacht zum
Thema ihrer Werke zu machen. Der Arminiusaufstand sollte
nicht zum Lehrstück antirömischer Erhebungen werden. Auf
diesem Umgang mit der Niederlage des Varus fußt das Mys-
terium, welches bis heute die Schlacht beziehungsweise das
Massaker umgibt, und dass der genaue Ort der Niederlage

[1] Velleius Paterculus, *Historia Romana*, II.
[2] Carrhae im Vorderen Orient: Hier erlitt Marcus Licinius Crassus
53 v. Chr. eine schwere Niederlage gegen die Parther.

GEGEN ADLER UND LEGIONEN

und der Hergang vergessen oder nur bruchstückhaft überliefert wurden.

Arminius hatte eine Schlacht gewonnen, nicht den Krieg. Jetzt galt es, den Sieg auszunutzen und die Römer bis zum Rhein zurückzutreiben. Die Germanen eroberten alle römischen Stützpunkte bis auf das Kastell Aliso, das von den geflohenen Resten der Varusarmee und einigen Abteilungen des Asprenas gehalten wurde. Hier endete vorerst der Siegeslauf, und die Offensive geriet ins Stocken, wie der byzantinische Historiker Johannes Zonaras[1] feststellt:

> *Die Barbaren nahmen sämtliche Befestigungen in Besitz, mit Ausnahme einer einzigen [...] Indes konnten sie die Festung doch nicht erobern, da sie sich nicht auf die Belagerungskunst verstanden, die Römer aber über zahlreiche Bogenschützen verfügten, mit deren Hilfe die Feinde wiederholt zurückgeschlagen wurden und sehr schwere Verluste erlitten.*[2]

Aber Arminius gab nicht auf. Die Köpfe der Getöteten ließ er auf Lanzen an den feindlichen Wall herantragen, um auf diese Weise die Moral der Belagerten zu brechen. Diesmal aber war dem siegreichen Cherusker kein leichter Erfolg beschieden. Aliso hielt Stand.

Währenddessen suchte Augustus in Rom fieberhaft nach einem Ausweg aus der Misere. Die Varuskatastrophe und der verzweifelte Kampf um Aliso riefen nach einem Germanienexperten. Der Kaiser fand ihn in keinem Geringeren als Tiberius. Der einstige Bezwinger der germanischen Stämme eilte sofort

---

[1] Johannes Zonaras: byzantinischer Geschichtsschreiber, um 1075 bis 1150; Hauptwerk: eine ausführliche Weltchronik von der Schöpfung bis 1118 n. Chr., die angesichts des Verlusts mancher von ihm benutzter oder exzerpierter Werke bedeutenden Quellenwert für die jüdische, griechische und römische Geschichte aufweist.

[2] Zonaras 10, 37.

an den Rhein, um die Lage zu stabilisieren und die Belagerung von Aliso aufzuheben. Im Jahr 10 n. Chr. ergriff er dann die Initiative, überquerte den Rhein und stieß mit mehreren Legionen auf dem Landweg ins Innere Germaniens vor, während sich gleichzeitig eine zweite römische Armeegruppe einschiffte und auf dem Wasserweg das vorgesehene Marschziel zu erreichen suchte.

Tiberius agierte vorsichtig. Anders als Varus kannte er das Land seiner Feinde, hatte er doch von 9 bis 5 v. Chr und von 4 bis 6 n. Chr. den Oberbefehl in Germanien innegehabt und war mit der germanischen Mentalität bestens vertraut. Die Tiberius-Offensive stellte das Selbstvertrauen der römischen Truppen wieder her und nahm Druck von der belagerten Festung Aliso, da viele Germanen sich von der Belagerung zurückzogen, als das Gerücht umging, dass ein Entsatzheer heranrücke. Der Belagerungsring um Aliso dünnte aus. Als sich dieses Gerücht von Tiberius' Anmarsch nicht bestätigte, durchbrachen die römische Besatzung und die Überlebenden der Varuskatastrophe auf eigene Faust den Belagerungsring um Aliso. Mit Glück kämpften sie sich bis zum Rhein durch, was allerdings nichts an der strategischen Gesamtsituation in Germanien änderte: Rom hatte alles Land jenseits des Rheins verloren.

DAS IMPERIUM SCHLÄGT ZURÜCK – DIE FELDZÜGE DES GERMANICUS

Die Römer mussten aufgrund der germanischen Erfolge beinahe wieder bei null anfangen. In den Jahren 11/12 n. Chr. ließ Tiberius im Vorfeld des östlichen Rheinufers eine Verteidigungslinie errichten, neue Legionen wurden aufgestellt und bezogen ihre Standlager. Der Sohn des Drusus, Germanicus, löste Tiberius im Oberkommando der Rheinarmee ab. Es schien, als ob alles für die letzte Auseinandersetzung bereit wäre, als Augustus 14 n. Chr. starb.

ANGEL-
SACHSEN

WARNEN

LANGOBARDEN

CHAUKEN

AMPSIVARIER

SEMNONEN

ANGRIVARIER
Idistaviso

✗ **Angrivarierwall**

**9 n. Chr.
Varus?**

CHERUSKER

BATAVER

Noviomagus
(Nimwegen)

Vetera
(Xanten)

BRUKTERER

MARSER

SUGAMBRER

Novaesium
(Neuss)

UBIER

Colonia Claudia Ara
Agrippinensium (Köln)

CHATTEN

HERMUNDUREN

Bonna
(Bonn)

TENKTERER

CHATTEN

MARKOMANNEN

Mogontacium
(Mainz)

Karte 1: Der germanische Aufstand
und die Feldzüge des Germanicus 9–16 n. Chr.

Die römischen Truppen sahen ihre Chance gekommen und meuterten. In Hoffnung darauf, dass Germanicus und nicht Tiberius der neue Kaiser werden würde, forderten sie höheren Sold und Verkürzung der Dienstzeit. Aber Germanicus verzichtete darauf, sich selbst mithilfe der Soldaten zum Kaiser zu erheben und somit einen Bürgerkrieg heraufzubeschwören, denn mittlerweile war Tiberius Augustus im Amt gefolgt. Germanicus zähmte den Aufruhr, indem er den Truppen Geldgeschenke machte, die Rädelsführer dagegen hinrichten ließ. Dann sorgte er auf makabre Art dafür, dass sich seine frisch disziplinierte Armee in ihren Standlagern nicht langweilte. Mit 12 000 Legionären, 26 bundesgenössischen Kohorten und acht Reitereinheiten überfiel er das Gebiet der Marser, die zum Zeitpunkt des Angriffs ein religiöses Fest feierten. Es war eine Revanche von unvorstellbarem Ausmaß: Im Umkreis von 50 Meilen massakrierten die Soldaten des Germanicus wahllos die wehrlose Bevölkerung. Hatte der energische Kriegsheld hingegen gehofft, die Marser und ihre unmittelbaren Nachbarn durch diesen Terror botmäßig zu machen, sah er sich getäuscht. Auf dem Rückzug geriet der römische Feldherr mit seinen Truppen in einen Hinterhalt der Brukterer, Tubanten und Usipeter, die den Marsern zu Hilfe kamen. Nur mit Mühe und unter Aufbietung aller Kräfte gelang es Germanicus, sich aus dem Hinterhalt zu befreien und hinter die Tiberius-Linie durchzuschlagen.

Der Feldzug gegen die Marser war allerdings erst der Auftakt zum eigentlichen Schlag gegen das Bündnis der germanischen Stämme unter Arminius' Führung. Der Sohn des großen Germanenbezwingers Drusus verfolgte einen ehrgeizigen Plan: die Wiederherstellung der römischen Vorherrschaft über die nordgermanischen Stämme. Dabei handelte es sich nicht um bloße Militärdemonstrationen, wie Tacitus behauptet und wie es erstaunlicherweise bis in die Gegenwart selbst von der modernen Geschichtswissenschaft kolportiert wird. Wie zu den besten Zeiten von Drusus und Tiberius ging Germanicus derartig systematisch vor, dass man von einer geplanten »Reconquista« der verlorenen Gebiete beziehungsweise einer beabsichtigten Wiederherstellung des einstigen römischen Einflussbereichs in Germanien sprechen kann. Ein Blick auf die Fakten genügt, um klarzumachen, dass dies kein bloßer Rachefeldzug zur Wiederherstellung römischer Waffenehre war. Mit acht bis an die Zähne bewaffneten Legionen, also fast einem Drittel der römischen Heeresmacht – das gesamte Imperium besaß in frühkaiserlicher Zeit nur 25 Legionen! –, fiel Germanicus 15 n. Chr. in Germanien ein. Doch der römische Feldherr hatte nicht mit dem strategischen Genie des Cheruskers gerechnet. Hatte Arminius bisher hauptsächlich durch List und politisches Geschick gesiegt, offenbarte sich in den folgenden Kämpfen ebendieses Talent, und aus dem einstigen Aufstand gegen die römische Fremdherrschaft wurde ein Freiheitskampf. Jetzt musste es sich zeigen, ob sich die Bündnispolitik von Arminius bewährte.

Als Erste wurden die Chatten von der römischen Angriffswucht zermalmt. Obwohl sie um Friedensverhandlungen baten, blieb Germanicus hart. Nach schweren Kämpfen ging die chattische Hauptstadt Mattium in Flammen auf. Erst auf ihrem Rückzug in Richtung Rhein wurde das römische Heer von den zu Hilfe eilenden Marsern angegriffen, die jedoch zurückgeschlagen wurden.

Aber Germanicus setzte nicht nur auf die Macht der römischen Kriegsmaschinerie. Seine Erfolge zeigten langsam auch bei den Cheruskern die lang ersehnte psychologische Wirkung. Hier, im Kerngebiet des Aufstands, im Heimatland von Arminius, bildete sich eine prorömische Partei. Wie schon vor der Varusschlacht konnte sich Rom auf den Cheruskerfürsten Segestes verlassen, während Arminius unversöhnlich in seiner Feindschaft gegen Rom verharrte.

Was 9 n. Chr. von den Cheruskern noch vermieden werden konnte, wurde sechs Jahre später Realität: Die Fehde zwischen

Segestes und Arminius nahm bürgerkriegsähnliche Formen an. Als Arminius seinen Schwiegervater in dessen Burg belagerte, weil dieser seine Tochter, Arminius' schwangere Gattin Thusnelda, zurückgeraubt hatte, eilte Germanicus mit seinen Truppen zu Hilfe und befreite den Bundesgenossen Roms aus seiner Notlage. Der Preis dieser Bemühungen konnte sich sehen lassen: Germanicus ließ Thusnelda zusammen mit Segestes als Faustpfand nach Italien verschiffen, wo sie fortan unter strenger Bewachung lebte.

Arminius war außer sich vor Wut. Der Cherusker war hingegen viel zu geschickt, als dass er diese Niederlage nicht zu seinem Vorteil nutzte, wie der Auszug aus folgender von Tacitus überlieferter Schmährede gegen Germanicus beweist:

> *Ein herrlicher Vater, ein großer Imperator, ein tapferes Heer, das mit so vielen Armen ein schwaches Weib fortgeschleppt hat! Vor ihm seien drei Legionen und ebensoviel Legaten niedergesunken. Er pflege, nicht mit Verrätern und nicht gegen schwangere Frauen, sondern offen und gegen bewaffnete Männer Krieg zu führen! [...] Da jener zum Herrscher gewählte Tiberius unverrichteter Dinge abgezogen, so sollten sie sich nicht vor einem unerfahrenen Knaben und vor einem meuternden Heer fürchten. Wenn sie aber ihr Vaterland und die alte Freiheit mehr liebten als Knechtschaft und neue Zwingburgen, so sollten sie doch lieber einem Arminius folgen, der sie zu Ruhm und Freiheit, als dem Segestes, der sie in Schande und Sklaverei führe!* [1]

Mit dieser Rhetorik hatte Arminius Erfolg. Die vermeintliche Niederlage wurde zum Propagandacoup: Ausgerechnet der frevlerische Raub der Thusnelda und die römischen Anfangserfolge schweißten das Heer der rebellischen Germanen wieder zusammen.

Die Römer konterten ebenfalls mit Propagandasiegen:

---

[1] Tacitus, *Annalen*, I, 59.

Bei einem Feldzug gegen die Brukterer gelang es einem von Germanicus' Unterfeldherren, L. Stertinius, den Adler der 19. Legion zurückzuerobern. Dann besuchte das römische Heer unter Germanicus' Führung nach sechs Jahren endlich den Ort des grauenvollen Gemetzels der Varusschlacht, um die skelettierten Reste der Gefallenen ehrenvoll zu bestatten. Damit schien der römischen Waffenehre Genüge getan.

Angestachelt von Trauer und Wut um die gefallenen Kameraden, begann Germanicus, mit seinen Truppen in Richtung der Armee des Rebellenführers vorzustoßen und ihn zu verfolgen. Aber so leicht ließ sich Arminius nicht fangen, sondern zog sich immer tiefer in die unwegsamen Gebiete seiner Heimat zurück. Germanicus wurde nervös. Er fieberte der Gelegenheit entgegen, den Krieg mit einer alles entscheidenden Schlacht zu beenden und den verhassten Rebellen im Triumph nach Rom zu führen.

Als die Römer eine germanische Schlachtreihe entdeckten, schien endlich die Gelegenheit zur offenen Feldschlacht günstig. Im Feuereifer befahl Germanicus seiner Reiterei, das germanische Truppenkontingent anzugreifen. Die römischen Reiter warfen sich mit Elan auf die feindliche Schlachtlinie, als diese, wie von Arminius befohlen, abschwenkte. Das war der Moment, auf den der Cherusker gewartet hatte: Auf sein Zeichen hin brachen die germanischen Reiter plötzlich aus den Waldungen hinter der abgeschwenkten Schlachtlinie hervor und fielen über die römische Kavallerie her, die in starker Unordnung auf die ihnen folgenden Kohorten der Bundesgenossen zurückflutete. Als die in Auflösung begriffenen Heermassen der Römer gefährlich in Richtung eines nahe gelegenen Sumpfes gedrängt wurden, ließ Germanicus in letzter Minute seine Legionen in Schlachtordnung aufmarschieren. Die Germanen zogen sich angesichts dieser gewaltigen Truppenmacht zurück.

Das erste Duell zwischen Arminius und Germanicus hatte

unentschieden geendet. Für eine Verfolgung der Gegner fühlte Germanicus sich nicht stark genug. Der anschließende Rückzug der Römer wurde fast zur Katastrophe: Auf dem Rückmarsch geriet der römische Unterfeldherr Caecina mit vier Legionen bei den Pontes Longi[1] in einen Hinterhalt und kam durch die vereinigte germanische Heeresmacht unter Arminius und Ingiomerus in schwere Bedrängnis.

Nur der Einbruch der Nacht rettete die Römer vor dem Sumpf, und die Siegeszuversicht von Arminius' Männern wuchs ins Unermessliche. Doch der nächste Tag sollte mit einer bösen Schlappe enden. Auf Anraten von Arminius' Onkel Ingiomerus beging das Germanenheer den schweren taktischen Fehler, Caecinas Lager im Frontalangriff erobern zu wollen, um sich so viel wie möglich von der zu erwartenden Beute zu sichern. Der Angriff scheiterte. Ingiomerus wurde schwer verwundet, viele Krieger getötet.

Dies bot Caecina am nächsten Tag die Gelegenheit, sich endlich von seinen Verfolgern abzusetzen und unbehelligt auf die Rheinlinie zurückzuziehen. Seine Männer fanden bei ihrem Rückzug ein Land in Panik vor, denn aus der Schlacht geflüchtete Römer hatten das Gerücht verbreitet, dass Caecina mit seinen Legionen in den Sümpfen vernichtet worden wäre und die Germanen sich schon im Anmarsch auf Gallien befänden. Dies führte zu einer derartigen Hysterie, dass die Gattin des Germanicus, Agrippina, nur mit Mühe den Abbruch der Rheinbrücken verhindern konnte.

Auch aus dem Norden trafen Hiobsbotschaften ein: Die entlang der Nordseeküste zurückmarschierende 2. und 14. Legion war von einem durch stürmische See verursachten Hochwasser überrascht worden und hatte viele Männer verloren, noch bevor sie sich an der Weser mit der römischen

---

[1] Pontes Longi: Vom römischen Oberbefehlshaber Domitus Ahenobarbus an heute unbekannter Stelle angelegte Knüppeldämme, die durch Sümpfe und Morast führten.

Flotte unter dem Oberbefehl des Germanicus wieder vereinen konnte.

Der Feldzug des Jahres 15 n. Chr. neigte sich dem Ende zu. Diese Runde hatte Arminius für sich entschieden – nicht nur mithilfe der Elemente. Sein überlegenes strategisches Geschick hatte den Kampf diktiert. Seine Männer marschierten aufgrund ihrer leichteren Ausrüstung besser und schneller, griffen fast überall erfolgreich an. Darüber hinaus hatte er einen psychologischen Sieg errungen, und die Kampfmoral seiner Truppen war bestens. Dagegen war Germanicus keinen Schritt vorangekommen und Caecina nur knapp einer schweren Niederlage entronnen.

Diese Schlappe konnte der römische Feldherr nicht auf sich sitzen lassen. Das folgende Jahr, 16 n. Chr., ließ sich für Germanicus besser an, weil er aus seinen Fehlern gelernt hatte. Dabei trug er der Tatsache Rechnung, dass die meisten seiner Soldaten nicht während der Kampfhandlungen, sondern bei aufreibenden Märschen umgekommen waren. Hinzu kam, dass die Landwege durch schwieriges Gelände führten und sich die langen römischen Marschkolonnen mit ihrem schwer zu verteidigenden Tross nicht gut gegen die Überraschungsangriffe der Germanen wehren konnten.

Germanicus beschloss, auf lang ausgedehnte Märsche zu verzichten und die Flotte einzusetzen, um die Weser entlang tief in das Herz Cheruskiens vorzustoßen. Diese Taktik ging fürs Erste auf. Aber Arminius nutzte diesen für die Germanen misslichen Umstand rhetorisch geschickt aus, indem er die neue Strategie der Römer propagandistisch ins Lächerliche zog:

Denn zur Flotte und zum unwegsamen Ozean hätten sie [die Römer] nur deshalb Zuflucht genommen, damit niemand den Ankommenden begegne, niemand die Geschlagenen bedränge. Aber wenn erst einmal die Schlacht begonnen habe, so böten Winde und Ruder den Besiegten keinen Schutz mehr. Sie sollten nur an der

*Römer Habsucht, Grausamkeit und Hochmut denken! Bliebe ihnen
denn was anderes übrig, als an der Freiheit festzuhalten oder zu
fallen, bevor man sie zu Knechten mache?*[1]

Arminius blühte auf. Er forderte seine Männer dazu auf, äußerste Kampfbereitschaft an den Tag zu legen, und war sogar so dreist, ein Mittel anzuwenden, das nach wie vor zu den Bestandteilen der Kriegsführung zählt. Hätte es damals schon Flugzettel oder Lautsprecher gegeben, Arminius würde sie genutzt haben; so aber schickte er einen stimmgewaltigen, des Lateinischen mächtigen Herold an die römischen Lagerwälle, der jedem Überläufer Frauen, Land und 100 Sesterzen täglichen Sold für die ganze Kriegsdauer versprach. Der Zorn der Römer stieg ins Unermessliche. Wütend wiesen die Legionäre einen nächtlichen Überraschungsangriff der Germanen ab. Endlich brach der Tag an, an dem sich – nach Meinung ihrer Heerführer – das Schicksal beider Armeen entscheiden sollte.

Tacitus berichtet, wie Germanicus mit folgenden Worten seinen Männern Mut zu machen versuchte:

*Nicht nur die Ebenen seien für römische Soldaten ein geeignetes
Feld, auch Wälder und Höhen seien es, wenn man mit Vernunft zu
Werke gehe. Denn die riesigen Schilde der Barbaren und ihre überlangen Lanzen seien zwischen den Baumstämmen und dem dichten
Holz nicht so leicht zu handhaben, wie unsere Wurfspieße, Schwerter und dem Körper eng anliegenden Rüstungen. Sie sollten nur die
Hiebe dicht aufeinander folgen lassen und mit den Schwertspitzen
nach den Gesichtern zielen!*[2]

Das darauffolgende Morden ging als die Schlacht von Idistaviso in die Geschichte ein und endete mit einem römischen

---

[1] Tacitus, *Annalen*, II, 15.
[2] Tacitus, *Annalen*, II, 14.

Sieg. Obwohl Germanicus die Zeichen des Triumphs errichtete und Arminius sich zurückziehen musste, gaben die Germanen den Widerstand nicht auf. Es scheint, dass Arminius nicht so schwer angeschlagen war, wie die Römer vermuteten. Schon kurz darauf überfiel er die ihn verfolgenden römischen Heereskolonnen und stellte sie erneut in einem für sie ungünstigen Gelände zum Kampf. Diesmal kam es an einer Grenzbefestigung zum Gebiet der Angrivarier, einem westlich der Weser siedelnden Nachbarstamm der Cherusker, zur Entscheidungsschlacht. Wie immer hatte Arminius das Gelände gut gewählt und seine Truppen gut postiert.

Zuletzt wählten sie eine von Flüssen und Wäldern umschlossene Stelle aus, ein enges und sumpfiges Tal. Auch zog sich um die Wälder ein tiefes Moor, nur dass die Angrivarier auf einer Seite einen hohen Damm errichtet hatten, der die Grenze gegen die Cherusker bilden sollte. Hier stellten sie das Fußvolk auf, während sie die Reiterei in den benachbarten Hainen versteckten. Sie sollte den Legionen, wenn sie den Wall betraten, in den Rücken fallen. [1]

Doch Germanicus kannte mittlerweile die Taktik des Cheruskers und ließ nur einen Teil des Fußvolks in den Wald einrücken, den anderen Teil im Frontalangriff gegen den germanischen Verteidigungswall vorstoßen, wo sich die ersten Angriffswellen festliefen. Erst nach schweren Verlusten und unter massivem Einsatz von Wurfgeschützen gelang es den Römern schließlich, das Bollwerk zu erobern, während die Germanen im Kampf von Mann zu Mann aus den Wäldern geworfen und dem Sumpf entgegengetrieben wurden. Dies war der kritische Moment der Schlacht. Ohne ihre größere Schnelligkeit und den Reichweitenvorteil ihrer langen Lanzen ausnutzen zu können, gerieten die germanischen Schlachtreihen zwischen Wäldern und Sumpf in einen Engpass, aus

[1] Tacitus, *Annalen*, II, 19.

dem es kein Entrinnen gab. Zum ersten Mal saßen Arminius und seine Männer selbst in der Falle. Jetzt diktierten die römischen Legionen das Kampfgeschehen. Unerbittlich, gleich einer eisernen Brandung, brachen sich immer größere Angriffswellen römischer Legionäre am germanischen Schilder- und Lanzenwall. Die Germanen kämpften mit dem Mut der Verzweiflung und erlitten schwerste Verluste.

Die Germanen standen den Römern in Mut nicht nach und erlagen nur durch ihre Kampfweise und Bewaffnung. Ihre ungeheuere Masse konnte auf dem beengten Raume die überlangen Lanzen nicht vorstoßen und nicht zurückziehen; sie konnten auch nicht im Sturmlauf von ihrer Schnelligkeit Gebrauch machen, da sie von der Stelle aus zu kämpfen genötigt waren. Unsere Soldaten dagegen, den Schild dicht an die Brust gepresst, die Hand fest am Schwertgriff, durchstachen die gewaltigen Barbarenleiber, die ungedeckten Gesichter und bahnten sich über die Leichenhaufen ihrer Feinde den Weg. [1]

Verzweifelt versuchten Arminius und Ingiomerus, Ordnung in die angeschlagenen Reihen ihrer Männer zu bringen. Für die Aufständischen war es eine Art Armageddon: die Schlacht aller Schlachten. Den Sieg erringen konnten sie nicht mehr, jetzt galt es nur noch, sich vom Feind zu lösen und der drohenden Vernichtung zu entgehen.

Germanicus witterte Morgenluft. Inmitten des Getümmels riss er sich den Prachthelm vom Kopf und feuerte hasserfüllt seine Soldaten an, mit dem Gemetzel fortzufahren und keine Gefangenen zu machen. Einzig die Ausrottung des ganzen Volkes werde den Krieg zu einem Ende führen. Der Feldherr wusste nur zu gut, dass er einen entscheidenden Sieg verbuchen musste. Doch genau der blieb ihm verwehrt. Die Nacht trennte die Kämpfenden, Arminius und Ingiomerus zogen ihre

[1] Tacitus, *Annalen*, II, 21.

angeschlagene Armee aus dem Kampf, ohne dass die Römer sie weiter verfolgten. Die römischen Truppen waren zu erschöpft, um an eine Verfolgung der Germanen denken zu können. Auch sie hatten schwere Verluste erlitten.

Am nächsten Tag bewies Germanicus sein untrügliches Gespür für die große Pose: Er ließ seine Legionen antreten und einen Waffenhügel errichten, dessen Inschrift die Niederwerfung der Stämme zwischen Rhein und Elbe durch das Heer des Tiberius verkündete. Das Denkmal entpuppte sich als eitles Blendwerk. Zwar hatte der Römer gesiegt und unterwarfen sich die Angrivarier nach dem Sieg, aber von einer Niederwerfung der aufständischen Stämme zwischen Rhein und Elbe war Germanicus weit entfernt. Der Feldherr hatte den Kampf gegen die Zeit verloren. Der Sommer neigte sich dem Ende zu, und wieder war in Germanien keine Entscheidung gefallen. Die Römer zogen sich auf die Rheinlinie ins Winterlager zurück.

Was sich nun ereignete, mutet fast wie ein göttliches Strafgericht an. Kaum hatte Germanicus mit dem größten Teil seines Heeres die offene See erreicht, brach ein gewaltiger Sturm los. Aus schwarzen, turmhohen Wolken ergoss sich eine Sintflut auf die offenen Truppentransporter der Römer. Die in Küstennähe rudernden Geschwader der römischen Flotte wurden auseinandergerissen, auf die offene See abgetrieben oder an die Küste geworfen. Einige der Schiffe trieben bis nach Britannien ab. Andere hatten nicht so viel Glück. Hunderte der Lastkähne sanken, Tausende römischer Seeleute und Legionäre ertranken. Sämtliche Ausrüstung und Fracht gingen verloren. Es war eine Katastrophe. Als eines der wenigen Schiffe erreichte der Dreiruderer des Germanicus die Küste der verbündeten Chauken.

Diese Katastrophe besiegelte das Ende der römischen Rückeroberungsversuche. Arminius hatte nach zwei unglücklich verlaufenen Schlachten dank seiner zähen und geschickten Verteidigung und der Hilfe der Götter doch noch den

Krieg für sich entschieden. Tiberius warf das Handtuch. Der beim römischen Volk unbeliebte Krieg in Germanien war zu kostspielig geworden, die Ergebnisse standen in keinerlei Verhältnis zum Aufwand. Die Aufständischen waren kampfbereit wie eh und jeh, sie dachten nicht im Traum daran, sich zu unterwerfen. Die Kräfte für eine römische Expansion waren nach dem Scheitern der letzten Offensive des Germanicus aufgezehrt.

Germanicus wurde abberufen und zum Statthalter von Syrien ernannt, wo er bald ermordet wurde. Auch Arminius starb nur drei Jahre später von Mörderhand, nachdem er den Markomannenführer Marbod, seinen einzigen Rivalen im Kampf um die germanische Vorherrschaft, in einer Schlacht bezwungen hatte. Dem Cherusker wurde sein Streben nach der Königswürde zum Verhängnis. Tiberius hatte recht behalten: Seine Prophezeiung, dass man die Germanen, wolle man sie wirklich ernsthaft schädigen, einfach nur ihren eigenen Zwistigkeiten überlassen müsse, hatte sich erfüllt. Wenige Jahrzehnte später waren die Cherusker, die einstige Seele des antirömischen Widerstands, nur noch der Schatten ihrer selbst und spielten im germanischen Mächtekonzert keine Rolle mehr.

War Arminius am Ende doch gescheitert? – Die Antwort lautet Nein.

Arminius' Triumph über die Römer hatte nicht nur dazu geführt, dass Rom sich aus dem Gebiet nördlich des Mains zwischen Rhein und Elbe vollständig zurückzog. Abgesehen von einer durch den Limes gesicherten territorialen Erweiterung im Taunus gab es ab 83 n. Chr. keinen ernsthaften Versuch mehr, sich in den nördlich des Mains gelegenen Gebieten zwischen Rhein und Elbe festzusetzen. Das freie Germanien blieb zwar kulturell, wirtschaftlich und politisch weiterhin durch Rom beeinflusst, musste aber weder Tribute entrichten, noch römische Besatzungen im eigenen Land erdulden.

Und in einem weiteren Punkt blieb Arminius erfolgreich: Er gab den durch Rom gedemütigten germanischen Stämmen den Glauben an sich selbst zurück. Unsterblichkeit erreichte er dagegen, und hier offenbart sich dann doch die Ironie der Geschichte, nur mithilfe eines Römers: Tacitus, dessen Lobpreisung ihn ein für alle Mal in den Pantheon deutscher Helden einziehen ließ.

Ohne Zweifel war er der Befreier Germaniens, der das römische Volk nicht in seinen Anfängen, wie andere Könige und Heerführer, sondern in der höchsten Blüte seiner Macht herausforderte, der in Schlachten mit wechselndem Erfolg kämpfte, im Krieg unbesiegt blieb. Er lebte 37 Jahre lang, zwölf Jahre war er an der Macht; bis heute wird er bei den barbarischen Völkern besungen, in den Geschichtswerken der Griechen, die nur ihre eigenen Taten bewundern, taucht er nicht auf, bei den Römern ist er ebenfalls nicht berühmt, da wir die alten Taten rühmen, neuen indes gleichgültig gegenüberstehen. [1]

[1] Tacitus, *Annalen*, II, 88.

LITERATUR

Quellen

Augustus: *Res Gestae*, Reclam, Stuttgart 1975
Sueton: *Das Leben der römischen Kaiser*, Patmos, Düsseldorf 1997
Tacitus: *Annalen, Historien, Dialog*, Wiesbaden 1973
Ders.: *Germania*, Stuttgart 1972
Velleius Paterculus: *Historia Romana*, Reclam, Stuttgart 1989

Sekundärliteratur

Ausbüttel, Frank M.: *Germanische Herrscher, Von Arminius bis Theoderich*, WBG, Darmstadt 2007
Böckmann, Walter: *Als die römischen Adler sanken*, Sutton, Erfurt 2007
Brepohl, Wilm: *Neue Überlegungen zur Varusschlacht*, Aschendorf, Münster 2004
Bringmann, Klaus: *Augustus*, WBG, Darmstadt 2007
Hachmann, Rolf: *Die Germanen*, Nagel Verlag, Genf 1971
Höfer, Paul: *Die Varusschlacht*, Duncker & Humblot, Leipzig 1888
Millhoff, Manfred: *Die Varusschlacht – Anatomie eines Mythos*, Frieling & Partner, Berlin 1995
Simek, Rudolf: *Die Germanen*, Reclam, Stuttgart 2006
Wiegels, Rainer: *Die Varusschlacht*, Theiss, Stuttgart 2007

WIDERSTAND UNTER WIDUKIND
DIE GESCHICHTE DES GROSSEN
SACHSENAUFSTANDS VON 782 BIS 785

Zweihunderttausend Sachsen,
die starben blut'gen Tod:
Davon ist in Westfalen,
die Erde worden rot. [1]

Ähnlich vom Mythos überlagert, jedoch ohne eine derartig identitätsstiftende Breitenwirkung wie die Varusschlacht zu besitzen, ist der Aufstand der Sachsen gegen Karl den Großen unter Widukind in den Jahren 782 bis 785. Wie Arminius hatte auch Widukind sich einer militärisch wie zivilisatorisch überlegenen Macht zu stellen, die durch gezielte Expansion schon seit dem 6. nachchristlichen Jahrhundert mithilfe fortwährender Kriegszüge nach Norden ausgriff: dem Frankenreich. Außer dass dieser Aufstand sich auf einst cheruskischem Gebiet abspielte, gab es sonst nur wenige Parallelen zur erfolgreichen Empörung des Arminius.

Diesmal ging es nicht nur um die Rebellion gegen eine fremde Macht, die mit allen Mitteln die Unterwerfung und gesellschaftliche Umstrukturierung der einst autonomen sächsischen Herzogtümer anstrebte, sondern vor allem um den Kampf religiöser Identität, manifestiert im Konflikt zwischen dem altüberlieferten, polytheistischen Götterglauben und dem monotheistischen Machtanspruch der christlichen Kirche.

Die Christianisierung Sachsens wurde für Karl den Großen zum Programm, der Widerstand gegen den fränkischen Staat und seine christliche Religion zum flammenden Credo

[1] Felix Dahn: »Rote Erde«.

des Sachsenherzogs Widukind, des charismatischen Anführers des Aufstands. Obwohl nicht die einzige Insurrektion während der Herrschaft Karls des Großen, bildet der Widukindaufstand zwischen 782 und 785 den blutigen Höhepunkt der insgesamt 33 Jahre andauernden Auseinandersetzungen zwischen Franken und Sachsen. Nie sollte der Frankenherrscher einen gefährlicheren und ebenbürtigeren Feind haben, nie gefährdete ein Gegner das imperiale Programm des Karolingers so wie Widukind.

Und trotzdem oder vielleicht gerade weil er so gefährlich war, berichten die fränkischen Quellen nur das Notwendigste aus jener Zeit und lassen uns über Charakter und Ziele des großen sächsischen Gegenspielers weitgehend im Unklaren. Dies liegt vor allem daran, dass ausgerechnet fränkische Schriftquellen wie die *Vita Karoli Magni* von Einhard oder die *Annales regni Francorum* (auch *Reichsannalen* genannt) zwar gesicherte Fakten berichten, aber nur eine einseitige Sicht der Dinge bieten, denn zeitgenössische sächsische Schriftquellen gibt es nicht. Im Gegensatz zu Karl dem Großen ist wenig Persönliches von Widukind bekannt. Einzig Volkssagen und christliche Legenden zeichnen mit groben Strichen ein Porträt des Volkshelden und bringen uns die Figur des Empörers Widukind näher.

Dabei wäre Widukind genauso wie Arminius zum Nationalhelden geworden, hätte er sich durchgesetzt – und nicht Karl der Große. Doch wer war der große Sachsenherzog, wofür lebte und kämpfte er?

VON KRIEGSZÜGEN UND MASSENTAUFEN

Das Jahr 782 sollte in den Augen des Frankenherrschers zum Wendepunkt in der von kriegerischen Auseinandersetzungen geprägten Geschichte von Sachsen und Franken werden. In zehn Jahren harter Feldzüge hatte Karl der Große nach glorreichen Siegen, aber auch einigen Niederlagen die im Nordwesten des Frankenreichs angrenzenden sächsischen Herzogtümer der Westfalen, Engern und Ostfalen unterworfen. Er hatte die Irminsul, eines der wichtigsten sächsischen Heiligtümer, niedergerissen und die südlichste Verteidigungslinie Sachsens gesprengt, indem er die großen Sperrfestungen Eresburg und Sigiburg eroberte. Seine Truppen hatten die sächsischen Feldheere fast überall geschlagen, wo sie konnten. Sicher, es hatte Rückschläge gegeben: Sächsische Heerscharen hatten 773/774 für kurze Zeit die Eresburg zurückerobert, 775 eine fränkische Truppeneinheit bei Lübbecke aufgerieben, drei Jahre später die von Karl höchstpersönlich gegründete Lippefestung Karlsburg verwüstet. Auf unzähligen Raubzügen hatten sächsische Krieger Klöster und Kirchen zerstört und sogar das rheinische Deutz gebrandschatzt.

Doch dies waren alles nur zeitlich begrenzte, vereinzelte Gegenschläge beziehungsweise Rache-, wenn nicht gar Beutefeldzüge gewesen, wie sie im Jahrzehnte andauernden Grenzkrieg zwischen Franken und Sachsen schon vorher unter Karl Martell und Karls Vater Pippin III. stattgefunden hatten. Und Kriegszüge dieser Art waren es gewesen, die den Sachsenkrieg Karls des Großen zumindest aus fränkischer Sicht ausgelöst hatten, wie Karls Biograph Einhard in seiner *Vita Karoli Magni* berichtet:

Kein Krieg ist von den Franken mit ähnlicher Ausdauer, Erbitterung und Mühe ausgeführt worden wie dieser. Denn die Sachsen waren – wie fast alle germanischen Stämme – ein wildes Volk, das Götzen anbetete und dem Christentum feindlich gesinnt war; auch empfanden sie es nicht als ehrlos, alle göttlichen und menschlichen Gesetze zu verletzen und zu übertreten. Dazu kamen noch weitere Umstände, die beitrugen, den Frieden täglich zu gefährden; die Grenzen zwischen unserem und ihrem Gebiet verliefen fast ausschließlich durch flaches Land. Nur an einigen Stellen bildeten große Wälder und dazwischenliegende Berge deutliche Grenzlinien.

Mord, Raub und Brandstiftungen nahmen daher auf beiden Seiten kein Ende. Schließlich waren die Franken derartig verbittert, dass sie es für richtig hielten, nicht länger Gleiches mit Gleichem zu vergelten, sondern mit den Sachsen in offenen Kampf einzutreten. [1]

Karls Feldherrnkunst und politischer Weitsicht hatten die Sachsen nichts entgegenzusetzen. Was ihnen fehlte, war eine einheitliche Führung, eine überregionale und vorausschauende, zielorientierte Strategie. Dies lag vor allem an ihrer politischen Organisation oder besser Nichtorganisation, denn das sächsisch besiedelte Land bildete keine politische Einheit. Es gab nur das Volk der Sachsen, nicht ein politisches Gebilde dieses Namens. Das hob erst Karl der Große unter der lateinischen Bezeichnung »Saxonia« [2] aus der Taufe.

Sachsen war nicht wie Franken ein straff organisierter Feudalstaat, der von einem König mithilfe einer Oberschicht aus Dienstadeligen und Ministralen regiert wurde, sondern ein loser Stammesverband, der sich über die Fläche des heutigen Westfalen, Niedersachsen, Sachsen-Anhalt und Holstein erstreckte und sich in vier Großherrschaftsbereiche unterteilte: die Herzogtümer Westfalen, Ostfalen, Engern und die Landschaft Trans- bzw. Nordalbingien, welches die nördlich der Elbe gelegenen Gebiete in Holstein umfasste. Es wäre demnach ein Fehler, das sächsische West- und Ostfalen des Frühmittelalters mit der Ausdehnung des heutigen Westfalens gleichzusetzen.

Die Einheit Sachsens war demnach nicht politischer, sondern kultureller und soziologischer Natur. Sie bestand in einer gemeinsamen Sprache, dem polytheistischen Götterglauben –

[1] Einhard, *Vita Karoli Magni*, 7.
[2] Der Begriff »Saxones« wurde von den fränkischen Chronisten verallgemeinernd als Sammelbezeichnung für die nordöstlichen Nachbarn gebraucht. Diese Praxis war nicht neu: Schon die Römer waren sehr ungenau in der Wahrnehmung fremder Stämme gewesen, die sich ihrem sprachlichen Erkenntnishorizont verschlossen, und hatten seit Cäsar fast alle Stämme, die östlich der römischen Rheingrenze siedelten, als »Germanen« bezeichnet.

von denen am wichtigsten die Trias Wodan, Donar und Saxnot[1] war – und erschöpfte sich im Vorhandensein der gleichen
Herrschaftsstruktur.

Die sächsische Gesellschaft war mitnichten eine germanische Urgesellschaft ohne Standesunterschiede. Auch in Sachsen regierte der Hochadel, dem in der hierarchischen Kette
der niedere Adel, die Freien (Frilinge), Halbfreien (Laten) und
Unfreien folgten. Aber es gab weder *das* Sachsenreich noch
einen Herzog oder König der Sachsen – höchstens eine Stammesversammlung, die, wie von der Forschung angenommen,
einmal im Jahr in Marklo tagte.

Für die Landesverteidigung bedeutete diese föderale Struktur, dass die verschiedenen sächsischen Herzöge zunächst
einmal ihren eigenen Herrschaftsbereich mit oder ohne
Unterstützung der anderen Sachsenherzöge und Gaugrafen
in Eigenregie verteidigten. Was auf der einen Seite die Zielkonzeption einer gemeinsamen sächsischen Kriegsführung
deutlich erschwerte, erleichterte es auf der anderen Seite den
Sachsen, politisch zu überleben. Denn es war gerade die föderale Struktur sowie die politische Autonomie der sächsischen
Kleinstämme und Sippen, die einen siegreichen Blitzfeldzug,
wie Karl ihn gegen die Langobarden 774 geführt hatte, verhinderten. Stets hatte der Frankenherrscher mit sächsischen
Kontrahenten zu tun, die sich nicht an das Wort der gerade
von den Franken unterworfenen Stammesnachbarn gebunden
fühlten.

Der Sachsenkrieg glich einer Hydra mit vielen Köpfen. Immer wenn sich Karl der Große seiner Sache sicher wähnte und
einen sächsischen Heerbann unterworfen hatte, wuchs ihm
ein neuer Gegner heran, stand eine neue Strafexpedition bevor. Diese Taktik – die höchstwahrscheinlich noch nicht einmal bewusst eine solche war – machte den Frankenherrscher

---

[1] Der Kriegsgott Saxnot ist gemeingermanisch vor allem als Tyr
oder Tiwaz bekannt.

rasend vor Zorn. Wie die *Einhard-Annalen*[1] berichten, schwor Karl zu Beginn des Jahres 775 im nordfranzösischen Quierzy, »das treulose und vertragsbrüchige Geschlecht der Sachsen zu besiegen und der christlichen Religion zu unterwerfen oder es gänzlich zu vernichten«.[2]

Der Losung »Bekehrung oder Tod« hatten die sächsischen Großen nichts Gleichwertiges entgegenzusetzen. Die Herzöge der Engern und Ostsachsen, Brun und Hassio, beugten sich und wurden zu Karls Vasallen. Mit Geiseln bürgten sie jetzt für den Frieden, der mit so viel Blut erkauft worden war. Dort, wo die Sachsen einst zu heidnischen Göttern wie Wodan, Donar und Saxnot gebetet hatten, wurden die Grundsteine für Kirchen, Kapellen und Klöster gelegt. Dies kam einer Sensation gleich und wäre ohne die Macht fränkischer Waffen undenkbar gewesen. Noch im 7. Jahrhundert waren zwei angelsächsische Missionare, die beiden Ewalde, von aufgebrachten heidnischen Sachsen wie Hunde mit dem Knüppel erschlagen worden, hatte sich ein Mönch namens Suithbert vor zornigen sächsischen Kriegern auf eine Rheininsel geflüchtet, die später den Namen »Kaiserswerth« erhielt. Jetzt trieben fränkische Soldaten die besiegten Nachfahren ebenjener Sachsen zu den Flüssen, damit sie nicht wie gewohnt ihren Flussgöttern opferten, sondern sich in Massentaufen zu Jesus Christus bekannten. Aus Angst vor fränkischen Repressalien kamen viele freiwillig, auch wenn sie nicht an den Christengott glaubten.

Der fränkische Sieg schien vollkommen und bedurfte nur noch der formalen Bestätigung durch einen symbolischen Festakt, den Karl 782 endlich im Reichstag von Lippspringe gefunden zu haben glaubte. In der Tat wurde Lippspringe zur Zei-

---

1 Als *Einhard-Annalen* bezeichnet die heutige Forschung die Jahrbücher, die höchstwahrscheinlich zum Zeitpunkt des Todes Karls des Großen verfasst wurden und im Wesentlichen eine Überarbeitung der *Reichsannalen* sind. Zum Namen *Einhard-Annalen* kam es, weil man als ihren Autor fälschlicherweise Einhard annahm.

2 Springer, S. 181.

tenwende fränkischer Sachsenpolitik, denn Karl hatte Großes vor: Durch die Einführung der fränkischen Grafschaftsverordnung zerschlug er die alte Verwaltungsordnung der eroberten sächsischen Gebiete. Das bedeutete konkret die Unterteilung der alten sächsischen Herzogtümer in Grafschaften, in denen Karl nur erprobte sächsische oder fränkische Adelige als Grafen einsetzte, die als seine Statthalter fungierten und unter seinem direkten Oberbefehl standen. Jede Grafschaft hatte im Kriegsfall eine wehrfähige Mannschaft aufzustellen, die entweder zu Verteidigungszwecken oder zu Kriegszügen des Frankenherrschers abkommandiert wurde.

Der Grafschaftsverfassung vorausgegangen war zwei Jahre zuvor die Verteilung von Teilen des Sachsenlandes unter Bischöfe, Priester und Äbte, damit diese dort taufen und predigen konnten. Schon 780 kam ein Mann nach Sachsen, der gemeinhin als der erste Apostel der Sachsen angesehen wird: Willehad. Er hatte von Karl den Auftrag erhalten, in Wigmodien[1] zu missionieren. Damit war klar: Karl der Große betrachtete Sachsen 782 als integralen Bestandteil des Frankenreiches. Doch es kam für die Sachsen noch schlimmer.

Mit dem drakonischen Strafkatalog *Capitulatio de partibus Saxoniae* griff Karl 782 massiv in die Rechtsprechung und in die Hoheitsrechte des freiheitsliebenden Volkes ein und verfügte per Dekret die Zwangschristianisierung. Es war eine Großoffensive gegen das Heidentum, wie der folgende Auszug[2] der ersten zehn der insgesamt 34 gnadenlosen Strafartikel der *Capitulatio* verrät:

> *1. Alle stimmen dem Prinzip der höheren Fälle zu, dass die Kirchen Christi in Sachsen nicht geringere, sondern erheblich höhere Geltung haben sollen als die Götzenstätten.*

[1] Wigmodien war ein sächsischer Gau zwischen dem heutigen Bremen und dem Land Hadeln.
[2] E. Schubert, »De Capitulatio de partibus Saxoniae«, *F. S. H. Schmidt* (1993), Anhang, S. 26–28.

2. Wenn jemand Zuflucht in der Kirche sucht, soll er dort bis zu seiner Gerichtsverhandlung sicher sein, und niemand soll wagen, ihn mit Gewalt herauszuholen. Wegen der Ehre Gottes und der Heiligen, denen die betreffende Kirche geweiht ist, soll es dem Asylanten vor Gericht nicht an Kopf und Kragen gehen, sondern er soll seine Tat gemäß dem Urteilsspruch mit Geld büßen, so weit er es kann. Dann soll er vor den König geführt werden, und der wird ihn dorthin stecken, wohin es seiner königlichen Gnade gefällt.

3. Sterben soll, wer gewaltsam eine Kirche erstürmt und in ihr mit Gewalt oder mit Diebsgriff etwas wegnimmt oder die Kirche in Flammen aufgehen lässt.

4. Sterben soll, wer die vierzigtägigen Fasten vor Ostern in Verachtung des christlichen Glaubens bricht und Fleisch isst. Aber es soll vom Priester geprüft werden, ob er nicht durch Not gezwungen war, Fleisch zu essen.

5. Sterben soll, wer einen Bischof, einen Priester oder einen Diakon tötet.

6. Todesstrafe erleidet der, der vom Teufel getäuscht, nach heidnischer Sitte wähnt, irgendein Mann oder eine Frau sei Hexe und Menschenfresser, und sie deshalb verbrennt oder deren Fleisch verzehrt bzw. zum Verzehr weitergibt.

7. Todesstrafe erleidet der, der nach heidnischem Brauch Leichen bestattet, indem er den Körper den Flammen preisgibt.

8. Sterben soll, wer Heide bleiben will und unter den Sachsen sich verbirgt, um nicht getauft zu werden, oder es verschmäht, zur Taufe zu gehen.

9. Sterben soll, wer einen Menschen dem Teufel opfert und nach heidnischer Sitte den Götzen als Opfer darbringt.

10. *Sterben soll, wer mit den Heiden Ränke gegen die Christen schmie-*
det oder bei ihnen als Feind der Christen ausharren will. Und wer
ihn dabei gegen König und Christenheit unterstützt, soll ebenfalls
sterben.

Doch damit nicht genug. Mit der *Capitulatio* versuchte Karl,
der christlichen Kirche mit brutalen Machtmitteln nicht nur
die Vorherrschaft über das verhasste Heidentum zu sichern,
sondern ihr auch jede Art der Bereicherung zu ermöglichen.
So sollte den christlichen Priestern der Zehnte an Früchten
und Einnahmen aller Art als Kirchensteuer entrichtet werden.
Eltern, die ihr Neugeborenes binnen eines Jahres nicht taufen ließen, hatten mit schweren Geldbußen zu rechnen. Des
Weiteren wurde die Versammlungsfreiheit stark beschnitten
und sollte nur noch nach Anmeldung bei den fränkischen Behörden gestattet werden.

Fürs Erste zeigte die Einführung der *Capitulatio* die erhoffte
Wirkung. Die massiven Eingriffe in die Glaubensrituale des
Sachsenvolkes, die Beschneidung der einstigen politischen
Selbstbestimmung und freien Religionsausübung der sächsi-
schen Herzogtümer bewirkten, dass sich sogar die nördlichen
Sachsen aus dem Bardengau (heutiger Kreis Lüneburg) und die
Bewohner Nordalbingiens in Massen taufen ließen. Niemand
in Westfalen, Engern und Ostfalen setzte der Anerkennung
der Herrschaft Karls des Großen noch ernsthaft Widerstand
entgegen.

Wie es schien, hatte der Frankenherrscher auf der ganzen
Linie gesiegt. Da machte es auf ihn keinen großen Eindruck,
dass der Herzog der Engern, Widukind, dem Reichstag ferngeblieben war.

DER LETZTE REBELL

Wer war diese Unperson, dieser Widukind, der sich erdreistete, beim Reichstag von Lippspringe zu fehlen und das Frankenreich mit Raubzügen zu bedrohen? Die fränkischen *Reichsannalen*, ja selbst Karls Biograph Einhard schweigen sich aus. Widersprüchliches wird überliefert: Mal ist Widukind Herzog der Engern, mal nur einer der Großen Sachsens, oft wird er nur als »der Empörer« bezeichnet. Die einseitige Quellenlage zeichnet ein Zerrbild des gefährlichsten Feindes Karls des Großen und nennt ihn nur als Ereignisauslöser, ohne seine Beweggründe und hervorragenden Eigenschaften näher zu beschreiben. Genaueres wissen nur zwei Überlieferungen zu berichten, die in ihrem Wesen miteinander verwandt sind, aber in ihrer Zielrichtung nicht unterschiedlicher sein könnten: die vornehmlich heidnisch geprägte Sage und der christliche Legendenkreis, der sich nach Widukinds Tod um seine Person bildete.

Die Sage vermeint, die Antwort zu kennen. Nach der von Karl Paetow zusammengetragenen Überlieferung ist Widukind, hier Wittekind genannt, der Sohn des Engernherzogs Warnekin. Seine Kindheit und Jugend beschreibt die Sagenversion folgendermaßen – und liefert damit einen ersten Hinweis auf die Entstehung des Namens »Widukind«:

Jung Wittekind wuchs in den Glauben und die Tugenden seiner Väter hinein. Da die Norne ihn aus dem Urdbrunnen hob und das Kind seinen ersten Schrei tat, hielt sein Vater Warnekin just eben Hof auf seiner Bergburg Babilonje im Wiehengebirge, wo der Gaugraf (Warnekin) große Besitzungen hatte, Schlösser und Güter. Sie legten das Kind in eine silberne Wiege, und seine Eltern weihten es allen guten Geistern ihres Volkes. Da aber der Knabe die ersten Schritte machte, verzogen sie mit ihm aus dem waldumrauschten Bergland auf ihre Stammgüter an der unteren Hunte. Und dort in Wigaldishausen, das man heute Wildeshausen nennt, fand Witte-

kind seine zweite Heimat im Tiefland. Die Burg lag in einem Kranz von gewaltigen Ahnengrüften. Und bei dem Anschauen jener Hünengräber aus nordischem Urgestein überkam den Jungen schon früh die Ehrfurcht vor den Werken der Götter und Menschen. [1]

Dieser mystische Bericht, der Widukind sofort inmitten von alten Göttern und Ahnen aufwachsen lässt, rührt an einen Umstand, der die Geschichtswissenschaft bis heute rätseln lässt: die Entstehung des Namens »Widukind«.

Wie der Historiker Matthias Springer bemerkt, gab es vor Widukind unter den Sachsen keinen Träger dieses Namens, der der Geschichtswissenschaft aus den Quellen bekannt wäre. Dies mutet seltsam an. »Widukind« scheint vielmehr eine Art Beiname oder – so Springer – eine altnordische »Kenning« gewesen zu sein, ein aus Grundwort und Bestimmungswort zusammengesetzter Name. Widukind heißt nichts anderes als »Waldkind« oder »Kind des Waldes«, eine Kennung, die in ihrer Bildhaftigkeit Ähnlichkeit aufweist zu den Bei- und Kriegsnamen so berühmter Indianerhäuptlinge wie »Little Turtle«, »Sitting Bull« oder »Crazy Horse«. Springers Erklärung verweist den Namen Widukind in die Nähe germanischer Mystik: Nach seiner Theorie wäre »Widukind«, das Kind des Waldes, eine Umschreibung des Wolfes, also jenes Tieres, das wie der Rabe von den Germanen mit dem Krieg oder mit dem Tod in Verbindung gebracht wurde. Stand dieser Name für ein Programm? Oder sind alle diesbezüglichen Spekulationen ins Reich der Legende zu verweisen?

Ähnlich unklare Umstände wie im Fall der Namensgebung Widukinds begegnen uns bezüglich seines weltlichen Titels. Allgemeinhin geht die Wissenschaft davon aus, dass Widukind ein Herzog war, besser gesagt der Herzog der Engern, obwohl er in den Quellen oft nur als Herzog der Sachsen benannt wird. Welche dieser Annahmen letztendlich richtig ist, halte

---

[1] Paetow, *Die Wittekindsage*, S. 10.

ich für zweitrangig und soll an dieser Stelle keine Rolle spielen. Viel wichtiger ist, *warum* Widukind zu der mitreißenden und charismatischen Führungsfigur wurde, für die Tausende von Sachsen ihr Leben aufs Spiel setzten.

Es fällt auf, dass Widukind mit seinem politischen Wirken imstande war, wie aus dem Nichts Tausende Anhänger zu mobilisieren. Lag dies nur daran, dass er ein höherer Adeliger war? Das waren Sachsenherzöge wie Brun und Hassio auch. Oder beruhte Widukinds Charisma und Wirkung viel mehr darauf, dass er neben seiner Herzogswürde eine kultische Funktion bekleidete, die ihm – wie vielleicht sein Name – ein besonderes Heil verlieh?

Betrachtet man die Forschung zu den Sachsenkriegen, so fällt eine Sache auf: Obwohl Karls Feldzüge eindeutig die programmatische Ausrichtung hatten, das Heidentum unter den Sachsen mit Stumpf und Stiel auszurotten, und sämtliche Aktionen Widukinds während seiner Rebellion darauf abzielten, den Franken nicht nur militärisch zu schaden, sondern die Symbole christlicher Herrschaft – Kirchen, Kapellen und Klöster – samt ihren Vertretern zu vernichten, befasste sich kein Historiker jemals mit der Möglichkeit, dass Widukind außerhalb seiner weltlichen Würde auch eine geistliche innegehabt haben könnte.

Genau hier bleibt die Geschichtswissenschaft, die die Betrachtung des sächsischen Stammes viel zu sehr auf die Epoche der Sachsenkriege reduziert und Widukind auf seine Funktion als Kriegsmann beschränkt, viele Antworten schuldig: Gab es Oberpriester bei den Sachsen? Wie sah die kultische Verehrung bei ihnen aus? Welche Dimension hatten die angeblichen Heidenstätten, wo sie ihre Götzen anbeteten? Fragen über Fragen, auf die bis jetzt keine klaren Antworten gefunden wurden.

Was dies alles mit Widukind zu tun hat? Es legt die Annahme nahe, dass der Sachsenherzog nicht nur ein unverbesserlicher »Antichrist«, ein heidnischer Götzenanbeter war, sondern dass er vielleicht eine besondere religiöse Führungsrolle bei den Sachsen gespielt haben könnte. Es ist sehr wahrscheinlich, dass Widukind sich nicht nur dem Christentum verweigerte, sondern den alten heidnischen Glauben seiner Vorfahren bewusst propagierte.

Dass Widukind ganze Völkerschaften zum Abfall vom Christentum bewog, ist keine weitere Hypothese in der hier skizzierten Indizienkette, sondern historisch einwandfrei verbürgt. Wie die Quellen berichten, fielen die zwangschristianisierten Sachsen schon 780 und 782 wieder vom christlichen Glauben ab – aufgrund von Widukinds politischer und religiöser Agitation. Ein weiterer Hinweis religiöser Aktivitäten Widukinds findet sich in der von Bischof Altfrid verfassten Lebensbeschreibung des heiligen Liudger. Mit Bitterkeit bezeichnet der Verfasser den Sachsenherzog als Wurzel allen Übels, da er es fertiggebracht habe, die Friesen 784 dazu zu bewegen, dem christlichen Glauben abzuschwören. In den Augen der kirchlichen Würdenträger war der Glaubensabfall eines Christen keine Kleinigkeit. Die Verleugnung Gottes nach empfangener Taufe galt als stärkeres Sakrileg als das Verharren im Heidentum und wurde nach Einführung des Strafkatalogs *Capitulatio de partibus Saxoniae* mit dem Tod bestraft.

Als ein weiteres Indiz dafür, dass Widukind nicht nur politischer Rebell, sondern auch eine der Leitfiguren der kultischen Verehrung der sächsischen Götter Wodan, Donar und Saxnot war, lässt sich die Wichtigkeit werten, die Widukinds Bekehrung für Karl den Großen darstellte: Der symbolische Akt seiner Taufe galt als Triumph des christlichen Glaubens über das Heidentum. Mit Widukinds Bekehrung glaubte Karl alle Probleme in Sachsen gelöst. Sie hatte eine so ungeheure Signalwirkung für die Kirche, dass sogar kurz darauf in Rom Dankgottesdienste abgehalten wurden und die Bekehrung des einst heidnischen Rebellen zum christlichen Legendenstoff avancierte.

Im Gegensatz zu einer möglichen spirituellen Führerschaft Widukinds sind seine Taten als Heerführer besser durch die Quellen belegt. Der Grund: Widukind wurde bereits 777 zum ersten Mal bei den Franken »aktenkundig«. In diesem Jahr verzeichneten die fränkischen Annalen, alle Sachsenherzöge bis auf Widukind hätten sich auf dem von Karl abgehaltenen Reichstag in Paderborn eingefunden. Nicht ohne Bitterkeit wurde bemerkt, dass der Rebell es vorgezogen hatte, im Aufstand zu bleiben. Dies hieß konkret: Widukind wartete ab, bis Karl mit seinem Hofstaat und der ihn begleitenden Hauptarmee 778 nach Spanien in den Kampf gegen die Mauren aufbrach. Dann stieß er mit seinen Anhängern aus dem Lahntal hervor, zog das rechte Rheinufer herunter bis nach Deutz und plünderte mit seinen Anhängern die auf seinem Weg liegenden Kirchen und Klöster. Es sollte der letzte Raubzug der Sachsen werden, der bis an die Grenzen des fränkischen Kernlandes geführt wurde. Die Strafexpeditionen, die in den kommenden Jahren folgten, stellten die fränkische Vormacht nach einer offenen Feldschlacht bei Bocholt wieder her, allerdings konnten die Sieger der Person des Aufrührers nicht habhaft werden.

Sobald Gefahr drohte, in fränkische Gefangenschaft zu geraten, floh Widukind in den Norden nach Nordalbingien, wo er den Winter abwartete, um neue Kriegerscharen für seine Unternehmungen gegen die Franken anzuwerben. Diese »Hit-and-Run-Strategie« Widukinds zermürbte seine Gegner. Als der Reichstag zu Lippspringe stattfand, ging diese Art temporärer Guerilla schon ins fünfte Jahr, ohne dass es weder Karl noch Widukind gelungen wäre, die jeweils andere Seite an den Verhandlungstisch zu zwingen, obwohl Karl Sachsen de facto beherrschte. Doch Karl verschätzte sich in seiner Beurteilung der politischen Lage. Die Einführung der Grafschaftsverfassung und des fränkischen Strafkatalogs führten zu verstärktem Unmut der Unterworfenen, die nicht bereit waren, ihren alten Glauben und ihr altes, freiheitlicheres Gesellschaftssystem einer fränkischen Zentralmacht kampflos zu opfern. Es brodelte im Land. Nur ein geeigneter Anlass fehlte, um den Vulkan ausbrechen zu lassen.

WIDUKINDS MEISTERSTÜCK: DIE SCHLACHT IM SÜNTEL

Der Anlass war der Einfall einer Raubschar des slawischen Stammes der Sorben 782 in Ostfalen. Rasch sammelten sich fränkische Heeresabteilungen, eine aus Ripuarien[1], die andere aus Ostfranken anmarschierend, um den Sorben die Stirn zu bieten. Da kam die Eilmeldung, dass Widukind mit einer sächsisch-friesischen Kriegerschar aus dem Norden an die Weser vorgestoßen war und seine Truppen im Süntelgebirge[2] gesammelt hatte. Hier, wo man heute ein Zentralheiligtum der Sachsen vermutet, errichtete er seine Operationsbasis, hier stieß der sächsische Heerbann, der mit den Franken gegen die Sorben ziehen sollte, zu ihm. Mit diesem Zulauf glaubte sich Widukind stark genug, den Kampf um sein Heimatland erneut aufzunehmen und eine offene Feldschlacht zu wagen.

Die Entschlossenheit seiner fränkischen Feinde wäre ihm jedoch beinah zum Verhängnis geworden. Als die Franken merkten, dass es sich bei der sorbischen Invasion nur um einen lokal begrenzten Raubzug handelte, dessen Vehemenz von der sächsischen Grenzbevölkerung, vielleicht sogar auf

---

[1] Ripuarien: Veraltete Bezeichnung für Rheinfranken. Die ripuarischen Franken waren einer der drei fränkischen Teilstämme und siedelten im Gegensatz zu den Salfranken (Rheindelta) und Moselfranken (Siedlungszentren an Mosel und Rhein) am Mittelrhein zwischen Köln und Speyer.

[2] Unter dem Süntel versteht man heute nur noch einen Höhenzug des niedersächsischen Mittelgebirges Ith. Noch bis ins 19. Jahrhundert umfasste der Begriff das Wiehengebirge und das Weserbergland. Diese vage Lokalisierung weist darauf hin, dass der genaue Ort der Schlacht unbekannt ist.

Geheiß Widukinds, bewusst übertrieben worden war, zogen sie in Eilmärschen aus zwei Himmelsrichtungen auf die Weserlinie zu. Die unter dem Oberbefehl von Kämmerer Adalgis, Marschall Geilo und Pfalzgraf Worad stehenden Truppen aus dem Osten vereinigten sich mit dem ripuarischen Heer unter Markgraf Theoderich, um den Feldzug miteinander abzustimmen. Die Feldherren vereinbarten im gemeinsamen Kriegsrat einen Zangenangriff auf das sächsische Lager: Während Theoderich auf dem linken Weserufer verblieb, um einen möglichen Vorstoß Widukinds abwehren zu können, marschierten Geilo, Adalgis und Worad mit ihren Männern das östliche Weserufer entlang auf den Süntel zu, um diesen dann zu umgehen und Widukind im Rücken zu fassen. Aber es kam anders. Statt die Sachsen in eine Falle zu treiben, lief die fränkische Heeresabteilung östlich der Weser selbst blindlings in einen Hinterhalt. Widukind ließ, als er der fränkischen Truppen ansichtig wurde, einen Teil seiner Armee aus dem Lager rücken und bot die Schlacht an – was große Menschenkenntnis verriet. Der Sachsenherzog wusste, dass sich die Franken im Feld für unüberwindlich hielten, und kannte den politischen Ehrgeiz ihrer Anführer. Jeder der stolzen fränkischen Feldherren brannte vor Ehrgeiz, den Ruhm des sicher geglaubten Sieges nicht mit Theoderich teilen zu müssen, der mit dem Hauptheer in einer Auffangstellung auf dem westlichen Weserufer wartete. Sie waren darauf erpicht, den elenden Wortbrechern und Verrätern eine Lektion zu erteilen, die diese nie vergessen würden.

Als sie wieder unter sich waren, besprachen sie sich untereinander und kamen zu der Befürchtung, dass sich der Ruhm des Sieges an den Namen Dietrichs [Theoderich] heften würde, wenn dieser an der Schlacht teilnähme. Daher beschlossen sie, ohne ihn mit den Sachsen zu kämpfen; sie griffen zu den Waffen und zogen mit größter Eile, als wenn sie es nicht mit einem in Schlachtreihe stehenden Feinde zu tun hätten, sondern auf der Verfolgung von Fliehenden und beim Beutemachen wären, so schnell die Rosse sie tragen konnten, auf die Sachsen los, die vor ihrem Lager zur Schlacht geordnet standen. So übel wie der Anmarsch, so übel war auch der Kampf. Kaum hatte die Schlacht begonnen, wurden sie von den Sachsen umzingelt und fast alle getötet. Diejenigen, die entrinnen konnten, flohen nicht in das eigene Lager, sondern in das jenseits des Gebirges gelegene Lager Dietrichs. Der Verlust der Franken war noch viel größer, als er zahlenmäßig zu sein schien, weil die beiden Kommandeure Adalgis und Geilo, vier Grafen und gegen 20 andere namhafte und edle Männer gefallen waren, abgesehen von all den anderen, die ihnen gefolgt waren und lieber mit ihnen untergehen als überleben wollten. [1]

Widukind hatte auf der ganzen Linie gesiegt. Nur wenige Franken der östlichen Heeresgruppe entkamen dem Gemetzel, das eine vergleichbar schwere Niederlage war, wie sie Karl 778 auf seinem Spanienzug bei Roncesvalles gegen die Basken hatte hinnehmen müssen. Die Schlacht im Süntel war die erste offene Feldschlacht, die die Sachsen gegen die Franken gewannen, und wurde zum größten Triumph Widukinds, was selbst von den *Reichsannalen* nicht mehr zu leugnen war. Doch hätte der Sachsenführer gewusst, wie Karl auf seine Niederlage reagieren würde, hätte er sie wahrscheinlich nicht geschlagen.

DAS BLUTGERICHT VON VERDEN

Was folgte, war ein irdisches Strafgericht besonderen Ausmaßes. Erbittert über die Niederlage am Süntel zog Karl erneut nach Sachsen. Diesmal hinterließ er eine Spur von Tod und Verwüstung. Weil Karl Widukinds nicht habhaft werden konnte, bestellte er alle sächsischen Großen nach Verden an

[1] *Annales Regni Francorum/Reichsannalen*, Hg. Kurze, S. 61/63.

der Aller ein, damit Sühne für das Massaker am Süntel genommen werden könnte. Der sächsische Adel gehorchte und lieferte, wie die *Reichsannalen* berichten, Widukinds Anhänger ans Messer.

Da sie ihn aber nicht auszuliefern vermochten, weil er sich nach Dänemark begeben hatte, wurden die anderen ausgeliefert, die ihm gehorcht und an seinem Verbrechen teilgenommen hatten. Es waren 4500. Sie alle wurden in einem Ort namens Verden auf Befehl des Königs enthauptet.

Adelige Sachsen wurden zu Verrätern am eigenen Volk. So berichten es zumindest die Quellen. Oder war dies nur ein Versuch der fränkischen Chronisten, Karls enorme Blutschuld an den folgenden Ereignissen – sofern sie sich tatsächlich so zugetragen haben – zu minimieren, indem der sächsische Hochadel in den Kreis der Hauptverantwortlichen mit eingeschlossen wurde?

Wahrscheinlicher ist, dass sich die an der Süntelschlacht beteiligten Aufrührer durch Karls erbarmungslosen Rachefeldzug mit ihren Truppen zu Friedensverhandlungen genötigt sahen und nach Verden kamen, um sich nach sächsischem Kriegsbrauch zu unterwerfen und für das Geschehene Buße zu tun. Vielleicht sollten Geiseln gestellt und sogar erneute Massentaufen vorgenommen werden. Dies war in den Sachsenkriegen nichts Ungewöhnliches, wie Einhard berichtet.

Es lässt sich kaum beschreiben, wie oft sie besiegt wurden und sich flehentlich dem König unterwarfen, wie oft sie Gehorsam versprachen, sofort die geforderten Geiseln stellten und vom König abgesandte Boten willig aufnahmen. Einige Male waren sie schon so unterwürfig und schwach gemacht worden, dass sie gelobten, den Götzendienst aufzugeben und das Christentum anzunehmen. Doch obwohl sie mehrmals bereit gewesen waren, alle gestellten Bedingun-

gen zu erfüllen, hatten sie es auch meist nicht so eilig, das Verspro-
chene zu halten. [1]

Kamen die Sachsen aufgrund einer von Karl zugesicherten Generalamnestie, die eklatant gebrochen wurde? Oder war dem Massaker etwa die Kapitulation des in der Süntelschlacht siegreichen Rebellenheeres vorausgegangen? Letzteres würde die hohe Anzahl der Hingerichteten erklären.

Der Historiker muss sich an die wenigen Quellen halten – und die lassen uns völlig im Ungewissen darüber, wie es den Franken oder ihren sächsischen Helfershelfern gelang, die aufständischen Sachsen an die Aller zu locken. Fest steht, dass Karl in Verden ein politisches Strafgericht abhielt, doch bleibt unklar, ob es sich hierbei um eine gezielte Ermordung von Teilen der politischen Opposition oder um reinen Völkermord handelte. Wahrscheinlich ist eine solche Feindifferenzierung auch gar nicht möglich.

Auch wenn von der neueren Forschung die Zahl von 4500 Opfern angezweifelt wird, scheint sicher, dass dieser Akt fränkischen Staatsterrors tatsächlich stattfand. Schon zuvor hatte Karl während eines der ersten Sachsenzüge gezeigt, dass er vor Massakern dieser Art nicht zurückschreckte. Wie ein angelsächsischer Chronist berichtet, sei der Frankenherrscher Karl 775 »verrückt geworden« und habe alles mit Feuer und Schwert vernichtet. Dieses Profil aus einer der wenigen nicht-fränkischen Quellen zeigt den allerchristlichsten Herrscher von einer Seite, den die lobhudelnden fränkischen Chronisten nur zu gern verschweigen.

Darüber hinaus galten Blutbäder dieser Art durchaus als gebräuchliches Mittel fränkischer Außenpolitik. Keine 40 Jahre zuvor, im Jahr 746, hatte Karls Onkel Karlmann, Hausmeier des ostfränkischen Austrien, den oppositionellen alemannischen Hochadel nach Cannstatt gelockt und ihn von seinen

---

[1] Einhard, *Vita Karoli Magni*, 7.

Männern ermorden lassen, was zur endgültigen Befriedung Alemanniens unter fränkischer Vorherrschaft führte. Würde das Verdener Strafgericht in Sachsen dieselben Erfolge zeitigen? Das Gegenteil war der Fall.

DER ENTSCHEIDUNG ENTGEGEN

Wenn Karls Revancheakt einen Effekt hatte, dann den, dass die Empörung der Sachsen keine Grenzen mehr kannte. In Scharen liefen Widukind jetzt neue Anhänger zu. War der Aufruhr vorher nur ein Mittel gegen die tiefgreifenden Veränderungen der sächsischen Sozialordnung und gegen die Christianisierung gewesen, so bekam der Kampf gegen die Franken jetzt zusätzlich die Dimension eines Volkskrieges. Durch den Erfolg am Süntel ermutigt, strömten sächsische Krieger in Massen zu Widukind. Ihre Anzahl schwoll derartig an, dass der Sachsenherzog zum ersten Mal daran denken konnte, eine Entscheidungsschlacht gegen das fränkische Hauptheer unter Karls Führung zu wagen. Die Lage wurde 783 für die Franken so bedrohlich, dass Karl höchstpersönlich mit einem eilig aufgestellten Heer nach Sachsen eilte, um seinen Todfeind zu vernichten. Er wusste, dass er Widukind, der aus dem Nordwesten den Zuzug der Friesen erwartete, keine Zeit für die Massierung seiner Truppen lassen durfte.

Noch bevor Sachsen und Friesen sich vereinigen konnten, griff Karl an. Bei Thiotmalli, dem heutigen Detmold, trafen beide Heere aufeinander – an der Ostneige, wo nach Einhards Version Arminius die Römer geschlagen haben soll. Es wurde ein Kampf auf Leben und Tod. Den fränkischen Quellen nach wurden die Sachsen schwer geschlagen. Dazu passt allerdings nicht die Tatsache, dass die Franken sich nach der Schlacht sofort nach Paderborn zurückzogen und die Sachsen, wenn sie doch geschlagen worden waren, sich nicht wieder in die sichere Gebirgslandschaft des Süntel hinter die

Weser in Sicherheit brachten, sondern ihren Marsch in den strategisch ungünstigeren Nordwesten bis zum Hase-Fluss fortsetzten. Die Sage liefert einen Hinweis, dass die Schlacht von Detmold in Wirklichkeit keine Niederlage Widukinds war:

Er [Widukind] zog mit seinen abgekämpften Getreuen den Osning entlang, nordwestlich hinauf. Beim heutigen Kirchspiel Dornberg stellten sich ihm noch einmal fränkische Scharen entgegen. Da schrie er den seinen zu: »Dür den Biarg!« und sie schlugen sich durch. Davon hat jene Ortschaft damals den Namen Dornberg bekommen. Und Wittekind errichtete an dieser Stelle einen Heidentempel zum Dank für den gelungenen Durchbruch. [1]

Nun gilt unter den meisten Historikern eine Sage nicht als historischer Beweis. Vergleicht man hingegen den gemeinsamen Nenner von historischen, jedoch stark tendenziösen fränkischen Quellen und der sächsisch beeinflussten Sagenversion, so kann es eigentlich nur einen Schluss geben: Die Schlacht bei Detmold resultierte aus dem strategischen Versuch Karls, die Vereinigung der sächsischen Truppen unter Widukind mit den verbündeten Friesen unter deren Herzog Surbold zu verhindern. Dieser Versuch misslang, obwohl die Franken das Schlachtfeld behaupteten. Widukind schlug sich nach Nordwesten zu seinen friesischen Verbündeten durch, während Karl sich hastig auf seine Operationsbasis Paderborn zurückzog, um weitere Verstärkung abzuwarten. Karl hatte zwar einen militärtaktischen Sieg errungen, doch aus strategischer Sicht war die Schlacht ein Erfolg Widukinds. Noch war nichts entschieden, vielmehr der Kampfesmut der freien Sachsen weiterhin ungebrochen.

Der anschließende Verlauf des Krieges unterstreicht diese Annahme. Weit davon entfernt, sich geschlagen zu geben,

---

[1] Paetow, *Die Wittekindsage*, S. 33.

stellten sich Sachsen und Friesen nur kurze Zeit später beim heutigen Osnabrück an der Hase erneut zum Kampf.

Tagelang lagerten die feindlichen Heere, die größten, die jemals im Sachsenkrieg mobilisiert werden sollten, einander gegenüber. Dann begann die Schlacht, die so heftig war, dass das Morden drei Tage dauerte. Mit aller Kraft verteidigte das sächsisch-friesische Heer seine Stellung am Haseufer, bis der Zufall – so will es die Sage – den Franken zu Hilfe kam.

Drei Tage nun tobte die Schlacht der Entscheidung mit wechselndem Ausgang, denn Karl konnte hier seine Reiterscharen nicht voll zur Entfaltung bringen. Er musste sein Kriegsglück auf das leichtere Fußvolk setzen. Aber ein Ochse, der Weg und Gelegenheit hierzulande wohl kannte, trollte wie zufällig durch die heimliche Furt des Flusses und wies den Weg zum Sieg.[1]

Stimmt die Sagenversion, so hatten die Franken – salopp formuliert – tierisches Glück und die Sachsen ein Mordspech. Die Verteidigungsfront der verbündeten Rebellen wurde auseinandergesprengt. Surbold fiel, während Widukind zunächst in eine Fliehburg nördlich des Schlachtfeldes entkam und sich in den folgenden Tagen nach Nordalbingien absetzte. Das Heer der Sachsen brach auseinander. Aber es war ein verlustreicher Kampf für beide Seiten gewesen. Tausende lagen tot auf dem Schlachtfeld. Im nächsten Jahr kam es bis auf ein Reitergefecht kaum noch zu schweren Kampfhandlungen; die Zeit der Entscheidungsschlachten war vorbei. Als Karl im darauffolgenden Winter – zu einer völlig unüblichen Jahreszeit – einen Feldzug unternahm, der ihn bis nach Rehme[2] an die Weser führte, waren drei Viertel aller sächsischen Gebiete von Rebellen »gesäubert« und fest in fränkischer Hand.

[1] Ebenda, S. 40.
[2] Heute ein Stadtteil von Bad Oeynhausen.

WIDUKIND ERGIBT SICH

Mindestens ebenso schwer wie die sächsische Niederlage wog, dass Widukind den Kampfesmut verlor. Sein Ruf hatte Schaden genommen, sein Nimbus des unbezwingbaren Rebellen war dahin. Schlimmer noch: Der Christengott hatte sich als stärker erwiesen als die alten Götter Wodan, Donar und Saxnot. Doch wer, wenn nicht Widukind, vermochte sich jetzt noch Karl zu widersetzen? Zu viel Sachsenblut war geflossen, ohne dass der Feind bezwungen war.

Das Land war ausgeblutet, der Widerstand der Sachsen erlahmte. Der Sachsenherzog wurde zum Gejagten im eigenen Lande, zum rastlosen Vogelfreien, dem die fränkischen Häscher auf den Fersen waren. Sage sowie christliche Legende berichten, dass eine innere Wandlung in Widukind vorging, die weitreichende Folgen für ihn und die sächsischen Herzogtümer haben sollte.

Ein rastloser Reiter war Weking [Wittekind] geworden, waldein, waldaus, ziellos und ohne Zügel zog er in trauriger Versunkenheit hierhin und dorthin. Als er aber über den Pass kam, der heute Bergkirchen genannt wird, da übermannte ihn die Erinnerung. Hier oben hatte auch eine Irminsul gestanden, dort lag sein Schloss Wedegonisberg nun als trauriges Trümmerwerk, jene Burg, welche Karl ihm schon vor Jahren abgewann und die Weking danach selber vergeblich belagert hatte. So wüst wie hier war es allerorten im Sachsenland. Da rief der Herzog aus gequältem Herzen: »Du, Herr der Christenheit, wenn du der wahre und rechte Gott bist, so gib mir ein Zeichen, damit ich gewiss werde, so will ich dir dienen!« – Wie angerufen stutzte sein Ross, wieherte und scharrte mit dem vernagelten Eisenhuf den felsigen Grund. Und siehe, alsbald rollte ein Stein, und sprang hervor ein silberner Brunnquell. Ergriffen vom tiefen Sinn des Wunders stürzte der Recke zu Boden, schöpfte und schlürfte aus hohler Hand das Wasser

des Lebens. Mit jenem Trunk bereitete sich in seiner Seele die
Wandlung, und wuchs ihm mit jedem Schluck der Durst nach
den ungetrübten Quellen des neuen Glaubens. [1]

Die Legende kaschiert mithilfe des Quellenwunders kunst-
voll, was die hohe Diplomatie nach harter Arbeit erreicht
hatte. In Wirklichkeit machte Karl der Große Widukind durch
sächsische Mittelsmänner ein Angebot: Zusicherung völliger
Straffreiheit gegen Unterwerfung und Bekehrung zum Christentum. Widukind war vorsichtig. Er bestand darauf, dass
der Frankenkönig die Ernsthaftigkeit seines Angebots damit
untermauerte, dass er Geiseln stellte. Karl akzeptierte. Nun
war der Weg für eine Aussöhnung zwischen den einstigen
Todfeinden frei. Erst nachdem die fränkischen Geiseln dem
sächsischen Rebellenfürsten ausgehändigt worden waren, verließ Widukind das sichere Nordalbingien und folgte Karl in
dessen Pfalz zu Attigny in Nordfrankreich. Hier empfing der
Sachsenherzog zusammen mit Abbio, einem seiner letzten Getreuen – den Quellen nach ein Schwager oder Schwiegersohn
Widukinds –, die Taufe. Damit war aus fränkischer Sicht ganz
Sachsen unterworfen. Karls Freude darüber war so groß, dass
er Papst Hadrian I (772–795) dazu veranlasste, in Rom ein
Dankfest zu veranstalten. Dieser hielt das historische Ereignis
der Taufe Widukinds für so bedeutend, dass er sogar über das
Geforderte weit hinausging und das Dankfest während des
darauffolgenden Jahres 786 in allen von Karl beherrschten
Ländern sowie England feiern ließ. Kein Wunder, die Taufe
Widukinds stellte den vollkommenen Sieg des Christentums
in Sachsen dar. Jetzt stand kein charismatischer Vertreter des
Heidentums der Errichtung von Bistümern, Kirchensprengeln
und Klöstern in Sachsen mehr im Weg. Ganz im Gegenteil:
Einer der ärgsten Christengegner war nun selbst ein Anhänger
Christi geworden.

[1] Paetow, *Die Wittekindsage*, S. 62.

Dass Karl dafür sorgte, dass der *Heide* Widukind für immer der Vergangenheit angehörte, kann als verbürgt gelten. Was aber geschah mit dem *Menschen* Widukind? Wiederum sind wir hier auf Spekulationen angewiesen. Es ist sehr wahrscheinlich, dass Widukind – wie so viele ehemalige Feinde Karls – in Klosterhaft kam und damit für die weitere Geschichte keine Rolle mehr spielte. An Präzedenzfällen einer derartigen Vorgehensweise mangelte es nicht. Bereits zuvor hatte der ehemalige Bayernherzog Tassilo III. und der einstige Langobardenkönig Desiderius erfahren müssen, wie Karl der Große mit politischen Gegnern umging, und waren ebenfalls vom Frankenherrscher im Kloster politisch kaltgestellt worden.

Jedenfalls verliert sich nach 785 definitiv Widukinds Spur in den Quellen. Spätere Namenserwähnungen lassen sich ihm nicht eindeutig zuordnen, und nicht viel besser verhält es sich mit der Diskussion, wo seine sterblichen Überreste verblieben sein könnten. Und zwar deswegen, weil in dieser Debatte eine auf falschen Indizienketten beruhende Meinung dominiert, die durch keinen Beleg wissenschaftlich gesichert ist.

Die Stiftskirche in Enger gilt gemeinhin als letzte Ruhestätte Widukinds, heißt es doch in einer Chronik, dass Widukind hier begraben sein soll. Auch auf dem Renaissance-Unterbau einer alten Grabplatte aus dem 11. Jahrhundert findet sich eine Inschrift, dass dies das Grab von Widukind sei. Diese stammt jedoch aus dem 15. Jahrhundert und könnte selbst schon auf einer falschen Zuschreibung beruhen. Die in einem Schrein hinter dem Altar befindlichen Gebeine wurden seit dem Jahr 1200 als sterbliche Überreste Widukinds verehrt – bis spätere Untersuchungen ergaben, dass es sich um die Knochen einer Frau handelt.

Widukind blieb, so scheint es, nichts erspart – auch nicht die ideologische Vereinnahmung durch das Dritte Reich.

DER WIDUKINDKULT DES ALFRED ROSENBERG

Der 23. Juni 1934 sah die kleine westfälische Stadt Enger in heller Aufregung. In einer unvergleichlichen Propagandaschau reiste der Chefmythologe der NSDAP, Reichsleiter Alfred Rosenberg, durch Westfalen und Niedersachsen, um die Geschichte Deutschlands neu zu schreiben. Ziel seiner Reise war das sich in der Stiftskirche zu Enger befindende, vermeintliche Grab von Widukind. Dort erwartete Rosenberg ein alter Sattelbauer, der ihm einen Heckenrosenstrauß übergab, dessen Spruchband die Aufschrift »Dem deutschen Herzog« trug. Feierlich nahm Rosenberg den Strauß entgegen und legte ihn auf das Grab Widukinds, neben dem Hitlerjugend Ehrenwache hielt.

Am Tag darauf sah man Rosenberg schon in Verden an der Aller. Hier sprach er vor 60 000 Angehörigen der Nazi-Massenorganisationen über die Sachsenkriege und weihte an der Hase zum Gedächtnis des fränkischen Massakers an 4500 Sachsen einen Thingplatz und Ehrenhain ein, der später unter dem Namen *Sachsenhain* berühmt werden sollte. Es war nicht die erste Rede Rosenbergs über Widukind. Schon bei der Übernahme seines neuen Parteiamtes am 22. Februar 1934 hatte er das seiner Meinung nach zukünftige Geschichtsbild des Dritten Reiches klar umrissen:

Das Heilige Römische Reich Deutscher Nation ist geistig nicht die Vorstufe zum dritten, nationalsozialistischen Reich, sondern die Vorläufer zu diesem erblicken wir überwiegend in den großen Rebellen gegen das erste Reich, ob die wie der unbegreiflich große Friedrich der II., der Hohenstaufe, inmitten einer Idee der universalen Monarchie wirkten oder ob sie dagegen aufstanden und sich Heinrich der Löwe, Friedrich Wilhelm von Brandenburg, Luther, Hutten, Friedrich der Große oder Bismarck nannten. Heute an einer Jahrtausendwende können wir erklären, dass, wenn Herzog Widukind im 8. Jahrhundert unterlag, er im 20. Jahrhundert in Adolf

Hitler für immer gesiegt hat! In diesem Sinne wird [...] in Zukunft
deutsche Geschichte geschrieben werden!

Das war starker Tobak, selbst unter Nationalsozialisten, und
ein Versuch Rosenbergs, seinen ideologischen Führungsanspruch auf allen Gebieten des geistigen Lebens durchzusetzen. Rosenberg hatte mit einem Federzug Widukind zum
Ahnherrn des nationalsozialistischen Umsturzes gemacht und
damit auch die innerparteiliche Debatte um den Sachsenherzog angeheizt. Die Niedersachsenfahrt vom Juni 1934 sollte
diesen ideologischen Führungsanspruch trotz so mächtiger
innerparteilicher Konkurrenten wie Himmler (SS), Goebbels
(Propagandaministerium), Ley (Deutsche Arbeitsfront und
Hauptschulungsamt), Rust (Kultusministerium) und Streicher
(Herausgeber des antisemitischen Blattes *Der Stürmer*) propa-
gandistisch untermauern. »Der Beauftragte des Führers für die
Überwachung der gesamten geistigen und weltanschaulichen
Schulung und Erziehung der NSDAP« – so der geschmeidige
Titel Rosenbergs – befand sich allem Anschein nach auf dem
Zenit seiner Karriere. Offensichtlich zeigte sich jetzt vor aller
Augen die Wirksamkeit des von Rosenberg aufgebauten Net-
zes des Kampfbundes deutscher Kultur, dem der Chefideologe
seit 1928 vorstand. Seinen Bestrebungen, die nationalsozialistische Revolution historisch zu erden, schienen keine Grenzen
gesetzt, als er sie anlässlich seines Verden-Aufenthalts im Juni
1934 erneut mit Widukind verknüpfte.

Und heute reitet wie vor tausend Jahren wieder Herzog Widukind
durch die Wälder und Täler Deutschlands, ruft [...] zum Kampf
für ein Denken, fest verwurzelt in Blut und Boden.

Damit war alles gesagt. Durch Rosenberg war Widukind
zum Blut-und-Boden-Rebell geweiht worden, und von nun an
schien das Schicksal des Sachsenherzogs untrennbar mit der
heimischen Scholle verbunden. Die Worte des Reichsleiters

waren kaum verklungen, als in bester nationalsozialistischer Bühnenregie 4500 Fackeln das Stadion von Verden lichterloh erhellten. Jede Fackel stand für einen der im Blutbad von Verden 782 getöteten Sachsen. Es war das letzte Mal, dass Rosenberg die Debatte um den Sachsenherzog so offensiv anschieben konnte. Der Fackelschein im Stadion von Verden wurde für ihn zum Strohfeuer, auch wenn er noch den Bau einer Widukind-Gedenkhalle sowie die Errichtung von 4500 Findlingen im Gedenken an das Blutbad von Verden anregen konnte. Doch warum wurde der NS-Ideologe von seinem Führer »zurückgepfiffen«? Einerseits lag es daran, dass das Andenken an das historische Blutbad von Verden einen faden Beigeschmack durch ein weit aktuelleres Massaker bekam, welches Hitler Ende Juni 1934 an der innerparteilichen Opposition der NSDAP befahl. Im sogenannten Röhm-Putsch ließ der Reichskanzler neben dem Führer der SA, Ernst Röhm, dem einstigen Reichskanzler General Schleicher und dem Führer des linken Flügels der NSDAP, Gregor Strasser, Hunderte hinrichten und Tausende NSDAP-Mitglieder verfolgen. Jetzt säumten auch die Toten der Juni-Morde jene Pfade, auf denen Rosenbergs Meinung nach einst Widukind geritten war. Und diese thematische Nähe wollte Hitler vermeiden.

Aber noch eine zeitpolitische Problematik brach Rosenberg das Genick: der Ausgleich des Dritten Reiches mit der katholischen Kirche im Reichskonkordat von 1933 und die Indizierung seines ideologischen Hauptwerkes *Der Mythus des 20. Jahrhunderts* im Februar 1934 durch die römische Indexkongregation.

Damit war beiden Verhandlungspartnern, dem Vatikan und dem Dritten Reich, ein meisterhafter Schachzug gelungen. Die Ächtung von Rosenbergs neuheidnischem Weltanschauungswerk erlaubte es Papst Pius XI., die nationalsozialistische Ideologie öffentlichkeitswirksam zu verurteilen, ohne dass dies für die katholische Kirche in Deutschland blutige Konsequenzen gehabt hätte. Im Gegenzug hatte Hitler mit Rosenberg einen Bauern geopfert, für den er ohnehin keine besondere Verwendung mehr vorsah. Der nationalsozialistische Führer tat schon damals alles, um den Ludergeruch des Aufruhrs loszuwerden, der noch in den Uniformen seiner SA-Männer hing. In dieser Hinsicht waren Rosenbergs geschichtliche Auffassungen eher lästig als förderlich, und alte antiklerikale Rebellen wie Widukind, die für den Kampf um mehr politische Autonomie standen, hatten ins zweite Glied zu treten. Neue geschichtliche Ahnherren, Reichseiniger mit imperialem Programm wie Bismarck und Friedrich der Große waren gefragt. Vor allem bedingte der Ausgleich mit der katholischen Kirche, dass ein mittelalterlicher Herrscher in den Vordergrund rückte, der von Rosenberg aufs Heftigste verteufelt worden war: Karl der Große, der das Land der Sachsen christianisiert hatte.

Die damit verbundene imperiale Neuausrichtung der nationalsozialistischen historischen Leitbildikonographie bedeutete für Rosenbergs Widukind-Verherrlichung langsam, aber sicher das Ende. Der Blut-und-Boden-Rebell Widukind hatte ausgedient, der »Sachsenschlächter« Karl der Große war über Nacht hoffähig geworden.

Das endgültige Aus für Rosenbergs Deutungshoheit in der NS-Geschichtsdebatte kam, als seine Sichtweise der Auseinandersetzung »Karl der Große versus Widukind« in massiven Konflikt mit den Erfordernissen der nationalsozialistischen Innen- wie Außenpolitik geriet. Kein Geringerer als Propagandaminister Goebbels nahm sich nur zwei Jahre nach der Einweihung der Widukind-Gedächtnisstätte durch Alfred Rosenberg der historischen Kontroverse um den Sachsenherzog an:

Es geht nicht an, dass man an die gesamte deutsche Geschichte und ihre Heroen die Maßstäbe des Nationalsozialismus anlegt und untersucht, ob sie gut nationalsozialistisch gedacht und gehandelt haben. Mit Ausnahme der Zeit von 1918–33, die nur kriminell betrachtet werden kann, ist es unerträglich, alles mit den Maßstäben

der heutigen Zeit zu messen. [...] Karl der Große ist nichts Geringe-
res als der Schöpfer der deutschen Reichsidee gewesen. Dieser »Aus-
verkauf der deutschen Geschichte« liegt nicht im Sinne und Interesse
der NS-Volksaufklärung. [1]

In der Folgezeit sank Rosenbergs Stern zusehends. Ideologisch überrundete ihn die SS, deren primitiver Rassismus den außenpolitischen Bedürfnissen auf die Dauer besser entsprach als Rosenbergs verworrene Pseudophilosophie. Die SS beerbte Rosenberg nicht nur ideologisch, sondern auch kultisch. Zum ersten Mal trat Himmler beim Fest der Sommersonnenwende in Verden 1935 in Erscheinung. 1936 übernahm die vom persönlichen Stab Himmlers gegründete »Gesellschaft zur Förderung und Pflege deutscher Kulturdenkmäler e.V.« den Sachsenhain, der fortan als Kultstätte der SS galt.

Das war aus Widukind und seinen Sachsen unter den Nazis geworden: zu Stein erstarrte Geschichte, gründlich überlagert vom Deutungsmonopol der SS und stigmatisiert durch die nationalsozialistische Heldenverehrung. Von der völkischen Begeisterung, die ihm während des Dritten Reiches entgegengebracht wurde, sollte sich der Sachsenherzog nie mehr wirklich erholen. Die lokale Parteiführung ging sogar so weit, es zuzulassen, dass das noch in wilhelminischer Zeit vor der Stiftskirche zu Enger errichtete Bronzestandbild Widukinds 1942 eingeschmolzen wurde. Die 1937 errichtete Widukind-Gedächtnisstätte fristete bis zu ihrem Abriss 1982 ein Schattendasein.

Auch in der Nachkriegszeit erging es dem Sachsenherzog nicht besser. 1973 erfolgten unter der Krypta Grabungen, die ein angebliches Bursenreliquiar[2] Widukinds und eine Inkuna-

---

[1] Goebbels, Weisung vom 17. Oktober 1936.
[2] Bursenreliquiar: Reliquienbehälter in Beutel- oder Taschenform. Angeblich ist das Bursenreliquiar Widukinds ein Taufgeschenk Karls des Großen.

bel zutage förderten. Des Weiteren fand man drei Grabgruben, in denen jeweils ein Skelett lag. Einer der Toten war schon in jungem Alter verstorben, die beiden anderen Bestatteten waren zu Lebzeiten erwachsen und von großem Körperwuchs gewesen. Tonscherben im Grab gestatteten es den Archäologen, den Zeitpunkt der Bestattung genauer zu bestimmen: das 8. Jahrhundert.

Den Forschern war klar: Einer der beiden erwachsenen Toten konnte nur Widukind sein. Sie entschieden sich dafür, zu glauben, dass das Skelett eines etwa 60-jährigen Mannes aufgrund einer schweren Wirbelsäulenentzündung[1] der sterbliche Überrest Widukinds sein musste – was den Ruf der Stiftskirche Enger als letzte Grablegestätte Widukinds in ihren Augen seriös untermauerte.

Der Leser mag selbst entscheiden, ob diese Art der Wahrheitsfindung streng wissenschaftlichen Methoden entspricht – dem Mythos Widukinds tut die vermeintliche Verortung keinen Abbruch.

PLÄDOYER FÜR EINEN GESCHEITERTEN

Bei einer Bewertung des von Widukind geführten sächsischen Aufstands wird der Blick auf dessen historische Bedeutung leicht durch das unmittelbare Ergebnis der Kämpfe getrübt. Widukind hatte eine vollständige Niederlage erlitten, daran besteht kein Zweifel, doch der Freiheitsheld war nur knapp gescheitert.

Weder in der moralischen Überlegenheit der Franken noch in einem mangelnden politischen Weitblick Widukinds hatten die Ursachen der Niederlage der sächsischen Rebellion gelegen, sondern einzig und allein in der letzten Endes größeren

---

[1] Die Sage überliefert, dass Widukind in seinen letzten Lebensjahren unter schweren Rückenschmerzen litt.

Macht des fränkischen Heeres. Der Realpolitiker Widukind hatte das Menschenmögliche versucht: In Anlehnung an ein Bündnis mit den Dänen hatte er einen zermürbenden Kleinkrieg gegen die fränkischen Unterdrücker geführt und sie in einer offenen Feldschlacht geschlagen, sodass er mit Recht glauben konnte, am Ende doch noch siegreich zu sein. Sein zäher Widerstand im Weserbergland hatte es den nördlich der Elbe siedelnden Sachsenstämmen auf Jahre hin ermöglicht, noch bis Anfang des 9. Jahrhunderts in Freiheit zu leben, bis auch sie durch den unermüdlichen Karl unterworfen wurden. Wichtig war vor allem, dass Widukinds Kampf gerecht war. Spätestens seit Einführung der *Capitulatio de partibus Saxoniae* gab es für den Aufstand des Sachsenherzogs kein Legitimationsproblem mehr. Mit der Einführung des Strafregisters hatte sich das wahre Gesicht fränkischer Eroberungspolitik gezeigt: Zwangschristianisierung oder Schwert, Taufe oder Tod. Damit rückte der Widerstand des einst widerspenstigen einsamen Rebellen Widukind in eine andere Dimension und wurde zum Kampf der Kulturen, zum Ringen um die eigene kulturelle Identität.

Aber Widukind stellte nicht nur die fränkische Vorherrschaft, sondern auch die christliche Religion infrage. Die Leichtigkeit, mit der er die bereits Getauften zur Rückkonversion zum Heidentum bewog, wurde zum Desaster christlicher Mission.

Zu keinem Zeitpunkt zeigte sich eine moralische Überlegenheit der christlichen Kirche über den alten Götterkult. Offensichtlich war die Masse der Sachsen nach wie vor heidnisch und misstraute entweder den Kirchenvertretern oder den Lehren Jesu Christi. Erst das grausame Massaker von Verden, der Sieg in der Entscheidungsschlacht an der Hase und vor allem Widukinds Taufe 785 sicherten der Kirche die Vormachtstellung in Kultus und Religion.

Genau mit dieser Taufe bewies Widukind eine persönliche Größe, die sich selten bei Volksführern findet. Obwohl in

Sicherheit bei seinen dänischen Verbündeten, gab er durch sein Taufbekenntnis seine Identität als heidnischer Sachsenherrscher auf, um seinem Volk vorerst weiteres Leid durch die Fortsetzung eines sinnlosen Kriegs zu ersparen.

Militärisch geschlagen, politisch gescheitert, kann seine Bedeutung für die nationale Identität des Sachsenstammes gar nicht hoch genug eingeschätzt werden. In den folgenden Jahrzehnten wurde der letzte große Rebellenführer der Sachsen zur Leitikone des sich herausbildenden Stammesherzogtums, dessen Herrschergeschlechter es sich zur besonderen Ehre rechneten, von Widukind abzustammen. So wurde Widukind zum Urahn des sächsischen Adelsgeschlechts der Liudolfinger, die man später Ottonen nannte.

Es mutet paradox an, dass mit Otto dem Großen im 10. Jahrhundert ausgerechnet ein Nachfahre Widukinds die von Elbslawen besiedelten Gebiete zwischen Elbe und Oder seiner Herrschaft unterwarf und zwangschristianisierte – was einen der größten Aufstände auf deutschem Boden auslöste.

LITERATUR

Quellen
Annales Regni Francorum 1895, Hg. von F. Kurze, Nachdruck Hannover 1979
    Einhard: *Vita Karoli Magni*, Reclam, Stuttgart 1995

Sekundärliteratur
Brakensiek, Stefan: *Widukind – Forschungen zu einem Mythos*,
Verlag für Regionalgeschichte, Bielefeld 1997
    Fleckenstein, Josef: *Karl der Große*, Musterschmidt, Göttin-
gen 1962
    Kurowski, Franz: *Schwertgenossen Sahsnotas*, Türmer, Starn-
berg 1996
    Lammers, Walter: *Die Eingliederung der Sachsen in das Fran-
kenreich*, WBG, Darmstadt 1970
    Müllner, Hilde: *Die Sachsenkriege Karls des Großen in der
Geschichtsschreibung der Karolinger- und Ottonenzeit*, Inaugural-
dissertation Halle 1936
    Paetow, Karl: *Die Wittekindsage*, Sponholtz, Hameln – Han-
nover 1994
    Springer, Matthias: *Die Sachsen*, Kohlhammer, Stuttgart
2004
    Zoellner, Walter: *Karl oder Widukind?*, Martin-Luther-Uni-
versität, Halle/Saale 1975

IM ZEICHEN DES WEISSEN PFERDES
DER GROSSE SLAWENAUFSTAND
VON 983

Obwohl selbst treulos und wankelmütig, verlangen sie von anderen die größte Treue und Unwandelbarkeit. Frieden schließen sie, indem sie das oberste Haupthaar abschneiden und dieses nebst etwas Gras mit der Rechten darreichen. Leicht aber lassen sie sich auch durch Geld bewegen, denselben zu brechen. [...] Fliehe, mein Leser, den Verkehr mit ihnen und ihrem Götzendienste, vernimm' und befolge die göttlichen Gebote![1]

So schrieb Anfang des 11. Jahrhunderts Bischof Thietmar von Merseburg über die Liutizen, einen der gefährlichsten und wildesten slawischen Stammesverbände, der sich über einen Zeitraum von 150 Jahren erfolgreich der deutschen Ostexpansion erwehrt hatte.

Doch was hat ein slawischer Stammesverband in einem Buch über die Geschichte deutscher Aufstände zu suchen? Die Antwort ist einfach: Bis Mitte des 10. Jahrhunderts waren alle Gebiete östlich und sogar einige Landschaften westlich der Elbe slawisch besiedelt. Ein Blick auf die Landkarte zeigt, wie das slawische Erbe bis in die Gegenwart ausstrahlt: Wer heute durch die Dörfer und Städte Ostdeutschlands, Ostholsteins, des Wendlands und des Kreisherzogtums Lauenburg fährt, dem fällt sofort der große Anteil slawisch klingender Ortsnamen auf. Warnow, Güstrow, Buckow, Neustrelitz, Müritz – um nur einige Orte zu nennen – offenbaren dem Reisenden aufgrund ihrer Wortendungen recht schnell ihren slawischen Ursprung. Doch wer ahnt bei Städten wie

---

[1] Thietmar von Merseburg, *Chronik*, VI, 25.

Lübeck[1], Rostock[2] und Schwerin[3], bei Landschaftsnamen wie »Wendland« oder Slangwörtern wie »Kiez« noch, dass diese Namen slawischen Ursprungs sind?[4] Heute lebt das slawische Erbe Deutschlands nicht nur durch sprachliche Relikte fort. Noch immer gibt es in der Lausitz Dörfer, in denen sorbisch, eine lebendige slawische Sprache, gesprochen wird. Die Sorben sind auch der einzige geschlossene slawische Volksstamm, der sich durch die frühe Annahme des Christentums und den Rückzug in die unwegsamen Gebiete des Spreewaldes bis heute seine kulturelle Identität bewahrt hat und nicht der deutschen Kolonisation zum Opfer fiel. Andere Slawenstämme, die viel kämpferischer waren und sich von Anfang an den deutschen Kaisern, Fürsten und der Kirche widersetzten, hatten weniger Glück. Sie wurden ab dem Beginn der ottonischen Ostexpansion im Jahre 929 entweder verdrängt, unterworfen, vernichtet oder gingen durch die Verschmelzung mit deutschen Ostkolonisten ab dem 12. Jahrhundert in den Deutschen auf, wovon viele slawisch klingende Familiennamen heute noch zeugen.

[1] Lübeck leitet sich vom slawischen Wort »Liubice« ab, was so viel wie »die Liebliche« heißt. Ursprünglich wurde mit diesem Namen die an der Einmündung von Schwartau und Trave nur sechs Kilometer vom heutigen Lübeck entfernt gelegene städtische Siedlung »Alt-Lübeck« bezeichnet.

[2] Der Städtename »Rostock« leitet sich vom wilzischen Wort »rastokŭ« ab, was so viel wie »Flussgabelung« bedeutet.

[3] Schwerin ist zum ersten Mal 1012/1018 bei Thietmar von Merseburg als »Zuarina« belegt, später bei Helmold von Bosau als »Zuerin/Zverin« bezeichnet, ab dem 15. Jahrhundert »Sverin«, dann ab dem 16. Jahrhundert »Schwerin« genannt. Der Name stammt vermutlich aus der polabischen Sprache und leitet sich vom polabischen Lehnwort »Zver« ab, das so viel wie »wildes Tier« heißt.

[4] Der Begriff »Wendland« selbst ist ein Relikt aus dem Hochmittelalter, als alle Elbslawen Wenden genannt wurden. Das heute für die Benennung eines Stadtteils gebräuchliche Wort »Kiez« bezeichnete ursprünglich Burgsiedlungen, in denen die dienstpflichtigen Untertanen eines slawischen Burgherrn wohnten.

Nach und nach wurden die Konturen einstiger Stammesverbände verwischt; aus ursprünglich heidnischen Slawen wurden christliche Deutsche.

Dass dieser jahrhundertelange Kampf zwischen Heiden- und Christentum allerdings so enden würde, war im Jahr 982 alles andere als absehbar, als ein verhängnisvolles Ereignis in Unteritalien die Zeitenwende der ottonischen Ostexpansion einleiten sollte.

WIE EIN SLAWISCHER RITTER KAISER OTTO II. DAS LEBEN RETTETE

Es sollte sein größter Triumph werden, doch es wurde seine größte Niederlage. Statt mit einer Attacke seiner schweren Panzerreiter alles sich ihm Entgegenstellende zu zermalmen – wie er es gewohnt war –, trat Otto II., Kaiser des Heiligen Römischen Reiches[1], an jenem unseligen 13. Juli 982 die Flucht an und ritt um sein Leben. Was war geschehen?

Im 10. Jahrhundert gehörten Teile Süditaliens zum Byzantinischen Reich, Sizilien war infolge der islamischen Expansion von den Sarazenen besetzt, die zudem regelmäßig in das italienische Festland einbrachen. Nach einer gemeinsam mit Papst Benedikt VII. 981 in Rom abgehaltenen Synode hatte Otto II. die apulische Stadt Tarent von den Byzantinern erobert und die in Kalabrien eingedrungenen arabisch-maurischen Heere angegriffen. Nach anfänglichen Erfolgen war der Kaiser voll Selbstvertrauen mit seinem Heer am Kap Colonna nahe der Stadt Cotrone in eine Falle getappt und hatte mit nur einer Schlacht alles zuvor Erreichte verloren. Mit eigenen Augen hatte er mit ansehen müssen, wie sein Lanzenträger und eine große Zahl geistlicher und weltlicher Fürsten des Rei-

---

[1] Otto II. (955–983), Sohn Ottos des Großen, römischer Kaiser 973 bis 983.

ches mit Hunderten ihrer Männer fielen. Jetzt waren ihm sarazenische Reiter auf den Fersen, und nur mit Mühe erreichte der Kaiser die rettende Küste, vor der einige Schiffe kreuzten.

Da der Kaiser aufgrund des heftigen Kampfes zu geschwächt war, um bis zum Schiff zu schwimmen, lieh ihm ein Mainzer Jude sein Pferd, und ohne zu zögern ritt Otto ins Wasser, dem Schiff entgegen, das ihn jedoch ignorierte und stur weiterfuhr. Verzweifelt kehrte er ans Ufer zurück. Sollte es dem Kaiser an jenem Tag tatsächlich vorbestimmt sein, in die Hände der ungläubigen Sarazenen zu fallen, die sich schon in Sichtweite befanden?

Der Chronist jenes Feldzugs, Thietmar von Merseburg, berichtet:

Als nun der Kaiser die Feinde herankommen sah, fragte er den Juden traurig, was nun aus ihm werden sollte? Dann warf er sich, als er auf einer anderen Salandria [byzantinische Kriegsgaleere, Anm. d. Verf.], die der ersten nachfolgte, einen ihm wohlgesinnten Mann bemerkte, von dem er Hilfe erwarten konnte, aufs Neue mit dem Rosse ins Meer, erreichte das Schiff und ward, indem ihn nur jener eine, sein Dienstmann Heinrich, auf slawisch Zolunta genannt, erkannte, von demselben ins Fahrzeug gelassen.[1]

Damit war Otto II. vorerst gerettet. Das von Griechen bemannte Schiff nahm nach dem Versprechen einer hohen Belohnung Kurs auf den Hafen Rossano, wo Otto seine Frau und den Hofstaat zurückgelassen hatte. Als das Schiff Anker warf, bediente sich der Kaiser erneut der Hilfe seines slawischen Dienstmannes Zolunta, um die Kaiserin und den Erzbischof von Metz von seiner Ankunft zu verständigen und die versprochene Belohnung auf unzähligen Lasttieren zum Schiff zu bringen. Der griechische Kapitän war außer sich vor Freude und wurde leichtsinnig beim Anblick der versprochenen

---

[1] Thietmar von Merseburg, *Chronik*, III, 21.

IM ZEICHEN DES WEISSEN PFERDES

Geldkarawane. Als die kaiserliche Abordnung sich gerade anschickte, das Schiff der Griechen zu betreten, um den Kaiser auszulösen, nutzte Otto II. geistesgegenwärtig, dass seine Bewacher abgelenkt waren, und hechtete über die Reling ins Wasser. Ohnmächtig mussten die Griechen zusehen, wie der Kaiser mit ausgreifenden Zügen davonschwamm und sie von der sicheren Hafenpier wenig später verhöhnte. Und trotzdem – obwohl der Kaiser endlich wieder festen Boden unter den Füßen hatte, schwankte sein Reich gefährlich im Sturmwind der Zeit.

Denn nicht jeder slawische Untertan war so treu wie Heinrich Zolunta, der dem Kaiser vor Kap Colonna das Leben gerettet hatte, und die Niederlage wurde trotz der wundersamen Rettung zum Fanal des großen Slawenaufstands von 983. Schon lange wartete ein geheimer slawischer Kampfbund auf die Gelegenheit, die Niederlagen zu rächen, die ihre einst freien, östlich der Elbe siedelnden Stämme erlitten hatten. Jetzt erwies sich, dass die deutsche Herrschaft und die mit ihr verbundene Übernahme des Christentums auf tönernen Füßen standen. Aber wieso drohte den ostelbischen Gebieten gerade jetzt ein politisches Erdbeben, wo sie doch seit 15 Jahren als befriedet und christianisiert galten?

DIE SLAWISCHE LANDNAHME UND DIE OTTONISCHE OSTEXPANSION

Ab 600 stießen slawische Stämme teils über Böhmen, teils von Schlesien kommend in das Elbe-Saale-Gebiet vor. Als Vorteil erwies sich das Machtvakuum, welches infolge der seit Ende des 5. Jahrhunderts abgeschlossenen Abwanderung germanischer Großstämme wie der Goten und Wandalen zwischen Elbe und Oder entstanden war. Jahrzehntelang scheint sich die slawische Besiedlung des Elbe-Saale-Raumes recht unbemerkt vollzogen zu haben, und die Slawen tauchten erst im

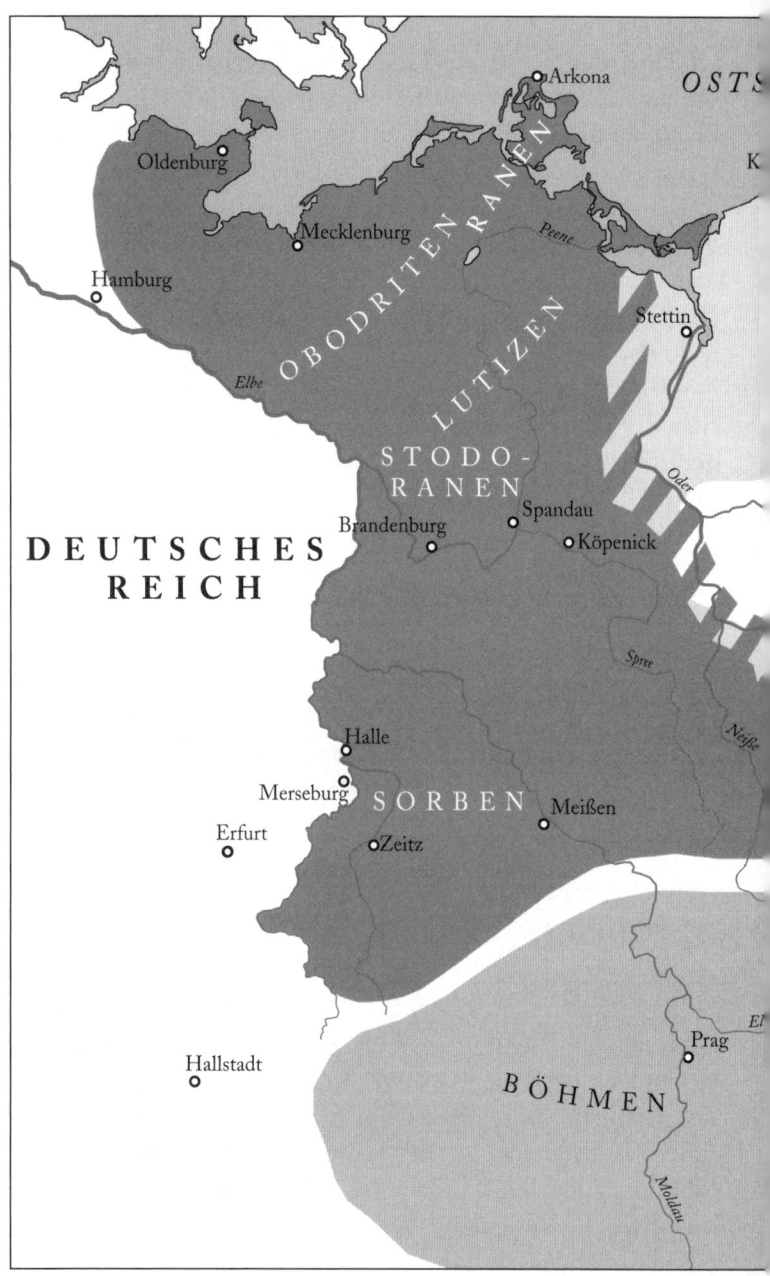

MERANEN

Danzig

PRUZZEN

Weichsel

MASOWIER

Posen

Gnesen

Warthe

POLEN

SCHLESIER

Breslau

WISLANEN

Krakau

MÄHREN

Oder

Ollmütz

Brünn

Karte 2: Die Siedlungsgebiete slawischer
Stämme zur Zeit der ottonischen Ostexpansion

Gesichtskreis der Sachsen auf, als sie im 7. Jahrhundert langsam über die Elblinie nach Westen vorzudringen begannen und die Altmark, das Wendland und Teile Thüringens besiedelten. Natürlich darf man sich die ostelbischen Gebiete nicht völlig entgermanisiert vorstellen, doch hatte die Abwanderung ganzer Völker während der Völkerwanderungszeit den slawischen Stämmen einen großen Freiraum für ihre eigene Ausbreitung geboten. Fest steht, dass sich die slawische Landnahme im Großen und Ganzen ohne die Vertreibung germanischer Restvölkerschaften vollzog.

Seit Beginn der Einwanderung stachen vier Stammesgruppen besonders aus dem Sammelsurium diverser slawischer Kleinstämme hervor: die Obodriten, die Wilzen, die Sorben und die Havel-Spree-Stämme. Die Obodriten stießen bis zur Ostseeküste vor und siedelten im Gebiet des heutigen Ostholstein und des westlichen Mecklenburg-Vorpommern. Die Wilzen besetzten das Küsten- und Seenland östlich des heutigen Schwerin bis zur Oder und dehnten ihre Südgrenze bis ins nördliche Brandenburg aus, wo sie an die Havel-Spree-Stämme stießen, die im Raum Potsdam/Berlin ihr Hauptsiedlungszentrum hatten. Die westslawischen Stämme der Lusizer und Milzener stießen in die Ober- und Unterlausitz vor, während die Sorben die Elbe überschritten und ihre Stammsitze zwischen Elbe und Saale errichteten. Im Norden verhielt es sich nicht anders: Unzählige Kleinstämme zogen flussaufwärts die Elbe entlang und siedelten sich im Wendland an. Mit diesen epochalen Wanderungszügen war die erste slawische Landnahme abgeschlossen. Wie aber kamen die neuen Siedler in ihrer neuen Heimat zurecht? Wie sah ihre Gesellschaftsordnung aus und wie besiedelten sie das Land?

Die dominierende Staatsform unter den Slawen war der Stammesstaat. Wilzen, Sorben und Obodriten waren Stammesverbände, die sich in mehrere, wahrscheinlich monarchisch geführte Kleinstämme gliederten, welche ihrerseits vermutlich von einem Oberkönig regiert wurden. Bei den

Obodriten hatte der gleichnamige Teilstamm die Führerschaft übernommen und seinen Herrschaftsbereich auf die Stämme der Wagrier und Polaben ausgedehnt. Der Stammesverband der Wilzen hatte sich aus den etwa gleich starken Stämmen der Zirzipanen, Ukranen (aus der Uckermark), Tolensanen und Redarier gebildet.

Die Lebenszeitdauer dieser Stammesverbände war stets nur begrenzt. Stämme konnten aus einem Großstammesverband ausscheren und sich mit anderen Teilstämmen zu einem neuen Verband zusammentun. Auf diese Weise konnten Stammesverbände wie die Sorben durch Abfall kleinerer Stämme zerfallen, neue Bünde wie die später berühmt gewordenen Liutizen wie aus dem Nichts entstehen. Immer war die Welt der Elbslawen in Bewegung. Trotz dieser Vielgestaltigkeit des politischen Lebens war bis zum Eindringen des Christentums allen slawisch besiedelten Regionen eins gemein: die Art und Weise der Gesellschaftsform und der Besiedlung. An der Spitze eines Teilstamms stand ein Fürst oder eine Gruppe gleichberechtigter Adeliger, die im Einvernehmen mit den heidnischen Priestern der lokalen Stammesgottheiten über die Masse der Bauern herrschte.

Anfangs lebten die slawischen Stämme in dörflichen Siedlungen, wobei Inseln oder Landzungen bevorzugt wurden, die durch Palisaden oder Flechtwerkzäune leicht zu befestigen waren. In der Folgezeit entstanden aufgrund von kriegerischen Ereignissen zentrale Fluchtburgen, die im Kriegsfall die Bevölkerung der umliegenden Dörfer mit ihrem Vieh aufnehmen konnten. Neben den Fluchtburgen existierten auch kleine Burganlagen, und um diese Adelssitze wiederum wuchsen seit dem 9. Jahrhundert Burgstädte mit Handwerker- und Kaufmannssiedlungen, in denen sich spezielle Gewerbezweige wie Töpfer, Leinweber, Schmiede, Kürschner oder Böttcher herausbildeten, die die Burgen und vermutlich die umliegenden Landbewohner mit ihren Produkten versorgten.

Aufgrund der hohen Wald- und Seendichte Mecklenburgs

und des Havel-Spree-Gebietes gab es dort wenig freie Acker-landschaften. Hier lagen fast alle Siedlungen inmitten riesiger Wälder an Seen und Flüssen, sodass Fischfang und Handel eine große Rolle spielten. In Gebieten mit weniger dichter Bewaldung dominierte dagegen die Landwirtschaft, und die Bauern bewirtschafteten die ertragreichen Böden der Brandenburger Börde mit dem Hakenpflug.

Der offensichtlichste Unterschied zu ihren westlichen Nachbarn bestand in der Religion: Die Slawen waren weitgehend Heiden, die unter Anleitung ihrer Oberpriester in Tempeln zu ihren Göttern beteten, die je nach Region Radigost, Triglav, Svarožic oder Swantevit hießen und meist vielköpfig und blutrünstig waren. Wie der christliche Chronist Thietmar von Merseburg berichtet, besaß fast jeder Stamm einen Tempel mit hölzernem Götterbild, was auf eine flächendeckende Verbreitung des Kultes schließen lässt. Da der Glaube der Slawen animistisch war, beteten sie jedoch auch zu Wald-, Flur-, Feld- und Pfahlgottheiten in Form von hölzernen Stelen, denen jedermann opfern konnte. Auch hatte fast jeder slawische Haushalt seinen Hausgott, dem ebenfalls geopfert wurde.

Dieser Götzenkult und die relative Rückständigkeit der Staatenbildung, die über ein loses Nebeneinander von miteinander verbündeten Stammesstaaten nicht herausgekommen war, bildeten den größten Gegensatz zum christlichen Karolingerreich jenseits der Elbe, das auch die mittlerweile christianisierten Sachsen umfasste, die westlichen Nachbarn der Slawen.

Hatte sich die slawische Völkerwanderung noch bis Mitte des 8. Jahrhunderts relativ unbemerkt von christlichen Chronisten vollzogen, so änderte sich das mit der Unterwerfung Baierns und Sachsens durch Karl den Großen. Wie schon die Schlacht am Süntel 782 zeigt, gehörten die Einfälle slawischer Raubscharen zum Alltag des Frankenreichs. Als sich nur sieben Jahre nach Widukinds Taufe die Sachsen nördlich der Weser erneut erhoben, gewannen die slawischen Stämme an politischem Gewicht. Schon bald kam es zu neuen Allianzen: Um die durch das Bündnis mit dem Königreich Dänemark gut abgesicherten Sachsen durch einen Zweifrontenkrieg entscheidend zu schwächen und in ihrer Ostflanke eine zweite Front zu eröffnen, verbündete sich Karl der Große mit den Obodriten. Da vor allem die nordalbingischen Gebiete Sachsens betroffen waren, galt es für die noch unabhängigen Sachsen, schnellstens die Erzrivalen der Obodriten, die Wilzen, auf ihre Seite zu ziehen. Dieses Bündnis erwies sich als so gefährlich, dass sich Karl der Große 789 gezwungen sah, den Obodriten beizuspringen und einen Feldzug gegen die Wilzen zu führen, der mit einem fränkischen Sieg endete. Drei Jahre später erklärten die Wilzen zusammen mit den Sachsen dem Frankenreich erneut den Krieg, das sich sofort des Beistands der Obodriten versicherte. Diesmal waren die Obodriten das entscheidende Zünglein an der Waage und besiegten in der Entscheidungsschlacht auf dem Swentanefeld 794 die nordalbingischen Sachsen. Der Lohn dafür konnte sich sehen lassen: Karl der Große verlieh den Obodriten die nordalbingischen Gebiete Sachsens zum Lehen, sodass die Westgrenze des Obodritenreiches entlang des Limes Saxonius[1] verlief.

Nachdem das Fränkische Reich im Jahr 843 in drei eigenständige Reiche aufgeteilt worden war, blieb die Politik des ostfränkischen Reiches ähnlichen defensiv-taktischen Gesichtspunkten untergeordnet. Die Nachfolger Karls des Großen sahen in den slawischen Stämmen in erster Linie einen Trumpf im Kampf gegen abtrünnige sächsische Fürsten und Rebellen. Doch Wilzen, Sorben und Obodriten waren alles andere als willfährige Objekte karolingischer Außenpolitik. Die kriegliebenden Nachbarn im Osten fielen alljährlich über

---

[1] Der Limes Saxonius war im 9. Jahrhundert eine Militärgrenze zwischen dem Franken- und Obodritenreich und verlief auf der Linie Kieler Förde, entlang der Flüsse Schwentine und Trave bis nach Boizenburg.

sächsische Orte her und plünderten sie hemmungslos aus, wobei sie vor allem auf eins aus waren: Gefangene zu machen, die ihnen als Sklaven dienen sollten.

Jahrzehntelang blieb das Ostfränkische Reich in der Defensive, die Raubzüge wirkungslos mit Strafexpeditionen vergeltend. Dies änderte sich erst, als der letzte ostfränkische Kaiser einen Sachsen zu seinem Nachfolger bestimmte: Herzog Heinrich I.[1] aus dem Geschlecht der Liudolfinger, der erste ottonische Herrscher. Für die Elbslawen hatte dieser Thron- und Dynastiewechsel dramatische Konsequenzen. Durch die Inthronisierung des Sachsenherzogs verlagerte das Ostfränkische Reich seinen geografischen Schwerpunkt von Aachen in das von Ungarn und Slawen immer häufiger heimgesuchte Grenzgebiet zwischen Unstrut und Elbe. Hier schlug Heinrich sein Lager an der Elbefurt nahe der noch unbedeutenden Siedlung Magdeburg auf, das er ab 919 systematisch gegen drohende Ungarn- und Slaweneinfälle befestigen ließ. Vor allem die Lösung der slawischen Frage lag dem neuen König am Herzen, der darauf brannte, seine »Geheimwaffe«, eine 926 zur Ungarnabwehr aufgestellte 2000 Mann starke Truppe von Panzerreitern, im Kampf gegen die Elbslawen zu erproben.

Heinrich ließ die Stämme jenseits der Elbe nicht lange darüber im Unklaren, wie er mit ihnen verfahren wollte. In den Jahren 928 bis 932 unterwarf er nach mehreren Feldzügen alle Stämme der Westslawen zwischen Elbe, Saale und Oder, ohne ihre ethnische und politisch-rechtliche Identität zu zerstören. Luziner, Milzener, Obodriten und Wilzen wurden gezwungen, sich dem neuen Herrscher zu unterwerfen und die sächsische Oberhoheit formal durch Tributzahlungen anzuerkennen. Allerdings erfolgte keine Einmischung in die

---

[1] Heinrich I. (876–936), ab 912 Herzog von Sachsen, 919 bis 936 König des Ostfränkischen Reiches, Begründer der Ottonendynastie.

inneren Herrschaftsverhältnisse der slawischen Stämme, und ebenso blieben ihre religiösen Bräuche unangetastet. Das Sorbenland hingegen wurde gänzlich dem Ostfrankenreich einverleibt und christianisiert. Auch ein Kriegszug gegen Böhmen brachte im Frühjahr 929 das erhoffte Resultat: Prag wurde erobert, der Böhmenherzog Wenzel I. erkannte die deutsche Oberhoheit an und verpflichtete sich zu Tributzahlungen. Ein im selben Jahr ausbrechender Aufstand der Wilzen wurde erfolgreich niedergeschlagen, der König der Obodriten 931 unterworfen und für den Übertritt zum Christentum gewonnen. Mit diesen Siegen hatte Heinrich I. sein politisches Nahziel erreicht: Der militärische Sieg über die Elbslawen hatte den Unruheherd im Osten des Reiches vorläufig beseitigt. Die Überwachung des Friedens besorgten Grenzgrafen, doch trotz dieser umsichtigen Maßnahmen war es ein brüchiger Friede.

Als Heinrich I. 936 starb und ihm sein Sohn Otto I.[1] auf dem Thron folgte, erhoben sich die Redarier und andere Wilzenstämme zusammen mit den Hevellern, um das deutsche Joch abzuwerfen. Während die Redarier kurz darauf von Ottos Feldherrn Markgraf Hermann Billung wieder in das alte Tributverhältnis gezwungen wurden, ließ Markgraf Gero die führenden Adeligen der Heveller zu einem Gastmahl laden und hinterrücks ermorden. Mit diesem Massenmord hatten die aufständischen Stämme im Havel-Spree-Gebiet ihre politische Führung verloren. Die Rebellion scheiterte, doch es war ein trügerischer Frieden, den Markgraf Gero sich mit Heimtücke erkauft hatte.

Dass der neue König nicht persönlich gegen die Rebellen zu Felde gezogen war, hatte nicht zu bedeuten, dass er die Auseinandersetzung mit den Slawen scheute oder ihm die

---

[1] Otto I. der Große (912–973), Herzog der Sachsen, 936 König des Ostfränkischen Reiches, 962 bis 973 Kaiser des Römischen Reiches.

slawische Frage egal war. Bald schon sollten sich die Unterworfenen davon überzeugen können, dass Otto ein stärkeres Interesse an ihnen hatte, als ihnen lieb sein konnte. Der junge Herrscher war nicht der Mann, der sich auf den Lorbeeren des Vaters ausruhte, und er verfolgte ein weitaus höhergestecktes Ziel als sein Vater: die Christianisierung der noch heidnischen slawischen Stämme und ihre Eingliederung in den deutschen Feudalstaat.

Ein erstes Zeichen setzte der ehrgeizige Liudolfinger 937 mit der Gründung des Moritzklosters in Magdeburg, das so zur Keimzelle der Slawenmission werden sollte. Den zweiten Schritt wagte er, als er 948 in Brandenburg und in Havelberg die ersten beiden elbslawischen Missionsbistümer gründete, die jedoch noch dem Erzbistum Mainz unterstellt waren. Dies stellte eine erhebliche Machterweiterung der Kirche dar: Die Diözesen der neu gegründeten Missionsbistümer umfassten das gesamte Siedlungsgebiet der slawischen Stämme an der Havel und der Spree sowie das Gebiet der Wilzen. Damit hatte der deutsche König der Kirche einen Claim abgesteckt, dessen Bewohner nach wie vor ihren alten heidnischen Göttern anhingen und dem christlichen Glauben dementsprechend feindlich gesinnt waren. 955 kam es erneut zu einem Aufstand; diesmal erhoben sich die Obodriten und die Redarier. Otto I. schlug sie vernichtend an der Raxa (heute Recknitz) und zwang sie zur Anerkennung der deutschen Oberhoheit.

Nach seiner Krönung zum römischen Kaiser ging Otto dazu über, die deutsche Herrschaft in den elbslawischen Gebieten durch die Errichtung des Erzbistums Magdeburg 967 zu festigen. Die Zusammenfassung der Missionsbistümer Havelberg und Brandenburg in einem Erzbistum, die Errichtung der Bistümer Meißen, Zeitz und Merseburg straffte die Kirchenorganisation und verlieh ihr größere innere Festigkeit. In den folgenden Jahren schien es, als ob die Früchte der Politik des Kaisers im Slawenland aufgingen: Immer dichter wuchs das Netz der Pfarreien und Burgen, und immer größer wurde die Zahl der zum Christentum konvertierenden Slawen.

Als Otto starb und ihm sein gleichnamiger Sohn auf den Thron folgte, kam es nicht – wie man bei einem Herrscherwechsel hätte erwarten können – zu einem Slawenaufstand in den ostelbischen Gebieten, sondern alles blieb still. Zu still. Diese seltsame Ruhe hielt genau zehn Jahre an, bis der junge Kaiser die verhängnisvolle Schlacht bei Cotrone verlor. Doch Cotrone war lediglich der Anlass, nicht der Grund für die Erhebung. Deren Ursachen lagen vielmehr in der brutalen Art und Weise der deutschen Ostexpansion sowie in den Ungerechtigkeiten und dem anmaßenden Verhalten der deutschen Markgrafen, die das Land mit harter Hand nach ihrem Gutdünken verwalteten und den alten slawischen Adel entmachtet hatten.

Machtmissbrauch und persönliche Bereicherung durch geistliche wie weltliche Herren sorgten für wachsenden Unmut in der Bevölkerung. Die einst freien Völker der Elbslawen hatten riesige Ländereien an die Kirche verloren, mussten an die deutschen Grundherren oft höhere Abgaben zahlen und den Kirchenzehnten entrichten. Ungeachtet der Stammesgrenzen wurden ganze Ortschaften auf die verschiedenen Bistümer verteilt, und unermüdlich widmeten sich Missionare der Bekehrung der noch heidnischen Bevölkerung zum Christentum, während eine Kette von Zwingburgen ihr Vorhaben absicherte. Auch in der Burgenverwaltung hatten wichtige Veränderungen stattgefunden: Die einst mächtige Führungsschicht der slawischen Fürsten war von deutschen Burgherren, Grafen und Verwaltungsmännern abgelöst worden, die mit unerträglichem Hochmut ihre slawischen Untergebenen unterdrückten. Einer dieser Despoten war Dietrich von Haldensleben, der Herr der Nordmark, der zwar den Titel »Markgraf der Slawen« führte, aber seine slawischen Untertanen wie Vieh behandelte und das Land und die Bevölkerung auspresste, wo er konnte. Zusammen mit Herzog Bernhard von Sachsen bedrückte er das

Land und beging derartig viele Ungerechtigkeiten, dass selbst Thietmar von Merseburg dies kritisch vermerkt. Auch vor seinen slawischen Standesgenossen machte der Markgraf nicht Halt: Der Chronist Adam von Bremen berichtet von einem Vorfall, bei dem Dietrich einen Wendenfürsten aufs Gröbste beleidigte. Dieser Fürst hatte, bevor er seinen Sohn mit 1000 slawischen Reitern zu Kaiser Otto II. nach Italien schickte, bei Herzog Bernhard für seinen Sohn um die Hand von dessen Nichte geworben und diese auch versprochen bekommen. Als der Sohn aus Italien zurückkehrte, verhinderte Dietrich die in seinen Augen unstandesgemäße Liaison, indem er den slawischen Brautwerber mit folgenden Worten herabwürdigte: »Eine Blutsverwandte des Herzogs dürfe nicht einem Hunde gegeben werden.« Diese Worte müssen den Fürstensohn und seinen Vater hart getroffen haben, schließlich waren fast all ihre Reiter bei Cotrone für den deutschen Kaiser gefallen.

Doch Hochmut kommt vor dem Fall. Im Untergrund des Wendengebietes gärte es, in heimlichen Versammlungen wuchs langsam die Infrastruktur einer gefährlichen Rebellion. Am 13. Juli 983 sollte den deutschen Besatzern klar werden, dass sich an den Grenzen der Bistümer Havelberg und Brandenburg ein neuer Stammesverband formiert hatte, der bereit war, den alten Göttern zu neuer Macht zu verhelfen und sich selbst die Freiheit zu erkämpfen: der Bund der Liutizen.

DIE KRIEGERISCHEN JÜNGER DES FEUERGOTTES

Die Liutizen waren ein Stammesverband, der sich aus der Absplitterung einzelner Wilzenstämme wie der Tollenser, der Zirzipanen, der Kessiner und der Redarier gebildet hatte. Von Anfang an nahmen in der Stammesvereinigung die Redarier eine Vormachtstellung ein. Im Gegensatz zu Obodriten und Sorben war es den Redariern weitgehend gelungen, die

Zwangschristianisierung zu vermeiden und ihre kulturelle und religiöse Eigenständigkeit zu wahren. Nach dem gescheiterten Aufstand 955 waren sie zwar noch einmal 967 bezwungen worden, doch scheint es, dass sie sich nur zu Tributzahlungen verpflichtet hatten, sonst aber nicht unter direkter deutscher Herrschaft standen. So kam es, dass sie nach wie vor in ihrer alten Hauptstadt Radegost – das seit einem Bericht Adams von Bremen mit dem sagenhaften Rethra gleichgesetzt wird – ihren alten Göttern huldigten. Eine Beschreibung des Heiligtums gibt der Chronist Thietmar von Merseburg:

Es liegt im Gau Riedirierun eine Burg namens Riedegost, von dreieckiger Gestalt, mit drei Toren versehen, welche von allen Seiten ein großer, von den Eingeborenen unberührter und heiliger Wald umgibt. Zwei dieser Tore stehen dem Eintretenden offen; das dritte, nach Osten gelegene, ist das kleinste und weist auf einen Pfad, der zu dem benachbarten, gar schrecklich anzusehenden Meere führt. In der Burg ist nichts als ein künstlich aus Holz gebautes Heiligtum, das auf den Hörnern verschiedener Tiere als Grundlage steht. Die Außenseiten dieses Heiligtums sind mit verschiedenen Bildern von Göttern und Göttinnen, die, so viel man sehen kann, mit bewundernswerter Kunst geschnitzt sind, verziert; inwendig stehen aber von Menschenhänden gemachte Götzen, jeder mit eingeschnitztem Namen, mit Helm und Harnisch furchtbar bekleidet. Der vornehmste derselben heißt Zuarasici und wird von allen Heiden vornehmlich geehrt und angebetet. Hier befinden sich auch ihre Feldzeichen, welche nur im Falle des Bedürfnisses, wenn es zum Kampfe geht, von hier fortgenommen und dann von Fußkriegern getragen werden. [1]

Dieser stets dem Christentum widerspenstige Stamm war es, der 983 die Keimzelle des heidnischen Bundes der Liutizen wurde, der rasch viele Bündnisgenossen finden sollte. Die Liu-

---

[1] Thietmar von Merseburg, *Chronik*, VI, 23.

tizen, die sich als Anhänger des »Liut bog«, des wilden Gottes, bekannten, huldigten ihrem Gott Zuarisici beziehungsweise Svarožic mit wilden Kriegstänzen. Politische Beschlüsse fasste dieser Zusammenschluss mehrerer wilzischer Kleinstämme auf Vollversammlungen gemeinsam und einmütig, wobei vor allem der göttliche Beistand durch Svarožic ausschlaggebend war. Wer aber war dieser wilde Gott, dessen gewaltiges, bis an die Zähne bewaffnetes Holzbildnis im Pantheon Rhetras über den anderen nicht minder furchtbaren Götzen thronte? Die sprachliche Ableitung von Zuarasici/Svarožic weist darauf hin, dass in Radegost einer der Söhne des obersten altslawischen Gottes »Svarog« verehrt wurde. Sein Name ist verwandt mit dem Sanskritwort »Svarga«, welches »Himmel« bedeutet. Svarog war hingegen nicht allein, sondern hatte zwei Söhne: Dažbog, der die Sonne symbolisierte, und Svarožic, Personifikation des Feuers.

Stimmt die Gleichsetzung von Zuarasici mit Svarožic, so zeigt der Svarožic-Kult Radegosts, dass mit der Zeit aus dem altslawischen Feuergott ein finsterer Kriegsgott wurde, dessen Kriegstempel zum Zentralheiligtum der Liutizen avancierte und dessen Zorn man mit dem Blut von Menschen und Tieren besänftigte. [1]

Bei den Liutizen selbst handelt es sich den Beschreibungen Thietmar von Merseburgs nach um eine archaische Militärdemokratie, die sich Ende des 10. Jahrhunderts gegenüber den anderen Slawenstämmen wie den Obodriten und den Sorben durch den in Radegost zentrierten Svarožic-Kult auszeichnete und politisch vor allem durch den Kampf gegen die Christen – damit war neben dem Heiligen Römischen Reich auch das christliche Herzogtum Polen gemeint – zu innerer Geschlossenheit fand.

Wie die Liutizen lebten, wer sie anführte und was sie vor allem gegenüber den einstigen Großstämmen auszeichnete,

---

[1] Thietmar von Merseburg, *Chronik*, VI, 25.

wissen wir aufgrund der schlechten Quellenlage nicht; die erhaltenen Schriftzeugnisse stammen allesamt von christlichen Chronisten. Vor allem der schon mehrfach erwähnte Merseburger Bischof Thietmar[1] ist hier als Zeitzeuge zu nennen, des Weiteren erweisen sich die ein Jahrhundert später entstandenen Chroniken des Klerikers Adam von Bremen[2] ebenso wie die um 1167 verfasste *Chronica Slavorum* des Helmold von Bosau[3] von unschätzbarem Wert, auch wenn diese Berichte eine größere zeitliche Distanz zu den Ereignissen von 983 aufweisen. Die einzige Beschreibung der Gesellschaftsordnung der Liutizen findet sich bei Thietmar von Merseburg, der nur äußerst widerwillig die gesellschaftlichen Verhältnisse bei den feindlichen Heiden beschreibt.

Über all diese, die zusammen Liuticen genannt werden, herrscht kein Gebieter. In vereinter Beratung verhandeln sie über notwendige Maßregeln in ihrer Volksversammlung und stimmen überein zu gemeinsamer Tat. Widerspricht aber einer von den Landsleuten in der Volksversammlung den gefassten Beschlüssen, so wird er mit Schlägen gezüchtigt, und wenn er gar außerhalb der Versammlung offene Widersetzlichkeit übt, so verliert er entweder seine ganze Habe durch Brand und völlige Plünderung, oder er erlegt vor dem versammelten Volke eine ihm nach seinem Stande vorgeschriebene Summe Geldes.[4]

---

1 Thietmar von Merseburg (975–1018), Bischof von Merseburg und Geschichtsschreiber, beschreibt in seiner Chronik die Geschichte der Ottonen von Heinrich I. bis Heinrich II. (Zeitraum von 919 bis 1018).
2 Adam von Bremen (vermutlich vor 1050–1081/1085), Bremer Kleriker, Verfasser des bedeutenden Geschichtswerks *Gesta Hammaburgensis ecclesiae pontificum*, in dem er in vier Büchern die Geschichte des Erzbistums Hamburg-Bremen sowie die Geografie Nordeuropas behandelt.
3 Helmold von Bosau (um 1120–nach 1177 Bosau), Kleriker, Verfasser der *Chronica Slavorum*.
4 Thietmar von Merseburg, *Chronik*, VI, 25.

Diese kurze, jedoch aufschlussreiche Schilderung zeigt unmissverständlich, dass bei den Liutizen eine Diktatur des Volkes über das Schicksal des Einzelnen bestimmte und der liutizische Stammesbund keine idealtypische klassenlose Gesellschaft mit Gütergemeinschaft war. Einzelne Dissidenten wurden von den Liutizen wie »Volksschädlinge« behandelt: Man bestrafte sie gemäß ihrer gesellschaftlichen Stellung mit Geldbußen, was auf eine Ständeordnung schließen lässt. Diese Radikalität der liutizischen Vollversammlung erklärt sich nur dadurch, dass die Integrität des Bundes von Anfang an auch im Innern gefährdet war und eine Schwächung den äußeren Feinden, also Deutschen, Polen und zeitweise Böhmen, zugutegekommen wäre.

Allen Berichten ist gemein, dass sie die Liutizen äußerst einseitig aus Sicht des Gegners schildern. Dabei stand vor allem die aus christlicher Sicht groteske Glaubensverirrung der Liutizen im Vordergrund, bei Entscheidungen über Krieg und Frieden Tier- und Losorakel zu konsultieren. Galt es, eine Entscheidung hinsichtlich eines Kriegszugs zu treffen, hoben die Priester im heiligen Tempelbezirk Gruben aus, in die sie unter fortwährenden Beschwörungen Lose warfen. Dann bedeckten sie, ohne den Losentscheid zu kennen, die Gruben mit Ästen und Zweigen, um ein zweites Orakel zu befragen. Dem animistischen Glauben der Redarier nach besaßen Tiere und Götzenbilder göttliche Kräfte und Gaben. So auch ein heiliges weißes Pferd, dessen unergründlicher Wille über Leben und Tod entschied. Es wurde bei allen schwerwiegenden Entscheidungen wie ein Orakel konsultiert, denn es hatte die magische Gabe, mit seinen Hufen die Zukunft vorauszusagen. Jeder der Anwesenden wusste: Stimmte das Pferdeorakel mit den zuvor von den Opferpriestern in die Erdgruben geworfenen Losen überein, würden sie entsprechend dem Willen der Götter handeln müssen, wie Thietmar von Merseburg berichtet:

*Nachdem dies beendigt ist, bedecken sie die Lose mit grünem Rasen
und führen ein Ross, das für das größte von allen gehalten und
als heilig von ihnen verehrt wird, mit demütigem Flehen über die
Spitzen zweier sich kreuzender, in die Erde gesteckter Speere weg
und suchen, nachdem sie vorher die Lose zu einer ersten Erkundung
geworfen hatten, vermittels dieses als eines gottgeweihten Tieres
wiederum nach Wahrsagung. Und wenn durch diese beiden Mittel
ein gleiches Vorzeichen erfolgt, handelt man danach; wo nicht, so
wird von den betrübten Eingeborenen die ganze Angelegenheit aufgegeben.* [1]

Wir wissen nicht, wer von den Rädelsführern dieser Rebellion
dieser Prozedur 983 beiwohnte und welcher Oberpriester sie
durchführte. Die Namen der Aufständischen sowie der exakte
Zeitpunkt des Los- und Pferdeorakels sind unbekannt und werden für immer im Dunkel der Geschichte bleiben. Doch das
Resultat des Orakels vom Sommer 983 kennen wir: Das weiße
Pferd riss mindestens einen der Spieße um, die Priester zogen das Kriegslos. Svarožic hatte entschieden. Er hatte durch
Losspruch und die Hufe des heiligen Pferdes seinen Willen
bekundet. Das Blut der Christen sollte fließen.

DER ZORN SVAROŽICS

*Die Freveltaten begannen am 29. Juni [983], indem die Besatzung
in Havelberg niedergehauen und der Bischofssitz daselbst zerstört
wurde.* [2]

Mit dieser nüchternen Einleitung beschreibt Thietmar von
Merseburg fast ungerührt das Fanal des größten Flächenbran-
des, der riesige Staatsgebiete des Reiches verzehren und viele

---

[1] Thietmar von Merseburg, *Chronik*, VI, 24.
[2] Thietmar von Merseburg, *Chronik*, III, 17.

Menschen das Leben kosten sollte. Die Empörer hatten alles bis ins Kleinste geplant. So abergläubisch die Liutizen waren, so akribisch waren sie in der Kriegführung. Nichts wurde dem Zufall überlassen. Dadurch, dass viele Slawen christianisiert worden waren, kannten sie Sitten und Gepflogenheiten ihrer deutschen Herren so gut, dass sie sie in die Aufstandsplanung einbauen konnten.

Schon der plötzliche Überfall auf Havelberg zeigte, dass der Aufstand alles andere als eine spontane Erhebung, sondern mit kluger Voraussicht geplant worden war. Durch die Eroberung des weiter westlich gelegenen Havelbergs schnitten die Aufrührer der Brandenburger Besatzung automatisch den Rückzugsweg ab. Drei Tage, nachdem sie den Bischofssitz Havelberg zerstört hatten, griffen die Liutizen Brandenburg an, und zwar zu dem Zeitpunkt, als die Glocke zur ersten Messe läutete. Wie in Havelberg gelang auch hier die Einnahme des Bischofssitzes ohne große Probleme. Zwar entkamen Bischof Volkmar, Markgraf Dietrich und der Großteil der Kriegsknechte, doch gelang es den Rebellen, den größten Teil der Geistlichen gefangen zu nehmen. Der Chronist schweigt sich in beklemmender Weise darüber aus, was mit ihnen geschah, ob sie niedergemetzelt oder am Leben gelassen wurden.

Vermutlich Ersteres. Denn wie groß der Hass der Liutizen auf alles Christliche war, zeigte sich darin, dass sie den drei Jahre alten Leichnam von Dodilo, dem zweiten Bischof von Brandenburg, aus dem Grab rissen, ihn schändeten und seines Schmuckes beraubten, bevor sie das geplünderte Gerippe wieder in den Sarkophag schleuderten. Der Bischofskirche erging es nicht viel besser als den sterblichen Überresten Dodilos: Sie wurde erbarmungslos geplündert, die Bevölkerung und der unglückliche Teil der Burgbesatzung, dem es nicht mehr zu fliehen gelang, niedergemacht. Aber die Eroberung Brandenburgs war nicht nur ein Zerstörungswerk, sondern auch die symbolische Erneuerung des alten Götterglaubens der Liutizen, wie Thietmar von Merseburg aufgebracht schildert:

*Statt Christus und seines Fischers, des heiligen Petrus, wurden
wieder mancherlei Götzen voll teuflischer Ketzerei angebetet, und
diese bemitleidenswerte Veränderung nicht allein von den Heiden,
sondern auch von den Christen [gemeint sind die zum Christentum
übergetretenen Slawen, Anm. d. Verf.] gepriesen.* [1]

Damit wurde die Eroberung von Brandenburg stärker noch
als die von Havelberg zur Manifestation des politischen Pro-
gramms der liutizischen Rebellion. Die Ziele des Liutizenbundes waren von Anfang an klar umrissen:

— *Beseitigung der deutschen Herrschaft, Wiederherstellung der
alten Unabhängigkeit und Freiheit*

— *Zerschlagung der deutschen Kirchenorganisation*

— *Erneuerung des alten Glaubens und dadurch bedingt Konver-
tierung der zum Christen übergetretenen Slawen*

Im Fall der Bistümer Havelberg und Brandenburg wurde dies
vollkommen erreicht. Panik erfasste die schwachen deutschen
Besatzungen der ostelbischen Bistümer, denn die Liutizen
nahmen eine Befestigung nach der anderen ein. Das einst so
sicher gewähnte Zwingburgensystem ging durch Verrat, Feigheit oder nach kurzem Kampf verloren. Kühner geworden,
stießen die Slawen über die Elblinie in die Altmark vor und
eroberten die Stadt Kalbe an der Milde, wo sie das Laurentius-
kloster plünderten und einäscherten.

Der Siegeslauf der Liutizen bewirkte eine Ausweitung des
Aufstands, und es gelang den Aufständischen, die Obodriten
unter Fürst Mistivoi mitzureißen. Mordend und sengend griff
dieser – wohlgemerkt christliche – Fürst den Bischofssitz
Hamburg an und legte ihn in Schutt und Asche. Der ent-

---

[1] Thietmar von Merseburg, *Chronik*, III, 17.

fesselte Obodritenherrscher schien auf dem Gipfel seiner Macht, als die Hand Gottes ihn für seine Sünden strafte, wie Thietmar von Merseburg nicht ohne Genugtuung zu berichten weiß:

Aus der Höhe herab kam eine goldene Hand, senkte sich mit ausgestreckten Fingern mitten in die Feuersbrunst und schwebte angefüllt vor aller Augen wieder zurück. Dies sah staunend das Heer, dies voll Schrecken Mistivoi. Mir wurde es von Avico erzählt, der damals sein Kapellan, nachher mein geistlicher Bruder war. Ich aber bin mit ihm zu der Ansicht gelangt, dass die Reliquien der Heiligen in dieser Weise von der Hand des Herrn erfasst zum Himmel emporgeschwebt sind und die Feinde geschreckt und verjagt haben. Mistivoi aber ward darauf wahnsinnig, sodass er in Ketten gelegt werden musste, und als man ihn mit Weihwasser besprengte, schrie er: St. Laurentius verbrennt mich! Er schied elendiglich, ohne seiner Bande wieder frei zu werden. [1]

Ob wahr oder unwahr – überall waren die slawischen Heere auf dem Vormarsch und, so scheint es, nur noch mit göttlicher Hilfe zu stoppen. Aber die mühelos errungenen Siege brachten es mit sich, dass die vereinten Heerscharen der aufständischen Slawen zu leichtsinnig wurden. Als die Rebellen auf Magdeburg zumarschierten, wurden sie von einem starken deutschen Heer unter dem vereinten Oberbefehl von Erzbischof Giselher von Magdeburg, Bischof Hildeward von Halberstadt und Markgraf Dietrich an der Tanger angegriffen und schwer geschlagen. Doch trotz dieses Sieges war die Lage der Deutschen katastrophal. Mit Mühe hatten sie die Slawen über die Elbe zurückgedrängt, ohne deren Unterwerfung zu erreichen. Die folgenden Jahre sollten zeigen, dass die Liutizen und Obodriten nicht im Traum daran dachten, sich von den Deutschen unterwerfen zu lassen: Die Obodriten äscherten den erst 968

[1] Thietmar von Merseburg, *Chronik*, III, 18.

gegründeten Bischofssitz Oldenburg ein, die Liutizen vernichteten 997 die sächsische Festung Arnstedt. Ab 983 wurde die Elbe wieder zur Militärgrenze zwischen Slawen und Deutschen. Festungen wie Brandenburg wechselten mehrmals den Besitzer oder wurden wie das genannte Arnstedt gänzlich zerstört und nicht wiederaufgebaut. Eroberungs-, Raub- und Vergeltungszüge von Deutschen beziehungsweise Liutizen oder Obodriten waren an der Tagesordnung.

Alle Versuche der Nachfolger Ottos II., die verlorenen Gebiete dauerhaft wieder zurückzuerobern, scheiterten. Für mehr als 150 Jahre blieben die ostelbischen Besitztümer des Erzbistums Magdeburg verloren, auch wenn der Herrschaftsanspruch auf sie nach wie vor aufrechterhalten wurde. Regelmäßig wurden Bischöfe für die verloren gegangenen Gebiete ernannt, regelmäßig ein Markgraf für die zusammengeschrumpfte Nordmark eingesetzt.

Für fast ein Jahrhundert etablierten sich in Mitteleuropa die Liutizen als lokale Großmacht und erbitterte Feinde des Christentums. Sie versetzten 1066 der Re-Christianisierung des Obodritenreiches durch die Ermordung des christlichen Fürsten Gottschalk und die Unterstützung des folgenden Aufstands den Todesstoß. Geschickt übten sie eine Politik der *balance of power* aus, indem sie mal mit dem Reich, mal mit Polen oder Böhmen paktierten.

Ein Bruderkrieg der liutizischen Teilstämme um die Vormacht im Bund sollte schließlich 1056/1057 den Niedergang der Anhänger des Wilden Gottes einleiten. Kessiner, Zirzipanen, Tollenser und Redarier zerfleischten sich untereinander so sehr, dass sie 1068 machtlos mitansehen mussten, wie Bischof Buko von Halberstadt Radegost zerstörte, den Tempel des Svarožic plünderte und das heilige weiße Pferd entweihte, indem er es nicht nur entführte, sondern sogar auf ihm ritt.

Doch erst der ab dem 12. Jahrhundert beginnende konzentrische Angriff von Deutschen, Dänen und Polen zerschlug den Bund der Liutizen endgültig. Noch vor dem Einsetzen der nach dem Wendenkreuzzug von 1147 beginnenden deutschen Ostkolonisation hatte er seine Bedeutung verloren.

DER MYTHOS DER LIUTIZEN

Der große Slawenaufstand von 983 war, wie es der Historiker Wolfgang Fritze ausdrückte, eine Schicksalswende in der Geschichte Mitteleuropas und ist zusammen mit dem Arminiusaufstand, den Novemberrevolutionen von 1918 und der sanften Revolution des Jahres 1989 die folgenschwerste und erfolgreichste Aufstandsbewegung auf deutschem Boden. Mit der Rückgewinnung ihrer politischen Souveränität gewannen Liutizen, Obodriten und die Havel-Spree-Stämme ihre alte Freiheit zurück und behaupteten für etwa 150 Jahre ihre Unabhängigkeit.

Mit dem Aufstand von 983 drehten die Liutizen nicht nur das Rad der Zeit zurück; sie hinderten ihre feudalen Widersacher auch daran, eine auf Unterdrückung und Ausbeutung basierende Unrechtsgesellschaft zu verbreiten, die als einziges gesellschaftliches Prinzip nur die Unterordnung unter die politische und geistliche Zentralmacht duldete.

Der Bund der Liutizen kann nicht als Utopie einer besseren Welt verstanden werden und stellte nur bedingt einen Gegenentwurf anarchischer Freiheit dar – nicht des einzelnen Individuums, sondern einzelner Stämme, die innerhalb ihres gesellschaftlichen Gefüges keine Abweichler duldeten. In ihm fanden die christlichen Herren den Gegner, der ihrer würdig war: einen Feind, der genau wie sie Auge um Auge, Zahn um Zahn erlittenes Unrecht mit eigener Rechtsübertretung rächte.

Der durch seine heidnische Religion archaisch anmutende, militärdemokratisch verfasste Stammesverband kann in Europa als einzigartig gelten. Der zähe Widerstand der Liutizen gegen das Christentum bewahrte sie vor dem Vergessen – auch wenn das sagenhafte Radegost/Rethra bis heute nicht eindeutig lokalisiert werden konnte.

Der Mythos der Liutizen lebt weiter. Es ist nicht nur der Mythos von wilden Heiden, die ein weißes Pferd und einen furchtbaren Feuergott verehrten, sondern der Mythos einer mit allen Mitteln behaupteten Freiheit.

LITERATUR

Quellen
Holtzmann, Robert: *Die Chronik des Thietmar von Merseburg*, Leipzig 1939

Sekundärliteratur
Brüske, Wolfgang: *Untersuchungen zur Geschichte des Liutizenbundes*, Böhlau, Köln 1983
Dralle, Lothar: *Slaven an Havel und Spree*, in: *Osteuropastudien der Hochschulen des Landes Hessen*, Reihe I, Band 108, 1981
Fritze, Wolfgang H./Müller, Adrian von: *Slawen und Deutsche zwischen Elbe und Oder*, SMPK, Berlin 1983
Herrmann, Joachim: *Germanen und Slawen in Mitteleuropa*, Akademie, Berlin 1984
Ders.: *Die Slawen in Deutschland. Geschichte und Kultur der slawischen Stämme westlich von Oder und Neiße vom 6. bis 12. Jahrhundert*, Akademie, Berlin 1970
Lotter, Friedrich: *Die Konzeption des Wendenkreuzzugs*, Thorbecke, Sigmaringen 1977

DIE GROSSE ERHEBUNG UND IHR PROPHET
THOMAS MÜNTZER UND DER DEUTSCHE BAUERNKRIEG 1525

Aufruhr ist nicht, wenn einer wider das Recht tut, sonst müssten
alle Rechtsübertretungen Aufruhr heißen, sondern der heißt ein
Aufrührer, der Obrigkeit und Recht nicht leiden will, sondern sie
angreift und wider sie streitet, sie unterdrücken und selbst Herr sein und
Recht stellen will, wie der Müntzer tat. [1]

DIE DÜSTERE PROPHEZEIUNG DES BLAUEN FISCHES

Vor der düsteren Kulisse einer gigantischen Turmruine schwebt
ein leuchtend blauer Fisch schwerelos wie ein Zeppelin über
einem Schneefeld. Seine Schuppen sind mit astrologischen Zeichen übersät, in seinem Innern liegt der Körper eines Mannes.
Aus dem Bauch des Tieres ergießt sich ein Wasserschwall direkt
neben einer Hure, die vor den Augen lüsterner Männer einem
Fass entsteigt, während ein Geldwucherer im Eingangsportal
des verfallenen Turmes seine unlauteren Geschäfte abwickelt.
Unweit dieses sündigen Treibens liegen Müßiggänger, Reiche
und Narren gefangen in einer Grube, wehrlos dem Spott ihrer
Mitmenschen ausgesetzt, während Ira, die Allegorie des Zorns,
ihr volles Gewicht in eine Waagschale wirft, die vom kahlen Ast
eines verkrüppelten Baumes herabhängt. Nicht weit davon läuft
verstohlen ein Bauer davon, den Bundschuh trotzig an seinem
Wanderstab aufgehängt, während ein Prediger sich vor einer
Menschenmenge ereifert und mit der Linken mahnend auf den
verfallenen Turm weist. Seine Rechte aber deutet auf den Fisch.

---

[1] Martin Luther: »Vermahnung an seine lieben Deutschen«, 1531.

129

Erst jetzt, auf den zweiten Blick, wird klar, warum sich der unendliche Schwall aus dem Leib des Schuppentieres auf Dörfer und Städte ergießt: Ein Mann, dessen Gesicht nicht zu sehen ist, hält noch das Messer in der Hand, das den Fisch offensichtlich aufgeschlitzt hat, während seine Linke das Buch fest umklammert, welches eine alles verändernde Offenbarung enthält: die Heilige Schrift.

Handelt es sich hier um eine fantasievolle Ausgeburt albtraumhafter Schreckensvisionen im Stile eines Hieronymus Bosch oder um ein intellektuelles Bilderrätsel im Sinne der Spruchweisheiten des älteren Brueghel, das heute nur noch von Kunsthistorikern zu lösen ist? Nein, die beschriebenen Episoden sind Szenen aus dem Panoramagemälde »Frühbürgerliche Revolution in Deutschland«, das der Leipziger Maler Werner Tübke 1982 im Auftrag des damaligen DDR-Kultusministeriums begann und fünf Jahre später fertigstellte. Damit hatte Tübke das gewaltigste Sitten- und Schlachtengemälde Deutschlands geschaffen, das in seiner Größe nicht nur in Deutschland, sondern auch in Europa einzigartig ist. Es befindet sich im thüringischen Frankenhausen, am Originalschauplatz einer der letzten großen Schlachten des Deutschen Bauernkrieges von 1525, und erinnert an eine der größten Volkserhebungen Deutschlands, die heute von vielen Historikern als Revolution bezeichnet wird. Genauso monumental wie das historische Ereignis und seine künstlerische Umsetzung ist seine architektonische Entsprechung: Auf der Kuppe des Frankenhäuser Schlachtberges steht ein einzelner, monumentaler Rundbau, der im Innern Tübkes gewaltiges Fresko beherbergt.

Betritt man das 123 Meter große Kreisrund der Frankenhausener Gedächtnishalle, ergreift den Betrachter angesichts der auf ihn einstürmenden Bilderflut Staunen und Ehrfurcht. Vor seinen Augen entsteht das Panorama einer längst vergessenen Epoche mit all ihren Lastern, Tugenden und Schrecken. Menschen, Dämonen, Engel, Halbgötter und Allegorien werden auf der 1700 Quadratmeter großen Panoramawand zu Fleisch und Blut. Hunderte, ja fast Tausende lebensgroß scheinender Figuren prassen, leiden, töten, strafen, verwesen, kriechen, predigen oder verbrennen kläglich in bester Höllenbrueghel-Manier. 14 Meter misst die Höhe der gewaltigen Bauernkriegs-Apokalypse, die einen eigenartigen historischen Realismus aufweist: die symbolisch verrätselte Schilderung der historischen Vorgänge, die zur Erhebung und Niederlage der aufständischen thüringischen Bauern unter ihrem spirituellen Anführer Thomas Müntzer in der Schlacht von Frankenhausen 1525 führten.

In diesem Zusammenhang wiegt der so schwerelos anmutende blaue Fisch, der vor dem Turm von Babylon schwebt, zentnerschwer. Es handelt sich bei ihm um ein Bildzitat aus einer Nürnberger Flugschrift, die schon 1523 auf ein Strafgericht verwies, das in Form einer Sintflut über die Welt hereinbrechen würde. Der Fisch wurde zum Menetekel des Deutschen Bauernkriegs und zum Symbol einer grausamen Prophezeiung, die sich in Deutschland aufgrund der unheilschwangeren Tatsache, dass im Februar 1524 alle Planeten im Zeichen der Fische standen, rasch verbreitete: »Wer in 1523 nicht stirbt, 1524 nicht im Wasser verdirbt und 1525 nicht wird erschlagen, der mag wohl von Wundern sagen.«

War dies eine Anspielung auf ein gewaltiges Strafgericht, das mit Feuer und Schwert die gottlosen Sünder vertilgen, die Gerechten aber verschonen würde, damit ein Glückseligkeit verheißendes tausendjähriges Reich[1] sich aus den Trümmern

[1] Tausendjähriges Reich: Utopische, durch den Chiliasmus (Lehre von einer tausendjährigen Herrschaft Christi auf Erden am Ende der geschichtlichen Zeit) geprägte Vorstellung eines Endreiches der Menschheit. Der Begriff des tausendjährigen Reiches findet sich in der Offenbarung des Johannes (Kapitel 20). Im Mittelalter wurde der Begriff von Joachim de Fiore weiterentwickelt: Nach dem Zeitalter des Vaters (des Alten Testaments) und des Sohnes (des Neuen Testaments) sollte das tausendjährige Zeitalter des Heiligen Geistes beginnen. Von den Nazis wurde der Begriff als Endzeitreich ihrer neuen Gesellschaftsordnung umgedeutet.

des Heiligen Römischen Reiches Deutscher Nation erheben konnte? Der Theologe und Radikalreformer Thomas Müntzer glaubte daran und beschloss, für die gesellschaftliche Umwälzung zu kämpfen. Widerstand gegen den gesellschaftlichen Status quo existierte allerdings nicht erst seit der lutherischen Reformation, sondern hatte sich aufgrund zunehmender Entrechtung und Bedrückung des Bauernstandes durch Klerus und Hochadel schon seit 1476 in mannigfaltigen antiklerikalen Strömungen und Aufständen entladen.

DER PAUKER VON NIKLASHAUSEN

Etwas Ungewöhnliches geschah an jenem 24. März 1476, dem Festtag Lätare, an dem nach altem Brauch der Winter ausgetrieben und der Sommer eingeholt werden sollte. Vor der Kapelle des kleinen Ortes Niklashausen im Taubertal unweit Würzburgs sammelte sich eine Menschenmenge um einen Jüngling, der auf einem Fass stand und predigte. Der auf die Menge einredende Halbstarke hatte bisher nie durch besondere theologische Kenntnisse geglänzt, sondern eher dadurch auf sich aufmerksam gemacht, dass er bei Kirchweihen gleichzeitig Einhandpauke und Flöte spielte. Ansonsten ging der Pauker Hans Böhm – auch »das Pfeiferhänslein« oder »der Pfeifer von Niklashausen« genannt – einem für das Taubertal alltäglichen Beruf nach und arbeitete als Viehhirte. Was war in ihn gefahren, dass er plötzlich das Wort Gottes vernommen hatte und davon zu jedermann sprach? Die Antwort war so einfach wie verblüffend: Hans Böhm hatte eine Vision erfahren und berichtete, dass ihm die Jungfrau Maria in einem Traum erschienen sei und ihn dazu angemahnt habe, von seinem sündigen Treiben zu lassen und stattdessen vom neuen Gottesreich zu predigen. Seinen Worten zufolge hatte die Jungfrau Maria ihm aufgetragen, den Verfall der Sitten und die gesellschaftlichen Missstände der Zeit anzuprangern. Der Pauker gehorchte dem göttlichen Willen, verbrannte als Symbol seiner inneren Wandlung sein Schlaginstrument und predigte vom Zorn Gottes gegen die sittlich verkommene Priesterschaft. Er rief auf zum rücksichtslosen Kampf gegen den Klerus und verneinte – und dies war lebensgefährlich – den Machtanspruch des Papstes, Gottes Stellvertreter auf Erden zu sein. Waren schon diese Worte ketzerisch genug, so machte der Hirtenjunge auch aus seinem Weltschmerz keinen Hehl und griff scharf die weltlichen Autoritäten wie Fürsten und Adelige mit der fast anarchistisch anmutenden Forderung an, die Obrigkeit abzuschaffen und sämtliche Steuerabgaben an kirchliche und weltliche Grundherren zu verweigern. Der Rundumschlag des Paukers traf mitten in die Seele der Unterdrückten, denn der Hirtenprophet sprach eine eindeutige Sprache.

Der Kaiser verleihe dem Fürsten, Grafen und Ritter und Knecht, geistlichen und weltlichen Zoll und Steuer über das gemeine Volk, ach weh, ihr armen Dummköpfe! Die Geistlichen haben viele Pfründen, das soll nicht sein. Sie sollen nicht mehr haben als von Mal zu Mal. Sie werden erschlagen, und in Kürze werde es dazu kommen, dass der Priester sein kahles Haupt mit der Hand bedecken möchte, damit man ihn nicht erkennt. Wie der Fisch im Wasser und das Wild auf dem Feld Gemeineigentum sein soll [...] Es kommt noch dazu, dass die Fürsten und Herren um einen Taglohn arbeiten müssen [...] Er wolle noch eher die Juden bessern als die Geistlichen und Schriftgelehrten.

Hans Böhm schürte das Feuer des allgemeinen Unmuts und forderte offen, dass der Besitz der herrschenden Schichten auf die Armen umverteilt werden müsste. Damit sprach sich der Jüngling in die Herzen der Darbenden und Entrechteten, sodass ihm bald Tausende Bauern zuliefen, erst aus der Gegend von Würzburg, Rothenburg, schließlich aus Bayern, Schwaben, Hessen, Thüringen, Sachsen, aus dem Elsass und dem Rheinland. Hans Böhm wurde zum Idol der Massen, zum Messias der Armen. Seine Vision einer nahenden Endzeit versprach der Mehrheit der Bevölkerung, die von unzähligen Steuern und Fürstenrepressalien bedrückt wurde, nicht nur Erlösung im Jenseits, sondern auch auf Erden. Seine Worte begeisterten Handwerker, Bergknappen, Bauern und Leibeigene, aber auch Ritter und kleine Kaufleute. Sein rhetorisches Redetalent war gewaltig; offenbar ging vom Pauker von Niklashausen eine Faszination aus, die fast 50 Jahre zuvor Frankreich ergriffen hatte, als Jeanne d'Arc das zutiefst gedemütigte französische Volk dank ihrer Visionen mit neuem Mut erfüllte und zum Sieg führte. Die Zugkraft seiner Worte, sein persönliches Charisma und der Zauber seiner revolutionären Ideen zogen Jung und Alt, Arme wie Wohlhabende aus den Dörfern und Städten in West-, Süd- und Mitteldeutschland derartig in den Bann, dass sie alles stehen und liegen ließen. In Scharen zogen sie quer durch Deutschland über Würzburg nach Niklashausen, das innerhalb weniger Wochen zu einer Art Wallfahrtsstätte der Unmutsbewegung wurde. Die verzückte Volksmasse solidarisierte sich, begrüßte sich nur noch mit »Bruder« oder »Schwester«, der heilige Jüngling aber vollbrachte Wunder an Körper und Seele. Angesichts seiner ungeheuren Popularität sah der Pauker die Stunde gekommen, um ein für alle Mal Schluss mit der Ungerechtigkeit zu machen. Zusammen mit Tausenden seiner Anhänger stimmte er folgenden Protestruf an:

Wir wollen es Gott im Himmel klagen! Kyrie eleison!
Dass wir die Pfaffen zu Tod nicht sollen schlagen! Kyrie Eleison!

Ein derartiges Treiben konnten der Klerus und die herrschenden Fürsten nicht länger tolerieren. Als die Zahl der Wallfahrer drastisch zunahm und die Predigten immer aufrührerischer wurden, trafen sich die Abgesandten der zuständigen Feudalgewalten: der Erzbischof von Mainz als Kirchenherr und oberster geistlicher Richter des Taubertals, der Fürstbischof von Würzburg, weil Hans Böhm sein Untertan war, und der Graf von Wertheim, da Niklashausen unter seiner Herrschaft stand. Nach kurzen Verhandlungen vereinbarten die Gesandten, den Pauker festzunehmen und weitere Wallfahrten nach Niklashausen streng zu untersagen, wobei dem Fürstbischof von Würzburg die heikle Mission übertragen wurde, den aufrührerischen Propheten festzunehmen. Doch dieser schien entweder über das Treiben seiner Gegner gut informiert zu sein oder sein künftiges Schicksal vorauszuahnen:

Die Priester sagen, ich sei ein Ketzer, und wollen mich verbrennen. Wüssten sie, was ein Ketzer ist, sie erkennten, dass sie Ketzer sind und ich keiner. Verbrennen sie mich aber – weh ihnen! Sie werden wohl merken, was sie getan haben, und der Schaden wird an ihnen abgehen!

Der Bischof von Würzburg wusste, dass er gegen den Hirtenpropheten besonders geschickt vorgehen musste. Angesichts des zu erwartenden Widerstands seiner Anhängerschaft schien eine offene Aktion nicht angebracht, und so entschied er sich dafür, den Pfeifer mithilfe ausgewählter Männer bei einer Nacht- und Nebelaktion zu entführen. Am 12. Juli 1476 führten 34 unerschrockene Reiter des Fürstbischofs den Auftrag aus, verschafften sich Zutritt zum Aufenthaltsort von Hans Böhm, überwältigten ihn und entführten ihn nach Würzburg. Die Reaktion auf diesen unerhörten Vorfall ließ nicht lang auf sich warten. Nach Angaben von Zeitgenossen strömten ca. 30 000 bis 40 000 Menschen in Niklashausen zusammen, um dem Propheten zu Hilfe zu eilen. Unter der Führung des Ritters Kuntz von Thunfeld zogen etwa 12 000 Mann aus Niklashausen vor die bischöfliche Residenz und verlangten die Freigabe Böhms. Doch der Fürstbischof war ein geschickter Diplomat, und seinem Unterhändler Konrad von Hutten gelang es, die Bauern durch geschickte Zugeständnisse in falsche Sicherheiten zu wiegen. Er versprach, dass der

Pauker einen ordentlichen Prozess bekommen werde, und besänftigte damit die Gemüter der aufgebrachten Menge. Als die Bauern abgezogen waren, ließ der Fürstbischof sie durch seine Reiter verfolgen, um vor allem die Rädelsführer des Aufruhrs zu fangen. Die teils unbewaffneten Bauern flohen bis auf ein paar Scharen in alle Himmelsrichtungen auseinander. Nur ein kleiner Haufen stellte sich bei dem Dorf Büttelbronn zum Kampf. Die widerständischen Bauern verloren bei diesem kurzem Gefecht zwölf Mann und wurden von den Reitern des Bischofs gefangen genommen. Nur sieben Tage später wurde der heilige Jüngling Hans Böhm zusammen mit zweien seiner namenlosen Jünger auf dem Schottenanger vor der bischöflichen Residenz hingerichtet. Damit hatte der Aufstand seine Seele verloren. Aber waren mit dem Pauker von Niklashausen auch dessen revolutionäre Ideen gestorben?

Nicht ganz, denn im Todesjahr des Paukers erschien eine Druckschrift, deren Inhalt über die Forderungen des Paukers noch hinausging: die *Reformatio Sigismundi*. In dieser Schrift wurde alle Hoffnung auf einen weisen und gerechten Priesterkönig gesetzt, der mithilfe einer durchgreifenden Staatsreform die Interessen des gemeinen Mannes vertrat und Frei- und Zinsbauern, Hörige, Leibeigene und Entrechtete von ihrem irdischen Joch erlöste. Die Forderungen der *Reformatio* waren eindeutig: Der unbekannte Verfasser verlangte die Trennung von geistlichem und weltlichem Bereich, forderte, dass jedermann seinen Unterhalt durch eigene Arbeit zu verdienen habe, und erklärte, dass jedes Einkommen ohne entsprechende Gegenleistung Wucher sei. Die *Reformatio* verurteilte die Eintreibung von Zöllen, den Fürkauf – das heißt den spekulativen Aufkauf von Lebensmitteln und deren Weiterverkauf gegen Aufschlag – und forderte die weitgehende Enteignung der Klosterbesitzungen. Hinsichtlich der Städte propagierte der anonyme Verfasser die Aufhebung aller Zunftabsprachen und die erleichterte Eingliederung von Neubürgern. Der alte Adel sollte durch einen neuen abgelöst werden: Nur wer sich um Staat und Kirche verdient machte, sollte adelig sein. Die radikalsten Forderungen der *Reformatio Sigismundi* betrafen jedoch das Leben der Bauernschaft. Sie sollte von zu hohen Abgaben und ausufernden Frondiensten[1] befreit sein und die Leibeigenschaft aufgehoben werden. Dieses utopische Programm fiel auf fruchtbaren Boden. In der Zeit von 1476 bis 1522 erfuhr die *Reformatio Sigismundi* acht Auflagen und wurde somit zum Bestseller der Reformschriften des 15. Jahrhunderts. Dieser Erfolg hatte seinen Grund vor allen Dingen in den gesellschaftlichen Missständen, die in der Epoche der Vorreformation herrschten.

DIE LAGE DER BÜRGER UND BAUERN IN DEUTSCHLAND

Das Heilige Römische Reich Deutscher Nation befand sich an der Schwelle des 16. Jahrhunderts in einer schweren sozialen Krise. In den vergangenen Jahrzehnten hatten sich in den deutschen Ländern gewaltige Änderungen in den althergebrachten wirtschaftlichen und politischen Strukturen vollzogen. In den blühenden Städten boomten Gewerbe und Handel, war der Übergang von der Naturalwirtschaft zur kapitalistischen Geldwirtschaft eingeleitet worden. Die Handelsbeziehungen städtischer Kaufleute schlossen sämtliche europäischen Länder ein. Kaufmannshansen entstanden, die ihre Monopolstellung immer mehr ausdehnten und deren wirtschaftliche und politische Macht derartig anwuchs, dass sie sich zu Syndikaten mit gemeinsamer Verkaufsorganisation vereinigten. Freie Reichsstädte wie Augsburg und Nürnberg wurden zu Finanzzentren des Reiches, die Familien der Fugger

---

[1] Frondienste: Bis zur Bauernbefreiung öffentliche und private Leistungen von Leibeigenen und Hörigen in Form von körperlicher Arbeit für einen Grundherrn.

und Welser zu den Finanziers der Kriege deutscher Kaiser. Der Abbau von Silber, Kupfer und Erz brachte Millionengewinne, vor allem seit man mithilfe des im 15. Jahrhundert entwickelten Saigerverfahrens das im Kupfererz enthaltene Silber mithilfe von Bleizusätzen herausschmelzen konnte. In den deutschen Bergbauzentren erfuhr das Hüttenwesen einen ungeahnten Aufschwung. Sogenannte »Verlage« (eine Art Zwischenhändler) verbreiteten die Güter des metallverarbeitenden Handwerks, sorgten dafür, dass die von Plättnern, Schellenmachern, Kupferschmieden, Drahtziehern und Naglern gefertigten Endprodukte vom Erzeuger zum Kunden gelangten. Auch das Textilgewerbe erlebte eine Hochkonjunktur und führte das Verlagssystem ein.

Die Moderne klopfte an die Tür des Mittelalters und erschütterte die überkommene ständische Verfassung, was zu sozialen Spannungen führte. Denn vom neuen Reichtum profitierten wie so oft die alteingesessenen Familien des Stadtpatriziats sowie eine neue aufstrebende Unternehmer- und Kaufmannsschicht – während der Großteil der kleinen Handwerker und Kaufleute um sein wirtschaftliches Überleben kämpfte und fast die Hälfte der Stadtbevölkerung nicht mehr steuerfähig war. Verschärft wurden diese Spannungen noch durch die Unterordnung der Städte unter die Politik ihrer Landesherren, die bewusst zur Verschärfung der sozialen wie der politischen Gegensätze beitrug. Das Programm der Fürsten war klar: Sie wollten den Städten ihre Macht und ihre Selbstregierung nehmen, das Privileg beschneiden, Zölle und Steuern zu erheben sowie Recht zu sprechen. Wann immer es ging, griffen die Fürsten zugunsten einer Partei in schwelende Konflikte zwischen alteingesessenem Patriziat und aufstrebendem Bürgertum ein und heizten die Auseinandersetzungen noch zusätzlich an, indem sie diejenige Seite favorisierten, von der sie sich die meisten Vorteile versprachen.

Ein weiteres Ziel fürstlicher Territorialbestrebungen war die Entmachtung des Klerus. Dieser bildete mit seinen unzähligen, aber unzusammenhängenden Klöstern, Abteien[1] und Stiften einen Staat im Staate und agierte weithin völlig autark, sprach geistliches wie weltliches Recht, je nachdem ob es sich um einen geistlichen oder weltlichen Regierungsbezirk handelte. Diese Selbstständigkeit wurde dem Klerus schon im Laufe des 15. Jahrhunderts nach und nach beschnitten. Noch vor der Reformation war es den deutschen Landesherren weitgehend gelungen, die geistliche Gerichtsbarkeit einzuschränken und den Vollzug geistlicher Strafurteile von ihrer Bestätigung abhängig zu machen.

Auch in den Städten musste die Geistlichkeit um ihre Macht fürchten. Hier fand die Wut der Bevölkerung reichlich Nahrung, denn nur allzu offenkundig war die sittliche Verderbnis des Klerus, der darüber hinaus völlig abgabenfrei innerhalb der Stadtmauern lebte und Jahr für Jahr den Kirchenzehnten einstrich. In den Städten des Reiches gärte es also, doch noch schlimmer sah es auf dem Land aus.

Immer öfter gerieten die Landesherren beim Versuch, ihre oft zersplitterten Besitzungen zu einem modernen Territorialstaat zusammenzufassen, mit der örtlichen Gemeindeverfassung in Konflikt. Denn eins hatten weltliche wie geistliche Landesväter gemeinsam: eine Tendenz, ihre fürstliche Vormacht auf Kosten des niederen Adels und der örtlichen, bäurischen Selbstverwaltung auszubauen. Dieser Vorgang löste eine Krise des Feudalsystems aus, was zu wirtschaftlichen und finanziellen Problemen der Grundherren führte. Betroffen von dieser Maßnahme waren vor allem Ritter, Grafen, Klöster, Barone und ärmere Grundherren, die vornehmlich auf die Abgaben der von ihnen beherrschten zinspflichtigen Dörfer angewiesen waren.

Wie aber sah die Herrschaft dieser Grundherren aus? Eine kurze Skizze soll das Ausmaß der mannigfaltigen gegensei-

---

[1] Abtei: Von einem Abt oder einer Äbtissin geleitetes selbstständiges Kloster, oft mit großem Grundbesitz und privilegierter Stellung (zum Beispiel Königs- und Fürstabteien).

tigen Abhängigkeiten von Bauernschaft und Obrigkeit verdeutlichen.

Die wichtigste Herrschaftsform über die Bauern war die Grundherrschaft. Im Südwesten Deutschlands hatten die meisten deutschen Bauern den Status von Zinsbauern inne, die ihren Hof und das dazugehörige Land von einem Herrn zum Lehen bekommen hatten. Es gab auch freie Bauern, die ihren eigenen Hof bewirtschafteten, doch diese stellten die Ausnahme dar. In der Regel lag das Grundeigentum in den Händen des ritterlichen und fürstlichen Adels, der Klöster und Städte. Das Land, dass diese Zinsbauern bebauten, die Höfe, die sie bestellten, hatten sie von ihrem Grundherrn als erblichen Besitz erhalten. Für diesen Besitz zahlten sie einen festen Bodenzins, der als ewig und unablöslich galt, weil er ausschließlich in einer festgesetzten Höhe an das vom Zinsbauern bewirtschaftete Gut gebunden war. Zusätzlich zu diesem Bodenzins leistete der Bauer für seinen Herrn unentgeltliche Fron-, Hand- und Spanndienste. Diesen Zwängen stand hingegen auch eine Reihe von Sicherheiten gegenüber, beispielsweise konnte das Erblehen dem Bauern nicht einfach willkürlich entzogen werden. Nur im Falle der nachweisbaren Vernachlässigung des Gutes oder bei Zahlungsunfähigkeit des Bodenzinses hatte der Grundherr das Recht, seinen abhängigen Bauern, den Grundholden, das Gut zu entziehen.

Eine weitere Form von Herrschaft stellte die Leibeigenschaft dar. Ihr war entgegen landläufiger Meinung zwar ein großer Teil der Landbevölkerung, aber längst nicht die Mehrheit der Bauern in Deutschland unterworfen. Vor allem war die Leibeigenschaft nicht eine am Boden haftende, sondern eine persönliche Unfreiheit, die eine enge Bindung an den Leibherrn kennzeichnete. So fügte es sich, dass nicht nur Bauern, sondern auch Städter wie Handwerker, Beamte, ja sogar Geistliche Leibeigene wurden. Am häufigsten jedoch fielen Grundherrschaft und Leibeigenschaft zusammen.

Abgesehen von diesen Herrschaftsformen verwalteten die Bauern – freie Bauern und Zinsbauern – das öffentliche Leben des Dorfes oder der dörflichen Gemeinde genossenschaftlich. Im Kerngebiet des späteren Bauernkriegs war die Gemeinde, vor allem die dörfliche Ehrbarkeit, wie die Schultheißen[1], in starkem Maße Träger politischer Selbstverantwortung. Ihre wachsende Autonomie zeigte sich im Recht, Bestimmungen zu erlassen über Weg und Steg, Umzäunungen, Ernte- und Heuzeiten, Umfang und Art der Weidenutzung, Austeilung und Verkauf des Holzes. Darüber hinaus war das mittelalterliche Dorf Kult-, Friedens-, Hilfs- und Rechtsgemeinschaft. Mehrere Male im Jahr traten die Genossen der Dorfmark im Dorfgericht zusammen, um über Rechtsstreitigkeiten zu entscheiden. Bei diesen Treffen standen auch gemeinsame Angelegenheiten des Dorfes auf der Tagesordnung. Doch es sollte nicht lange dauern, bis das Prinzip bäuerlich-genossenschaftlicher Selbstverwaltung mit dem herrschaftlichen Territorialprinzip kollidierte, dem auch die Grundherren der Bauern unterworfen waren. Als viel erdrückender erwies sich die Landesherrschaft, welche die Blutgerichtsbarkeit – die hohe Gerichtsbarkeit, die auch die Todesstrafe verhängen konnte – und die Erhebung der Steuerlast umfasste. Und hier schließt sich der Kreis.

Die Folge der Ausbildung zum Territorialstaat waren immer höhere Steuer- und Abgabenforderungen jeglicher Art sowie zusätzliche Frondienste. Ab dem Jahr 1500 kamen zu den ohnehin schon bestehenden grundherrlichen Lasten noch landesherrliche Steuern wie die Bede, die zur Tilgung von Landesschulden verlangt wurde und bis zu 10 Prozent der

---

[1] Schultheiß: Schulze, früher der Gemeindevorsteher. Auf dem Land bestanden seine Aufgaben ursprünglich in der Teilnahme an Landgerichten, der Einnahme von Steuern und Leistungen sowie der Wahrnehmung verschiedener Aufsichtsrechte. In der Stadt war der Schultheiß der herrschaftliche Beauftragte zur Ausübung der Verwaltungshoheit und Rechtspflege.

fahrenden Habe betragen konnte, das Ungeld, eine auf Wein und Bier erhobene Mehrwertsteuer in Höhe von durchschnittlich 10 bis 20 Prozent, sowie Reichssteuern – um nur einige zu nennen. Der Fantasie der Steuererhebung waren damals wie heute keine Grenzen gesetzt, beispielsweise gab es in Franken das Klauengeld, eine Viehsteuer. In geistlichen Fürstentümern kam die Weihsteuer zum Tragen, die die beim Amtsantritt eines Kirchenfürsten anfallenden Auslagen des Kirchenstifts decken sollte. Ebenfalls eine Zusatzsteuer waren im Kriegsfall die Reis-[1] und Türkensteuer, um Truppen anwerben und bezahlen zu können.

Die drückende Steuerlast war nicht das einzige Problem des gemeinen Mannes. Viel gefährlicher wog der Umstand, dass die Grundherren gezielt einstige Privilegien der Landbevölkerung beschnitten oder aufhoben. So verloren die Gemeinden gegen Ende des 15. Jahrhunderts durch die fürstlichen Waldordnungen ihre altangestammten Holzrechte, angeblich um den Raubbau der Wälder zu verhindern. Dies gefährdete den alten Rechtsgrundsatz der Freiheit von Holz und Wild. Durch den Bann des Grundherrn oder Fürsten war dem gemeinen Mann weder die Jagd noch das Ausfischen der Gewässer gestattet, was vor allem die Armen traf, die es sich nicht leisten konnten, auf dem Markt Fleisch oder Fisch zu kaufen. Welch hohen Symbolwert aber gerade das Fischen und Jagen für die Landbevölkerung hatte, sollte sich 1524/25 anlässlich des Bauernkrieges in den Forderungen der Aufständischen widerspiegeln.

Die Landesherren begnügten sich nicht nur damit, die Vorrechte der dörflichen Gemeinden zu beschneiden. Mit der Einführung des römischen Rechts versuchten sie, den Brauch alter Rechtssprüche zu brechen, indem sie dessen

---

[1] Das aus dem Schweizerdeutschen abgeleitete Wort »Reis« bedeutete ursprünglich »Krieg«. Als Reisläufer bezeichnete man Schweizer Söldner bzw. Landsknechte.

DIE GROSSE ERHEBUNG UND IHR PROPHET

Maßstäbe auf die dörfliche Rechtsprechung anwandten. Ein perfider Trick: Mithilfe lateinischer Gesetzestexte und kundiger Notare sollten jahrhundertealte, nur mündlich weitergegebene Rechtsurteile und Weistümer – die sogenannten Herkommen – mit einem Schlag außer Gefecht gesetzt werden. Immer häufiger brachen Landes- und Grundherren das alte Recht, indem sie sich auf das römische Recht bezogen, welches in ihren Augen durch seine Schriftlichkeit eine höhere Rechtmäßigkeit beinhaltete als die alten mündlich überlieferten Weistümer. Machtlos mussten die Bauern mitansehen, wie ihr Streben nach Selbstständigkeit von den Landesherren beschnitten wurde.

Zu der zunehmenden Entrechtung freier Bauern und Höriger gesellte sich das Gefühl politischer Machtlosigkeit. Doch Ohnmacht erzeugt Wut. Es sollte nicht lange dauern, bis in Deutschland die ersten Aufstandsbewegungen entstanden. Zur gefährlichsten von ihnen entwickelte sich die Bundschuhbewegung, die dank ihres konspirativen Netzwerks nicht territorial begrenzt blieb und bald den gesamten Oberrhein erfasste.

»BUNDSCHUH« UND »ARMER KONRAD«

Nur 17 Jahre nach dem Tod des Paukers wurde im Jahre 1493 im elsässischen Schlettstadt eine Verschwörung bekannt, die, obwohl sie ursprünglich nur auf ein lokales Umfeld ausgerichtet war, bald zum landesweiten Symbol der Rückerkämpfung verloren gegangener Privilegien und Freiheiten werden sollte: der Bundschuh. In Schlettstadt erblickte unter der Führung des ehemaligen Bürgermeisters Hans Ullmann die erste deutsche Aufstandsbewegung das Licht der Welt, die städtischen und ländlichen Protest in sich vereinte und nur durch Verrat im letzten Moment im Keim erstickt wurde, was die Anführer Ullmann und Hanser das Leben und ihre gefangenen Mitverschwörer die Schwurfinger kostete. So kläglich der Aufstand scheiterte, war er doch nicht vergessen, auch wenn die Motive Ullmanns und Hansers eigennützig gewesen waren, wollten sie doch die Macht in Schlettstadt auch in ihrem eigenen Interesse an sich reißen.

Wieder aufgegriffen wurde die Bundschuhidee von einem einstigen leibeigenen Bauern, der sich ganz und gar dem Kampf für die Gerechtigkeit Gottes hingab. Wie einst der Pauker von Niklashausen, so verkündete Joß Fritz seinen Anhängern, dass ein gerechteres Reich Gottes kommen werde, um mit den Unrechtsverhältnissen ein für alle Mal aufzuräumen. Sein Mittel war im Gegensatz zum Hirtenprophet nicht die Predigt, sondern die Verschwörung. Unter seiner Führung fanden am Oberrhein allein drei Bundschuhverschwörungen statt: 1502 in Speyer, 1503 in Lehen und 1517 am Oberrhein. Aufgrund leichtsinnigen Vorgehens der Verschwörer, aber auch durch Verrat aus den eigenen Reihen gelang es dem Adel immer wieder, die aufflackernden Revolten im Keim zu ersticken. Jedes Mal sah sich der Bauernführer genötigt zu fliehen, jedes Mal erschien er mehrere Jahre später wie ein Gespenst der Revolution, um von neuem einen Aufruhr anzuzetteln. Zäh und hartnäckig, aber auch listenreich war der Untergrundkämpfer, der dank kursierender Flugschriften schon zu Lebzeiten zur Legende wurde und 1525 noch den Ausbruch des Bauernkriegs miterlebte, ohne darin eine leitende Rolle zu spielen. Obwohl alle Bundschuhbewegungen scheiterten, bevor die geplanten Aufstände ausbrechen konnten, blieben Joß Fritz' Bemühungen am nachhaltigsten. Denn während der Vorbereitung seines dritten Aufstandes 1517 schuf er durch gezielten Einsatz des fahrenden Volkes ein überregionales Verschwörungsnetzwerk, auf welches die aufständischen Bauern später zurückgreifen konnten.

Ein weiterer Kunstgriff gelang ihm mit der Symbolfindung des Bundschuhs, eines Schuhs, der vom Knöchel bis zum Knie geschnürt und nur von Bauern getragen wurde. Zwar hatte die Bundschuhfahne 1444 schon einmal anlässlich

räuberischer Überfälle der Armagnaken[1] über den Bauern-
aufgeboten des Elsass geweht, aber erst Joß Fritz gelang es,
mit dem Bundschuh ein revolutionäres Symbol zu schaffen,
dessen Signalwirkung sich jedermann sofort erschloss. Der
Bundschuh stand für das revolutionäre Bündnis aller – das nur
fest geschnürt werden musste, um für eine gerechtere Welt
den Sieg zu erringen. Lose an eine Stange, einen Spieß oder
eine Sense gehängt, kennzeichnete es den Träger als Rebellen und Bundschuhanhänger. Den Bundschuh aufzuwerfen,
sprich hochzuhängen, bedeutete, einen Aufstand zu machen.
Das Symbol hatte vor allem noch einen weiteren Vorteil. Es
war preiswert und besaß eine hohe Signalwirkung. Aus heutiger Sicht mag dies zu vernachlässigen sein, doch eine von
dem Historiker Werner Zimmermann überlieferte Volkssage
über Joß Fritz zeigt, wie gefährlich es für die Untergrund-
bewegung war, sich so wichtige Symbole wie eine Fahne zu
verschaffen.

*Joß Fritz wusste wohl aus Erfahrung, mit welch religiöser Scheu
und mit welch blindem Glauben der Kriegsknecht an dem Schutzheiligen in der Kriegsfahne hing, und er hoffte das gleiche für den
gemeinen Mann von seiner Bundschuhfahne. [...] Es war zu
Heilbronn am Neckar, in des Reiches Stadt, wo er einen Maler mit
seinem Begehren anging. Treuherzig, in Schweizer Art und Sprache,
dichtete er diesem vor, wie er in einer großen Schlacht gewesen und
mitten in der Gefahr des Kampfes gelobt, wenn er glücklich daraus
käme, eine Wallfahrt nach Aachen zu tun und dort unserer lieben
Frauen [gemeint ist die Jungfrau Maria, Anm. d. Verf.] ein Fähnlein zu bringen. Er bat nun den Maler, ihm ein solches Fähnlein zu
malen, darin ein Kruzifix und daneben unserer lieben Frauen und*

---

[1] Armagnaken: Große, mehrere tausend Mann starke Haufen französischer Söldner, in der Endphase des Hundertjährigen Krieges
von Bernhard von Armagnac gegen die Burgunder aufgestellt. Die
Armagnaken fielen zwischen 1439 und 1445 ins Deutsche Reich
ein und unternahmen sogar Raubzüge in die Schweiz.

St. Johannis des Täufers Bildnis wäre und darunter ein Bundschuh.
An diesem Letzteren strauchelte auch der Heilbronner Maler und
fragte, was er damit meine. Joß stellte sich ganz einfältiglich. Er sei
eines Schuhmachers Sohn, sein Vater, sagte er, halte Wirtschaft zu
Steint im Schweizerlande und führe, wie männiglich bekannt, einen
Bundschuh in seinem Schilde; darum, damit man wissen möge, dass
dieses Fähnlein von ihm sei, wollte er seines Vaters Zeichen dar-
stellen lassen. Diese treuherzige Rede täuschte den Maler. Er malte, was
Joß darein haben wollte, und bald war das Fähnlein fertig.

Der Bundschuh von Joß Fritz war nicht die einzige Bauernbewegung, die den Herrschenden Anfang des 16. Jahrhunderts gefährlich wurde. Verschwenderische Hofhaltung und
die Misswirtschaft seiner Räte hatten in Württemberg während der Herrschaft Herzog Ulrichs dazu geführt, dass die
gewöhnlichen Staatseinkünfte nicht mehr zur Deckung der
Zinslast ausreichten und das Land schwer verschuldet war. Da
die Städte die Einführung einer neuen Vermögenssteuer verhinderten, verfiel die Finanzverwaltung auf einen verhängnis-
vollen Trick. Statt wie üblich die Steuern zu erhöhen, griff
sie zu einer Art Mehrwertsteuer auf Nahrungsmittel. Diese
wurde nicht durch eine direkte Preis- oder Steuererhöhung
umgesetzt, sondern mittels der Einführung neuer – falscher –
Gewichte und Maße, die um den geforderten Steuerbetrag
vermindert wurden, was überall im Land für große Empörung
sorgte. Wie so oft, war es ein bettelarmer Bursche aus Beutels-
bach – der Gaispeter –, der den Aufstand entfachte, indem
er vor einer aufgebrachten Menschenmenge die falschen Ge-
wichtsteine einfach ins Wasser warf und einem Gottesurteil
unterzog, dessen grausame Rhetorik nur sattsam aus Ketzer-
und Hexenprozessen bekannt war:

Wann der Herrschaft Fürnehmen recht und billig, so werden die
Stain emporschwimmen; seie dann ihr, der Bauern Vorhaben recht,
so werden sie zu Boden fallen und sich nicht mehr sehen lassen!

Den Ausgang dieses Gottesurteils kann man sich denken. Das Beispiel des Gaispeters machte innerhalb Württembergs Schule, und bald befand sich das ganze Remstal nahe Stuttgart im Aufstand, war kein Herr mehr vor den aufgebrachten Bauern und Ackerbürgern[1] sicher, die sich selbst »Armer Konrad« oder »Armer Kunz« – also »Jedermann« – nannten. Die Aufständischen übten so viel Druck auf Herzog Ulrich aus, dass dieser vorerst einlenkte und die unbeliebte Gewichts- und Maßverminderung wieder aufhob sowie eine Untersuchung der Beschwerden und die Einberufung des Landtags zusagte. Es war eine verzweifelte Maßnahme, die zu spät kam. Überall im Remstal war in den dörflichen und städtischen Gemeinden der Aufstand ausgebrochen, schickten sich die Zünfte der kleineren Amtsstädte an, dem städtischen Patriziat die Macht streitig zu machen. Doch die Patrizier dachten nicht daran, sich willenlos den Zünften zu unterwerfen, und steuerten ihrerseits aktiv gegen die revolutionäre Bewegung. Auf dem Tübinger Landtag sicherten die hohen Württemberger Stadtgeschlechter Herzog Ulrich zu, die enorme herzogliche Schuldenlast von einer Million Gulden zu übernehmen. Im Gegenzug erhielt das städtische Patriziat vom Herzog das Recht, Steuern zu erheben, zu bewilligen und über die eingenommenen Summen frei zu verfügen – was den württembergischen Städten de facto die Abgabenfreiheit bescherte und finanziell nur noch dem Reich verpflichtete. Herzog Ulrich machte den Städten auch territorial einige Zugeständnisse, sodass diese ihr Territorium erweitern konnten. Damit war den sozialrevolutionären Umtrieben der Zünfte jeglicher Wind aus den Segeln genommen. Auch auf dem Land schien Herzog Ulrich zunächst Erfolg zu haben. Als er jedoch nach Remstal kam, konnte er sich nur mit Mühe vor der aufgebrach-

---

[1] Ackerbürger: Bürger, die in einem kleinen, dorfähnlichen Marktflecken leben und die umliegenden Länder wie Bauern bewirtschaften.

ten Menge retten, und nur dank auswärtiger Hilfstruppen gelang es ihm, nach kurzen Kämpfen den Aufstand des Armen Konrad niederzuschlagen. Das aufständische Schorndorf streckte die Waffen, fast 1800 Rebellen wurden gefangen genommen und wenig später wieder laufen gelassen. Wer von den Anführern nicht entkommen war, wurde vor Schorndorf hingerichtet. Trotzdem hatte der Aufstand eines gezeigt: Eine Erhebung hatte eine gute Chance, wenn sie nicht nur lokal begrenzt war und von Bauern getragen wurde, sondern auch die unzufriedene Stadtbevölkerung für sich gewinnen konnte, der an einer Umgestaltung der städtischen Machtverhältnisse gelegen war.

Es sollte noch elf Jahre dauern, bis ein neuer Rebellenführer sich an die Spitze einer sowohl städtischen als auch bäurischen Aufstandsbewegung stellen würde, um die Forderungen der Bauern mithilfe der Reformation in die Tat umzusetzen: Thomas Müntzer.

THOMAS MÜNTZER – PREDIGER UND VISIONÄR

Über Thomas Müntzer ist aus seiner ersten Lebenshälfte wenig bekannt. Sicher weiß man, dass er um 1490 in Stolberg im Harz zur Welt kam und seine Kinderjahre in Quedlinburg verbrachte. Obwohl er in bescheidenen Verhältnissen aufwuchs, waren seine Eltern doch so vermögend, ihm eine gute Ausbildung zu ermöglichen und sein Studium zu finanzieren, das er im Oktober 1506 an der Leipziger Universität aufnahm. Augenscheinlich war Müntzer damals so etwas wie ein Langzeitstudent, denn erst sechs Jahre später lässt sich eine weitere biographische Station Müntzers nachweisen: seine Immatrikulation an der Universität zu Frankfurt/Oder. Wenn seine Eltern erwartet hatten, dass Thomas Müntzer nach erfolgreich abgeschlossenem Studium und Empfang der Priesterweihe sesshaft werden würde, sahen sie sich getäuscht. Zwar wirkt Müntzer anfangs als Priester der Halberstadter Diözese, doch bald sieht man ihn an wechselnden Orten agieren. 1514 nennt der Rat der Altstadt Braunschweig einen »Thomas Munter Halberstadensis« für eine Altarpfründe in der St. Michaelskirche, 1516 wird Müntzer Probst im Nonnenkloster Forse im Kreis Aschersleben, 1519 Beichtvater im Nonnenkloster Beudlitz östlich von Naumburg. Müntzer blieb, so hat es den Anschein, nirgendwo länger als zwei Jahre, manchmal hielt er es sogar nur ein paar Monate an einem Ort aus. Lag dies an den Gepflogenheiten seiner Zeit, oder war dies schon Ausdruck seines rebellischen Geistes?

Es gibt einige Biographen Müntzers, die diese Ansicht vertreten. Gerüchten zufolge soll Müntzer schon 1513 an einer Verschwörung gegen den Magdeburger Bischof beteiligt gewesen sein, was aber außer einem mutmaßlichen Verweis aus der Stadt keine ernsthaften Konsequenzen für den jungen Magister zu haben schien. Bald zeigte sich, dass politische Agitation und Vertreibung die einzigen Konstanten in seinem kurzen, aber ereignisreichen Leben bleiben sollten. Müntzer war fast fanatisch besessen vom unbedingten Willen zur theologischen und gesellschaftlichen Umgestaltung.

Der äußeren Unrast Müntzers entsprach seine innere, genauer: seine Studien. Fieberhaft las er alles, was er in den Bibliotheken seiner Zeit finden konnte: Bücher zur Geschichte der alten Kirche, Akten des Konzils von Konstanz, das Jan Hus den Prozess gemacht hatte, Schriften der deutschen Mystik, vor allem die des großen Mystikers Johannes Tauler, Traktate und Flugschriften der Humanisten und der beginnenden Reformbewegung. So war es nur eine Frage der Zeit, bis Thomas Müntzer auf Martin Luther treffen musste. Seine Begegnung mit dem Reformator datiert vermutlich von der Leipziger Disputation des Jahres 1519. Dank seines religiösen Eifers und seines Predigertalents machte Müntzer auf Luther einen so guten Eindruck, dass er seinen neuen Anhänger im folgenden Jahr als Prediger nach Zwickau sandte, wo der Stolberger als eine Art Urlaubsvertretung für seinen Mitstreiter Sylvius Egranus fungierte.

Hatte Luther gehofft, in diesem Bergbauzentrum mithilfe Müntzers seine Anhängerschaft zu erweitern, sah er sich bald getäuscht. Denn Müntzer machte in Zwickau die Bekanntschaft des Tuchwebers Nicolaus Storch und kam so mit den alten eschatologischen[1] Ideen der Taboriten[2] in Berührung. Storch kennzeichneten zwei außergewöhnliche Eigenschaften: Er war geistbegabt, was im damaligen Verständnis hieß, dass er vermeinte, die Stimme Gottes zu hören – und hatte apokalyptische Visionen. Demzufolge propagierte er, dass die Endzeit nahe sei und Gott wie in den Tagen der Apostel auch jetzt unmittelbar zu den Erwählten spreche.

Darüber hinaus machte Storch Müntzer mit der mystischen Lehre vom »inneren Wort« bekannt, das heißt, dass die innere Erleuchtung, die fortwährende Offenbarung durch Gott an die Stelle der Bibel trat. Nach Storchs Auffassung verdrängte die mystische Erfahrung des Kreuzes Luthers Rechtfertigung durch den Glauben. Schriftauslegung und Schriftgelehrte wurden überflüssig. Wer die Kreuzerfahrung des persönlichen Leids erlebte, ob Laien oder Geistliche, ob Arme oder Reiche, den führte sie, so Storchs Meinung, zur Gewissheit des Auserwähltseins.

Doch wichtiger und weitaus populärer wurden Storchs Visionen. Der Tuchweber prophezeite nämlich, dass die Auserwählten bald aufstehen würden, um die Gottlosen zu vernichten, sodass Christi Wiederkehr erfolgen und das Tausendjäh-

---

[1] Eschatologie: Die theologische Lehre von den letzten Dingen (Tod, Weltende und Jüngstes Gericht, Himmelreich, Hölle).
[2] Die Taboriten bildeten den radikalen Flügel der tschechischen Hussiten, der sozialrevolutionäre Ideen vertrat und eine Bindung an die lateinische Kirche ablehnte. Die Taboriten gründeten unweit von Prag eine neue Stadt und benannten sie nach dem biblischen Berg Tabor.

rige Reich anbrechen könne. Das war Chiliasmus pur. Müntzer zeigte sich tief beeindruckt: Offensichtlich traf Storchs apokalyptische Version vom Endkampf des Guten mit dem Bösen bei ihm einen Nerv. Das Beispiel Storchs vor Augen, wurde Müntzer vom Schriftgelehrten zum Visionär. Er brach mit seinem bisherigen Leben, vernachlässigte Lektüre und Streben nach Wissen. Der Prediger Müntzer wich immer mehr von der lutherischen Lehre ab und gab sich, von der inneren Stimme erfüllt, ganz dem Glauben an seine eigene innere Berufung hin, was bald Luther hinterbracht wurde, der allerdings diesen ersten Anschuldigungen gegen Müntzer vorerst keinen Glauben schenkte.

Doch in Zwickau wurde aus dem einstigen Lutheraner der erste Gegner Luthers, der sich ernsthaft anschickte, eine eigene Version der Reform in Umlauf zu bringen. Einmal vom Saulus zum Paulus gewandelt, attackierte Müntzer mit dem unermüdlichen Glaubensstarrsinn eines Konvertiten die einstigen Gesinnungsgenossen und wandte sich von der Lehre Luthers ab. Von nun an wurde die Vorstellung eines von den Gerechten gegen die Ungerechten zu führenden Vernichtungskriegs zum Lebenselixier Müntzers, der bald die fixe Idee entwickelte, die Stimme Gottes zu sein. Dank seiner Demagogie, Streitsucht und Polemik, aber auch dank seines unbestrittenen Redetalents und seines tiefen theologischen Wissens fand er in der Bibel bald die richtigen Bilder und Gleichnisse, seine blutrünstigen Visionen mit der Wahrheit der Schrift zu untermauern.

Der aus Luthers Sicht Abtrünnige verfolgte ein ganz anderes Programm als der Reformator. Es scheint, dass er ein Hetzer allererster Güte war, vor keiner Polemik gegen Andersgläubige zurückscheute – und das waren bereits diejenigen, die lediglich eine andere theologische Meinung hatten. Immer häufiger werden Briefe, in denen sich einstige Mitstreiter und Sympathisanten Müntzers von ihm abwenden oder ihn ermahnen.

Leute, die dir sehr wohl wollen, haben uns mitgeteilt, dass du das
Predigtamt missbrauchst: statt dass du das Rechte lehrst, greifst du
andre Leute unter Namensnennung ehrabschneidend an. [...] Um
es mit kurzen Worten zu sagen: sie sagten, du tätest nichts als nach
Mord und Blut schnauben. [1]

Von nun an beherrschten biblische Episoden wie die Offenbarung des Johannes, die Erschlagung der Baalspriester durch
Elia, die Tötung der Söhne Ahabs durch Jehu und die Ermordung des schlafenden Sisera durch Jaël seine Gedanken
und Reden. Im Hinblick auf die kommenden Kämpfe umriss
Müntzer klar, dass es für die Erwählten nur eine Möglichkeit
gebe, sich den Weg ins Tausendjährige Reich zu bahnen: mit
Waffengewalt. Dieser Blutdurst, der den Gottesmann befallen
hatte, trug bald Früchte – jedoch nicht die, welche Müntzer
erwartet hatte. Die Predigten des Jungtaboriten verschärften
die sozialen Gegensätze innerhalb der Einwohnerschaft Zwi-
ckaus endgültig, und das kleine Textilzentrum am Fuße des
Erzgebirges stand kurz vor einem Bürgerkrieg. Den entscheidenden Anlass lieferte der Magistrat der Stadt, als er Thomas
Müntzer am 16. April 1521 aus seinem Zwickauer Pfarramt
entließ. Müntzer verließ Zwickau in Richtung Prag, wo er im
Juni 1521 ankam.

Unter Storchs Führung erhoben sich daraufhin Müntzers
Anhänger, doch der Aufstand wurde niedergeschlagen. Unter
den zahlreichen Festgenommenen befanden sich bezeich-
nenderweise über fünfzig Weber. Wütend berichtete Sylvius
Egranus, dass der Mann, der von Luther einst als seine Vertretung in Zwickau eingesetzt worden war, Verwirrung und
Aufruhr gestiftet hatte.

---

[1] Brief von Johannes Agricola vom April 1521. Johannes Agricola
(ca. 1499–1566): lange Jahre intimer Freund Luthers, zuletzt
Hofprediger in Berlin.

Dein Thomas – denn so rühmt er sich selbst – ist hierher gekom-
men und hat alles durcheinander gebracht mit seinem verrückten Ge-
schrei und seinen Lehren. Die Hartnäckigkeit und Unverschämtheit
dieses Menschen ist groß, weder Freundesrat noch Schriftautorität
gibt er nach, sondern richtet, allein auf seinen Geist gestützt, lauter
Parteiwesen an. Es ist ein Mensch, der zu Schisma und Ketzerei ge-
boren ist. Aber das Übel fällt schließlich auf seinen eigenen Kopf und
er in die Grube, die er andern gegraben hat. Er hat schändlich die
Flucht ergriffen. Wie es seine Art ist, hat er zur Schande der sonst
berühmten Stadt Mitverschwörer aus dem Pöbel gehabt, verschuldete
verbrecherische und aufrührerische Leute, die er vorwiegend auf dem
Beichtweg und durch private Konventikel zu sich gezogen hat. Sein
Gift hat er als Erbe hinterlassen, denn noch jetzt schreien daselbst die
Taglöhner gegen alle Vornehmen, Prediger und Priester. Wie ich höre,
streut die wilde Bestie auch allerlei Lügen gegen mich aus. Das muss
ich tragen, mein Gewissen und meine Unschuld trösten mich. Ich
glaube auch nicht, dass irgendein guter und gebildeter Mann diesem
erzverlogenen Menschen trauen kann. [1]

Den Rädelsführern, darunter Nikolaus Storch, gelang die
Flucht nach Wittenberg. Dort riefen sie um die Wende des Jahres 1521/1522, während Luthers Aufenthalt auf der Wartburg,
große Beunruhigung hervor, was Luther dazu nötigte, seine
sichere Zuflucht zu verlassen und nach Wittenberg zu eilen.
Kaum angekommen, führte er die Wittenberger Gemeinde
wieder auf den Pfad der lutherischen Reformation zurück.
Nur kurze Zeit duldeten Luther und der Magistrat die Zwickauer Propheten, dann wies der Reformator sie unnachgiebig

[1] Brief von Sylvius Egranus an Luther vom Mai 1521. Sylvius Egranus, eigentlich Thomas Wildenauer aus Eger (gest. 1535): 1517
bis 1521 Pfarrer in Zwickau, danach Pfarrer in Joachimsthal an
der Grenze zu Böhmen (heute Tschechien), Humanist und als
solcher zunächst nicht unfreundlich zu Luther eingestellt, doch
nicht ohne Kritik an den »Martinianern«, vor allem aber an dem
»Esel Thomas Müntzer«. Von 1523 an zieht sich Egranus auf die
erasmisch-katholische Einstellung zurück.

aus. Zu sehr standen ihre Lehren im Gegensatz zur Auffassung Luthers, die einzig die Deutung der Schrift zuließ.

Der Wittenberger befand sich zum Zeitpunkt dieser Auseinandersetzung auf dem Höhepunkt seiner Popularität und duldete kein anderes Christusbild als das seinige. Konkurrierende Ansichten eliminierte er sofort und gründlich, was Thomas Müntzer vier Jahre später am eigenen Leibe erfahren sollte. Aber wer war dieser ehemalige Augustinermönch, der sozusagen im Alleingang die römische Kurie angegriffen und in die Defensive gedrängt hatte?

Martin Luther war nur sechs Jahre älter als Müntzer, aber dafür der unumstrittene »Superstar« unter den Papstgegnern. Er machte zum ersten Mal auf sich aufmerksam, als er 1517 die berühmten Thesen gegen Tetzels Ablasshandel ans Tor der Wittenberger Schlosskirche nagelte. In öffentlicher Disputation bestritt er 1519 den Supremat des Papstes und veröffentlichte 1520 die drei Traktate, die letztendlich die deutsche Reformation auslösen sollten: *An den christlichen Adel deutscher Nation, Von der babylonischen Gefangenschaft der Kirche* und *Von der Freiheit eines Christenmenschen.*

Damit nicht genug, geißelte Luther neben dem Ablasshandel die Simonie, das heißt den Verkauf kirchlicher Ämter, und alle anderen Missstände der katholischen Kirche. In diesem Sinne stand er ganz in der Tradition von Reformatoren wie John Wyclif [1]

---

[1] John Wyclif (1330–1381): Englischer Philosoph, Theologe und Reformator, der an der Universität Oxford lehrte. Er lehnte die Vorherrschaft des Papstes, die Bilder- und Reliquienverehrung, die Simonie und die Ohrenbeichte ab. Darüber hinaus verwarf er Priesterzölibat und die Lehre der Wesensverwandlung. Ein vom Papst angestrengter Ketzerprozess gegen Wyclif endete aufgrund seines hohen Ansehens beim Volk und in der Universität mit Freispruch. Daraufhin wandte sich Wyclif noch stärker gegen Klerus und Papst, in dem er nichts anderes als den Antichrist sah. Seine Lehren lösten 1381 den englischen Bauernaufstand unter Führung von Wat Tyler auf, der die soziale Ordnung Englands tief erschütterte. Wyclif wurde auf Veranlassung von Bettelmönchen und Mächtigen der englischen Kirche seiner

und Jan Hus[1], die schon früher den Verfall der Sitten angeprangert hatten. Während John Wyclif dank des Schutzes seiner breiten Anhängerschaft zumindest zu Lebzeiten vor der Inquisition sicher war, hatte Jan Hus weniger Glück.

Trotz freien Geleits, das ihm Kaiser Sigismund anlässlich des Konzils 1414 in Konstanz zugesagt hatte, war Hus 1415 als Ketzer verbrannt worden, was für Empörung unter seiner Gefolgschaft gesorgt hatte. Die Rache folgte auf dem Fuße: Von Böhmen aus übten die Anhänger des tschechischen Reformators, die sich nach ihm »Hussiten« nannten, blutige Rache am römisch-deutschen Kaiser und überzogen die böhmischen Erblande und das Reich mit einer Kette von Feldzügen, die allesamt erfolgreich waren. Erst als die hussitische Bewegung sich aufspaltete und ein Bürgerkrieg zwischen gemäßigten Hussiten, Calixtiner genannt, und der radikalen Fraktion der Taboriten ausbrach, wurde die so streitbare Bewegung langsam bedeutungslos.

Dass Luthers Reformation zu Beginn weit weniger blutig verlief, lag daran, dass er vom sicheren Wittenberg aus massiv den modernen Buchdruck nutzte, um die Machtposition der katholischen Kirche auszuhebeln. Dessen publizistische Möglichkeiten hatte zwar auch Rom entdeckt, Luther jedoch revolutionierte und erweiterte das Spektrum des neuen Mediums, indem er es fast ausschließlich zur politischen Agita-

höheren Ämter enthoben, seine Schriften wurden als ketzerisch verurteilt. Wyclif bestritt bis zu seinem Lebensende als Pfarrer seinen Lebensunterhalt und übersetzte die Bibel ins Englische. Nach seinem Tod wurde er 1415 auf dem Konzil zu Konstanz posthum zum Ketzer erklärt, drei Jahre später seine Gebeine verbrannt.

[1] Jan Hus (1370–1415): Rektor der Universität Prag und theologischer Reformer in Böhmen, der an den Lehren Wyclifs festhielt, ohne jedoch die Lehre der Wesensverwandlung zu verwerfen. Hus schuf die böhmische Nationalkirche und bekämpfte die Verweltlichung der Römischen Kirche. Im Gegensatz zu Wyclif schon zu Lebzeiten 1410 exkommuniziert, trat er gegen die Ablass- und Kreuzzugsbullen Papst Johannes' XXIII. auf.

tion nutzte. So wurden das Flugblatt und der Brief zu seinen wichtigsten Waffen. Luther wirkte als Chefpropagandist seiner Glaubensmission, der Protest mutierte dank medialer Revolution zur Reformation.

Aber auch von äußeren Umständen konnte Luther profitieren, denn im Jahr 1519 hatten der Papst und die deutschen Fürsten ganz andere Sorgen, als sich um einen weiteren Dissidenten der Kirche zu kümmern. Aller Augen ruhten auf Kaiser Maximilian von Habsburg, dem greisen Herrscher des Heiligen Römischen Reiches Deutscher Nation, der nach langer Krankheit 1519 starb. Jetzt galt es, rasch die Thronfolge zu regeln. Drei aussichtsreiche Kandidaten bewarben sich um das Amt des Kaisers: König Franz I. von Frankreich, Heinrich VIII. von England und Maximilians Enkel König Karl I. von Spanien. Obwohl Karl der nächste männliche Verwandte Maximilians war, bevorzugten die Kurie und die Mehrheit der deutschen Kurfürsten anfänglich den französischen König, bis massive Kredite der Fugger es Karl ermöglichten, sich die Stimmen der Kurfürsten schlichtweg zu erkaufen.[1] Auf gut Deutsch hieß das nichts anderes, als dass der Kaisertitel an den Meistbietenden verschachert worden war – eben an den spanischen König Karl I., der von 1519 an als römisch-deutscher König Karl V. von Habsburg in Deutschland regierte.[2] Kaum gewählt, ging der junge Kaiser energisch gegen die »Ketzerei« des Dr. Martin Luther vor. Dazu war es auch höchste Zeit, waren doch alle Bemühungen der römischen Kirche, Luther zum Widerruf seiner Thesen zu bewegen, bisher gescheitert. Nicht einmal eine päpstliche Bulle, die dem Reformator mit

[1] Wie hoch die Summen waren, lässt sich an folgenden Zahlen ermessen: Der Kurfürst von Sachsen erhielt 70 000 Gulden, der von Mainz 113 000, der der Kurpfalz 184 000.
[2] Der Titel »römisch-deutscher König« beinhaltet, dass Karl V. zwar ein erwählter, aber noch kein durch den Papst gekrönter Kaiser war. Tatsächlich wurde er 1520 in Aachen zum römisch-deutschen König und erst 1530 in Rom zum Kaiser gekrönt. In der Zwischenzeit bezeichnete er sich selbst als »erwählter Kaiser«.

dem Verlust aller Sakramente, geistlichen Ämter und der Exkommunikation drohte, hatte Luther dazu bewegen können, seine Lehre zu verwerfen. Stattdessen war er in die Gegenoffensive gegangen und hatte die Bulle vor den Augen seiner Anhänger in Wittenberg öffentlich verbrannt. Damit waren die Würfel gefallen. Um dem Reformator eine Chance zu geben, seine revolutionären Thesen zu widerrufen, berief Kaiser Karl V. ihn 1521 zum Reichstag nach Worms. Luther akzeptierte die Herausforderung gegen die Zusicherung freien Geleits und nutzte die Reise dafür, beim Volk, das seine Reformen begeistert befürwortete, Stimmung für seine reformatorischen Ideen zu machen. Im folgenden Disput mit dem Nuntius, dem päpstlichen Botschafter, und dem jungen Kaiser blieb Luther standhaft. Obwohl mit Kirchenbann und Reichsacht bedroht, widerrief der Wittenberger Theologe nicht. Noch bevor die Reichsacht über ihn verhängt wurde, verließ Luther Worms. Ab diesem Zeitpunkt war er vogelfrei und jeglicher Rechte beraubt. Auf seinem Rückweg nach Wittenberg wurde er von einem Reitertrupp überfallen und auf die Wartburg verschleppt – ein Kidnapping, das sich als geschickter Schachzug des kursächsischen Herzogs Friedrich entpuppte, der Luther mit dieser Aktion in Schutzhaft nahm.

Auf der Wartburg erhielt Luther den Decknamen Junker Jörg. Im folgenden halben Jahr machte er sich daran, sein bedeutendstes und politisch einflussreichstes Werk zu vollenden. Diesmal handelte es sich um keine Polemik gegen die römische Kurie, sondern die Übertragung des Neuen Testaments ins Deutsche. Mit dieser Übersetzung hatte der Reformator Revolutionäres geschaffen. Die Lektüre des in hohen Auflagen veröffentlichten deutschen Bibeltextes beschnitt die Deutungshoheit der »römischen Pfaffen« erheblich; jetzt standen die Lehren Jesu Christi zum ersten Mal jedermann offen, der sie selbst lesen oder sich vorlesen lassen konnte. Von nun an hielt jeder Laie den Schlüssel zum Evangelium – und damit zum eigenen Seelenheil – in eigenen Händen, vorausgesetzt, er wusste die Worte der Schrift zu deuten. Damit hatte Luther – ohne es zu ahnen –, aber gleichzeitig die Büchse der Pandora geöffnet. Denn die unterdrückten und radikalen Kräfte der Reformbewegung lasen den Text anders, als sich dies der große Reformator gedacht hatte. Beunruhigende Nachrichten kamen vor allem aus Wittenberg, wo Luthers einstiger Lehrer und Mitstreiter Andreas Bodenstein, genannt Karlstadt, Akte der Bilderstürmerei[1] zugelassen und eine neue Liturgie eingeführt hatte. Die Gefährdung seines Führungsanspruchs veranlasste Luther, die Wartburg in Richtung Wittenberg zu verlassen, wo der charismatische Reformator schnell die Oberhand über seine Konkurrenten gewann. Karlstadt hatte Wittenberg zu verlassen – es konnte nur einen Protestpapst geben. Die Elbestadt blieb das Zentrum der Reformation, obwohl Allstedt[2], ein kleines Ackerbauernstädtchen, sich unter der intellektuellen Führung Thomas Müntzers anschickte, zum Gegen-Wittenberg zu werden.

Nachdem Thomas Müntzer Zwickau verlassen hatte, wandte er sich zuerst nach Prag, in der idealistischen Hoffnung, mit einem »Manifest« an die böhmischen Brüder an alte hussitische Reformgedanken anzuknüpfen. Nach anfänglicher Begeisterung der Prager wurde Müntzer aus der Stadt verwiesen, weil seine Ideen zu radikal waren. Wieder musste der Stolberger weiterziehen. Seine Odyssee fand erst ein Ende, als ihn das kleine sächsische Städtchen Allstedt 1523 zum Prediger wählte. In der inmitten der reichen Grafschaft Mansfeld gelegenen kursächsischen Enklave fand der Pseudoprophet al-

---

[1] Bildersturm: Das Konzil von Trient definierte für die katholische Kirche die Bilderverehrung als die Verehrung der im Bild dargestellten Personen oder religiösen Geschehnisse. In der Reformationszeit kam es mehrfach zum Bildersturm, der gewaltsamen Entfernung von Bildern aus den Kirchen, da die Bilderstürmer in der Bilderverehrung eine unreine Form des Götzenglaubens sahen. Luther missbilligte den Bildersturm.

[2] Allstedt liegt im südlichen Sachsen-Anhalt. Zu Müntzers Zeiten gehörte es zur Grafschaft Mansfeld.

les, was er brauchte, vor allem eine Druckerpresse im nahe gelegenen Eilenburg. Mit ihr glaubte er, endlich seine Ideen ver-
wirklichen zu können. Er plante nichts Geringeres, als Allstedt
zu einem »Gegen-Wittenberg« zu machen, von dem aus die
Reformation im Sinne seines Verständnisses des Gotteswortes
radikal und notfalls auch gewaltsam zu Ende geführt werden
sollte. Mit Feuereifer machte sich Müntzer in Allstedt daran,
seine Lehre in Schriften zu fassen, die im nahen Eilenburg
gedruckt wurden. Er setzte den Geistglauben der Zwickauer
Propheten gegen die lutheranische Buchstabengläubigkeit,
predigte das Prinzip der inneren Erleuchtung und individu-
ellen Offenbarung gegenüber Luthers Glaubensgrundsatz, in
der Bibel die alleinige Quelle der göttlichen Wahrheit zu erkennen. Vor allem huldigte er den Endzeitvorstellungen des
mittelalterlichen Mystikers Joachim von Fiore[1]. Von ihm übernahm Müntzer die Vorstellung eines Strafgerichts über die
entartete Kirche und verdorbene Welt, dem ein seligmachen-
des und tausendjähriges Reich der sozialen Gerechtigkeit und
der Gemeinnützigkeit auf Erden folgen würde. Nach Müntzers Vorstellung war mit der Reformation die Zeit gekommen,
in der die Gottlosen von den Gerechten hinweggefegt werden
würden. Dann, so schien es dem Propheten, würde es auf der
Welt nur noch Gerechte und Genossen geben, die allen Besitz
brüderlich miteinander teilten.

Müntzer beschränkte sich hingegen nicht nur auf seine
Publikationen, sondern gründete in Allstedt 1523 ein revolutionäres »christliches Verbündnis«, das sich zu den von ihm

[1] Joachim von Fiore (um 1130/35–1202): Mittelalterlicher Mystiker,
der die Lehre von den drei Reichen entsprechend der Heiligen
Dreifaltigkeit entwickelte. Das erste Reich umfasste nach seiner
Lehre den Zeitraum des Alten Testaments und die Lebensdauer von
42 Generationen unterschiedlicher Länge, das zweite Reich begann
für ihn mit Christi Geburt und endete um 1200 n. Chr. Das darauffolgende dritte Reich war dem Heiligen Geist zugeordnet. In ihm
erwartete Joachim zwei schwere Verfolgungen der Christenheit und
den Anbruch des Weltenendes in Form eines Strafgerichts.

gepredigten revolutionären Prinzipien bekannte: den Allstedter »Bund der Auserwählten«, der weder soziale noch Bil-
dungsschranken kannte und sich neben den Bürgern der Stadt
vornehmlich auf die Mansfelder Bergknappen stützte. Die Absicht, die sich dahinter verbarg, war klar: Müntzer bezweckte,
mit dem Bund eine revolutionäre Kerntruppe für sein Handeln
zu gewinnen. Aber der unruhige Geist aus Stolberg beließ es
in seinen Predigten nicht nur bei bloßen theologischen Hetz-
reden gegen Luther oder bei chiliastischen Schwärmereien.
Vielmehr schritt er zur Tat und ließ seinem Antiklerikalismus
freien Lauf, indem er nicht nur wie Luther gegen die römische Kirche wetterte, sondern das einfache Volk wie die sächsischen Fürsten zu gewalttätigen Aktionen gegen kirchliche
Institutionen aufrief.

Der mitreißende Demagoge predigte so erfolgreich, dass
seine völlig berauschte Anhängerschaft die nahe gelegene Ma-
rienkapelle zu Mellerbach stürmte und die Marienbilder sowie
den Altar zerstörte. Dies war nicht nach dem Geschmack der
sächsischen Fürsten, die infolge dieses bedrohlichen Ereignisses sofort nach Allstedt eilten, um dem aufrührerischen Prediger die Möglichkeit zu geben, sich zu rechtfertigen. Müntzer
nutzte die Gelegenheit, ihnen sein Programm klarzumachen
und sie davon zu überzeugen, dass es mit ihrer Herrschaft
bald vorbei sein werde, würde es zum Aufstand kommen. So
heißt es in der *Fürstenpredigt*, mit der Müntzer Herzog Johann,
den Mitregenten und Bruder Friedrichs III., und Kurprinz Johann Friedrich für sich und seine Ideen gewinnen wollte:

*Sagt doch Christus, ich bin nicht gekommen, Frieden zu bringen,
sondern das Schwert. Was sollt ihr aber mit demselben machen?
Nichts anders, denn die Bösen, die das Evangelium verhindern, wegtun und absondern, wollt ihr anders Diener Gottes sein. Christus
hat mit großem Ernst befohlen, Luc. 19, 27, nehmt meine Feinde und
würget sie vor meinen Augen. [...] Gebet uns keine schalen Fratzen
vor, dass die Kraft Gottes es tun soll ohne euer Zutun des Schwertes,*

es möchte euch sonst in der Scheide verrosten. Die, welche Gottes Offenbarung zuwider sind, soll man wegtun, ohne alle Gnade, wie Hiskias, Cyrus, Josias, Daniel und Elias die Baalspfaffen verstöret haben, anders mag die christliche Kirche zu ihrem Ursprung nicht wieder kommen. Man muss das Unkraut ausraufen aus dem Weingarten Gottes in der Zeit der Ernte. Gott hat 5. Mose 7 gesagt, ihr sollt euch nicht erbarmen über die Abgöttischen, zerbrecht ihre Altäre, zerschmeißt ihre Bilder und verbrennet sie, auf dass ich nicht mit euch zürne. [1]

Das waren klare Worte, darüber hegten die Adressaten keine Illusionen. Dieser Prediger aus Allstedt war gefährlich und drohte ihnen mit Aufstand. Die Fürsten wussten nicht, was sie tun sollten, und baten Luther um Hilfe. Dieser ließ sich nicht zweimal fragen. Die hochrevolutionäre Predigt Müntzers war für den Wittenberger endlich die Gelegenheit, seinen theologischen Hauptwidersacher im reformatorischen Lager ein für alle Mal schachmatt zu setzen. In seinem Brief *An die Fürsten zu Sachsen wider den aufrührerischen Geist* erklärte er Müntzer zum Werkzeug Satans und forderte sie unmissverständlich dazu auf, den Anstifter des Aufruhrs aus dem Land zu jagen, weil dieser nicht nur schlimme Lehren predige, sondern zu Aufstand und Widersetzlichkeit gegen die Obrigkeit aufrufe. Mit dem Zögern hatte es nun ein Ende; gestärkt durch den Rückenwind der geistlichen Autorität Luthers wurde Müntzer mit dem Rat der Stadt Allstedt auf das Weimarer Schloss zitiert und der strafwürdigen Zusammenrottung gegen die Obrigkeit beschuldigt. Ohne auf die Verteidigung Müntzers einzugehen, bestimmte Herzog Johann, den Bund der Gerechten aufzulösen und den erst vor Kurzem angestellten Drucker wieder zu entlassen. Vor allem wurde es Müntzer untersagt, noch weitere aufrührerische Predigten zu halten. Jetzt wurde es für den Allstedter Reformator gefährlich. Er hatte den ideellen

---

[1] Thomas Müntzer, *Fürstenpredigt* (Allstedt, 1524).

Wettstreit gegen Luther verloren, der Bruch mit den ernestinischen Fürsten war jetzt offenkundig. Der Radikalreformer wusste von nun an, dass er gegen den Willen seiner Landesherren das Reich Gottes mit der Macht der Waffen durchsetzen musste. Unter diesen Voraussetzungen war es nur noch eine Frage der Zeit, dass die Fürsten einen Vorwand finden würden, ihn gefangenzusetzen. Der Stolberger wartete seine Verhaftung gar nicht erst ab. Noch in derselben Nacht floh Thomas Müntzer über die Stadtmauer aus Allstedt und wandte sich der nahen, von sozialen Kämpfen erschütterten Reichsstadt Mühlhausen zu.

Die Chancen für Müntzers Agitationen standen in Mühlhausen nicht schlecht, denn die soziale Misere mitteldeutscher Städte war mit der Not der ländlichen Gemeinden vergleichbar. Auch hier gab es soziale Gegensätze zwischen Patriziat und Handwerkerzünften, tobte ein Machtkampf. Wie es schien, trieb die Krise ihrem Höhepunkt entgegen, aber Müntzer irrte sich und ging verfrüht zur Aktion über. Zwar fand er im Stadtpolitiker Hans Pfeiffer einen Bundesgenossen und gewann mit dessen Rückendeckung durch seine Predigten bald eine Anhängerschaft, die dazu bereit schien, die soziale Revolution in der Reichsstadt zu wagen, doch der Aufstandsversuch gegen den Rat scheiterte. Wie so oft, musste Müntzer wieder fliehen. Diesmal reiste er nach Nürnberg, wo er ohne zu predigen inkognito blieb, damit seine »hochverursachte Schutzrede« gegen Luther heimlich gedruckt werden konnte.

Die Herren machen das selber, dass ihnen der arme Mann Feind wird. Die Ursache des Aufruhrs wollen sie nicht wegtun, wie kann es in der Länge gut werden? Ach, liebe Herren, wie hübsch wird der Herr unter die alten Töpfe schmeißen mit einer eisernen Stange! So ich das sage, werde ich aufrührerisch sein. Wohl hin! [1]

[1] Thomas Müntzer, *Hochverursachte Schutzrede* (Nürnberg 1524).

Mit diesen Worten proklamierte Müntzer das Widerstandsrecht des Volkes gegen die »unverschämte Tyrannei« der Obrigkeit. Schon träumte Müntzer davon, seine Predigten im ganzen Reich zu verbreiten, als das Schicksal ihm erneut einen Streich spielte und seine Pläne durchkreuzte. Kaum waren die Flugschriften aus der Presse gezogen, beschlagnahmte der Nürnberger Rat die ganze Auflage, von der nur zehn Exemplare jemals die Öffentlichkeit erreichten.

Die Lage schien hoffnungslos, als 1524 endlich der von Müntzer und vielen anderen Radikalreformern erwartete Aufstand losbrach, dessen Anlass ein grotesker Willkürakt gewesen war. Müntzer begab sich Ende des Jahres 1524 nach Oberschwaben und fand ein Land im Ausnahmezustand vor.

DAS JAHR 1525 – STURM ÜBER DEUTSCHLAND

Die große Bewegung von 1525 hat ihre schöne wie ihre düstere Seite; reine und edle Kräfte walten darin neben unreinen und finsteren. Der Geist, aus welchem der ganze Kampf hervorging, war der Geist der Freiheit und des Lichtes. Die einzelnen Erscheinungen, in welchen sich der Geist Bahn zu brechen sucht, mögen noch so getrübt sein, dieser bleibt dennoch der, der er ist. Dieser Geist muß zuletzt mit allem aussöhnen. Die Bewegung war auch nichts plötzlich Hereinbrechendes und nichts Zufälliges; sie hatte sich seit langem vorbereitet und hatte ihren Grund in den Verhältnissen des gemeinen Mannes und in der Zeit. Daher ihre reißend schnelle Ausbreitung, der fast über ganz Europa hinlaufende Anteil daran. Die Anlage des Volkes dazu war so alt wie die Unterdrückung desselben. Auch an den Ketten schärft sich die Liebe zur Freiheit. [1]

Noch bevor Müntzer sich in Weimar vor den sächsischen Fürsten verantworten musste, begann der deutsche Bauernkrieg

---

[1] Wilhelm Zimmermann, *Der große deutsche Bauernkrieg* (1842).

im Sommer 1524 mit der Stühlinger Erhebung im südlichen Schwarzwald. Am 23. Juni zogen Tausende von wütenden Bauern vor das Bergschloss der Grafen von Stühlingen. Der Anlass des Aufstands war im Grunde absurd: Die Gräfin von Lupfen hatte sich nicht entblödet, während des Einbringens der Ernte von ihren Bauern zu verlangen, nach Schneckenhäusern zu suchen, die sie für das Aufwickeln von Garn benötigte. Dieser Frondienst war der sprichwörtliche Tropfen, der das Fass zum Überlaufen brachte. Die Bauern, ohnehin von Abgaben und Frondiensten bedrückt, zogen zu Tausenden vor das Schloss und hielten eine Versammlung ab, in der sie ihre Beschwerden sammelten. Das Ergebnis waren 62 Beschwerdeartikel, die das Bestreben ihres Grundherrn Graf Sigmund von Lupfen abwiesen, die bäuerlichen Rechte noch weiterhin zu beschneiden. Die Bauern verlangten die Wiederherstellung des alten Rechts sowie eine Zusicherung gegen herrschaftliche Willkür. Als die folgenden Verhandlungen scheiterten und die Fürsten versuchten, Söldner zu werben, organisierten sich die Bauern. Sie wählten Hans Müller von Bulgenbach zum Kommandanten eines Bauernhaufens, der durch Zulauf aus der Umgegend bald 1200 Mann zählte, darunter 500 Landsknechte. Die Bauern organisierten sich jedoch nicht nur militärisch, sondern verbündeten sich am 24. August mit der Stadt Waldshut und zogen vor das Schloss Hohenlupfen, das sie zwei Wochen lang belagerten, ohne es allerdings einnehmen zu können. Trotz dieses Rückschlags gelang es den Stühlinger Bauern, die Aufstandsbewegung in den folgenden Wochen auf das Gebiet des gesamten Schwarzwalds, Hegau und Klettgau, auszuweiten. Dies beunruhigte die Adelspartei derartig, dass sie diesmal mithilfe der umliegenden Städte Unterhandlungen mit den Bauern aufnahm.

Der Fall der Stühlinger Bauern wurde erst systematisch verschleppt, dann dem Reichskammergericht in Esslingen übergeben. Die von den Bauern verlangten Forderungen wurden bis zur Entscheidungsfindung ausgesetzt. Auf diese vagen Zugeständnisse hin lief der Bauernhaufen wieder auseinander. Nur Hans Müller und eine Schar getreuer Kämpfer zogen weiter, um die Fackel des Aufstands noch tiefer in den Schwarzwald hineinzutragen, wo die Stühlinger mit einem neuen Haufen unter dem Kommando von Oswald Meder zusammengingen. Die vereinigte Bauernstreitmacht wurde schon am 14. Dezember geschlagen und zersprengt, doch dies war erst der Anfang des Krieges. Kaiser Karls Bruder Erzherzog Ferdinand von Habsburg, der für seinen Bruder die Regentschaft im Reich ausübte, hatte den Truchsess[1] Ernst von Waldenburg zum Feldhauptmann bestellt und ihm die Aufgabe übertragen, ein Heer gegen die aufständischen Bauern aufzustellen und dann die Rebellion so schnell wie möglich im Keim zu ersticken. Mit dem Truchsess von Waldenburg hatte der Erzherzog die richtige Wahl getroffen. Kriegserfahren und tüchtig, bewährte er sich bald als skrupelloser und grausamer Taktiker, der mit den Rebellen wenig Federlesen machte.

Vorerst waren die Bauern im Vorteil. Nach dem Winter dehnte sich der Aufstand vom Schwarzwald auf Oberschwaben aus, wo sich im Allgäu neben dem schon bestehenden Bauernhaufen des Schwarzwalds ein neues Zentrum bäuerlicher Bewegungen bildete. Hier fiel die Rebellion auf fruchtbaren Boden, hatten doch im 15. Jahrhundert die Fürstäbte von Kempten sich weite Teile des Landes widerrechtlich angeeignet – teils mittels falscher Eide, teils durch Urkundenfälschungen – und einst freie Bauern zu Zinsbauern und Zinsbauern zu Leibeigenen gemacht. Ihr Sündenregister konnte sich sehen lassen: Die Kemptener Bauern und Städte überreichten dem Fürstabt noch im Januar 1525 bei einem letzten Vermittlungsversuch einen Pergamentband, der 400 von der Fürstabtei begangene Rechtsbrüche enthielt. Als der Fürstabt sich weigerte,

---

[1] Truchsess: Althochdeutsch »der übers Gefolge Gesetzte«; ursprünglich gleichbedeutend mit dem Seneschall. Der Truchsess war ein mittelalterlicher Hofbeamter, der die Aufsicht über die fürstliche Tafel führte, und damit Vorsteher der Hofhaltung.

jene Vergehen anzuerkennen, machten die Bauern das göttliche Recht zu ihrer Losung und gingen zum Aufstand über. Die Rebellion griff von der Fürstabtei Kempten auf das Bistum Augsburg über, die Bauern stürmten Klöster, plünderten Schlösser und Burgen. Auf die Nachricht hin, dass der Schwäbische Bund mit einem Heer heranrücke, organisierten sich die Bauern zur Christlichen Vereinigung der Landschaft Allgäu, der die ganze Bauernschaft des Landes beitrat. Wer sich weigerte, verfiel dem Bann, was ernsthafte Konsequenzen mit sich brachte: Vor die Tür des Gebannten wurde ein Pfahl eingeschlagen, das Vieh durfte weder zum Brunnen noch auf die Weide getrieben werden, und darüber hinaus verlor der Gebannte jeden Anteil an den Rechten der Gemeinde. Mit dieser Art Kollektivzwang gelang es den Aufrührern schnell, eine geschlossene Front gegen ihre Feinde aufzubauen.

Am 4. März trat die Christliche Vereinigung erstmals in Kempten zusammen. Hauptleute wurden Jörg Schmid und Jörg Täuber, die den Oberbefehl über das ganze Land übernahmen. Sie verbündeten sich mit dem Seehaufen, der aus den Bauern der Bodenseeregion bestand und die schon bestehenden Aufgebote von Pullendorf, Überlingen und Vorarlberg umfasste. Auch hier wählten die Bauern Hauptleute und Räte, gaben sich eine Ordnung und schufen ein Gericht. Die Forderungen des Haufens waren weitgehend deckungsgleich mit denen der Christlichen Vereinigung: Bekenntnis zum göttlichen Recht und Aufhebung der Leibeigenschaft, jedoch Akzeptanz der Rechtmäßigkeit von Schirmherrschaft und Zinsen.

Wie hier war es überall: Bei Ulm bildete sich unter der Führung des Schmieds Ulrich Schmid im Dorf Baltringen der größte Haufen des Bauernkriegs, der die stattliche Anzahl von 10 000 Mann erreichen sollte. Wieder organisierten sich die Bauern, wieder sammelten sie viele Hundert Beschwerdebriefe, die die Forderung nach einer Neuordnung des dörflichen Lebens auf der Grundlage der Heiligen Schrift unterstützten, und wieder taten die Regierenden alles, um durch geschicktes

Taktieren Zeit zu gewinnen. Durch eine Gesandtschaft ließen die Räte des Schwäbischen Bundes in Ulm durchblicken, dass man gewillt sei, sich der Beschwerden der Baltringer anzunehmen und sie an die einzelnen Herrschaften, die von diesen Beschwerden betroffen waren, zuzustellen. Beide Seiten vereinbarten zum 27. Februar 1525 einen Waffenstillstand. Diese Waffenruhe erwies sich als trügerisch, denn unterdessen war der Truchsess von Waldenburg dabei, den Angriff des aus seinem Heimatland vertriebenen Herzogs Ulrich von Württemberg zurückzuschlagen, was ihm nach nur wenigen Wochen gelang. Damit war der einzige fürstliche Bundesgenosse der Bauern ausgeschaltet und die Möglichkeit eines gemeinsamen Zangenangriffs vertan.

Aber noch war nichts verloren. Die Bauern aus dem Allgäu, Schwarzwald, Sundgau, Klettgau und Hegau hatten, ohne sich dessen bewusst zu sein, eine wertvolle Atempause gewonnen, die es ihnen gestattete, ihre Ideen programmatisch festzulegen und in großer Auflage im ganzen Reich bekannt zu machen.

In den als Flugschrift verbreiteten *Zwölf Artikeln* fassten der Kürschner Sebastian Lotzer und der Memminger Reformator Christoph Schappeler die Forderungen des Baltringer Haufens hinsichtlich weiterer Verhandlungen mit dem Schwäbischen Bund zusammen. Artikel 1 beinhaltete die freie Wahl des Gemeindepfarrers – und sah damit die Einführung der evangelischen Predigt vor –, während Artikel 2 die klare Forderung enthielt, den Großen Zehnt nur zur Besoldung der Pfarrer zu verwenden und die entstehenden Überschüsse in einen Etat für die Landesverteidigung und die Armenversorgung einzuzahlen. Die Bauern gingen in ihren Forderungen noch weiter. Auch der Kleine Zehnt sollte abgeschafft werden, der Zehnt auf Viehprodukte wie Eier und Milch. In Artikel 3 verlangten sie unmissverständlich die Abschaffung der Leibeigenschaft. Des Weiteren beanspruchten sie in den Artikeln 4 und 5 das Recht auf freie Jagd und freien Fischfang sowie das

Holznutzungsrecht. Auch das Spektrum bäuerlicher Dienstleistungen ließen die Bauern nicht unberücksichtigt: In den Artikeln 6 und 7 sollte das Ausmaß der Frondienste auf das bei der Grundstücksverleihung einst festgesetzte Maß reduziert werden. Artikel 8 regelte die Festsetzung des Pachtzinses. In Artikel 9 verteidigten die Bauern die niedere Gerichtsbarkeit der Dorfmarken und forderten, beim alten Recht zu bleiben, statt das römische Recht willkürlich anzuwenden. Ein ebenfalls auf die Wiederherstellung dörflicher Souveränität bezogener Anspruch war in Artikel 10 die Rückforderung der Allmende (des Gemeineigentums der Gemeindemitglieder). Artikel 11 beinhaltete die Forderung nach Abschaffung der Todfallregelung (eine Art Erbschaftssteuer an den Grundherren). Der letzte Artikel schließlich betonte die rückhaltlose Anerkennung des göttlichen Worts und sah eine Art »Rücktrittsklausel« von einzelnen Forderungen vor. So hieß es ausdrücklich: Sollte einer der Artikel dem göttlichen Wort nicht gemäß sein, seien die Bauern bereit, davon abzusehen.

Mit dem Forderungskatalog der *Zwölf Artikel* hatten Schappeler und Lotzer das Programm für die Erhebung des gemeinen Mannes in Deutschland geschaffen. Die erste Auflage erschien um den 20. März 1525 in Augsburg und zog innerhalb zweier Monate 25 Auflagen nach sich, die an 15 verschiedenen Druckorten publiziert wurden. Die seltsame Mischung aus Beschwerdeschrift, Reformprogramm und revolutionärem Manifest zog eine derartige Breitenwirkung nach sich, dass insgesamt 25 000 Exemplare – eine für die damalige Zeit ungeheure Zahl – aufgelegt wurden. Die *Zwölf Artikel* wurden zum Bestseller. Ihre ungeheure Popularität verdankten sie der Allgemeingültigkeit ihrer Forderungen, denn sie erwiesen sich als elastische Formel, die für jede Bauern- oder Bürgerschaft fast überall in Deutschland anwendbar war. Dank der Verbreitung der *Zwölf Artikel* wurde den sich wie ein Flächenbrand ausbreitenden Aufstandsbewegungen gleich die ideologische Munition mitgeliefert, deren Zusammensetzung je nach Belieben den örtlichen Begebenheiten angepasst wurde. Es war vor allem den *Zwölf Artikeln* zu verdanken, dass der Aufstand von Schwaben auf die Markgrafschaft Baden, das Elsass, Franken und später Thüringen übergriff.

Der Blick auf die Ereignisse von 1525 scheint oft durch den ideologischen Standpunkt der Verfasser und durch den Ausgang der Ereignisse getrübt. War die Bauernerhebung mit diesem Programm im Begriff, zu einer deutschen frühbürgerlichen Revolution zu werden, wie es insbesondere von der marxistisch-leninistisch ausgerichteten DDR-Forschung postuliert wurde, oder ist sie im Gegenteil nicht als Ausdruck eines Klassenkampfes, sondern als »Revolution des gemeinen Mannes« (Peter Blickle) zu sehen?

Im Großen und Ganzen hatten die Forderungen konservativen Charakter. In den meisten Artikeln ging es den Bauern um die Wiedererlangung beziehungsweise Wiederherstellung altrechtlicher Privilegien. Einzig die Artikel 1 und 3 – das Recht zur freien Wahl, aber auch zur Absetzung des Pfarrers und die Abschaffung der Leibeigenschaft – sowie Artikel 12 besaßen revolutionäre Sprengkraft. Hier zeigte sich, dass die Reformation durch die Forderung des göttlichen Rechts Eingang in das Programm der Aufständischen gefunden hatte. Art und Weise der weiteren Ereignisse hatten an sich wenig Revolutionäres, fasst man den Begriff in seinem politologischen Sinn auf. Auch wenn die oberschwäbischen Bauernhaufen ein Parlament einberiefen und der See-, der Allgäuer und der Baltringer Haufen sich zur Christlichen Vereinigung zusammenschlossen, führten sie in ihren Gebieten keine Veränderungen des Herrschaftssystems herbei, sondern harrten der Reaktion des Schwäbischen Bundes, warteten sozusagen auf die Erlaubnis der Herrschenden, ihre Ziele gemäß den *Zwölf Artikeln* durchzusetzen. Wohl gab es heftige Auseinandersetzungen zwischen den Führern der radikalen Seebauern und den Allgäuern auf der einen Seite und den friedfertigeren Baltringern auf der anderen Seite, doch die in der Bundesordnung festgelegten Ziele waren – vielleicht weil sie einen Kompromiss darstellten – nicht revolutionär, sondern erkannten die gesellschaftliche Vormacht der bestehenden Obrigkeiten an. In der Bundesordnung wurde festgelegt, dass zwar alle Schuld-, Renten- und Gültzahlungen bis zur vertraglichen Einigung mit dem Schwäbischen Bund ruhen sollten, dagegen alle Leistungen, die man weltlichen wie geistlichen Obrigkeiten schuldig sei, weiterhin zu leisten waren.

Das militärische Zusammengehen der Bauern regelte die »Landesordnung«. Nach ihr bestanden die drei Haufen als jeweils selbstständige Heereskontingente unter dem Oberbefehl ihrer gewählten Obristen weiter, ohne dass ein einheitliches Oberkommando existierte. Für den Verteidigungsfall galt, dass die Haufen einander zu Hilfe kommen sollten. Trotzdem zeigt die Wehrverfassung der Christlichen Vereinigung einen Punkt ganz klar: Es handelte sich bei den schwäbischen Bauernhaufen um klassisch landständische, regionale Verteidigungsheere, die dazu bestimmt waren, die Autonomie einer Landschaft[1] notfalls auch gegen den Feind im Innern zu verteidigen. Das vielbeschworene göttliche Recht lieferte dazu die Legitimation, der Geist der Erhebung war jedoch konservativer Natur.

Dies war nicht der Weg der Revolution, sondern der Rebellion, die eine Restitution des alten Rechts durch eine Reform anstrebte. Aber genau diese Hoffnung erfüllte sich nicht. Einzig der Rat der Stadt Memmingen bewilligte die *Zwölf Artikel*, die Antwort des Schwäbischen Bundes hingegen war eindeutig: Er wollte die Unterwerfung der Aufständischen um jeden Preis. Damit waren die Würfel über Krieg und Frieden gefallen. Noch Ende März setzte sich das Heer des Truchsesses in Marsch, am 4. April schlug es den Baltringer Bauernhaufen bei Leipheim, zehn Tage später vernichtete es den Unter-

---

[1] Unter »Landschaft« verstand man im Territorialstaat des späteren Mittelalters und der frühen Neuzeit die Gesamtheit der Landstände, die im Landtag vertreten sind.

DIE GROSSE ERHEBUNG UND IHR PROPHET

allgäuer Haufen bei Wurzach. Es war die erste einer Reihe von blutigen Niederlagen der Aufständischen. Die Bauern revanchierten sich, indem sie Klöster und Schlösser stürmten. In der Kurpfalz eroberte der radikale Bauernführer Jäcklein Rohrbach mit seinem Haufen Schloss Weinsberg, massakrierte die Besatzung und ließ den Schlossherrn hinrichten. Dies rief Luther auf den Plan. Er verfasste die Kampfschrift *Wider die räuberischen und mörderischen Rotten der Bauern*, distanzierte sich von den Aufständischen und forderte die Fürsten auf, die Rebellion mit Stumpf und Stiel auszurotten. Damit hatte Luther sich auf die Seite der Obrigkeit gestellt und ihr einen Blankoscheck für Tod und Terror ausgestellt. Von nun an kannten die Fürstenheere kein Erbarmen.

Am 17. April verglich sich der militärisch ebenbürtige Seehaufen ohne vorherige Kampfhandlungen mit dem Truchsess und vereinbarte die Kapitulation von Weingarten, der sich zwei Tage später die Allgäuer anschlossen. In diesem Friedensvertrag vereinbarten die Abgeordneten des See- und des Allgäuer Haufens mit dem Truchsess, alle Beschwerden und Streitigkeiten vor einem paritätisch zusammengesetzten Schiedsgericht verhandeln und entscheiden zu lassen. Die Bauern setzten durch, ihre Waffen zu behalten, was dem Feldherrn ein Dorn im Auge war, verpflichteten sich jedoch, alle Abgaben wie bisher zu entrichten. Die Kapitulation von Weingarten war ein fauler Kompromiss und eine weit größere Niederlage als die blutigen Schlachten von Leipheim und Wurzach. Mit ihr hatte die Christliche Vereinigung, das mächtigste Instrument der süddeutschen Bauern, aufgehört, als Machtfaktor zu existieren. Von nun an zog der Schwäbische Bund von Sieg zu Sieg. Ob in der Kurpfalz, in Württemberg oder in der Markgrafschaft Baden: Der Truchsess schlug einen Haufen nach dem anderen, besiegte den militärisch sehr starken Neckartaler-Odenwälder Haufen am 30. April 1525 in der Schlacht bei Böblingen und ließ die Anführer wie Jäcklein Rohrbach grausam foltern und anschließend hinrichten. Einzig im Breisgau war dem Schwarzwälder Haufen Erfolg beschieden: Nach kurzer Belagerung zwang Bauernführer Hans Müller von Bulgenbach mit seiner Bauernarmee das 1524 vergeblich belagerte Bergschloss Hohenlupfen zur Kapitulation und eroberte die militärisch wichtigen Städte Freiburg und Breisach. Indes konnten die Siege des Schwäbischen Bundes die Ausweitung der Rebellion nicht verhindern. Die Flamme des Aufstands verzehrte die Landschaften Deutschlands. In Franken erhoben sich die Bauern unter der Führung von Wendel Hipler und Florian Geyer gegen ihre Landesherren, im Elsass sammelten sich zwei weitere Bauernhaufen um Straßburg und Schlettstadt. Auch in den Städten brachen offene Rebellionen aus. In Frankfurt, Bamberg, Köln, Erfurt und Rothenburg rissen das Bürgertum und die auf Wechsel drängenden radikalen Zünfte für kurze Zeit die Macht an sich. Sie drängten das Patriziat teilweise aus dem Rat oder sicherten sich ein Mitspracherecht in Regierungsfragen. Auch in der Freien Reichsstadt Mühlhausen kam es zur Revolution, deren Hauptverursacher ein Prediger war, der zum Motor des Kampfes für die Gerechtigkeit Gottes in Thüringen werden sollte: Thomas Müntzer.

REVOLUTION IN MÜHLHAUSEN

Müntzers Weg zu den Rebellen Süddeutschlands nach seiner Flucht aus Mühlhausen bleibt historisch weitgehend im Dunkeln. Ob er sich direkt ins Schwarzwälder Aufstandsgebiet wandte, ist spekulativ. Vielleicht sind Spuren von Müntzers Anwesenheit im Lager der Aufständischen im sogenannten »Verfassungsentwurf«, der unter den Papieren des Konstanzer Reformators Balthasar Hubmaier entdeckt wurde, herauszulesen, wie der Historiker Hans-Jürgen Goertz[1] mutmaßt. Sicher ist nur, dass der von Luther als »Mordprophet« verschriene Radi-

---

[1] Hans-Jürgen Goertz, *Radikale Reformatoren* (1978).

DIE GROSSE ERHEBUNG UND IHR PROPHET

kalreformator von der Dynamik der Unruhen, die in den Norden überzugreifen begannen, mitgerissen wurde und wieder nach Mühlhausen zurückkehrte. Hier hatte Hans Pfeiffer, der schon seit Dezember 1524 wieder in seiner Heimatstadt lebte, ganze Arbeit geleistet. Der Kampfgefährte Müntzers war am 13. Dezember 1524 wieder in die freie Reichsstadt zurückgekehrt, hatte das Volk der Vorstädte aufgewiegelt und im Verbund mit den Achtmännern[1] den Rat der Stadt dazu genötigt, sich mit ihnen die Macht zu teilen. Durch diesen Erfolg ermutigt, hatten Pfeiffer und die Achtmänner mit ihren Anhängern gegen den Willen des Rats zum Sturm auf die Klöster Mühlhausens angesetzt und diese aufgelöst. Nur einen Wermutstropfen gab es: Mithilfe eines aufgebotenen Stadtviertels war es dem Rat gelungen, die Kirchenschätze vor den Klosterstürmern in Sicherheit zu bringen. Es sollte sein letzter Triumph sein.

Dann, Ende Februar, traf Thomas Müntzer endlich in Mühlhausen ein. Die revolutionäre Gemeinde verwirklichte gemäß den Forderungen der *Zwölf Artikel* die erste Klausel des Reformmanifests und wählte den Allstedter Sozialrevolutionär sofort zum Pfarrer von St. Marien, der größten Kirche der Stadt Mühlhausen. Die Ankunft des charismatischen Predigers sprach sich sofort in den Gassen und Straßen der Stadt herum und verursachte Volksaufläufe, wie die Chronik von Mühlhausen zu berichten weiß.

Allstedter [gemeint ist Müntzer, Anm. d. Verf.], der war in der Stadt und predigte und hatte einen großen Zulauf. Wo er auch auf der Gasse von jemand gefraget ward, so hatte er sein Buch [die Bibel, Anm. d. Verf.], setzte sich nieder und lehrte öffentlich, also dass sehr viel Volkes ihm allenthalben nachlief.

---

[1] Achtmann: Schöffe, Beisitzer aus dem Volk, oft der Vertreter von aufständischen Handwerksgilden, die sich durch Rebellion die Teilnahme an städtischen Regierungsgeschäften erkämpft hatten.

Mit der Ankunft Müntzers in der Stadt war das Schicksal des alten Rats besiegelt. Mitte März entluden sich die zunehmenden Spannungen zwischen den Anhängern der radikalen Reformatoren und dem Rat in einer Kampfabstimmung, die die Mächtigen der Stadt verloren. Anstelle des bisherigen Rates wurde von den Vertretern der Bürgerschaft ein neuer Rat gewählt, der auf Lebenszeit herrschen, mit anderen Worten: ewig sein sollte. Die Bildung des Ewigen Rates war der Triumph der Opposition und ein Spiegel des Ewigen Bundes Gottes, den Müntzer bereits im September 1524 als Kampfbündnis der revolutionären Kräfte Mühlhausens gegründet hatte. Seine Zusammensetzung deutet hingegen darauf hin, dass Pfeiffer und Müntzer sich nicht in allen Bereichen mit ihren radikalen Forderungen durchgesetzt hatten und der alte Rat seinen Einfluss zum Teil bewahren konnte.

Schon allein die Tatsache, dass die Mitglieder des Ewigen Rates es ablehnten, in den Ewigen Bund Müntzers einzutreten, zeigt, dass die neue Stadtregierung kein willenloser Spielball des Radikalreformators war. Die Wahl des Ewigen Rates stellte vielmehr einen Kompromiss dar zwischen verschiedenen politischen Interessen. Er setzte sich aus vier Achtmännern der Zünfte, vier Mitgliedern aus dem Kreis der alten Ratsherren und jeweils einem Vertreter der vier Stadtviertel der Innenstadt zusammen. Die neue Regierung Mühlhausens unterstützte zwar nach außen den Ewigen Bund und stellte es den Bewohnern Mülhausens frei, ihm beizutreten, zahlte aber unter der Hand weiterhin Schutzgeld an die Fürsten und unterhielt im Geheimen Verbindungen mit den umliegenden Feudalmächten. Von alldem scheint Thomas Müntzer nichts geahnt zu haben, als er sich zum politischen Führer des Thüringer Bauernaufstands machte.

Infolge des fränkischen Bauernaufstands und Müntzers radikalreformatorischer Propaganda hatten sich Mitte April auch die Thüringer Bauern gegen ihre Grund- und Landesherren erhoben. Überall, wo Müntzer konspirativ gewirkt oder seine Anhänger hatte, kam es zu Aufständen. Jetzt musste sich die Qualität des Allstedter »christlichen Verbündnisses« und des Ewigen Bundes zu Mühlhausen beweisen. Neben Mühlhausen und Allstedt erfasste die Erhebung die Kleinstädte Nordhausen, Salza (heute Langensalza), Sangershausen, Frankenhausen sowie Eisenach. Unter der Führung des Müntzer-Anhängers Hans Sippel bildete sich unterhalb Eisenachs der Werrahaufen. In Mühlhausen selbst ließ Müntzer Kanonen gießen, Bürger und Kriegsknechte mustern. Hier war es auch, wo die Aufständischen ihre Fahne erhielten, die die schicksalshafte Losung »Verbum domini maneat in eternum« (»Das Wort des Herrn bleibt ewiglich«) trug und einen Regenbogen auf weißem Grund zeigte. Müntzer hatte das Symbol des Regenbogens mit Bedacht gewählt, galt die Himmelserscheinung doch nicht nur als Symbol des Bundes, den Gott mit Noah schloss, der Regenbogen war auch der Kriegsbogen Jahwes, den er zum Zeichen des Friedens in den Himmel stellte. Mit dem außerdem auf der Fahne zitierten Satz »dis ist das zeychen des ewigen bund gotes« bezog sich Müntzer auf Jesaja und brachte damit zum Ausdruck, dass der Ewige Bund Gottes das Ziel hatte, die neue Erde zu erschaffen – wie es auch dem Bauernpropheten in seinen kühnsten Visionen vorschwebte:

Ich will einen Bund mit euch aufrichten, dass niemals wieder eine Sintflut kommen soll, die Erde zu verderben. Und Gott sprach: Dies ist das Zeichen des Bundes, den ich stifte zwischen mir und euch und allen Lebewesen, die bei euch sind auf ewige Zeiten. Meinen Bogen stelle ich in die Wolken; der soll ein Bundeszeichen sein zwischen mir und der Erde. [1]

Zuerst allerdings trachtete der Allstedter Prophet danach, seine Weissagungen einer gerechteren Welt mithilfe des Schwertes Wirklichkeit werden zu lassen. Mit einem starken

---

[1] 1. Buch Moses, Kap. 9, 11–13.

Mühlhausener Aufgebot wollte er gegen die Mansfelder Grafen ziehen und vom Mansfeldischen bis nach Halle an die Saale vorstoßen, während Hans Sippel mit seinem Werrahaufen den Kampf nach Hessen, bis nach Fulda und Hersfeld, hineintragen sollte. Doch wie immer hatten die Aufständischen die Absichten ihrer Feinde nicht genügend in Betracht gezogen. Landgraf Philipp von Hessen war ein Mann der Tat. Mit einer wohlgerüsteten Streitmacht schlug er sofort die Aufstände in Hersfeld und Fulda nieder und zog am 3. Mai, ungehindert von dem mittlerweile auf 8000 Mann angewachsenen Werrahaufen, gegen Thüringen. Zwar gelang es Sippel, den Aufstand in die Rhön bis vor Meiningen zu tragen und Graf Wilhelm von Henneberg zum Beitritt in das Bündnis zu zwingen, doch die erste Runde hatten die Empörer verloren. Als Müntzers Mitstreiter Hans Pfeiffer den Aufständischen von Salza mit einem Mühlhausener Aufgebot von 600 Mann zu Hilfe kommen wollte, musste er feststellen, dass die Stadt wieder in der Hand der den Bauern feindlich gesinnten gemäßigten Partei war.

Damit war die Offensivstrategie der Aufständischen schon im Ansatz gescheitert, ohne dass Müntzer davon wusste. Der Reformator war in Mühlhausen geblieben, um die Stadtbevölkerung auf den alles entscheidenden Kampf einzuschwören.

Dran, dran, dyeweyl das feuer hayß ist. Lasset euer schwerth nit kalt werden, lasset nit vorlebmen! Schmidet pinkepanke auf den anbossen Nymroths werfet ihne den thorm zu boden! [...] Es ist nit mugelich, weyl sie leben, das ir der menschlichen furcht sollet lehr werden. Mann kan euch von Gotte nit sagen, dieweyl sie uber euch regiren. Dran, dran, weyl ir tag habt, Gott gehet euch vor, volget, volget!

Unermüdlich schürte der sprachgewaltige Endzeitvisionär durch Wort und Schrift die Erhebung in Thüringen. Trotz der Rückschläge der Bauern in Nordhessen erhielten Müntzer und Pfeiffer so großen Zulauf, dass sie ihre Anhänger in verschiedene Haufen versammelten. Doch gerade weil deren Zahl so ungeheuer anwuchs, befanden sich die beiden Führer der thüringischen Erhebung in einem Dilemma. Nur allzu deutlich zeigte sich jetzt, dass die beiden Prediger zwar in der Lage waren, innerhalb einer fest umrissenen Gemeinde eine gemeinsame Revolution durchzuführen, nicht jedoch, strategische Ziele zu entwickeln; vielmehr wurden sie von der Dynamik der Ereignisse mitgerissen. Müntzer, über den Tellerrand Thüringens hinausblickend, forderte eine Verbindung mit den süddeutschen Bauernhaufen, um eine gemeinsame strategische Front auszubauen. Im Gegensatz dazu verfolgte Pfeiffer jeher konservative und lokal begrenzte Ziele und wollte die revolutionäre Bewegung auf Mühlhausen und die unmittelbare Umgebung beschränkt wissen. Es gelang ihm, die Mehrheit der Bauernhaufen dafür zu begeistern, ins Eichsfeld zu ziehen, wo es viele Klöster gab und reiche Beute lockte. Müntzer gab sich geschlagen und beugte sich der Mehrheit, wohl wissend, dass kostbare Zeit verrann. Der Zug gelang: Mit gewohntem Schwung fielen die Bauern Anfang Mai über die ahnungslosen Klöster her und raubten sie aus. Nicht Gewalt gegen Menschen, sondern Gewalt gegen Sachen war die Devise. Reiche Beute wurde gemacht, hingegen in der Sache nichts erreicht. Der Zug ins Eichsfeld erwies sich lediglich als Opium für die gequälte Rebellenseele, wie sich schnell herausstellen sollte. Als die Mühlhausener euphorisch und beutebeladen aus dem Eichsfeld nach Frankenhausen zurückkehrten, erwarteten sie schlechte Nachrichten.

Am 5. Mai war Kurfürst Friedrich der Weise, der den rebellischen Bauern gegenüber eine moderate Politik betrieben hatte, gestorben. Auf ihn folgte sein Bruder Johann, der zusammen mit Kurprinz Johann Friedrich eine härtere Politik gegenüber den Bauern verfolgte. Der neue Landesherr Kursachsens schloss ein Militärbündnis mit Herzog Georg von

Sachsen, das er zu einem Militärpakt mit Landgraf Philipp von Hessen erweiterte, dem sich außerdem das Heer von Herzog Heinrich von Braunschweig-Wolfenbüttel anschloss. Von jetzt an ging alles Schlag auf Schlag. In zwei Heeressäulen marschierten die Landsknechtshaufen der Fürsten geradewegs auf die Aufständischen zu, wobei das hessisch-braunschweigische Heer im ersten Anlauf Hersfeld und Fulda nahm. Die Anfangserfolge der Fürstenheere wirkten sich von Beginn an negativ auf die Revolutionswilligkeit der umliegenden Städte aus und gaben den moderaten Kräften erneuten Mut, sich gegen die Rebellen zu stellen. Als der Bauernführer Hans Sippel am 10. Mai endlich mit dem durch Desertion auf 2000 Mann zusammengeschmolzenen Werrahaufen vor Eisenach ankam, verweigerte der Stadtrat seinem Heer den Zutritt zur Stadt. Erst nach Verhandlungen gestattete der Rat Sippel, in Begleitung von sieben Reitern in die Stadt einzureiten, um Unterhandlungen zu führen. Vertrauensselig ritt der Bauernführer mit seiner Eskorte durch das Stadttor – ein tödlicher Fehler: Die Mächtigen Eisenachs brachen ihr gegebenes Wort, nahmen Sippel und seine Reiter gefangen und schlugen ihnen den Kopf ab. Dann verbreiteten sie unter Sippels Bauernhaufen das Gerücht, dass das Heer Landgraf Philipps im Anmarsch und nur noch vier Kilometer von der Stadt entfernt sei. Diese Nachricht reichte aus, um Entsetzen und Panik im nun führerlosen Werrahaufen auszulösen. Die Bauern, das sichere Ende vor Augen, flohen in alle Richtungen, der Werrahaufen hatte aufgehört zu existieren. Damit war für den Landgraf von Hessen der Weg nach Thüringen frei.

Hier erwartete das Fürstenheer bei Frankenhausen ein etwa 5000 bis 6000 Mann starker Bauernhaufen. Zu ihm zog Müntzer mit 300 Mann des städtischen Aufgebots, während Pfeiffer die Reichsstadt mit derselben Anzahl von Streitern deckte.

Er kam keine Sekunde zu spät. In Frankenhausen fand er eine prekäre Lage vor: Obwohl hinter einer Wagenburg verschanzt, führten die Bauern bereits mit Müntzers Todfeind, dem Grafen von Mansfeld, Verhandlungen und schienen geneigt, sich mit faulen Kompromissen abspeisen zu lassen. Kaum angekommen, gewannen mit Müntzer die radikalen Kräfte im Frankenhausener Bauernhaufen wieder die Oberhand. Müntzer beendete die Verhandlungen mit dem Grafen von Mansfeld, indem er vor dem versammelten Bauernheer die drei gräflichen Gesandten köpfen ließ. Unablässig versuchte der Prophet der Erhebung, den Mut der Bauern durch kämpferische Predigten anzufachen. Unermüdlich peitschte der Fanatiker seinen Anhängern ein, dass Gott selbst diesen Krieg wolle und alle darin umkommen lasse, die wider seine Wahrheit und Gerechtigkeit handelten. Vergeblich, denn angesichts der militärischen Zuspitzung der Lage machten sich immer mehr Zweifel breit.

Um Frankenhausen fand ein Kesseltreiben statt: Von Norden her marschierte das hessisch-braunschweigische Heer mit 1700 Reitern und 3000 Fußsoldaten mit zahlreichem Geschütz auf die Bauern zu, aus dem Süden nahte in Eilmärschen Herzog Georg von Sachsen mit 600 Reitern, 1000 Mann Fußvolk und 15 Geschützen. Ihnen gegenüber befanden sich unter dem Kommando Müntzers 6000 Bauern von militärisch zweifelhaftem Wert, die sich hinter einer Wagenburg verschanzt hatten und mindestens über 15 Geschütze verfügten.

Trotz der unermüdlichen Agitation Müntzers und eines siegreichen Scharmützels am Vortag gerieten die Thüringer Bauern am 15. Mai 1525 strategisch immer mehr ins Hintertreffen. Die Fürsten hatten sie langsam, aber sicher eingekreist, sodass als einzige Rückzugsmöglichkeit der Bauern nur noch die kleine Stadt Frankenhausen blieb. Als Alternativen boten sich entweder Verhandlungen oder die Verteidigung bis zum letzten Mann. Die Bauern entschieden sich dafür, einen Unterhändler zu den Fürsten zu schicken, der deutlich machen sollte, dass nicht Krieg, sondern Reform in Frieden das Begehr der Aufständischen sei. Die Fürsten dagegen blieben hart und verlangten die bedingungslose Unterwerfung des Bauernheeres, erklärten sich aber bereit, allen eine Generalamnestie zu gewähren, wenn sie den Prediger Thomas Müntzer auslieferten. Der Unterhändler zog ab, die Hauptmänner der Bauern berieten sich und schwankten in ihren Meinungen, während das Symbol des Ewigen Bundes, die Regenbogenfahne, trotzig im Wind knatterte. Ausliefern oder nicht ausliefern? – die Verzagten plädierten dafür, die Kühnen dagegen. Da ereignete sich etwas, das noch aus heutiger Sicht nur als schicksalhaft bezeichnet werden kann: Während die Verhandlungen in vollem Gang waren, riss der wolkenverhangene Himmel über dem Bauernlager auf. Wie von göttlicher Hand dort hingesetzt, spannte sich ein kraftvoll leuchtender Regenbogen über dem Tal von Frankenhausen. Die abergläubischen Bauern erstarrten, waren fassungslos: Der Regenbogen, das war die glückverheißende Himmelserscheinung auf der Fahne Müntzers! Sandte Gott den Rebellen etwa ein Zeichen? Mindestens einen gab es im Lager, der sofort davon überzeugt war: Thomas Müntzer. Mit beiden Händen packte der Reformer die Gelegenheit beim Schopf und münzte das Naturereignis in ein Gottesurteil um. Noch einmal gelang es dem begabten Demagogen, der wankelmütigen Masse der Bauernstreiter neuen Kampfesmut einzuimpfen.

Lasst euch nicht schrecken durch das schwache Fleisch und greift die Feinde kühnlich an. Ihr dürft das Geschütz nicht fürchten, denn ihr sollt sehen, dass ich alle Büchsensteine in den Ärmeln fassen will, die sie gegen uns schießen. Ja ihr seht, dass Gott auf unserer Seite ist, denn er gibt uns jetzt ein Zeichen, seht ihr nicht den Regenbogen am Himmel? Der bedeutet, dass Gott uns, die wir den Regenbogen im Panier führen, helfen will und dräut den mörderischen Fürsten Gericht und Strafe. [1]

---

[1] Müntzer zu den Bauern in der Schlacht von Frankenhausen, überliefert durch seinen Schüler Hans Hut.

DIE GROSSE ERHEBUNG UND IHR PROPHET

Müntzers Worte waren kaum verhallt, als der Bauernhaufen ergriffen bis zum letzten Mann zum Gebet niederkniete. Der Endzeitvisionär war auf dem Höhepunkt seiner Macht, die Himmelserscheinung schien ihm recht zu geben. Das gesamte Bauernheer verweilte noch in himmlischer Verzückung, als auf den gegenüberliegenden Hügeln weniger göttliche Zeichen aufstiegen: Pulverwolken, denen unmittelbar darauf das hässliche Fauchen abgeschossener Kanonenkugeln folgte, die blutige Bahnen in den Bauernhaufen rissen. Abgetrennte Gliedmaßen, Köpfe und Arme wirbelten durch die Luft, das Blut der Gefallenen spritzte in die Gesichter der kriegsungewohnten Bauern. Panik brach aus. Die Fürsten hatten das göttliche Zeichen anders interpretiert und für sich zu nutzen gewusst. Was jetzt anhob, war das von Müntzer oft heraufbeschworene Strafgericht, allerdings anders, als vom Mordpropheten angedacht.

In diesem Moment breitete Müntzer die Arme aus und starrte fassungslos in den Himmel, der sich wieder zuzog. Glaubte er wirklich, die Kanonenkugeln auffangen zu können, um seine göttliche Schar und die Bauern zu schützen? Doch es gab keine zweite Salve, die Fürsten sparten an Munition. Für diesen panischen Bauernhaufen reichte die Blankwaffe. Ungerührt vom blutigen Schauspiel im Tal erteilten sie ihren Männern das Zeichen zum Angriff. Trompeten erschollen, von den umliegenden Hügeln dröhnte das Kriegsgeschrei der Söldner, die Trommeln schlugen. Siegessicher galoppierte die Reiterei donnernd bergab auf die fliehenden Bauern zu und ritt alles nieder, was sich ihr entgegenstellte. Die schweren Reitersäbel durchschlugen jede Wehr und rissen tödliche Wunden. Die vielbeschworene Schlacht von Frankenhausen war von Anfang an ein erbarmungsloses Massaker.

Was wird Müntzer in diesem Moment gedacht haben? Warum, Gott, hast du mich verlassen? Vielleicht traf sein leerer Blick für Sekundenbruchteile die blutbefleckte Regenbogenfahne, bevor ihn die fliehende Masse mitriss? Was sich im

Bauernlager zwischen dem ersten Einschlagen der Vollkugeln und dem Aufprall der fürstlichen Reiterei abspielte, kann heute nicht mehr rekonstruiert werden. Sicher ist: Die Flucht der Bauern nach Frankenhausen wurde zum Wettlauf mit dem Tod, sie glich der kopflosen Stampede einer durchgehenden Rinderherde. Nur wenigen Rebellen gelang es, sich hinter die Mauern der kleinen thüringischen Stadt zu retten, Müntzer war einer von ihnen. Der Prophet schaffte es zwar, sich in ein Haus zu flüchten und dem Blutbad in den Straßen Frankenhausens zu entkommen, aber ein Söldner ließ sich das auf Müntzer ausgesetzte Kopfgeld nicht entgehen. Wie ein Bluthund spürte der Landsknecht den als vermeintlich Todkranken getarnten Theologen in einer Bodenkammer auf und lieferte ihn aus. Von nun an waren die Tage Müntzers gezählt. Es wurden die schwersten seines kurzen, doch bewegten Lebens: Kaum in der Hand seiner Feinde, wurde Müntzer sofort unter der Folter verhört und am 27. Mai 1525 vor den Mauern der Freien Reichsstadt Mühlhausen hingerichtet. Wenn die Fürsten und Luther jedoch gedacht hatten, dass die Akte Müntzer damit geschlossen war, sahen sie sich bald eines Besseren belehrt.

Die Leute sagen, in Mühlhausen sei die Stelle, wo der Kopf Müntzers auf einem Pfahl steckt', sehr zertreten infolge des zahlreichen Besuchs der Bürger und andrer schlechter Leute. Es sehe fast aus, wie eine öffentliche Straße. Wenn der Rat nicht dagegen wäre, könne es noch kommen, dass man ihn für einen Heiligen halte. [1]

Dagegen musste energisch vorgegangen werden. Wieder einmal waren es vor allem die Lutheraner, die es unternahmen, der Müntzer-Verehrung unverzüglich und ein für alle Mal einen Riegel vorzuschieben. Die sozialutopischen Lehren des hingerichteten Endzeitpropheten waren zu gefährlich für die Leitkultur der Luther-Anhänger, die mit der landesfürstlichen

---

[1] Luther, *Tischreden*, November 1531.

DIE GROSSE ERHEBUNG UND IHR PROPHET

Obrigkeit ihren Frieden gemacht hatten und jegliche Auflehnung gegen die bestehende Gesellschaftsordnung entschieden
ablehnten, was der lutherischen Reformation das politische
Überleben sichern sollte. Nach wie vor gab es Müntzer-Jünger
wie Hans Hut, die das Werk des angeblichen Mordpropheten
fortzusetzen trachteten. Eine Propagandalüge musste her, und
zwar schnell. Luthers Vertrauter Philipp Melanchthon übernahm diese Aufgabe noch im Jahr 1525. Wieder bewährte
sich die Druckerpresse als die schärfste Waffe der Reformation. Nichts war besser geeignet als eine Biographie Müntzers,
die – unter dem Deckmantel vermeintlicher Tatsachen – das
Andenken des schärfsten Konkurrenten Luthers für immer bis
ins Groteske verzerrte.

*Der Teufel hat einen besessen, der hieß Thomas Müntzer, der war
in der heiligen Schrift wohlgelehrt, blieb aber nicht auf der Bahn
bei der heiligen Schrift, sondern der Teufel narrte ihn und trieb ihn
von der Schrift, dass er anfing, nicht mehr vom Evangelium zu
predigen und wie die Leute sollten fromm werden, sondern erdichtete
sich aus falschem Verstand der heiligen Schrift falsche und aufrührerische Lehre.* [1]

Und damit war die dunkle Legende in die Welt gesetzt. Sofort
wurde eine Vielzahl von Flugschriften über Müntzer in Umlauf gebracht, die verbreiteten, dass dieser nicht als Märtyrer
seiner Sache, sondern als ein gebrochener Mann gestorben
sei, der seine Lehre widerrufen habe. Glaubt man den Aussagen selbst seiner erbittertsten Feinde, Graf Ernst von Mansfeld
und Landgraf Philipp von Hessen, war dies gerade nicht der
Fall. Müntzer hatte nicht widerrufen; selbst der unter größten
Schmerzen abgefasste Brief an die Stadt Mühlhausen, in dem
Müntzer die Stadt zur Kapitulation aufforderte, lässt diesen
Schluss nicht zu.

[1] Philipp Melanchthon, *Die Histori Thome Müntzers* (1525).

NACHRUF AUF MÜNTZER UND DEN BAUERNKRIEG

Ob Müntzer widerrufen hat oder nicht, kann heute nicht mehr geklärt werden. Sicher ist allerdings, dass es ohne Thomas Müntzer keinen Bauernkrieg in Mitteldeutschland gegeben hätte: Der Prediger brachte es mit der Unterstützung seines Mitstreiters Pfeiffer fertig, zumindest zeitweise ein Zusammengehen der städtischen Aufstandsbewegungen und der thüringischen Bauernbewegung zu bewirken. Seine sozialrevolutionäre Agitation diente allerdings nicht nur der Bauernbewegung, sondern war auch religiös motiviert. Müntzer nutzte die Reformbewegung der Bauern und Bürger, um an sein utopisches Ziel, die Errichtung des tausendjährigen Gottesreiches, zu gelangen und sich und seine engsten Gefolgsleute an dessen Spitze zu setzen. Der Endzeitprophet Müntzer war davon überzeugt, dass jede soziale Ordnung ein Ebenbild der Gerechtigkeit Gottes auf Erden sei und auf der Erkenntnis des wahren Glaubens basiere. Dass er den gesellschaftlichen Wandel sofort und nicht erst im Jenseits wollte, verband ihn mit den Forderungen der Bauern. Und so mutierte Müntzer fast zwangsläufig zum Reformator, Propheten und Sozialrevolutionär in einem. War er aber ebenfalls der Urkommunist Deutschlands, wie Friedrich Engels behauptete?

Die Vorwegnahme des Kommunismus durch die Phantasie wurde in der Wirklichkeit eine Vorwegnahme der modernen bürgerlichen Verhältnisse. Diese gewaltsame, aber dennoch aus der Lebenslage der plebejischen Fraktion sehr erklärliche Vorwegnahme auf die spätere Geschichte finden wir zuerst in Deutschland, bei Thomas Müntzer und seiner Partei. Bei den Taboriten hatte allerdings eine Art chiliastischer Gütergemeinschaft bestanden, aber nur als rein militärische Maßregel. Erst bei Müntzer sind diese kommunistischen Anklänge Ausdruck der Bestrebungen einer wirklichen Gesellschaftsfraktion, erst bei ihm sind sie mit einer gewissen

Bestimmtheit formuliert, und seit ihm finden wir sie in jeder großen
Volkserschütterung wieder, bis sie allmählich mit der modernen
proletarischen Bewegung zusammenfließen. [1]

Der »Kommunismus« Müntzers beschränkte sich allerdings
auf die alte Utopie der Gütergemeinschaft des Urchristentums,
wie sie John Wyclif, der Hussitenführer Jan Ziska [2] und selbst
die Likedeeler unter dem Kommando von Klaus Störtebeker [3]
und Gödeke Michels vertreten hatten. Die optimistische Einschätzung Friedrich Engels', in Müntzer einen »Bahnbrecher
des modernen Sozialismus« oder gar Kommunismus zu sehen,
überfordert jedoch die historische Figur.

Müntzer war trotz seiner im Taborismus verwurzelten sozialrevolutionären Tendenzen vor allem Theologe: Der Deutung der Schrift setzte er die mystische Erweckung durch das
innere Wort Gottes entgegen, die Zwei-Reiche-Lehre Luthers
konterte er mit der von ihm angekündigten Gottesherrschaft,
die mit der Trennung zwischen Erwählten und Gottlosen einsetzen sollte. Damit machte er klar, dass die göttliche und die
menschliche Gesellschaftsordnung für ihn eins waren. Müntzer war demnach nicht nur Sozialrevolutionär oder Theologe –
er war beides, und das macht es den Historikern so schwer, zu
beurteilen, welcher Aspekt im Charakter des Allstedter Propheten überwog. Wie sagte doch Jean-Paul Sartre einmal im
Blick auf Karl Marx:

Das müsste ein feiner Kopf sein, der sagen könnte, ob er sich zuerst
als Revolutionär und nachher als Philosophen oder zuerst als Phi-

---

[1] Friedrich Engels, *Der deutsche Bauernkrieg* (1850).
[2] Jan Ziska: Gefürchteter Heerführer der Taboriten in den Hussiten-
kriegen.
[3] Störtebeker und Michels waren Piratenkapitäne, die sich und ihre
Raubgeschwader »Likedeeler« – also Gleichteiler – nannten, weil
sie die Beute gerecht unter sich aufteilten. Die Forschung mutmaßt, dass der Gedanke der Güterteilung durch die Reformgedanken Wyclifs beeinflusst gewesen sein könnte.

*losophen und nachher als Revolutionär gewählt hat. Er ist Philo-
soph und Revolutionär – das ist ein Ganzes.*

Und so verhielt sich Müntzer auch. Von Anfang an ließ er keinen Zweifel darüber, dass er danach trachtete, seinen Predigten von einem Tausendjährigen Reich Taten folgen zu lassen.
Ihm schwebte, wie Luther richtig erkannte, eine blutrünstige
theokratische Diktatur im Sinne eines Girolamo Savonarola [1]
vor, bei der er, als die vermeintliche Stimme Gottes, an der
Spitze gestanden hätte, um mit dem Richtschwert Gideons die
Gottlosen von den Gerechten zu unterscheiden.

Durch seine Radikalität in sozialen wie theologischen
Fragen stellte Müntzer Luthers Führungsanspruch massiv infrage und machte ihm durch sein Verhalten die politische
Tragweite seiner Reformation klar. Luther musste sich von
Müntzer und den aufrührerischen Bauern absetzen, wollte er
seinen Führungsanspruch wahren und sein Reformwerk politisch retten. Und dies tat er mit aller Konsequenz – wie er
später unverblümt in aller Öffentlichkeit zugab:

*Wohlan, wer den Müntzer gesehen hat, der mag sagen, er habe den
Teufel leibhaftig gesehen in seinem höchsten Grimme. Ebenso [wie
Erasmus] habe ich auch Müntzer getötet; der Tod liegt auf meinem
Hals. Ich tat es aber deshalb, weil er selbst meinen Christus töten
wollte.* [2]

---

[1] Girolamo Savonarola (1452–1498): Dominikanermönch und Buß-
prediger; predigte seit 1482 vor allem in Florenz; Kirchenreforma-
tor im Geist der alttestamentlichen Propheten. Savonarola errichtete in Florenz nach der Vertreibung der Medici (1494) eine theokratische Diktatur, worauf ihm Papst Alexander VI. ein Predigt-
verbot auferlegte. Als Savonarola diesem nicht nachkam, folgten
seine Exkommunikation (1497) und Verhaftung (1498). Savonarola
wurde durch die Inquisition gefoltert und als Schismatiker und
Häretiker gehängt und verbrannt. Seine Schriften wurden 1558 für
rechtgläubig erklärt.

[2] Martin Luther, *Tischreden*, 1533.

DER BAUERN NOT UND ENDE

Die Niederschlagung des Bauernaufstands in Thüringen setzte sich im übrigen Reichsgebiet fort. Nur wenige Tage nach der Schlacht bei Frankenhausen wurden zwischen dem 15. und dem 17. Mai 1525 bei Zabern die Elsässer Bauernhaufen aufgerieben. Der fränkische Bauernaufstand brach nach der Schlacht von Königshofen am 5. Juni 1525 zusammen. Überall liefen die Haufen auseinander, viele der Bauernführer wie Florian Geyer fielen auf der Flucht oder wurden wie Hans Müller, der Führer des Schwarzwälder Haufens, gefangen genommen und hingerichtet. Auch die Erhebungen in den Städten waren nur von kurzer Dauer, und bis August 1525 waren alle Stadtrebellionen niedergeschlagen. In ganz Deutschland – nur kleine Gebiete wie Speyer und Oberschwaben ausgenommen – saßen Landes- und Grundherren fester denn je im Sattel. Einzig die Klosterherrschaften hatten schwere Verluste erlitten, und schamlos nutzten vor allem die Landesherren das entstandene Machtvakuum aus, säkularisierten die Klöster und machten sie zu ihrem Besitz. Die besiegten aufständischen Bauern und Bürger traf ein fast biblisch anmutendes Strafgericht: Wer Widerstand geleistet hatte, wurde entweder hingerichtet, verstümmelt oder verbannt, sein Eigentum konfisziert. Im fränkischen Kitzingen wurden 58 gefangenen Aufständischen die Augen ausgestochen[1], anderen angeblichen Volksverhetzern riss man die Zunge aus. Die Masse der gefangenen Aufständischen hatte mehr Glück im Unglück: Ihnen wurden »nur« die Schwurfinger abgehackt, das Leben jedoch gelassen. Abgesehen von diesen Gräueln betrug vorsichtigen Schätzungen zufolge die Anzahl der Todesopfer des deutschen Bauernkriegs mindestens 100 000 Menschen. Die Masse davon waren getötete Aufständische oder zivile Opfer.

[1] Friedrich Engels, *Der deutsche Bauernkrieg* (1850), S. 110.

Auch wirtschaftlich war die Lage desaströs: Gemeinden, die geschlossen der Obrigkeit Widerstand geleistet hatten, wurden derartig hohe Entschädigungszahlungen an die einstigen Gegner auferlegt, dass sie, wie das Beispiel der Freien Reichsstadt Mühlhausen zeigt, für immer ruiniert waren. Schlimmer aber wog die politische Entmachtung und Zerschlagung der genossenschaftlich organisierten Dorfgemeinschaften und das Absinken von noch freien Bauern in die Zinsknechtschaft beziehungsweise in die Leibeigenschaft. Die Landesherren hatten auf der ganzen Linie gesiegt und die letzten kommunalen Freiheiten beseitigt. Die Dorfgemeinden und bäuerlichen Genossenschaften waren politisch entmachtet, die Nutzungsrechte an der dörflichen Allmende für immer verloren.

Wie aber ist jenes epochale Ereignis deutscher Geschichte einzuordnen?

Der Bauernkrieg war weder nur eine Elendsrevolte, noch lässt er sich generell als eine Revolution zur grundsätzlichen Umkehrung der politischen und sozialen Verhältnisse verstehen. Revolutionären Anstrich erhielt die Bauernbewegung dann, wenn sich zu den Forderungen nach altrechtlichen bäuerlichen Reformwünschen eine radikale Umkehr der gesellschaftlichen Verhältnisse hinzugesellte. Kamen den Bauern redegewaltige Sozialrevolutionäre wie Müntzer zu Hilfe, welche das bäuerlich-konservative Ziel der Wiederherstellung alten Rechts mit der Forderung einer radikalen Umkehr der gesellschaftlichen Ordnung beziehungsweise nach Anwendung des göttlichen Rechts zu verknüpfen wussten, so wurde aus der ursprünglichen Vorlage von Beschwerdeschriften eine revolutionäre Ideologie. So ist es nach wie vor nicht falsch, dass der Aufstand in Mitteldeutschland von marxistischen Historikern als frühbürgerliche Revolution bezeichnet wird. In weiten Teilen Süddeutschlands dagegen blieb die große Empörung aufgrund ihrer konservativen und lokalen Zielsetzung eine flächendeckende Rebellion, die nicht grundsätzlich an der gesellschaftlichen Ordnung rüttelte und niemals die Macht der Herrschenden, wohl aber das Ausmaß ihrer Machtfülle infrage stellte und Reformen verlangte.

Diese Reformen waren auf die Wiederherstellung einstiger, an die weltlichen wie geistlichen Territorialherren verlorener Privilegien ausgerichtet. Mit anderen Worten: Ihnen war ein permanenter Rechtsbruch vorausgegangen, ein fürstlicher Machtmissbrauch, den die Gemeinden nicht mehr länger hinnahmen. Aus diesem Grund stellte die Wiedererrichtung der alten Gemeindefreiheit – verbunden mit der frommen Forderung nach Mitbestimmungsrechten bei der Priestereinsetzung – das oberste Ziel der Aufständischen dar. Nirgendwo wird überliefert, dass die Bauern die soziale Ordnung auf den Kopf stellten und die Regierung übernahmen. Die Züge der Bauernhaufen waren verzweifelte Amokläufe gegen die verhassten Symbole der Macht, die Klostertürme und die Plünderungszüge gegen fürstliche Schlösser die Waffen und der Ausdruck des bewaffneten Protests. Sie geschahen, um den politischen Forderungen der Bauernhaufen den nötigen Druck zu verleihen. Das eigentlich Revolutionäre am Bauernkrieg war, dass die Gemeinen das Neue Testament als verbrieftes Recht, als göttliches Recht interpretierten und eins zu eins auf ihre eigenen Rechtsverhältnisse übertrugen. Eine derartig ideologische Untermauerung hatte es bei bisherigen Aufständen im Heiligen Römischen Reich – zumal in dieser massiven und flächendeckenden Form – nicht gegeben. Ebenfalls revolutionär war auch die Art der Verbreitung des in den *Zwölf Artikeln* postulierten Reformprogramms der Rebellen. Die rasche Verbreitung der Flugschrift sorgte wie die Übersetzung des Neuen Testaments ins Deutsche dafür, dass die anfangs lokalen Aufstände Oberdeutschlands zu einem allgemeinen Aufruhr anwachsen konnten, der weite Teile Süd- und Mitteldeutschlands erfasste.

Trotz der *Zwölf Artikel* war der Deutsche Bauernkrieg in seiner Gesamtheit keine Revolution. Die Bauernhaufen waren keine Freiheitsarmeen, ihre Streiter keine revolutionären Guerilleros. Ziel der Haufen war nicht, die politische Herrschaft an sich zu reißen, indem sie die Heere der Fürsten im freien Feld besiegten, ihre Dörfer verbrannten und ihre Städte einnahmen. Florian Geyer, Hans Müller oder Jäcklein Rohrbach waren zwar radikale Vorkämpfer der bäuerlichen Freiheit, planten aber nicht die Entmachtung herrschender Eliten. Sie hatten auch nicht die Absicht, einen Bürgerkrieg zu führen. Das belegen die allzu häufige Verhandlungsbereitschaft und der Untertanengeist, den die deutschen Bauern in den Verhandlungen mit den Fürsten bewiesen.

Die Haufen waren landständische Wehrgemeinschaften bäuerlicher Gemeinden einer Landschaft, die sich an der militärischen Organisationsform und den Landsknechthaufen orientierten, ohne jedoch deren operative und organisatorische Geschlossenheit aufzuweisen. Plünderungszüge, Mordbrennereien, Belagerungen von Schlössern waren zwar an der Tagesordnung, hatten aber nicht den Charakter von Kriegszügen, sondern von spontanen politischen, wenn auch gewalttätigen Einzelereignissen. So wurde der Zug der aufständischen thüringischen Bauern durchs Eichsfeld vor allem dadurch motiviert, dass man sich von den Klöstern und Grundherren das wieder zurückholen wollte, was sie zuvor den Bauern abgenommen hatten.

Im wörtlichen Sinn passt der Begriff »Bauernkrieg« auf das Phänomen des Volksaufstands von 1525 keineswegs. Allenfalls spiegelt er die historische Perspektive, aus der heraus diese große Erhebung wahrgenommen wird. Zum Bauern-, besser Bürgerkrieg wurde der Aufstand erst, als er in seine zweite Phase trat und die Fürsten, statt sich auf Reformdiskussionen einzulassen, mit Waffengewalt gegen ihre eigenen Untertanen vorgingen, um sie wieder in die alte Botmäßigkeit zu zwingen. Da Luther die Legitimation der Volkserhebung auf Basis des Evangeliums in seinen Hetzschriften gegen die Bauern verdammt hatte, war dem gemeinen Mann die Befreiungsideologie genommen. Nur sie allein hätte der Motor einer revolutionären Umwandlung Deutschlands sein können. Doch da war der Gedanke der Volksreformation schon auf dem Altar von Luthers Eitelkeit geopfert worden.

LITERATUR

Blickle, Peter: *Der Deutsche Bauernkrieg von 1525*, WBG, Darmstadt 1985

Cohn, Norman: *Das neue irdische Paradies*, Rowohlt, Reinbek bei Hamburg 1988

Faulstich, Werner: *Medien zwischen Herrschaft und Revolte*, Vandenhoeck & Ruprecht, Göttingen 1998

Franz, Günther: *Der Deutsche Bauernkrieg*, WBG, Darmstadt 1975

Goertz, Hans-Jürgen: *Radikale Reformatoren*, Beck, München 1978

Laube, Adolf/Steinmetz, Max/Vogler, Günther: *Illustrierte Geschichte der deutschen frühbürgerlichen Revolution*, Dietz, Berlin 1974

Mühlhaupt, Erwin: *Luther über Müntzer*, Luther-Verlag, Witten 1973

Steinmetz, Max: *Deutschland 1476–1648*, VEB Deutscher Verlag der Wissenschaften, Berlin 1978

Tübke, Werner: *Reformation – Revolution*, VEB Verlag der Kunst, Dresden, 1988

Wehr, Gerhard: *Thomas Müntzer*, Rowohlt, Reinbek bei Hamburg 1972

Zierer, Otto: *Aus Knechtschaft zur Freiheit; Die Geschichte des Bauerntums*, Das Bergland-Buch, Salzburg, 1979

Zimmermann, Wilhelm: *Der große deutsche Bauernkrieg*, Parkland, Köln 1999

DAS LIED VOM VINTZ HANSS
DER FETTMILCHAUFSTAND 1612–1614
IN FRANKFURT

Unter den altertümlichen Resten war mir von Kindheit an der
auf dem Brückenturm aufgesteckte Schädel eines Staatsverbrechers
merkwürdig gewesen, der von dreien oder vieren, wie die leeren
eisernen Spitzen auswiesen, seit 1616 sich durch alle Unbilden der
Zeit und Witterung erhalten hatte. So oft man von Sachsenhausen
nach Frankfurt zurückkehrte, hatte man den Turm vor sich, und
der Schädel fiel ins Auge. Ich ließ mir als Knabe schon gern die
Geschichte dieser Aufrührer, des Fettmilch und seiner Genossen,
erzählen, wie sie mit dem Stadtregiment unzufrieden gewesen, sich
gegen dasselbe empört, Meuterei angesponnen, die Judenstadt ge-
plündert und grässliche Händel erregt, zuletzt aber gefangen und
von kaiserlichen Abgeordneten zum Tode verurteilt worden. Als ich
nun aus einem alten, gleichzeitigen, mit Holzschnitten versehenen
Buch erfuhr, dass zwar diese Menschen zum Tod verurteilt, aber
zugleich auch viele Ratsherrn abgesetzt worden, weil mancherlei
Unordnung und sehr viel Unverantwortliches im Schwange gewesen
[…] So bedauerte ich die unglücklichen Menschen. [1]

Noch nie war die gesamte männliche Bevölkerung von Frankfurt am Main so früh auf den Beinen gewesen wie an jenem
9. März 1616. Schon um drei Uhr morgens hatten sich auf
kaiserlichen Befehl hin alle Männer der Stadt auf dem Roßmarkt eingefunden, während ihre Frauen mit den Kindern
auf Geheiß des Frankfurter Rats zu Hause geblieben waren.
Zwei Stunden später war der Magistrat mit den Beamten, den
Zunftmeistern und Vorstehern der vornehmen Patriziergesellschaften Frankfurts eingetroffen, während die Bürgerwehr

---

[1] Johann Wolfgang von Goethe: *Dichtung und Wahrheit*, Buch 4.

das Zeughaus, die Stadtwälle und alle strategisch wichtigen Punkte der Stadt besetzt hatte. Frierend wartete die Menschenmenge geduldig darauf, dass die vom Stadtrat zur Überwachung der inneren Sicherheit angeforderten hessischen und mainzischen Truppen eintrafen. Um sieben Uhr morgens endlich war es so weit. Die Stadtsoldaten öffneten das Bornheimer Tor, und mit fliegenden Fahnen, klingendem Pfeifenspiel und unter düster rollenden Trommelschlägen rückten die mehrere Hundert Mann starken hessischen und Mainzer Stadtsöldner in die Stadt ein und marschierten auf den Roßmarkt zu.

Es war ein Zug, über dem eine bedrückende Stimmung schwebte. Über den Spießen der im Gleichschritt marschierenden Pikeniere hing der Geruch von verbranntem Pulver in der Luft. Er stammte von den glimmenden Pulverlunten, die sich die neben den Pikenieren marschierenden Arkebusiere um das linke Handgelenk gewickelt hatten, um ihre Gewehre im Falle eines Überraschungsangriffs der Frankfurter Bevölkerung sofort abfeuern zu können. Vorsichtig, die Hand an der gezogenen Pistole, spähten die zu Pferde sitzenden Offiziere mit unruhigem Blick in die auf die Marschstraße stoßenden Gassen, wo es vor Menschen nur so wimmelte. Der kommandierende Offizier drehte sich im Sattel um. Sorgenvoll blickte er zu drei offenen Bauernwagen, die hinter seinen Männern über das Straßenpflaster rumpelten. Auf jedem der Wagen stand ein mit Ketten an Händen und Füßen gefesselter Gefangener. Es waren jene Männer, die bis vor anderthalb Jahren noch mit unumschränkter Macht Frankfurt beherrscht hatten: die Revolutionäre Vinzenz Fettmilch, Konrad Gerngroß und Konrad Schopp. Sie hatten damals den alten Rat gestürzt und sich gegen den Kaiser aufgelehnt. Jetzt wurden sie wie gemeine Verbrecher unter dem Rollen der Trommeln an der Frankfurter Bürgerschaft und den Vertretern der Zünfte vorbeigeführt, die einmal ihre eifrigsten Anhänger gewesen waren. Einst in der Gunst des Volkes, blickten sie jetzt ihrer Hinrichtung entgegen. Gab es noch Hoffnung für sie? Würden die Handwerksburschen und der Mob versuchen, ihre früheren Anführer zu befreien?

Argwöhnisch wanderte der Blick der einziehenden Reiter die Häuserfassaden hinauf, um irgendwelche verdächtigen Bewegungen an den Fenstern der Bürgerhäuser zu entdecken. Nichts regte sich, kein Flintenlauf war zu sehen. Wider Erwarten blieb alles still.

Als die Gefangenen den Roßmarkt erreichten, empfingen sie Frankfurter Stadtknechte und Richter und geleiteten sie in die Maternuskapelle, wo sie auf viele ihrer ehemaligen Mitstreiter trafen, die man in Frankfurt gefangen gehalten hatte und die jetzt ebenfalls der Urteilsvollstreckung durch Erhängen, Stäupung oder Verbannung entgegensahen. Während die Gefangenen ein letztes Mal geistlichen Trost erhielten, bauten sich die mainzerischen und hessischen Söldner Mann an Mann rings um den Roßmarkt auf, wobei sie in besonders großer Stärke zu beiden Seiten des Schafotts Aufstellung nahmen, um einen etwaigen Befreiungsversuch der Fettmilch-Anhänger vereiteln zu können. An den Einmündungen der auf den Platz stoßenden Straßen wurden acht Kanonen in Stellung gebracht. Dann fuhren die Kutschen der kaiserlichen Subdelegierten [1] und ihrer Unterbeamten vor. Nachdem der Frankfurter Rat die Neuankömmlinge begrüßt hatte, betraten diese das unmittelbar hinter dem Schafott befindliche Haus und bezogen an den geöffneten Fenstern der sich im ersten Stockwerk befindlichen Stuben ihre Plätze. Nun konnte das düstere Spektakel beginnen.

Heftiges Trommelrühren signalisierte der Menschenmenge den Beginn des letzten Aktes der Niederschlagung der Frankfurter Revolution. Während die Herolde mit Stentorstimme das kaiserliche Urteil an allen vier Enden des Roßmarktes ver-

---

[1] Subdelegierte: Die Stellverteter der kaiserlichen Kommissare Landgraf Ludwig von Hessen-Darmstadt und Erzbischof Johann Schweikard von Kronberg, die im Falle der Frankfurter Unruhen zwischen Rat und Bürgerausschuss vergeblich vermittelt hatten.

lasen, schütteten sieben auf dem Schafott wartende Scharfrichter Sand auf den Boden des Blutgerüsts und stellten den
zur Aufnahme der abgeschlagenen Köpfe bestimmten Zuber
an seinen ordnungsgemäßen Platz. Gewissenhaft prüften sie
ein letztes Mal, ob die im Boden des Schafotts eingebaute
Falltür, durch die die kopflosen Rümpfe der Hingerichteten
fallen sollten, einwandfrei funktionierte. Dann schwangen
sie konzentriert ihre Richtschwerter ein, die scharf durch
die Luft schnitten. Als die Verlesung des Urteils beendet war,
wurden die Anführer der Revolution, vor denen zum Schluss
ganz Frankfurt gezittert hatte, auf ein eigens für sie errichtetes Podium geführt. Totenbleich vernahmen sie nicht nur ihr
Todesurteil, sondern auch die Art und Weise ihrer Exekution,
die ihnen mit chirurgischer Präzision ausführlich beschrieben
wurde. Das Urteil war gnadenlos: Jedem der drei Verurteilten sollten auf einem Tisch zunächst die beiden Finger der
Schwurhand abgehackt und anschließend der Kopf abgeschlagen werden.

Vinzenz Fettmilch, den Hauptanführer der Frankfurter
Revolution, traf es besonders hart: Er sollte erst »durch das
unvernünftige Vieh« – gemeint sind Ochsen – um den Platz
herum zum Schafott geschleift werden und dann die Schwurfinger und den Kopf abgeschlagen bekommen. Anschließend
war vorgesehen, dass sein Körper geviertelt, die Körperteile
an Galgen von allen aus Frankfurt gehenden Landstraßen auf-
gehangen und sein Kopf am Frankfurter Brückenturm zur Abschreckung zusammen mit denen von Schopp, Gerngroß und
einem weiteren Aufrührer namens Georg Ebelt[1] aufgespießt
werden sollte. Es war eine Exekution, wie sie in der langen
Geschichte der Reichsstadt Frankfurt noch nie vorgekommen
war.

[1] Georg Ebelt war ein Sachsenhäuser Seidenfärber und Unterführer
der Frankfurter Revolution. In der Sekundärliteratur wird sein
Name oft »Ebel« geschrieben. Der Text folgt der in den Urkunden
überlieferten Namensversion (Bothe, S. 597).

Als Fettmilch, Gerngroß und Schopp das Urteil hörten, brachen sie zusammen und flehten um Gnade. Vor allem Fettmilch bat die Subdelegierten, dass man ihm die Schleifung durch die Ochsen ersparen und seinen Körper wenigstens begraben möge. Doch die Abgesandten des Kaisers blieben hart, und einzig das Herbeischleifen durch die Ochsen blieb Fettmilch erspart. Als er sich wieder gefasst hatte, bestieg Fettmilch in Begleitung zweier Geistlicher langsam das Schafott. Bitter bemerkte er, dass die 1614 erfolgte Beseitigung des alten Stadtrats ihn und seine Freunde den Kopf kostete, während die neuen Ratsherren, seine einstigen Mitverschwörer, nur zu Geldstrafen verurteilt werden würden, obwohl sie ebenfalls schuldig wären. Dann wurde das Urteil an ihm vollstreckt. Kaltblütig schlugen die Henker dem ehemaligen Volkstribun Frankfurts erst die Schwurfinger, dann den Kopf ab und ließen den blutenden Rumpf durch eine Falltür in den abgeschlossenen Raum unterhalb des Podests fallen. Dann richteten sie Schopp, Gerngroß und vier weitere zum Tode verurteilte Aufrührer hin.

Kaum war das Urteil an Fettmilch vollstreckt, setzte sich ein kleiner Trupp, der aus Reitern, einem Fähnlein Fußvolk und Zimmerleuten bestand, in Bewegung und marschierte zum Haus des Getöteten. Matthias von Habsburg, Kaiser des Heiligen Römischen Reiches Deutscher Nation, hatte bestimmt, dass nicht nur der Leichnam Fettmilchs, sondern auch der irdische Besitz und das Andenken des hingerichteten Revolutionärs zum Schrecken der Lebenden bis in alle Ewigkeit verdammt werden sollten. Damit wurde die Todesstrafe nicht nur auf Fettmilch selbst, sondern auch auf sein Haus ausgeweitet, das durch eine symbolische Rechtshandlung »hingerichtet« wurde. Dreimal hieb einer der Offiziere mit seinem Schwert in den Eckpfosten, dreimal stach ein anderer Offizier mit der Partisane in die Haustür, dann begannen die Zimmermänner, das dreistöckige Haus Fettmilchs abzureißen, wofür sie nur eine Stunde brauchten. Denn das

war des Kaisers Wille: dass das Haus des gefährlichen Aufrührers geschleift und das Grundstück nie mehr wieder be-
baut werden sollte.

Stattdessen wurde wenige Tage später eine Schandsäule
an der Stelle des einstigen Fettmilch-Hauses errichtet, um an
die Vergehen des Frankfurter Revolutionsführers zu erinnern.
Zum Gedächtnis aller Bürger fasste der Text der Schandsäule
plastisch die Vergehen zusammen, die man Fettmilch zur Last
legte.

Dass dieser Platz bleibt öd und wüst,
Dran Vincentz Fettmilch schultig ist,
Welcher dies Statt drei gantzer Jahr
Gebracht hat in manch große Gefahr:
Dessen er endlich hatt davon
Getragen diesen bösen Lohn,
Dass er erstlich an der Richtstatt
Sein zween Finger verloren hat,
Hernach den Kopff, gevierteilt drauff,
Und die vier Theil gehencket auff
An die vier Strassen dieser Statt.
Den Kopf man aufgestecket hat
Am Brückenturm. Auch Weib und Kind
Ewig des Landes verwiesen sind,
Das Haus geschleifft: Deß ich allhier
in treuer Warnung stehe Dir.
XXVIII. Februarii Anno MDCXVI

Aus Sicht des Kaisers hatte sich Fettmilch des Hochverrats
schuldig gemacht. Der Frankfurter Volkstribun und seine
Anhänger hatten sich nicht nur gegen den Rat der Stadt erhoben, sondern zum Schluss des Aufstands auch gegen den
Kaiser rebelliert, indem sie die unter dem Schutz des Habsburgers stehende jüdische Gemeinde Frankfurts nach schweren Straßenkämpfen vertrieben. Nur um ein Haar waren die

Frankfurter Juden dem entfesselten Mob entkommen und somit dem sicheren Tod entgangen. Jetzt war die Ordnung, die Vinzenz Fettmilch so erbittert bekämpft hatte, wiederhergestellt.

Ein altes Lied der Frankfurter Juden, das nach Fettmilchs Vornamen »Vinzenz« benannte »Vintz-Hanß-Lied«, berichtet von dem Aufstand, der Frankfurt einerseits für kurze Zeit eine gerechtere Verfassung gab, andererseits das Frankfurter Judenviertel beinah auslöschte.

Sie wolten uns nit bleiben losen. In Römer teten sie dringen. Sie theten die Ernonim über ein Haufen stoßen. Sie wolten wissen alle Dingen. Über uns hatten sie auch gehalten Rath. Aus der Kehílla [jiddisch für »Stadt«, Anm. d. Verf.] uns zu vertreiben. Dasselbig hat uns gebracht in grosse Noth. As mir weiter wöln schreiben. [1]

Die Tragödie, die der Verfasser des 103-strophigen Vintz-Hanß-Liedes hier zu schildern verspricht, begann am 22. Juni 1612. [2] Es war der Tag der Kaiserkrönung von Matthias von Habsburg, die den Beginn einer glücklichen Ära einläuten sollte, doch die Krönung im Frankfurter Dom stand von Anfang an unter einem schlechten Stern.

[1] Übersetzung: »Sie wollten uns nicht bleiben lassen, in das Rathaus drangen sie ein. Sie stießen die Gerichte über den Haufen und wollten alles wissen. Über uns haben sie auch Rat gehalten, aus der Stadt wollten sie uns vertreiben. Dasselbige brachte uns in große Not, wie wir weiter berichten werden.«

[2] An dieser Stelle ist zu erwähnen, dass der Text dem Gregorianischen Kalender folgt, der erst seit 1582 galt und damals noch nicht vollständig im protestantischen Deutschland eingeführt worden war. So sind die Akten der Frankfurter Bürgerschaft mit einer Doppeldatierung versehen: sowohl nach dem Julianischen Kalender als auch nach dem neuen Gregorianischen Kalender, der noch heute in Mitteleuropa gilt. Kriegks von vielen Autoren benutzte *Geschichte von Frankfurt am Main* folgt noch dem Julianischen Kalender.

DUNKLE VORZEICHEN

Die Zeit war von konfessionellen Konflikten, sozialen Spannungen in den Städten und von einer schweren Wirtschaftskrise geprägt. Bereits vor Matthias' Kaiserkrönung hatte sein schwermütiger Bruder, Kaiser Rudolf II., die protestantischen Reichsstände durch eine katastrophale und wankelmütige Innenpolitik verstört, die das Reich an den Rand eines Glaubenskrieges brachte, wie der Fall der bayrischen Stadt Donauwörth 1607 beweist. Hier bewirkte die rechtswidrige Einmischung des Kaisers in die konfessionellen Auseinandersetzungen der freien, in der Mehrheit von Protestanten bewohnten Reichsstadt, dass sich im darauf folgenden Jahr die Protestantische Union als militärisches Verteidigungsbündnis formierte, worauf nur ein Jahr später die Gründung der Katholischen Liga durch die katholischen Fürsten folgte. Zudem setzte die von den Jesuiten getragene Gegenreformation die protestantischen Gemeinden unter Druck.

Als Matthias sich nach Rudolfs Tod auf den Weg nach Frankfurt begab, drohte der im Jahr 1610 nur mit Mühe beigelegte Jülich-Klevische Erbfolgestreit [1] immer noch, die Formen eines großen europäischen Krieges anzunehmen. Erst 1611 war es in Aachen zu einem Aufstand der Protestanten gekommen, bei dem der alte katholische Rat abgesetzt und die

---

[1] Bei dem Jülich-Klevischen Erbfolgestreit handelte es sich um einen von 1609 bis 1614 andauernden dynastischen Konflikt im Vorfeld des Dreißigjährigen Krieges. Er brach nach dem Tod von Johann Wilhelm, des letzten Herzogs von Jülich-Kleve-Berg, zwischen den Haupterben Johann Sigismund von Brandenburg und Wolfgang Wilhelm von Pfalz-Neuburg aus. Die Herzogtümer Jülich, Kleve, Berg und die Grafschaften Mark und Ravensberg waren aufgrund ihrer territorialen Größe und Zugehörigkeit zu unterschiedlichen Konfessionen von großer strategischer Bedeutung. Der teils mit Waffen ausgetragene Streit drohte 1610 und 1614 militärisch zu eskalieren (Belagerung von Jülich 1610, Einschließung von Aachen 1614), wurde aber am 12. November 1614 im Vertrag von Xanten friedlich beigelegt.

Jesuiten aus der Stadt vertrieben worden waren; durch diesen Regierungsumsturz war eine der größten Reichsstädte wieder protestantisch – genauer gesagt calvinistisch – geworden. Den Verlust einer so mächtigen Stadt an der Grenze zu seinen niederländischen Besitzungen konnte Spanien nicht dulden. Der erst 1609 beendete Krieg zwischen den Generalstaaten der Niederlande und der spanischen Krone drohte wieder aufzuflackern und konnte nur mit Mühe verhindert werden.

Neben diesen konfessionellen Spannungen führte zudem eine Wirtschaftskrise zu schwerwiegenden sozialen Auseinandersetzungen, und allzu deutlich zeigte sich, dass die Glaubenskonflikte innerhalb des Reiches auch Auswirkungen auf die wirtschaftliche Situation in Frankfurt hatten: Zu Beginn des 17. Jahrhunderts war die freie Reichsstadt Frankfurt das, was man heute ein Einwanderungsland nennt. Der niederländische Krieg sowie die konfessionellen Auseinandersetzungen hatten dazu geführt, dass sich vor allem politische Flüchtlinge aus den Niederlanden, die sogenannten Exulanten, in großer Zahl in der Stadt am Main ansiedelten.

Bei den 3000 Zuwanderern aus den spanischen Niederlanden handelte es sich in der Mehrzahl um französischsprachige Wallonen, die in ihrer Heimat in Textil- und Druckgewerbe, Diamantenschleiferei, Edelstein- und Münzhandel tätig gewesen waren. Viele von ihnen waren hervorragend ausgebildet und auf die Seidenweberei spezialisiert. Dies bedeutete einerseits für die hoch verschuldete Stadt Frankfurt einen Steuerzuwachs, andererseits zusätzliche konfessionelle Spannungen, denn die Niederländer gehörten der reformierten Kirche an, während die Frankfurter Protestanten den Lehren Luthers folgten. Den Exulanten wurde nach anfänglichen Zugeständnissen 1609 endgültig das Recht verweigert, ihre eigenen Gottesdienste öffentlich abzuhalten, was einige dazu trieb, in die tolerantere Stadt Hanau abzuwandern, wo ihnen das Recht auf freie Religionsausübung gestattet war. Diejenigen, die blieben, warteten auf eine günstige Gelegenheit, sich das Recht auf freie Religionsausübung erneut zu erkämpfen.

Doch die Zuwanderung wallonischer Protestanten brachte nicht nur religiöse Auseinandersetzungen mit sich, sondern vor allem wirtschaftliche Probleme. Die Einfuhr ausländischer Waren und die Einführung des Verlagswesens in der Textilindustrie durch die Exulanten stürzte die Frankfurter Handwerkszünfte in eine schwere Krise. Das protektionistische und genossenschaftliche System der Zünfte sah sich dem auf Massenproduktion und freie Marktwirtschaft ausgelegten Verlagswesen der Niederländer ausgesetzt. Frühkapitalistische Manufaktur traf auf Werkstatt, Akkordarbeit auf zünftige Planwirtschaft mit fest zugewiesenen Absatzmärkten und festgeschriebenen Produktionsobergrenzen. Die neuen Einwanderer produzierten dagegen ihre Waren auf Lager, um die Preisentwicklung des Marktes besser abwarten und sie im Falle der für sie günstigsten Preisentwicklung mit großem Gewinn abstoßen zu können. Mit dieser Entwicklung konnten die alteingesessenen Frankfurter Handwerker nicht mithalten, ließen doch die Bestimmungen ihrer Zünfte kaum Raum für erfolgreiche Gegenmaßnahmen: Ein Handwerksmeister durfte nur eine begrenzte Anzahl von Gesellen und Lehrlingen beschäftigen, die Niederländer hingegen verfügten über Massen unzünftiger Arbeitskräfte, vor allem Frauen, die für die Hälfte des Lohns arbeiteten, und produzierten mithilfe damals modernster Arbeitstechnologien.

Die Konkurrenz »unehrlicher« oder »unzünftiger« – nicht den Zünften zugehöriger – Handwerker ruinierte ganze Wirtschaftszweige und politisierte die Zünfte. Die von Armut und Bankrott bedrohten Handwerksmeister sahen ihre Existenz gefährdet. Ihre ca. 3000 Burschen und Gesellen lebten nur knapp über dem Existenzminimum und stellten in der nur 17 000 bis 19 000 Einwohner zählenden Stadt ein hohes Unruhepotenzial dar, denn die meisten Gesellen, die nicht aus Frankfurt kamen, solidarisierten sich ge-

genüber ihren Arbeitgebern, den Handwerksmeistern, wenn
es um Lohnerhöhungen ging. Täglich trafen sie sich ab 18
Uhr auf der Straße zu sogenannten Zusammenständen, wobei sie Waffen trugen und herumlärmten. Der Rat versuchte,
diese öffentlichen Aufläufe durch polizeiliche Maßnahmen
zu verhindern, hatte aber kaum eine Chance, da sich die Ru-
hestörer durch Flucht in die verwinkelten Gassen dem Zugriff der Ordnungshüter leicht entziehen konnten. Vergeblich versuchte der Rat, dieses unruhige Völkchen im Zaum
zu halten, indem er ihre Versammlungsfreiheit beschnitt und
ihnen verbot, eigene Trinkstuben zu haben. Der wirtschaftliche Niedergang des Handwerks sollte immer mehr Gesellen in die Arbeitslosigkeit und damit auf die Straße treiben.
Diese unzufriedene Masse, die zu jeder Zeit bereit war, für
mehr Lohn und Brot zu protestieren, sollte sich während
des Aufstands in zunehmendem Maße radikalisieren und zur
Hauptkampftruppe Fettmilchs werden.

Die wirtschaftlichen Rivalitäten in Frankfurt wurden von
mehreren ungünstigen Faktoren zur Krise verschärft: Zwischen 1560 und 1610 kam es zu einer fast 100-prozentigen
Preisverteuerung, vor allem der Grundnahrungsmittel, bei
gleichzeitiger Stagnation der Löhne. Steigende Inflation verschlimmerte die Krise und bewirkte weitere Preisverteuerun-
gen. Dies führte dazu, dass nicht nur die traditionell arme, aus
Tagelöhnern bestehende Stadtarbeiterschaft völlig zu Bettlern
verelendete, sondern auch die von kleinen Krämern und Handwerkern geprägte Mittelschicht vom Absturz in die Armut bedroht war. 1610 war die Anzahl der Bettler und Stadtstreicher
derartig angewachsen, dass die Stadt ein Arbeitshaus, einen
Zwinger, bauen ließ, in welches das arbeitslose Lumpenprole-
tariat und die Bettler eingewiesen wurden. Um die Arbeitskraft
der Zwingerbewohner gewinnbringend zu nutzen, wurden sie
zu Arbeiten an den Festungsmauern herangezogen.

Neben Preisverteuerung, mangelnder Lohnentwicklung
und Inflation war vor allem die hohe Verschuldung des Stadt-

haushalts der Hauptgrund für die Misere Frankfurts. Die Stadt war 1536 dem Schmalkaldischen Bund beigetreten und hatte 1547 auf protestantischer Seite am Schmalkaldischen Krieg teilgenommen, der in der katastrophalen Niederlage von Mühlberg geendet hatte. Hatten die Bündnisbeiträge allein in der Zeit von 1540 bis 1547 schon 84 000 Gulden betragen, so verurteilte der siegreiche Kaiser Karl V. die Reichsstadt 1547 zu Kontributionszahlungen in der Höhe von 6000 Gulden[1]. Diese für die damalige Zeit enormen Summen konnte die Stadt nicht mehr aus eigenen Einkünften aufbringen.

Noch im Jahr des Debakels von Mühlberg nahm Frankfurt bei einem Schuldzinssatz von 5 Prozent einen Kredit von 209 915 Gulden auf, sodass allein die Kreditzinsen dafür jährlich 10 495 Gulden betrugen. Dies waren gigantische Summen im Vergleich zu den städtischen Einnahmen, die seit 1550 auf ca. 50 000 Gulden pro Jahr beziffert wurden. Da die Stadt sich immer wieder neues Geld lieh, allein um die laufenden Zinsen ihrer Kredite bezahlen zu können, und dadurch wieder neue Zinsschulden produzierte, hatte sie 1554 bereits 19 000 Gulden an Zinsen zu zahlen.

Gigantische Fehlspekulationen verschärften die Finanzkrise. Ohne die Bevölkerung zu informieren, hatten die Frankfurter Räte 150 000 Gulden in den Handel mit Anteilen am Kupferbergbau investiert und fast völlig verloren. Um diese hohen Verluste geheim zu halten und die Illusion zu wahren, dass die Stadtfinanzen gesund seien, sowie um die Verluste aus dem Seigerhandel, der Spekulation mit Kupferminenanteilen, vertuschen zu können, nahmen die Ratsherren neuen Kredit auf, sodass der Stadtsäckel wieder mit neuen Zinsverpflichtungen belastet wurde. Es war ein Teufelskreis, aus dem

---

[1] Diese Zahlen ergeben sich aus der bei Bothe angeführten Defensionsschrift und dem Bericht der Frankfurter Bürgerschaft (Punkt 37 auf Seite 571). Meyn gibt andere Zahlen an: nämlich 80 000 als Kontributionssumme an Karl V. Diese Summe geht nicht aus der bei Friedrich Bothe angegebenen Quelle hervor.

DAS LIED VOM VINTZ HANSS

die Stadt bis 1612 nicht mehr herauskam und der beinahe zum völligen Bankrott Frankfurts führte. Die Ratsherren sahen nur noch eine Möglichkeit, der Finanzmisere zu entkommen: Steuererhöhungen. 1576 verfeinerte der Frankfurter Magistrat die direkte Besteuerung: Neben der von jedem Einwohner, sogar von Almosenempfängern, zu zahlenden Kopfsteuer in Höhe von 2 Gulden[1], wurde zweimal im Jahr von Christen und Juden die Entrichtung der Bede verlangt, einer Art Einkommenssteuer in Höhe eines Steuersatzes von 1,7 Prozent. Bei der Bede betrug die besteuerbare Mindestsumme an Einkommen 50 Gulden, die Maximalsumme 15 000. Während die Steuerreform von 1576 vor allem die kleineren bis mittleren Einkommen belastete, wurden die höheren Einkommen entlastet.[2]

Bei der Eintreibung der Steuerschulden ging der beim Schuldenmachen so nachlässige Rat mit großer Zielstrebigkeit vor: Es dauerte nicht lange, bis der Rat auch die Ärmsten der Armen mit einem Einkommen von 50 Gulden veranlagte, nur um ihnen die Bede abknöpfen zu können. Wer seine Steuerschulden nicht zahlen konnte, wurde entweder gepfändet oder unbarmherzig in Eisen gelegt und zu Zwangsarbeiten am Stadtwall verurteilt. Manche Steuerschuldner wanderten für immer in den Schuldenturm, wo sie den Rest ihres Lebens bei Wasser und Brot fristeten, andere verloren bei Zahlungsunfähigkeit das Bürgerrecht und wurden mit ihren Familien aus der Stadt verbannt.

Diese Missstände führten zur Verschärfung der sozialen Spannungen innerhalb Frankfurts und zu einem massiven Vertrauensverlust der Bevölkerung. Der von wenigen Patriziergesellschaften dominierte Rat regierte mit arrogantem Standesbewusstsein und fühlte sich nicht bemüßigt, der Frankfurter Stadtbevölkerung Rechenschaft über ihre Taten abzulegen.

[1] Bothe, *Frankfurts Wirtschaftlich-Soziale Entwicklung*, S. 399.
[2] Alle Zahlen bei Meyn, S. 200.

Korruption, Missmanagement, Ämterschacher und parteiische Gerichtsurteile im Sinne des Höchstbietenden waren
in Frankfurt an der Tagesordnung. Während die miteinander
verwandten und verschwägerten Patrizierfamilien prassten,
nagte die Frankfurter Bürgerschaft am Hungertuch. Ohne es
zu wissen, tanzten die Stadtoberen auf einem Vulkan, der nur
darauf wartete, auszubrechen.

Es sollte die Tragik jenes Habsburgerfürsten Matthias werden, dass ausgerechnet seine Kaiserkrönung den Anlass zur
Empörung bot.

EIN KAISER WIRD GEKRÖNT,
EIN OCHSE ZERRISSEN

Nichts an jenem 22. Juni 1612 deutete darauf hin, dass diese
Krönung anders verlaufen würde als all die Krönungen zuvor
im Heiligen Römischen Reich Deutscher Nation. Pünktlich
zum Beginn der Zeremonie erschienen die Abgesandten von
Nürnberg und Aachen im Frankfurter Dom und übergaben
den Reichsfürsten die Reichskleinodien, die auf dem Kreuz-
altar niedergelegt wurden. Anschließend wurde der König
von den weltlichen Kurfürsten[1] abgeholt und in die Kirche
geleitet, wo die geistlichen Kurfürsten ihm bis ans Kirchentor
entgegenkamen, um mit ihm im Anschluss die Messe zu feiern. Es folgte das übliche Krönungszeremoniell: die Ablegung
des Krönungseides, die Salbung des Kaisers, das Anlegen der
kaiserlichen Gewänder in der Sakristei und die Überreichung
der Reichskleinodien, wozu das Schwert Karls des Großen,

---

[1] Sieben Kurfürsten vertraten die Reichsfürsten und wählten den
Kaiser. Bis 1623 setzte sich das Kollegium aus drei geistlichen und
vier weltlichen Kurfürsten zusammen: aus den Erzbischöfen von
Mainz, Köln und Trier sowie dem König von Böhmen, dem Her-
zog von Sachsen, dem Pfalzgraf bei Rhein und dem Markgraf von
Brandenburg.

Zepter und Reichsapfel gehörten. Zum Schluss bekräftigte der neu Gekrönte mit einem weiteren Eid seine Verpflichtungen für Kirche und Reich. Nach der sakralen Zeremonie verließ der Kaiser mit seinem Gefolge den Dom und zog in einer Prozession zum Römer, dem Frankfurter Rathaus. Damit begann der volkstümliche Teil des Krönungszeremoniells. Der Kaiser ritt unter einem prächtigen Baldachin, der von sechs Frankfurter Ratsherren getragen wurde, durch die Menge auf das Rathaus zu, während einer seiner Kämmerer eigens für diesen Anlass geschlagene Krönungsmünzen unter das jubelnde Volk warf. Danach verrichteten die Inhaber der Reichserzämter[1] ihre Dienste. Der Kurfürst von Sachsen ritt als Erzmarschall des Reiches an einen aufgeschütteten riesigen Haferhaufen heran, tauchte ein silbernes Messbecken hinein und zog es bis an den Rand gefüllt heraus, um es wenig später den Pferden des Kaisers zu geben. Der Kurfürst von Brandenburg versah seinen Dienst als Erzkämmerer und holte dem Kaiser ein silbernes Wasserbecken, ein Gießfass und ein Handtuch, während der böhmische Kurfürst als Erzschenk dem Kaiser Wein und Wasser in silbernen Gefäßen darbot.

Für den symbolischen Gehalt dieser Prozedur hatte die Frankfurter Bevölkerung wenig Sinn. Es herrschte vielmehr Volksfeststimmung. Der Umritt des Kaisers sorgte dafür, dass aus dem Justitiabrunnen auf dem Römer weißer und roter Wein sprudelte. In der Folge war der Weinbrunnen bald von einer wogenden, sich prügelnden Menschenmenge derartig hart umkämpft, dass die wenigsten zum Trinken kamen und der Rebensaft in der Erde versickerte. Diejenigen, die der Bratenduft einer aus Brettern zusammengenagelten Garküche

---

[1] Die Erzämter (oder Reichserzämter) waren oberste Hofämter im bis 1806 bestehenden Heiligen Römischen Reich Deutscher Nation. Jedes Erzamt war mit der Kurwürde verknüpft, die mit der Ausübung zeremonieller Tätigkeiten bei der Krönung des römischen Königs in Aachen bzw. später in Frankfurt am Main verbunden war.

herbeigelockt hatte, wurden Zeuge, wie der Erztruchsess, dessen Aufgabe es war, dem Kaiser bei feierlichen Anlässen die Speisen aufzutragen, sich von einem riesigen Ochsen ein großes Stück Fleisch abschneiden ließ, das er auf einer silbernen Schüssel dem Kaiser brachte.

Die Beendigung dieses Aktes war der Startschuss für das Volk, wie ein ausgehungertes Wolfsrudel über den gewaltigen Bratochsen herzufallen. Vor allem die Metzgerzunft rechnete es sich zur Ehre an, den Ochsen gegen die anderen Zünfte zu verteidigen. Unter den belustigten Blicken von Kurfürsten und Kaiser wurde im folgenden Hauen und Stechen das Tier buchstäblich noch am Spieß auseinandergerissen und sofort verzehrt. Wenig später machte sich der Mob an der Ochsenküche zu schaffen und riss sie bis auf die letzten Bretter auseinander. Auch über den riesigen Haferhaufen in der Platzmitte fiel die Volksmenge völlig ausgehungert her. Ihr Hunger rührte daher, dass Spekulanten schon Wochen vor der Kaiserkrönung riesige Getreidemengen aufgekauft hatten, die sie erst zum Zeitpunkt der Krönungsfeierlichkeiten um das Vierfache verteuert auf den Markt warfen. Jetzt lag der Hafer gratis auf dem Platz, jedoch nicht lange. Gierig stopften sich die Bürger das Korn in mitgebrachte Säcke, um die zu Hause wartenden hungrigen Mäuler zu stopfen. Während der Kaiser mit seinem Gefolge im Römer tafelte, schmolz der Haferhaufen in Sekundenschnelle auf einige einzelne Körner zusammen.

Wie es schien, konnte Matthias I. von Habsburg zufrieden sein. In der Nacht fand auf dem Main ein riesiges Feuerwerk statt, bei dem ein anlässlich der Krönung errichtetes, inmitten des Flusses verankertes hölzernes Kastell in Flammen aufging. Noch ahnte der Habsburger nicht, dass sein marodes Reich bald selbst bis in die Grundfesten hinein lichterloh brennen sollte.

Bereits der nächste Tag brachte ein böses Erwachen. Als die Frankfurter Bürgerschaft ihrem neu gekürten Kaiser den Huldigungseid leisten sollte, kam es zu einem ernsten Vorfall.

Die Bürger störten die heilige Zeremonie und übergaben dem Kaiser eine Bittschrift, in der sie den Souverän darum baten, ihnen bei der Beseitigung der Frankfurter Missstände behilflich zu sein. Nicht zum ersten Mal, denn schon einen Monat zuvor, am 26. Mai 1612, hatten sie sich empört. Als an jenem Tag den versammelten Frankfurter Bürgern verlesen wurde, dass sie für die Sicherheit der Kurfürsten und ihres Gefolges verantwortlich seien und ihnen bei Zuwiderhandlung nicht nur der Verlust ihrer Privilegien, sondern sogar die Reichsacht drohte, war es zu einem Tumult gekommen. Wütend hatten die Bürger vom Frankfurter Rat die Veröffentlichung der Privilegien verlangt, mit deren Verlust man sie bedrohte. Zu lange waren ihnen ihre Vorrechte vorenthalten und nicht mehr vorgelesen worden.

Der selbstherrliche, ohne demokratisches Kontrollorgan regierende Stadtrat hatte es ein Jahrhundert lang tunlichst vermieden, seine Bürger nach alter Sitte durch öffentliches Vorlesen am Altar der Leonhardskirche über ihre Vorrechte aufzuklären, ja schlimmer noch, der Frankfurter Rat hatte der Öffentlichkeit bewusst ihre verbrieften Vorrechte vorenthalten, um uneingeschränkt nach Herzenslaune schalten und walten zu können. Doch das sollte jetzt ein Ende haben.

Mittlerweile hatte die Frankfurter Bürgerschaft einen Bürgerausschuss gegründet und immer wieder verlangt, die Privilegien zu sehen, mit deren Verlust man ihnen drohte. Der Frankfurter Rat hatte den Protestierenden versprochen, sich nach dem Krönungsverlauf ihrer Forderungen anzunehmen, doch dann die Ausführung verschleppt. Kurfürsten wie Kaiser hatten die an sie Appellierenden an den Rat verwiesen, der die Bürger ins Leere laufen ließ.

Jetzt, am Tage des Huldigungseides, übergab der Bürgerausschuss dem Kaiser eine Beschwerdeschrift, die das selbstherrliche, korrupte Regime Frankfurts erneut anprangerte. Neben der Einsicht ihrer Privilegien war eines der wichtigsten bürgerlichen Begehren die Unterbindung der Getreidespekulation, die immer wieder eine künstliche Verknappung sowie in der Folge einen in die Höhe schießenden Getreidepreis bewirkte. Mit der Einführung eines Kornmarktes hoffte die Frankfurter Bürgerschaft, solche krummen Geschäfte verhindern zu können. Den Armen sollte die Möglichkeit gegeben werden, Korn zu einem fairen Preis zu kaufen.

Die Forderungen der Bürger gingen allerdings noch weiter, und von Anfang an trug die Frankfurter Unmutsbewegung starke antijudaistische Züge.

Belangend die Juden, deren ungöttlichen Wucher und Betrug, so sind in dem Fall die Reichsabschiede und deren unverrückte Observanz am Hochlöblichen Kaiserlichen Kammergericht allbereits klar. [...] Denn sie vom Wind nit leben können, wo nehmen sie dann anders ihren Unterhalt her, als von unserm Schweiß und Blut? Dahero werden sie unsere Kostgänger; sie sind unsere Sugegel, die nit nachlassen, bis auch das Mark in den Beinen verzehrt und wir zum Bettelstab fertig. [...] Also ist auch bei diesem Punkt nochmals unsere alleruntertänigste Bitte um der Heilgen Dreifaltigkeit Willen, dass das jüdische Joch und Beschwerden vom Hals genommen und selbige fortgeschickt werden. [1]

Das war eine klare Aussage und ein scharfes antijudaistisches Programm, das die Obrigkeiten und vor allem die Juden nicht im geringsten Zweifel darüber ließ, welche politischen Ziele die bürgerliche Protestbewegung Frankfurts außerdem noch verfolgte. Die Vorwürfe gegen die jüdische Gemeinde wogen mindestens genauso schwer wie das Misstrauensvotum gegen den Frankfurter Rat. Die Forderungen nach Beschränkung des »Wucherhandels«, nach Ausweisung der Juden war gefährlicher sozialer Sprengsatz. Mit dem Feindbild des Korn- beziehungsweise Wucherjuden hatten die durchaus nicht homogenen Interessengruppen der Protestbewegung einen propagandistisch

[1] Bothe, *Frankfurts Wirtschaftlich-Soziale Entwicklung*, S. 332.

DAS LIED VOM VINTZ HANSS

effektvollen gemeinsamen Nenner gefunden. Blieben ihre Interessen auch sonst verschieden – in ihrem Hass gegen alles Jüdische waren sich wohlhabende Kaufleute, zünftige und unzünftige Handwerker, Kleinhändler, Fischer, die Bauern der Umgebung und der Mob der Straße einig. Zudem einte der Antijudaismus die ansonsten miteinander verfeindeten Lutheraner, Reformierten und Katholiken Frankfurts.

DIE LAGE DER JUDEN IN FRANKFURT

Die Lage der jüdischen Bevölkerung Frankfurts war bis 1612 verhältnismäßig gut. Nach dem schrecklichen Pogrom von 1349, das fast die gesamte jüdische Gemeinde der Stadt vernichtet hatte, war sie wieder beständig gewachsen. Im Jahr der Rebellion lebten schätzungsweise 2500 Juden im Frankfurter Ghetto, was die Mainstadt zum Zentrum jüdischen Lebens in Deutschland machte. Trotzdem war ihre Lage alles andere als rosig. Obwohl es in Frankfurt kaum noch zu Ausschreitungen kam, waren die Juden seit dem 14. Jahrhundert nach und nach einer systematischen Diskriminierung durch die Obrigkeit zum Opfer gefallen. Ihr ursprüngliches Recht auf freie Wahl des Wohnortes innerhalb der Stadt verloren sie 1462, als sie vom Frankfurter Rat gezwungen wurden, nur noch in der Judengasse zu siedeln. Diese Maßnahme – die wohlgemerkt nicht dem Schutz der Juden vor christlichen Übergriffen diente, sondern in erster Linie die Christen davor bewahren sollte, in Nachbarschaft mit den vermeintlichen Mördern Christi zu leben – diente auch der Beschlagnahme jüdischen Eigentums. Die Häuser der Juden wurden per Frankfurter Ratsbeschluss entschädigungslos enteignet. Mit diesem Coup zwang die Stadt alle jüdischen Familien, auf dem Grunde eines ausgetrockneten Stadtgrabens zu siedeln. Zwar baute die Stadt den Juden Wohnhäuser und eine Synagoge, doch deren Eigentum blieb für immer verloren. Aus jüdischen Grund- und Hauseigentümern waren mit einem Schlag Mieter geworden, die zwar hundertfünfzig Jahre später ihre Häuser, nicht aber die zugehörigen Grundstücke von der Stadt erwerben konnten. Schwerer als dieser Besitzverlust wog die räumliche Isolation. Von nun an lebten die Juden Frankfurts in einem der schmalsten Ghettos Deutschlands. Die Judengasse bestand aus zweihundert Häusern, die aufgrund der räumlichen Platznot bald in die Höhe wuchsen. Die klaustrophobische Enge wurde noch dadurch verstärkt, dass die Stadtherren befahlen, das jüdische Ghetto durch Mauern von den Christenvierteln abzugrenzen. Die Judengasse war durch drei Tore mit der Frankfurter Alt- und Neustadt verbunden. Es war jedoch eine äußerst begrenzte Freiheit, die die Juden besaßen. Nachts, an Sonn- und Feiertagen sowie an jüdischen Festtagen blieb ihnen der Zugang zur Frankfurter Innenstadt verwehrt. Selbst in der Stadt durften sich Juden nicht frei bewegen und jede Straße oder jeden Platz betreten.

1480 führte der Frankfurter Rat die sogenannte »Judenstättigkeit« ein, ein befristetes Aufenthaltsrecht, das der jüdischen Gemeinde als Kollektiv auf drei Jahre gewährt wurde und nach Ablauf dieser drei Jahre vom Rat der Stadt wieder erneuert werden musste. Die Stättigkeit stellte nicht nur eine befristete Aufenthaltserlaubnis dar, sondern auch ein Kontrollmittel, die jüdische Zuwanderung zu reglementieren. Um die Juden zu kennzeichnen, führte man eine Kleiderverordnung ein, die sie dazu zwang, einen deutlich sichtbaren gelben Ring auf ihrer Kleidung zu tragen. Politisch waren die Juden so gut wie entrechtet. Sie besaßen kein Bürgerrecht, konnten weder Mitglieder der städtischen Behörden noch der Gerichte werden. Zum Kriegsdienst wurden sie nicht herangezogen, mussten aber dafür eine besondere Abgabe zahlen. Steuerlich waren sie von vornherein benachteiligt; ihre Besteuerung richtete sich nicht nach dem jeweiligen Vermögensstand, sondern sie waren dazu verpflichtet, eine festgesetzte Kopfsteuer zu entrichten.

Da sie in Frankfurt kein Handwerk betreiben durften, bestritten die Juden ihr Einkommen hauptsächlich durch Pfandhandel, Hausieren, Trödeln und Geldverleih. Letzterer war den Christen grundsätzlich verboten, wenngleich es hier immer wieder Ausnahmen gab, etwa die millionenschweren Kreditgeschäfte der Fugger. Geschickt verstanden es die jüdischen Geldverleiher, ihren Reichtum durch teilweise riskante Kreditvergaben zu vermehren. Die Höhe des Kreditzinses betrug abhängig von den Sicherheiten der Schuldner zwischen 5 und 12 Prozent. Der hohe Aufschlag von 12 Prozent, der heute dem Zinssatz eines durchschnittlichen Dispokredits entspricht, wurde von vielen christlichen Bürgern als Wucher empfunden. Doch viele von ihnen hatten in Ermangelung eines konkurrierenden Geldverleihs keine andere Wahl, als in die Judengasse zu gehen. Was fehlte, war die alternative Möglichkeit, zu günstigeren Konditionen Geld zu leihen, und dieses Handelsmonopol sollte zum Schlüssel des wirtschaftlichen Aufstiegs späterer berühmter jüdischer Bankhäuser, wie das der Oppenheimer, werden.

Den jüdischen Geldverleihern kam die Verschwendungssucht der Patrizier genauso zustatten wie die Kreditbedürftigkeit der Kleinbürger. Es war eine paradoxe Situation: Obwohl diskriminiert und fast völlig entrechtet, waren es ausgerechnet jene Parias Frankfurts, die mit ihren Kreditvergaben über Sein oder Nichtsein großer Teile der christlichen Bevölkerung bestimmten. Diese nur allzu spürbare Abhängigkeit vom Wohlwollen jüdischer Geldgeber verziehen ihnen ihre Kreditnehmer nie. Anfang des 17. Jahrhunderts quollen die Kredit- und Schuldbücher der jüdischen Bankiers über vor Namen von verschuldeten Kaufleuten, Krämern und Handwerkern, die sich zu einem hohen Zinssatz verschuldet hatten, um sich so vor der drohenden Pleite zu retten.

Für die Juden barg die Zahlungsunfähigkeit und die drohende Pfändung ihrer Schuldner nicht nur ein geschäftliches Risiko, sie war teilweise sogar lebensgefährlich. Mehr als einmal kam es vor, dass Schuldner mit anderen gescheiterten

Existenzen die Judengasse stürmten, um sie zu plündern und die Kreditbücher zu verbrennen, damit es keinen schriftlichen Beweis für die Forderungen ihrer Gläubiger mehr gab. Auf diese Art und Weise wurde der sogenannte »Judenkrawall« zum probaten Mittel, das Schuldenkonto zu nullen. Nur selten kam es zu Entschädigungen oder Rückerstattungen der erlittenen Geschäftsverluste oder verlorenen Kreditsummen.

ERSTER AUFRUHR

Die unverhohlen antisemitischen Forderungen der Frankfurter Bürgerbewegung durften dem Kaiser nicht gleichgültig sein, denn der Herrscher des Heiligen Römischen Reiches Deutscher Nation war der erste Schutzherr der Juden Deutschlands. Doch anstatt sich der Forderungen der Bürger anzunehmen und ihren Vorwürfen Gehör zu verleihen, reiste der Kaiser aus Angst, die Frankfurter Bürgerschaft könnte ihn während des traditionellen Abschieds unter Waffen weiterhin unter Druck setzen, am Morgen des 23. Juni 1612 ab. Vorher bestimmte er den Frankfurter Rat dazu, ihm eine ausführliche Gegendarstellung zu den Anschuldigungen anzufertigen.

Nur sechs Tage nach der Abreise des Kaisers reichte der Rat einen Bericht bei einem zurückgebliebenen kaiserlichen Beamten ein, in welchem er alle Missstände innerhalb der Stadtregierung leugnete und sich schützend vor die Juden stellte, die nach seiner Meinung von den Aufrührern zu Unrecht als Wucherer verleumdet würden. Der Rat ging sogar noch weiter. Er drohte den Bürgerprotestlern mit Strafen und forderte auch den Kaiser dazu auf, sich gar nicht erst mit den Bittgesuchen der Bürger zu befassen, sondern die Protestierenden unverzüglich zu bestrafen.

Die aufgebrachten Bürger antworteten noch im Juli mit einem weiteren Gesuch, in dem sie ihre scharfen Anschuldigungen gegen den Rat und die Juden wiederholten. Als sich kurz darauf ohne Genehmigung des Rates ein Bürgerausschuss bildete, der bald Zulauf von 109 Zunftmitgliedern hatte, dämmerte es den Mächtigen Frankfurts langsam, dass der anfänglich spontane Protest die Formen eines Aufruhrs annahm. Doch wer waren die Kräfte und Personen, die so hartnäckig Akteneinsicht in die seit 1356 verbürgten Privilegien der alten Reichsstadt Frankfurt am Main begehrten?

Der Bürgerausschuss setzte sich aus Vertretern der Zünfte, wohlhabenden Kaufleuten und vor allem Reformierten aus den spanischen Niederlanden[1] zusammen. Taten sich aufseiten der Zünfte bereits Vinzenz Fettmilch, Konrad Schopp, Konrad Gerngroß und der äußerst ehrgeizige und intrigante Advokat Dr. Julius Weitz hervor, gehörte zu den treibenden Kräften der Reformierten der reiche wallonische Kaufmann Jean Mahieu. Mahieu besaß Anteile an den Kupferbergwerken zu Ilmenau und hatte als Rechnungsführer der Kurfürsten von Sachsen und der Pfalz sowie der Landgrafen von Hessen-Kassel gewirtschaftet. Außerhalb Frankfurts war der Wallone ein äußerst mächtiger Mann, der sogar Beziehungen zum kaiserlichen Hof unterhielt, nur innerhalb der Stadtmauern wurde ihm nicht die gesellschaftliche und politische Anerkennung zuteil, auf die er und andere Reformierte seiner Meinung nach Anspruch hatten.

Trotz des wachsenden Anhangs dieser mächtigen außerparlamentarischen Opposition blieben die Patrizier hartnäckig und würdigten die Bittschriften des Bürgerausschusses keinerlei Antwort. Damit hatte die Obrigkeit den Bogen überspannt, und ihre Ignoranz wurde zu Wasser auf den Mühlen des Bürgerausschusses.

Am 2. Juli besetzten 200 bewaffnete Bürger den Römer und zwangen den Rat zu einer ersten Stellungnahme. Dieser

---

[1] Die spanischen Niederlande umfassten in etwa das Staatsgebiet des heutigen Belgien. Seine Bevölkerung bestand in der Hauptsache aus französischsprachigen Wallonen und holländisch sprechenden Flamen, die der katholischen Glaubensrichtung angehörten.

schlug am folgenden Tag vor, die Vorwürfe durch Kommissare beider Seiten untersuchen zu lassen, und der Bürgerausschuss stimmte zu – allerdings ohne vorherige Rücksprache mit der Basis. Mittlerweile war die Bürgerschaft Frankfurts derartig radikalisiert, dass sie von derartigen Vergleichen und langatmigen Untersuchungen nichts wissen wollte. Die Bürger wollten ihre Forderungen sofort erfüllt wissen, andernfalls drohten sie damit, alles kurz und klein zu schlagen. Wieder erlebte Frankfurt eine unruhige Nacht, in der bewaffnete Bürger durch die Straßen patrouillierten. Argwöhnisch bewachten die Bürgerstreifen öffentliche Plätze und Stadttore, sodass der Rat keine eigenen Truppen zusammenziehen konnte. [1]

Doch so schnell gab der Rat nicht auf. Um Schlimmeres zu verhindern, entschloss er sich, alles auf eine Karte zu setzen und den Bürgerausschuss einzuschüchtern. Als die Parteien am 7. Juli 1612 wieder zusammentrafen, um über die Veröffentlichung der Privilegien zu beraten, verblüffte der Rat die Bürgervertreter damit, dass er den Schlüssel des Archivs, wo die Stadtprivilegien aufbewahrt wurden, demonstrativ auf einen Ratsstuhl niederlegte. Großzügig versprachen die Patrizier den Aufständischen, Akteneinsicht zu gewähren, und boten an, die Regierung niederzulegen – ließen aber den bedeutungsvollen Nebensatz fallen, den Kaiser sofort über ihren erzwungenen Rücktritt zu informieren. Das aber konnte leicht zur Stigmatisierung des Bürgerausschusses als Aufrührer führen und tödliche Folgen haben, denn die Bürger waren aufgrund der Reichsunmittelbarkeit[2] Frankfurts nicht nur

---

[1] In Frankfurt befanden sich zu diesem Zeitpunkt noch 400 Söldner, die vom Rat einzig für die Gewährleistung der öffentlichen Sicherheit während der Kaiserkrönung angeworben worden waren.

[2] Reichsunmittelbare Städte waren in ihren inneren Angelegenheiten weitgehend autonom und übten eine eigene niedere und hohe Gerichtsbarkeit aus. Als Reichsstände hatten sie nicht nur Privilegien, sondern auch besondere Pflichten gegenüber dem Kaiser. So führten sie Steuern direkt an ihn ab und leisteten auf Verlangen Heerfolge.

Untertanen ihrer Stadt, sondern auch des Kaisers – und somit musste jede Widersetzlichkeit gegen den Rat auch als Verrat an der Krone aufgefasst werden. Der Bluff erzielte seine Wirkung. Verängstigt verneinten die Protestierenden, den Rat absetzen zu wollen, und beteuerten, dass sie nur für ihre Bürgerrechte einträten und keine Regierungsbeteiligung anstrebten. Noch war der Bürgerausschuss nicht genügend radikalisiert, um die Revolution zu wagen, obwohl der Druck der Straße immer größer wurde. Gerüchte fanden in dieser Zeit schnell den Weg aus dem Römer in die Ohren der Frankfurter. Auf die Nachricht hin, dass der Rat angeblich abgedankt habe, errichteten Bewaffnete aus mehreren Wagen Barrikaden und verrammelten die Häusereingänge, um mögliche Gegenaktionen des Rats zu verhindern. Auch als sich dieses Gerücht als unwahr erwies, blieb die Stimmung auf den Straßen Frankfurts explosiv.

Für die Dauer von einigen Tagen hatte der Rat Zeit gewonnen. Er nutzte sie, um den Kaiser um Hilfe zu bitten. Am 26. Juli erschien ein kaiserlicher Herold und verkündete vor den versammelten Bürgern ein Friedensgebot des Kaisers. In dem Mandat warnte Matthias die Bürger vor weiteren Ausschreitungen, verbot ihnen bei Strafe, sich zu bewaffnen, und erklärte die Gründung des Bürgerausschusses für ungesetzlich. Die Nachricht des Herolds war nicht im Sinn der Bevölkerung. Wütende Zwischenrufe unterbrachen seinen Vortrag, Rufe wurden laut, dass der Rat den Kaiser getäuscht habe. Noch hatte der Bürgerausschuss die Situation im Griff und konnte beschwichtigend auf die Masse einwirken und dem Herold seine Sicht der Dinge darstellen. Er ging trotz des kaiserlichen Gebots nicht auseinander, da er vermutete, dass das Verbot auf einer Ratsintrige fußte.

Nun hing alles von den kaiserlichen Kommissaren ab. Der persönliche Berater des Kaisers und Direktor des Geheimen Rates, Melchior Kardinal Khlesl, war auf eine friedliche Beilegung des Konflikts bedacht. Er beauftragte zwei erwiesene

Männer des Ausgleichs, den protestantischen Landgrafen Ludwig von Hessen-Darmstadt und den Mainzer Erzbischof Johann Schweikard von Kronberg, mit der Erledigung dieser heiklen Mission. Die Hinhaltetaktik des Frankfurter Rats sollte der kaiserlichen Kommission ihre Arbeit sehr erschweren. Die Unzufriedenheit mit dem System und die Ungeduld der Bürger bewirkten, dass immer neue Forderungen aufgestellt wurden. Eines der wichtigsten Reformverlangen war die Gründung eines alternativen Kreditmarktes. Der Bürgerausschuss schlug vor, dass es für die Bürger möglich sein sollte, sich aus dem städtischen Ärar, dem Finanzhaushalt, Geld zum Zinssatz von 5 Prozent zu leihen. Des Weiteren wurde die Forderung des Zunftzwangs für alle Gewerbetreibenden aufgestellt. Mit diesen Maßnahmen hoffte der Bürgerausschuss, die Produktion unzünftiger Betriebe kontrollieren zu können.

Die große Masse auf der Straße versprach sich von Steuersenkungen und der Bekämpfung der Korruption den Ausweg aus der Misere. Was den Missstand der Bestechlichkeit anbetraf, so waren die Hauptschuldigen rasch ausgemacht: der Syndikus Schacher und der Stadtschreiber Pyrander. Ungeachtet aller Patrizierherrlichkeit waren sie die wahren Machthaber Frankfurts. Während Schacher als Syndikus das Schöffengericht beherrschte, war Pyrander Herr über Bürgermeister und Rat. Im Gegensatz zu den jährlich wechselnden, oft unqualifizierten Bürgermeistern aus dem Patriziat blieben beide über Jahre hinweg unangefochten in ihrer Position. Ihnen oblag die Rechtsprechung sowie die Stadt- und damit die Finanzverwaltung. Beide Beamte waren im höchsten Maße bestechlich, und besonders Pyrander hatte sich den Volkszorn zugezogen, als er am Tag des Sicherheitseides behauptet hatte, dass die Bürger keine Privilegien besäßen. Schacher wiederum unterstellte man – ob zu Recht oder zu Unrecht –, dass er hinsichtlich der Schuldeintreibungen von jüdischen Gläubigern vorschnelle Gerichtsurteile fällte, damit diese schneller das Eigentum des Schuldners pfänden konnten.

Waren diese Unterstellungen schon schwere Angriffe auf die Vormacht des Patriziats, so stellte das für die Frankfurter Stadtregierung bedrohliche Volksbegehren das Verlangen nach einer stärkeren politischen Vertretung der Bürgerschaft im Rat dar. Wirft man einen Blick auf die Frankfurter Machtverhältnisse, so war dieser Wunsch nur allzu berechtigt: 1612 wurde der Rat der Stadt von einer Zweidrittelmehrheit der Patrizier beherrscht. Die 43 Sitze verteilten sich auf drei Ratsbänke: 14 Sitze entfielen jeweils auf die beiden ersten Bänke, die von Patriziern besetzte »Schöffenbank« und die »Bank der Gemain«, 15 auf die »Handwerkerbank«, die von den Vertretern der Zünfte belegt wurde. Von diesen 15 Sitzen waren zum Zeitpunkt des Aufstands nur 13 besetzt, weil die Zunft der Wollweber die aufgrund zweier Todesfälle frei gewordenen Sitze noch nicht mit geeigneten Kandidaten besetzt hatte.

War diese Zusammensetzung schon rein numerisch nicht geeignet, eine gerechte Vertretung der Interessen der Bürgerschaft zu garantieren, so kam noch der missliche Umstand hinzu, dass die Zunftvertreter in aller Regel nicht die nötige Bildung und die fachliche Eignung aufwiesen, um wirkungsvoll als Opposition auftreten zu können. Manche waren Analphabeten, andere konnten zwar lesen und schreiben, hatten sich aber gleichzeitig um ihr Gewerbe zu kümmern.

Zudem hatte auch bei der Ernennung der Ratsmitglieder der Handwerkerbank das Patriziat seine Hand im Spiel. Zwar wurde das Wahlverfahren für jeden Ratssitz durch ein Gremium von sechs Patriziern und sechs Handwerkern vorgenommen, das Zünglein an der Waage bildeten hingegen die beiden ältesten patrizischen Ratsherren, die ebenfalls stimmberechtigt waren. Dass diese nicht gegen die Interessen ihrer politischen Kaste verstießen, lag auf der Hand. Auf diese Weise verhinderte die Oberschicht, dass ihr unliebsame politische Gegner im Rat saßen, und erreichte fast immer eine Mehrheit. Bis 1612 gab es auf parlamentarischer Ebene keinen ernsthaften politischen Gegner mehr, der ihren Herrschaftsanspruch infrage stellte. Die politische Unterschicht dagegen hielt man von der Regierung fern, indem man an die Ratsfähigkeit gewisse Vermögensanforderungen stellte, und nur Vertreter der 37 Zünfte konnten sich den Luxus eines Ratssitzes leisten. Doch auch hier gab es Unterschiede: So stellten die Zünfte der Wollweber, Metzger, Bäcker, Schuhmacher und Schmiede je zwei Ratsherren, Kürschner, Löher, Fischer, Gärtner und Krämer nur einen. Unzünftige Handwerker hatten keinen Anspruch auf politische Vertretung im Rat. Die Kaufleute, die sich aufgrund ihres Vermögens einen Ratssitz hätten leisten können, waren eingewanderte reformierte Niederländer, die mit ihren Textilmanufakturen große Gewinne gemacht hatten. Trotz des finanziellen Hintergrundes hatten auch sie aufgrund ihres Glaubensbekenntnisses keine Chance, sich politisch im Rat zu entfalten.

Genau das wollten der Bürgerausschuss und seine Anhänger, zu denen auch Reformierte gehörten, ändern. Seine Chancen, diese Veränderungen auf dem Weg der Reform durchzuführen, waren nur gering. Denn eins hatte der bisherige Verlauf des Konflikts zwischen patrizischem Rat und Bürgerschaft nur zu deutlich gezeigt: dass ein Interessenausgleich zwischen Rat und Bürgerausschuss auf dem direkten Weg der Verhandlung nicht mehr möglich war. Aus eigener Kraft konnte sich die Reichsstadt nicht mehr selbst helfen. Eine vom Bürgerausschuss angestrebte Vermittlung der Reichsstädte scheiterte nach kurzer Zeit an dem trotzigen Verharren der Gegner auf ihren jeweiligen Verhandlungspositionen. Erst die am 8. Oktober 1612 eingetroffene kaiserliche Kommission schaffte es, die verhärteten Standpunkte beider Konfliktparteien aufzuweichen.

Bei der Bewältigung ihrer schwierigen Aufgabe bewiesen die kaiserlichen Kommissare große Umsicht. In eingehenden Befragungen hörten sie sich die Forderungen beider Parteien an, bevor sie einen Lösungsvorschlag ausarbeiteten. Am 3. Januar 1613 kam es zum Abschluss des Bürgervertrags, der einen wahrhaft salomonischen Kompromiss darstellte. Er berücksichtigte vor allem wesentliche Forderungen der Frankfurter Bürgerschaft: die Einführung eines Kornmarktes, die Gründung eines Ausschusses aus sieben gewählten Vertretern der Bürgerschaft, dem die Prüfung der Frankfurter Privilegien oblag, und die Gründung eines Revisionsausschusses, der aus neun gewählten Mitgliedern des Bürgerausschusses bestehen sollte und die Aufgabe hatte, die Bilanzen des Finanzhaushalts zu prüfen. Darüber hinaus wurde, und das war die revolutionäre Neuerung, die Verfassungsreform des Rats beschlossen. Die bisher bestehenden 43 Sitze wurden um 18 weitere ergänzt, sodass der Frankfurter Rat jetzt 61 Mitglieder umfasste. [1] Dieser sogenannte Achtzehner-Rat bestand in seiner Mehrheit aus ratsfähigen Mitgliedern des Bürgerausschusses, also lutherischen Geschäftsleuten und Advokaten, denen bisher der Zugang zur Macht durch die Patriziervorherrschaft verbaut gewesen war.

Dies waren politische Zugeständnisse von beträchtlichem Ausmaß an die Frankfurter Bürgerschaft und trotzdem ein Faustschlag ins Gesicht der Reformierten. Obwohl die wallonischen Unternehmer zur wirtschaftlichen Elite der Stadt gehörten und sie es bezüglich der finanziellen Anforderungen an die Ratsmitgliedschaft mit jeder Patrizierfamilie aufnehmen konnten, hatten die kaiserlichen Kommissare ihnen nicht den Zugang zum Rat ermöglicht. Ferner war es den Reformierten auch weiterhin nicht gestattet, ihre Gottesdienste öffentlich abzuhalten – eine weitere Brüskierung der wallonischen Gemeinde. Die einzige Möglichkeit politischer Einflussnahme boten ihnen die neu gegründeten Revisionsausschüsse, in die sie aufgrund ihrer wirtschaftlichen Kompetenz hineingewählt wurden.

---

[1] Bothe, S. 415.

Die größte Überraschung war das Entgegenkommen der kaiserlichen Kommission hinsichtlich der Geldsorgen der Bürgerschaft. Der Bürgervertrag sah vor, dass die Frankfurter die Möglichkeit erhielten, von der Stadt Kredite in Höhe von 5 Prozent zu beziehen. Waren nicht ausreichende Sicherheiten vorhanden, so konnte das Geld bei jüdischen Kreditgebern bis zu einem Höchstzins von 8 Prozent entliehen werden. [1] Mit diesem Kompromiss schien der Konflikt zwischen Rat und Bürgerschaft weitgehend gelöst und dem Wucher ein Ende gesetzt.

Feierlich zerriss der Bürgerausschuss das Bündnisbuch, in das sich seine Mitglieder eingetragen hatten, und verstreute es in alle Winde. Der Vertrag trat ab Unterzeichnung am 31. Dezember 1612 in Kraft, musste zuvor aber noch vom Kaiser ratifiziert werden.

1613: DAS JAHR DER RADIKALISIERUNG

Was wie eine Formsache schien, dauerte ein halbes Jahr. Zeit genug, die der mit der Entwicklung äußerst unzufriedene alte Rat dazu nutzte, um die Ratifizierung des Bürgervertrags durch den Kaiser zu hintertreiben, was wiederum den radikalen Flügel des Bürgerausschusses um Vinzenz Fettmilch dazu bewog, den Bürgervertrag auszuhebeln. Die Sollbruchstellen des 71 Artikel starken Vertragswerks waren schnell ausfindig gemacht: der im Mai zu erwartende Jahresabschluss des Finanzhaushalts durch den neu zusammengetretenen Neuner-Ausschuss, die öffentliche Verlesung sämtlicher Privilegien der Frankfurter Bürgerschaft, die schwebenden Verfahren

---

[1] Dieser Passus wurde nachträglich vom Kaiser dahingehend geändert, dass der Kreditnehmer gegen Pfänder aus Silber und Gold einen Zins von 8 Prozent bekam. Waren keine Sicherheiten vorhanden, konnten die jüdischen Geldverleiher einen Kreditzins von 10 Prozent verlangen.

DAS LIED VOM VINTZ HANSS

gegen Schacher und Pyrander sowie der Umgang mit der jüdischen Gemeinde. Ausgerechnet die Behandlung dieser heiklen Fragen hatten die kaiserlichen Kommissare vertagt und zur Erledigung dem neuen Rat überlassen. Dieser aber kam nur schleppend seinen Aufgaben nach – was für erneuten Unmut unter der Bevölkerung sorgte.

Der Bürgerausschuss trat wieder zusammen und agierte selbstbewusster als zuvor als außerparlamentarische Opposition der Massen. Sich seiner Macht bewusst, ließ er sich nicht mehr mit bloßen Versprechen abspeisen. Die tragende Rolle spielte ab jetzt vor allen Dingen ein Mann: Vinzenz Fettmilch. Er wurde aufgrund seines Charismas zum Anführer der Aufrührer, zum »König«, wie es im Vintz-Hanß-Lied heißt:

Auf einen hatten sie all getracht. Auf Vintz Hanß der Aufrührer.
Ein großer Schalck, ein böser Gast. Seins gleichen seyn gewest gar
wenig. Auf uns gewest ein grosser Last. Haben sie aufgenommen zu
einem König.

Vinzenz Fettmilch stammte aus dem wenige Stunden von Frankfurt entfernten hessischen Dorf Büdesheim, wo er, wie es scheint, die Schule besucht hatte, denn er konnte, und das war zu seiner Zeit nicht selbstverständlich, lesen und schreiben. Vermutlich war Fettmilch auch kein Nachkomme eines einfachen Soldaten, sondern der älteste Sohn des Untergrafen von Büdesheim. Für eine Abstammung aus der Schicht des Dienstadels spricht auch, dass Fettmilchs Bruder Johann Eitel später Rechtswissenschaften studierte und Lizenziat wurde.

Fettmilch war also kein Bauern- oder Handwerkersohn, wie gern vermutet wird. Als ersten Beruf wählte der herkulisch gebaute und körperlich große Büdesheimer den des Soldaten. [1]

---

[1] Die mit der Aktenlage des Fettmilchaufstands bestens vertrauten Historiker Kriegk und Bothe berichten, dass Fettmilch mindestens einen Krieg mitmachte und sich sogar zum Unterführer hocharbeitete.

Hinsichtlich seines Glaubensbekenntnisses war Fettmilch reformiert, das heißt Calvinist, kein Lutheraner. Somit gehörte er einer konfessionellen Minderheit an, als er 1593 durch die Heirat mit einer Frankfurter Bürgerstochter in der lutheranischen Hochburg Frankfurt das Bürgerrecht erhielt. In seiner neuen Heimat schlug sich Fettmilch zuerst als Schreiber durch. Wie es scheint, war er kein Kopist, der Briefe und Schriftstücke lediglich abschrieb, sondern jemand, der im Auftrag seiner Kunden Eingaben und Bittgesuche verfasste. 1595 bewarb er sich als Schreiber im Hospital zum Heiligen Geist, wurde jedoch abgelehnt. Nach diesem Misserfolg musste er angesichts der Wirtschaftskrise seine Schreibstube aufgeben, weil sie ihn und seine Familie nicht mehr ernähren konnte. Enttäuscht versuchte Fettmilch es in einem anderen Fach, wurde Zuckerbäcker und trat in die Zunft der Fettkrämer ein. Diesem gesellschaftlichen Aufstieg entsprach in keinster Weise seine finanzielle Situation. Fettmilch geriet aufgrund seiner Trunksucht und der Wirtschaftskrise immer wieder in Geldnot, sodass er 1609 sein Wohnhaus in der Töngesgasse mit einer Hypothek belasten musste.

Um weitere Schulden abzuwehren, betrieb der einstige Schreiber neben seinem Gewerbe als Zucker- und Lebkuchenbäcker noch einen Weinausschank, dessen Schankkonzession ihm aber 1610 entzogen wurde. Chronische Geldnot scheint Fettmilch in illegale Geschäfte getrieben zu haben; so ist belegt, dass er der Falschmünzerei angeklagt, aber nicht überführt wurde.

Zwar war Fettmilch alles andere als wohlhabend – dokumentiert ist auch der Fall, dass er beim Wirt einen Schuldschein unterschreiben musste, weil sein Geld zur Zahlung des Liebeslohns einer Prostituierten nicht reichte –; trotzdem sollte er sich während des Aufstands in Geldsachen äußerst integer verhalten. Sein größtes Kapital war sein unbändiger Wille zum gesellschaftlichen Wandel – im Guten wie im Schlechten.

Der zukünftige Verlauf des Frankfurter Aufstands sollte zeigen, dass Fettmilch hochintelligent, mutig und zu allem entschlossen, aber auch eitel und skrupellos war, wenn es um die Durchsetzung seiner Interessen ging. In seinen politischen Überzeugungen war er radikal, judenfeindlich und neigte ebenso zu Gewalttätigkeiten wie seine Mitstreiter, der Schreiner Konrad Gerngroß und der Schneidermeister Konrad Schopp. Während der folgenden Ereignisse bewiesen alle drei Männer, dass sie dazu fähig waren, die Empörung der Massen zugunsten ihrer politischen Ziele zu verwenden.

Es würde den Rahmen dieses Buches sprengen, die hitzigen Debatten und die kleinlichen Verhandlungen bezüglich der Durchsetzung des Bürgervertrags in allen Phasen zu beschreiben. Der Siebener-Ausschuss nahm seine Arbeit auf und machte sich daran, die Privilegien zu prüfen, wobei ihm vom alten Rat systematisch Steine in den Weg gelegt wurden. Die Patrizier versuchten, die Siebener davon zu überzeugen, dass nur der die Bürger betreffende Teil der Privilegien der Öffentlichkeit zugänglich gemacht werden sollte. Dies aber war nicht in deren Sinn, zumal sie ohnehin – vor allem aufgrund Fettmilchs Einfluss im Bürgerausschuss – unter dem Erfolgsdruck standen, die Privilegien in ihrer Gesamtheit zu veröffentlichen.

Auch die Arbeit des neunköpfigen Finanzrevisionsausschusses, der sogenannte »Neuner«, wurde vom Rat torpediert. Schnell zeigte sich die Misswirtschaft, die in der Finanzverwaltung geherrscht hatte: Überall fehlten Rechnungsbelege, Inventare, Quittungen und Jahrbücher, die über den Verbleib der ausgegebenen Geldsummen Aufschluss hätten geben können. Auch die Gerichtsverfahren gegen den allgemein verhassten korrupten Stadtschreiber Pyrander und den Ratssyndikus Dr. Schacher kamen nicht in Schwung.

Einzig die neue Zusammensetzung des Rats wurde schon im Januar 1613 mit Erfolg realisiert. Die nach dem Bürgervertrag zurückgetretenen Zunftmeister wurden durch 18 neue Amtsherren ersetzt, von denen jeweils sechs auf alle Ratsbänke verteilt wurden, um so ein Gegengewicht zur patrizischen Partei im Rat zu schaffen. Die kaiserlichen Kommissare verfügten auch, dass die Anzahl der Ratsherren aus der Gesellschaft Alten-Limburg auf maximal 14 Mitglieder beschränkt werden sollte. Trotz dieser Verbesserung der Ratsverfassung war die Situation alles andere als befriedigend. Es dauerte nicht lange, und es gärte wieder in der Frankfurter Bürgerschaft, die sich unter Fettmilchs Führung zusehends radikalisierte. Dessen Macht ruhte auf den politisierten Handwerkszünften. Vor allem die Burschen und Gesellen wurden zu seinen Sturmtruppen, mit denen er nach Belieben Aufläufe vor dem Römer veranstaltete, aber auch Ratssitzungen sprengte, indem er das Rathaus besetzte. Mehr und mehr wurde der Rat zum Spielball Fettmilchs, die feinen Ränke der Ratsherren blieben wirkungslos.

Als der Rat am 23. März die von dem Buchdrucker Johann Saur produzierten ungenehmigten Druckfassungen der »Judenstättigkeit« in allen Buchläden beschlagnahmte und deren weitere Verbreitung unter Strafe stellte, erschien Fettmilch mit 32 Begleitern im Römer und verlangte die Zurückgabe der konfiszierten Exemplare. Dabei beschimpfte er den Schöffen Klaus Heilreich Faust von Aschaffenburg und nannte den Jüngeren Bürgermeister[1] in Gegenwart des Personals einen Schelm, seinerzeit eine schwere Beleidigung. Der Rat ließ sich einschüchtern. Die beschlagnahmten Exemplare wurden dem Buchdrucker Saur unter dem Vorbehalt einer späteren Bestrafung zurückgegeben. Im Falle Fettmilchs wurde nichts weiter unternommen, als dass der Rat den Vorfall notieren ließ und

---

[1] In Frankfurt am Main war das Stadtoberhaupt der Ältere Bürgermeister, sein Vertreter der Jüngere Bürgermeister. Der Ältere Bürgermeister entstammte immer der Schöffenbank; er führte den Vorsitz im Rat und vertrat die Stadt nach außen. Der Jüngere Bürgermeister wachte über die Aufrechterhaltung der öffentlichen Ordnung.

die Zünfte befragte, ob dessen Vorgehen ihre Zustimmung finde, was bejaht wurde.

Dass Frankfurt nicht zur Ruhe kam, war nicht zuletzt die Schuld des Rates. Am 6. Mai 1613 kam es zur ersten offenen Rebellion. Auf Geheiß Fettmilchs erschienen mehrere Hundert Leute vor dem Römer und beschwerten sich lauthals darüber, dass der Rat am 4. Mai dem Bürgerausschuss die Vorlage der Schatzungsbücher vorenthalten hatte. Vor dieser Drohkulisse verlangte der Bürgerausschuss nicht nur die Schatzungsbücher, sondern zudem die Einnahme- und Ausgaberegister. Der Rat stimmte eingeschüchtert zu, versuchte aber, Zeit zu gewinnen, indem er die aufgebrachten Bürger auf den Nachmittag vertrösten wollte, doch die Aufrührer durchschauten die List. Am Nachmittag erschienen noch mehr Leute, diesmal 700 bis 800 Mann, besetzten alle Ein- und Ausgänge des Rathauses und trieben mehrere Ratsmitglieder, die fliehen wollten, in das Gebäude zurück. Unter Drohungen verlangten sie die spezifizierten Rechnungen und den Schlüssel zur Finanzkasse der Reichsstadt. Endlich hatte der Rat ein Einsehen und übergab einem Mitglied des neunköpfigen Finanzprüfungsausschusses den Schlüssel, den dieser triumphierend der jubelnden Menge zeigte.

Mit der Römerbesetzung hatten Fettmilch, Schopp und Gerngroß einen großen Sieg errungen: Der Schlüssel der städtischen Finanzkasse blieb in der Hand der Neuner, und der Rat musste sie um Zustimmung bitten, sooft er eine Zahlung vornehmen wollte. Nun konnte der Revisionsausschuss endlich ungehemmt und ungestört vom alten Rat seine Arbeit fortsetzen.

Der wachsende Autoritätsverlust des Rates zog Verfallserscheinungen der öffentlichen Ordnung nach sich. Immer mehr verspotteten die Leute die Amtspersonen. Bierbrauer und Sachsenhäuser Seidenweber verweigerten die Zahlung des Ungelds, einer auf Lebensmittel erhobenen Mehrwertsteuer. Bürger schlugen vor den Augen der Förster Holz, ohne dass diese dagegen einschritten. Allgemein kam es zur Verweigerung der Zahlung von Steuergeldern.

Mittlerweile ging die Unruhe so weit, das sich sogar der erste Polizeibeamte der Stadt, Oberstrichter Johann Ruger, dazu hinreißen ließ, den Ratschöffen Heilreich Faust von Aschaffenburg öffentlich zu beleidigen. Der Jüngere Bürgermeister Köhler zeigte sich beunruhigt, dass die Bürger trotz zehnmaliger Vorladung nicht vor Gericht erschienen. Verzweifelt appellierte der Rat an die kaiserliche Kommission, ordnend einzugreifen. Daraufhin erließen die Kommissare am 23. Juli 1613 ein scharfes Mandat an die Rebellen, indem sie sie dazu aufforderten, endlich Ruhe zu halten, und entsendeten ihre Subdelegierten, um in Frankfurt nach dem Rechten zu schauen. Doch auch mit dieser Maßnahme kam die Stadt nicht zur Ruhe: Unbeirrt setzten die Volkstribunen ihre Agitation fort und bildeten eine Schattenregierung – die wahre Regierung Frankfurts –, der selbst der Achtzehner-Rat nicht mehr Paroli bieten konnte. Durch die einst feste Allianz des Bürgerausschusses ging langsam ein Riss. Die im neuen Rat vertretene Fraktion der Gemäßigten unterstützte Fettmilch nur so weit, wie es um die Verwirklichung des Bürgervertrags ging.

Fettmilch allerdings wollte von Kompromissen nichts mehr wissen. Der Zuckerbäcker war mittlerweile zum unumschränkten Herrscher der Straßen Frankfurts aufgestiegen. Seine Popularität war so ungeheuer, dass er die aufrührerische und mittlerweile untereinander zerstrittene Bürgerschaft im sogenannten »Schadlosbrief« auf ein gemeinsames Programm verpflichten und sie dazu anhalten konnte, untereinander Frieden zu halten und all ihr Streben in den Dienst der Allgemeinheit zu stellen. Doch das war nur ein Programmpunkt des Schadlosbriefes. Weiterhin ließ sich Fettmilch von der Bürgerschaft und den Zünften einen Schutzbrief ausstellen, in dem sich die Bürger Frankfurts unter Eid dazu verpflichteten, ihn unter Einsatz von Leib und Leben gegen seine Feinde zu verteidigen.

228

Darüber hinaus hatte die Bevölkerung für die materiellen Auslagen ihres Anführers aufzukommen und ihm 7 Gulden die Woche auszuzahlen. Wahrscheinlich hatte der ohnehin verschuldete Fettmilch als Berufsrebell keine Zeit mehr gefunden, seinem eigentlichen Broterwerb nachzugehen, und war finanziell noch mehr in die Schieflage geraten. Interessant ist, dass Fettmilch Ende 1613 das dringende Bedürfnis hatte, sich gegenüber der Bürgerschaft abzusichern und sich so eine zusätzliche Legitimation als Volkstribun zu verschaffen. Es ist oft behauptet worden, dass Fettmilch nur der Strohmann von Männern wie Dr. Weitz und Jean Mahieu war, von finsteren Drahtziehern, die ihn vorschickten, weil ihnen selbst das nötige Charisma und das Redetalent fehlte, die Mengen zu begeistern. Dies ist sicher zum Teil richtig, doch zugleich ist es widersinnig, ihn zur bloßen Marionette zu reduzieren. Sollte es diese Dunkelmänner in dieser Form gegeben haben, so mussten sie – wie auch Fettmilch selbst – die Erfahrung machen, dass die radikalisierte Volksmenge unberechenbar war. Dem Volksliebling wurde seine Beliebtheit zum Fluch. Obwohl er oft genug verzagte und manchmal kurz davor war auszusteigen, musste er weitermachen, weil er vom wütenden Mob mit Schlägen und dem Tod bedroht wurde. Fettmilchs Schadlosbrief ist sicherlich ein Beleg dafür, dass der Rebell versuchte, das Risiko der kommenden Ereignisse gerechter auf seine Mitstreiter zu verteilen, um nicht selbst im Falle einer Niederschlagung des Aufstands die Zeche allein zahlen zu müssen. Und so avancierte der Schadlosbrief zu Fettmilchs höchstpersönlichem Heiligtum, das er unablässig mit sich führte.

Mit wachsender Popularität wagten es Fettmilch und seine Anhänger jetzt immer öfter, sich offen über den Bürgervertrag hinwegzusetzen. Nach wie vor sahen die Aufrührer einen Punkt als ungeklärt an, der immer eine ihrer zentralen Forderungen gewesen war: die Vetreibung der Juden. Als der Rat es versäumte, sich trotz Wiederholung der kaiserlichen Schutzgarantie für die Juden diesbezüglich klar und deutlich zu äußern, lenkten Fettmilch, Gerngroß und Schopp jetzt das Hauptaugenmerk der unzufriedenen Bevölkerung auf diese Minderheit. Waren schon in der Anfangszeit Übergriffe gegen einzelne Juden vorgekommen, so häuften sich jetzt die Attacken.

> *Die Bosheit ist erst worden groß. Uns zu schmehen, uns zu schlagen. [...] Niemand haben wir's können klagen. Sie haben geherrscht über uns mit gantzer Macht. Mir haben gestanden in eitel Sorgen. Zu morgens haben wir gewünscht, es wäre Nacht, und bey Nacht, es wäre morgen.* [1]

Obwohl die Juden ausdrücklich unter kaiserlichem Schutz standen, knickte der Rat erneut unter dem Druck der Straße ein und fügte sich darin, die Ausweisung von 60 Bewohnern der Judengasse anzuordnen. Die Frankfurter Unruhen wurden für die Juden immer gefährlicher. Wer konnte, schickte Frau und Kind zu Verwandten aufs Land. Wer nicht so wohlhabend war, den trieben die Restriktionen der neuen Frankfurter Regierung allmählich in den Ruin. Kredit- und Pfandhandel waren durch den Bürgervertrag stark eingeschränkt worden. Die Trödler und Pfandleiher konnten ihre Waren nicht mehr zu ordentlichen Preisen verkaufen oder wurden auf offener Straße überfallen und beraubt. Übergriffe und Plünderungen einzelner Häuser durch marodierende Volkshaufen häuften sich. Sie sollten sich während der Frankfurter Revolution zum Pogrom auswachsen, welches die Vertreibung der gesamten jüdischen Gemeinde nach sich zog.

Noch schreckten die Bürger davor zurück, den alten Rat zu entmachten und die Juden gewaltsam zu vertreiben. Diese Zurückhaltung fußte nicht auf höherer Einsicht, sondern auf der Furcht vor einer drohenden militärischen Intervention, die die kaiserlichen Subdelegierten für den Fall angedroht hatten,

---

[1] Vintz-Hanß-Lied, Strophe 15.

dass die Frankfurter Wirren nicht endlich beigelegt werden würden. Ein letztes Mal suchten Rat und Bürgerausschuss nach einer Lösung am Verhandlungstisch. Nur unter Mühen einigten sich die Parteien im Dezember im sogenannten »Kompromiss« darauf, die schwebenden Fragen durch Unterhändler verhandeln zu lassen und sich deren Entscheidungen bedingungslos zu unterwerfen.

Doch für eine friedliche Lösung war es bereits zu spät. Durch die im Achtzehner-Rat vertretenen einstigen Mitglieder des Bürgerausschusses hatte Fettmilch vom gesamten Ausmaß der Verschuldung Frankfurts erfahren – und forderte nun, dass alle Ämter mit Bürgern und nicht mit Ratsherren besetzt würden. Fettmilch argumentierte geschickt: Er behauptete, dass zu viele Gelder unterschlagen worden wären, sodass der Rat nicht mehr das Vertrauen der Bürgerschaft besäße. Der Rat allerdings weigerte sich zurückzutreten. Jetzt war es nur noch eine Frage der Zeit, bis die Aufrührer ihn unter Anwendung von Gewalt stürzen würden.

REVOLUTION IN FRANKFURT

Die Revolution in Frankfurt begann am 13. Mai 1614. An diesem Tag stürmte Vinzenz Fettmilch zusammen mit seinen Anhängern die Sitzung des Finanzausschusses der Neuner im Römer und verlangte, den Jahresabschlussbericht zu sehen. Als die Neuner sich weigerten und allerhand Ausflüchte vorschützten, ging Fettmilch so weit, ihnen vorzuwerfen, dass sie mit dem alten Rat gemeinsame Sache machten. Er unterstellte ihnen die Verschleierung der finanziellen Missstände und setzte sie auf den Zunftstuben so lange fest, bis sie vom Rat ihres Eides entbunden würden und ihm im Kreuzverhör die Ergebnisse ihres Berichts lieferten.

Was die Neuner auf Fettmilchs Fragen antworteten, übertraf selbst die schlimmsten Erwartungen der Bürgerschaft.

Nicht nur hatten sich die Patrizier nach Lust und Laune aus dem Stadtsäckel bedient und Schulden gemacht: Der Schuldenberg hatte die ungeheuren Ausmaße von 950 000 Gulden angenommen, was einem Wert von 9,5 Tonnen Gold entsprach.[1]

Erbost über die Verschleierung der städtischen Misswirtschaft beschloss Fettmilch, den alten Rat endlich abzusetzen, bevor dieser Gegenmaßnahmen gegen die Revolutionäre ergreifen konnte. Nur zwei Tage später marschierte er anlässlich der jährlich stattfindenden Bürgermeisterwahl wieder mit seinen Anhängern in den Römer, brachte sämtliche Ein- und Ausgänge des Rathauses unter seine Kontrolle und setzte den alten Rat fest, während er die neuen Ratsherren, die Achtzehner, entließ. Doch dabei blieb es nicht: Umsichtig riss Fettmilch die öffentliche Ordnungsgewalt an sich. Seine Anhänger besetzten alle Stadttore und patrouillierten durch die Straßen, während er zusammen mit Gerngroß und Schopp die Ratsherren und ihre Amtsboten verhörte, um weitere Verstöße und Missbräuche in Erfahrung zu bringen. Alles konnte wichtig sein, jedes Detail zum Sturz der verhassten Frankfurter Obrigkeit beitragen. Die Patrizier saßen in der Falle und schwitzten Blut und Wasser. Immer wieder forderte sie Fettmilch eindringlich dazu auf, in ihrer Gesamtheit zurückzutreten. Noch weigerten sie sich, wohl in der Hoffnung auf Hilfe von außen.

Tatsächlich eilten die kaiserlichen Subdelegierten auf diese Nachrichten hin nach Frankfurt und forderten unverzüglich die Freilassung des Rates. Kraft ihres Amtes bestellten die

[1] Bothe, S. 426. Bezüglich des Zeitpunkts der Ermittlung der hohen Stadtschulden wird in der Datierung des Ereignisses oft Meyn gefolgt, der den Mai 1613 nennt. Dies macht in der logischen Abfolge der Eskalation keinen Sinn und findet sich so auch nicht bei Kriegk. Da Bothe aufgrund seiner volkswirtschaftlichen wie historischen Untersuchung als detailliertester Kenner des Fettmilchaufstands gelten darf, folgt dieser Text seiner lückenlosen und präzisen Chronologie.

Subdelegierten die Achtzehner und den Bürgerausschuss ein, damit diese Rechenschaft über die Vorkommnisse der letzten Tage ablegten. Was sonst immer gefruchtet hatte – die tiefsitzende Furcht vor Vertretern der kaiserlichen Autorität –, schreckte nun aber nicht mehr. Fettmilch dachte gar nicht daran, vor den Abgesandten der kaiserlichen Kommissare zu Kreuze zu kriechen. Die ewigen Unterhandlungen leid, ließ er den Subdelegierten bestellen, er habe etwas Besseres zu tun, als die Zeit mit ihnen zu verschwenden. Dieser Affront machte den kaiserlichen Gesandten klar, dass von nun an ein anderer Wind in Frankfurt wehte, und nur mit Mühe konnten sie am nächsten Tag von Fettmilch die Versicherung erreichen, dass den Ratsherren kein Leid geschehen werde.

Die gefangenen Ratsherren waren verzweifelt und bekamen es langsam mit der Angst zu tun. Wie groß der Hass der Frankfurter war, zeigt sich darin, dass die wütenden Handwerksgesellen den Ratssaal, in dem sich die etwa 23 Ratsherren bei glühender Sommerhitze befanden, noch zusätzlich anheizten. Diese Hitzetortur, bei der die Patrizier förmlich weichgekocht wurden, brach jeglichen Widerstand, und am 19. Mai fügte sich der alte Rat der Stadt Frankfurt in das Unvermeidliche und trat zurück. Wen Fettmilch nicht verhaften ließ, der floh sofort mit seiner Familie aus der Stadt nach Hanau oder in die umliegenden Fürstentümer.

Trotzdem waren die Radikalen bemüht, ihrer Erhebung den Anschein von Rechtmäßigkeit zu geben. Fettmilch – oder vielmehr der Advokat Dr. Weitz – zeigte sein ganzes juristisches Talent und kreierte mit notarieller Hilfe ein formal rechtsgültiges Dokument, das die erzwungene Abdankung des alten Rats wie eine aus eigenem Willen getroffene Rücktrittserklärung aussehen ließ.

Fürs erste hat sich der alte Rat dahin erklärt, dass die aus diesen und anderen Ursachen und damit nichts Ärgeres erfolgte, besorgenden Aufstand und Unruhe zu vermeiden und weil keine anderen

Mittel zur Versöhnung vorhanden, gutwillig hiermit und von mir,
Notario, und Zeugen den Ratssitz resigniert haben wollten und
resignierten. [1]

Die juristische Finte hob die Kampfmoral der Aufständischen und diente dem Zweck, die Aufrührer vor Ahndungen durch die kaiserliche Kommission zu schützen. Der Volkstribun und seine Parteigänger wussten, dass ihnen die Reichsacht drohte, würde es ihnen nicht gelingen, ihre Erhebung als einen Kampf für soziale Gerechtigkeit zu proklamieren und den Kaiser von ihrer Treue zu ihm zu überzeugen.

Fettmilch und seine Anhänger hatten auf der ganzen Linie gesiegt, konnten sich jedoch nicht lange auf ihren Lorbeeren ausruhen. Die Position der Radikalen war äußerst gefährdet, denn die Entmachtung des alten Rats war auch ein Angriff auf die gemäßigten, im Achtzehner-Rat vertretenen Kräfte des durch den Bürgervertrag geschaffenen neuen Rats gewesen. Damit hatte Fettmilch im Prinzip gegen die Mächte geputscht, die noch vor einem Jahr zusammen mit ihm den Bürgervertrag ausgehandelt hatten. Wie es schien, fraß die Revolution ihre Kinder. Die öffentliche Ordnung der Stadt lockerte sich immer mehr, doch noch verhielt sich die Bürgerwehr ruhig, noch hielt das Bündnis der Zünfte.

Kurz nach der Vertreibung der Patrizier aus dem Rat rüsteten die Aufständischen eine Gesandtschaft aus, die sich unverzüglich auf den Weg nach Linz machte, um dem Kaiser höchstpersönlich ihre Sicht der Ereignisse schildern zu können. In ihren Satteltaschen steckte eine Rechtfertigungsschrift, in der der Bürgerausschuss dem kaiserlichen Hof ausdrücklich seine Treue bekundete und in 38 Anklagepunkten gewissenhaft die Vergehen des alten Rats auflistete. Die heikle diplomatische Mission krankte von vornherein an einem entschei-

---

[1] Instrumentum resignationis des alten Rats zu Frankfurt, 9. bzw. 19. Mai 1614; Wiener Akten dec. 34 (n. 1852) d. Bl. 244.

denden Fehler: Sie wurde einfachen Handwerkern anvertraut, die – abgesehen davon, dass sie zum Gespött der Österreicher wurden, weil sie zu Pferde eine äußerst schlechte Figur abgaben – nicht im Geringsten mit den Gepflogenheiten kaiserlicher Diplomatie vertraut waren. Unerfahren wie sie waren, entnahmen sie den Höflichkeitsfloskeln des mächtigsten Beraters des Kaisers, Melchior Kardinal Khlesl, dass dieser gewillt sei, den Machtwechsel in Frankfurt zu akzeptieren – wovon die Frankfurter Gesandten Fettmilch sofort in Kenntniss setzten. Diese groteske Fehleinschätzung der kaiserlichen Politik deckte sich in keinster Weise mit der Realität. Spätestens nach dem Auftritt der Fettmilch-Gesandtschaft war Khlesl klar geworden, dass die Frankfurter Wirren nur noch durch eine militärische Intervention beendet werden konnten.

In Frankfurt verflog bald die Euphorie der Aufrührer über den ersten Bericht der Gesandten vom kaiserlichen Hof. In der Stadt kursierten Gerüchte über die Anwerbung hessischer und mainzischer Truppen durch die kaiserlichen Kommissare, um die alte Ordnung wiederherzustellen. Dieser Verdacht war nicht ganz unbegründet: Im Juni fand man den Brief eines Patriziers, des viel gehassten und auf Betreiben Fettmilchs verjagten Schöffen Faust von Aschaffenburg, in dem er die kaiserlichen Gesandten dazu aufforderte, die Bewegung der Radikalen endlich niederzuschlagen. Wieder einmal schienen die Befürchtungen der Frankfurter Bürgerschaft bestätigt.

In dieser gespannten Atmosphäre traf ein kaiserlicher Herold am 5. August in Frankfurt ein und verlas ein kaiserliches Strafmandat. In dem Schreiben erklärte der Kaiser alle Bündnisse unter den Bürgern und Zünften für aufgehoben. Weiterhin gebot Matthias der Frankfurter Stadtbevölkerung, alle aufrührerischen Handlungen einzustellen und zu »parieren«, das heißt, dem alten Rat Gehorsam zu leisten. Der Herold verkündete, dass der Kaiser den Frankfurtern eine Bedenkfrist von zwei Wochen zugestehe, dann verließ er den Römer.

Das Mandat spaltete die Bürgerschaft in zwei politische Lager. Zwar wusste Fettmilch geschickt das Gerücht zu schüren, dass der Herold gar nicht vom Kaiser selbst, sondern von den mit den geflohenen Räten verbündeten kaiserlichen Kommissaren geschickt worden sein konnte, aber ein kleiner Teil der Zünfte und der Bürger begann einzuknicken und leistete dem kaiserlichen Mandat Folge. Das Bröckeln der anfänglichen Einheitsfront radikalisierte die Anhänger Fettmilchs noch mehr. Der Konflikt zwischen den Befürwortern des kaiserlichen Mandats und den Anhängern Fettmilchs verschärfte die ohnehin schon angespannte Lage und beeinflusste dessen politische Entscheidungen. Immer häufiger lauerten Fettmilchs Parteigänger ängstlichen »Parierern« auf der Straße auf, bedrohten oder verprügelten sie.

Als die Frist auslief und die Mehrheit der Bevölkerung sich nicht zuletzt aufgrund des Terrors der Radikalen immer noch nicht dem Kaiser unterworfen hatte, versuchten die Subdelegierten, die Einheitsfront der Aufständischen zu spalten. Trotz der aufgewühlten Stimmung in der Stadt verließen sie sich dabei nur auf die Wirkung ihrer Autorität – mit fatalen Folgen. Ohne über die Rückendeckung durch eine Militäreskorte zu verfügen, befahlen sie den aufgebrachten Gesellen und Lehrlingen per Edikt, sich den Anordnungen des Kaisers zu fügen und ihre Meister zu verlassen, andernfalls würden sie aus der Stadt ausgewiesen werden. Als die Handwerker sich weigerten, ihre Meister zu verraten, gingen die Subdelegierten noch einen Schritt weiter und drohten damit, alle ungehorsamen Handwerker für unehrlich zu erklären und die Namen der Verdammten öffentlich an den Galgen zu schlagen.

Diese Drohung brachte das Fass zum Überlaufen: Sollte die Maßnahme eigentlich einen Keil zwischen die Zünfte und Fettmilch treiben, so erreichte sie aufgrund der Entschlossenheit der ohnehin bis zur Hysterie politisierten Handwerksgesellen unter Fettmilchs Führung nur das Gegenteil.

Über alle Maßen erbittert, stürmten die empörten Handwerksgesellen unter Führung Konrad Schopps die Unterkünfte der Subdelegierten und nahmen sie fest. Im folgenden heftigen Tumult bewahrte nur ein gütiges Schicksal die kaiserlichen Gesandten davor, ohne viel Federlesens aus dem Fenster geworfen zu werden. Schopp ließ den Gasthof abriegeln und die Subdelegierten scharf bewachen. Ihre Festsetzung oder besser ihr Stubenarrest brach ihre Autorität und degradierte sie zu Geiseln der Revolution. Die Würfel waren gefallen. Jetzt gab es für Fettmilch, Schopp und Gerngroß keinen Weg mehr zurück. Nun brauchten sie auf keine Autorität innerhalb und außerhalb der Frankfurter Stadtgrenze mehr Rücksicht zu nehmen. Jetzt war endlich der Weg frei, eine ihrer ersten Forderungen durchzusetzen – die Beseitigung der Juden, die von ihnen ohnehin verdächtigt wurden, mit dem geflohenen alten Rat und den Subdelegierten geheime Verbindungen unterhalten zu haben. In voller Wut entluden sich nun der Volkszorn und die angestauten Ängste über diejenigen, die sich am wenigsten wehren konnten.

DIE VERTREIBUNG DER JUDEN

Die Aufregung in den Straßen der christlichen Viertel war der jüdischen Gemeinde nicht verborgen geblieben. Schlaflos hatte sie in Erwartung der düsteren Ereignisse die ganze Nacht hindurch gewacht. Am Morgen des 1. September versammelten sich die Juden in der Synagoge des Ghettos, um zu beten und himmlischen Beistand zu erflehen. Angst spiegelte sich in den Gesichtern von Frauen und Kindern, Erhabenheit im Gebaren des Rabbis, der unablässig die alten Gebete sprach. Die Blicke der Männer flackerten nervös. Sie waren bereit, ihr Ghetto zu verteidigen oder zu sterben. Jetzt hätte die Frankfurter Judengasse gut einen Golem gebrauchen können, jenes

Monstrum, das der Sage nach Rabbi Jehuda Ben Löw aus lebloser Masse geformt hatte, um das Prager Ghetto gegen seine Feinde zu beschützen.

Leider lebte statt des sagenhaften Golems nur ein heiliges und friedliebendes Wesen in der Frankfurter Judengasse, das es mit den Feinden der Juden nicht aufnehmen konnte: der Bekhor Schor. Dies war ein erstgeborener Ochse, der sein Dasein auf dem Friedhof der Judengasse fristete und aufgrund eines alten Brauchs als heilig und unantastbar galt. Starb der Bekhor Schor, wurde er auf dem Friedhof begraben und erhielt sogar einen Grabstein. Daraufhin trat der nächste erstgeborene Ochse an seine Stelle, sodass der Brauch in Frankfurt in ungebrochener Traditionslinie fortbestand. Dies sollte sich an jenem Tag ändern.

Ahnungslos graste der heilige Ochse gerade im Schatten der sich kreuz und quer in die Höhe türmenden, verwitterten Grabsteine des jüdischen Friedhofs, als die wütenden Rufe einer aufgebrachten Menschenmenge vor den Toren des Ghettos aufbrandeten. Holz barst, Kampfgeschrei wurde laut. Dann ertönte das tiefe, dumpfe Pochen eines von starken Armen geschwungenen Balkens, der mit der Wucht eines Rammbocks gegen die splitternden Torflügel krachte. Was viele Ghettobewohner seit mehreren Monaten in ihren schlimmsten Albträumen befürchtet hatten, wurde Wirklichkeit. Das Pogrom hatte begonnen.

Als Fettmilchs Anhänger das Judenviertel bestürmten, griffen die kampffähigen Männer des Ghettos zu Schwertern und Spießen, um die Tore zu verteidigen, die sie am Vortag noch mit schweren Fässern und Balken verrammelt hatten, sodass die Angreifer kein leichtes Spiel hatten. Viele der Frauen legten sich in Erwartung des sicheren Todes mit den Kindern auf den Friedhof, andere stiegen mithilfe eines Seils auf die Mauer der Gasse, um sich zur anderen Seite herunterzulassen und zu christlichen Freunden in der Stadt zu fliehen. An die 600 Menschen flohen über die Mauern in den benachbarten

Garten eines Patriziers, wo ihnen ein Ratsherr Zuflucht gewährte. Als die Handwerker das Tor aufbrachen, kam es zu einem harten Kampf am Haupttor der Judengasse, dem Bornheimer Tor. Schon beim ersten Zusammenprall der bewaffneten Haufen gab es auf beiden Seiten Tote und Verletzte.

Die Juden traten den Angreifern mit gewehrter Hand, ›drei und drei in der Ordnung‹, entgegen; im Anlauf kam einer von ihnen um. Von den Gesellen waren auch manche arg mitgenommen: einer hatte einen Arm, ein anderer ein Auge verloren. Durch Steinwürfe wurden schließlich die Juden zurückgetrieben. Fettmilch hat befohlen, vom Walle aus ›tapfer‹ hineinzuschießen: etwa 8 Schuss sind geschehen. [1]

Trotz heftiger Verluste wehrten sich die Juden so tapfer, dass es den angreifenden Handwerkern über fünf Stunden nicht gelang, in die Judengasse einzudringen. Doch es gab eine Schwachstelle: ein hölzernes Haus direkt am Bornheimer Tor. Ungeachtet aller Gegenwehr durchbrachen die Handwerker das Haus und drangen im Nahkampf von Mann zu Mann in die Gasse ein, bis die Juden den Widerstand aufgaben und sich auf den Friedhof zurückzogen.

Glaubt man den jüdischen Quellen, so brach die Verteidigung des Ghettos nicht zuletzt durch den Verrat einiger Bürger zusammen, die mit den Gesellen gemeinsame Sache machten.

Den Gesellen hätten sie wohl standhalten können, aber es seien 8 andere Bürger durch[s] andere Tor gekommen, hätten so getan, als ob sie ihnen helfen wollten, hätten [den Juden] die Musketen aus den Händen genommen, und [hätten] die Fässer vom Tore weggewälzt, um den Angreifern, wie sie sagten, mit Ernst zusetzen zu

[1] So die Schilderung der Frankfurter Juden; Bothe, S. 757.

*können. Dann hätten sie ein Rohr losgebrannt. Das sei wohl ein
Losungsschuss gewesen; denn nun hätten die von draußen geschos-
sen, die Bürger hätten sich zurückgezogen und die eingedrungenen
Gesellen hätten mit dem Plündern begonnen.* [1]

Von nun an gab es kaum noch ein Halten. Das historische Gerücht, dass die Plünderer nur vier Häuser tief in die Judengasse
eindrangen und dann aufgehalten wurden, erscheint aufgrund
des Ablaufs der Ereignisse unglaubwürdig und kann ins Reich
der Kolportage verwiesen werden. Das Vintz-Hanß-Lied bringt das dramatische Geschehen
lapidar auf den Punkt. Nach dem Zusammenbruch des orga-
nisierten Widerstands begannen die Gesellen damit, die Judengasse zu plündern, ohne dass Frankfurter Bürger wirklich
ernsthaft dagegen einschritten.

*Die gantze Nacht haben sie geschwebt. An allen Orthen und an
allen Enden. Was sie haben angerührt, das hat geklebt. Haben es
behalten in ihren Händen.* [2]

Wie es scheint, befürworteten viele Frankfurter die antisemitischen Ausschreitungen sogar. Anders ist es jedenfalls nicht zu
erklären, dass Bürger nicht nur nicht eingriffen, sondern sogar
den Plünderern halfen. Selbst die Wachen, die von der Stadt
zur Bewachung der Juden abgestellt worden waren, nahmen
ihren Auftrag nicht sonderlich ernst und tranken einander
Wein zu, ohne die Plünderungen zu verhindern.

Ohne Gegenwehr drang der Mob in die Häuser der Vertriebenen ein, es kam zu schlimmen Exzessen. Junge Mütter, die gerade erst ihr Kind zur Welt gebracht hatten, wurden samt ihren
Neugeborenen aus den Betten geworfen und zum Friedhof getrieben. Schwangere Jüdinnen erlitten aufgrund der Aufregung

---

[1] ebenda, S. 757 ff.
[2] Vintz-Hanß-Lied, Strophe 35.

DAS LIED VOM VINTZ HANSS

Fehlgeburten. Überall tobte der Mob in der Straße, raubte Möbel, Geschirr, Schmuck, Stoffe und Bettzeug. Glasscherben zerschlagener Fensterscheiben knirschten unter den Schuhsohlen der Plünderer, eingetretene Türen lagen herausgerissen auf der Gasse, die bald ein Bild der völligen Verwüstung bot. Männer wie Frauen, Arme und Wohlhabende raubten nach Herzenslust oder zerstörten, was sie nicht wegtragen konnten. Erst als der Jüngere Bürgermeister am nächsten Tag endlich eingriff, wurde die öffentliche Ordnung wiederhergestellt.

Das Bitterste stand den Juden Frankfurts, die den nächsten Morgen unter fortwährendem Beten erwartet hatten, aber noch bevor. Diejenigen, die sich zu christlichen Freunden geflüchtet hatten, wurden aus ihren Verstecken getrieben und zum jüdischen Friedhof gebracht. Auch die 600 tags zuvor in den Garten eines Ratsherrn Geflüchteten hatten sich dort eingefunden. Nach und nach quetschten sich 2500 Menschen zwischen die Grabsteine ihrer Ahnen. Die Situation wurde unerträglich. Mit Todesangst, aber auch mit Fassung erwarteten viele die Entscheidung der Aufrührer. Viele hatten ihre Sterbekleider angelegt und waren entschlossen, sich kollektiv das Leben zu nehmen, sollten die Plünderer in den Friedhof eindringen. Lautstark drangen von draußen erregte Stimmen über die Mauer. Es war eine Debatte auf Leben und Tod, die Fettmilch, Schopp und Gerngroß mit der Bürgerschaft über das Schicksal der Gefangenen führten: Einige, wie Schopp, waren dafür, kurzen Prozess zu machen und alle zu töten, denn – so ihr Argument – ein toter Jude könne keine Schuldforderungen mehr eintreiben; andere, wie Fettmilch, schlugen vor, sie nur zu vertreiben, was eine heftige und lautstarke Debatte auslöste. Zu guter Letzt setzte sich die Partei durch, die sich für die bloße Vertreibung der jüdischen Bevölkerung aussprach.

Fettmilch setzte der jüdischen Gemeinde eine Frist: Sie hatten nur einen Tag Zeit, ihr restliches Hab und Gut aus dem Viertel zu holen, dann mussten sie die Stadt verlassen. Mit ihrem noch verbliebenen Geld heuerten die Juden christliche

Träger an, die ihnen dabei halfen, ihre verbliebene Habe aus den geplünderten Häusern zu bergen. Am folgenden Tag begann der Exodus der jüdischen Bevölkerung Frankfurts. 2500 Menschen verließen teils zu Fuß, teils auf Booten die Mainstadt, in steter Todesangst, doch noch ermordet zu werden. Besonders diejenigen, die sich auf den Booten und Kähnen zusammendrängten, bangten um ihr Leben. Währenddessen tummelten sich auf den Brücken Tausende von Schaulustigen, die sich am Anblick der Flüchtenden weideten. Wie groß der Judenhass der einfachen Bevölkerung Frankfurts war, zeigte sich noch darin, dass sie die Abziehenden mit Steinen bewarfen und mit Flinten beschossen.

Dennoch schlug den Vertriebenen auf ihrem Weg in die Diaspora nicht nur Hass entgegen. Außerhalb des Hoheitsgebiets ihrer ehemaligen Heimatstadt wurden sie gut aufgenommen und mit Nahrungsmitteln versorgt. Einige Gruppen zogen nach Höchst, andere nach Hanau, Mainz, Aschaffenburg oder Worms, wo sie fürs Erste eine neue Bleibe fanden. Es sollten 18 Monate vergehen, bis sie wieder in ihr altes Viertel einziehen konnten.

Kaum hatten sie ihr Ghetto verlassen, wurde die Judengasse vom Rat zur Plünderung freigegeben. Unter Triumphgeheul stürmte der Mob in die Synagoge, riss die liturgischen Gewänder und heiligen Schriftrollen an sich oder verbrannte sie. Andere wussten zwar wenig um den theologischen Wert der Schriften, aber desto mehr um den Materialwert des bedruckten Papiers.

Meul, Geis und Happ haben einen ganzen Wagen voll Pergament für 40 fl. [Gulden] einem Buchbinder verkauft, Meul hat auch Gerngroß Pergamentrollen gegeben und etliche Zentner Pergament an den Buchbinder Dr. Nicolaus Weitz veräußert, der es auf der Leipziger Messe verhandelt hat. [1]

[1] Bothe, S. 764.

Neben dem Verlust der Heimat wog für die jüdische Gemeinde der unwiederbringliche Verlust der von Weitz auf der Messe losgeschlagenen heiligen Bücher am schwersten. Viele konnten später gar nicht wieder zurückgegeben werden, weil Buchbinder sie zum Einbinden verwandt hatten. Nur wenige blieben erhalten.

Bei den Plünderungen wurde auch der Bekhor Schor nicht verschont. Er ging den Weg allen Fleisches – und beendete sein friedliches Leben am Bratspieß.

Der Sturm der Judengasse am 1. September und die Vertreibung der Juden waren der größte Triumph der Radikalen unter Fettmilch, der nur eine Woche später die Verfassungsreform mit der Vereidigung eines neuen Rats abschließen konnte, welcher vorläufig die Regierungsgeschäfte übernahm. Fettmilch ersetzte die geflohenen oder festgesetzten alten Ratsmitglieder der Patriziergesellschaften durch 25 neue, sogenannte Interimsräte, die sich aus Mitgliedern der Zünfte und des Bürgerausschusses rekrutierten.

Fettmilch, Schopp und Gerngroß selbst vermieden es bei allem Machthunger, selbst einen Ratssitz zu übernehmen. Wahrscheinlich wollten sie sich nicht angreifbar machen oder mit der Macht korrumpieren. Aber Fettmilch hatte viele Gefolgsmänner im Achtzehner-Rat, wie den Jüngeren Bürgermeister Köhler, auf die er sich verlassen konnte. Als Frankfurts beliebtester Volkstribun war er ohnehin der wahre Machthaber. Taktisch gesehen bot die außerparlamentarische Opposition des Bürgerausschusses Fettmilch den Vorteil, jeden ihm widerstrebenden Beschluss durch den Druck der Straße aushebeln zu können.

Es grenzt an Verblendung, dass der Revolutionsführer nicht merkte, in welcher Todesgefahr er sich seit der Plünderung der Judengasse befand. Am 8. Oktober 1614 ritt wieder ein kaiserlicher Herold durch eines der Stadttore Frankfurts auf den Römer zu. Diesmal trug er kein Mandat mit der Androhung weiterer Strafsanktionen bei sich, sondern ein Pergament, das gefährliche Konsequenzen für die Rädelsführer der Frankfurter Revolution hatte.

Feierlich las der Bote des Kaisers den Frankfurtern vor, dass Kaiser Matthias die Reichsacht über die Anstifter des Frankfurter Aufstands, Fettmilch, Schopp und Gerngroß, verhängt hatte. Die Revolutionsführer hingegen dachten nicht daran, sich dem Urteil des Kaisers widerstandslos zu unterwerfen, und unternahmen mit allen Mitteln den Versuch, sich an der Macht zu halten.

TAGE DES TERRORS

Nach anfänglichen Sympathiebekundungen mit den Geächteten änderte der Rat seine Haltung gegenüber Fettmilch, Gerngroß und Schopp. Zu groß war die Gefahr, dass der Stadt bei weiterem Widerstand nicht nur die Verhängung der Acht und der Verlust sämtlicher Privilegien, sondern auch der Reichskrieg drohte.

Am Beispiel der Stadt Aachen zeigte sich nur zu deutlich, dass Kaiser Matthias bei Widerstand nicht mit sich spaßen ließ. Am 1. September 1614, also genau am Jahrestag der Erstürmung der Judengasse, hatte der spanische Feldherr Ambrosio Spinola Aachen mit einem Heer von 18 000 Mann eingeschlossen und vom einst durch einen Aufstand an die Macht gelangten protestantischen Rat die Kapitulation verlangt, andernfalls drohe der Stadt die Reichsacht und Erstürmung. Der Rat hatte daraufhin und auf Druck der Zünfte kapituliert, und die Mehrzahl der calvinistischen Truppen und Bürger hatte die Stadt gegen freies Geleit verlassen. Ein ähnliches Prozedere drohte nun auch Frankfurt.

Fettmilch versuchte, entsprechende Bedenken mittels der Verbreitung von Angst und Terror zu zerstreuen. Seine Schlägertrupps verprügelten Bürger, die pariert hatten. Aber es war zu spät, denn der Rat, selbst die einst mit Fettmilch verbündeten Achtzehner, hatte sich dazu entschieden, dem Kaiser zu gehorchen, um die Privilegien der Stadt nicht zu gefährden. Als der Volkstribun nach bewährter Weise lautstark dagegen protestierte, wurde er am 10. Oktober 1614 aus dem Römer getrieben. Dieser Rückschlag zeigte Fettmilch, dass er an Zulauf verlor. Der aber war ein Kämpfer und versuchte, das Blatt zu wenden. Wieder einmal versammelte er die Zunftmeister, hielt ihnen eindringlich den Schadlosbrief vor und erinnerte sie daran, dass sie gelobigt hatten, mit ihm zu sterben oder zu leben. Doch was früher nie seine Wirkung verfehlt hatte, verpuffte diesmal kläglich. Der Revolutionär erntete nur noch laue Lippenbekenntnisse. Zu groß war die Angst der Zünfte vor einer kaiserlichen Intervention, was wiederum die Machtposition des Rates stärkte, der sich jetzt energisch gegen Fettmilch und seine Anhänger wandte. Ab jetzt ging es Schlag auf Schlag abwärts mit Fettmilch.

Als Erstes verbot der Rat Schopp, Gerngroß und Fettmilch, auf dem Römer zu erscheinen, und befahl ihnen, ihre Wohnungen nicht mehr zu verlassen, woran sich die Revolutionäre allerdings nicht hielten. Am 29. Oktober warnte der Rat die Zünfte noch einmal davor, die Achtsandrohung zu ignorieren, und ermahnte sie, dem Kaiser zu gehorchen. Die feste Haltung der kaiserlichen Kommissare verfehlte nicht ihre Wirkung auf die Zünfte – und einen der Rädelsführer.

Als Erster brach Gerngroß unter dem Druck der kaiserlichen Kommissare zusammen. Am 28. Oktober reichte er ein Gnadengesuch beim Rat ein, welches im unterwürfigsten Ton gehalten war. Sinngemäß hieß es darin: Da er den Kaiser schwer beleidigt habe und deshalb in die Acht gekommen sei, so gebe es für ihn kein anderes Mittel, dem ihm bevorstehenden harten Schicksal zu entgehen, als dass er zuerst Gott den Allmächtigen und dann den Kaiser flehentlich um Gnade und Verzeihung anrufe; er sei ein armer, alter und einfacher Handwerksmann und Laie, welcher nicht gewusst habe, was er tue, und dadurch sich mit seinen sechs Kindern ins Verderben gestürzt habe; er habe aus menschlicher Schwachheit und unzeitigem Eifer gesündigt und sich durch den ganz »schwierig« gemachten Mann [Anmerkung der Verf.: gemeint ist Fettmilch] hinreißen lassen, welcher unter anderem beim letzten Tumult auf dem Römer mit harten Worten gedroht habe, ihn sofort zum Fenster hinauszuwerfen oder vor demselben aufzuhängen, wenn er nicht wieder an die Spitze trete und die Sache ausführen helfe; jetzt sei die höchste Zeit, von seinem frevelhaften Treiben abzustehen; er bitte daher um Gottes Willen flehentlich, der Rat möge sich bei den Kommissaren für ihn verwenden.

Die Ratsherren akzeptierten Gerngroß' Entschuldigung und rieten ihm, er solle schleunigst eine ausführliche Bittschrift an die kaiserlichen Kommissare ausarbeiten und dieselbe entweder in eigener Person oder durch Frau und Kind überreichen.

Nach dem Abfall von Gerngroß knickten die Interimsräte ebenfalls ein. Tags darauf bescheinigte ihnen der Rat in aller Form, dass sie aus Gehorsam gegen das kaiserliche Mandat mit Vorbehalt all ihrer Ehren ausgetreten seien. Auch die Mehrzahl der Zünfte stand nicht mehr hinter Fettmilch: Am 10. November erfolgte die Unterwerfung der Schreinerzunft, am 21. November schloss sich die Metzgerzunft an und gleich darauf die Mehrzahl der Zünfte. Am 26. November hatten schon 28 Zünfte von insgesamt 37 ihre Gehorsamsbekundung eingereicht, wobei nicht alle Mitglieder pariert hatten.

Die Partei der Aufständischen unter Fettmilch reagierte mit Wut und Verzweiflung auf den Abfall der Zünfte und ihrer einstigen Anhänger: Jetzt wurden Parierer nicht mehr nur auf offener Straße überfallen und verprügelt, Fettmilch selbst führte ein »Verräterbuch« mit den Namen all derjenigen, die sich dem Kaiser unterworfen hatten, und suchte sie mit seinen Banden zu Hause auf, damit sie ihre Unterordnung widerriefen. Einige nach wie vor revolutionär gesinnte Zünfte stießen

Mitglieder, die sich zum Gehorsam erklärt hatten, nicht nur aus, sondern erklärten sie für unehrliche Leute.

Fettmilch selbst hatte sich nicht mehr unter Kontrolle, und seine Taten wurden immer verzweifelter. Anfang November zwang er den Buchdrucker Bringer, eine aufrührerische Schrift zu drucken, schlug den Korrektor desselben und jagte einen Druckergehilfen aus dem Haus. Noch traute sich der Rat nicht, Fettmilch zu verklagen, aber er zeichnete seine Tat auf. Fettmilch wandte sich gegen alles, was die bröckelnde Einheitsfront der Revolutionäre gefährdete. Er forderte erneut die Beseitigung eines Anschlags, in welchem der Rat die Misshandlung der Parierer und die Ausstoßung aus den Zünften untersagt hatte. Der Rat antwortete salomonisch, dass der Anschlag von selbst verschwinde, würden die Zünfte das Ausstoßen der parierenden Mitglieder unterlassen. Um das Ruder noch einmal herumzureißen, berief Fettmilch in vollstem Vertrauen auf seine Popularität alle Zünftigen am 24. November in die Benderstube. Was als Wende gedacht war, wurde zu einem schweren Misserfolg. Kaum jemand erschien, nur ein Richter des Rats, der die Versammlung schließen wollte, was ihm aber nicht gelang.

Mehr und mehr setzte sich in Frankfurt die Ansicht durch, dass der Frieden und die Freiheit der Stadt von Fettmilchs Festnahme abhingen. Die Zeit drängte, und aus dem Volkstribun war ein verhasster und gefürchteter Bürgerschreck geworden, ein amoklaufender Demagoge ohne den Anhang der Massen. Schon wanderten viele Frankfurter Bürger aus, siedelten sich in der Nachbarschaft an. Die Messe, eine von Frankfurts Haupteinnahmequellen, schien durch die politischen Wirren mehr als gefährdet. Die handwerkliche Produktion erlahmte, der Handel kam fast zum Erliegen. Der Rat war sich einig: Es musste dringend etwas geschehen, wollte man den völligen wirtschaftlichen Ruin der Stadt aufhalten.

Am 24. November stellte endlich der Apotheker Martin Müller den Antrag, Vinzenz Fettmilch festzunehmen. Drei

Tage später überraschte Zeugherr und Schöffe Hans Martin Baur in Begleitung von einem Profos und fünf bis sechs Mann Fettmilch, als er zusammen mit einigen seiner engsten Anhänger in einer Weinstube sein Mittagessen einnahm. Kaum dass er die Wirtschaft betreten, ging Baur auf Fettmilch los, umfasste ihn mit beiden Armen, sodass Fettmilch zwar noch seine Pistole ziehen, aber nicht mehr abdrücken konnte. Aber so einfach wollten die Anhänger Fettmilchs ihren Anführer nicht ziehen lassen. Beim folgenden kurzen Handgemenge verletzten Fettmilchs Gefolgsleute einige der Soldaten, gaben sich jedoch geschlagen, als einer von ihnen getötet wurde. Fettmilch wurde überwältigt und gefesselt in das Gefängnis des Bornheimer Turms gebracht und von Soldaten bewacht. Baur konnte zufrieden sein – aber der Schöffe hatte die Rechnung ohne die Anhänger Fettmilchs gemacht.

Selbst in Arrest zeigte der Frankfurter Demagoge noch, wie gefährlich er war. Vom Kerkerfenster aus rief er seinen Gefolgsleuten, die sich am Bornheimer Turm sammelten, zu, dass man ihn »nicht stecken lassen« solle. Derartig aufgefordert, stürmten die jungen Handwerksburschen den Kerker, überwältigten die Soldaten und befreiten Fettmilch, nachdem sie zwei Türen aufgebrochen hatten. Dann flohen sie mit ihm in sein Wohnhaus und verbarrikadierten sich. Bald bekamen sie Zulauf.

Schopp und andere Freunde stießen zu Fettmilch, erklärten ihm, sie würden ihn auf Leben und Tod verteidigen, und begannen mit weiteren Verteidigungsvorkehrungen. Neben diesen kampflüsternen Gesellen erschien auch Adolf Kantor, einer der engsten Vertrauten Fettmilchs, und bat den Revolutionär, an seine Frau und Kinder zu denken und sich dem Rat zu ergeben. Fettmilch kannte darauf nur eine Antwort und drückte seine Pistole ab, was Kantors sicherer Tod gewesen wäre, hätte die Waffe nicht versagt. Damit war Fettmilchs Haltung klar. Er würde sich nicht ergeben.

Die Kunde von Fettmilchs Befreiung verbreitete sich wie

ein Lauffeuer. Eilig verließen die Nachbarn ihre Häuser, sicher auch aufgrund des Gerüchts, dass Fettmilch angeblich zwei Tonnen Pulver in seinem Haus gelagert habe. Zeugherr Hans Baur kochte vor Wut. Die Befreiung Fettmilchs war ein herber Rückschlag, und jetzt drohte aus der kleinen Polizeiaktion ein Bürgerkrieg zu werden. Um die Scharte auszuwetzen und den weiteren Zulauf von Fettmilchanhängern zu verhindern, riegelte die Frankfurter Bürgerwehr alle Zufahrtsstraßen zur Töngesgasse ab. Dann ließ Baur die gesamte Bürgerschaft unter Waffen rufen. Die ganze Nacht über patrouillierten Wachen durch das Viertel, auf allen Straßen Frankfurts zündete man Pechpfannen an. Am nächsten Morgen wurden die Bürgergarden auf dem Römerberg aufgestellt, alle Stadttore und alle Nebenstraßen Frankfurts mit Ketten gesperrt. Kurz darauf rückte Baur mit einigen Stadtsoldaten und etwa 400 bewaffneten Frankfurter Bürgern auf Fettmilchs Haus vor, wo das städtische Aufgebot schon erwartet wurde.

An den Fenstern unter dem Dachgiebel zeigten sich vier verwegene, mit Flinten bewaffnete Gestalten. Mit fester Stimme forderte Baur Fettmilch auf, sich zu ergeben. Als keine Antwort erfolgte, ordnete Baur an, zwei Geschütze in Stellung zu bringen, um Fettmilchs Haus zusammenzuschießen, während gleichzeitig mehrere Handwerker den Befehl erhielten, die Haustür einzuschlagen. Dieser Befehl lockte Fettmilch endlich hervor. Er öffnete mit gezogener Pistole die Tür und forderte Baur auf, zu ihm zu kommen, was der Zeugherr unterließ. Dann schloss sich die Tür. Wieder geschah nichts. Als zwei der Soldaten, wohl aus Ungeduld oder Nervosität, ihre Flinten auf das Haus abfeuerten, ergab sich Fettmilch – unter der Bedingung, dass man ihn in Frankfurt behalten und nicht den Kaiserlichen ausliefern möge, was Baur versprach. Damit war die Frankfurter Revolution beendet.

Fettmilch wurde gestattet, seine persönlichen Papiere mitzunehmen, dann wurde er zusammen mit Schopp in den Katharinenturm gebracht, der aus Angst vor einer erneuten Befreiungsaktion Tag und Nacht bewacht wurde. Kaum im Turm, verfassten Fettmilch und Schopp eine Bittschrift an den Rat, in der sie um Vermittlung bei den kaiserlichen Gesandten baten. Die diplomatische Initiative stieß auf taube Ohren. Froh, den gefährlichen Revolutionär im Gewahrsam zu haben, hielten sich die kaiserlichen Kommissare nicht an Baurs Abkommen mit Fettmilch und befahlen Fettmilchs Verlegung in ein Gefängnis außerhalb Frankfurts.

Am 2. Dezember 1614 wurden Fettmilch und Schopp unter strengsten Sicherheitsvorkehrungen in einer Kutsche abtransportiert, die ihren Weg durch das Galgentor zum Guteleuthof nahm, wo die Gefangenen einem Mainzer Schultheißen übergeben wurden. Bei dieser Gelegenheit händigte Fettmilch Baur ein Kästchen voller Briefe aus und deutete an, dass ihm innerhalb von acht Tagen 113 andere nachfolgen müssten. Baur nahm den Kasten an sich. Der Mainzer Schultheiß ließ Fettmilch und Schopp die Ketten anlegen und brachte sie nach Höchst, von wo die Reise nach Aschaffenburg ging, wo Fettmilch und Schopp bis zu ihrer Hinrichtung gefangen gehalten wurden. Hier versuchten kaiserliche Verhörspezialisten, von allen Rädelsführern unter Anwendung der Folter mehr über die vermeintlichen Hintermänner der Erhebung zu erfahren. Der Verdacht bestätigte sich, dass große Teile der niederländischen Gemeinde Fettmilch unterstützt hatten, ohne die Revolution aktiv zu führen.

Zusammen mit Fettmilch, Schopp und Gerngroß starben am Tag der Hinrichtung noch vier weitere Aufrührer durch Enthauptung: der Seiler Stefan Wolff, der Schneider Hermann Geiss, der Seidenfärber Georg Ebalt und der Kaufmann Adolf Kantor. Dann erfolgte die ewige Verbannung von neun Frankfurter Bürgern aus dem Hoheitsgebiet der Stadt Frankfurt, wobei sie vom Nachrichter jeweils zu zweit aneinandergebunden vom Roßmarkt bis zum Tor gepeitscht wurden, wo sie an den dort versammelten Frankfurter Juden vorbeigehen mussten, die sie ebenfalls mit Ruten stäupten. Ihnen folgten 23 weitere Bürger, die ebenfalls verbannt wurden, denen man aber die Auspeitschung ersparte. Insgesamt wurden 2360 Frankfurter zu hohen Geldstrafen verurteilt,[1] darunter viele wallonische Kaufleute und Handwerker. Man verpflichtete sie dazu, je nach Besitzstand und Vermögen die riesige Reparationssumme von 130 877 Gulden zu entrichten und die Juden für ihre Verluste während des Gassensturms zu entschädigen. Der Tag von Fettmilchs Hinrichtung wurde zum Freudentag der Frankfurter Juden. Zeitgleich mit den gefangenen Revolutionären warteten sie vor den Mauern der Stadt, die sie von Soldaten eskortiert betraten. In der langen Marschkolonne rollte auch ein Wagen, auf dessen Ladefläche drei blecherne Reichsadler lagen, die über den Toren zur Judengasse angeschlagen wurden. Unter den Adlern war eine Aufschrift angebracht, die jedem den Tod androhte, der die Schutzgarantie des Kaisers für die Frankfurter Judenschaft verletzte.

Wieder wurde feierlich ein kaiserliches Dekret, ein Transfix, verlesen. Es regelte die Frage der Judenstättigkeit ein für alle Mal. Anstatt wie bisher die Aufenthaltsgenehmigung alle drei Jahre neu zu erteilen, ordnete der Kaiser an, dass die Stättigkeit von nun an für immer gelten sollte. Das Transfix stellte jedoch nicht nur einen Freudenquell für die Bewohner der Frankfurter Judengasse dar, denn die neue Judenstättigkeit regelte schärfer als bisher die Frage des Zuzugs von ortsfremden Juden und limitierte die Anzahl der Heiraten auf 12 pro Jahr. Darüber hinaus wurde festgelegt, dass die Gesamtzahl der jüdischen Gesamtbevölkerung nicht mehr als 500 Familien betragen durfte. Die Schrecken von Fettmilchs Herrschaft waren hingegen für die Juden überstanden. Die Rückkehr nach

---

[1] Alle Zahlen basierend auf Kriegk, S. 404. Meyn nennt als Gesamtzahl der zu Geldstrafen Verurteilten nur 2136 Bürger (S. 58). Diese Zahl umfasst allerdings nur die Angehörigen der Zünfte und Stubengesellschaften und berücksichtigt nicht jene Schicht der unzünftigen, meist wallonischen Bürger, die Kriegk mit 224 angibt.

Frankfurt sollte von den Nachkommen der einst Vertriebenen noch bis ins 19. Jahrhundert ausgelassen gefeiert werden, wobei das Vintz-Hanß-Lied in seiner vollen Länge erklang. Der 1613 abgeschlossene Bürgervertrag wurde in fast allen Punkten ausgehebelt. Die von Fettmilch ernannten Interimsräte mussten vom Amt zurücktreten, die entmachteten Mitglieder des alten Rates wurden von der kaiserlichen Kommission in allen Anklagepunkten freigesprochen und wieder eingesetzt. Die Verfassungsreform wurde weitgehend außer Kraft gesetzt, die Zünfte abgeschafft und in Gewerbevereine umgewandelt. An die Stelle der Zunftmeister traten sogenannte Geschworene, die ohne die Zustimmung des Rates nicht einmal eine Mitgliederversammlung abhalten noch eine Verordnung erlassen konnten. Ab 1616 konnten nur noch Meister, nicht Handwerksgesellen, das Bürgerrecht der Stadt Frankfurt nach Abgabe ihres Meisterstücks erwerben.

Der von Fettmilch aufgelöste Finanzrevisionsausschuss der Neuner trat nicht mehr zusammen. Der Sturz des Revolutionärs beendete auch die Veröffentlichung der Privilegien. Damit befand sich die Stadt hinsichtlich der Verfassungsfrage und der Finanzhaushaltung weitgehend im selben Unrechtszustand wie vor den Unruhen 1612. Einzig die im Bürgervertrag angeregte Verwaltungsreform blieb weitgehend ungeschoren. Es hatte sich so gut wie nichts geändert.

DIE BEDEUTUNG DES FETTMILCHAUFSTANDS

Der bis heute nur wenig bekannte Fettmilchaufstand war nicht nur eine der größten städtischen Erhebungen des 17. Jahrhunderts, sondern eine echte Revolution. Ursprünglich nur eine Protestbewegung, hatte sie sich erst zum Aufruhr und dann zur Revolution radikalisiert. Von Anfang an war das Programm der Aufständischen auffällig klar umrissen: Es verband die Reform der Verfassungsfrage, die Lösung aller wirtschaftlichen und sozialen Probleme vornehmlich mit der Vertreibung der Juden, die als Wucherer und Volksschädlinge gebrandmarkt wurden. Diese Ambivalenz der revolutionären Bewegung, die gezielte Fokussierung des Sozialneids der Bevölkerung auf die jüdische Minderheit ähnelt in frappanter Weise der antisemitischen Verleumdungstaktik der Nationalsozialisten: Wie Hitler verband Fettmilch die Lösung sozialer und wirtschaftlicher Nöte mit der Vertreibung der Juden. Anders als der Diktator strebte er jedoch nicht deren völlige Vernichtung an.

Die antijüdischen Ausschreitungen diskreditieren den Aufstand bis heute und überlagern, dass der Kampf auf verfassungsrechtlicher Ebene gerecht gewesen war und ohne das Eingreifen des Kaisers erfolgreich verlaufen wäre. Die Forderungen Fettmilchs nach mehr wirtschaftlicher Gerechtigkeit und politischer Emanzipation der nicht im Rat vertretenen Bevölkerungsgruppen entsprang nicht nur bloßem Populismus, sondern waren eine berechtigte Reaktion auf eklatante gesellschaftliche Missstände. Ohne den Mut und die Hartnäckigkeit Fettmilchs wäre die enorme, seit Jahrzehnten vom Rat der Stadt verheimlichte Verschuldung nie an die Öffentlichkeit gelangt.

Die Niederschlagung der Frankfurter Revolution von 1614 war für die Bürgerschaft eine Tragödie. Sie bedeutete nicht nur die Niederlage einiger weniger Radikaler, sondern die Zerschlagung der politischen Macht der Zünfte, die nach dem Scheitern der Revolution zum Dasein bloßer Gewerbevereine verdammt wurden und auf die Geschicke Frankfurts nicht mehr lenkend einwirken konnten.

Fettmilch selbst ist eine tragische Figur. Ihn ereilte das Schicksal so vieler Volkstribunen und Agitatoren, die durch die Unzufriedenheit großer Teile der Bevölkerung an die Spitze einer politischen Bewegung gespült werden. Seine Popularität gründete auf der wackeligen Basis der Volksgunst und der brüchigen Allianz zwischen aufstrebenden Kaufleuten, verarmenden Handwerkern und verelendeten Tagelöhnern. Seine Machtbasis schwand, als er immer mehr mit den gemäßigten Kräften des Bürgerausschusses in Konflikt geriet und sich selbst die Befugnisse eines Diktators anmaßte. Verfassungsrechtlich gesehen war Fettmilch ein Idealist. Er glaubte an die Reichsstadt als unantastbare, heilige Institution mit einer genossenschaftlichen Verfassung und war davon überzeugt, dass nicht das Volk für den Rat, sondern der Rat für das Volk da sei und bei erwiesener schlechter Amtsführung jederzeit vom Volk abgesetzt werden könne. Die Tragik Fettmilchs war, dass er mit Ausnahme der Handwerksgesellen über keine revolutionäre Basis verfügte. Die Masse der Befürworter Fettmilchs vertrat gemäßigte Positionen und wünschte sich die Verwirklichung der im Bürgervertrag festgelegten Reformen. Die Bevölkerung Frankfurts war zu sehr im Glauben an die göttliche Legitimation des Kaisers aufgewachsen, um wie Fettmilch wirklich eine radikale Umkehr der gesellschaftlichen Verhältnisse anzustreben. Fettmilch wusste das. Die Entmachtung des alten Rats im Mai 1614 war definitiv getragen vom Willen politischer Veränderung und mit aller Bestimmtheit ausgeführt, aber in der naiven Hoffnung geschehen, den Kaiser im Nachhinein von seiner Rechtmäßigkeit zu überzeugen.

Diese Verhaltensweise ist sehr eigentümlich und macht den Fettmilchaufstand zu einer »typisch deutschen« Revolution. Wie so oft blieben die deutschen Revolutionäre trotz aller Radikalität dem alten Ideal des gerechten, aber missgeleiteten Kaisers tief verpflichtet, der das Unrecht nicht erkennen konnte, weil feindliche Mächte ihn mit Lügen blendeten.

In dieser Hinsicht irrten sich die Aufständischen gewaltig. Der Kaiser war durch seine Kommissare und die Berichte kaisertreuer Stadträte bestens informiert über die Missstände in Frankfurt. Ihm lag nicht an einem gerechten und von breiten Schichten der Bevölkerung getragenen Regime; ihm lag daran, seine Autorität zu wahren und den noch weitgehend unabhängigen Status der Reichsstädte in seinem Sinn zu brechen. Der

Hof in Wien bevorzugte ein Frankfurt, dass von einer ihm willfährigen Regierung geleitet wurde und seinen Forderungen entsprach.

Überlegungen wie Machtmissbrauch, Korruption und Misswirtschaft spielten angesichts eines sich anbahnenden Glaubenskrieges keine Rolle. Vielmehr lag dem kaiserlichen Hof daran, dass die lutheranische Regierung Frankfurts für die Neutralität der Reichsstadt im etwaigen Kriegsfall mit der Protestantischen Union bürgte, was sie schließlich auch tat. Eine solche Neutralität wäre von Fettmilch mit Sicherheit nicht zu erwarten gewesen, der als Reformierter enge Kontakte zur Union pflegte und nach seiner Ächtung sogar einen Fürsten der Union um diplomatische Vermittlung beim Kaiser gebeten hatte.

Mit der Hinrichtung Fettmilchs und seiner Mitverschwörer sowie der Wiedereinsetzung des alten patrizischen Rats in Frankfurt akzeptierte der Kaiser das in seinen Augen kleinere Übel. Er kassierte die Revolution und hielt zur Abschreckung anderer Reichsstädte ein blutiges Strafgericht, um die Bürger der Reichsstädte von weiteren Rebellionen abzuschrecken.

Frankfurt litt noch bis in die dreißiger Jahre des 18. Jahrhunderts an denselben Missständen, die Fettmilch bekämpft hatte. Erst dann sollte es der Frankfurter Bürgerschaft gelingen, den 1612 zwischen Rat und Bürgerausschuss geschlossenen Bürgervertrag umzusetzen.

LITERATUR

Bermann, Moritz: *Alt und Neu, Vergangenheit und Gegenwart in Sage und Geschichte*, Hartleben, Wien 1883

Bothe, Friedrich: *Frankfurts Wirtschaftlich-Soziale Entwicklung vor dem Dreissigjährigen Kriege und der Fettmilchaufstand (1612 bis 1614)*, Zweiter Teil, Baer, Frankfurt/Main 1920

Bothe, Friedrich: *Geschichte der Stadt Frankfurt am Main*, Sauer & Auvermann, Frankfurt/Main 1966

Kriegk, Georg Ludwig: *Geschichte von Frankfurt am Main in ausgewählten Darstellungen*, Heyder & Zimmer, Frankfurt/Main 1871

Meyn, Matthias: »Die Reichsstadt Frankfurt vor dem Bürgeraufstand von 1612 bis 1614«, in: *Studien zur Frankfurter Geschichte* Heft 15, 1980

Schiffauer, Werner: *Fremde in der Stadt*, Suhrkamp, Frankfurt/Main 1997

Ulmer, Rivka: *Turmoil, Trauma and Triumph*, Lang, Frankfurt/Main 2001

»LIEBER BAYRISCH STERBEN«
EIN KURFÜRST OHNE LAND

Ich kann Ihnen aufrichtig erklären, dass ich nie von der Erhebung wusste, noch irgendwie in Verbindung damit stand, ich kenne nicht einmal die Häupter des Aufstands und weiß nicht, wer das Ganze in Szene setzte. Von Seite der Aufständischen ist auch nichts an mich gekommen, ich weiß alles nur aus holländischen Zeitungen und ein paarmal zufällig aus Briefen, die an jemanden vom Hofe geschrieben wurden. Ich habe diesen Handel immer als unsicher betrachtet, jedenfalls durfte er, wenn man auf Erfolg rechnen wollte, nicht um diese Zeit beginnen, sondern erst, wenn die feindlichen Truppen ins Feld gerückt wären. [1]

Nichts an jenem 13. August 1704 deutete darauf hin, dass er zum Schicksalstag Bayerns werden sollte. Dichter Nebel hüllte das Lager der französisch-bayrischen Armee bei Höchstädt ein. Die Futterholer begannen, die umliegenden Dörfer und Felder zu durchstreifen. Es schien ein Tag wie jeder andere in diesem Krieg, den das Kurfürstentum Bayern zusammen mit Frankreich seit 1701 gegen eine Allianz führte, die aus dem Heiligen Römischen Reich Deutscher Nation, dem Königreich England, der Holländischen Republik sowie Preußen bestand. Anlass dieses bewaffneten Konflikts waren dynastische Erbstreitigkeiten gewesen, die kurz nach dem Tod des letzten spanischen Habsburgers, König Karl II. von Spanien, ausgebrochen waren.

Doch im Spanischen Erbfolgekrieg ging es um mehr als nur die spanische Thronfolge. König Ludwig XIV. von Frankreich setzte alles daran, seinen Enkel Philipp V. von Anjou zum

---

[1] Auszug aus einem Brief des Kurfürsten Max II. Emanuel von Bayern vom 5. Februar 1706 an seine Frau Therese Kunigunde.

spanischen König zu machen, um den französischen Einfluss in Europa weiter auszudehnen und die alte Habsburger Umklammerung durch Spanien und das Reich abzuschütteln. Im Falle des Gelingens einer dynastischen Anbindung Spaniens an Frankreich hätte dies eine wesentliche Verstärkung der französischen Wirtschafts- und Kriegsmacht bedeutet. Wer die spanische Königskrone in die Hand bekam, wurde zum Herrn eines Weltreichs, das zwar politisch schwer angeschlagen, aber immer noch reich an Silber- und Bodenschätzen war. Diese für ihn gefährlichen Pläne Ludwigs XIV. trachtete der Römische Kaiser Leopold I. von Habsburg zu durchkreuzen und stattdessen seinen Sohn Karl als spanischen König einzusetzen, um in der Folge das Heilige Römische Reich mit Spaniens Hilfe wieder zur Kontinentalmacht Nummer eins in Europa zu machen.

England und Holland verfolgten wiederum ganz eigene Ziele und sahen eine zukünftige vereinigte französisch-spanische Militär- und Wirtschaftsmacht mit Besorgnis. Die beiden Seemächte wollten um jeden Preis verhindern, dass die Bourbonen die völlige Kontrolle über den überseeischen Kolonialhandel erlangten. Die Generalstaaten der Niederlande konnten sich ausrechnen, dass ihre politische Existenz im Falle eines dynastischen Bündnisses zwischen Spanien und Frankreich mehr als gefährdet war.

Als der todkranke spanische König sich endlich für Philipp von Bourbon als Thronfolger entschied und kurz darauf verstarb, standen die Zeichen auf Krieg. Das Karussell der Bündnisdiplomatie setzte sich in Gang. Überall in Europa sondierten die gegnerischen Mächte in geheimen Vorverhandlungen Bündnisse und Allianzen, wobei auch die kleineren Fürstentümer eine aktive Rolle spielten. Inmitten dieses Kesseltreibens der Großmächte kam ein ehrgeiziger Mann ins Spiel, den man auf dem ersten Blick aufgrund seines Fürstentitels nicht in den höchsten Sphären europäischer Machtpolitik vermutet hätte: Kurfürst Max II. Emanuel von Bayern.

Der bayrische Kurfürst war heiß umworben, nicht nur, weil er einer der besten Feldherren seiner Zeit war, sondern weil seinem Land eine geografische Schlüsselstellung zukam. In den Überlegungen des Hofkriegsrats in Wien spielte das Kurfürstentum Bayern eine große Rolle als Landbrücke zur strategisch wichtigen Rheinlinie; die Franzosen sahen ihrerseits die Möglichkeit, von Kurbayern aus direkt nach Wien oder über Tirol nach Oberitalien vorzustoßen. Darüber hinaus war das Kurfürstentum ein straff zentralistisch regiertes Land, das für seine Größenverhältnisse ein starkes und gut ausgebildetes stehendes Heer aufwies, welches der Kurfürst in den Türkenkriegen und während des Pfälzer Erbfolgekriegs (1688–1697) aufseiten des Kaisers von Sieg zu Sieg geführt hatte.

Max II. Emanuel war sich seiner Wichtigkeit bewusst. Er wurde von Ludwig ebenso wie von Leopold umworben. Als der Kaiser nicht auf seine Forderung einging, Bayern zum erblichen Königtum zu machen, ging der Kurfürst ins Lager der Franzosen über, die seine Bedingungen in allen Punkten erfüllten und ihm die baldige Sendung eines französischen Heeres sowie die Zahlung von Hilfsgeldern versprachen. Hierauf brach Max Emanuel das alte Bündnis mit Kaiser Leopold. Am 6. Februar 1701 übergab er den Franzosen kampflos alle befestigten Plätze der spanischen Niederlande und reiste nach Bayern, um dort die Zügel der Regierung selbst in die Hand zu nehmen. Leopold war außer sich über diesen Verrat. Der gewöhnlich eher träge Monarch reagierte für seine Verhältnisse ungewöhnlich schnell und befahl seinen Armeen, den abtrünnigen Kurfürsten anzugreifen, noch bevor die Franzosen zu ihm stoßen konnten. Aber der Habsburger hatte Max Emanuel unterschätzt. Die Bayern warfen die Invasionstruppen erst mit eigener, später mit französischer Hilfe zurück und gingen sogar zum Gegenangriff über, indem sie Tirol besetzten. Mit dieser Maßnahme hatte der Kurfürst den Bogen überspannt, und nach dem anfänglichen Siegeslauf der Bayern erhoben sich die Tiroler und schlugen die feindliche Besatzungsmacht in die Flucht. Ab jetzt wandte sich das Kriegsglück gegen Max Emanuel. Das Kriegsgeschehen konzentrierte sich wieder auf Bayern, worunter die Zivilbevölkerung sehr litt, denn hemmungslos begannen die kaiserlichen Truppen, das Land auszuplündern. Die Schärfe ihres Vorgehens erklärt sich durch einen Brief, den Kaiser Leopold am 4. Oktober 1703 an seinen Oberfeldherrn Markgraf Ludwig Wilhelm von Baden schrieb.

Ich bin billig des Dafürhaltens, dass wenn die Contributiones an Geld, Vieh und Naturalia mit aller Schärfe eingetrieben, mithin das Land so viel als immer möglich gezwackt und ausgesaugt würde, könnte man zu Behuf der künftigen Subsistenz und Meines aerarii [Staatskasse der Habsburger, Anm. d. Verf.] einen großen Vortheil verschaffen.

Zu allem Unglück für die bayrische Bevölkerung plante das alliierte Oberkommando, im Jahr 1704 in Bayern die Entscheidung herbeizuführen. Unter dem Oberbefehl des Herzogs von Marlborough marschierte eine holländisch-britische, durch Truppen des Reiches verstärkte Armee vom Rhein nach Bayern, um sich dort mit den Kaiserlichen unter dem Oberbefehl des Markgrafen Ludwig Wilhelm von Baden zu vereinigen. Jetzt verfügten die Verbündeten über 70 000 Mann, eine für damalige Verhältnisse gigantische Truppenstärke. Am Schellenberg bei Donauwörth bezwangen sie nach verlustreichem Kampf die nur 15 000 Mann starke bayrische Hauptarmee unter dem Befehl des Grafen Arco und setzten über die Donau über. Schon wähnte Max Emanuel alles verloren, als ihn die glückliche Nachricht erreichte, dass es Marschall Tallard mit einem französischen Heer geglückt war, die von den Kaiserlichen gehaltene Rheinlinie mit 35 000 Mann zu durchbrechen. Tallard brachte nicht nur die dringend benötigten Truppen, sondern auch eine stattliche Summe an Hilfsgeldern. Bayern und Franzosen vereinigten sich und marschierten nach Höchstädt, wo sie ihre erschöpften Männer nah der Donau

»LIEBER BAYRISCH STERBEN«

ein Lager aufschlagen ließen. Max Emanuel, die Marschälle Tallard und Marsin wollten ihren Männern endlich einen Tag Ruhe gönnen, bevor sie mit vereinten Kräften zum Angriff auf die Alliierten übergingen, die sie noch bei Ingolstadt wähnten. Sie ahnten nicht, dass am selben Tag zwei unter Allongeperücken schwitzende Edelleute nur wenige Meilen entfernt auf dem Kirchturm von Tapfheim standen und ihre sorglosen Truppen durch Feldstecher beobachteten: Eugen von Savoyen, besser bekannt als Prinz Eugen, kaiserlicher Feldherr und Präsident des Hofkriegsrates in Wien, und John Churchill, Herzog von Marlborough und Oberbefehlshaber der britisch-holländischen Armee. Die Feldherren planten, am 13. August 1704, dem Ausgangspunkt unserer Betrachtungen, die Entscheidungsschlacht des schon drei Jahre währenden Krieges zu schlagen.

Der Tag war gut gewählt. Noch immer lag gespenstische Stille über dem von Nebel eingehüllten Lager der Bayern und Franzosen. Noch immer ahnten sie nichts von den nicht enden wollenden Marschkolonnen britischer, holländischer, preußischer, dänischer, hannoveranischer, hessischer und österreichischer Regimenter, um nur einige derer zu nennen, die sich zur Schlachtordnung formierten. Endlich lichtete sich der Nebelschleier wie der Vorhang zu einem der blutigsten Schauspielakte europäischer Geschichte. Unter unablässigem Rollen der Trommeln bewegten sich die farbenprächtig gekleideten Regimenter des alliierten Heerwurms durch korngelbe Stoppelfelder auf das französische Lager zu, ihre Bajonette glänzten in der Sonne.

Alarm! Hektische Betriebsamkeit machte sich im französisch-bayrischen Lager breit. Kriegstrommeln rührten, Kommandorufe erschallten, Trompeten riefen die verschlafenen Infanteristen zu Standarten und Fahnen. Offiziere richteten routiniert mit kräftigen Stößen ihrer hellebardenartigen Spontone die Schützenlinien der sich unter dem Lilienbanner und dem Wittelsbacher Löwen sammelnden Infanterieregimenter aus. Hastig sprangen Dragoner und Kürassiere in die Sättel ihrer unruhig auf und ab tänzelnden Pferde. Meldereiter ritten donnernden Galopps hin und her, überbrachten eilige Befehle und Gegenbefehle. Die Oberbefehlshaber des französisch-bayrischen Heeres teilten sich auf: Während Max Emanuel und Marschall Marsin den linken Flügel von Lutzingen bis Oberglaubheim übernahmen, befehligte Marschall Tallard den rechten von Unterglaubheim bis Blindheim. Es gelang den drei Feldherren gerade noch, ihre Truppen in Schlachtordnung aufmarschieren zu lassen, als die ersten Salven der feindlichen Artillerie aufdröhnten und der Angriff der britischen Infanterie auf die Dörfer Blindheim und Unterglaubheim begann, während die Kaiserlichen Lutzingen berannten. Sechs Stunden lang schlugen Bayern und Franzosen überall die Angriffe der Alliierten zurück, wobei sich vor allem Max Emanuel geschickt einer drohenden Umfassung durch die Truppen Prinz Eugens erwehrte. Endlich gelang es Marlborough, die Truppen Marschall Tallards in einer von Artillerie und Infanterie unterstützten Attacke seiner gesamten Kavallerie zu werfen. Nun verließ Tallard das Schlachtenglück: Sein Sohn wurde an seiner Seite erschossen, er selbst gefangen genommen, während die Trümmer seiner Armee in Panik flohen oder sich in die Donau stürzten, um zu entkommen. Damit war die Schlacht, die bei den Engländern als Schlacht von Blenheim, in Deutschland als Schlacht von Höchstädt in die Geschichtsbücher einging, für Bayern und Franzosen verloren.

Obwohl Kurfürst Max Emanuel die Niederlage nicht hatte verhindern können, zog er sich, von der heillosen Flucht der Franzosen unbeeinträchtigt, mit den Resten der bayrischen Armee in guter Ordnung zurück. Einzig 27 von den Briten eingekesselte Bataillone französischer Linieninfanterie kämpften noch bis zur letzten Kugel im brennenden Dorf Blindheim, das zur Festung geworden war. Als der gefangene französische Oberbefehlshaber den Herzog von Marlborough aufforderte, nicht mehr auf diese armen Teufel zu schießen, bat der Her-

»LIEBER BAYRISCH STERBEN«

zog seinen Ordonnanzoffizier kühl, Marschall Tallard aller-höflichst mitzuteilen, dass er ab jetzt nicht mehr zu befehlen habe. Damit war alles gesagt. Tallard hatte seine letzte Schlacht, der bayrische Kurfürst dagegen sein Land verloren. Nur mit Mühe rettete er sich mit den Resten seiner Armee vor den ihn verfolgenden Truppen in die Spanischen Niederlande, wo er in den folgenden Jahren bis 1709 Generalstatthalter blieb und als General glücklos weiter an der Seite der Franzosen gegen die Alliierten kämpfte.

Zuvor übertrug er nur vier Tage nach der Schlacht bei Höchstädt seiner Gemahlin Therese Kunigunde notgedrun-gen die Regierungsgeschäfte. Unter diesen Umständen war an eine Weiterführung des Krieges nicht mehr zu denken. Eine Festung nach der anderen wurde entweder von den bayrischen Streitkräften geräumt oder kapitulierte. Wer wie im Fall der bayrischen Festung Stadtamhof Widerstand leistete, wurde gnadenlos niedergemetzelt. Einzig die alte Sperrfestung Ingol-stadt hielt allen Angriffen der Allianz stand. Die Lage war de-saströs. Ungeachtet der Verwüstungen durch die feindlichen Soldaten litten die bayrischen Untertanen vor allem unter den Plünderungen der eigenen Armee, die schon seit Monaten keinen Sold mehr bekommen hatte. Überall herrschte Hun-ger, Mord und Terror. Auf Druck der bayrischen Landschaft, der aus Klerus, Adel und Bürgertum bestehenden Landstände, schloss Kurfürstin Therese Kunigunde mit den Regierungs-vertretern des Kaisers am 17. November 1704 den Waffenstill-stand von Ilbesheim (Pfalz).

In ihm verpflichtete sich die Fürstin, die noch in bayri-scher Hand verbliebenen Festungen an die kaiserliche Armee zu übergeben, die Besatzungen zu entwaffnen und aus dem Dienst zu entlassen. Einige Befestigungen wie Braunau[1] und

---

[1] Das Innviertel gehörte ursprünglich zu Bayern und kam erst mit dem Frieden von Teschen, der den Bayrischen Erbfolgekrieg been-dete, 1780 zu Österreich.

Schärding sollten geschleift werden. Bewegten sich diese Bestimmungen noch im Rahmen üblicher Kapitulationsverhandlungen, stach folgender Punkt hervor: Das Kurfürstentum verlor von seinen vier größten Verwaltungsbezirken drei an Kaiser Leopold I. von Habsburg. Die Rentämter, das heißt Regierungsbezirke, Straubing, Landshut und Burghausen standen von nun an direkt unter kaiserlicher Herrschaft. Nur das Rentamt München verblieb mit all seinen Erträgen und Einkünften vorerst unter der Herrschaft von Kurfürstin Therese Kunigunde, musste aber dulden, dass die Festungswerke der Residenzstadt München zerstört und die Besatzung der Stadtgarnison auf 400 Mann reduziert wurden. Darüber hinaus verpflichtete sich die Regentin, sämtliche Waffen- und Munitionsbestände sowie weiteres Kriegsmaterial ihrer Hauptstadt und der Festung Ingolstadt, die Zeughäuser aller Städte des Rentamtes miteinbegriffen, an die Kaiserlichen auszuliefern. Damit blieb dem Rentamt München eine beschränkte Selbstständigkeit, während Straubing, Landshut und Burghausen militärisch besetzt wurden. Alles in allem kam die kaiserliche Kommission den Bayern in nur zwei Punkten entgegen: Die Landstände erhielten wie bisher unter der Herrschaft Max II. Emanuels ihre bisherigen Rechte in vollem Umfang bestätigt, und der Fürstin wurde es gestattet, mit ihrem Hofstaat und ihren Kindern Bayern zu verlassen, was sie zunächst ausschlug. In einem weiteren Vertragsnachsatz vom Dezember wurde der Regentin eine verhängnisvolle Zusicherung abgerungen: Therese Kunigunde hatte sich zu einer Garantie zu verpflichten, dass ihre Landesangehörigen und Untertanen nichts Negatives und Schädliches gegen die Truppen des Kaisers unternahmen. Notgedrungen willigte die Kurfürstin ein. Es sollte der erste einer Kette verhängnisvoller Fehler sein, die sie während ihrer kurzen Amtszeit beging.

Wenn die bayrische Bevölkerung jedoch gedacht hatte, dass mit dem Waffenstillstand von Ilbesheim endlich Friede einkehren würde, sah sie sich getäuscht. Waren in den vergangenen Jahren schon die Einquartierungen eigener bayrischer Truppen Drangsal genug für die Bevölkerung gewesen, so verschlimmerte sich mit der Belegung von Ämtern und Städten durch kaiserliche Truppen die Situation dramatisch.

Im Großen und Ganzen spielte sich in sämtlichen Rentämtern mit Ausnahme Münchens im Winter 1704/05 folgendes Szenario ab: Die kaiserlichen Truppen wurden auf dem Land und in der Stadt bei Privatleuten einquartiert, die sie zu verpflegen hatten. Hierbei kam es vor allem auf dem Land, wo das Militär freier schalten und walten konnte, zu Plünderungen und schrecklichen Gewaltexzessen. Mithilfe der Folter erpresste die Soldateska entweder unter Duldung oder aktiver Beteiligung der Offiziere im Rentamt Burghausen das Dreifache der offiziellen Verpflegungsnorm. Wie dieses Vorgehen konkret ablief, verdeutlicht ein Klagebericht, den Johann Georg Hagen, Sekretär des Rentamtes Burghausen, einige Monate nach den Vorfällen am 30. Dezember 1705 verfasste.

Es hat aber der unersättlichen geltbegürigkeit des Soldaten gegen uns armbseligist betrengten Unterthanen, hunger, feuer und khölte zu einem schmerzlichen Werkhzeug dienen müssen, theilsorten seindt unsere Weiber und kinder mit gewalt hingerissen, eingesperret und so lang und vill mit hunger geplagt wordten, bis wür zu ihrer erlesung bey barmherzigen leuthen entlich so viel gelt gesamblet und aufgebracht, als man von uns gefordert.

Dies war leider kein Einzelfall. In Neuötting erpresste Oberst von Sinzendorf auf ähnliche Art 1000 Gulden, im Pflegegericht Braunau unterzogen Soldaten vom Infanterieregiment des Obersten Johann Baptist de Wendt neun Männer und Frauen einer Hitzetortur, indem sie ihre Opfer in eine Badestube einsperrten und so lange den Ofen heizten, bis die Gequälten dem Erstickungstod nah waren und sich mit ihrem letzten Geld freikauften. Als die Überlebenden – eines der Opfer war kurze Zeit später an den Folgen der Tortur verstorben – sich darüber beim zuständigen Kriegskommissär beschwerten, wurden sie nur ausgelacht und weggejagt. Einem armen Bauern spielten die Soldaten noch grausamer mit: Als sie feststellten, dass er kein Geld besaß, nagelten sie ihn mit seinem Kinn auf dem Tisch fest, anderen drehten sie die Knochen aus den Gelenken und schlugen sie zusätzlich blutig zusammen.

Abgesehen von einem Leben in Angst und Schrecken bedeutete die Einquartierung der Truppen für viele Quartiergeber den wirtschaftlichen Ruin. Zusätzlich zur vorgeschriebenen Verpflegung mussten sie ihren ungeliebten Gästen Bier, Wein oder Met ausschenken und als Mahlzeit an den Fasttagen Fisch und an den anderen Tagen gesottenes und gebratenes Fleisch auftischen. Oft wurden sie dazu genötigt, den Soldaten einen Gulden als Tagesgeld unter den Teller zu legen. Das Vieh im Stall war für die Soldateska Freiwild, über das sie zu jeder Zeit verfügen konnten. Das Gleiche galt für das Obst aus den Gärten und das Korn in den Scheunen. Erpressten die Soldaten nichts, vergnügten sie sich damit, Obstgärten und Felder zu verwüsten und somit der Bevölkerung die einzige Existenzgrundlage zu rauben.

Darüber hinaus litt die Bevölkerung unter der Eintreibung der Kriegssteuer. Diese wurde bis zum Jahresende 1705 derartig erbarmungslos eingefordert, dass der kaiserliche Fiskus tatsächlich eine Gesamtsumme in Höhe von 3 Millionen Gulden für die leere Staatskasse verbuchen konnte, was den Steuereinnahmen zweier Friedensjahre in Kurbayern entsprach. [1]

---

[1] Von 1705 bis 1714 sollte Bayern mehr als 13,5 Millionen Gulden an Kontributionen und 8,5 Millionen an indirekten Steuern und anderen Geldern an die kaiserlichen Staatskassen entrichten.

Was für das Reich ein Grund zur Freude war, brachte die Bevölkerung der besetzten Rentämter an die Existenzgrenze, und ihre Klagen darüber verstummten nicht mehr. Der Zusammenbruch des Landes unter der Militärregierung schien unaufhaltsam. Um zu verhindern, dass das Kurfürstentum durch die allerorts herrschende Gewalt und Willkür des Militärs vollends ruiniert wurde, ersetzte Kaiser Leopold I. die Militäradministration durch eine oberste zivile Landesverwaltung, die sogenannte kaiserliche Administration, welche unter Maximilian Karl von Löwenstein ihr Hauptquartier in Landshut einrichtete.

Der neue Administrator war mit den bayrischen Verhältnissen nicht unvertraut, hatte er doch im Jahr zuvor als Statthalter in der Oberpfalz gewirkt. Vor allem aber zeichnete den erfahrenen Diplomaten eine gewisse Menschlichkeit aus, und obwohl von fränkischem Adel, war Löwenstein kein »Bayernfresser«. Am 9. Mai 1705 nahm der Administrator die Huldigung der bayrischen Landstände und Untertanen entgegen, die ihm anstandslos entgegengebracht wurde, was der Anerkennung der Fremdherrschaft gleichkam. Schon zu Beginn seiner Zivilregierung versuchte er, die Bedürfnisse der Bevölkerung mit denen des Hofkriegsrats in Wien in Einklang zu bringen. Dieses Unterfangen glückte ihm allerdings nicht, woran nicht zuletzt äußere Umstände die Schuld trugen, denn die unaufhörlichen Forderungen des Präsidenten des Hofkriegsrats, Prinz Eugen von Savoyen, und des Kaisers nach bayrischen Hilfsgeldern, Gütern und Rekruten verschärften immer wieder die Krise. Immerhin gelang es Löwenstein nach und nach, die blutigen Exzesse der Soldateska zu vermindern, eine intakte Verwaltung aufzubauen und eine gewisse Rechtssicherheit herzustellen, sodass das Volk ihm vertraute. Dies bewirkte er besonders dadurch, dass er die bayrische Rechtsverfassung nicht antastete und die bestehende Verwaltung weitgehend übernahm, bis auf wenige Anhänger Max II. Emanuels, welche den Dienst quittieren mussten.

Konnte die Wahl Löwensteins unter den gegebenen Umständen aus bayrischer Sicht als geglückt gelten, stellte die Thronbesteigung Josephs I. nach dem Tod seines Vaters Leopold am 5. Mai für Kurbayern alles andere als einen Segen dar. Der junge Habsburger galt als erklärter Feind Frankreichs und sah im entmachteten Landesvater Max Emanuel, seinem Ex-Schwager[1], nicht mehr als einen abtrünnigen Verräter. Er ging in seinem Hass später sogar so weit, 1706 die Reichsacht über den Kurfürsten zu verhängen. Dieser Rechtsakt, der Max II. Emanuel zum Vogelfreien erklärte, machte den einstigen Helden der Türkenkriege auf Reichsgebiet zum Geächteten. Hinsichtlich der Ausbeutung Kurbayerns änderte sich auch unter Joseph I. nichts. Der junge Kaiser war ganz wie sein Vater der Meinung, dass das besetzte Land derartig ausgesaugt werden sollte, dass der Bayernherzog keinen Nutzen mehr daraus ziehen könne.

Ein weiterer Schritt in dieser Richtung war die Besetzung des Rentamtes München, was im ganzen Land für große Empörung sorgte. Schon kurz nach Abschluss des Waffenstillstands von Ilbesheim hatte Kaiser Leopold bereut, nicht auch München militärisch besetzt zu haben. Die Stadt selbst war während des Krieges nicht sonderlich verheert worden, sodass die Münchner Bürgerschaft – verglichen mit der Landbevölkerung – nach wie vor als wohlhabend gelten konnte. Außerdem zogen steuerflüchtige Bewohner der kaiserlich besetzten Rentämter nach München, das auf diese Art und Weise zur Steueroase wurde. Das Fehlen dieser Einnahmen war der kaiserlichen Administration ein Dorn im Auge. Auch war es Wien nicht verborgen geblieben, dass sich altgediente kurfürstentreue Soldaten und Gegner des Kaisers in München sammelten und von dort aus rege Korrespondenz mit den bayrischen

[1] Max II. Emanuel war bis 1692 mit Josephs Schwester Maria Antonia verheiratet gewesen, die nach der Geburt ihres dritten Kindes starb.

»LIEBER BAYRISCH STERBEN«

Exilanten in den Spanischen Niederlanden unterhielten. Des Weiteren berichteten österreichische Spitzel, dass die Leibgarde der Fürstin nicht 400, sondern 700 Mann umfasste und längst nicht alle Waffen des Münchner Arsenals abgegeben, sondern sorgfältig vergraben worden waren.

Das Rentamt München musste besetzt werden, koste es was es wolle. Was fehlte, war ein gegebener Vorwand, der den geplanten Rechtsbruch propagandistisch übertünchen würde. Doch dieser war bald gefunden – und zwar in Form eines Koffers voller Liebesbriefe an Max Emanuel. Diese Liebesbriefe waren äußerst prekär. Sie stammten nämlich nicht aus der Feder Therese Kunigundes, sondern von der Mätresse des Kurfürsten, der Gräfin Arco, und enthüllten auf peinlichste Art und Weise eine Liaison, von der die Fürstengattin scheinbar nicht die geringste Ahnung gehabt hatte. Als Therese Kunigunde diesen grauenhaften Fund exzessiver ehelicher Untreue machte, schickte sie als Erstes ihren Beichtvater nach Brüssel. Max Emanuel speiste diesen mit Ausreden und Vertröstungen für seine Gattin ab und erreichte damit genau das Gegenteil dessen, was er bezweckt hatte: In einer Art Kurzschlusshandlung reiste die temperamentvolle Fürstin im Februar von München wütend nach Venedig, um ihre Mutter zu besuchen und deren Rat einzuholen.

War die Handlungsweise der Kurfürstin menschlich nur allzu verständlich, entpuppte sie sich als politische Torheit. Durch ihre Abreise blieben das Rentamt führerlos und ihre sechs Kinder allein in der Residenz zurück. Dies war der Vorwand, auf den Wien die ganze Zeit gewartet hatte. Als sie im Mai wieder nach München zurückreisen und die habsburgischen Erblande passieren wollte, wurde ihr an der italienisch-österreichischen Grenze von kaiserlichen Grenzern die Rückreise verweigert. Am 18. Mai nahm die kaiserliche Armee unter dem offiziellen Vorwand, dass die Kurfürstin und ihre Räte gegen die Vertragsbestimmungen von Ilbesheim verstoßen hätten, von München Besitz. Ganz Kurbayern befand sich nun in der Hand des Kaisers, und unermüdlich machte sich die kaiserliche Administration sofort daran, die Stadt- und Landbevölkerung des letzten freien Rentamts steuerlich zu erfassen. Geld musste her, und zwar schnell. Denn der Krieg fraß seine Kinder.

EIN KAISERREICH IN NÖTEN

Prinz Eugen hatte nur kurz Gelegenheit gehabt, sich am Triumph von Höchstädt und der Ausschaltung Max Emanuels zu erfreuen. Nur ein halbes Jahr nach Höchstädt sah sich der kaiserliche Feldherr auf den Kriegsschauplatz nach Oberitalien versetzt, wo die französische Armee unter dem Herzog von Vendôme alle wichtigen Orte besetzt hatte. Nur das schwer befestigte Turin hielt sich gegen die Franzosen und harrte der Entsatzarmee, die Prinz Eugen aus Venetien heranführen sollte. Dieser hatte vorerst gegen ärgere Feinde als die Franzosen zu kämpfen: Hunger, Elend und Mutlosigkeit. In der kaiserlichen Italienarmee fehlte es an allen Ecken und Enden, wie aus einem am 26. April 1705 an Kaiser Leopold geschriebenen Brief Eugens ersichtlich wird.

Ich sollte mit größter Eile vorgehen, aber mit verhungerten, halbnackten Soldaten und ohne Geld, Zelte, Brot, Tross oder Artillerie ist dies ganz unmöglich. Wohin ich mich wende, höre ich nichts als Klagen und sehe nichts als Not und Elend. Wenn man ein Detachement von, sagen wir, 100 Soldaten auf einen halbstündigen Marsch schickt, kann man sicher sein, dass 50 von ihnen infolge völliger Entkräftung ausfallen. Die Truppen sind so verhungert, dass sie eher Schatten als Menschen gleichen. Die Desertionen haben schon zugenommen – und belaufen sich auf etwa 50 pro Tag.

Unter derartig katastrophalen Zuständen war an eine Offensive gegen die Franzosen eigentlich nicht zu denken. Auf

Druck des Wiener Hofes entschloss sich Prinz Eugen trotzdem zum Angriff, um das belagerte Turin zu entsetzen. Als er jedoch bei Cassano die Adda überqueren wollte, erlitt der bisher Unbesiegte zum ersten Mal durch Vendôme eine empfindliche Niederlage. Trotz einiger Anfangserfolge wurden die Truppen des kaiserlichen Oberbefehlshabers nach hartem und mörderischem Kampf zurückgeschlagen, wobei die kaiserliche Armee 4000 Mann verlor [1] – gravierende Verluste bei ursprünglich nur 31 000 Mann Truppenstärke. Infolge der Kampfhandlungen, von Krankheit, Hunger und vor allem Desertion sollten seine Truppen gegen Jahresende 1705 auf 15 000 Mann zusammenschmelzen. Somit war klar: Der erste Feldherr des Kaisers brauchte vor allem neue Rekruten, um die Verluste der kaiserlichen Armee in Oberitalien nur annähernd ausgleichen zu können. In den österreichischen Erblanden wie im Reich stand es allerdings um neue Truppenaushebungen schlecht, denn der Kaiser führte nicht nur in Italien Krieg. Österreicher und Reichstruppen waren auch am Rhein gebunden und sahen sich gezwungen, in Ungarn den Aufstand von Fürst Rákóczi niederzuringen. Überall forderten die Kampfhandlungen schwere Opfer an Menschen, Geld und Sachwerten.

Finanziell sah es nicht besser aus. Für Rekrutierung, Pferdebeschaffung, Ausrüstung und Verpflegung der Truppen waren für das Jahr 1705 mehr als 26 Millionen Gulden veranschlagt worden, von denen nicht einmal 20 Millionen in den habsburgerischen Erblanden aufgebracht werden konnten. Woher sollte das alles – die Rekruten, die Verpflegung und das Geld –

---

[1] Prinz Eugen bezeichnete den Tag der Schlacht bei Cassano als glorios, der Großteil der deutschen und österreichischen Historiker sieht einen unentschiedenen Verlauf. Tatsächlich war die Schlacht von Cassano strategisch wie taktisch ein Sieg Vendômes. Das strategische Ziel der Flussüberquerung der Adda verbunden mit dem Vorstoß auf Turin wurde von Eugens Truppen in keinster Weise erreicht, taktisch wurde der Angriff an allen Angriffspunkten abgeschlagen.

so schnell kommen? Für Prinz Eugen wie für Kaiser Joseph I.
gab es nur eine Antwort: Bayern.

»LIEBER BAYRISCH STERBEN!«

Die Vorgabe, der sich die kaiserliche Administration jetzt zu
widmen hatte, war gigantisch: Bis Oktober 1705 sollten in Kurbayern 12 000 Rekruten gezogen werden, um die Truppen in
Italien zu verstärken. Löwenstein versuchte, sich mithilfe der
bayrischen Zivilverwaltung behutsam an die Erfüllung dieser
fast unlösbaren Aufgabe zu machen. Er verfügte, dass auf vier
Höfe ein Rekrut sich bei den kaiserlichen Rekrutierungsbüros
freiwillig einzustellen hatte, was hingegen nicht im Mindesten
die gewünschten Ergebnisse brachte und für allgemeinen Unmut sorgte. Daraufhin versuchte der kaiserliche Administrator,
den Druck zu lindern, und ordnete an, dass auf acht Höfe
ein Freiwilliger kommen solle, was kaum eine Vergrößerung
der Rekrutenschar nach sich zog. Als selbst Prinz Eugen die
Anzahl erforderlicher Rekruten auf das Minimum von 3000
Mann verringerte – also nur noch neun Höfe einen Mann zu
stellen hatten –, erlahmte der passive Widerstand der Bevölkerung immer noch nicht. Nach wie vor zeigten sich viele Amtmänner nachlässig in der Durchsetzung der kaiserlichen Ge-
stellungsbefehle. Wer Geld hatte, kaufte seinen Sohn gegen
eine bescheidene Summe vom Wehrdienst frei. Die meisten
wehrpflichtigen Knechte, Bauern- und Bürgersöhne flohen in
die Wälder und Berge, tauchten in Klöstern unter oder gingen
über die Landesgrenzen, andere rotteten sich in abgelegenen
Gasthöfen zusammen. Nicht selten trafen sie dort auf gerade
entlassene, altgediente bayrische Soldaten, die, nachdem sie
abgedankt waren, vom Krieg entwurzelt in Banden durch die
Lande zogen.

So ergab sich, dass die allgemeine Unzufriedenheit wuchs
und sich vor allem die wehrfähige männliche Bevölkerung

langsam mithilfe kleinerer Sabotageakte zur Wehr setzte. Was die Entwurzelten und Flüchtigen einte, war der Hass auf die Besatzer, die Ablehnung der Kriegsauflagen und die Anhänglichkeit an den geflohenen Kurfürsten. »Lieber bayrisch sterben, als in des Kaisers Unfug verderben« wurde zum Slogan der Unmutsbewegung und zeigte deutlich die Verzweiflung und Entschlossenheit der flüchtigen Wehrpflichtigen, sich lieber im eigenen Land von kaiserlichen Soldaten töten zu lassen, als für den Kaiser auch nur einen einzigen Schuss zu tun. Im Gericht Eggenfelden an der Rott trafen die Amtmänner mit ihren Kommandos keinen einzigen wehrfähigen Knecht oder Burschen auf den Bauernhöfen an. Bauern weigerten sich, ohne ihre Söhne das Feld zu bestellen, und drohten damit, keine Abgaben und Steuern mehr zu zahlen. Die Truppenaushebung mithilfe der Zivilverwaltung wurde zu einem katastrophalen Misserfolg.

Am 16. Oktober sah sich Löwenstein gezwungen, Wien den völligen Fehlschlag der sanften Rekrutierung zu melden. In den Rentämtern Landshut und Burghausen hatte sich kein einziger Mann zu den Fahnen gemeldet, einzig in Straubing war es gelungen, 19 Mann zu den kaiserlichen Fahnen zu rufen. Die bayrischen Wehrdienstverweigerer hatten die kaiserliche Administration nach allen Regeln der Kunst vorgeführt.

Jetzt blieb Löwenstein nichts mehr anderes übrig, als die Zwangsrekrutierung mithilfe des Militärs durchzuführen, was bei den wenigen, über das gesamte Land verteilten Truppen nicht ungefährlich war. Angesichts einer kriegsunwilligen, rebellischen Bevölkerung musste mit dem Schlimmsten gerechnet werden. Wiederholt warnte Löwenstein Prinz Eugen davor, dass die geplanten Truppenaushebungen zur Erhebung der Bevölkerung führen könnten, doch der Präsident des Hofkriegsrates hatte aufgrund seiner eigenen Nöte kein Gehör mehr für die Schonung Bayerns. Ab jetzt zogen kaiserliche Rekrutierungskommandos unter dem Befehl bayrischer Beamter auf der Suche nach jungen Männern durch die Hofgemar-

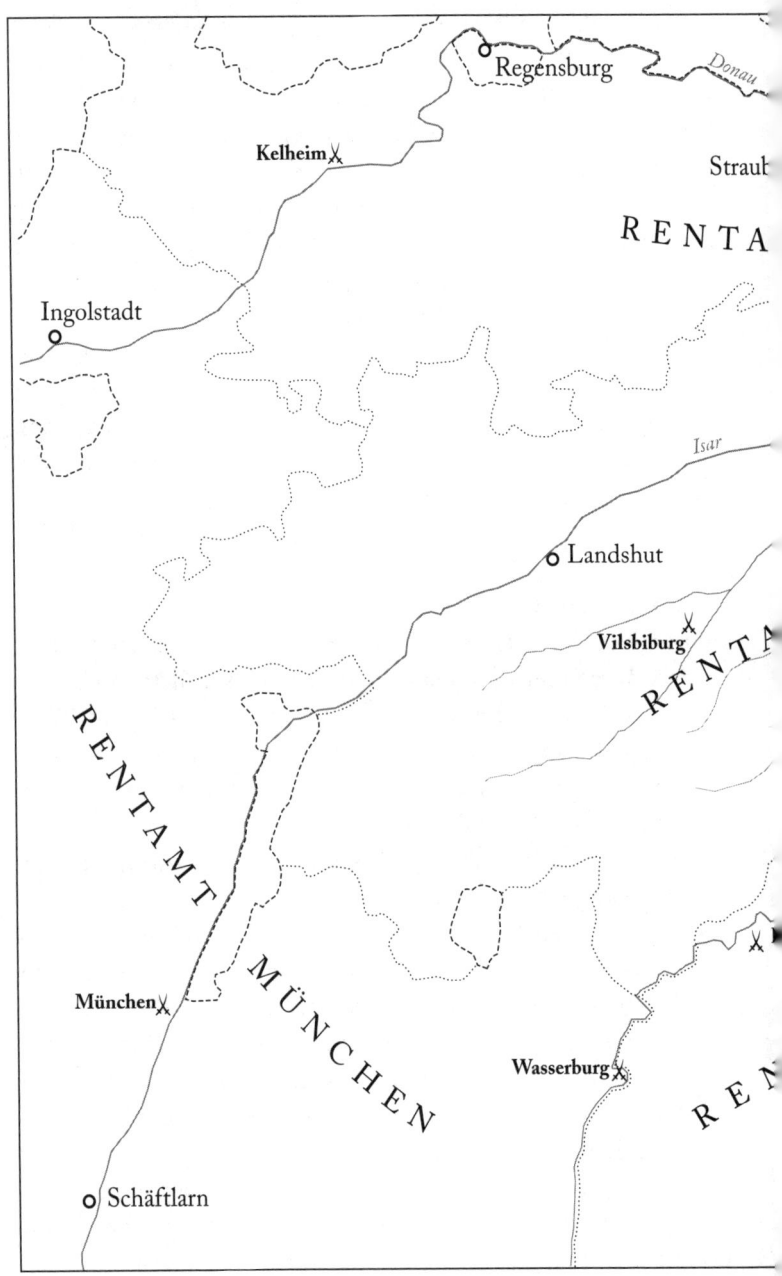

Regensburg

Donau

Kelheim

Straub

R E N T A

Ingolstadt

Isar

Landshut

Vilsbiburg

R E N T A

R E N T A M T

M Ü N C H E N

München

Wasserburg

R E N

Schäftlarn

R AU B I N G

Vils Vilshofen ⦿

N D S H U T Aidenbach ⚔

Passau ⦿

felden
⚔

Rott

Inn

Braunau ⚔
Neuötting

Burghausen
⚔

B U R G H A U S E N

—·—·— heutige Landesgrenze

-------- Landesgrenze
um 1705

·········· Grenzen der
altbayerischen
Rentämter

Karte 3: Verbreitungsgebiet des
bayrischen Volksaufstands 1705/1706

275

ken, Dörfer und Städte. Wie immer gingen die kaiserlichen Truppen mit gewohnter Härte und Grausamkeit vor. Gleich Kopfgeldjägern begannen sie, die bayrischen Drückeberger zu jagen oder ihnen aufzulauern. Sie spürten die jungen Burschen auf den Feldern auf, verschleppten sie gefesselt aus dem Gottesdienst und überfielen gezielt Gasthöfe, Einödhöfe und Dörfer. Bald war in Bayern nur noch das Rasseln der Kettenwagen zu vernehmen, in denen die Ausgehobenen, wie Verbrecher aneinandergekettet, zu Dutzenden nebeneinandersaßen und zu den Rekrutensammelstellen überführt wurden. Dabei unterschieden die Soldaten oder Beamten nicht, ob der ein oder andere Bursche schon früher von seinem Vater freigekauft worden war. Für sie zählte nur, dass die Anzahl der zum Wehrdienst Gepressten stimmte und der kaiserliche Einberufungsbefehl mit aller Härte durchgeführt wurde. Aber genau diese Skrupellosigkeit sollte ihnen zum Verhängnis werden, und als die kaiserlichen Kommandos in ihren Rekrutierungsmethoden immer rüder wurden, brach der Aufstand los.

Am 15. Oktober 1705 überfielen Scharen von Aufrührern das Schloss Hohenburg, befreiten dort festgesetzte Rekruten und plünderten das Waffenlager. Allerorts wurden kaiserliche Kommandos in die Flucht geschlagen oder in ihren Quartieren angegriffen, kaisertreue Amtmänner in ihren Dienststellen überfallen, die in den Amtsstuben aufbewahrten Kriegsbeiträge zurückgeraubt und Rekruten aus Gefängnissen und Amtsstuben befreit, wobei es Tote und Verletzte gab.

Diese ersten Erfolge nötigten die kaiserliche Administration zu scharfen Gegenmaßnahmen. Löwenstein erteilte Oberst de Wendt den Auftrag, die Rebellion im Untertal mit einem Kommando von 600 Mann im Keim zu ersticken. De Wendt erwies sich des Vertrauens als würdig. Bei Eggenfelden traf er mit seinen Männern auf eine Schar von Bauern, die er nach kurzem Gefecht in die Flucht schlug, wobei er über 50 von ihnen massakrierte und einige der Rädelsführer hängen ließ. Kurz darauf zerschlug er einen weiteren Bauernhaufen bei Vilsbiburg und verübte ein noch größeres Massaker. Hatte de Wendt aber gehofft, die Empörung mittels solcher blutiger Zusammenstöße leicht niederzuschlagen, sah er sich getäuscht. Mittlerweile war aus einem unorganisierten Aufstand gegen die Rekrutenaushebung eine Volkserhebung von mehreren Tausend geworden, die die Regierungsbezirke Landshut und Burghausen voll ergriffen hatte.

Den Aufständischen waren in den ehemaligen Jurastudenten Meindl und Plinganser zwei talentierte Führer erwachsen, die sich an die Spitze der Volkserhebung im Rentamt Burghausen setzten und ihr eine programmatische Ausrichtung gaben. Erst Meindl und Plinganser organisierten die zuerst lose zusammengewürfelten Haufen der Unmutsbewegung zu einer Rebellenarmee von mehreren Tausend Mann, die ab Anfang November 1705 nach einem ausgearbeiteten Schlachtplan vorging. Strategisches Ziel der Rebellen wurde die Einnahme der Städte Burghausen und Braunau. Um dies zu erreichen, teilten sich die Aufständischen auf: Während Plinganser und Meindl auf Braunau zumarschierten, versuchte ein zweites Kommando, am 13. November 1705 in einem Handstreich Stadt und Schloss Burghausen in seine Gewalt zu bringen. In der Hauptstadt des gleichnamigen Rentamts lag ein kaiserlicher Trupp, der sich allerdings nicht übertölpeln ließ: Im harten Straßenkampf wurde der erste Ansturm der Belagerer von der nur 100 Mann zählenden Besatzung abgewehrt, wobei jedoch der Stadtkommandant fiel und alle Offiziere entweder versprengt oder gefangen genommen wurden. Einzig einem Feldwebel gelang es, sich mit dem zusammengeschmolzenen Rest der Garnison auf Schloss Burghausen zurückzuziehen. Schon richteten sich die Rebellen auf eine lange Belagerung ein, als die Bürgerschaft, die mit dem Aufstand sympathisierte, bei den Kommandanten bewirkte, dass die Stadt kampflos übergeben wurde. Die Aufständischen erbeuteten 122 Flinten und viele Ausrüstungsgegenstände, doch wichtiger als dieser Sieg war, dass er mit einem Programm der Rebellion zusammenging, wie folgendes Aktenstück zeigt, das während der Kapitulationsverhandlungen zur Übergabe Burghausens verfasst wurde.

Es wird verlangt, dass der Landmann bei seinen alten Privilegien verbleibe, dass man von ihm nicht mehr fordere als unter dem Kurfürsten geschehen, damit die Bauern bei häuslichen Ehren verbleiben und ihre schuldigen Abgaben entrichten können; alle Bauernsöhne und Knechte sollen zu Hause verbleiben und allein zur Verteidigung des Landes dienen; sie versprechen dann, sich im Land wider jede auswärtige Gewalt bis auf den letzten Blutstropfen zu verteidigen und sie verlangen, dass jeder nach Belieben das zur Verteidigung nötige Gewehr haben möge.

Dies war eindeutig die Sprache einer konservativen, auf Erhaltung einstiger Privilegien ausgerichteten Erhebung, die sich noch an alten Autoritäten und Vorrechten orientierte – nicht die einer Revolution mit dem Ziel einer Umwälzung der gesellschaftlichen Verhältnisse. Bis dato gingen die Forderungen kaum über die Rücknahme der Zwangsrekrutierung hinaus, den Anlass des Aufstands. Erst unter der Führung von Plinganser und Meindl sollte bald eine andere Richtung eingeschlagen werden, welche die Empörung in die Nähe einer revolutionären Bewegung rückte. Mittels eines geschickten PR-Kunstgriffs organisierten Plinganser und Meindl die Erhebung gegen den Kaiser als kurbayrische Landesdefension. Um dies zu verstehen, soll hier an dieser Stelle ein Blick auf die bestehende Militärverfassung Kurbayerns geworfen werden.

Die kurbayrische Landesdefension war ursprünglich während des Dreißigjährigen Krieges 1632 von Maximilian I. von Bayern gegründet worden, um zusammen mit dem damals noch vorwiegend aus Söldnern bestehenden bayrischen Heer die Landesverteidigung zu übernehmen und befestigte Plätze, Flussübergänge und Landstriche gegen feindliche Einfälle zu verteidigen. Die Einheiten dieser Miliz hießen Landfahnen und rekrutierten sich aus jungen Männern einer Region. Ihnen oblag die Verteidigung der Städte und befestigten Plätze. Im Grunde genommen handelte es sich um eine Volksmiliz, ein Truppenkörper ähnlich der heutigen US-amerikanischen Nationalgarde, dessen Aufgabe die Heimatverteidigung war. Konkret auf den Aufstand bezogen bedeutete die Erklärung des Aufstands zur Landesdefension, dass der Kaiser, seine Verwaltung und seine Truppen von den Aufständischen nicht mehr als Landesherren, sondern als feindliche Eindringlinge angesehen wurden. Mit der Erklärung des Landesverteidigungsfalls gaben die Anführer des Aufstands der Erhebung einen amtlichen und legalen Anschein, und aus den Rebellen wurden Landesverteidiger, was den Widerstand gegen den Kaiser legitimierte. Nur so gelang es den Aufrührern, in einem ungeheuer kurzen Zeitraum Tausende zum Widerstandskampf gegen die kaiserlichen Truppen zu mobilisieren und diesen zum Volksaufstand werden zu lassen.

Was die militärische Qualität der Landfahnen anbetraf, so war diese von eher geringem Wert. In Friedenszeiten beschränkte sich das soldatische Engagement der Heimatverteidiger darin, dass sie von Zeit zu Zeit unter dem Kommando altgedienter, entlassener Berufssoldaten exerzierten, wobei selten Märsche, sondern eher Schießübungen abgehalten wurden. Undiszipliniert und schlecht bewaffnet, eigneten sich diese Milizen kaum dazu, regulären Kampfeinheiten auf dem Schlachtfeld Paroli zu bieten. Doch auf dieses Handicap konnten die Führer der bayrischen Volkserhebung keine Rücksicht nehmen. Jetzt galt es, den Aufstand mit allen Mitteln auszuweiten, und dies konnte nur durch eine größtmögliche Anzahl entschlossener Kämpfer geschehen. Plinganser und Meindl beschlossen die Generalmobilmachung der zuständigen Landesdefensionen und ernannten einen gewissen Johannes Hoffmann zum Oberkommandierenden der Unterländer Bauern, während Plinganser den Titel eines Kriegskommissärs erhielt. Die Mannschaften wählten ihre Offiziere, die sie im Falle besonders wichtiger Entscheidungen sogar um Rat fragten. Von Braunau und Burghausen ritten überall Boten aus, um auch die entfernteren Gerichte Kurbayerns mithilfe der Einberufungspatente Plingansers zu den Waffen zu rufen. Es entstand eine paradoxe Situation. Ausgerechnet eine Bewegung, die sich gegen die Zwangsrekrutierung gewendet hatte, befahl jetzt ihrerseits die Einberufung bayrischer Bauernsöhne, was nicht überall Beifall fand. Manchmal gelang es den Offizieren der Landesdefensoren nur unter Androhung von Feuer, Schwert und Plünderung, die notwendigen Mannschaften einzuberufen. Der Großteil der Landesverteidiger dagegen eilte freiwillig zu den Landfahnen. Alte, verheiratete und ledige Männer der verschiedenen Gerichte und Ämter stießen zu den Aufständischen, deren Truppenstärke mittlerweile mehrere Tausend Mann betrug.

Der Aufstand in Bayern war in seine zweite Phase getreten und änderte endgültig seine Zielausrichtung. Jetzt forderten die Rebellen nicht nur die Abschaffung der Zwangsrekrutierung, sondern die Wiederherstellung der Selbstständigkeit Bayerns. Für diesen Kampf brauchte die provisorische Regierung Geld. Hierzu wurde eine Kriegskasse gegründet und eine Kriegssteuer ausgeschrieben, die Plinganser eintreiben sollte. Hoffmann plante, Städte, Höfe, Märkte, Klöster und Pfarrer zur Zahlung heranzuziehen. Die Steuerlast eines Hofes setzte er auf 10 Gulden fest, die Pfarrer belastete er mit mehreren Hundert, die Klöster mit mehreren Tausend Gulden. Dies schien nach Plingansers Ansicht zu hoch und wurde nach unten korrigiert. Um seinen Kriegskommissär zu legitimieren, erließ der Oberkommandierende Johannes Hoffmann am 23. November 1705 in Simbach vor Braunau folgendes Patent:

Nachdem aus göttlicher Providenz die löbliche bayerische Mannschaft das unerträgliche kaiserliche Joch von sich zu werfen und die alte churbayerische Tranquilität und Ruhe wiederum einzuführen, in die das Land schützende Waffen gerathen, auch mit Darauf-

setzung von Leib und Leben von dieser ihrer führenden sehr tapferen
und heldenmüthigen Intention nicht ehender abstehen wird, bis die-
selbe ihren Zweck erreicht, die kaiserlichen Soldaten aus dem Lande
getrieben und das Land in einen glückseligen Stand gesetzt sein
wird; herentgegen zur Bestreitung von unumgänglichen Kriegs-
Ausgaben die grösste Nothdurft erfordert, an alle geehrten Städte,
Märkte und Höfe eine allgemeine Kriegsauflage auszuschreiben und
einzubringen, also haben wir von obhabendem Landschutz wegen
unseren Herrn Kriegskommissär Georg Sebastian Plinganser dahin
instruirt und bevollmächtigt, in Kraft dieses eingehändigten und
vorgezeigten Patentes solche Belegung zu thun.

Das Auftreiben finanzieller Mittel erwies sich für Plinganser
als schwierige Aufgabe. Als er Ende November versuchte, die
Kriegssteuer in den Gerichtsbezirken des Rottals einzutreiben,
war das Resultat bescheiden: Von den Bauernhöfen um Eggenfelden erhielt der Kriegskommissär der Braunauer Landesdefension aus der Kasse einer Pfarrei 200 Gulden, ansonsten
gar nichts. Nur der Markt Eggenfelden bezahlte die verlangte
Kriegsanlage von 100 Gulden, während die ortsansässigen
Brauer ihre Kriegsschuld mit einer Lieferung Bier beglichen.

Trotz dieses Misserfolgs konnten die Aufständischen Braunau einnehmen, maßgeblich dadurch, dass es ihnen gelungen
war, die Stadt am 26. November in Brand zu schießen. Immer
wieder spien die von drei Geschützmeistern bedienten Kanonen glühende Eisenkugeln auf die Dächer der einst schwer befestigten Stadt am Inn. Die so entfachte Feuersbrunst setzte
nicht nur die Kaserne in Brand sowie einige Häuser und Sta-
del in der Nähe der Spitalkirche, sie verzehrte vielmehr den
Widerstandswillen der Einwohner. Um Braunau vor weiterem
Schaden zu bewahren, lehnte sich die mit den Aufständischen
sympathisierende Bürgerschaft gegen den kaiserlichen Kommandanten Oberst von Tattenbach auf, der den befestigten
Ort um jeden Preis halten wollte. In einem wütenden Tumult,
bei dem er beinahe von der aufgebrachten Menge gelyncht

worden wäre, nötigten sie den Kommandanten zu Kapitulationsverhandlungen. Einen Tag später befand sich Braunau in den Händen von Meindls und Plingansers Bauernheer. Mit der Übergabe der Stadt gelangten die Aufständischen in den Besitz eines gewaltigen Militärarsenals. Mit einem Schlag verfügten sie über einen Artilleriepark von 65 Geschützen, 30 000 Kanonenkugeln, 7927 Bomben und Granaten. Zudem konnten die zu großen Teilen nur mit Stangen und Spießen ausgerüsteten Bauern mit etwa 4000 Luntenschlossmusketen[1], 181 Flinten, 205 Karabinern und 20 462 Handgranaten bewaffnet werden. An Munition herrschte ebenfalls kein Mangel. In den kugelfesten Mauern des Arsenals befanden sich 425 Zentner Pulver, 244 Zentner Blei und 509 Zentner Lunten. Die hier erbeuteten Waffen sollten noch eine bedeutende Rolle bei den folgenden militärischen Operationen der Unterländer spielen.

Die Eroberung Braunaus war nicht nur in strategischer oder logistischer Hinsicht von bedeutender Tragweite. Die Stadt am Inn wurde während des Aufstands zum Zentrum der Volkserhebung. Hier formierten sich Bürger und Bauern, also der dritte und vierte Stand, zur gesamtförderierten Gemein und nahmen unter Führung Plingansers in zunehmender Weise Einfluss auf die politische Entwicklung des Aufstands, während die aus Adel und Klerus bestehende kurbayrische Landschaftsverordnung diesem fernblieb und sich abwartend verhielt. Die gesamtförderierte Gemein von Braunau fühlte sich nicht nur von Anfang an der Wiederherstellung kurfürst-

---

[1] Eine Luntenschlossmuskete war so schwer, dass sie beim Abfeuern auf eine Gabel gestützt werden musste. Mithilfe dieser Gabel wurde das Zielen erleichtert und der gewaltige Rückstoß aufgefangen. Im Gegensatz zum Steinschlossgewehr war die Handhabung umständlich: Zum Abfeuern der Waffe waren bis zu 30 Ladegriffe nötig. Die Schussfolge betrug ein bis zwei Schuss in der Minute, die Schussweite lag bei rund 250 Meter. Außerdem war die Luntenschlossmuskete sehr wetterabhängig und hatte den Nachteil, dass man im Gegensatz zum Steinschlossgewehr nicht immer feuerbereit sein konnte, ohne Lunte zu verbrauchen.

licher Herrschaft verpflichtet, sondern mauserte sich zu einer radikaldemokratischen Fraktion, die vor allem die politische Gleichstellung von Bauern und Bürgern anstrebte.

In Burghausen dagegen entwickelten sich die Verhältnisse etwas anders. Hier scheuten sich die Vertreter der Rentamtsregierung, aktive Führungsaufgaben des Aufstands zu übernehmen. Franz Bernhard von Prielmayr, Leiter des Finanzwesens, schien aufgrund seiner Eigenschaft als Kommandeur des Burghauser Landfahnens der geeignete Mann für eine Führungsposition zu sein. Prielmayr verfügte über Kriegserfahrung, hatte mehrere Feldzüge gegen die Türken mitgemacht und war allseits beliebt. Trotzdem zierte er sich – zu stark überwog der Gewissenskonflikt, denn Prielmayr hatte wie die anderen Mitglieder der Rentamtsregierung dem Kaiser gehuldigt. Nach seiner Auffassung würde die Rentamtsregierung gegen ihre geschworenen Pflichten handeln, sollte sie den Kommandanten aus den eigenen Reihen stellen. Seine Weigerung nutzte ihm nichts: Am 23. November drangen die Anführer der Burghausener Gemein in den Sitzungssaal ein und forderten mit vorgehaltener Waffe die Regierungsräte dazu auf, ihnen einen Kommandanten zu geben. Nach anfänglichen Ausflüchten wurde Prielmayr zum Kriegskommissär mit Kommandobefugnissen ernannt. Die Aufrührer hatten sich durchgesetzt – doch was versprachen sie sich davon, einen offensichtlich nicht an den Erfolg der Aufstandsbewegung glaubenden Bürokraten an ihre Spitze zu stellen?

Augenscheinlich wollte sich die aufrührerische Gemein durch eine alte Autorität im Rahmen der alten Stände- und Rechtsverordnung absichern oder, wie es der für die Gemein sprechende Prokurator Sallinger auf den Punkt brachte, »verhindern, dass die Regierung sich später mit dem Kopf aus der Schlinge ziehen konnte«.

Mit der Ernennung Prielmayrs hatte die Burghausener Gemein den höchsten Finanzbeamten eines Rentamts zum Anführer ihrer Rebellion gemacht und sich im Gegensatz zur

Braunauer Gemein selbst des revolutionären Schwungs beraubt. Die Regierung des Verwaltungsdistrikts Burghausen blieb auch nach der Besetzung der Stadt durch die Rebellen weiterhin im Amt und versuchte, als provisorische Regierung die Leitung des Volksaufstands zu übernehmen, scheiterte allerdings kläglich an der unbeugsamen Haltung der von Plinganser dominierten Braunauer Gemein.

Somit zeichneten sich kurz nach Ausbruch des Aufstands zwei etwa gleich starke Parteien ab, die völlig verschiedene Ziele anstrebten: Burghausen stand für gemäßigte Reformen und den Ausgleich mit dem Kaiser, Braunau für den radikalen Befreiungskrieg und die Wiederherstellung kurbayrischer Souveränität. Dieser politische Gegensatz sollte zu schwerwiegenden Auseinandersetzungen innerhalb der Aufstandsbewegung führen, zwischen den »Tauben« um Prielmayr und den »Falken« um Plinganser.

Die Leichtigkeit der bisherigen Erfolge bestärkte die Führer des Aufstands darin, weiterhin in der Offensive zu bleiben. Trotz der Niederlagen der Landesdefensoren bei Eggenfelden und Vilsbiburg waren Plinganser und Meindl weiterhin siegessicher. Jetzt rächte es sich für die Kaiserlichen, dass sie die Befestigungsanlagen der bayrischen Städte geschleift und nur unzureichende Besatzungen als Garnisonen in den Städten einquartiert hatten. Über ganz Bayern verteilt lagen kleinere Einheiten in Kleinstädten, Marktflecken, Schlössern und Dörfern, und nur größere Städte wie München und Ingolstadt wiesen stärkere Truppenverbände auf. Mächtige Festungen wie Burghausen, Vilshofen und Braunau wurden lediglich von Besatzungen in Kompaniestärke verteidigt. Allerorts waren die Kaiserlichen in der Defensive, und die einzig aktive und gut gerüstete Truppe des Kaisers, die versuchte, den Flächenbrand der Empörung an seiner Ausbreitung zu hindern, war der kleine Kampfverband de Wendts, der nur 600 Mann zählte. Insgesamt lagen in Bayern nur 1750 Mann Kavallerie, von denen nur ein geringer Teil beritten war, sowie 5480 Mann

Infanterie. Der Rest der Besatzungstruppen war im Sommer nach Italien marschiert, um die Armee Prinz Eugens zu verstärken.

Auf der Seite der Rebellen sah es hinsichtlich der Mannschaftsstärke besser aus. Sie hatten es fertiggebracht, mithilfe der Rekrutierungspatente der Landesdefension mehrere Tausend Mann zusammenzubringen und eine zahlenmäßige Überlegenheit zu erreichen. Doch eine Übermacht zieht nicht immer den Sieg nach sich, und trotz vieler Veteranen der aufgelösten kurbayrischen Armee konnte die zahlenmäßige Überlegenheit nicht in eine qualitative überführt werden. Viele der ehemaligen bayrischen Soldaten fungierten zwar als Unteroffiziere und Offiziere, jedoch stand ihnen aufgrund der Eigendynamik der Ereignisse gar nicht die Zeit zur Verfügung, eine gut funktionierende Gefechtstruppe zu formen. Hinzu kam, dass Organisation, Kampfmoral und Ausrüstung der Aufständischen erheblich zu wünschen übrig ließen. Es dominierten Spieße und Stangen, Hieb- und Stichwaffen, und nur wenige besaßen Musketen – in der Regel veraltete Luntenschlossmusketen –, während die kaiserliche Armee durchweg mit zuverlässigeren Steinschlossmusketen ausgerüstet war und somit in wesentlich schnellerer Folge schießen konnte. Die Übermacht der bayrischen Rebellen wurde zudem durch die persönliche Tapferkeit und hohe Kampfmoral der kaiserlichen Truppen mehr als ausgeglichen.

Auf der Seite des Reiches standen altgediente, kriegserfahrene Offiziere wie Generalfeldmarschallleutnant Bagni und Oberst de Wendt, die sich in zahllosen Feldzügen gegen Franzosen und Türken bewährt hatten. Sie sollten später in der Stunde der Not durch einen der besten Generäle Prinz Eugens, Generalwachtmeister Kriechbaum, entscheidend verstärkt werden.

Ähnliches konnten die Landesdefensoren nicht aufbieten. Sämtliche höheren Offiziere waren entweder direkt mit Max Emanuel in die Spanischen Niederlande geflohen, zu den Kaiserlichen übergelaufen oder hatten sich nach der Auflösung der bayrischen Truppen über die Schweiz zu ihrem Kurfürsten durchgeschlagen. Dieser Mangel an erfahrenen hohen Offizieren aufseiten der Aufrührer sollte sich negativ bemerkbar machen, und Oberbefehlshaber wie Hoffmann erwiesen sich in den alles entscheidenden Phasen des Aufstands ihrer Aufgabe nicht gewachsen und versagten kläglich.

Trotz dieser Defizite an militärischem Führungspersonal handelten die Rebellen weiterhin offensiv. Sie erkannten richtig, dass der Erfolg des Aufstands vor allem von seiner raschen Ausbreitung innerhalb Kurbayerns abhing und nicht nur auf das Rentamt Burghausen beschränkt bleiben durfte. In diesem Sinne kam es zu einem ersten Aufstandsversuch in der zwischen Altmühl und Donau gelegenen Stadt Kelheim. Hier putschte sich der Metzgermeister Matthias Krause mit seinem Anhang an die Macht, bevor er sich aufgrund des wachsenden Widerstands der Bürger wieder aus Kelheim zurückzog und nach Braunau floh. Diesem Fehlschlag folgte ein zweiter, als die Aufständischen die am Inn gelegene Stadt Wasserburg erobern wollten. Hier ereignete sich eines jener blutigen Massaker, das so charakteristisch für den bayrischen Volksaufstand werden sollte. Als die Insurgenten sich anschickten, Wasserburg zu erstürmen, erschien plötzlich das Kommando des kaiserlichen Obristen de Wendt in ihrem Rücken und griff sie an, während die Besatzung Wasserburgs gleichzeitig einen Ausfall machte. Der Zangenangriff war verheerend, und nach kurzem Gefecht wandte sich das militärisch ungeübte Bauernheer zur Flucht. Bei dem nun einsetzenden Wettlauf mit dem Tod wurden die fliehenden Aufrührer unbarmherzig von de Wendts ungarischen Husaren zusammengehauen. Wie grauenhaft es bei Wasserburg zuging, weiß die Nachwelt aus einem Brief, den Johann Veit Kornreuther, der Gerichtsschreiber Wasserburgs, am nächsten Tag an einen Amtskollegen nach München schrieb:

Ich habe mich nach dem Scharmützel in das Lager begeben und auf der Walstatt ein solch Miserere gefunden, dass es einem christlichen Herzen unmöglich gewesen, sich der Vergießung der Tränen zu enthalten, indem die massacrirten Tropfen recht wie das wilde Vieh zerfetzt und zerhauen worden; bald lag einer da ohne Hand oder Arm, dem andern war der Kopf zerspalten, wieder einem andern der Hals oder Bauch dermaßen entzwei gehaut, dass die Gedärme klafterweise heraushingen; einigen war die Hirnschale zerschossen, während das Gehirn neben dem Kopf ellenweit davon lag, mit einem Wort, die abscheuliche Tötung und Zerschmetterung dieser toten Körper ist leider dem ganzen Land ein Spektakel zu nennen. Morgen wird man die Toten begraben. Oberst de Wendt hat den Scharfrichter von Burghausen mit hierher gebracht und ich fürchte, dass unter den Gefangenen noch ein und andere abscheuliche Exekution vorgenommen werde. O Jammer und Elend des armen Vaterlands!

Voller Stolz äußerte sich der Sieger von Wasserburg in einem Brief an Prinz Eugen, dass die Strafaktion von Wasserburg dem Gesindel die Augen öffnen würde. In einem Akt seltener Gnade ließ der Obrist die Gefangenen gegen das Versprechen frei, sich nicht weiter an der Rebellion zu beteiligen. Die Aufständischen hatten ein wichtiges Gefecht verloren. Von nun an stießen aus dem Gebiet um Wasserburg keine Landesverteidiger mehr zu ihnen.

Trotz dieser ersten Fehlschläge stand die Sache nach wie vor gut für die Rebellen, und sie erhielten weiterhin Zulauf. Personell hatte sich ihre Führungsspitze enorm verstärkt. Mit dem abgedankten kurbayrischen Kriegskommissär Ägidius Fuchs schloss sich dem Aufstand endlich ein altgedienter Militärexperte Max Emanuels an, der vor allem konsequent in seiner Vorgehensweise war und ähnlich Plinganser und Meindl vor keinem Risiko zurückscheute.

Der etwa 45-jährige Fuchs hatte einen abenteuerlichen Lebenslauf vorzuweisen und besaß im Gegensatz zu Meindl und

Plinganser viel Erfahrung auf militärischem Gebiet. Er hatte als Feldkriegskonzipist[1] erst die Türkenkriege, dann in Piemont den Pfälzischen Erbfolgekrieg[2] mitgemacht und war 1702/03 für die Versorgung des bayrischen Heeres in Süddeutschland zuständig gewesen, bis er 1704 zum Kriegskommissär beim Oberkriegskommissariat in München ernannt wurde. Nach Max Emanuels Flucht war Fuchs in kurbayrischen Diensten geblieben und hatte im Vorjahr sogar im Auftrag des Kaisers Reichstruppen nach Oberitalien geführt, bevor er seinen Abschied genommen hatte, um sich zum Kurfürsten nach Brüssel durchzuschlagen. Bei diesem Versuch war er an der Grenze zu Italien zusammen mit Hauptmann Mayer, dem Oberbefehlshaber der Leibgarde von Kurfürstin Therese Kunigunde, festgenommen worden. Kaum in Gefangenschaft, gelang es Fuchs und Mayer, ihren Bewachern zu entfliehen. Während Mayer vorerst in einem Kloster untertauchte, reiste der ehemalige Kriegskommissär nach Braunau, wo er am 4. Dezember 1705 auf Plinganser traf.

Dort entwickelte Fuchs zusammen mit Plinganser den Plan, die kaiserlichen Besatzungstruppen von mehreren Seiten zugleich anzugreifen. Der plötzliche Ausbruch gleichzeitiger Erhebungen in der Oberpfalz, Kelheim, Landshut, im Ober- und Unterland sollte die schwachen kaiserlichen Kräfte daran hindern, sich an einem Punkt konzentrieren und selbst gegen die Streitkräfte der Landesdefension offensiv werden zu können. Anschließend sollten zwei Angriffskolonnen, bestehend aus mehreren Tausend Ober- und Unterländern, auf München marschieren und im Bündnis mit Münchner Empörern in der

---

[1] Feldkriegskonzipist: Niederer Beamter der Militärverwaltung, ähnlich einem Feldschreiber zuständig für das Abfassen von Dienstanweisungen und Befehlen.

[2] Der Pfälzische Erbfolgekrieg, der auch als dritter Reunionskrieg bezeichnet wird, tobte zwischen 1688 und 1697. In ihm wurden die Erbansprüche Ludwigs XIV. auf die Pfalz durch die vereinigten Mächte der Augsburger Allianz (Deutsches Reich, England, Niederlande, Savoyen, Spanien und Schweden) abgewiesen.

Heiligen Nacht die Residenzstadt einnehmen. Aber kaum dass er gefasst war, wurde dieser kühne Feldzugsplan schon durchkreuzt.

DER FALSCHE FRIEDEN

Der vorläufig zum Anführer der Landesdefensoren gewählte Kastner (oberster Finanzverwalter) des Rentamts Burghausen, Franz Bernhard von Prielmayr, teilte weder Plingansers noch Fuchs' Ansichten. Statt alles auf die militärische Karte zu setzen, sprach er sich dafür aus, über Mittelsmänner der bayrischen Landschaftsverordnung mit der kaiserlichen Kommission Verhandlungen aufzunehmen, um ein größeres Blutbad zu verhindern. Heftige Meinungsverschiedenheiten waren die Folge, in denen die auf Ausgleich bedachte Fraktion der »Tauben« um Prielmayr auf die kriegstreibenden »Falken« um Plinganser und Fuchs prallte. Fürs Erste gelang es Prielmayr, sich durchzusetzen und die Gemein dazu zu bewegen, der Friedensmission zuzustimmen.

Kaum aber hatte er sich mit dem Verhandlungsführer der kaiserlichen Administration, Freiherr von Gemmel, zusammengesetzt, hintertrieben Plinganser und sein Anhang in Braunau Prielmayrs Pläne. Schon am 4. Dezember 1705 machte die Braunauer Richtung den Burghausenern klar, dass Prielmayr keine Vollmacht habe, für die gesamtförderierte Gemein zu sprechen, und Braunau die Waffenstillstandsverhandlungen boykottiere. Nach Meinung Plingansers versuchte Löwenstein, mit den Verhandlungen Zeit zu gewinnen, um die nötigen Truppenverstärkungen herbeizubefehlen. Prielmayr ignorierte diesen Einwand, verhandelte weiter, ohne die Forderungen der Rebellen endgültig durchsetzen zu können: Abschaffung der Zwangsrekrutierung, Verbot des Einsatzes bayrischer Truppen außerhalb Kurbayerns, Linderung der Steuerlast. Gemmel versprach, diese Forderungen mit der kaiserlichen Administration zu erörtern, und regte die Abfassung einer Beschwerdeschrift an. Dann einigte er sich am 12. Dezember 1705 mit Prielmayr auf einen zehntägigen Waffenstillstand. Offiziell war die Zeitspanne der Waffenruhe dazu ausersehen, Löwenstein Zeit zu geben, die Rechtmäßigkeit der Beschwerden der Aufständischen zu prüfen und sich mit dem kaiserlichen Hofkriegsrat in Wien abzustimmen.

In Wirklichkeit glaubte Löwenstein zu diesem Zeitpunkt schon längst nicht mehr an eine friedliche Lösung des Konflikts und nutzte die Waffenstillstandsverhandlungen nur dazu, um Zeit zu gewinnen und Truppenverstärkungen nach Bayern in Marsch zu setzen. Dies war unter den Eindrücken des Verlusts von Braunau und Burghausen und dem zu beobachtenden Zulauf der Rebellen mehr als gewagt. Löwenstein ging dabei das Risiko ein, dass die bisher auf das Unterland beschränkte Aufstandsbewegung Zeit fand, sich zu organisieren und auf die bisher noch nicht erfassten Gebiete des Oberlands und der Nordpfalz überzugreifen. Abgesehen von diesem strategischen Risiko gaben Feldmarschallleutnant Bagni und Oberst de Wendt dem kaiserlichen Administrator gegenüber zu bedenken, dass seine Verhandlungsbereitschaft in den Augen der Aufständischen als Zeichen der Schwäche gedeutet werden könnte und vielleicht die Rechtmäßigkeit ihrer Forderungen unterstreiche.

Wie heftig auch das Oberkommando mit Löwenstein stritt, in einem waren sie sich einig: Die Geschichte des bayrischen Volksaufstands sollte mit Blut, nicht mit Tinte zu Ende geschrieben werden. Auch aufseiten der Aufständischen setzte sich dank der fortwährenden Agitation Plingansers diese Ansicht mehr und mehr durch.

Zwei Männer zogen es vor, gar nicht erst die Reaktion des Kaisers abzuwarten und alles für den Sieg der Rebellion zu tun: Ägidius Fuchs und Alois Hierner. Beide schienen aufgrund ihrer beruflichen Erfahrung für Verschwörungen nahezu prädestiniert. Fuchs verfügte als ehemaliger kurbayrischer Kriegskommissär über weitläufige persönliche Verbindungen. Alois Hierner kannte ebenso wie Fuchs Bayern wie seine Westentasche und verfügte ebenfalls über ein dichtes Netz persönlicher Kontakte. In seiner Eigenschaft als Postmeister von Anzing konnte er unbehelligt reisen und Verbindungen knüpfen oder Kuriere entsenden, ohne den Verdacht kaiserlicher Spitzel auf sich zu ziehen. Er entledigte sich wie Fuchs dieser Aufgabe mit Bravour.

Fuchs und Hierner teilten sich auf. Während Fuchs sich nach Tölz wandte, um die Oberländer für die Rebellion zu gewinnen, ritt Hierner nach München, um dort den einstigen Kommandanten der Münchner Bürgerwehr, Johann Jäger, von der Notwendigkeit der Erhebung zu überzeugen. In einem konspirativen Treffen in Jägers Weinhaus gelang es Hierner, in München eine kleine Gruppe aufzubauen, die aus dem Hofkanzlisten Ignaz Haid, dem Studenten Anton Passauer, dem Aumeister Franz Daiser und dem Eisenhändler Senser sowie einigen Gastwirten und Hofköchen bestand.

Der Plan der Münchner Verschwörer sah vor, mithilfe der Bürger und Münchner Studenten überraschend die in der Residenz gefangenen Kurprinzen zu befreien, alle strategisch wichtigen Plätze unter ihre Kontrolle zu bringen und den kaiserlichen Administrator Löwenstein gefangen zu nehmen. Die Isartore sollten besetzt und den anrückenden Landesverteidigern aus dem Ober- und Unterland auf ein verabredetes Raketensignal um ein Uhr morgens hin geöffnet werden. Der Plan klang plausibel. Hierner konnte zufrieden abreisen. Augenscheinlich war es ihm gelungen, wichtige Teile der Münchner Bürgerschaft für die Befreiungsbewegung zu gewinnen.

Der Postmeister konnte nicht wissen, dass die Ausführung der geschmiedeten Pläne schon im Ansatz kläglich scheitern sollte. Der prahlerische Wirt Johann Jäger erwies sich seiner Aufgabe von Anfang an als nicht gewachsen und geriet nach wenigen verschwörerischen Treffen schon in das Fadenkreuz kaiserlicher Spitzel, sodass er gezwungen war, München zu verlassen. Jäger wandte sich nach Tölz, wo er sich wenig später dem Aufstand der Oberländer anschloss. Dies war nicht der einzige Fehlschlag, den die Münchner Verschwörer erlitten.

Um sicherzugehen, dass die Befreiung der Kurprinzen auch die Unterstützung des bayrischen Hochadels fand, wandte sich der Hofkanzlist Ignaz Haid an ihren Erzieher, Graf Joseph Philipp Törring, und weihte diesen in die Umsturzgedanken ein. Törring, der gerade erst am Vortag einen Nachmittag mit Löwenstein verbracht hatte, reagierte verhalten und riet dazu, nichts zu überstürzen. Er wies Haid darauf hin, dass spätestens in zwei Wochen ein kaiserliches Truppenaufgebot unter Kriechbaum nach München marschiere, um die Residenzstadt gegen die Aufständischen zu sichern. Der Prinzenerzieher kompromittierte sich nicht und ging kein Risiko ein, höchstwahrscheinlich um Schaden von den ihm anvertrauten Kurprinzen abzuwenden. Diese abwartende bis negierende Haltung Törrings ließ die Befreiung der Kurprinzen mehr als fraglich erscheinen. Und trotzdem sollte gerade sie zum propagandistischen Motor des Aufstands der Oberländer werden.

Am 14. Dezember verbreitete sich in München dank einer Indiskretion im Umfeld Löwensteins das Gerücht, dass die Kinder Max Emanuels von München nach Wien entführt werden sollten. Ob wahr oder unwahr – in der Hand eines geschickten Demagogen wie Ägidius Fuchs musste diese Information zu einer gefährlichen Waffe werden. Der Verschwörer zögerte keine Sekunde, die kaiserlichen Entführungspläne mit den Zwecken des bayrischen Volksaufstands zu kombinieren.

Werfen wir einen Blick zurück: Zeitgleich zu Hierner hatte Fuchs sich nach Tölz begeben, um die Oberländer zu mobilisieren. Hier gelang es ihm, die Mehrheit der oberen und niederen Beamtenschaft mittels eines gefälschten Mandats Max Emanuels für sich zu gewinnen. Die vermeintliche Weisung des Kurfürsten wirkte glaubwürdig und sah amtlich aus – war sie doch in Fuchs' Auftrag auf die Zwecke des Volksaufstands

»LIEBER BAYRISCH STERBEN«

zugeschnitten in der ehemaligen kurbayrischen Kanzlei vom Hofschreiber Heckenstaller angefertigt und mit kurbayrischen Siegeln versehen worden. In diesem gefälschten Schreiben wurde die Bevölkerung dazu aufgerufen, sich gegen die kaiserliche Obrigkeit zu erheben, und ihr gleichzeitig versprochen, dass der Kurfürst mit einer Armee zu Hilfe kommen werde. Die Täuschung glückte. Am 19. Dezember 1705 erließen die von Fuchs getäuschten Amtspfleger das Tölzer Patent, in dem sie die Milizaufgebote der Oberländer Gerichte für den 22. Dezember nach Schäftlarn einberiefen, sodass bald Hunderte von Landesverteidigern sich in ihren Dörfern sammelten, um zu dem Treffpunkt zu marschieren. Allerdings folgte man nicht überall dem Tölzer Patent, denn in einem Abmahnungsmandat, das die kaiserliche Kommission am 12. Dezember publiziert hatte, wurde den Aufständischen und ihren Familien Sippenhaft angedroht. Löwensteins Warnschreiben hatte einigen Erfolg und bewirkte, dass einige Einzugsbezirke der Oberländer Landesdefension nicht zu den Waffen griffen.

Im Großen und Ganzen jedoch war Fuchs die Mobilisierung geglückt, und er konnte mit dem bisher Erreichten zufrieden sein. Am 22. Dezember sammelten sich im Kloster Schäftlarn, nur wenige Kilometer von München entfernt, 3500 Landesdefensoren und Freiwillige, entschlossen, München zur Weihnachtszeit im Sturm zu nehmen, Löwenstein gefangen zu setzen und die kurfürstlichen Prinzen zu befreien.

Die Lage wurde für die kaiserliche Administration immer dramatischer. Ein am 21. Dezember verfasster Lagebericht Löwensteins an Prinz Eugen zeigt, dass er sich über die bedrohliche Lage der kaiserlichen Administration vollkommen im Klaren war.

Es wird sich dann ungezweifelt das ganze obere Bayern längs des Gebirges zu ihrem Haufen schlagen, wozu sie von den Tumultuanten durch Patente bereits invitiert worden sind; sie können alsdann, wenn sie wollen, München alle Communication und Subsistenz

nehmen und verhindern, dass der etwa aus Tirol kommende Succurs
eintreffe und sich mit den hier stehenden Truppen conjungiere. Auf
die preußische Cavallerie ist kein Conto zu machen.

Diese negative Einschätzung Löwensteins wurde noch durch ein folgenschweres Ereignis im Rentamt Straubing wenige Tage zuvor verstärkt. Während Fuchs im Oberland agitierte, riss Metzgermeister Matthias Krause am 12. Dezember 1705 in Kelheim durch einen nächtlichen Handstreich erneut die Macht an sich. Krause verschaffte sich und seiner an die 100 Mann zählenden Anhängerschaft Zutritt zur Stadt. Anschließend überwältigten sie die 70 Mann starke schlaftrunkene Besatzung der Donaustadt, nahmen sie gefangen und feierten den Sieg mit einem riesigen Saufgelage. Damit hatten die Aufständischen den Waffenstillstand von Anzing gebrochen, der nur zwei Tage zuvor geschlossen worden war. War dieser eklatante Vertragsbruch auf Weisung Plingansers und Fuchs' erfolgt, oder hatte Krause keine Nachricht vom erfolgreichen Abschluss erhalten? Vieles spricht dafür, dass Krause und seine Anhänger durchaus Kenntnis davon hatten, zumindest von den Waffenstillstandsverhandlungen, aber sich bewusst nicht an ihn hielten. Krause war ein Parteigänger der Radikalen und hatte sich Anfang Dezember noch in Braunau aufgehalten, wo er sich mit den nötigen Patenten der Landesdefension ausstatten ließ, um eine Legitimation des Machtwechsels vorweisen zu können.

Kaum an der Macht, begann Krause, sich stolz in der Uniform des Amtspflegers von Kelheim zu zeigen und die Landesverteidiger zu den Waffen zu rufen. Den Bemühungen Krauses, die Revolte von Kelheim ins Rentamt Straubing zu tragen, wurde bald ein Riegel vorgeschoben. Indigniert über den leichten Triumph des Rebellen verfügte Feldmarschallleutnant Bagni aus Ingolstadt sofort den Abmarsch von 800 Mann unter dem Befehl von Baron Truchseß Richtung Kelheim. Nach vergeblichen Übergabeverhandlungen eroberten die kaiserlichen

»LIEBER BAYRISCH STERBEN«

Truppen in einem Nachtangriff am 20. Dezember Kelheim im Sturm zurück. Während des sich anschließenden Gemetzels, bei dem 60 Rebellen den Tod fanden, gelang es Krause, für kurze Zeit in einem Versteck unterzutauchen. Von einem Soldaten aufgestöbert, gab er sich für einen armen Tagewerker aus, doch flog diese falsche Identität bald auf. Als der prominente Metzgermeister sein Versteck wechselte und in ein Kellerloch kroch, beobachtete dies ein Hauptmann der kaiserlichen Armee und zerrte ihn mit vorgehaltener Klinge hinter einem Fass hervor. Es war eine der wenigen Szenen des bayrischen Volksaufstands, die auf einem satirischen Flugblatt auch für die Nachwelt festgehalten werden sollten. Krause wurde eingekerkert und einem peinlichen Verhör unterzogen. Damit war der Traum eines gesamtbayrischen Aufstands vorerst ausgeträumt. Jetzt lag es an den Ober- und Unterländern, diese Scharte wieder auszuwetzen.

Nur fünf Tage nach Beginn des Kelheimer Aufstands brachen am 17. Dezember auch im Unterland die Aufrührer den Waffenstillstand von Anzing. Wie von Fuchs und Plinganser geplant, griffen 8000 Rebellen unter Führung ihres Oberbefehlshabers Johannes Hoffmann die nur 2000 Mann starke Kampftruppe de Wendts an. Hatten sie hingegen gehofft, den kaiserlichen Oberst zu überraschen, sahen sie sich getäuscht. Ein Überläufer hatte den ohnehin wachsamen de Wendt vor dem plötzlichen Angriff gewarnt, sodass er die Aufrührer bei Neuötting in Schlachtordnung erwartete. Diese ließen sich nicht dazu hinreißen, sich von der kampferprobten regulären Truppe aufs offene Feld locken zu lassen, sondern gingen gedeckt durch einen Wald gegen die Kaiserlichen vor und nahmen die feindlichen Linien unterstützt von acht Kanonen unter Beschuss. Als de Wendt merkte, dass ein zweites Korps der Landesdefensoren auf seiner Flanke auftauchte und ihn ebenfalls unter Feuer nahm, zog er sich über den Inn zurück. Hier stieß er auf ein drittes, 1000 Mann starkes Bauernkorps, welches er nach einem kurzen, aber heftigen Gefecht in die Wälder warf.

Dieser Erfolg war aber nur vorläufig. Durch Flussauen gedeckt, war es den de Wendt nachfolgenden Rebellen geglückt, den Inn bei Kraiburg trotz kaiserlichen Widerstands zu überqueren. Jetzt drohte Hoffmann erneut, das kleine Kontingent der Kaiserlichen in der Flanke zu fassen. Unter diesen Umständen konnte de Wendt nicht anders handeln, als die Verteidigungsstellung am Flussufer aufzugeben. Eilig zog er sich auf die Ortschaft Haag zurück, wo seine Truppen völlig erschöpft ein Lager aufschlugen. Auch die Unterländer erholten sich von den Strapazen des Feldzugs und bezogen Quartier in Gars, wo Hoffmann seinen Truppen einen Tag Ruhe gönnte.

Während sich die Truppen ausruhten, vollzog sich ein Wechsel im Oberkommando der Kaiserlichen. Auf Druck Löwensteins löste Generalwachtmeister von Kriechbaum de Wendt im Oberkommando ab und schickte den Oberst nach München, um die Verteidigung der Stadt zu organisieren.

Am 22. Dezember nahm Hoffmann die Verfolgung der Kaiserlichen unter Kriechbaum wieder auf, die sich Richtung München auf Anzing zurückzogen. Doch statt den Feind energisch zu verfolgen, blieb der Kommandeur der Unterländer mit seiner mittlerweile auf 12 000 Mann[1] angewachsenen Heereskolonne unschlüssig bei Gars stehen. Höchstwahrscheinlich lag der Grund in dem Gerücht, dass eine kaiserliche Heeresabteilung im Anmarsch sei und seine Flanke bedrohe. Hoffmann ließ halten und erkunden, was es mit diesem neuen Feind auf sich habe. Als klar wurde, dass es sich nur um fünf Kompanien eines kaiserlichen Kavallerieregiments handelte, war wertvolle Zeit verstrichen und an eine Verfolgung von Kriechbaums Truppen nicht mehr zu denken. Der Rebellenführer hatte die Fühlung zu den Kaiserlichen verloren, die sich in den folgenden Stunden unter Kriechbaums Kommando unbehelligt auf Anzing zurückzogen, um von dort aus in einem

---

[1] Am 23. Dezember 1705 verfügten die Rebellen unter Hoffmann durch weiteren Zulauf sogar über 16 000 Mann.

nächtlichen Gewaltmarsch auf München vorzustoßen. Damit hatte Hoffmann trotz de Wendts Rückzug seine eigentliche Aufgabe nicht erfüllt: der kaiserlichen Streitmacht den Weg nach München zu versperren. Durch seine übervorsichtige, fast zögerliche Verfolgung standen seine Truppen viel zu weit nördlich von München, um zeitgleich mit den Aufgeboten der Oberländer die Stadt zum vereinbarten Zeitpunkt anzugreifen. Hoffmanns Fehler sollte Hunderte von Rebellen das Leben kosten.

Vielleicht wäre er energischer vorgegangen, hätte er gewusst, dass die Oberländer sich nur wenige Kilometer südlich von München in Schäftlarn sammelten, um am 23. Dezember auf die einstige Residenzstadt ihres Kurfürsten vorzustoßen. Durch Kriechbaums Rückzug auf Anzing wurde ausgerechnet der Nachrichtenknotenpunkt des Volksaufstandes, an dem alle kommunikativen Fäden zwischen Ober- und Unterländern zusammenliefen, von den Kaiserlichen ausgeschaltet, denn am Tag vor Heiligabend verhaftete ein Trupp kaiserlicher Kürassiere den Postmeister Alois Hierner. Zwar gelang es Hierner, aus der Gefangenschaft zu entfliehen und den Oberländern eine letzte Warnung zukommen zu lassen, nicht nach München zu marschieren und die Ankunft der Unterländer abzuwarten, doch da hatte das Unheil schon seinen Lauf genommen.

DIE MORDWEIHNACHT VON SENDLING

Noch heute wird an die sogenannte Sendlinger Bauernschlacht mit Gedenkfeiern und Umzügen in den am Aufstand beteiligten Gemeinden erinnert, wobei der Blick zurück die historische Wahrheit heroisch verklärt, wie der folgende Auszug eines um 1833 dargebotenen, 31-strophigen Melodrams von Sebastian Franz Daxenberger zeigt, das in den Räumen einer in München ansässigen Privatgesellschaft des Frohsinns uraufgeführt wurde:

An Muth gebrachs den Treuen nie,
nur über Leichen flohen sie,
bis sie, vom eigenen Tode trunken,
auf's blutige Land dahingesunken,
die Fahnen noch mit starrer Hand
umklammert und zu Gott gewandt.

Dreitausend fielen, wundenvoll
aus dem gebrochnen Herzen quoll
das edle Blut in heißen Bächen,
hin über die vereisten Flächen,
von Freund zu Feind,
von Mann zu Mann
es bis zu nahen Bergen rann.

Nur einer kleinen Heldenschar,
fünfhundert an der Zahl sie war,
gelang's von diesen Todesstätten
hinweg sich auf die Höh'n zu retten,
mit jeder Hufe Lands
erstreitend einen Siegeskranz.

Ganz so heroisch trug es sich allerdings nicht zu. Schon die am
23. Dezember im Kloster Schäftlarn durchgeführte Heerschau
endete mit der bitteren Erkenntnis, dass es den Führern des
Oberländer Aufstands nicht gelungen war, die versprochene
Kopfzahl an Landesdefensoren zu erreichen. Ganze 2769
Kämpfer hatten den Weg in das Kloster gefunden, darunter
etwa 900, die mit veralteten Luntenschlossmusketen ausgerüstet waren. Der Rest trug Spieße und Stangen. An Berittenen
zählte die kleine Streitmacht weniger als 300 Mann. Ganze
Gerichte waren der Einberufung ferngeblieben; aus Weilheim,
Dachau, Murnau und Rosenheim war kein einziger Mann gekommen. Die Stimmung unter den Führern des Unternehmens war denkbar schlecht, und noch immer fehlte ihnen ein

Oberbefehlshaber. Unversehens trat ein alter Freund von Ägidius Fuchs durch die Tür, der über militärische Erfahrungen verfügte: Hauptmann Mayer. Obwohl sich Hauptmann Mayer nach allen Kräften sträubte, ließ er sich doch dazu überreden, die Landesdefensoren auf ihrem Marsch nach München anzuführen. Hatten die Aufständischen gehofft, mit der Ernennung Mayers zum Oberbefehlshaber eines ihrer wichtigsten Probleme gelöst zu haben, so sahen sie sich bald getäuscht. Denn als am Morgen des 24. Dezember bekannt wurde, dass die Truppen Kriechbaums den Unterländern unter Hoffmann den Weg nach München verlegt hatten, riet ausgerechnet Hauptmann Mayer dazu, den Vorstoß auf die Residenzstadt abzublasen. Dies aber rief den Wirt Johann Jäger und die Tölzer Schützen auf den Plan, die unter ihrem Kommandanten Adam Schöttl die radikalsten Fürsprecher der Oberländer Rebellion waren und Mayer Prügel androhten.

Auf diese Weise wurde der Rat des erfahrenen Offiziers vom Jägerwirt und anderen Hardlinern in den Wind geschlagen. Sie argumentierten, dass nach wie vor das Überraschungsmoment auf ihrer Seite sei und sie mithilfe ihrer Münchner Verbündeten die geringe Stadtbesatzung überwältigen und die Kurprinzen befreien könnten. Mayer wurde überstimmt und gab widerwillig den Befehl zum Vormarsch auf München. Dorthin begab sich auch ein anderer Teilnehmer des Kriegsrats: der Pfleger Öttlinger aus Starnberg – und zwar, um der kaiserlichen Administration den Angriffsplan der Oberländer zu verraten.

Die Marschkolonne der Oberländer erreichte gerade Solln, als ein Kurier aus München zu ihnen stieß. Atemlos übergab er der Aufstandsleitung einen Brief, in dem die Münchner Mitverschwörer von einem weiteren Angriff abrieten, weil die Administration sie auf Schritt und Tritt überwachen ließ und außerdem alle neuralgischen Punkte der Stadt stark bewachte. Damit waren zwei wichtige Voraussetzungen für die erfolgreiche Einnahme der Residenzstadt nicht mehr gege-

ben: die Mitwirkung der Münchner und das Überraschungsmoment.

Wieder war es Hauptmann Mayer, der zum Abbruch des
Unternehmens riet. Wieder stieß seine Ansicht auf den erbitterten Widerstand des Jägerwirts und der Tölzer Schützen, die Mayer sogar mit dem Gewehr bedrohten. Doch der
Hauptmann war zu lange im Krieg gewesen, um sich davon
beeindrucken zu lassen. Wütend umritt er auf seinem Pferd
die aufgelösten Kolonnen der wartenden Landesverteidiger und gab ihnen den Befehl zum Rückzug. Teils murrend,
teils erleichtert folgte die Mannschaft seinem Kommando
bis Pullach, als Johann Jäger und die Tölzer Schützen sich
Hauptmann Mayer in den Weg warfen und ihn des Kommandos enthoben, indem sie ihn vom Pferd stießen und ihm
die Allongeperücke vom Kopf rissen. Nur mit Mühe gelang
es Jäger, die fanatisierten Tölzer Schützen davon abzuhalten, auf den einstigen Oberkommandanten loszugehen. Mit
diesem Akt der Meuterei hatten sich die Falken unter den
Oberländern durchgesetzt. Aber so leicht wurden sie Hauptmann Mayer nicht los. Obwohl er seines Kommandos enthoben war, setzte er zusammen mit den Landesdefensoren
den Marsch auf München fort. Wahrscheinlich trieb ihn die
dunkle Vorahnung, dass seinen Kameraden Schlimmes bevorstand. Gegen Mitternacht des Heiligen Abends erreichten
die Oberländer beim Dorf Sendling endlich München, das
trotz des Weihnachtsfests finster und schweigsam vor ihnen
lag.

Rasch organisierten die Rebellenführer den Angriff: Die
Musketenschützen und wenige Spießer wurden zu einem
Haupttreffen formiert, das den Roten Turm an der Isarbrücke
einnehmen sollte, um von dort auf das Isar- und das Kosttor
vorzustoßen. Der Haupttrupp der Spießer und Stängler stellte
sich auf der Höhe des alten Südfriedhofs von Sendling auf, um
die Angriffskolonne gegen einen etwaigen Ausfall der Verteidiger aus dem Sendlinger Tor, das Anger- oder das Einlasstor

zu decken. Die dritte Kolonne, bestehend aus Reitern und den schlecht Bewaffneten, besetzte Untersendling.

Bange Minuten des Wartens vergingen. Endlich schlug es ein Uhr. Immer noch hing über der Stadt eine gespenstische Stille. Langsam wurden die Angreifer nervös und blickten immer wieder bang zum Himmel. Es war nicht der Stern zu Bethlehem, den sie zu erspähen suchten, sondern die verabredeten Raketensignale. Man hatte ihnen versprochen, dass ihnen München ohne einen Schuss in die Hände fallen würde und die Befreiung der Prinzen ein Kinderspiel sei. Dies war nicht der Fall. Weder waren Christmessen zu hören, noch wurden Raketen in den Himmel geschossen, die den Rebellen die gelungene Überrumpelung der kaiserlichen Wachmannschaften signalisieren sollten.

Als klar wurde, dass sich die Tore der Residenzstadt nicht öffneten, begann der Angriff auf den Roten Turm. Damit hatte der erste Akt des nächtlichen Dramas der Sendlinger Mordweihnacht begonnen. Noch lachte den Rebellen das Schlachtenglück. Nach einer entschlossenen Attacke gelang es den Landesdefensoren, den stark verteidigten Roten Turm zu nehmen und gegen die Schanzen des Isartors vorzustoßen, wo sich ein erbittertes Gefecht entwickelte. Bis hierhin verlief alles nach Plan.

Von einer Überrumpelung der kaiserlichen Besatzung allerdings konnte keine Rede mehr sein. Die Angreifer bauten nun selbst Barrikaden vor der Isarbrücke, um sich gegen einen Ausfall der Besatzung zu schützen, und erlitten immer mehr Verluste durch die Gegenwehr der Kaiserlichen. Unregelmäßiges Musketenfeuer flackerte an der Stadtmauer entlang und riss blitzlichtartig für ein paar Sekunden das Dunkel der Nacht auf, die wie ein düsteres Verhängnis über den Köpfen der Belagerer hing. Um vier Uhr morgens griffen die Oberländer die Schanze vor dem Isartor an, wurden jedoch blutig zurückgeschlagen. Damit war jedem klar geworden, dass die Einnahme Münchens im ersten Anlauf gescheitert war. Weitere Stunden vergingen. Als die Anführer begriffen, dass die Stadt nicht mehr im Angriff zu nehmen war, versuchten die Rebellen einen Bluff und forderten die Besatzung Münchens um sechs Uhr morgens durch einen Tambour zur Kapitulation auf. Vergebens. De Wendt schickte einfach einen Trupp Soldaten aus, der den Tambour gegen jedes Kriegsrecht einfach festnahm und abführte.

Endlich, im Morgengrauen, erspähten die scharfen Augen des Jägerwirts eine weiße Fahne auf der Frauenkirche. Streckte die Besatzung Münchens doch noch die Friedensfühler aus? Fast schien der Sieg zum Greifen nah, als Kanonenschüsse die morgendliche Stille zerrissen. Jetzt war der Jubel nicht mehr zu halten, Hoffnung verbreitete sich. Endlich waren sie da, die Unterländer! Aber der überschäumenden Freude folgte die bodenlose Enttäuschung. Die Truppen, die gegenüber den Oberländern aufmarschierten, standen nicht unter dem Kommando von Johannes Hoffmann, sondern unter dem des Generalwachtmeisters von Kriechbaum.

Für einen Moment wurde es am Roten Turm totenstill. Ungläubig beobachteten die Rebellen, wie sich die Infanterieregimenter des Generalwachtmeisters zum Gefecht formierten, während die Husaren oberhalb der Isartorbrücke eine Furt durchritten und sich ebenfalls in Gefechtsposition begaben.

Jetzt ging es ums Ganze. Die Rebellen machten Front gegen Kriechbaums Armeekorps und bezogen ihre Verteidigungsstellungen an der Isarbrücke und am Roten Turm, als die Stadtverteidiger am Isartor die Zugbrücke niederließen. Zwei Kompanien des fränkischen Kreisregiments Janus von Elberstädt stürzten sich mit aufgepflanztem Bajonett auf die Oberländer, während Kriechbaums Männer die Rebellen gleichzeitig in der Flanke fassten. Zweifelsohne war dies das härteste Gefecht des Tages. Eine Stunde lang währte das von Pulverdampf umhüllte Hauen und Stechen, dann war der Rote Turm wieder fest in der Hand der Kaiserlichen. Un-

»LIEBER BAYRISCH STERBEN«

barmherzig stiegen die Truppen der kaiserlichen Garnison über die toten Landesverteidiger, um sich in der Stadt eine kurze Atempause zu gönnen. Von den 700 Mann der Oberländer, die am Roten Turm standen, waren allein 400 gefallen. Panische Angst ergriff die überlebenden Rebellen. Verfolgt von der ausrückenden Münchner Stadtgarnison und etwa 150 Reitern unter dem Oberbefehl des Rittmeisters Schellenberg, flüchtete der Rest entweder vom Schlachtfeld oder zur zweiten Angriffsgruppe der Oberländer am Glockenbach. Bei dieser Flucht entlang der Stadtmauer wurden ganze Rebellengruppen in den Stadtgraben versprengt und dort wie Hasen von den kaiserlichen Verteidigern der Münchner Stadtmauer gnadenlos zusammengeschossen, obwohl sie um Pardon flehten. Andere sprangen in Todesangst in die eiskalte Isar. Viele erfroren in den eisigen Fluten oder ertranken in den unzähligen Strudeln des Flusses.

Nicht viel besser erging es den flüchtigen Oberländern, die entlang des Glockenbachs um ihr Leben rannten und den unweit des Sendlinger Tors postierten zweiten Oberländer Heerhaufen erreichten. Ihr Unglück war, dass sie etwa zeitgleich mit den sie verfolgenden Husaren und Kürassieren auf ihre Kameraden stießen, die sich dem Angriff der Kaiserlichen nicht gewachsen zeigten und schon nach kurzem Kampf ebenfalls die Flucht ergriffen.

Haltlos, die kaiserlichen Reiter im Nacken, erreichten die Überlebenden des ersten und zweiten Treffens endlich das rettende Dorf Sendling, wo sie sich sofort verbarrikadierten und die sie verfolgende Kavallerie so heftig beschossen, dass diese abdrehte. Vorsichtig zogen sich die Reiter außerhalb der Schussweite zurück und harrten der Infanterie. Diese ließ nicht lange auf sich warten. Um 10 Uhr morgens mussten die überlebenden Aufständischen mit ansehen, wie 2000 Infanteristen und 650 Kavalleristen unter Kriechbaums Kommando in Schlachtordnung auf die Höhen von Sendling marschierten und sie in aller Seelenruhe einkesselten.

Angesichts dieser schlechten Ausgangsposition siegte bei den Oberländern die Einsicht, dass ihre Lage aussichtslos war. Gegen eine derartige Übermacht hatte jeder weitere Kampf keinen Sinn. Endlich konnte sich Hauptmann Mayer gegen den Jägerwirt durchsetzen. Es ist bezeichnend, dass er und die gemäßigten Offiziere Clanze und Aberle bei ihren Männern ausharrten, während der Jägerwirt sich feige in ein Wirtshaus verkroch und krank stellte. Noch bevor sich die Armee Kriechbaums zum Angriff auf Sendling rüstete, fasste Mayer den Entschluss, den Kaiserlichen die Kapitulation anzubieten, und ließ als Zeichen ihrer Verhandlungsbereitschaft das Trommelsignal Schamade schlagen. Nachdem die ersten Unterhandlungen mit dem Generalwachtmeister durch einen Tambour geführt worden waren, begaben sich die drei Offiziere Mayer, Clanze und Aberle selbst zu Kriechbaum und de Wendt. In der folgenden Unterredung gelang es Mayer scheinbar, den kaiserlichen Oberbefehlshaber davon zu überzeugen, dass die Oberländer Landesverteidiger von ihm und den geflohenen Anführern des Aufstands unter Vorspiegelung falscher Tatsachen zum Aufstand gezwungen worden waren. Die ehemaligen kurbayrischen Offiziere gingen in ihrem Altruismus sogar so weit, jegliche Verantwortung für den Aufstand auf sich zu nehmen und ihr Leben für das ihrer Männer anzubieten. Der Generalwachtmeister ließ sich überzeugen. Er nahm Mayers Angebot an und ließ verkünden, dass er Pardon gewähre. Damit es zu keinen Zwischenfällen käme, gebot er, dass die Oberländer ihre Waffen ablegen und mit erhobenen Händen, auf den Knien kriechend, vor Sendling Aufstellung nehmen sollten. Im Vertrauen auf das Wort Kriechbaums kamen die Aufständischen auf dem Feld vor dem Dorf zusammen, wo sie ihre Waffen ablegten. Dann krochen sie, die Hände hoch erhoben und um Gnade flehend, auf den Knien heran – sie hatten nicht damit gerechnet, dass sie die Opfer eines der entsetzlichsten Blutbäder europäischer Kriegsgeschichte werden würden.

Kaum hatten sich die Oberländer ergeben, wurde den etwa 600 Gefangenen befohlen, sich im Kreis aufzustellen, während die Kaiserlichen um sie herum einen Halbkreis bildeten. Die Infanterie stellte sich im großen Bogen zur einen, die Kavallerie zur anderen Seite auf. Dann befahl eine harte Kommandostimme den Rebellen, auf die Knie zu sinken. Ein ungarischer Husar sprengte auf seinem Pferd unter die Gefangenen, schlug höhnisch das Kreuzeszeichen über sie und verschwand so schnell, wie er gekommen war. Noch bevor die Überlebenden überhaupt einen klaren Gedanken fassen konnten, wurden sie von den Husaren und Kürassieren niedergesäbelt und niedergeritten, dann ließen die Kavalleristen von ihnen ab. Für einen Augenblick waren nur das schwere Donnern der Pferdehufe und das Jammern der Verwundeten zu hören.

Plötzlich, wie aus dem Nichts, schrie jemand »Feuer!«. Krachend entlud sich eine gewaltige Salve aus mehreren Hundert Gewehrläufen in den dicht gedrängt stehenden Pulk der Landesdefensoren, von denen sofort Dutzende tödlich getroffen niedersanken. Eilig, so schnell es die vor Kälte klammen Finger zuließen, luden die Soldaten nach. Lähmendes Entsetzen erfasste die Oberländer, während sich Verwundete und Sterbende noch am Boden wälzten.

Hauptmann Mayer war fassungslos – Kriechbaum hatte ihm sein Ehrenwort gegeben! War das Massaker geplant, oder hatte der Oberbefehlshaber des Kaisers keine Macht mehr über die entfesselte Soldateska? Im Verhör einige Tage später machte der gefangene Oberbefehlshaber der Oberländer den kaiserlichen Untersuchungsbeamten unmissverständlich klar, dass Kriechbaum den Aufständischen für den Fall ihrer Kapitulation Pardon versprochen hatte. Nach Mayers Version sei der Generalwachtmeister sehr ungehalten über das Massaker gewesen, weswegen er eine heftige Auseinandersetzung mit Oberst de Wendt hatte.

Welche Rolle Kriechbaum beim Gemetzel spielte, kann nicht mehr genau rekonstruiert werden. Fest steht nur, dass es ihm nicht gelang, dem Massaker Einhalt zu gebieten. Wie im Blutrausch schossen die Kaiserlichen ihre gefangenen Opfer mehrmals zusammen. Zweimal wiederholte sich das grausame Vernichtungsprozedere: »Kniet, kniet, ihr habt Pardon!«, und dann entlud sich wieder eine Salve nach der anderen in die um Gnade Flehenden, stürzten sich von neuem die Husaren und Kürassiere auf ihre Opfer. Grausame Szenen spielten sich ab. Sterbenden und Verwundeten wurden, während sie sich noch in ihrem Blut wälzten, Hose und Hemd ausgezogen, ihre Habe wurde geraubt. Andere Soldaten erschlugen nicht nur diejenigen, die sich noch auf den Beinen hielten, sondern machten auch die schon am Boden liegenden Verwundeten nieder.

Aus der Hand eines Überlebenden besitzen wir einen Bericht, der unmissverständlich zeigt, mit welch bestialischer Grausamkeit die Kaiserlichen vorgingen.

Ja, zwei verwegne Gesellen suchten sogar unter den Toten herum, der eine mit einer Holzaxt in der Hand, der andere mit einem Waldmesser versehen; sie versetzten den Toten, Halbtoten und Verwundeten ohne einen Unterschied einen Streich auf die Hirnschale und den Kopf oder einen Hieb in die Gurgel und machte so vielen unmenschlich den Garaus.

Wer in Verzweiflung nicht vom Mordfeld fliehen konnte, den erschlugen entweder die Infanteristen mit ihrem Hirschfänger oder die Reiter mit ihrem Sarrass. Trotzdem gelang es über hundert Mann, dem grausamen Morden zu entrinnen und sich in den Häusern, Scheunen, Höfen, ja sogar in der Kirche von Sendling zu verstecken. Es half alles nichts. Die Kaiserlichen folgten ihnen dicht auf den Fersen und töteten bis auf 36 Mann alle. Ein letzter verzweifelter Kampf fand auf dem Kirchhof statt. Hier verkauften die Rebellen ihr Leben teuer und verteidigten sich bis zum letzten Blutstropfen. Unter ihnen befand sich höchstwahrscheinlich auch der Schmied Balthasar Riesenhuber. In ihm vermutet die Forschung heute das historische Vorbild einer Legende, die ungeachtet ihres Wahrheitsgehalts für immer mit dem bayrischen Volksaufstand verbunden werden sollte. Und dieser letzte Mann, so berichtete später die Sage, war der Schmied von Kochel, auch Schmiedbalthes genannt.

Nimm du die Löwenfahne, Reifenstuel,
Der Himmel helfe, unsere Not ist groß,
Mit einem Streich erschlag' ich Mann und Ross.
So wütig ging es in der größten Schlacht
Nicht her, hab' ich doch schon viele mitgemacht,
Das ist Verrat, entsetzlicher Verrat.
Schon zweimal Gnade und Pardon versprochen
Und jedesmal das Ehrenwort gebrochen,
Wir müssen mit dem Feind verzweifelt raufen.
Die Friedhofmauer dient zum letzten Halt,
das ist nun unser Gottesacker bald.
Es gilt, das Leben teuer zu verkaufen,
Wir haben uns zum Todeskampf geweiht
Und halten bis zum letzten Mann stand,
Gott steh' uns bei in diesem harten Streit,
lasst nur nicht aus — für Fürst und Vaterland. [1]

Dieser glorreiche Akt wurde zur Geburtsstunde einer Heldensage und bewahrte das Andenken an die grauenhafte Sendlinger Mordweihnacht. In Ermangelung charismatischer und heldenhafter Führungspersönlichkeiten fand die geschundene bayrische Volksseele in der mystischen Überhöhung des Schmieds von Kochel eine heroische Identifikationsfigur, die vor allem kämpferische Entschlossenheit und persönlichen Mut verkörperte. Die Legende verklärte den Blick auf die schwere Niederlage. Die Sendlinger Mordweihnacht hatte jedem klar-

---

[1] *Der Schmied von Kochel*, Bühnenstück in 5 Akten von Professor Dr. J. Sepp. München 1898.

gemacht, dass von kaiserlicher Seite kein Pardon zu erwarten war. Alles in allem hatte die Landesdefension im Kampf um München 1100 Streiter verloren. Die kaiserlichen Verluste, also Tote, Verwundete und Vermisste, waren dagegen minimal und betrugen gerade einmal 40 Mann. Diese menschliche Tragödie stand in keinem Verhältnis zum moralischen Schaden, den die Aufstandsbewegung durch die vernichtende Niederlage bei Sendling erlitt. Ganze Dörfer waren ausgeblutet. Ledige und verheiratete Männer, Jünglinge und Greise lagen verstümmelt auf den vereisten, blutgetränkten Äckern vor München. Über 600 schwer verwundete Rebellen darbten in klirrender Kälte steifgefroren, teils bis auf das Hemd ausgeraubt, zur Abschreckung der Stadtbevölkerung auf dem Schrannenplatz – dem heutigen Marienplatz – vor der Jesuitenkirche. Überall in den Dörfern des Oberlands erschallte die Totenklage von Frauen und Kindern. In Windeseile verbreitete sich die Nachricht des Weihnachtsmassakers bei München in alle Himmelsrichtungen. Fliehende Landesdefensoren und reitende Boten verzerrten die Niederlage und ließen die Verluste noch größer erscheinen, als sie waren.

Die unmittelbare Folge von Sendling aber war, dass der Aufstand der Oberländer zusammenbrach. Jetzt bekamen auch dessen Drahtzieher zum ersten Mal den Volkszorn zu spüren. In Tölz suchte eine Schar aufgebrachter Landesverteidiger die Wohnung des Pflegekommissärs Dänkel auf, um ihn zu lynchen. Dieses Vorhaben misslang allerdings, denn der kluge Aufwiegler hatte sich und seine Familie gerade noch rechtzeitig in Sicherheit gebracht.

Alles in allem wirkte die Sendlinger Niederlage desaströs auf die Kampfmoral der Rebellen. Erste massive Zerfallserscheinungen zeigten, dass längst nicht alle einberufenen Landesverteidiger dazu bereit waren, ihr Blut in einem ungleichen Kampf gegen die kaiserlichen Streitkräfte zu vergießen. Die noch vor drei Tagen siegreiche Armee der Unterländer schmolz durch Fahnenflucht von fast 16 000 auf 2000 Mann

»LIEBER BAYRISCH STERBEN«

zusammen, sodass sich Johannes Hoffmann wieder auf die Inn-linie zurückzog. Bei diesem überstürzten Rückzug plünderten die einst zur Befreiung Bayerns bestimmten Kontingente ihre eigenen Landsleute erbarmungslos aus. Andernorts zerfiel die öffentliche Ordnung derartig, dass sich Räuberbanden bilde-ten.

In der Zerschlagung des konspirativen Netzes der Rebellen konnte die kaiserliche Administration große Erfolge verzeich-nen. Die Rädelsführer der Oberländer Insurgenten wurden erbarmungslos gejagt. Ignaz Haid fiel in die Hände der Kai-serlichen und verriet unter der Folter gegen Zusicherung von Straffreiheit seine Mitverschwörer. In den folgenden Tagen wurden Graf Törring und Johann Jäger verhaftet, während Ägidius Fuchs die Flucht gelang.

Politisch gerieten die Rebellen immer mehr in die Defen-sive. Ein von Kaiser Joseph am 26. Dezember 1705 erlassenes Patent drohte mit einem drakonischen Strafgericht.

Es seien alle Baiern der beleidigten Majestät der Allerböchsten Per-son Josephs I. als des ihnen von Gott dem Allmächtigen vorgesetz-ten alleinigen rechtmäßigen Landesherrn schuldig und daher ohne weiteres mit dem Strange vom Leben zum Tode zu richten. Nur aus allerböchster Clemenz und landesväterlicher Müdigkeit werde ver-ordnet, daß allezeit 15 zu 15 ums Leben spielen und jener, auf den das wenigste Loos fällt, im Angesicht der Andern aufgehenkt werden soll! – Dagegen aber müsse, von diesem Loose abgesehen, aus jedem Gerichtsbezirke ein Bösewicht bergenommen und ohne Loos hin-gerichtet werden. Wenn sonach jeder fünfzehnte Mann hingerichtet, seien die Übriggebliebenen, denen aus angeborener, allerböchster Milde das Leben geschenkt worden, in die Festung Ingolstadt zu liefern, die Tauglichen als gemeine Soldaten unterzustecken, die Untauglichen gleich andern Verbrechern zu öffentlichen Arbeiten anzuhalten! – Von den Bürgern sei nicht der fünfzehnte, sondern der zehnte Mann, oder wenn deren nicht genug, der fünfte Mann aufzuhenken, die tauglichen Bürger unter's Militair zu stecken, die übrigen gegen geschworne Urphede Baierns und der Oberpfalz auf ewig zu verweisen und ihre Habe zum Fiscus einzuziehen. – Alle *bekannten Rädelsführer, alle abgedankten bairischen oder desertirten Soldaten sollten nicht unters Loos gezogen, sondern gegen alle solle standrechtlich mit dem Strange verfahren werden.*

Auch wenn es glücklicherweise nicht zur Umsetzung dieser blutdürstigen Strafandrohung kam, schreckte die Aussicht auf ein kaiserliches Strafgericht die Landesbevölkerung davon ab, weiterhin in Scharen zu den Landfahnen zu eilen. Der kühne Plan von Fuchs und Plinganser war gescheitert und die Ausweitung des Aufstands auf das Oberland total fehlgeschlagen. Daran konnte auch die am 27. Dezember erfolgte Einnahme von Cham in der Oberpfalz durch die Rebellen unter der Leitung des Pfarrers Miller nichts mehr ändern. Anfang Januar waren die Rebellen wieder dort, wo sie angefangen hatten: an der Innlinie, verschanzt in Braunau und Burghausen. Dabei hatte die gesamtförderierte Gemein von Burghausen und Braunau politisch große Fortschritte erzielt.

AIDENBACH UND DIE FOLGEN

Am 21. Dezember 1705 wurde in Braunau der Landesdefensionskongress in Form einer Ständeversammlung eröffnet, um die auseinanderdriftenden Radikalen und Gemäßigten miteinander auszusöhnen und eine provisorische Regierung zu ernennen. Zum ersten Mal in der Geschichte Bayerns sollte neben den Vertretern von Adel, Klerus und Bürgern auch der vierte Stand der Bauern im Braunauer Kongress vertreten sein. In Wirklichkeit blieb der bayrische Hochadel teilweise, der Klerus ganz dem Kongress fern. Städte und Märkte sowie Bauern sandten 100 Abgeordnete, bildeten somit die stärkste Fraktion. Das »Bauernparlament« – wie es von den Zeitgenossen genannt wurde – tagte im Stadtquartier des Freiherrn von

Paumgarten im Gasthof Breuninger. Ähnlich dem englischen Parlament bildeten sich auf Anhieb zwei »Häuser«: das Unterhaus mit den Vertretern der Bürger und Bauern und das Oberhaus mit den Adeligen, deren Anzahl so gering war, dass diese an einem Tisch Platz nehmen konnte. Der Kongress tagte in zwei Sitzungen: vom 21. bis zum 24. Dezember und vom 27. Dezember bis zum Ende des Aufstands.

Obwohl der Kongress anfangs das Ziel hatte, die auseinanderstrebenden Interessen der Burghausener und der Braunauer zu vereinen, rieb er sich von Anfang an selbst in Machtkämpfen auf. Gleich zu Beginn gelang es Prielmayr aufgrund seines hohen Ansehens, die Führung der provisorischen Regierung an sich zu ziehen und Plinganser seines Amtes als Oberkriegskommissär zu entheben und ihn somit politisch kaltzustellen. Aber Plinganser war nicht der Mann, der sich schnell geschlagen gab. Durch geschickte Agitation und seinen Rückhalt bei der Bauernschaft konnte er durchsetzen, dass der Kongress beschloss, den Aufstand mit allen nötigen kriegerischen Mitteln weiterhin zu betreiben, statt – wie von Prielmayr gewünscht – mit den Kaiserlichen zu verhandeln. Daraufhin wurde der erfahrene kurbayrische General d'Ocfort dazu ernannt, die Gesamtleitung der Landesdefension zu übernehmen, Prielmayr, die Pfleger Widman und Aham wurden zu Kommandanten je eines Regiments ausersehen. Eine Kriegssteuer wurde erhoben, die viermal so hoch war wie die kaiserliche, was für große Empörung unter den Bauern sorgte. Der Kongress erließ ein Einberufungspatent, das sämtliche noch verfügbaren Milizionäre unter Androhung der Todesstrafe zu den Landfahnen rief.

Damit war die erste Runde klar an Plinganser gegangen. Doch es war ein Pyrrhussieg: Statt für Klarheit in der Aufstandsleitung zu sorgen, waren die Gegensätze von Tauben und Falken immer stärker zutage getreten. Was noch schwerer wog: Der Aufstand begann an Rückhalt in der Bevölkerung zu verlieren. Die provisorische Regierung der Rebellion, die einst wegen der Zwangsrekrutierung ausgebrochen war, berief jetzt mehr Rekruten ein, als die Kaiserlichen je gefordert hatten. Damit hatte die provisorische Regierung ihre Ziele verraten, indem sie mit diktatorischen Vollmachten auftrat. Dies war nicht die Sprache der Revolution, die auf dem Prinzip der Freiwilligkeit und Gleichheit beruhte. In diesen Dezembertagen zeichnete sich in Braunau vielmehr der Charakter einer Junta ab, die sich diktatorische Vollmachten anmaßte.

Als das Braunauer Parlament bei der Eröffnung der zweiten Sitzungsperiode von der Niederlage bei Sendling erfuhr, schlug Prielmayr vor, über Freiherr von Gemmel und die Vermittlung des im Reichstag zu Regensburg weilenden Salzburger Erzbischofs erneut Verhandlungen mit Löwenstein anzubahnen. Wie schon vorher hintertrieb der demagogisch äußerst geschickte Plinganser auch diesen Vorschlag mithilfe der radikalen Kräfte der gesamtförderierten Gemein, die in der Wahl ihrer Mittel nicht zimperlich war. Prielmayr wurde wegen seiner Friedensinitiative von einem aufgebrachten Wirt nicht nur bedroht, sondern erhielt sogar einen Faustschlag ins Gesicht, als er sich für Verhandlungen mit dem Feind starkmachte.

Der Kampf um die Vormacht im Landesdefensionsausschuss nahm immer groteskere Formen an. Trotz dieser tumultösen Vorgänge setzte sich Prielmayr letztendlich durch, aber Plinganser rächte sich, indem er im Gegenzug die Abschrift der Briefe und Patente an den Reichstag verschleppte, sodass diese zwei Tage nach erfolgtem Beschluss, sie abzuschicken, noch immer nicht auf dem Weg nach Regensburg waren. Mit diesem Possenspiel verstrich wertvolle Zeit, die die Aufständischen nicht hatten. Als die Briefe schließlich abgingen, war es zu spät. Nur zwei Wochen nach der Mordweihnacht von Sendling ereignete sich bei Aidenbach unweit Vilshofen ein weiteres Blutbad, das das Massaker von München bei weitem übertraf und die diplomatische Mission überflüssig machte.

Dabei hatte alles so hoffnungsvoll begonnen. Kurz nach der Massendesertation ganzer Truppenteile Ende Dezember war es Johannes Hoffmann gelungen, seine Heerschar durch Zulauf neuer Milizionäre auf etwa 4000 Mann zu verstärken. Energisch hatte sich der Verband aufgemacht, auf das zuvor von kaiserlichen Truppen eingenommene Vilshofen vorzustoßen und dieses zurückzuerobern, als er bei Aidenbach völlig überraschend auf die Armee Kriechbaums stieß. Der Kampf wurde wie in Sendling kein Ruhmesblatt der militärischen Führung des bayrischen Volksaufstands. Der Abgeordnete der bayrischen Landschaftsverordnung, Freiherr von Gemmel, wurde Zeuge, wie sich auf kurbayrischer Seite gleich zu Beginn des Gefechts die Feigheit ihres Oberbefehlshabers erwies.

Es haben sich aber die Rebellen, ehe man die Höhe gar besteigen können, gleichsam in einem Augenblick, ohne Verlierung des geringsten Feuers, in den hinter sich gehabten Wald gezogen; ihr Kommandant und andere Offiziere sind, gleich wie sie s. v. schelmischer Weise ihr rebellisches Kommando angetreten, wieder solchergestalten auf ihren Pferden mit der wenig gehabten Kavallerie durchgegangen und haben ihre sogenannte Hauptarmee im Stich gelassen.

Die Flucht Hoffmanns wurde zum Fanal des Untergangs. Panik ergriff die Rebellen angesichts der starr ausgerichteten Linien des kaiserlichen Korps, das an die 7000 Mann zählte. Um den vernichtenden Salven der Infanterie und dem Kartätschenfeuer der kaiserlichen Artillerie zu entgehen, suchten die Landesverteidiger Schutz in dem hinter ihnen gelegenen Wald, aus dem sie mit dem Bajonett auf die Felder hinausgetrieben wurden. Bei ihrer anschließenden Flucht wurden die Aufständischen zu Hunderten von der sie verfolgenden Infanterie und Kavallerie niedergemetzelt. Einzig ein paar Hundert Mann gelang es, sich in den umliegenden Höfen zu verschanzen. Dort leisteten sie heftigen Widerstand und retteten die bayrische Waffenehre, wie die Volkssage berichtet:

Die Bauern verfügten nur mehr über eine kleine Schar kampfesfähiger Leute, darunter mehrere, wohlvertraut mit der Handhabung der Schießwaffen. Diese hatten sich in die Hofgebäude des Resch in Dobl zurückgezogen und unterhielten aus den Fenstern und Scheunenlucken ein wirksames Feuer auf den Feind. Bald jedoch gelang es demselben, auch diesen Hof in Brand zu stecken, und unter dem Prasseln der Flammen und dem Krachen der einstürzenden Balken sandten die Braven Schuss um Schuss aus dem immer dichter werdenden Qualm und Rauch heraus, noch manchen Gegner niederstreckend. Höher röten sich die Wangen von der immer mehr steigenden Glut, es leuchten die Augen beim Scheidegruß, den die Brüder sich noch zurufen, denn schon vermögen die Hände die durch das Feuer erhitzten Flintenläufe nicht mehr zu halten. Einer nach dem Andern stürzt durch den heißen Brodem erstickt zu Boden, die Übrigen werden durch herabfallende Brände niedergeworfen. Nur ein Mann steht noch aufrecht da an einem vom Feuer verschonten Teile der Scheune, mit Hast aus seiner sicher treffenden Büchse schießend und immer wieder ladend, nicht achtend des stets mehr um sich greifenden Brandes. Da steigen plötzlich Feuergarben aus dem Firste auf, nach Innen neigen sich die Giebel und stürzen mit Geprassel in sich selbst zusammen. – Seine letzte Kugel durchbohrte noch die Brust eines feindlichen Offizieres. – Der Letzte der Treuen hatte ausgerungen.

So weit die Sage. Zum Glück für die Kaiserlichen war die sagenhafte Treffsicherheit der bayrischen Schützen an diesem Tag recht gering. Das Korps von Kriechbaum verlor in der Summe ein paar Pferde und ganze acht Soldaten, die Rebellen dagegen 3000 bis 4000 Mann. Diese hohe Zahl erklärt sich durch den Befehl des österreichischen Oberbefehlshabers kurz vor Kampfbeginn, keinen Pardon zu geben. Das feige Verhalten der Offiziere, die mangelnde Kampfbereitschaft der Landesdefensoren und die grausame Perfektion der kaiserlichen Kriegsmaschinerie hatten dazu geführt, dass die männliche Bevölkerung ganzer Dörfer und Gemeinden für nichts auf der Schlachtbank geopfert wurde.

Der Hauptverantwortliche für dieses Desaster saß zu diesem Zeitpunkt noch in Braunau: Plinganser. Er hatte mit allen Mitteln eine friedliche Lösung hintertrieben, die angesichts der desolaten militärischen und politischen Lage die Rettung vieler Tausend Männer bedeutet hätte. Jetzt musste der Hardliner mit ansehen, wie der Aufstand, der einst so hoffnungsvoll begonnen hatte, wie ein Kartenhaus in sich zusammenfiel. Die teils gegen ihren Willen gezogenen Landesdefensoren liefen einfach auseinander. In den befestigten Plätzen herrschte Angst und Hoffnungslosigkeit, an Verteidigung war nicht mehr zu denken. In rascher Reihenfolge kapitulierten im Unterland vom 14. bis zum 18. Januar 1706 der Reihe nach Schärding, Cham, Braunau und Burghausen. Damit war der seit Mitte Oktober 1705 andauernde bayrische Volksaufstand zusammengebrochen.

Jetzt blieb den Anführern des Aufstands nichts mehr übrig als unterzutauchen oder in Gefangenschaft zu gehen. »Rette sich, wer kann!«, war die Devise. Ausgerechnet dem »Falken« Plinganser verlieh die Angst jetzt Taubenflügel. Der ehemalige Jurastudent entzog sich als einer der Ersten dem kaiserlichen Zugriff und tauchte im Franziskanerkloster von Eggenfelden unter, wo er sich bis Februar 1706 aufhielt. Anschließend flüchtete der ehemalige Kriegskommissär ins Salzburger Land. Aber auch dort hielt es ihn nicht lange. Im Mai 1706 nahm er unklugerweise an einer Wallfahrt nach Altötting teil, wo er erkannt und verhaftet wurde. Doch Plinganser war geschmeidig wie eine Katze: Als er verhört wurde, wies er alle Schuld von sich und schob alles auf seine Mitstreiter, was die kaiserlichen Untersuchungsbeamten allerdings nicht überzeugte.

Sein politischer Gegner Prielmayr wurde sofort nach Zusammenbruch des Aufstands gefangen genommen. Dem Führer der Weilharter Bauern, Georg Meindl, gelang es dagegen, sich mit einigen Getreuen in den Weilharter Wald zurückzuziehen, wo er noch wochenlang in einer Art Guerillakrieg den Kampf fortsetzte. Dabei operierte er so erfolgreich, dass ein Kavalleriekommando auf ihn angesetzt wurde, um ihn zu fangen. Mehrmals gelang es Meindl, den Häschern zu entkommen. Sein spurloses Auftauchen und Verschwinden zu gegebener Zeit machte ihn über die bayrischen Landesgrenzen berühmt, sodass er zu Lebzeiten zur Legende wurde. Erst als sich das Netz immer enger um ihn zusammenzog, verließ der Bauernführer für immer Bayern und flüchtete nach Salzburg, wo er aufgrund seiner militärischen Kenntnisse in die Karabiniergarde des Erzbischofs eintrat und sich bald vom einfachen Soldaten zum Leutnant hochdiente.

Nicht jeder der führenden Köpfe des Aufstands hatte ein derartiges Glück. Schon am 29. Januar 1706 spritzte in München das Blut der Offiziere Aberle und Clanze vom Schafott und vermengte sich mit dem der gerichteten Mitverschwörer Senser und Kittler. Zwei Monate später wurde am 17. März Matthias Kraus vor die Mauern der Stadt Kelheim zur Richtstätte geführt. Angesichts des Todes behielt der ansonsten trinkfreudige Metzgermeister und Rebellenführer einen klaren Kopf. Nach einem inbrünstigen Gebet erklärte er würdevoll den Umstehenden:

Ich habe vor eilff [elf] Jahren Hochzeit gehabt, und jetzt habe ich wieder eine Hochzeit, aber nicht wie die vorige, sondern auff eine ganz andere Manier, jetzt habe ich mit meinem Herrn Jesu Hochzeit, mit diesem will ich mich vermählen, auf ihn will ich auch leben und sterben.

Eine Hochzeit wurde es, wenn auch eine blutige. Matthias Kraus' Worte waren kaum verklungen, als die Klinge des Henkers durch die Luft pfiff und seinen Kopf vom Rumpf trennte. Umbarmherzig warf der Scharfrichter mit seinem Gehilfen den schwallblutenden Torso des Gerichteten auf die Schlachtbank. Dann griff er zum Beil und hackte dem Toten Arme und Beine ab. Anschließend wurden die abgetrennten Gliedmaßen des Freiheitskämpfers zur Abschreckung mit Ketten an die Galgenbäume des Richtbergs gehängt und sein Kopf auf einem langen Eisendorn aufgespießt. Mitleidige Seelen machten jedoch noch in einer der folgenden Nächte den Behörden einen Strich durch die Rechnung, stahlen zwei der abgehackten Körperteile und setzten sie heimlich bei.

Auch in München fand am 17. März ein grausames Strafgericht statt. Hier wurde zeitgleich zu Kraus Johann Jäger geköpft und geviertelt und die Glieder des Hingerichteten zur Abschreckung aller an den Haupttoren der Stadt aufgehängt.

Etwa ein Jahr später wurde in Braunau ein anderer Rädelsführer mit dem Schwert vom Leben zum Tod befördert: Johannes Hoffmann. Dem so unrühmlich bei Aidenbach geflohenen Oberkommandierenden der Unterländer war es nach der Schlacht gelungen, sich bis nach Italien durchzuschlagen und in französische Dienste zu treten. Fast scheint es, als ob ein dunkles Verhängnis über dem Rebellen hing, denn kaum gerettet, geriet Hoffmann nach einem unglücklichen Gefecht in kaiserliche Gefangenschaft. Nach Sitte der Zeit bot man ihm als gefangenen Offizier eine Offiziersstelle in einem kaiserlichen Regiment an. Hoffmann akzeptierte und trat in ein kurpfälzisches Reiterregiment ein. Dann riss seine Glückssträhne ab. Jemand erkannte ihn Anfang des Jahres 1707 und verriet ihn. Das weitere Prozedere verlief unkompliziert, und die kaiserliche Administration machte mit Hoffmann kurzen Prozess. Nach kurzem Gerichtsverfahren wurde der Verlierer von Aidenbach noch im selben Jahr in Braunau enthauptet.

Was aber wurde aus den zwei wichtigsten politischen Führern Plinganser und Prielmayr?

Hatte Prielmayr gehofft, dass seine Friedensinitiative ihm von der kaiserlichen Administration strafmildernd angerechnet werden würde, sah er sich getäuscht. Immerhin hatte der Kastner des Rentamts Burghausen nicht nur dem Braunauer Kongress angehört, der die Fortsetzung des Aufstands organisiert hatte, sondern als eine der Führungspersönlichkeiten sogar aktiv die politische Führung übernommen. Damit hatte er in den Augen der Administration den Kaiser verraten – und auf Hochverrat stand die Todesstrafe. Aber Löwenstein schonte Prielmayr: Der Verurteilte kam nach Ingolstadt in Festungshaft, aus der er schon ein Jahr später entlassen wurde.

Im Gegensatz zu Prielmayr hatte Plinganser weniger Glück, kam aber dennoch relativ glimpflich davon. Obwohl er von Anfang an einer der energischsten Anführer der Rebellion gewesen war, schrieb er einen Bittbrief an Kaiser Joseph, in dem er beteuerte, dass er an der Erhebung unschuldig sei. Diese im servilsten Tone gehaltene Schrift erreichte offenbar ihren Zweck: Plinganser wurde aufgrund seiner Jugend milde beurteilt und verbüßte eine dreijährige Festungshaft, aus der er schon 1710 freikam.

Der tragische Held von Sendling, Hauptmann Mayer, wurde im Gegensatz zu Prielmayr und Plinganser nach überstandener Folter zum Tode verurteilt und dann zu einer mehrjährigen Freiheitsstrafe begnadigt, die erst mit Max Emanuels Rückkehr aufgehoben wurde.

Andere Rebellen, deren Schuld keineswegs die Schwere der oben Genannten aufwies, erhielten ebenfalls Freiheitsstrafen oder wurden des Landes verwiesen. Manche hatten das zweifelhafte Glück, Geldzahlungen als Schadenersatz zu leisten, wodurch sie völlig verarmten. Alle Inhaftierten wurden nach der Rückkehr von Max II. Emanuel in den Jahren 1715/16 rehabilitiert.

So viel zu den Anführern; was aber geschah mit dem gemeinen Mann, der sich mit der Waffe in der Hand gegen die kaiserliche Administration erhoben hatte? Abgesehen von den geschilderten Hinrichtungen ließ die kaiserliche Administration gegenüber der anonymen Masse der Aufständischen erstaunliche Milde walten. Aufgrund wiederholter Fürbitten des Salzburger Erzbischofs und der bayrischen Landschaftsverordnung überzog der Kaiser Bayern nicht mit einem apokalyptischen Strafgericht. Als nach Abschluss der Untersuchungen klar wurde, dass die Verurteilten eigenmächtig gehandelt und die Bevölkerung durch Vorspiegelung falscher Tatsachen zum Aufstand entweder verleitet oder durch Gewaltandrohung genötigt worden war, bewies die kaiserliche Administration Mäßigung und erließ eine Generalamnestie für den gemeinen Mann. Damit hatte das Morden weitgehend ein Ende.

Das bayrische Volk hatte allerdings genug gelitten. Nach heutigen Schätzungen verloren von etwa 100 000 Aufständischen schätzungsweise 5000 bis 10 000 das Leben. Kampfhandlungen hatten Dörfer, Marktflecken, Einödhöfe und Städte verheert. Was Feuer und Schwert nicht zum Opfer fiel, das verwüsteten vollends Soldaten oder umherziehende Raubscharen von Bauernburschen und Marodeuren. Die bayrische Befreiungsbewegung hatte eine schwere Niederlage erlitten. Das politische Ziel, Bayern von der kaiserlichen Besatzung zu befreien, war nicht erreicht worden.

Allerdings war trotz der schweren Verluste der Aufstand nicht völlig vergebens gewesen. Im Anschluss an die Rebellion hob die kaiserliche Administration die Zwangsrekrutierung in Bayern auf und verbot den Einsatz bayrischer Rekruten außerhalb ihrer Heimat. Der kaiserlichen Soldateska wurden enge Zügel angelegt, Plünderer und Mörder hart bestraft. Der Hofkriegsrat in Wien hatte endlich begriffen, dass er Kurbayern nicht nach Belieben auspressen konnte, dass man die Kuh, die man melken kann, nicht schlachten sollte – im Gegensatz zum eigentlichen Landesvater Max II. Emanuel, der 1715 aus dem französischen Exil nach Bayern zurückkehrte. Der lebensfrohe Kurfürst nämlich ruinierte sein Land fast völlig, indem er Millionen für den Ausbau des bayrischen Versailles – Schloss Nymphenburg – ausgab.

DER BAYRISCHE VOLKSAUFSTAND –
REBELLION ODER REVOLUTION?

Der bayrische Volksaufstand war eine der größten Aufstandsbewegungen der deutschen Geschichte. Selten ist auf deutschem Boden mit so viel Erbitterung für die Freiheit gekämpft
worden. Wie aber ist der bayrische Volksaufstand aus heutiger
Sicht zu bewerten? War er nur eine Rebellion oder gar eine
Revolution, wie ein Überlebender der Sendlinger Mordweihnacht den Volksaufstand auf einer nach der Schlacht gespen-
deten Votivtafel bezeichnete?

Die Tendenz weist eindeutig in Richtung Rebellion. Auf-
standsursache und Aufstandsverlauf zeigen deutlich, dass es
der Bevölkerung und später den politischen Vertretungen in
Burghausen und Braunau zunächst darum ging, alte Rechtszustände und Freiheiten wiederherzustellen. Die Aufständischen kämpften für die Erneuerung der Selbstständigkeit Bayerns, stemmten sich gegen die völlige politische Entrechtung
und versuchten, sich von der desaströsen Steuerbelastung zu
befreien. Ein anderer Motor der Rebellion wurde der Kampf
gegen die Fremdherrschaft, die als unerträgliches Joch empfunden wurde. Obwohl die Bayern rein rechtlich auch Untertanen des Kaisers waren, fühlten sie sich in erster Linie ihrem
vertriebenen Landesherrn verpflichtet. Es nimmt nicht wunder, dass sich die Rebellen die Befreiung der Kurprinzen und
die Wiederaufrichtung der Herrschaft ihres Landesfürsten auf
die Fahne schrieben. Dies alles sind Anzeichen einer konservativen Rebellion: Alten Autoritäten sollte wieder zur Macht
verholfen werden.

Übersetzt man den Begriff »Rebellion« wortwörtlich mit
»Wiederaufnahme des Krieges«, so entdeckt man, wie frappie-
rend der Begriff in seiner ursprünglichen Bedeutung auf den
bayrischen Volksaufstand zutrifft. 1705 griff ein Volk erneut
zu den Waffen, die es erst im Vorjahr schmählich niedergelegt
oder vergraben hatte. Der Krieg um die Souveränität Bayerns

wurde fortgesetzt – von einer sozialen Klasse, der man dies in Wien nicht zugetraut hatte: der gesamtförderierten Gemein, die sich in der Hauptsache aus Bürgern, Bauern und Handwerkern zusammensetzte und sich selbst ein natürliches Widerstandsrecht gegen die fremde Obrigkeit zubilligte.

Die politische Führung, die sich im Laufe der Erhebung herausbildete, zersplitterte sich in zwei Richtungen: die gemäßigte Richtung von Burghausen und die radikale von Braunau, wobei sich am Ende die Radikalen um Plinganser durchsetzten. Und trotzdem: Trotz der revolutionär anmutenden Anwesenheit des vierten Standes im Sitz des Landesdefensionskongresses war der bayrische Volksaufstand keine Revolution im modernen Sinne. Zu keinem Zeitpunkt wurde im Lager der Aufständischen daran gedacht, die Vormacht von Klerus und Adel anzugreifen oder eine soziale Umwälzung herbeizuführen, auch wenn es durchaus vorkam, dass die Schlösser Letzterer von marodierenden Bauern geplündert wurden.

Auf einen Nenner gebracht: Der bayrische Volksaufstand war eine konservativ ausgerichtete Rebellion mit revolutionären Elementen, aber ohne Revolutionäre.

LITERATUR

Churchill, Winston: *Marlborough – Der Weg zum Feldherrn
1650–1705*, Band I, Manesse, Zürich 1990

Dorn, Hubert: *Die Schlacht von Sendling 1705*, Buchendorfer,
München 2005

*Geschichte der Kämpfe Österreichs. Die Feldzüge des Prinzen
Eugen*, Band IV, Jahr 1705, Kriegsgeschichtliche Abteilung des
k. und k. Kriegsarchivs, Wien 1891

Probst, Christian: *Lieber bayrisch sterben. Der bayrische Volksaufstand der Jahre 1705/06*, Süddeutscher Verlag, München
1978

Vehse, Karl Eduard: *Habsburger Herrscher*, Anaconda, Köln
2006

Vehse, Karl Eduard: *Bayerns Könige*, Anaconda, Köln 2006

Würmeling, Henric L.: *1705 – Der bayrische Volksaufstand
und die Sendlinger Mordweihnacht*, Langen-Müller, München
2005

DAS BLUTGERICHT
EINE PREMIERE MIT FOLGEN

DREISSIGER, *zitternd. Ich sag' euch also: passiert mir das noch
einmal und zieht mir noch einmal so eine Rotte Halbbetrunkener,
so eine Bande von grünen Lümmeln am Hause vorüber wie gestern
abend – mit diesem niederträchtigen Liede . . .*

BÄCKER. *'s Bluttgericht meenen Se woll?*

DREISSIGER. *Er wird schon wissen, welches ich meine. Ich sag'
euch also: hör' ich das noch einmal, dann lass' ich mir einen von
euch rausholen, und – auf Ehre, ich spaße nicht – den übergebe
ich dem Staatsanwalt. Und wenn ich rausbekomme, wer dies elende
Machwerk von einem Liede . . .*

BÄCKER. *Das is a schee Lied, das!*

DREISSIGER. *Noch ein Wort, und ich schicke zur Polizei –
augenblicklich. Ich fackle nicht lange. Mit euch Jungens wird man
doch noch fertig werden. Ich bin doch schon mit ganz anderen
Leuten fertig geworden.* [1]

»Dieses Stück gehört auf die Bühne!«, lautete die spontane
Reaktion des Theaterintendanten L'Arronge, kaum dass der
Dramatiker Gerhart Hauptmann die Lesung seines neuesten
Stücks *Die Weber* im kleinsten Kreis beendet hatte. L'Arronge
erkannte sofort die soziale Brisanz des Stückes, das Hauptmann nach akribischer Recherche an den Originalschauplät-
zen des schlesischen Weberaufstands in wenigen Monaten

[1] Gerhart Hauptmann, *Die Weber*, 1. Akt.

verfasst hatte. In den *Webern* fand sich das verarbeitet, was Hauptmann im Jahr 1891 auf vielen Wanderungen in den trostlosen Industriedörfern Schlesiens mit eigenen Augen gesehen hatte – und die Armut, das Elend und der Hunger der schlesischen Heimarbeiter waren zu Beginn des Fin de Siècle dasselbe wie 1844, als der Aufstand ausbrach.

Dies erkannte auch der königlich preußische Polizeipräsident, der die Aufführung des Stückes unter dem Vorwand verbieten ließ, dass es die öffentliche Ruhe, Ordnung und Sicherheit gefährde und gewaltsame Reaktionen auf die Aussage des Stückes zu erwarten wären. Doch Hauptmann ließ sich nicht einschüchtern und erwirkte mithilfe seines Anwalts Dr. Grelling die Freigabe seines Stückes für das Deutsche Theater in Berlin, wo es am 25. September 1893 unter der Leitung des neuen Theaterintendanten Otto Brahm uraufgeführt wurde.

Schon die Gästeliste dieser Aufführung zeigte, dass sich die Öffentlichkeit der politischen Brisanz des Stückes bewusst war. Im Publikum saß die Crème de la Crème der damaligen Berliner High Society. Auf den Sitzen des Parketts warteten die Schriftsteller Theodor Fontane, Friedrich Spielhagen und der naturalistische Dramatiker Hermann Sudermann gespannt darauf, dass der Vorhang aufgezogen wurde. Die politische Opposition des Kaiserreichs war durch Wilhelm Liebknecht vertreten, den Mitbegründer der SPD und Herausgeber des *Vorwärts*.

Die Premiere der *Weber* wurde trotz vieler, teils ablehnender, teils begeisterter, Zwischenrufe ein glänzender Triumph für Hauptmann und führte zum größten Theaterskandal der Wilhelminischen Epoche. Kaum war der Vorhang gefallen, entbrannte eine erbitterte Presseschlacht, in der vor allem die konservativen Blätter das Stück zu verreißen versuchten. Von Satzhülsen wie »ekelerregendes Radaustück« bis »Schauspiel der Revolution« prasselte alles an Kritik auf die von Hauptmann geschaffene Webersaga ein. Dem Dramatiker wurde unterstellt, zur Revolution und damit zur Anarchie aufzurufen. Empört kündigte der Kaiser seine Theaterloge, um so den Intendanten unter Druck zu setzen. Arglistig riet die Rechtspresse den deutschen Offizieren, die Aufführungen des Theaters zukünftig zu meiden. Mit dem Boykottaufruf hoffte sie zu erreichen, dass das Deutsche Theater finanziell dazu gezwungen sein würde, seinen Intendanten Otto Brahm abzuberufen, allerdings erfolglos. Gerhart Hauptmann selbst fiel beim Kaiser in Ungnade und erhielt nicht wie vorgesehen den Schiller-Preis. Dabei wusste der Kaiser seinen Wert als Dramatiker durchaus zu schätzen: »Natürlich weiß ich, dass Gerhart Hauptmann der bedeutendste Dichter unserer Zeit ist. Aber ich kann ihm nun einmal seine *Weber* nicht verzeihen.«

Der von den Konservativen befürchtete Klassenkampf im schlesischen Gebirge wie in den Mietskasernen des Berliner Molochs blieb jedoch aus, obwohl die deutsche Arbeiterschaft 1892 im Gegensatz zu den schlesischen Webern von 1844 weit besser für eine öffentliche Konfrontation organisiert war. Zu jener Zeit hatten sich die Weber mittels einer spontanen Revolte gegen die sie ausbeutenden Verleger gewehrt, um der wachsenden Verelendung durch ständige Lohnsenkungen ein Ende zu setzen.

Um allerdings die Ursachen des schlesischen Weberaufstands genau verstehen zu können, ist es wichtig, eine gesellschaftliche Entwicklung zu betrachten, die seit der Erfindung der Dampfmaschine 1765 durch James Watt Europa in atemberaubender Art und Weise erfasste: die industrielle Revolution.

VON KRAFTAUTOMATEN UND MASCHINENSTÜRMERN

Das Weberelend von 1844 war bedingt durch die Überschwemmung des europäischen Textilmarktes mit maschinell gefertigten britischen Konkurrenzwaren. Der Grund für diesen Aufschwung der britischen Textilbranche lag in ihrem technologischen Vorsprung, der eng mit der Verbesserung der Transportwege durch den Ausbau des Kanal- und Schienennetzes einherging, was den Aufbau von Industriezentren ermöglichte.

Seit Mitte des 18. Jahrhunderts hatte sich die von James Watt erfundene Dampfmaschine unaufhaltsam ihren Weg durch die britische Wirtschaftslandschaft gebahnt und jahrhundertealte Produktionsabläufe revolutioniert, die zu früheren Zeiten weitgehend per Hand erledigt worden waren. Egal ob als Antrieb von Lokomotiven, Dampfkutschen, Lenzpumpen in Bergwerken oder als Motor für Spinnereien und mechanische Webstühle – die Dampfmaschine veränderte nicht nur die Produktions*weise*, sondern auch das Produktions*volumen* und somit die Maßstäbe wirtschaftlichen Denkens. Die umwälzende Rationalisierung industrieller Arbeitsprozesse durch die Einführung des Dampfantriebs entwickelte sich zur industriellen Revolution. Die Dampfmaschine wurde zum Motor des wirtschaftlichen Aufschwungs Großbritanniens, und von nun an waren der Profitgier keine Grenzen mehr gesetzt. Goldgräberstimmung lag in der Luft, die Sucht nach dem schnellen Profit grassierte.

Die unentwegt produzierenden Fabriken warfen riesige Mengen in hervorragender Qualität auf den Markt und unterboten die Preise der in Handarbeit von Heimarbeitern hergestellten Konkurrenzprodukte. Mit der Produktionsweise veränderte sich auch die Art und Weise der Entlohnung: Jetzt bezahlten die Unternehmer ihre Arbeiter und Handwerker nicht mehr aufgrund eines Stückpreises, sondern nach Stunden. Gearbeitet wurde mindestens 12 bis 18 Stunden, manchmal auch in Doppelschicht, also 24 Stunden pro Tag. Vor allem wurden Kinder und Frauen beschäftigt, die für den halben Preis der Männer arbeiteten.

Der deutsche Journalist und spätere Verfasser des *Kommunistischen Manifests*, Karl Marx, beobachtete scharf die Folgen der Arbeitsteilung in der aufkeimenden kapitalistischen Industrie für die Arbeiter:

Das erste Auftreten der Fabrik mit Kraftbetrieb ist durch Akte bezeichnet, die nichts weniger als philanthropisch waren. Kinder wurden mit der Peitsche zur Arbeit angehalten; sie wurden ein Gegenstand des Schachers; man schloss mit Waisenhäusern Kontrakte. Man schaffte alle Gesetze über die Lehrzeit der Arbeiter ab.

Der ganze Arbeitsprozess wurde revolutioniert, das heißt in einzelne Arbeitsschritte aufgeteilt, deren Ablauf die Maschine diktierte. Noch wurde nicht am Fließband gearbeitet, aber schon 1830 war die Situation in Großbritannien so weit gediehen, dass der Mensch, wie Karl Marx bemerkte, der Maschine diente und nicht umgekehrt.

Nach dem System der Handarbeit war die menschliche Arbeit in der Regel das teuerste Element eines Produkts; aber nach dem automatischen System sehen wir die geschickten Handarbeiter allmählich verdrängt durch einfache Maschinenwärter. [...] Das beständige Ziel, die Tendenz aller Vervollkommnung der Technik, geht in der Tat dahin, die Arbeit des Menschen möglichst entbehrlich zu machen oder den Preis derselben zu verringern, indem man die Arbeit von Frauen und Kindern an die Stelle der von erwachsenen Arbeitern oder die grobe Arbeit an Stelle der geschickten Arbeit setzt.

Die Maschinisierung ruinierte vor allen Dingen das in der Textilbranche seit Jahrhunderten gewachsene Handwerk und Kleingewerbe, in der besonders ein Protagonist die Hauptrolle spielte: der fachlich geschickte Handarbeiter, der in Zünften organisiert war und noch in Heimarbeit für einen Verlag produzierte. So verwundert es nicht, dass es vor allem Garnspinner, Heimweber und Strumpfwirker waren, die zu Todfeinden von Kraftautomaten und Maschinen wurden, wobei es nicht ausschließlich bloße Technikfeindlichkeit war, die sie antrieb. Der Hass dieser Menschen richtete sich in erster Linie gegen die gesellschaftliche Veränderung, die durch die Maschinen verkörpert wurde. Verzweifelt verteidigten die Handweber, Strumpfwirker und Garnspinner ihre bedrohten Arbeits- und Lebensformen, die sie jahrhundertelang vor Ausbeutung bewahrt hatte. Die Industrialisierung zog die Einführung eines hemmungslosen, freien Marktes nach sich und überrannte das alte Schutzsystem der Handwerkszünfte. Von nun an galten Begriffe wie Mindestlohn, Konkurrenzschutz und Qualitätsstandard nichts mehr. Die qualifizierte, nach Zunfttarifen bezahlte Arbeit des einzelnen Handarbeiters wich mehr und mehr dem an der Maschine – oft von Frauen und Kindern – erzeugten Massenprodukt, dessen Preis vom freien Markt diktiert wurde. Nackte Überlebensangst ergriff die britischen Textilarbeiter und trieb sie in den Widerstand.

Zur Zeit der Napoleonischen Kriege wagten die Strumpfmacher in Nottinghamshire als Erste den Aufstand gegen die wachsende Automatisierung des Textilgewerbes. Unter dem Vorwand, dass die Maschinen veraltet seien und minderwertige Ware produzierten, stürmten die Aufrührer alle Fabriken, in denen Strumpfwirkmaschinen standen, welche sie zerstörten. Das Beispiel machte Schule, der Aufstand breitete sich rasch über die Distriktgrenzen von Nottinghamshire aus und erfasste bald ganz Mittelengland und sämtliche Gewerbe, in denen billige Massenwaren mithilfe von Maschinen und ungelernten Hilfsarbeitern, Frauen und Kindern erzeugt wurden. In Yorkshire, dem Zentrum der Wollproduktion, zerstörten Maschinenstürmer Schermaschinen, in Lancashire und Cheshire zertrümmerten sie mechanische Webstühle.

Die Aufrührer wurden unter dem Namen »Ludditen« bekannt, weil sie sich darauf beriefen, unter dem Kommando von Ned Ludd zu stehen, einer mythischen Figur ähnlich Robin Hood, die angeblich ihr Hauptquartier im Sherwood Forest hatte. Doch nicht nur die wollverarbeitende Hausindustrie wurde von einer Welle radikaler Arbeitskämpfe erfasst. Auch auf dem Land brodelte es. Hier war es die Sturmfahne des legendären »Captain Swing«, dem die Landarbeiter folgten, um dampfbetriebene Dreschmaschinen kurz und klein zu schlagen. Diese Maschinenstürme, die von der bürgerlichen Geschichtsschreibung mit Vorliebe als technikfeindliche Verzweiflungsaktionen geschildert werden, waren alles andere als lediglich ein blinder Widerstand gegen den technologischen Fortschritt.

Mit der Vernichtung der Maschinen hofften sie, nicht nur ein für sie gefährliches maschinelles Produktionsmittel zu zerstören, sondern auch die Billigarbeiter vom Arbeitsmarkt zu verdrängen. Durch die Zerstörung der teuren Maschinen gelang es den Rebellen zeitweise, die Konkurrenz der Textilfabriken auszuschalten, und sie erreichten, dass die Preise auf dem Textilmarkt sich wieder normalisierten.

Doch auf die Dauer waren »Ned Ludd« und »Captain Swing« gegen die Waffen des Großkapitals und die Macht des technischen Fortschritts machtlos. Bizarr mutet in diesem Zusammenhang an, dass die gegen die Anhänger von »Ned Ludd« und »Captain Swing« eingesetzten britischen Truppen weit zahlreicher waren als die Streitkräfte, welche unter Wellingtons Oberbefehl auf der spanischen Halbinsel gegen die Franzosen kämpften.

Wie sonst bestenfalls im Ritterroman durchkämmte die Armee den Sherwood Forest nach Ned Ludd und seinen Anhängern, ohne dass die Regierung der Rädelsführer habhaft werden konnte. Die Bevölkerung sympathisierte mit den Ludditen und erwies sich wenig kooperativ. Erst als das britische Parlament eilig ein Gesetz verabschiedete, welches das Zerstören von Strumpfwirkmaschinen unter Todesstrafe stellte, wendete sich das Blatt. Die Anführer der Luddisten wurden gefangen und hingerichtet, ihre Gefolgsleute in die Strafkolonien Australiens deportiert. Nur die mythischen Aufstandsikonen Ned Ludd und Captain Swing überlebten, weil sie die Geschichtsbücher und das Volksgedächtnis vor völliger Vergessenheit bewahrten.

Mit der Unterdrückung des Luddismus hatte die industrielle Revolution in Großbritannien den endgültigen Sieg über die qualifizierten Handarbeiter davongetragen. Ab 1825 lief die Produktion in allen Wirtschaftsbereichen auf Hochtouren. Nun war der vollständigen Maschinisierung keine Grenze mehr gesetzt.

Der erste Wirtschaftszweig, der vollständig mechanisiert wurde, war die Baumwollindustrie. Im zweiten Jahrzehnt des 19. Jahrhunderts wurde die Baumwollproduktion zum wichtigsten Wirtschaftszweig der Textilbranche und brach damit die jahrhundertealte Vormachtstellung der verarbeitenden Wollindustrie. Zu dieser Zeit gab es in Großbritannien etwa 200 Baumwollspinnereien mit über 400 Arbeitern und 10 mit über 600 Beschäftigten. Eines der gigantischsten Textilunternehmen war der Betrieb von Birley in Chorlton-on-Medlock, in dem 2000 Menschen beschäftigt waren. Er bestand aus riesigen Gebäuden, die zwar durch Straßen voneinander getrennt, aber durch unterirdische Tunnel miteinander verbunden waren, in denen die Rohbaumwolle auf Schienen von einem Lager zum anderen transportiert wurde.

Auch die Maschinenleistungen wurden stets verbessert. 1835 informierte der britische Publizist Edward Baines im *Leeds Mercury* seine Leser darüber, dass eine einzige Maschine mit 100 Pferdestärken in einer Zwölf-Stunden-Schicht 100 000 Kilometer Garn spinnen und 50 000 Spindeln gleichzeitig antreiben konnte, was der Arbeitskraft von 880 Mann entsprach. Baines war begeistert: Mithilfe der neuen Technologie konnte ein Spinner 1835 an einem Tag so viel Garn produzieren wie früher in einem Jahr.

Angesichts dieser gigantischen Produktionsmengen quoll der europäische Markt bald über von Garnen und Baumwollstoffen, die in Großbritannien kostengünstig und in immer rasanterem Tempo produziert wurden. Die Überschwemmung

Europas mit billigen, jedoch qualitativ hochwertigen Baumwollprodukten hatte für Deutschland genauso fatale Folgen wie die einschränkende Handelspolitik von Preußen, Österreich und den übrigen konservativen deutschen Monarchien. Durch den Abbruch der diplomatischen Beziehungen zu republikanischen Staaten wie Spanien und den jüngst unabhängig gewordenen lateinamerikanischen Republiken verloren die einheimischen Textilproduzenten wichtige Absatzmärkte in Übersee und blieben auf ihren Waren sitzen.

Erschwerend kam hinzu, dass Preußen und andere deutsche Staaten konsequent die Freiheit der Märkte aufrechterhielten und keine Schutzzölle auf die Einfuhr britischer Garn- und Stoffwaren erhoben. Der Verzicht auf jegliche Schutzmaßnahmen der angeschlagenen eigenen Textilindustrie führte zum völligen Ruin der deutschen Flachsspinnerei und Leineweberei Ende der dreißiger, Anfang der vierziger Jahre des 19. Jahrhunderts. Tausende von Garnspinnern und Leinewebern wurden arbeitslos und verarmten, was auch gefährliche Auswirkungen auf die deutschen Baumwollweber im Eulengebirge hatte.

Dieses Desaster hatte seinen Grund darin, dass die heimische Textilproduktion der britischen Wirtschaftsoffensive nicht gewachsen war. Das lag vor allem an der veralteten Produktionsweise des deutschen Textilgewerbes, die dezentral erfolgte. Die deutschen Spinner und Weber des 19. Jahrhunderts waren in der Regel keine Industriearbeiter, sondern Heimarbeiter, die meist einige Kilometer von der Fabrik entfernt wohnten und ihre Produkte zu Hause in Eigenregie herstellten. Gewebt oder gesponnen wurde in der Regel per Hand am eigenen Spinnrad oder Webstuhl. Der Weber war ein typischer Vertreter der vorindustriellen Produktionsweise. Meist lebte er auf dem Boden eines Großgrundbesitzers in kleinen gepachteten Katen oder Häusern, was ihn einerseits unter die Gerichtsbarkeit seiner Grundherren stellte und zu sonstigen Dienstleistungen verpflichtete, ihm andererseits gewisse Freiheiten wie die Wahl des Arbeitsplatzes ließ. Sein

Arbeitswerkzeug gehörte ihm, sofern er sich nicht verschuldet hatte und seinen Webstuhl an den Verleger verkaufen musste, um ihn dann in einer Art Leasingvertrag gegen Geld oder Warenzahlung von diesem zurückzuleihen. War die Konjunktur gut, übte der Weber sogar ein gewisses Maß an Zeithoheit aus, das heißt, er konnte darüber bestimmen, wie viel seines Arbeitspensums er an einem Tag abarbeitete. In Krisenzeiten traf ihn dagegen genau dieses Maß an Eigenverantwortung hart. Dann verpflichteten ihn die einbrechenden Preise dazu, immer mehr Stoffe für denselben oder sogar einen wesentlich schlechteren Lohn zu weben. Oft gelang es dem Weber nur, sich mithilfe seiner ganzen Familie finanziell über Wasser zu halten. Weber zu sein, bedeutete in den vierziger Jahren des 19. Jahrhunderts in Deutschland vor allem, in tiefster Armut zu leben. Doch bald schon wurden Stimmen gegen dieses Elend laut.

DAS ELEND DER DEUTSCHEN WEBER

Das grassierende Elend der Weber und der Garnspinner blieb der Öffentlichkeit nicht verborgen. Seit 1840 häuften sich in der Presse die Meldungen über die Misere des Textilgewerbes, die in ganz Deutschland zu spüren war: in den Vororten Berlins ebenso wie in den Spinnereien des Fichtelgebirges, im Erzgebirge wie im sächsischen Vogtland, in der Eifel und im rheinischen Textilgürtel, wo es schon 1828 zu einem ersten Aufstand der Krefelder Seidenweber gegen das permanente Lohndumping gekommen war. 1843 wurde die Schriftstellerin Bettina von Arnim durch ein Buch bekannt, das auf den Erlebnissen des jungen Schweizer Lehrers Heinrich Grunholzer in den Armenvierteln vor den Toren Berlins fußte und aufgrund seiner eindringlichen Milieuschilderungen zum Kassenschlager wurde. Es waren Zeilen wie diese, die die Menschen aufrüttelten.

Ich ging in den finstern Hausgängen auf und ab, horchte an den Türen, und wo ich weben hörte, trat ich ein. In Nr. 18 traf ich zwei Weber, die machten Fünfviertel breite dicke Leinwand. Jeder webt täglich 6 bis 7 Ellen und bezieht von der Elle 1 Silbergroschen Arbeitslohn; dagegen hat er wöchentlich 10 Silbergroschen für Schlichte auszugeben. In einem Monat werden also 4 Taler rein verdient. Nach Abzug der Miete bleiben noch 2 Taler auf Nahrung, Kleider und Holz zu verwenden. [1]

Die Beobachtungen Grunholzers waren symptomatisch für die Verbreitung der Armut unter Webern und Spinnern. Besonders aber führte die Textilkrise ab 1840 in Schlesien zu katastrophalen Zuständen. Die preußische Provinz stellte in Form dicht besiedelter Berg- und Industriedörfer ein Ballungszentrum der von der industriellen Revolution überholten Heim- und Handarbeit. Hier standen über 50 Prozent der preußischen Webstühle, auf denen Leinen, Baumwolle und Halbbaumwolle verarbeitet wurde. Doch das Elend kam keineswegs über Nacht: Bereits Ende des 18. Jahrhunderts hatte es schon einmal schwere Absatzkrisen gegeben, die 1793 zu einem blutigen Aufstand geführt hatten, welcher mit aller Brutalität vom Militär niedergeschlagen worden war.

Im Jahr 1844 nahm das Ausmaß der Krise jedoch derartige Formen an, dass die preußische Regierung sie nicht mehr vor der Öffentlichkeit verheimlichen konnte. Schlesischen Zeitungsberichten zufolge standen etwa 50 000 Weberfamilien kurz vor dem Hungertod, ohne dass die Regierung und der schlesische Hochadel daran dachten, ihnen zu helfen, wie die zynischen Äußerungen Graf Yorck von Wartenburgs belegen:

Lasst einige 50 bis 60 000 verhungern; hier ist nicht anders zu helfen; die übrigen werden dann Arbeit haben im Gebirge, oder

---

[1] Bettina von Arnim, *Dies Buch gehört dem König.*

sie müssen in Gegenden verpflanzt werden, wo wir noch Hände
brauchen!

So zynisch wie Yorck von Wartenburg sah die Mehrheit der
Deutschen die Weberproblematik allerdings nicht, und das
Leid ausgemergelter und in Lumpen gehüllter Weberfamilien
ließ sie nicht kalt.

Ganz im Sinn der Zeit wurden allerdings nur die Symp-
tome der Krankheit bekämpft, ohne auf die eigentlichen
Ursachen einzugehen und das Übel bei der Wurzel zu packen. Eine Welle der Barmherzigkeit erfasste das Land. Hilfs-
organisationen wie der »Verein zur Abhilfe der Not unter
den Webern und Spinnern in Schlesien« gründeten sich und
sammelten Spenden. Die bürgerliche Opposition machte ve-
hement auf die sozialen Missstände aufmerksam und führte
eine geschickte Pressekampagne gegen die Regierung, wie ein
Auszug aus der *Schlesischen privilegirten Zeitung* vom 27. April
1844 zeigt.

Langenbielau, 23. April. Gestern Nachmittag hat der hiesige
Weber und Landwehr-Unteroffizier Wilhelm Krause in Abwesen-
heit seiner Frau sein zweijähriges Kind durch Zuhalten des Halses
erwürgt und sich dann selbst aufgehängt. Nahrungslosigkeit
machte den Unglücklichen zum Verbrecher.

Der öffentliche Druck auf die Regierung Preußens wuchs.
Nicht nur Intellektuelle und Bürgerliche lasen die kritischen
Zeitungsreportagen, auch der seit 1840 regierende junge
Preußenkönig Friedrich Wilhelm IV. verfolgte aufmerksam,
was sich in seinem Reich abspielte.

Immer unangenehmer wurden die kritischen Artikel, Pam-
phlete und Gedichte Oppositioneller über die Weberdörfer,
sodass der preußische Innenminister Adolf Heinrich Graf von
Arnim-Boitzenburg sich am 24. März 1844 an den Oberprä-
sidenten der preußischen Provinz Schlesien, Friedrich Theo-

dor von Merckel, wandte und sich bei ihm erkundigte, ob die Zeitungsberichte über das Elend der schlesischen Weber wahr seien. Im Grunde seines reaktionären Herzens misstraute Arnim-Boitzenburg den gegenüber dem preußischen Staat kritischen bürgerlichen Schreiberlingen genauso wie den örtlichen Behörden, die dem König die Not der Weber verschwiegen und alle Presseberichte als unwahr abtaten.

Merckel jedenfalls zeigte sich wenig geneigt, der Anfrage seines Innenministers ernsthaft nachzugehen. Er beschloss, Entwarnung zu geben und die Not kleinzureden. In seinem Brief an Arnim-Boitzenburg schilderte er die Lage zwar als schlimm, aber nicht weiter besorgniserregend. Nöte dieser Art hätte es infolge von Wirtschaftskrisen schon vor zehn Jahren gegeben und werde es in zehn Jahren wieder geben. Das Elend sei von der oppositionellen Presse herbeigeschrieben, die Not der Weber nicht so groß wie der Lärm, den die Journalisten darum veranstalteten.

Arnim-Boitzenburg und der preußische Hof waren beruhigt, denn von Merckels Bericht stellte eindeutig klar, dass die angebliche Hungersnot in den Webergebirgen eine Greuelpropaganda aufrührerischer Zeitungsartikel war und keine Staatshilfe geleistet werden musste.

Hatte die preußische Regierung aber gehofft, das misstrauische schlesische Bürgertum einfach ignorieren zu können, so zeigte sich schon bald, dass sie diese gegnerischen Kräfte unterschätzt hatte. Das Komitee des »Vereins zur Abhilfe der Not unter den Webern und Spinnern in Schlesien« beschloss, sich mit eigenen Augen vom Ausmaß der Misere zu überzeugen, und entsandte den Regierungsassessor Alexander Schneer, einen gewissenhaften und wahrheitsliebenden Mann, in die Krisengebiete, besonders zu den Leinewebern.

Noch im Mai führte Schneer seinen Auftrag aus und begab sich auf seinen Weg durchs Riesen- und Eulengebirge. Es wurde eine Reise in die Hölle von Armut und Hunger. Der Regierungsassessor zeigte sich sichtlich betroffen vom Ausmaß des Elends, das ihm auf Schritt und Tritt entgegenbrandete. Mit Entsetzen vermerkte Schneer, dass ein arbeitsloser Weber ihm mit Freudentränen in den Augen erzählte, er habe sich, seine Frau und die Kinder durch die Verwertung zweier krepierter Pferde eine Zeit lang über Wasser gehalten. Auch zeigte er sich schockiert, dass viele Weber sich von der Schlichte ernährten, »sauer und stinkig riechender gekochter Stärke«. Doch lassen wir Schneer selbst zu Wort kommen und mit eindringlichen Worten das auf seiner Reise angetroffene Elend beschreiben.

Seit sieben und mehr Jahren haben sich die Unglücklichen nicht mehr irgend ein Kleidungsstück beschaffen können; ihre Bedeckung besteht aus Lumpen, ihre Wohnungen verfallen, da sie die Kosten der Herstellung nicht aufbringen können; die missrathenen Erndten der Kartoffeln, namentlich in den beiden letzten Jahren, haben sie auf die billigeren wilden oder Viehkartoffeln und auf das Schwarz- oder Viehmehl zur Nahrung angewiesen; Fleisch kommt nur bei Einigen zu Ostern, Pfingsten und Weihnachten ins Haus, und dann für eine Familie von fünf bis sechs Personen, ein halbes Pfund! Schenkt der Bauer ihnen ein Quart Buttermilch, oder tauschen sie es für die Kartoffelschaalen bei ihm nach langem Ansammeln ein; so ist dies ein Festtag [...] Den Kirchenrock haben viele schon lange verkauft oder versetzt; sie schämen sich in ihren Lumpen zur Kirche zu gehen, und so entbehren sie auch noch des geistigen Trostes bei diesem Elend.

Neben all dem Elend sah Schneer allerdings auch die prächtigen Fabriken und die herrschaftlichen Anwesen der Textilverleger. Neugierig brachte der Regierungsassessor bei den Webern in Erfahrung, warum sie selbst darbten, während die Fabrikanten keine Not litten. Die Aussagen der Weber deckten sich in diesem Punkt weitgehend: Ihrer Meinung nach trugen nicht nur die mitteleuropäische Textilkrise und die scharfe Konkurrenz britischer Baumwollprodukte Schuld an ihrem

Elend, sondern das überall in den schlesischen Gebirgen verbreitete Verlagssystem, das die Weber in völliger wirtschaftlicher Abhängigkeit hielt.

Das Verlagssystem war ein geschlossener Kreislauf, in dem der Verleger die Weber zur Zwangsabnahme seiner Garne, meist aus Rohbaumwolle oder Leinen gesponnen, verpflichtete. Oft bekam der Weber einen Vorschuss, von dem er das Garn kaufte, welches er dann zu ellenlangen Stoffen verwob. Hatte der Weber in einem vorher vereinbarten Zeitraum das Garn zu mehreren Ellen Stoff verarbeitet, brachte er die Stoffbahnen in die Fabrik des Verlegers. Unter »Fabrik« verstand man in Schlesien seinerzeit meist keine Produktionsstätte im eigentlichen Sinne, mit eigenen Webstühlen oder Maschinen, sondern eine Art Handelskontor, in dem der Verleger Garn ausgab oder die gewebten Stoffe seiner Arbeiter ankaufte und zwischenlagerte, bevor er die Ware auf den Markt warf. Der Verleger kaufte den Webern dann ihre Ware zu den von ihm diktierten Preisen weit unter Marktwert ab. War dieses System schon bei guter Konjunkturlage mehr als ungerecht, so bot es dem Verleger bei einer Absatzkrise sämtliche Möglichkeiten, die Weber im Preis zu drücken.

Trotzdem gab es Weber, die nicht völlig unfrei waren. Aber auch sie hatten infolge von gemeinsamen Absprachen der Verleger keine Chance, faire Preise für ihre Stoffe zu erhalten: Die Verleger teilten einfach die Markttage unter sich auf, sodass die Weber nicht genügend konkurrierende Käufer für ihre Waren fanden. Als völlig verheerend erwies sich für die Weber jedoch die Praxis des Warezeichnens.

Dieser Vorgang beinhaltete, dass derjenige Kaufmann, dem die Weber zuerst ihre Stoffe anboten, sich zwar nicht zum Kauf verpflichtete, allerdings die Ware mit seinem Zeichen versah, sodass der Weber seinen Stoff nicht mehr anderen Verlegern zum Kauf anbieten und damit einen größeren Gewinn erzielen konnte. Auf diese Weise war der Weber gezwungen, gegen Ende des Markttages zu einer bestimmten Zeit wieder zu dem

Verleger zu gehen, welchem er zuerst seine Ware angeboten hatte, und seine gezeichnete Webe zu einem vom Kaufmann festgelegten Preis zu verkaufen.

Oftmals bin ich im Winter solchen Armen begegnet, die in dem schrecklichsten Wetter, hungrig und frierend, viele Meilen weit ein fertig gewordenes Stück zum Fabrikanten trugen. Zu hause warteten Frau und Kinder auf die Rückkunft des Vaters; sie hatten seit anderthalb Tagen bloß eine Kartoffelsuppe genossen. Der Weber erschrak bei dem auf seine Ware gemachten Gebot; da war kein Erbarmen. [...] Er nahm, was man ihm reichte, und kehrte, Verzweiflung in der Brust, zu den Seinigen zurück. [1]

Ein anderes System der Knebelung der Weber war das aus Großbritannien eingeführte Trucksystem, bei dem die Verleger ihren Webern nicht nur das Garn vorschossen, sondern sogar die fertigen Webprodukte nur noch mit weiteren Warenausgaben bezahlten. Wer beim Trucksystem nicht über einen Gemüsegarten verfügte, der ihn halbwegs ernährte, sah sich zum Tauschhandel gezwungen oder zur Verschuldung verdammt, um an Bargeld zu gelangen.

Derartig geknebelt nahm es nicht wunder, dass die Weber keinen gerechten Lohn für ihre Arbeit empfingen und am Hungertuch nagten. In Schlesien, wo ohnehin fast die niedrigsten Löhne Europas gezahlt wurden, musste das Zusammentreffen von Wirtschaftskrise, gravierenden Missständen des Verlagssystems und fortwährenden Missernten zwangsläufig zu einer Hungersnot führen. Es war nur eine Frage der Zeit, bis die Not so groß wurde, dass die Weber gegen die Obrigkeit rebellierten.

Es sollten ausgerechnet die noch nicht völlig verelendeten Baumwollweber sein, die sich im Juni 1844 gegen die Verhältnisse zu Wehr setzten und gegen Verleger und Obrigkeit revol-

---

[1] Wilhelm Wolff, *Das Elend und der Aufruhr in Schlesien*, 1844.

DAS BLUTGERICHT

tierten. Motor des Aufstands wurde dabei eine Kampfhymne, die schon seit mehreren Tagen in den Orten der Baumwollweber des Eulengebirges gesungen wurde: »Das Blutgericht«.

DIE MACHT EINES LIEDES

Im Frühling 1844 braute sich Unheil im schlesischen Eulengebirge zusammen. Die jungen Burschen des Dorfes trafen sich auf dem Kapellenberg, einem beliebten Versammlungsort der Handwerksgesellen, um gemeinsam zu singen. Eigentlich war es eine alte Weise, die erklang, und dennoch war etwas anders als sonst: Das Volkslied »Es liegt ein Schloss in Österreich« war mit einem neuen Text versehen worden und steckte nun voller politischer Brisanz. Die von den Burschen gesungene Neuschöpfung umfasste 24 Strophen und wurde »Das Blutgericht« genannt. Junge Weber hatten es in höchster Erbitterung über das herrschende Unrecht in Peterswaldau gedichtet.

Es war ein Schmählied, in dem die Verfasser nicht davor zurückscheuten, diejenigen zu nennen, die sie für schuldig am Elend der Baumwollweber in Peterswaldau hielten, und allen voran das Handlungshaus Ernst Friedrich Zwanziger & Söhne. Besonders verhasst war die in Peterswaldau schnell reich gewordene Firma wegen ihrer Rücksichtslosigkeit. In Sachen Gewinnoptimierung kannte Zwanziger keine Skrupel, zahlte die schändlichsten Löhne und drückte die Preise, wo er konnte. Dem Fabrikanten Zwanziger wurde das Wort zugeschrieben, dass die Weber noch »für eine Quarkschnitte arbeiten müssten« und sie, wenn sie nichts anderes hätten, eben »Gras fressen« sollten, das dieses Jahr reichlich gewachsen sei.

Mit Äußerungen dieser Art hatte sich der schlesische Fabrikant den Zorn der Weber zugezogen. Sein Auftreten ließ ihn vollends zum Hassobjekt werden: Während er die Weber mit drastischen Lohnkürzungen an den Rand der Armut getrieben hatte, trug er zugleich ohne Scheu seinen eigenen

Reichtum zur Schau. Das in vielen Teilen herrschende Unrecht und die soziale Frage erhielten ein Gesicht: Zwanziger wurde, ohne wirklich derartig diabolisch zu sein, die personifizierte Karikatur eines Emporkömmlings, der über Leichen ging. Seine Fabrikgebäude und die Villa gerieten in den Augen der Unzufriedenen zur Bastille, die es zu stürmen galt, wollte man das Unrecht endlich beseitigen. Diesem Umstand trugen die Weber Rechnung, wenn sie sangen:

Hier im Ort ist ein Gericht
noch schlimmer als die Vehmen,
wo man nicht erst ein Urteil spricht
das Leben schnell zu nehmen.

Hier wird der Mensch langsam gequält,
hier ist die Folterkammer,
hier werden Seufzer viel gezählt
als Zeugen von dem Jammer.

Die Herrn Zwanziger die Henker sind,
die Diener ihre Schergen
davon ein jeder tapfer schindt,
anstatt was zu verbergen.

Ihr Schurken all, ihr Satansbrut,
ihr höllischen Dämone,
ihr fresst der Armen Hab und Gut,
und Fluch wird euch zum Lohne.

Das »Blutgericht« verbreitete sich aber nicht nur mündlich. Längst schon zirkulierten Abschriften, die überall in Peterswaldau und den umliegenden Dörfern an die Bäume geheftet wurden. Es gärte also in den Weberhütten des Eulengebirges, als sich am Abend des 3. Juni, wie schon an mehreren Abenden zuvor, rund 20 Weberburschen dazu verabredeten,

340

mit dem Schmählied auf den Lippen vor die Villa der Familie Zwanziger zu ziehen. Aber der Fabrikant war vorbereitet, und als die Gruppe laut singend das Tor der Villa erreichte, stürmten einige mit Knüppeln bewaffnete Bedienstete heraus und verprügelten die Weberburschen, die nach einem wilden Handgemenge verwirrt und überrascht die Flucht ergriffen.

Bei dieser Auseinandersetzung ergriffen Zwanzigers Leute einen der Sänger, Wilhelm Mäder, und misshandelten ihn schwer. Vergeblich bemühten sich die Freunde des Festgehaltenen um seine Freilassung. Zwanziger blieb hart und übergab seinen Gefangenen der Polizei. Hasserfüllt zogen sich die Weber zurück. Sie hatten zwar eine Niederlage erlitten, gaben sich aber nicht geschlagen. Noch am selben Abend beschlossen sie, für den nächsten Morgen weitere Weber zu mobilisieren, um Mäder zu befreien und von Zwanziger eine Erhöhung des Lohnes einzufordern. Damit begann die Revolte. Sie sollte drei Tage dauern und elf Tote fordern.

DIE ERSTÜRMUNG DER FIRMA ZWANZIGER

Am nächsten Morgen versammelten sich die Unzufriedenen aus Nieder-Peterswaldau auf dem Kapellenberg, wo der 25-jährige Weber Karl Müller rasch die Führung übernahm. Seine Strategie war so überzeugend wie einfach: Zunächst sollten die Weber aus Ober-Peterswaldau davon überzeugt werden, ebenfalls die Arbeit niederzulegen und sich den Protestierenden anzuschließen. Darauf wollte die so verstärkte Gruppe den gefangenen Mäder befreien. Der erste Teil dieses Plans glückte ohne Probleme, und in Ober-Peterswaldau solidarisierten sich fast alle Heimarbeiter und verließen ihre Webstühle, um sich dem Protestmarsch anzuschließen. Der Zug der Demonstranten wahrte eiserne Disziplin, und Müller marschierte mal an seiner Spitze, mal an seinem Ende und achtete peinlich darauf, dass sich niemand absetzte oder zurückblieb.

Der junge Weberführer wollte keine Gewalt. Unentwegt ermahnte er seine Mitstreiter, »daß sich Niemand an der Polizei vergreifen solle«, und befahl einigen, ihre mitgebrachten Stöcke beiseitezulegen, weil »sie auf keine Prügelei ausgingen«. Als der Zug die Ziegelei am Rande des Dorfes erreicht hatte, versuchten die Weber, die dort arbeitenden Ziegelstreicher davon zu überzeugen, sich ihnen anzuschließen. Hier kam es zur ersten Irritation der Revoltierenden, denn die Masse der Ziegeleiarbeiter verweigerte ihre Teilnahme an dem Protestmarsch, obwohl viele saisonal ebenfalls als Weber arbeiteten. Der Demonstrationszug stockte, das hatten die Aufrührer nicht erwartet. Es kam zu erstem Streit über die weitere Vorgehensweise. Einige Weber schlugen vor, zum nahen Schloss des Gutsherrn Graf Stolberg-Wernigerode zu ziehen, wo sich das Polizeigefängnis befand, und den dort inhaftierten Mäder zu befreien, andere waren der Meinung, dass man sich zu Zwanziger begeben und von diesem die Freilassung des Webers verlangen sollte. Die Mehrheit sprach sich für letztere Variante aus, welche den Vorteil hatte, dass man die Gespräche über die Freilassung Mäders mit Lohnverhandlungen kombinieren konnte. Dieser Punkt betraf alle ortsansässigen Weber und hielt den Haufen somit zusammen. Um diese Ziele zu erreichen, wählten die Weber eine Abordnung, dann marschierte der Zug unter Wahrung höchster militärischer Disziplin – viele Weber hatten in der preußischen Armee gedient – weiter zum Wohnhaus Zwanzigers, wobei vor allem Müller darüber wachte, dass niemand sich heimlich bewaffnete.

Während der Zug auf das Anwesen Zwanzigers zumarschierte, herrschte panisches Treiben in den Wohn- und Geschäftsgebäuden des verhassten Fabrikanten. Koffer wurden gepackt, alles Nötige für die Abreise vorbereitet. Noch bevor der Protestzug die Firma erreichte, gelang es den Inhabern, sich mit ihrer Familie abzusetzen.

In seinem Theaterstück *Die Weber* verdichtet Gerhart Hauptmann die Szene. Er lässt Zwanziger erst dann die Flucht ergreifen, als die Demonstranten schon am Haus sind und sich gewaltsam Zutritt zu verschaffen suchen. Mit einigem Augenzwinkern schildert der Dramatiker, wie sich die Szene im Haus Zwanziger abgespielt haben könnte, den Hauptmann aus juristischen Gründen wohlweislich Herrn »Dreißiger« nennt, da die Firma seinerzeit noch existierte:

PFEIFER *stürzt herein.*
Herr Dreißicher, am Hintertor stehn o schonn Leute. De Haustier hält keene drei Minuten mehr. D'r Wittigschmied haut mit an Ferdeeimer drauf nei wie a Unsinniger.

Von unten Gebrüll lauter und deutlicher.
Expedient Feifer soll rauskommen! — Expedient Feifer soll rauskommen!

FRAU DREISSIGER *rennt davon, wie gejagt; ihr nach Frau Kittelhaus. Beide ab.*

PFEIFER *horcht auf, wechselt die Farbe, versteht den Ruf und ist im nächsten Moment von wahnsinniger Angst erfaßt. Das Folgende weint, wimmert, bettelt, winselt er in rasender Schnelligkeit durcheinander. Dabei überhäuft er Dreißiger mit kindischen Liebkosungen, streichelt ihm Wangen und Arme, küßt seine Hände und umklammert ihn schließlich wie ein Ertrinkender, ihn dadurch hemmend und fesselnd und nicht von ihm loslassend.*
Ach liebster, scheenster, allergnädigster Herr Dreißicher, lassen Sie mich nich zuricke, ich hab Ihn immer treu gedient; ich hab ooch de Leute immer gutt behandelt. Mehr Lohn, wie festgesetzt war, konnt ich'n doch nich geben. Verlassen Se mich nich, se machen mich kalt. Wenn se mich finden, schlagen se mich tot. Ach Gott im Himmel, ach Gott im Himmel! Meine Frau, meine Kinder.

DREISSIGER, *indem er abgeht, vergeblich bemüht, sich von Pfeifer loszumachen.*

Lassen Sie mich doch wenigstens los, Mensch! Das wird sich ja
finden; das wird sich ja alles finden. [1]

So weit die dramatische Verdichtung. In Wirklichkeit trugen
sich die Geschehnisse jenes Tages, die als erster Arbeiterauf-
stand in die deutsche Geschichte eingehen sollten, etwas anders zu.

Während es Zwanziger und seiner Familie gelang, unbemerkt von den Demonstranten die Flucht zu ergreifen, stellten
sich die Weber auf der Dorfstraße auf. Kaum klopften ihre Vertreter an die Tür des Anwesens, wurden sie aus den Fenstern
des alten Wohnhauses von Zwanzigers Dienern mit Steinen
beworfen. Jetzt war die ohnehin schon unruhige Volksmenge
vor der Fabrik nicht mehr zu halten. Wütend über die erneute
Provokation bewaffneten sich die Weber mit Steinen und Zaunlatten, die sie aus der Umfriedung des Zwanziger-Anwesens rissen. Erst zerschlugen sie die Fenster, dann brachen sie in die alten Geschäftsräume und das Warenlager des Unternehmers ein.
Als der Ortspolizist Krist dem Treiben Einhalt gebieten wollte,
wurde er mit Lattenhieben verletzt und davongejagt. Jetzt hielt
die wütenden Weber nichts mehr auf, auch nicht Karl Müller,
dem die Führung des Protestzugs völlig entglitten war. Wie
groß der Hass auf Zwanziger war, zeigt folgende Beschreibung:

Hier wurden die Handlungsbücher bis auf das gerettete Hauptbuch
zerrissen und zerschnitten, auch ein Versuch gemacht, die später in
Sicherheit gebrachte Kasse zu öffnen. [...] Die im alten Wohnhause
befindlichen Garne und Waaren wurden zu den Fenstern heraus-
geworfen und unten von der versammelten Menge zerrissen und
zerschnitten. Den Staatswagen der Zwanziger stürzten einige der
Weber in den Bach. [2]

[1] Gerhart Hauptmann, *Die Weber*, 4. Akt.
[2] Aus dem Auszug des Urteils des Kriminalsenates des Breslauer Oberlandesgerichts gegen die »Theilnehmer der Schlesischen Weber-Unruhen«,
Breslau, 31. 8. 1844

Die erste Zerstörung der Geschäftsräume der Fabrik und die Vernichtung von Zwanzigers Warenvorräten dauerte von zwei bis fünf Uhr nachmittags und hörte erst auf, als der Peterswaldauer Geistliche Knittel die Entfesselten dazu ermahnte, die Knüppel niederzulegen.

Wie bei allen mutwilligen Zerstörungen gab es auch Akte der Plünderung. So wurde längst nicht jede Webe oder jedes Garn vernichtet, sondern manches Beutestück fand seinen Weg in die Tasche eines armen Webers. Angesichts der desolaten wirtschaftlichen Lage nimmt es nicht wunder, dass bei dieser ersten Zerstörungswelle 600 Taler Münzgeld durch einen Ritz im Kassendeckel der Firma Zwanziger erbeutet wurden.

Nachdem der allseits beliebte Pastor Knittel am Tatort eingetroffen war, verrauchte die erste Wut. Die revoltierenden Weber legten einsichtig ihre Zaunlatten und Stöcke nieder und verließen Zwanzigers Haus, um sich zum Textilfabrikanten Wagenknecht zu begeben. Bange Minuten verstrichen. Für kurze Zeit sah es aus, als ob auch Wagenknecht das Opfer eines Fabrikensturms zu werden drohte. Aber Wagenknecht hatte Glück, und im Gegensatz zu Zwanziger gehörte er zu den beliebten Arbeitgebern des Ortes. Zudem verstand es der geschickte Unternehmer, die Weber zu besänftigen, indem er jedem von ihnen einen Schnaps ausgab und einen Silbergroschen in die Hand drückte. Die Nieder- und Ober-Peterswaldauer rückten ab.

Doch der Ort sollte an diesem Tag nicht zur Ruhe kommen. Wie ein Lauffeuer hatte sich die Nachricht vom Fabrikensturm in den umliegenden Dörfern verbreitet. An die Stelle der Peterswaldauer Weber traten jetzt die Heimarbeiter aus den umliegenden Dörfern Langenbielau, Leutmannsdorf und Peiskersdorf. Sie stürmten gegen sieben Uhr abends in Scharen die Gebäude der Firma Zwanziger und setzten das Zerstörungswerk fort, das jetzt systematisch auf die Wohnräume der neuen Villa und auf die erst vor kurzem errichteten Fabrikgebäude ausgedehnt wurde.

*Die Möbels, der Hausrath, die Oefen, Treppengeländer, kurz
Alles, was nicht niet- und nagelfest war, wurden zertrümmert, die
Malereien in den Zimmern zerkratzt, die Betten aufgeschnitten [...]
Die Treppenstufen und Fensterkreuze zerschlug man ebenso wie das
eiserne Geschirr mit Äxten.* [1]

In den Fabrikräumen wurden die Weberketten zerschnitten
und die fertigen Weben mit den Füßen getreten. Aus den La-
gerräumen stahlen die Fabrikenstürmer Stoffrollen. Dies alles
geschah nicht aus exzessiver Wut, sondern mit kalter Berechnung. Das besonnene Verhalten der Aufrührer verblüffte den
Landrat des Kreises, von Prittwitz, der um acht Uhr mit zwei
Polizisten eintraf, um die Plünderer zur Raison zu rufen:

*Ich trat in eines der Häuser, wurde hier von einem mir unbekannten
Mann von circa 40 bis 50 Jahren mit der Anrede empfangen »Herr
Landrath, ich werde sie beschützen«, was ich dankend acceptirte,
und wurde sodann von ihm von Stube zu Stube geleitet, wo ich
viele Menschen von jedem Alter beschäftiget fand, das luxurieuse
Ameublement des Haus-Eigenthümer zu vernichten. Man begegnete
mir auf meine Ermahnungen, hiervon abzulassen und ruhig zu
Haus zu gehen, mit Höflichkeit, jedoch wurde schweigend in dem
Zerstörungswerk fortgefahren.*

Hätte der erwähnte Weber geahnt, welche Maßnahmen von
Prittwitz als Nächstes ergreifen würde – er hätte ihm gewiss
Prügel verabreicht oder ihn zumindest festsetzen lassen. Über-
zeugt davon, dass diesen mit systematischer Zerstörungswut
vorgehenden Webern mit polizeilichen Maßnahmen nicht
mehr beizukommen sei, ordnete der Landrat den Einsatz von
Militär an – was dem Konflikt am nächsten Tag eine tragische
Wendung geben sollte.

[1] *ebenda*

DIE TÖDLICHEN SALVEN VON LANGENBIELAU

Von alldem ahnten die aufständischen Weber nichts. Als der nächste Morgen anbrach, fielen sie wieder mit Äxten, Hämmern und Stöcken bewaffnet über die kläglichen Reste des Unternehmens Zwanziger & Söhne her und zerstörten all das, was den vorigen Tag weitgehend unbeschadet überstanden hatte. Doch wie sollte es nach diesem Gewaltausbruch weitergehen? Der Volkszorn entsann sich des Textes des »Blutgerichts«, in dem außer Zwanziger noch andere Schurken erwähnt wurden, die sich am Elend der Weber bereicherten. Die Aufrührer beschlossen, den Liedtext als Fahrplan der Rebellion zu benutzen: Stück für Stück arbeiteten sie sich anhand der Strophen durch, in denen unter anderem zur Rache an den Fabrikanten Fellmann und Hoferichter aufgefordert wurde. Wie ein Mann setzte sich der mehrere Hundert Weber starke Protestzug in Bewegung und marschierte zu den Fabriken der Verleger Fellmann und Hoferichter, die sie schon ängstlich erwarteten. Aber die folgenden Ereignisse zeigen, dass die Wut der Weber schnell verrauchte, wenn man sich ihnen gegenüber kooperativ verhielt. Fellmann und Hoferichter hatten ihre Zeit sinnvoll genutzt, um sich eine Beschwichtigungsstrategie zurechtzulegen. Gemäß dem Grundsatz »Geld regiert die Welt« gingen sie der heranstürmenden Schar entgegen und kühlten den Zorn der Weber, indem sie jedem fünf Silbergroschen schenkten und Brot und Speck unter die Arbeiter verteilten. Die Investition lohnte sich; durch die Morgengabe von 400 Talern bewahrten die beiden Fabrikanten ihre Firmen vor der völligen Demolierung und retteten so den mehr als hundertfachen Wert ihrer Besitzungen – die zwar gegen Feuersbrünste, nicht aber gegen Zerstörung durch Arbeiterhände versichert waren.

Dass Fellmann und Hoferichter sich glücklich schätzen konnten, bewiesen die folgenden Ereignisse. Durch den Zulauf aus umliegenden Dörfern verstärkt, setzten die Weber ihren Fabrikensturm fort. Da es in Peterswaldau keine lohnenden Ziele mehr gab, zog die mittlerweile auf mehrere Hundert Menschen angewachsene Schar ins benachbarte Langenbielau, wo die verhassten Fabrikanten Hilbert & Andretzky sowie Dierig anvisiert wurden. Beide Firmen genossen unter den Webern einen schlechten Ruf, und wie Zwanziger bezahlten auch Hilbert & Andretzky ihren Webern Dumpingpreise. Das konnte man Dierig zwar nicht vorwerfen, aber Letzterer hatte sich den Hass der einheimischen Weber zugezogen, weil er sich dem technischen Fortschritt nicht verschloss. Dierig war 1844 einer der wenigen schlesischen Verleger, der tatsächlich seine Stoffe in einer Maschinenhalle mit dampfgetriebenen, mechanischen Webstühlen, darunter die durch Lochkarten gesteuerten Jacquard-Webstühle, selbst produzierte, wobei er bevorzugt fremde Arbeiter beschäftigte. Der Aufkauf von Weben der umliegenden Heimarbeiter war für den innovativen schlesischen Fabrikanten, der zeitweise 4000 Arbeitskräfte beschäftigte, nur ein Zusatzgeschäft, was die schlesischen Heimweber gegen ihn aufbrachte.

Als die unzufriedenen Weber Langenbielau erreichten, stellte sich ihnen ausgerechnet Pastor Seiffert, Dierigs Schwiegersohn, in den Weg, um sie mit salbungsvollen Ermahnungen zur Aufgabe der Rebellion zu bewegen. Die Weber hatten auf die bigotte Phrasendrescherei des unbeliebten Gottesmannes nur eine Antwort: Sie warfen ihn einfach in den Dorfbach und zogen weiter in den Ort hinein. Dann stürmten sie die Fabrik von Hilbert & Andretzky, die sie nach gescheiterten Lohnverhandlungen restlos zertrümmerten, wobei sie – wie schon bei Zwanziger – sämtliche Warenvorräte zerstörten. Resigniert stellte Andretzky nach der Niederschlagung des Aufstands fest, dass er in jenen Minuten des 5. Juni von einem reichen zu einem armen Mann geworden war und im Handumdrehen 30 000 Taler verloren hatte.

Die Weber konnten mit dem Ergebnis ihres Lohnkampfes zufrieden sein. Ihr erfolgreiches Vorgehen gegen die Fabriken des Eulengebirges sorgte für großen Zulauf aus den umliegenden Dörfern. Der Haufen schwoll auf mehrere Tausend Menschen an, die sich jetzt mit Hass und Erbitterung an dem Aufstand beteiligten. Stolz marschierten die Arbeiter hinter einer an drei Stöcken hochgehaltenen Fahne aus Barchent direkt auf die imposante Fabrik zu, die Wilhelm Dierig gehörte.

Aber hier holte die Realität die Weber ein, platzte der Traum von der Arbeitersolidarität. Dierig war nicht bereit zuzuschauen, wie die Weber sein Lebenswerk zerstörten, und gewann gegen den Lohn von fünf Silbergroschen seine Arbeiter dafür, eine Fabrikwehr zu bilden. Mit Knüppeln bewaffnet, warfen sich die Dierig-Getreuen zu allem entschlossen auf die Demonstranten und schlugen sie nach einer erbitterten Straßenschlacht in die Flucht. Dierig war sichtlich erleichtert und wähnte sich jetzt sicher. Vorschnell ordnete er die Auszahlung der Extraprämie an seine Schläger an. Als diese ihren Lohn für den Sieg über die Fabrikenstürmer einkassieren wollten, passierte das beinahe Unvermeidliche.

Die eben noch geschlagenen Aufrührer kehrten zur Fabrik zurück und infiltrierten die Schlangen der anstehenden Werksangehörigen, um ebenfalls in den Genuss der Auszahlung zu kommen. Die subversive Taktik hatte Erfolg, der Unternehmer und seine Männer verloren die Kontrolle über die Situation. Als immer mehr Menschen sich vor der Fabrik und in deren Hof zusammendrängten, kam es zu heftigen Prügeleien zwischen Dierigs Angestellten und den Revoltierenden. Angesichts dieser Massenschlägerei einiger Hundert Arbeiter versuchte der Fabrikbesitzer, die Situation unter Kontrolle zu bringen, indem er den Aufständischen für den Fall, dass sie mit der Prügelei aufhörten, ebenfalls den Erhalt von fünf Silbergroschen versprach.

Zu diesem Zweck wurde eine provisorische Rechnungsstelle eingerichtet und eine Tafel aufgehängt, die verkündete: »Wenn ihr euch friedlich verhaltet, werden alle befriedigt.« Der Plan war gut, doch ließ die Ausführung zu wünschen

übrig. Zwei Angestellte Dierigs übernahmen die Geldauszah-
lung, die sich allerdings aufgrund des stetig wachsenden An-
drangs – die Menge zählte inzwischen 800 bis 1000 Köpfe –
immer mehr verzögerte, sodass die Zahlmeister zum Schluss
überhaupt nicht mehr nachkamen. Die Demonstranten nutzten die Situation geschickt aus, stellten sich zweimal an oder
drängten sich in der Angst, dass später kein Geld mehr da
wäre, nach vorn.

In diesem kritischen Moment marschierten 150 preußische
Soldaten unter dem Kommando von Major Rosenberger auf
das Fabrikgelände und stellten sich vor der Fabrikhalle mit den
Jacquard-Webstühlen auf. Es waren die Truppen, die Landrat
Prittwitz am Vorabend angefordert hatte. Doch was als Beruhigung der Situation gedacht war, verkehrte sich in ihr ab-
solutes Gegenteil.

Der Aufmarsch der Soldaten bewirkte, dass die ohnehin
schon klaustrophobische Situation auf dem Fabrikgelände
noch verschärft wurde und die Masse hin und her wogte. Gerüchte kamen in der Menge auf, dass Dierig sich aufgrund der
Anwesenheit des Militärs nicht mehr genötigt sähe, das ge-
gebene Auszahlungsversprechen zu halten. Die Menschen aus
den hinteren Reihen drängten jetzt nach vorne und drückten
die zuvorderst Stehenden gefährlich nah an die Zahlmeister
und die sie schützenden Soldaten. Angesichts des Tumults
wies Major Rosenberger seine Unteroffiziere an, Ordnung in
die Menschenmasse zu bringen, worauf die preußischen Feldwebel und Korporale sich wie auf dem Kasernenhof verhielten
und die Weber barsch anschnauzten, als wären sie junge Rekruten. Wütende Reaktionen waren die Folge. Fäuste reckten
sich in die Höhe, Flüche wurden den Soldaten ins Gesicht geschleudert. Den Kassierern lief der Schweiß von der Stirn. Als
das Gewoge zu heftig wurde, bekamen sie es mit der Angst zu
tun und warfen das Geld panisch in die Menge, dann ergriffen
sie die Flucht. Mit ihrem Rückzug begann die Katastrophe.
Vergebens befahl Major Rosenberger den Webern, zurückzu-

DAS BLUTGERICHT

treten und seinen Befehlen Folge zu leisten. Auch die Drohungen, dass er gleich schießen lassen werde, verfingen nicht mehr angesichts der Aufregung der auf die Soldaten einstürmenden Massen.

Als seine wiederholte Aufforderung abermals nicht zum Zurückweichen der Weber führte, erteilte der Major seinem Trupp den Befehl, über die Köpfe der Aufrührer zu schießen. Kurz darauf krachte eine erste Gewehrsalve über die Menge hinweg, ohne dass diese sich davon beeindrucken ließ. Statt sich einschüchtern zu lassen, bewarfen die Weber das Militär mit Steinen, die sie von einer nahe gelegenen Baustelle holten. Jetzt wurde die Situation unhaltbar. Der Major verlor die Nerven und gab seinen Soldaten den Befehl, in die Menschenmenge zu schießen. Wieder entluden sich die Gewehre von Rosenbergers Soldaten, diesmal mit tödlicher Wirkung. Kaum war der Pulverrauch der Salve verzogen, wurde das ganze Ausmaß ihrer Wirkung klar: Elf Weber lagen tot auf dem Boden, sechsundzwanzig Verwundete wälzten sich im eigenen Blute, bevor hilfreiche Hände sie vom Kampfplatz zogen. Hatte der Major aber gehofft, den Protestierenden einen wirksamen Denkzettel verpasst zu haben, sah er sich getäuscht. Mit tränenerstickter Stimme schrie der Weber Umlauf wütend auf den Major ein:»Sie verstehen Ihre Instruktion nicht, das will der König nicht, dass Sie die Leute totschießen lassen.«

Wütend über ihre Toten, deckten die Weber die Preußen mit einen Steinwurfhagel ein und gingen, nur mit Knüppeln und Stöcken bewaffnet, unter Wutgeheul zum Angriff über. Entsetzt über diese Wendung und um ein Blutbad zu vermeiden, gab Major Rosenberger seinen Soldaten den Befehl zum Rückzug, der am Ausgang des Dorfes zur wilden Flucht wurde. Nur mit Mühe konnte der Major am Abend seine Männer in Peterswaldau wieder einsammeln. Es wurden 78 Verwundete gezählt, von den Offizieren waren vier verletzt, darunter Rosenberger selbst. Jetzt, wo die preußischen Soldaten geflohen waren, kannte die Wut der Weber keine Grenzen mehr.

Ingrimmig brachen sie die Tore der Lagerhallen auf, warfen Hausgerät, Möbel, Stoffe und Garne auf die Straße. Dann stürmten sie die Fabrikhallen und zerschlugen die ihnen so verhassten Jacquard-Webstühle, die mittels Lochkarten vorprogrammierte Muster weben konnten, und vernichteten die von einer Dampfmaschine angetriebenen mechanischen Webstühle, die Dierig ein Vermögen gekostet hatten. Als sie zur Quelle allen Unheils, zur Dampfmaschine selbst, vorstießen, geschah etwas Unerwartetes. Der Ärger der Maschinenstürmer wich allgemeiner Bewunderung. Ein stählernes Ungetüm wie dieses hatten sie noch nicht gesehen.

Die Maschine war in der höchsten Spannung. Die Eingedrungenen musterten sie, erstaunt und verwundert, tippten sanft an diese und jene Schraube und riefen einander zu: Das sei doch sehr schön. Plötzlich öffnete sich ein Sicherheits-Ventil, der Dampf brauste, und mit dem Schrei »Hier sei Pulver!« stürzten sich alle vom Platze. [1]

Die Nachricht vom Massaker von Langenbielau und dem Sieg der Weber über die Preußen verbreitete sich im Land wie ein Lauffeuer. Dass preußisches Militär vor einem aufgebrachten Volkshaufen die Flucht ergreifen musste, hatte es noch nie gegeben. Nirgendwo hatte sich eine helfende Hand zum Schutz der verhassten Fabrikanten geregt, wie das Beispiel des verhassten Unternehmers Zwanziger zeigte, dem man erst in Schweidnitz, dann in Reichenbach aufgrund seines schlechten Rufes als Lohndrücker das Quartier verweigert hatte, bis es ihm gelungen war, mit seiner Familie in Breslau unterzuschlüpfen.

Dies konnte sich die preußische Militärverwaltung nicht bieten lassen, denn der Aufruhr begann auszuufern. Fieberhaft wurden von allen Seiten Truppen nach Peterswaldau und Langenbielau in Marsch gesetzt. Soldaten aus Brieg, Breslau

[1] Sonntagsblatt zur *Weser-Zeitung*, 23. Juni 1844.

DAS BLUTGERICHT

und der alten schlesischen Festungsstadt Glatz verstärkten die Schweidnitzer Garnison. Am Tag nach dem Massaker von Langenbielau übernahm Regierungskommissar von Kehler ungefähr zur selben Zeit die Polizeigewalt im Aufstandsgebiet, als aufständische Weber in Friedersdorf das Warenlager und die Garnausgabestelle von Zwanziger verheerten. Am 7. Juni kam es zu Arbeiterunruhen in Breslau, die durch das sofortige Einschreiten von Militär und Bürgerwehr brutal unterdrückt wurden. Nur einen Tag später hatte die Armee die Lage wieder fest im Griff und kontrollierte alle wichtigen Städte und Dörfer. Die aufständischen Weber teilten sich auf: Während die eine Hälfte wieder in ihre Dörfer zurückkehrte, tauchte die andere Hälfte in den Wäldern des Eulengebirges unter, wo sie sich noch wochenlang versteckt hielt. Landesweit kam es in Preußen nur noch in Berlin bei den Baumwolldruckern zu ernsthaften Protestaktionen und Arbeitsniederlegungen, die ebenso schnell vom Militär unterdrückt wurden, wie sie begonnen hatten.

DAS STRAFGERICHT

Schon in der Nacht vom 8. auf den 9. Juni wurden in Peterswaldau 29 und in Langenbielau 14 Weber festgenommen und am nächsten Tag auf offenen Karren nach Schweidnitz verbracht. In den folgenden Tagen stieg die Anzahl der Gefangenen bald auf fast 100 an, von denen 80 des öffentlichen Aufruhrs angeklagt wurden. Die Anordnungen des preußischen Königs ließen keinen Zweifel darüber aufkommen, dass die Aufständischen hart abgestraft werden sollten, doch die schlesischen Richter, die mit dieser Aufgabe betraut waren, zeigten angesichts der Not, die die Weber zum Aufstand getrieben hatte, gewisses Verständnis. Der Kriminalsenat des Oberlandesgerichts Breslau entschied, dass die 80 Angeklagten zu 203 Jahren Zuchthaus, 90 Jahren Festungshaft und 330 Peitschenhieben verurteilt wurden. Diese Strafe empfanden viele Zeitgenossen als unangemessen hoch. Schließlich hatte nicht revolutionärer Wille, sondern höchste existenzielle Not die Weber in den Arbeitskampf getrieben, und unter den Toten von Langenbielau befand sich kein einziger Soldat, dafür 11 Weber, von denen zwei noch nicht einmal an den Fabrikenstürmen teilgenommen hatten, sondern verirrten Kugeln zum Opfer gefallen waren.

Vielfach dachte die Bevölkerung wie der liberale Publizist Varnhagen von Ense:

> *Die Regierung deckt ihre eigene Schuld mit Abstrafen der Leidenden! Ein Arzt, der seine Kranken prügelt!*

Ein Schuldbewusstsein war der preußischen Regierung fremd. Ihr größtes Interesse lag vielmehr darin, von der eigenen Verantwortlichkeit abzulenken und nach Schuldigen zu suchen, die die armen Weber verhetzt haben könnten.

Doch entgegen der Vermutung der Polizeibehörden hatte es zu keiner Phase des Aufstands jemals eine zentrale Leitung gegeben, auch wenn einzelne Weber für kurze Zeit die Führung übernommen hatten. Da die Behörden selbst im Kreuzverhör der Gefangenen weder von liberalen Hintermännern noch von okkulten Führern erfuhren, ging die Suche nach einem Sündenbock weiter. Das Spektrum der Schuldzuweisungen war groß.

Während der preußische Innenminister von Arnim-Boitzenburg vor allem Bettina von Arnim die Schuld gab, mit ihrem sozialkritischen Werk *Dies Buch gehört dem König* den Aufstand angeregt zu haben, glaubten konservative und regierungstreue Blätter wie die *Allgemeine Preußische Zeitung* oder die *Schlesische privilegirte Zeitung* vor allem an die Schuld liberaler Publizisten. Doch die liberale Presse war nicht wehrlos und wandte sich ihrerseits mit kämpferischen Artikeln gegen ihre politischen Feinde. Besonders machte sie der Regierung den Vorwurf, die Augen vor der Realität der sozialen Frage zu verschließen.

Von großer Kurzsichtigkeit zeugt es aber auch jetzt wieder, dass, wie mehrere Blätter melden, von Schlesien aus der Versuch gemacht worden ist, die Unruhen als Folge des vielen »Geschreibs über Armut und Not« darzustellen und höheren Ortes anzudeuten, dass es nicht zum Äußersten gekommen sein würde, wenn die Presse nicht »aufgereizt« hätte. Wir erwarten zuversichtlich, dass eine so plumpe und einfältige Auffassung bei den Behörden wie beim Volke ohne allen Anklang bleibt; denn sie zeugt von einer wahrhaft beklagenswerten Beschränktheit der Ansichten und einem höchst mangelhaften Begriffsvermögen.

[…] Es ist bekannt, dass wir in Deutschland noch immer Leute haben, die alles Unheil von der »schlechten Presse« herleiten. Aber die Weber in Schlesien haben keine Flugschriften und keine Zeitungen gelesen; sie haben sich, wie weiland der arme Conrad [Bauernbund, der sich 1514 gegen den württembergischen Herzog erhob, Anm. d. Verf.], ihre Lieder selbst gemacht, die sie beim Sturme auf fremdes Eigentum absangen. Die armen Leute bekümmerten sich nicht um Theorie und Zeitungsartikel, sie wollten nur Brot. [1]

DIE GEBURT EINES MYTHOS

Die Klärung der Schuldfrage blieb nicht die einzige Kontroverse bezüglich des Weberaufstands. Die Schlacht verlagerte sich von den Weberkaten und Fabriken Schlesiens in die verrauchten Redaktionsbüros und intellektuellen Salons deutscher Großstädte wie Berlin, Hamburg, Köln, Mannheim, Stuttgart und Frankfurt. Einstige Bündnisgenossen wie der Journalist Karl Marx und der Publizist Arnold Ruge zerstritten sich hin-

---

[1] *Kölnische Zeitung*, 21. Juni 1844.

sichtlich der geschichtlichen Einordnung des Aufstands. Während Ruge den schlesischen Aufstand im Vergleich zu den Erhebungen der Seidenweber von Lyon 1831 und 1834 als eine unbedeutende Arbeiterrevolte ansah, die alle Jahre wieder vorkäme und keine Politisierung der Elenden bewirken werde, interpretierte Marx die Rebellion als erste antikapitalistische Schlacht der deutschen Arbeiterklasse. Mit dem Weberaufstand von 1844 wähnte Marx endlich das goldene Zeitalter des Klassenkampfes in Deutschland angebrochen. Visionär, der er war, erblickte er in ihm das Fanal zukünftiger Auseinandersetzungen zwischen Armen und Reichen, zwischen der Arbeiterklasse und den Kapitalisten, der mit dem Sieg des Proletariats enden würde.

Weit wichtiger als der Streit zwischen Marx und Ruge wurde dagegen, was die Dichtung aus der Weberrevolte im Eulengebirge machte. Neben Weber-Dichtungen von Ferdinand Freiligrath und Georg Herwegh überfluteten mannigfaltige poetische Ergüsse die Feuilletons der Zeitungen. Die Dichter wurden nicht müde, das Leid der Weber und die Tragik des gescheiterten Aufstands zu beschreiben. Der fast verhungerte Weber, der – nur mit Steinen und Stöcken bewaffnet – todwund gegen bajonettstarrende Reihen preußischer Soldaten anlief, wurde zum Märtyrer des Kampfes gegen die herrschende Ungerechtigkeit, der Weberaufstand zur Hungerrevolte sozial Entrechteter.

In den toten Webern hatte die demokratische Opposition ihre ersten unschuldigen Opfer gefunden und damit eine wichtige Legitimation, gegen die verstockten Monarchen Deutschlands zu kämpfen, die nicht nur ihr Volk verhungern, sondern auch bei der erstbesten Gelegenheit erschießen ließen. Dies war allerdings nur eine Sichtweise des Ereignisses. In seinem 1845 im *Vorwärts* erschienenen Weber-Gedicht gelang dem Kritiker Heinrich Heine die kämpferische Umdeutung des Weberelends. Fern von jeder Barmherzigkeit ließ Heine seine Weber als unnachgiebige Kämpfer für Gerechtigkeit auftreten:

Im düstern Auge keine Träne,
Sie sitzen am Webstuhl und fletschen die Zähne:
»Altdeutschland, wir weben Dein Leichentuch,
Wir weben hinein den dreifachen Fluch!
Wir weben! Wir weben!

Ein Fluch dem Gotte, dem blinden, dem tauben,
Zu dem wir gebetet mit kindlichem Glauben;
Wir haben vergebens gehofft und geharrt,
Er hat uns geäfft und gefoppt und genarrt.
Wir weben! Wir weben!

Ein Fluch dem König, dem König der Reichen,
Den unser Elend nicht konnte erweichen,
Der uns den letzten Groschen erpreßt
Und uns wie Hunde erschießen läßt!
Wir weben! Wir weben!

Ein Fluch dem falschen Vaterlande,
Wo nur gedeihen Lüg' und Schande,
Wo nur Verwesung und Totengeruch –
Altdeutschland, wir weben dein Leichentuch!
Wir weben! Wir weben!«

Diese Zeilen Heines enthielten nicht nur sozialen Sprengsatz, sie waren gefährlicher als der Aufstand selbst. Fern davon, in bester christlicher Tradition zu bloßen Märtyrern des Widerstands zu verkommen, wurden die Weber unter Heines poetischer Regie zu kämpferischen Propheten des Untergangs der maroden preußischen Monarchie – und damit hatte Heine einen deutschen Mythos geboren, der nur vier Jahre später in der Märzrevolution von 1848 seine Wirkung zeigen sollte.

Den schlesischen Webern selbst half es wenig, dass sie von der deutschen Intelligenz zu Pionieren einer sich anbahnenden Revolution erklärt wurden. Ihre Situation änderte sich nur insoweit, dass die Fabrikanten nach dem Aufstand die Löhne wieder etwas erhöhten und einst knausrige Unternehmer wie Zwanziger & Söhne ihnen komfortable Wohnstätten errichteten. Noch bis ins Jahr 1848 fanden Kollekten und weitere Hilfsmaßnahmen für die schlesischen Weber statt. Doch mit solchen Maßnahmen wurde das Elend nur in Schach gehalten, die Lebenssituation der Armen allerdings nicht grundlegend verbessert.

Erst die wachsende Maschinisierung der deutschen Textilindustrie brachte für einen Teil der Weber eine Besserung ihrer wirtschaftlichen und sozialen Lage. Dies betraf allerdings nur diejenigen Heimweber, die ihr Gewerbe aufgaben und sich als Lohnarbeiter in den Textilfabriken verdingten; diese erfasste der ab 1850 einsetzende Wiederaufschwung. Die meisten Handweber des Eulengebirges blieben in völliger Abhängigkeit von ihren Verlegern und wurden wie eh und je von Absatzkrisen hart getroffen. Weberaufstände, vergleichbar dem von 1844, brachen jedoch nicht mehr aus, was an der außerordentlich starken Militärpräsenz preußischer Truppen in Schlesien lag.

Über keine deutsche Rebellion mit Ausnahme der Varusschlacht ist im 19. Jahrhundert so viel geschrieben und publiziert worden wie über den schlesischen Weberaufstand von 1844. Mit den Mitteln von Dichtung und Drama verbreitete sich die Kenntnis vom tragischen Ende der Rebellion im Eulengebirge und bewirkte die Anteilnahme am Elend der Unterdrückten. Die bürgerliche Oppositionsbewegung engagierte sich für die Weber und nahm sich ihres Elends publizistisch an. Je nach politischem Standpunkt und sozialer Zugehörigkeit des Betrachters wurde der Aufstand mal als Hungerrevolte, mal als Maschinensturm, mal als erster Schritt zum nun einsetzenden Klassenkampf geschildert.

Allerdings bildeten die schlesischen Weber nicht nur keine »Arbeiterklasse« – sie waren noch nicht einmal Arbeiter im eigentlichen Sinn, sondern Kleingewerbetreibende, die in einem starken Abhängigkeitsverhältnis von ihrem Auftraggeber standen. Im Grunde genommen ähnelte ihre Situation der von heutigen »festen Freien«, die nur auf dem Papier noch freiberuflich tätig sind – weil sie kein unternehmerisches Risiko eingehen – und sich hinsichtlich ihrer Entlohnung fast völlig in der Hand ihrer Auftraggeber befinden, ohne dagegen die sozialen Vorteile einer Festanstellung zu genießen.

Natürlich irrte Marx nicht völlig, als er in der Weberrevolte einen ersten – vielleicht ahnungslosen – Vorboten kommender Klassenkämpfe erblickte. Doch der Aufstand der Weber war nicht so einzigartig, wie er in der zeitgenössischen Presse dargestellt wurde. Im Grunde genommen blieb er hinsichtlich der Härte und Grausamkeit in der Auseinandersetzung weit hinter vergangenen deutschen Weberaufständen oder zeitgenössischen französischen Erhebungen wie den bereits erwähnten der Seidenweber von Lyon 1831 und 1834 zurück.

Außergewöhnlich war dagegen die Beachtung, die er in der Öffentlichkeit fand. Am Weberaufstand erwies sich das, was die preußische Regierung tatsächlich richtig erspürte: die Macht der Medien, die dank der 1811 erfundenen Schnellpresse die Möglichkeit hatte, in immer höheren Auflagen schneller zu publizieren und die Öffentlichkeit trotz Zensur zu mobilisieren.

Dank der Presseberichte kam es infolge des schlesischen Elends – und des daraus resultierenden Aufstands im Juni 1844 – zu einer stärkeren Bewusstmachung der sozialen Frage, zudem überall in Europa als Begleiterscheinung der industriellen Revolution Massenverarmung und erste Arbeitskämpfe der um ihr Überleben kämpfenden halbfreien Weber zu beobachten waren. Der Weberaufstand wurde zum Mythos, zum Uraufstand der Armen gegen die Reichen, und beschleunigte merklich die Politisierung der deutschen Arbeiterschaft.

LITERATUR

Bremes, H. E.: *140 Jahre Weberaufstand*, Westfälisches Dampfboot, Münster 1984

Büttner, Wolfgang: *Weberaufstand im Eulengebirge 1844* (Illustrierte Historische Hefte, Nr. 27), Deutscher Verlag der Wissenschaften, Berlin 1982

Hodenberg, Christina von: *Aufstand der Weber*, Dietz, Bonn 1997

Kroneberg, Lutz/Schloesser, Rolf: Weber-Revolte 1844, Leske, Köln 1979

Lebensalltag zur Zeit der industriellen Revolution, Das Beste, Stuttgart 1996

Schwab-Felisch, Hans: *Gerhart Hauptmann, Die Weber*, Ullstein, Berlin 2004

Spehr, Michael: *Maschinensturm*, Westfälisches Dampfboot, Münster 2000

1849 – REQUIEM DER REPUBLIK
DER DRESDNER MAIAUFSTAND 1849: STIEFKIND DER GESCHICHTE

Hier stand man einer wirklichen revolutionären Macht gegenüber. Auf diese Kerntruppe der Revolution passte nicht mehr das, was ich vorstehend von bloßen Krawallern und Tunichtguten gesagt habe, hier befehdeten sich zwei Prinzipien, von denen jedes seine Truppen ins Feld stellte. Die Ereignisse von damals sind halb vergessen, sie sollten es nicht sein. Sie gaben uns einen Vorgeschmack von dem, was kommen wird. [1]

Wer heute an die deutsche Revolution von 1848/49 denkt, dem stehen wahrscheinlich schlaglichtartig die aus den Geschichtsbüchern wohlbekannten Szenen vor Augen: die kämpfenden Revolutionäre auf den Barrikaden in Berlin, die Aufbahrung der Märzgefallenen vor dem Berliner Schloss, der Einzug der Abgeordneten in die Frankfurter Paulskirche, die Erschießung Robert Blums, die Ablehnung von Reichsverfassung und Kaiserkrone durch den Preußenkönig Friedrich Wilhelm IV. Bemerkenswert ist, dass diese Musterbeispiele revolutionärer Ikonographie, mit Ausnahme der letztgenannten Begebenheit, Ereignisse visualisieren, die sich im Jahr 1848 abgespielt haben, während das Jahr 1849 weitgehend in der Versenkung des Kollektivgedächtnisses verschwand.

Für diese Reduzierung der Ereignisse auf das Jahr 1848 gibt es mehrere Gründe: Während Marx und Engels die Verfassungsaufstände als halbherzigen Revolutionsversuch des Kleinbürgertums kritisierten, verengte sich der Blick der bürgerlich-liberalen Geschichtsschreibung auf die Betrachtung der Märzereignisse und die erfolgreiche Ausarbeitung der Ver-

---

[1] Theodor Fontane, *Wanderungen durch die Mark Brandenburg.*

fassung. Das war naheliegend, da die Reichsverfassung und die mit ihr verbundene Idee der konstitutionellen Monarchie vor allem ein Werk der seit Mai 1848 in Frankfurt dominierenden liberalen Mitte war. Hingegen wurde das Scheitern liberaler Politik noch im 20. Jahrhundert geflissentlich heruntergespielt und als unausweichliche Folge der eigenen Machtlosigkeit angesichts der militärischen Stärke Preußens bewertet. Doch die Niederlage von 1849 hätte vielleicht vermieden werden können, wäre die Märzrevolution tatsächlich eine Revolution im modernen Sinne gewesen, welche die gesellschaftlichen Machtverhältnisse radikal gewandelt hätte. Aber genau diese Umbrüche fanden nicht statt, auch wenn zum ersten Mal in der deutschen Geschichte eine länderübergreifende Nationalversammlung aus Vertretern des Volkes gewählt wurde.

Dieses Parlament sollte sich schnell als machtlos entpuppen und durch seine ungeschickte Politik die schon bezwungen geglaubten Mächte der Konterrevolution ungewollt wiedererstarken lassen. Indem die Paulskirchenversammlung die Existenz der jungen Demokratie bedingungslos an die Annahme der von ihr ausgearbeiteten Verfassung knüpfte, manövrierte sie sich ins politische Abseits. Auf die Ablehnung der Reichsverfassung durch die Regenten der großen deutschen Staaten wie Preußen, Hannover, Bayern und Sachsen – während ihr von 28 kleineren Staaten zugestimmt wurde – konnte es nur eine Antwort geben: eine neue Welle gewaltsamer Erhebungen, welche den in der Verfassung festgehaltenen Errungenschaften der Revolution doch noch zum Sieg verhelfen sollten.

Diese zweite Revolution, die als Reichsverfassungskampagne in die Geschichte einging, besaß einen radikaleren Charakter als die Märzrevolution. Sie wurde militärisch hauptsächlich von Demokraten und Republikanern getragen, während sich die liberale und bürgerliche Mitte aus den Kämpfen weitgehend heraushielt, ja bisweilen sogar die Partei der Fürsten vertrat.

Die Tatsache, dass nicht ganz Deutschland durch den verfrühten Aufstandsbeginn der Reichsverfassungskampagne erfasst wurde, trug zu ihrer geringen Popularität bei. Zu den schwersten Auseinandersetzungen kam es im Königreich Sachsen, der bayrischen Pfalz, dem Großherzogtum Baden, im schlesischen Breslau und in den rheinischen Provinzen Preußens.

Im Grunde genommen galten die Aufstände nicht nur der Annahme der Reichsverfassung, sondern der Durchsetzung der demokratischen Republik. Im Rahmen dieses deutschen Bürgerkriegs nimmt der Dresdner Maiaufstand von 1849 neben der badischen Revolution eine Sonderstellung ein. Sechs Tage lang widersetzte sich ein bunt gemischter, aus mehreren Tausend Mann bestehender Haufen mutig den ihn bestürmenden königlichen Truppen Sachsens und Preußens und kämpfte für den Erhalt bisheriger Freiheiten. Es wurde ein dramatischer Kampf auf Leben und Tod, der mit der totalen Niederlage der Revolutionäre endete, was Hunderte das Leben und Tausende ihre Existenz kostete oder zur Auswanderung trieb.

Um jedoch die Hintergründe und Ursachen dieses fast vergessenen Aufstands zu verstehen, ist es notwendig, sich noch einmal die Abfolge der Ereignisse ins Gedächtnis zu rufen, die seit Februar 1848 Deutschland erschüttert hatten.

DIE DEUTSCHE MÄRZREVOLUTION 1848

Das Jahr 1848 begann mit einem Paukenschlag – der Februarrevolution, die in Frankreich den 1830 an die Macht gekommenen »Bürgerkönig« Louis-Philippe vom Thron fegte. Den letzten Anlass für seinen Sturz hatte Louis-Philippe selbst geliefert: dadurch, dass er eine Reform des Zensuswahlrechts verhindert hatte, welches nur Bürger mit einem gewissen Vermögen und Steueraufkommen zur Wahl berechtigte und die Mehrheit von Bürgern, Handwerkern, Arbeitern und Erwerbslosen von jeder politischen Einflussnahme ausschloss. Dies ließen sich die unzufriedenen politischen Kräfte Frankreichs nicht gefallen.

Die ursprünglich friedlichen Unmutskundgebungen in Paris entwickelten sich durch den Einsatz von Soldaten zu einer blutigen Straßenschlacht, die drei Tage dauerte. Doch die Verbrüderung von Bürgern und Arbeitern endete mit der völligen Niederlage des Militärs, führte zum Sturz des verhassten Premierministers Guizot und zur Abdankung des Bürgerkönigs. Der Liberale Alphonse de Lamartine bildete eine elfköpfige Regierung, deren erste Maßnahmen die Einführung der Pressefreiheit, des allgemeinen Wahlrechts, die Abschaffung der Todesstrafe für politische Gefangene und die Anerkennung des Rechts auf Arbeit war. Wieder einmal hatte eine Revolution in den Straßen von Paris einen großen Sieg errungen – und wieder einmal übertrug sich der Funke des Aufstands von Frankreich auf Deutschland, wie schon 1830/31 nach der Julirevolution.

Das erste Fürstentum, das in Deutschland von der Revolution erfasst wurde, war das Großherzogtum Baden. Hier kam es unter der Führung von prominenten Vertretern der badischen Opposition in unmittelbarer Folge der Pariser Ereignisse am 27. Februar 1848 in Mannheim zu einer Großkundgebung, auf der die oppositionellen Kräfte das Kernprogramm der Revolution entwickelten. Die Hauptforderungen waren: die Einführung von öffentlichen Schwurgerichten, die Durchführung der Volksbewaffnung sowie der Wunsch nach Pressefreiheit und einem einzigen deutschen Parlament.

Gustav Struve, der Führer der radikalen Demokraten, verfasste den endgültigen Text des Forderungskatalogs und begeisterte die Volksmasse, indem er den Versammelten mit glühendem Eifer die Bedeutung des Augenblicks verinnerlichte.

Eine Revolution hat Frankreich umgestaltet. [...] Ein Gedanke
durchzuckt Europa. Das alte System zerfällt in Trümmer. Aller-
orten haben die Völker mit kräftiger Hand die Rechte sich selbst
genommen, welche ihre Machthaber ihnen vorenthielten.
Deutschland darf nicht länger geduldig zusehen, wie es mit Füßen
getreten wird. Das deutsche Volk hat das Recht, zu verlangen:
Wohlstand, Bildung und Freiheit für alle Klassen der Gesellschaft,
ohne Unterschied der Geburt und des Standes.

Die Mannheimer Forderungen verbreiteten sich wie ein Flächenbrand von den Kleinstaaten Südwestdeutschlands ost-
und nordwärts bis in die mächtigsten Staaten des Deutschen
Bundes: die Königreiche Preußen, Sachsen, Hannover und
Bayern, wo das Mannheimer Programm bald erweitert oder
den jeweiligen politischen und rechtlichen Verhältnissen angepasst wurde.

In Frankfurt erklärte der Bundestag angesichts der Masse
von 2000 Protestierenden die Bundesbeschlüsse von 1819,
1832 und 1834 für aufgehoben, mit deren Hilfe Metternich
und die deutschen Fürsten jahrzehntelang jegliche politische
Opposition und freie Presse unterdrückt hatten, und verkündete eine Generalamnestie für all diejenigen, die nach 1830
der politischen Unterdrückung zum Opfer gefallen waren.

Variierten die jeweiligen Reformprogramme der aufständischen politischen Vereine von Land zu Land, so war der Weg,
den die Opposition einschlug, um diese Ziele zu erreichen,
fast immer identisch. Stets und an allen Orten in Deutschland führte der Weg für politische Veränderungen über das
Einreichen von Petitionen, öffentlichen Appellen in der Presse
oder dem Abhalten von Kundgebungen, Versammlungen und
Demonstrationen von Tausenden. Verglichen mit den erbittert ausgetragenen Februarkämpfen in Frankreich verlief
die Revolution in Deutschland überwiegend relativ unblutig.
Allein das Schreckgespenst des militärischen Aufstands ließ
die Souveräne der deutschen Mittelstaaten und ihre konser-

vativen Regierungskabinette schnell einknicken und nach zunächst nur teilweisen Zugeständnissen einen Großteil der wichtigsten oppositionellen Forderungen übernehmen. Aufgrund des Drucks der Straße wurden langjährige loyale und gefürchtete Regierungsbeamte dem Volkswillen geopfert, um liberaleren Vertretern Platz zu machen, was den Unmut der Empörten beschwichtigte. Einzig in Preußen kam es am 18. und 19. März 1848 zu schweren Barrikadenkämpfen, die 231 Revoltierende und 36 Soldaten das Leben kosteten, aber mit einem Sieg über die Truppen Friedrich Wilhelms IV. endeten. Machtvoll zwangen die preußischen Revolutionäre den König dazu, den Totenfeiern für die Märzgefallenen beizuwohnen, ihre Reformforderungen zu erfüllen, seine erzkonservativen Minister zu entlassen und eine neue, liberalere Regierung einzusetzen.

Auch Österreich, der zweiten Großmacht »deutscher Nation«, erging es im März 1848 nicht viel besser. In Wien wagte das Volk ungeachtet des lückenlosen Spitzelsystems Metternichs Ende März die Revolution und veranlasste den verhassten Staatskanzler zur Flucht. Es kam zur Bildung einer provisorischen Regierung, die liberalere Grundsätze vertrat. Wie ein Wirbelsturm fegte die Revolution durch Europa und brachte das morsche Gebälk des Metternich'schen Systems zum Einsturz, das sich seit 1819 zäh gegen jegliche Freiheits- und Einheitsbestrebungen verteidigt und auch die Revolutionswelle von 1830 unbeschadet überstanden hatte.

Die politische Situation in den deutschen Staaten stellte 1848 eine ausgesprochen günstige Ausgangslage für einen revolutionären Umsturz dar. Mehrere Missernten in Folge sowie die Erhöhung von Steuern und Preisen für Grundnahrungsmittel hatten – gepaart mit einer rigiden Zensur- und Überwachungspolitik – zu sozialer Unruhe und politischem Protest geführt. In Leipzig war es 1845 anlässlich einer politischen Demonstration des Vaterlands-Vereins unter Führung Robert

Blums zu einem Massaker gekommen, als das sächsische Militär in die Menge schoss, wobei zwölf Menschen ums Leben kamen. Ein Jahr darauf hatte die massive Erhöhung des Bierpreises auf dem Oktoberfest in München Krawalle ausgelöst. 1847 wurde Berlin von schweren Unruhen erschüttert, weil infolge der letzten Missernten die Kartoffelpreise drastisch angestiegen waren. Auch in Köln war es 1847 anlässlich eines Volksfestes, der Martinskirmes, zu schweren Straßenschlachten zwischen preußischer Kavallerie und Handwerksgesellen gekommen, die Todesopfer gefordert hatten. Überall hatten die größtenteils aus Adeligen und loyalen Beamten bestehenden Regierungskabinette versucht, die politische Opposition durch einen mächtigen Polizeistaat und eine allgegenwärtige Pressezensur niederzuhalten, anstatt die Reformbestrebungen in ihr politisches Programm zu integrieren. Wo der Polizeistaat versagte, hatte das Militär eingegriffen und nach gewohnter Art und Weise wenig Federlesen mit den Protestierenden gemacht.

Doch es schien, als sei mit der siegreichen Märzrevolution von 1848 das seit Jahrzehnten herrschende Unrecht vergessen. Euphorisch machten sich die Aufständischen ans Werk, ein neues Deutschland zu erschaffen, das nicht mehr am Partikularismus ersticken, sondern zu einer Nation mit einer Reichsregierung und einem Parlament heranwachsen sollte. Denn neben dem Grundprinzip der Freiheit wollten die deutschen Revolutionäre vor allen Dingen eins: die deutsche Einheit.

DIE FRANKFURTER PAULSKIRCHE UND DIE BADISCHE APRILREVOLUTION

Um dieses Ziel zu erreichen, versammelte sich im April 1848 in der Frankfurter Paulskirche ein Vorparlament. Dieses setzte den Fünfzigerausschuss ein, welcher unter anderem die Wahlen zur Nationalversammlung organisieren sollte, die im Mai abgehalten wurden. Mit der Wahl und dem Einzug der Volksabgeordneten aus allen Ländern und Wahlbezirken Deutschlands schien die Verwirklichung des deutschen Nationalstaats ein gutes Stück näher gerückt. Doch schnell zeigte sich, dass die verschiedenen demokratischen Gruppierungen völlig unterschiedliche Vorstellungen von Freiheit und Einheit hatten.

Die Konservativen dachten nicht daran, die Vorrechte des Adels auch nur im Geringsten aufzugeben, die Liberalen unter der Führung Heinrich von Gagerns wollten die aufstrebenden Wirtschaftskräfte und die Führungsrolle des Bürgertums stärken und das Prinzip der konstitutionellen Monarchie durchsetzen. Die Linke unter Robert Blum war für weitgehende Sozial- und Wirtschaftsreformen, die nicht zulasten der Massen gehen sollten, und befürwortete das Prinzip der Volkssouveränität in Form der Republik. Alle drei Parteien stimmten aber darin überein, dass sie ihre Ziele auf dem Weg des Parlamentarismus mithilfe von Reformen zu erreichen suchten – im Gegensatz zu Radikaldemokraten wie den badischen Anwälten Gustav Struve und Friedrich Hecker.

Die Radikaldemokraten zeigten sich mit dem bisherigen Verlauf der Revolution unzufrieden und hielten nichts von einem reformierten Ständestaat. Hecker und Struve traten für die Abschaffung der Erbmonarchie wie des Beamtentums ein und strebten eine föderative Republik an. Schon am ersten Sitzungstag des Vorparlaments stellten sie den Antrag auf Gründung eines Bundesstaats nach amerikanischem Muster. Diese Föderation sollte die Wahrung freiheitlicher Grundrechte garantieren und auf dem Prinzip der Volksbewaffnung fußen.

Die Mehrheit der Versammlung lehnte diesen Vorschlag ab, weil sie sich nur als vorbereitendes Organ zur Durchführung der Wahlen zur Nationalversammlung sah. Dennoch machte der Antrag der badischen Revolutionäre allen klar, dass der deutschen Revolution ein innerer Kampf um die endgültige

Staatsform bevorstand. Kaum siegreich, bahnten sich für die Revolutionäre schwere Richtungskämpfe an, die sogar die innere Geschlossenheit der Linken zu sprengen drohten: Republik oder konstitutionelle Monarchie, das war hier die Frage. Und diese Frage glaubten Hecker und Struve im Alleingang entscheiden zu können.

Kurz nach dem Scheitern ihres parlamentarischen Vorstoßes versuchten sie Anfang April, auf dem Wege des gewaltsamen Umsturzes eine Republik zu errichten. Die von der provisorischen Zentralgewalt eilig herbeigerufenen Bundestruppen vereitelten allerdings das Vorhaben: Heckers Trupp wurde im Gefecht von Kandern in die Flucht geschlagen, die starke Freischar von Struve und Franz Sigel wurde bei Günterstal besiegt und nach Freiburg zurückgeworfen, das die Rebellen ebenfalls nach schweren Kämpfen aufgeben mussten. Ein drittes, von dem populären Freiheitsdichter Georg Herwegh angeführtes Korps, die Deutsche Demokratische Legion, erlitt aufgrund mangelnder Kampferfahrung und schlechter Vorbereitung im Gefecht von Dossenbach das gleiche Schicksal wie die Rebellenarmeen Heckers, Struves und Sigels. Die Aufständischen wurden nach kurzem Gefecht vernichtend geschlagen und zerstreuten sich in alle Winde. Herwegh selbst gelang auf abenteuerliche Art und Weise die Flucht, indem er sich unter einer Plane auf der Ladefläche eines Wagens versteckte, während seine Frau das Gefährt sicher über die Schweizer Grenze lenkte.

Die überstürzten Waffengänge der Radikalen hatten verheerende Folgen für die Moral der Revolutionäre und schadeten vor allem der gemäßigten Linken, die unter der Führung Robert Blums den Weg der Reform beschritt. Nicht nur, dass sie zu einem taktisch unklugen Zeitpunkt erfolgt waren, hatte der mangelnde Zulauf zu Heckers, Struves und Herweghs Scharen gezeigt, dass die Bauern- und Bürgerschaft längst noch nicht radikalisiert genug war, um die Republik zu wollen, die in ihren Augen weitgehend gleichbedeutend mit Anarchie war. Auch für die Truppen waren die Siege im Kampf gegen die Insurgenten lehrreich gewesen, und vor aller Augen hatte das Militär den Glauben an seine Stärke zurückgewonnen und sich in allen Gefechten gegen die losen und schlecht disziplinierten Haufen als deutlich überlegen erwiesen.

Das militärische Fiasko hatte gezeigt, dass die alten Mächte längst nicht so erschüttert waren, wie es die Frankfurter Abgeordneten wähnten, und dass durch Deutschland ein tiefer politischer Riss ging, was die Zielsetzung der Revolution anbetraf. Durch ihre einseitige Fixierung auf die nationale und die konstitutionelle Frage hatte die Mehrheit der Paulskirchenabgeordneten die soziale Frage völlig ausgeklammert, die Revolution hatte ihren anfänglichen Schwung verloren. Der Wunsch nach gesellschaftlichem Wandel sollte evolutionär, aus sich heraus, durch Reformen, per Dekret und Verfassung erzielt werden, nicht durch weitere gewaltsame Umstürze. Dies setzte allerdings voraus, dass die geschlagenen Kräfte von Adel und Monarchie eine solche Entwicklung zugelassen hätten – was nicht der Fall sein sollte.

Darin hatten Hecker, Struve und Herwegh recht: Das Schicksal der deutschen Revolution hing an einem seidenen Faden. Sie war nicht weit genug gegangen und ihre Ideen bisher kaum in das öffentliche Bewusstsein eingedrungen. Einzig die Republik bot die Aussicht, tiefgreifende Veränderungen in der Gesellschaft herbeizuführen und all die neuen Freiheitsrechte, wie Presse- und Versammlungsfreiheit, zu garantieren. Nach Überzeugung der Demokraten mussten die Revolutionäre stets darauf vorbereitet sein, den gesellschaftlichen Wandel mit der Waffe in der Hand zu verteidigen, wollten sie auf Dauer den Sieg über die geschlagenen alten Mächte davontragen. Diese radikale Ansicht stand jedoch Mitte des Jahres 1848 bei keiner der großen Parteien hoch im Kurs, selbst bei den Linken nicht.

»GEGEN DEMOKRATEN HELFEN NUR SOLDATEN«

Statt sich um die praktische Verfestigung ihrer politischen Macht zu kümmern, vergeudeten die Frankfurter Abgeordneten ihre kostbare Zeit und Energie mit endlosen Debatten über protokollarische Feinheiten und theoretische Verfassungsfragen. Wie es schien, waren die frischgebackenen Abgeordneten der Nationalversammlung peinlichst darauf bedacht, den Ludergeruch des Aufruhrs so schnell wie möglich loszuwerden und die revolutionären Geschehnisse schnellstmöglich vergessen zu lassen.

Dies stellte sich als schwerer politischer Fehler heraus, denn die Mächte der Reaktion waren zwar angeschlagen, aber keinesfalls besiegt. Während die Volksdeputierten voreilig das Fell des Bären verteilten, warteten die mächtigen Staaten des Deutschen Bundes, Österreich und Preußen, nur darauf, es der Frankfurter »Schwatzbude« heimzuzahlen. Die Gelegenheit dazu bot schon bald die schleswig-holsteinische Frage: Deutsche Nationalliberale hatten dort eine provisorische Regierung gebildet und verfolgten das Ziel, Schleswig in den Deutschen Bund einzugliedern, zu dem Holstein bereits gehörte, während Dänemark das Herzogtum enger an sich binden wollte. Preußen hatte daraufhin im Rahmen der Bundeshilfe mit Truppen zugunsten der schleswig-holsteinischen provisorischen Regierung erfolgreich in die Kämpfe eingegriffen und die dänische Armee über die Landesgrenzen Schleswigs zurückgeschlagen. Doch dieses Vordringen verstörte die europäischen Großmächte, weil die militärische Intervention des deutschen Bundesheeres das Gleichgewicht der Mächte im Norden Europas gefährdete. Aufgrund des von Großbritannien, Russland und Frankreich ausgeübten Drucks schloss Preußen einen vorzeitigen Waffenstillstand mit Dänemark, ohne vorher die Frankfurter Nationalversammlung darüber zu informieren. Damit brüskierte der preußische König das Paulskirchenparlament, welches – vor vollendete Tatsachen gestellt – den zunächst abgelehnten Waffenstillstand dann doch akzeptierte, was keineswegs der Stimmung im Volk entsprach. Der Waffenstillstand von Malmö wurde zum Schandfleck der Revolution und offenbarte die Schwäche der Nationalversammlung, die den aufständischen Schleswig-Holsteinern ohne militärische Rückendeckung Preußens keine wirkungsvolle Hilfe im Krieg gegen Dänemark leisten konnte.

Im September 1848 kam es in Frankfurt zum Aufstand der Radikalen gegen die Beschlüsse des Parlaments, der nur noch mithilfe von Militär blutig niedergeschlagen werden konnte und allein aufseiten der Aufständischen 80 Menschenleben kostete. Die Situation hatte sich ins Gegenteil verkehrt, und in ihrer Sehnsucht nach Ruhe und Ordnung hatte die liberale Mehrheit der Nationalversammlung diejenigen Kräfte niederknüppeln lassen, die sie einst an die Macht gebracht hatten: die Handwerker und Arbeiter der Vorstädte, an denen die Errungenschaften der neuen angeblichen Demokratie spurlos vorbeigegangen waren und deren Lage sich nicht verbessert hatte.

Als Robert Blum kurz darauf als Abgeordneter der Frankfurter Nationalversammlung an der Oktoberrevolution in Wien teilnahm und trotz seiner politischen Immunität durch die Truppen der Reaktion hingerichtet wurde, ging ein Aufschrei durch Deutschland. Blums Tod zeigte, dass die alten Mächte die Autorität des Paulskirchenparlaments und seiner Vertreter missachteten und zu jeglichem Affront bereit waren. Die um Robert Blum Trauernden schienen sich dessen bewusst zu sein, denn sie stilisierten den Gemeuchelten zum Märtyrer der Revolution und etablierten einen Opferkult, der auf künftige bewaffnete Konflikte einstimmte. Der demokratische Abgeordnete Wilhelm Schaffrath sprach anlässlich der für Robert Blum abgehaltenen Totenfeier der Vaterlandsvereine in Leipzig aus, was radikale Demokraten in diesen Tagen dachten:

Wir müssen samt und sonders Blums werden,
dann wird kein Blum mehr gemordet. [...]
Jeder möge sich in der Stille geloben, wir wollen Blume werden.

Der Redner konnte zu diesem Zeitpunkt nicht wissen, dass durch die weitere Entwicklung 1849 einige Hundert Menschen in Deutschland das Schicksal Robert Blums teilen sollten. Noch im November ließ Friedrich Wilhelm IV. von Preußen die Berliner Bürgerwehr entwaffnen und das preußische Parlament durch seine Truppen auflösen. Dann zwang er einem von ihm ernannten Parlament eine Verfassung auf, die nur noch wenige der Reformen des Märzministeriums enthielt. Dem liberalen Abgeordneten Johann Jacoby entging nicht die Bedrohung, die für die deutsche Demokratie aus diesem Akt erwuchs:

Wenn man die Soldatenmacht sieht, den großartigen Polizeiapparat, [...] wenn man die Fesselung der Presse, die Unterdrückung politischer Vereine, die Ausweisung und Verfolgung missliebiger Personen erwägt, – fast sollte man sich in den alten Willkürstaat zurückversetzt glauben.

Mit dem Staatsstreich im November 1848 hatte der Preußenkönig den ersten großen Sieg der Konterrevolution in Deutschland errungen. Es war nur eine Frage der Zeit, bis er einen Vorwand finden würde, sein mit Pickelhauben und Zündnadelgewehren ausgerüstetes Heer gegen die Frankfurter Nationalversammlung in Marsch zu setzen.

Die Stimmung am preußischen Hof war kriegerisch. Eine aus dem November stammende Broschüre des erzreaktionären Generals Gustav von Griesheim enthielt sein provokatives Gedicht, das sich den Demokraten zur Melodie des Preußenlieds wie ein Tinnitus ins Ohr bohrte:

Also hausen durch das Land
die unsauberen Geister,
bis das Kreuz mit fester Hand
Drüber schlägt der Meister;
bei dem ersten Trommelklang
Fahren sie davon mit Stank!
Gegen Demokraten
Helfen nur – Soldaten!

Aber so einfach, wie der poetisch nicht sonderlich begabte Verfasser dieser Zeilen es sich vorstellte, sollte es für das preußische Heer auf bundespolitischer Ebene nicht werden. Um sich in die inneren Belange der restlichen deutschen Staaten einmischen zu können und die Demokratie in Deutschland flächendeckend niederzuringen, war der preußische König gezwungen, einen geeigneten Vorwand zu finden. Schon allein um Österreich nicht zu verstimmen, musste der Eindruck vermieden werden, dass Preußen einen Hegemonialkrieg zur Ausweitung seiner politischen Macht führte. Friedrich Wilhelm IV. brauchte also eine geeignete Gelegenheit, wenn er die demokratischen Kräfte Deutschlands ein für alle Mal ausschalten wollte. Das folgende Jahr sollte ihm genau diesen Anlass liefern, und zwar in der Zurückweisung der Reichsverfassung, die zur fixen Idee der Nationalversammlung geworden war und die den seiner Macht bewussten Preußenherrscher in das enge Korsett einer konstitutionellen Monarchie zwängen wollte.

Nach dem Verwerfen der großdeutschen Lösung – einer konstitutionellen Monarchie unter Führung des österreichischen Kaisers Ferdinand I. – hatte sich die kleindeutsche Fraktion, die ein geeintes Deutschland unter Führung Preußens propagierte, um den Parlamentspräsidenten Heinrich von Gagern durchgesetzt und Friedrich Wilhelm für den Fall, dass er die Reichsverfassung annähme, die Kaiserkrone angeboten. Doch der preußische Souverän stellte Bedingungen und machte seine Zusage von der Zustimmung der übrigen deutschen Staaten abhängig. Als aber 28 Regierungen des Deutschen Bundes die Reichsverfassung anerkannten, setzte er sich über ihre Entscheidung hinweg und lehnte nicht nur die dargebotene Kaiserkrone, sondern auch die Reichsverfassung endgültig ab. Damit wurde offensichtlich, dass die konstitutionell-liberale Anbiederungspolitik Heinrich von Gagerns gescheitert war. Statt dem Preußenkönig den politischen Willen des Volkes zu diktieren, hatte er sich immer mehr von der königlichen Gnade abhängig gemacht.

Wie diese Vorkommnisse zeigten, war Friedrich Wilhelm mehr denn je dazu entschlossen, das Rad der Zeit zurückzudrehen und die Nationalversammlung aufzulösen – obwohl es dessen gar nicht mehr bedurfte. Ohne dass ein Schuss gefallen war, verließen erst die konservativen, dann die liberalen Abgeordneten kampflos den jungen Tempel deutscher Demokratie und machten durch ihren Rückzug ausgerechnet diejenige Fraktion zur Mehrheit, die sie Tage zuvor noch am erbittertsten bekämpft hatten: die Linke. Jetzt schlug die Stunde der radikalen Demokraten, die als einzige politische Partei sofort mithilfe des sozialrevolutionären Zentralmärzvereins in mehreren Aufrufen an das Volk appellierten, zu den Waffen zu greifen und die Reichsverfassung zu verteidigen. Ein letztes Mal formierten sich die Kräfte der Revolution. Fast schien es so, wie der Freiheitsdichter Ferdinand von Freiligrath schon Ende 1848 in seinem berühmten Gedicht »Die Todten an die Lebenden« vorausgesagt hatte:

Zu viel schon hattet ihr erreicht, zu viel ward euch genommen!
Zu viel des Hohns, zu viel der Schmach wird täglich euch geboten:
Euch muß der Grimm geblieben sein – oh, glaubt es uns,
*   den Todten!*
Er blieb euch! ja, und er erwacht! Er wird und muß erwachen!
Die halbe Revolution zur ganzen wird er machen!
Er wartet nur des Augenblicks: dann springt er auf allmächtig;

Gehobnen Arms, weh'nden Haars dasteht er wild und prächtig,
Die rost'ge Büchse legt er an, mit Fensterblei geladen:
Die rothe Fahne läßt er wehn hoch auf den Barrikaden!

So heldenhaft, wie der Dichter es sich vor Augen führte, war
der Widerstand gegen die Politik der konterrevolutionären
Mächte nicht. Abgesehen von unzähligen Lippenbekenntnissen
und Sympathiekundgebungen fanden sich deutschlandweit nur
wenige Liberale und Demokraten bereit, außerhalb üblicher
Protestnoten für die Reichsverfassung einzutreten. Von den
28 Staaten, die sie angenommen hatten, ruderten die meisten
nach der preußischen Ablehnung zurück. Der von Freiligrath
beschworene kämpferische Geist der Märzgefallenen wich aus
den Gliedern einst vollmundiger Vertreter der deutschen Nationalversammlung. Vielerorts bangte dem Klein- und Groß-
bürgertum vor der Republik – und der damit in Verbindung
gebrachten Umverteilung der Macht- und Besitzverhältnisse.
Wie sich schon in der Frankfurter Paulskirche gezeigt hatte,
war der Gegensatz zwischen Liberalen und republikanischen
Demokraten größer als der zwischen Monarchisten und Liberalen. Einzig die radikalen Demokraten ließen sich in ihrer
Überzeugung, dass ein bewaffneter Kampf für die Reichsverfassung notwendig sei, nicht beirren.

Die rote Fahne wehte – jedoch nicht in den bekannten Un-
ruheherden der Achtundvierziger-Revolution wie Frankfurt
und Berlin, sondern zuerst in Dresden, dem bald Elberfeld,
Iserlohn, die Pfalz und das Großherzogtum Baden folgten,
wo die Erhebung vor erst einem Jahr ihren Anfang genommen hatte. Den Beginn machte die sächsische Hauptstadt, wo
sich infolge der Ablehnung der Reichsverfassung durch König
Friedrich August II. eine Volksbewegung bildete, die wider
Willen zum Aufstand wurde.

Mit dem Dresdner Maiaufstand begann ein deutscher Bürgerkrieg, der später als Teil der Reichsverfassungskampagne
in die Geschichte eingehen sollte. Es war ein seltsamer Kampf,

und zwar deswegen, weil die eigentlich revolutionäre Partei ihrem Rechtsempfinden nach für die Erhaltung der 1848 errungenen Volksherrschaft stritt und im Sinne der Reichsverfassung in den Königen von Sachsen und Preußen Hochverräter sah.

ESKALATION IN DRESDEN

Der Kampf um die Reichsverfassung begann in der demokratischen Hochburg Dresden. Hier hatte das Bündnis von Demokraten und Republikanern bei den Parlamentswahlen im Januar 1849 13 640 Stimmen erhalten und damit die Liberalen klar geschlagen, die nur 6060 Stimmen gewinnen konnten; Konservative waren in Sachsens zweiter Kammer nicht vertreten. Der überwältigende Sieg der Linken hatte für große Aufbruchstimmung gesorgt. Dies änderte sich schlagartig, als Friedrich Wilhelm IV. am 3. April 1849 die Annahme der Reichsverfassung verweigerte. Aber noch gaben sich Sachsens Parlamentsabgeordnete nicht geschlagen. Sie konterten damit, dass sie Mitte April die Reichsverfassung anerkannten und die Bevölkerung über Mittelsmänner demokratischer Vaterlandsvereine zum Steuerboykott gegen die Regierung aufriefen.

Aber Friedrich August II. war zu allem entschlossen und ließ die rebellischen Volkskammern einfach durch seine Soldaten auflösen, was einen glatten Verfassungsbruch darstellte. Mit diesem Affront hatte der Sachsenkönig der Parlamentsmehrheit unmissverständlich klargemacht, dass er nicht daran dachte, sich der demokratischen Mehrheit zu beugen, und vor einem Bürgerkrieg nicht zurückschreckte. Diese schroffe Haltung führte zum Rücktritt des bisher amtierenden Minsterpräsidenten Held und weiterer Minister, die für die Annahme der Reichsverfassung plädiert hatten. Held wurde abgelöst von Ferdinand Zschinsky, Außenminister Beust gehörte nach wie vor dem Kabinett an, weiterhin federführend waren Kriegsminister Rabenhorst und Innenminister von Friesen.

Die unbeugsame Verweigerung der Reichsverfassung durch den König musste auf den ersten Blick verwundern, war doch militärisch gesehen die Lage der Regierung eher prekär: In und um Dresden lagen gerade einmal 2000 Mann königstreue Truppen, der Rest der sächsischen Armee kämpfte zu der Zeit aufseiten der aufständischen Schleswig-Holsteiner gegen die Dänen.

Was wie ein Hasardeurstück aussah, entpuppte sich bei näherer Betrachtung als abgekartetes Spiel. Wie aus einer Zirkularnote des 28. April 1849 hervorgeht, hatte Friedrich August sein Vorgehen eng mit Preußen abgestimmt und vorsichtshalber preußische Militärhilfe für den Fall einer Revolution angefordert.

Trotz wachsender Unruhe auf den Straßen Dresdens war bis jetzt noch kein Schuss gefallen. Vergeblich bemühten sich noch am 1. und am 2. Mai verschiedene Abordnungen darum, Friedrich August zur Annahme der Reichsverfassung zu bewegen. Alles Flehen der Bevölkerung, alle Bittgesuche der Opposition prallten am Nein des Königs ab, der in seiner ablehnenden Haltung durch Außenminister Beust und Kriegsminister Rabenhorst bestätigt wurde. Beide wünschten den Ausbruch der Feindseligkeiten herbei, bevor Demokraten und Republikaner sich in der Regierung festsetzen konnten. Um für alle Fälle gewappnet zu sein, ließ die Regierung das Schloss, den Schlossplatz, die Elbbrücke und die Brühlsche Terrasse besetzen.

Die ablehnende Haltung von Kabinett und König zwang die Verfechter der Reichsverfassung dazu, den Kampf zu einem für sie ungünstigen Zeitpunkt aufzunehmen.

DAS ZEUGHAUSMASSAKER

Am 3. Mai 1849 entsprach das Wetter der knisternden Spannung, welche Besitz von den Bewohnern der Elbmetropole ergriffen hatte. Eine gewittrige Schwüle legte sich drückend auf die Straßen Dresdens und tauchte den Himmel in ein gelbes Licht, wie man es selten zuvor gesehen hatte. Jetzt bedurfte es nur noch eines Funkens, damit sich die politische Gereiztheit in einem Aufstand entladen konnte. Der Funke zündete, als bekannt wurde, dass Beust tatsächlich preußische Truppen zu Hilfe gerufen hatte.

Erregt strömten die Dresdner auf die Straße. Was der König und seine Regierung getan hatten, wurde als Verrat an der Heimat empfunden, und statt den Versuch zu unternehmen, die ohnehin angespannte Situation zu beruhigen, verschärfte die Regierung die Lage zusätzlich, als sie einen Teil der Kommunalgarde durch das Militär entwaffnen ließ. Ein Augenzeuge berichtet:

Während die von Demokraten gebildete Stadtverordnung sofort einen Verteidigungsausschuss gegen fremde Truppen einsetzte, sammelten sich vor dem Zeughaus indessen eine Volksmenge und einige Kommandos der Kommunalgarde. Da geschah das Unvermeidliche. Gerade als das Gedränge in der Schlossstraße vor dem Zeughaus am dichtesten war, eröffnete eine Infanterie-Abteilung aus dem Hof des Zeughauses überraschend das Feuer auf die Wehrlosen und tötete vier Demonstranten, während der Rest der Menge auseinanderlief oder Deckung vor den Schüssen suchte.

Noch war das Ausmaß der Katastrophe nicht jedem klar, als ein unmenschlicher Schmerzensschrei über den Platz vorm Zeughaus schallte, wie der Kommunist Stephan Born schildert.

Es wurde eine Leiche nach dem alten Markt gebracht. Es findet sich in solchen Momenten stets ein leerer Wagen, der dazu den Dienst leisten muss; es finden sich immer Menschen, die den Wagen mit seiner blutigen Last durch die erschreckten Straßen ziehen. Wir hörten Rachegeschrei. Eine Frau im Hause des zurückgetretenen Oberkommandanten, es war die berühmte Opernsängerin Schröder-Devrient, reißt das Fenster auf und schreit in unartikulierten Tönen zu uns hernieder, dass uns graust. Wir können keine Silbe verstehen, ihre heftigen Gebärden aber sagen allen nur zu klar, dass sie zum Kampf aufruft. Alles schreit nach Waffen und eilt hier- und dorthin, um sich in den Kampf zu werfen.

Für die meisten der Kampfbereiten waren keine Waffen zur Hand, denn diese befanden sich im städtischen Militärarsenal, dem Zeughaus. Doch dies störte die vor Wut ohnmächtige und zur Rache entschlossene Menge wenig. Statt zu flüchten, deckte sie die Soldaten wütend mit einem Steinhagel ein. Diese zogen sich in den Hof des Zeughauses zurück und verschlossen das Tor, das sofort einige Demonstranten mit einem als Rammbock benutzten Wagen aufbrechen wollten.

Endlich stießen bewaffnete Trupps der Kommunalgarde und des Turnerkorps zu den Demonstranten. Da geschah das Unerwartete. Gerade als die Zeughausstürmer das Tor schon fast erbrochen hatten, schwangen die Flügel auf, und eine Salve von Kartätschenschüssen entlud sich in die anstürmenden, dicht gedrängten Massen, die weitere zwanzig Todesopfer und viele Verletzte forderte. Die Kommunalgarde lief hastig auseinander, einzig die Turner leisteten nennenswerte Gegenwehr und erschossen sofort einen Offizier und zwei Kanoniere, sodass sich das Militär überstürzt in das Innere des Zeughauses zurückzog.

»Zu den Barrikaden! Zu den Barrikaden!«, rief die aufgebrachte Volksmenge und begann damit, im Stadtzentrum das Straßenpflaster aufzureißen, um Barrikaden zu bauen.

Der Dresdner Maiaufstand hatte begonnen.

Während die Menge fieberhaft Barrikaden errichtete, bildeten die Stadtverordneten einen Ausschuss, der provisorisch die Kommandogewalt über diese Schutzwälle übernahm. Weiterhin entsandten sie Vertreter zum Schloss, um ein letztes Mal an den König zu appellieren, die Reichsverfassung anzuerkennen und damit weiteres Blutvergießen zu vermeiden. Doch alle Mühe war vergebens, wieder blieb der Souverän hart. Längst schon stand für Friedrich August fest, dass er mithilfe seiner und der angeforderten preußischen Truppen ein für alle Mal mit der Revolution in Sachsen aufräumen würde. Die Überbringer des Friedensappells verließen bestürzt das Schloss, ihr Bericht sorgte bei den Mitgliedern des Sicherheitsausschusses für Ratlosigkeit.

Am Abend glich die Dresdner Innenstadt einer Festung. Aus Marktbuden, Fässern, Pflastersteinen, Möbeln, Wagen und aufgeschüttetem Erdreich waren Barrikaden errichtet worden, über denen schwarz-rot-goldene oder rote Fahnen wehten, je nachdem, ob sich ihre Verteidiger stärker zur Idee der Reichsverfassung oder der Republik hingezogen fühlten. An fast allen Barrikaden hing, um den Kampfgeist zu stärken, das blumenumkränzte Bild Robert Blums. Im dritten Stock des Rathauses waren 40 bis 50 Mann die ganze Nacht hindurch mit dem Gießen von Gewehrkugeln beschäftigt; sie sollten diese Tätigkeit während der Kämpfe rund um die Uhr ausüben.

In der schicksalsschweren Nacht vom 3. auf den 4. Mai flohen um vier Uhr morgens der König, die Königin, das Gefolge und die Minister von Beust, Rabenhorst und Zschinsky mit dem Dampfschiff nach der Festung Königstein. Die Nachricht von der Flucht der Herrscherfamilie und der Regierung verbreitete sich am nächsten Morgen in der Stadt mit Windeseile und stärkte den Mut der Revolutionäre. Kurz darauf kam es zu ersten Schusswechseln der Volkskämpfer mit den königlichen Truppen. Sie wurden jedoch nach kurzem Feuergefecht eingestellt, um mit dem Militär einen 24-stündigen Waffenstillstand zu schließen.

Dieser Waffenstillstand, der nicht auf uneingeschränkte Zustimmung stieß, brachte beiden Seiten Vorteile: Die Aufständischen erhielten durch ihn überhaupt erst Gelegenheit, sich notdürftig zu organisieren, und die königlich-sächsischen Truppen nutzten die Zeit, ihre Stellungen auf Verteidigung einzurichten, bis preußische Truppen ihnen zu Hilfe eilen konnten. Fieberhaft wurde von beiden Seiten die Waffenruhe dazu benutzt, sich für die zu erwartende Entscheidungsschlacht um Dresden zu rüsten und gleichzeitig politisch aktiv zu werden. Waffen wurden ausgegeben, Barrikadenkämpfer besetzten die Pulvermühle.

Zu diesem Zeitpunkt trafen gute Nachrichten aus Württemberg ein, die die Aufständischen in ihrem Kampf gegen die Regierungsgewalt bestärkten. Dort hatten sich die Truppen auf die Seite des Volkes gestellt und dadurch den württembergischen König zur Anerkennung der Reichsverfassung gezwungen. Ermutigt durch diesen Erfolg, versuchten die sächsischen Politiker, das Militär zu einer ähnlichen Haltung zu bewegen.

Einer, der ebenfalls diese Auffassung vertrat, war Richard Wagner. Der Komponist und Kapellmeister hegte die feste Überzeugung, dass nur ein Bündnis aus Revolutionären und sächsischen Soldaten die Preußen vertreiben und den König zur Annahme der Reichsverfassung zwingen konnte. Um diese Vision Wirklichkeit werden zu lassen, bestellte er bei dem Drucker Römpler, der auch die von Wagners Mitstreiter August Röckel herausgegebenen *Volksblätter* betreute, Plakatstreifen von einem halben Meter Länge, auf denen in großer Schrift nichts weiter stehen sollte als: »Seid ihr mit uns gegen fremde Truppen?« Römpler machte sich sofort an die Arbeit, druckte die Streifen und brachte sie zum Rathaus, von wo sie an die verschiedenen Barrikaden der Stadt gebracht wurden. Dort allerdings erfasste man nicht ganz den Sinn des Appells und verwendete nach Römplers Bekunden die Streifen falsch.

Ungefähr eine Stunde darauf kam ich wieder nach dem Rathause, sah aber auf dem Wege dahin die Streifen überall an den Straßenecken und den inneren Barrikaden angeklebt. Auf dem Marktplatze traf ich Wagner wieder und fragte ihn, ob er gesehen habe, auf welche Weise die Streifen benutzt worden wären. Da er dies verneinte, ersuchte ich ihn mit mir zu kommen, um sich zu überzeugen. Da brach er in Erstaunen aus und rief: »Mein Gott, wer hat wohl diese Dummheit gemacht?« Wir gingen nun zusammen nach der Ostra-Allee, wo das Geschäftslokal war; er wartete, bis noch zweihundert Streifen gedruckt waren, nahm dieselben unter den Arm und verließ die Druckerei. Ich folgte ihm, um zu sehen, was er denn eigentlich zu tun gedächte, sah ihn dann über die Barrikade am alten Opernhaus gehen und sich direkt an das Militär wenden, welches auf dem Schlossplatze und auf der Elbbrücke aufgestellt war. Hier verteilte er eigenhändig die bewussten Streifen unter die Soldaten. Hierauf wendete er sich der Brühl'schen Terrasse zu, wo ich ihn aus den Augen verlor; nachträglich hörte ich aber, dass er dort dasselbe getan. Dass er bei diesem Beginnen nicht sofort festgenommen, ja vielleicht sogar erschossen wurde, ist ein wahres Wunder.

TZSCHIRNER, TODT UND HEUBNER – TRIUMVIRAT WIDER WILLEN

Die Flucht der Regierung stellte die Abgeordneten der Volkskammern und die Stadtverordneten vor große Probleme: Eine Regierung musste her, und zwar schnell. Nach einer Sondersitzung des dafür bestimmten parlamentarischen Regierungsausschusses regte der Führer der extremen Linken, Samuel Erdmann, Tzschirner an, eine provisorische Regierung zu bilden. Da nicht viel Zeit für ausgefeilte Wahlgänge war, entschied der 15-köpfige Ausschuss, aus den eigenen Reihen drei Männer zu ernennen, deren Wahl nicht durch Stimmzettel, sondern durch Zuruf entschieden werden sollte.

Aber die Wahl gestaltete sich nicht so einfach wie geplant.

Zwei der ursprünglich angedachten Kandidaten lehnten die Wahl ab, ein dritter, der königliche Regierungskommissar Todt, bat, von seiner Person abzusehen, und akzeptierte erst nach einigem Zureden sein neues Amt. Um nicht mehr Zeit zu verlieren, ernannte der Regierungsausschuss zwei weitere Männer, welche für die Parteien standen, die sich am entschiedensten für die Annahme der Reichsverfassung erklärt hatten: den Kreisamtmann und Richter Otto Leonhard Heubner aus Freiberg und den bereits erwähnten Radikaldemokraten Tzschirner, einen Advokaten aus Bautzen. Beide Politiker nahmen die Wahl an, Tzschirner, weil er die rote Republik wollte sowie über die Maßen machtbesessen und eitel war, Heubner aus Opfermut und demokratischer Überzeugung. Der Freiberger Amtmann betrachtete den Aufstand als Akt der Volksnotwehr. In seiner späteren Selbstverteidigung machte Heubner seine Überzeugung klar, dass dieselben Maßnahmen auch bei Anwesenheit des Königs und seiner Minister ergriffen worden wären, was nur Auswirkungen auf den Titel der provisorischen Regierung gehabt hätte.

Nur würde man alsdann die durch die Wahl an der Spitze gestellten Männer nicht »provisorische Regierung«, sondern vielleicht »Direktion des Aufstands«, was eigentlich der bezeichnendste Name für unseren Wirkungskreis gewesen wäre, genannt haben.

Von all diesen Erwägungen ahnten die aufständischen, sich zur Reichsverfassung bekennenden Dresdner nichts, als die Gewählten unter Jubel und Glockengeläut den Balkon des Rathauses betraten und als neue, demokratisch gewählte Regierung präsentiert wurden. Die vor dem Rathaus versammelte Menschenmenge begrüßte das Revolutionstriumvirat enthusiastisch, und nachdem die provisorische Regierung den Eid auf die deutsche Verfassung geleistet hatte, stellte sie in einem Aufruf Sachsen unter den Schutz jener Regierungen, welche die Reichsverfassung anerkannt hatten.

Doch nicht für alle Beteiligten war der Kampf für die Reichsverfassung das entscheidende Motiv, sich dem konservativen sächsischen König und seinen zu erwartenden preußischen Hilfstruppen zu widersetzen. Insbesondere die radikale Linke unter Tzschirner und die Kommunisten kämpften für andere politische Ziele als die bloße Annahme der Reichsverfassung, wie der Kommunist Stephan Born ausführt:

Solange es sich nur um die Reichsverfassung handelte, erwarteten wir vom deutschen Volke keine Erhebung, denn es gibt nichts Widersinnigeres, als durch eine Revolution einen König zwingen zu wollen, dass er eine Krone annehme. [...] Jetzt ist die Frage eine andere: Steht es den Fürsten zu, mit den Vertretern des Volkes zu spielen und sie auseinander zu jagen, wenn es ihnen so beliebt? Es bleibt der Reaktion nichts mehr übrig, als sich nach einem Sibirien für Volksführer umzusehen oder sie samt und sonders zu Pulver und Blei zu begnadigen. Angekündigt ist uns die Herrschaft der Knute schon, worauf warten wir noch?

Die demokratischen Kräfte, welche den Kampf aufnahmen, umfassten die ganze Spannbreite der sächsischen Gesellschaft. Da der Aufstand die meisten überrascht hatte, trafen sich zur Verteidigung der Barrikaden spontan in die Kämpfe verwickelte Bürger genauso wie politisch aktive Studenten, Kommunalgardisten und Turner, außerdem Arbeiter, Tagelöhner, sächsische Bergleute und Bauern aus der Umgegend. Vor allem den Turnern kam in den Kämpfen auf republikanischer Seite eine besondere Rolle zu.

Fern davon, nur Stätten des Kraftsports und Körperkults zu sein, waren die Turnvereine vor allen Dingen politische Vereinigungen, die mit Leib und Seele für ein demokratisches Deutschland kämpften. Schon früh waren die durch die Frankfurter Bundesbeschlüsse 1832 und 1834 verbotenen Kräfte der demokratischen Opposition und deutschen Einheitsbewegung in das Vereinswesen ausgewichen. Auf diese Weise wurden die

Vereine politisiert und von den Kräften der Opposition infiltriert.

Das Besondere an der Turnerbewegung war, dass ihre besonders straffe Organisation und große, flächendeckende Verbreitung für die Ausbreitung demokratischer Ideen geradezu geschaffen schien. Neben diesem agitatorischen Aspekt kam hinzu, dass die Turner bereit waren, mit der Waffe in der Hand für die von ihnen radikal verfochtenen Ideen von Einheit und Demokratie einzutreten. Bei Ausbruch der Revolution bildeten sich überall in deutschen Städten bewaffnete Turnerscharen, die sich mit Mut, Ritterlichkeit und Disziplin für die deutsche Freiheit schlugen. Die erste vernichtende Niederlage einer solchen Freischar erlitt das Kieler Turnerkorps, als es zusammen mit Kieler Studenten und anderen Truppen der aufständischen Schleswig-Holsteiner im Gefecht von Bau am 9. April 1848 vernichtend von den Dänen geschlagen wurde.

Doch diese Niederlage an der dänischen Grenze tat dem Ruhm der Turner keinen Abbruch. Gut ausgerüstet und entschlossen, die Märzerrungenschaften bis zur letzten Patrone zu verteidigen, wurden sie zu »Sturmvögeln der Revolution«, wie sie einst der Historiker Flathe bezeichnete, wobei sie nach den Märzkämpfen 1848 oft ihre Unabhängigkeit verloren und in Bürgerwehren oder Kommunalgarden aufgingen. In Dresden waren die Turner teils in der Kommunalgarde eingegliedert, teils in einem selbstständigen Korps von 200 Mann organisiert.

Mit Waffen gut ausgerüstet, wurden die Turner zusammen mit den Arbeitern und den aus dem Erzgebirge kommenden Bergknappen während des Maiaufstands zu den gefährlichsten Gegnern der königlich-sächsischen und preußischen Truppen. Angesichts ihrer politischen Bedeutung war es selbstverständlich, dass der Freiberger Amtmann Otto Leonhard Heubner als gemäßigter Linker in die provisorische Regierung gewählt wurde, denn Heubner war der Vorsitzende des voigtländischen Turnverbands und kraft seiner natürlichen Autorität und seines gesellschaftlichen Ansehens der richtige Mann, den Aufstand anzuführen. Er sollte als einziges Regierungsmitglied bis zum bitteren Ende kämpfen und schwer für sein Engagement bezahlen, wovon später noch die Rede sein wird. Es war einer der tragischen Aspekte des Aufstands, dass ein integrer und aufrechter Demokrat wie Otto Heubner in der provisorischen Regierung keine kongenialeren Mitstreiter hatte als Todt und Tzschirner.

Vorerst hegte die provisorische Regierung allerdings noch die Hoffnung, die Kampfkraft der Turner nicht in Anspruch nehmen zu müssen und die sächsische Armee für sich zu gewinnen. Mit der Parole »Jetzt oder nie. Freiheit oder Sklaverei! Wählt!« versuchten Tzschirner, Todt und Heubner, die Soldaten daran zu erinnern, dass es keine andere Pflicht mehr gebe, als »für die bestehende Regierung, für die Einheit und Freiheit des deutschen Vaterlandes« einzutreten. Doch nach anfänglichen Erfolgen wie der teilweisen Besetzung des Zeughauses und der Verbrüderung von Kommunalgardisten und sächsischen Soldaten scheiterten die Verhandlungen mit den Truppen. Dies brachte für die Revolutionäre weitreichende Konsequenzen mit sich. Da es ihnen nicht gelungen war, sich der im Zeughaus gelagerten Kanonen zu bemächtigen, verfügten sie über keine Artillerie – was sich als entscheidender Nachteil für den zu erwartenden Kampf erweisen sollte.

Auch auf höherer Ebene war der provisorischen Regierung kein Erfolg beschieden. Verhandlungen mit den am Abend in die Neustadt zurückgekehrten Ministern Beust und Rabenhorst blieben ohne Ergebnis. Diese stellten ein unannehmbares Ultimatum, das die völlige Unterwerfung und ein Schuldbekenntnis der Aufständischen verlangte. Diese Bedingungen waren für die provisorische Regierung inakzeptabel. Der Waffenstillstand lief ab, und damit schwand jegliche Hoffnung, den Bürgerkrieg zu vermeiden.

Um den Kampf gegen den inneren und äußeren Feind zu gewinnen, versuchte die Aufstandsleitung noch während der

Verhandlungen, Ordnung in das Chaos der Erhebung zu bringen, was alles andere als einfach war. Zwar gelang es, mithilfe des berühmten Dresdner Baumeisters Gottfried Semper den Barrikadenbau derartig zu professionalisieren, dass aus provisorischen Bollwerken kleine Festungen wurden, doch die Bewaffnung der Barrikadenkämpfer bestand nur aus Handfeuerwaffen, für die anfangs weder Pulver noch Munition in ausreichendem Maß vorhanden war. Zum Glück für die Rebellen bestanden die Einfassungen damaliger Fensterscheiben aus Blei, das herausgerissen und in Schmelztiegeln zu Kugeln umgegossen werden konnte. Auf diese Weise gelang es, vorerst die königlichen Truppen in Schach zu halten. Ein großer Nachteil konnte hingegen im Verlauf der Kämpfe nicht mehr ausgeglichen werden: der schon erwähnte Mangel an jeglichem Geschütz. Allein die sächsischen Truppen besaßen 13 Kanonen, die durch Kartätschenfeuer und direkten Beschuss mit Vollkugeln für schwere Verluste sorgten.

Angesichts dieser ausrüstungstechnischen und taktischen Defizite blieb der provisorischen Regierung nichts anderes übrig, als an die reichsverfassungstreuen Städte und Gemeinden Sachsens zu appellieren, ihnen zu Hilfe zu kommen.

Der Appell hatte Erfolg: Freiberg, Meißen, Chemnitz, Waldenburg, Plauen, Annaberg und ein Dutzend weiterer Ortschaften sicherten den Aufständischen sofort die Entsendung von Freischaren zu. Der Ort Glauchau versprach die Unterstützung von 300 bis 400 Mann, aus Chemnitz machten sich nach Eingang der Proklamation allein 2000 Bewaffnete auf den Weg, darunter 800 Turner. Entsatztruppen waren im Anzug, die Frage war nur, ob sie rechtzeitig in Dresden eintreffen würden. Zudem blieb trotz dieses politischen Erfolgs die zentrale Frage der militärischen Leitung des Aufstands zu klären.

Am 4. Mai war es vor allem Tzschirner, der sich um die militärischen Aspekte kümmerte und mehrere Aufrufe an die königlich-sächsischen Soldaten erließ, sich mit den Revolutionären zu verbrüdern. An die aufständische Bevölkerung ging der Appell, Mobilkolonnen zu bilden, während er alle Kommunalgardisten Dresdens aufforderte, zu den Sammelplätzen zu kommen.

Tzschirner war auch der Erste, der den Barrikadenbau nach strategischen Gesichtspunkten zu koordinieren versuchte. Er befahl seinem Lohnschreiber, einen Kontrollgang durch die Dresdner Altstadt zu machen, um zu sehen, welche Barrikaden schon errichtet worden waren. Darüber hinaus ernannte er Oberstleutnant Alexander Heinze, einen Veteranen des griechischen Freiheitskampfes, zum Kommandanten der Kommunalgarde, wobei er sich wohl durch das schneidige Äußere des Offiziers blenden ließ – Heinze hatte nämlich die exzentrische Neigung, in seiner griechischen Uniform aufzutreten. Doch der Aufzug täuschte, denn in keinster Weise stand der exotische Aufzug des Oberstleutnants in irgendeinem Zusammenhang mit seiner militärischen Begabung, wie die provisorische Regierung bald feststellen musste. Doch vorerst führte Heinze die Anordnungen Tzschirners gewissenhaft aus, der mit fieberhafter Eile das Herbeischaffen von Gewehren und Munition besorgte und verdächtige Sympathisanten des Königs verhaften sowie neue Barrikaden errichten ließ.

Emsig versuchte Tzschirner auch, den Aufbau eines Munitionsdepots in die Wege zu leiten und für neuen Zuzug von Hilfstruppen zu sorgen. Trotz dieser energischen Maßnahmen zeigte sich schnell, dass der neue starke Mann der provisorischen Regierung weder über genügend strategische Kenntnisse verfügte, noch eine Führungspersönlichkeit war, welche die nötige Kaltblütigkeit und Rücksichtslosigkeit besaß, mit der so viele erfolgreiche Revolutionsführer noch im schwersten Granatenhagel ihre Kämpfer mitreißen konnten. Ein solcher Haudegen der Revolution war jedoch in greifbarer Nähe und befand sich ausgerechnet zum Zeitpunkt des Maiaufstands in Dresden: Michael Bakunin. Ihn ermächtigte Tzschirner noch am 4. Mai mit folgendem Befehl, die generalstabsmäßige Leitung des Aufstands zu übernehmen:

Der Bürger Bakunin wird von der provisorischen Regierung er-
mächtigt, alle ihm nötig erscheinenden Kommando-Angelegenheiten
anzuordnen.
Die provisorische Vollmacht: Tzschirner.

MICHAEL BAKUNIN, BERUF: EMPÖRER

Im Jahr 1849 war Michael Bakunin das, was man einen Berufsrevolutionär nannte. Seit seinem Weggang aus Russland
1840 hatte der unverbesserliche Bohemien unaufhörlich in den
freiheitsliebenden Zirkeln Europas agitiert. Der riesige Russe
mit dem von einem mächtigen schwarzen Vollbart umrahmten
pockennarbigen, bleichen Gesicht war ein Unikum. Ausge-
stattet mit einer trinkfesten Leber, einem hohen Intellekt und
einem unerschöpflichen Reservoir an Renitenz gegen alles
und jeden, brachte Bakunin einerseits alle Eigenschaften eines
klugschwätzenden Kaffeehausrevolutionärs mit, andererseits
vereinten sich in ihm jene Charakteristika, die vor allem viele
deutsche Revolutionsführer vermissen ließen: Kühnheit und
Charisma gepaart mit Rücksichtslosigkeit und einem prak-
tischen Verstand. Diese bemerkenswerte Kombination ließ
Bakunin wie einen Monolith die Masse unzähliger Revolutionäre überragen. Von seinen Anhängern vergöttert, von seinen
Feinden verteufelt, wurde er schon zu Lebzeiten zum fleisch-
gewordenen Freiheitsmythos.

Wer aber war dieser russische Anarchist wirklich, der aufgrund seiner radikalen Ansichten und körperlichen Robustheit
oft mit Danton verglichen wurde?

Der Mensch hinter dem Mythos war vor allem eins: ein
brillanter Analytiker. Bakunin hatte in seinen Jugendjahren
Hegel und Rousseau studiert, ohne dass dies einen doktrinä-
ren Theoretiker wie Karl Marx aus ihm gemacht hätte. Vor
allem war er ein Mann der Tat, der sich mutig an die Spitze
von Befreiungsbewegungen stellte. Obwohl er in dieser Hin-

sicht als Russe verständlicherweise eine hohe Affinität zu slawischen Befreiungsbewegungen wie der böhmischen unter Führung von Palacky hatte, war er einer der ersten Internationalisten, das heißt, er verfolgte einen staaten- und völkerübergreifenden Ansatz der Revolte. Mit dieser Ansicht unterschied er sich deutlich von den deutschen Radikaldemokraten, die zwar nominell die Freiheit der Völker postulierten, aber völlig entgegengesetzt handelten, indem sie nationalen Interessen den Vorzug gaben.

Nicht so Bakunin. 1848 unterstützte er die Revolutionäre in Paris und Prag und 1849 die provisorische Regierung in Dresden, wobei sich der russische Anarchist nur zufällig in der Elbmetropole aufhielt und förmlich in den Aufstand hineinschlitterte: Bakunin war nach dem Scheitern des Prager Juniaufstands gezwungen gewesen, in Sachsen Zuflucht zu suchen. Seit März hielt er sich in Dresden unter dem Decknamen »Dr. Schwarz« im Untergrund auf, um die Ereignisse in Böhmen besser beobachten zu können und so nicht völlig den Kontakt zu den böhmischen Freiheitskämpfern zu verlieren.

Ich lebte in Dresden nicht für Sachsen und nicht für Deutschland, sondern einzig und allein für das benachbarte Böhmen.
[In Dresden] besuchte ich weder demokratische Versammlungen noch die Klubs; ich hielt mich im Gegenteil verborgen, da ich nicht sicher wusste, ob mich die Dresdner Polizei ohne Pass in der Stadt dulden würde oder nicht.

Mit der Übersiedlung Bakunins nach Dresden wuchs auch sein Einfluss auf die *Dresdner Zeitung*, was an seiner Freundschaft zu Ludwig Wittig lag, einem ihrer Chefredakteure. Inspiriert von Bakunin, wurden Wittigs Artikel zunehmend radikaler und revolutionärer. Während der Russe sich in seinen Aufsätzen über slawische oder russische Angelegenheiten ausließ, agitierte Wittig immer heftiger gegen die sächsische Regierung. In den letzten Wochen vor dem Aufstand brachte die Zeitung mit besonderer Vorliebe Material, das ihr den Ruf einbrachte, eine der gefährlichsten Zeitungen Deutschlands zu sein. Schon am 8. April 1849 setzte sie sich in einem Leitartikel unverhohlen für die bewaffnete außerparlamentarische Aktion ein, und bis zum Ausbruch des Aufstands forderte sie zur allgemeinen Bewaffnung auf.

Ganz Verschwörer, lud Bakunin oft Dresdner Radikale heimlich in sein Haus, das er in den königlichen Gärten in Friedrichstadt bewohnte. Bei diesen konspirativen Treffen kamen Dresdner Radikale wie der Herausgeber der *Volksblätter*, August Röckel, und der Kapellmeister der Dresdner Oper, Richard Wagner, zusammen, um die Erfolgschancen eines bewaffneten Aufstands zu erörtern. Als der Aufstand losbrach, überraschte er Bakunin und seine Anhänger genauso wie die gemäßigte Linke, und entgegen allen späteren Darstellungen der reaktionären Presse zögerte er, sich sofort in den Dresdner Aufstand einzuschalten.

Ich zauderte und überlegte, was ich tun sollte; ich konnte mich nicht entschließen: Bleiben schien gefährlich, eine Flucht schmählich und ganz unmöglich; [...] ich hatte nicht das Recht, im Falle der Gefahr zu fliehen. Ein einziger Ausweg war noch offen: mich in die Umgebung zurückzuziehen und in der Nähe von Dresden abzuwarten, ob die Bewegung einen entscheidenden, revolutionären Charakter annehmen werde. Aber dazu wäre Geld erforderlich gewesen, während ich höchstens noch zwei Taler in der Tasche hatte, [...] so entschloss ich mich zu bleiben. Nachdem ich einmal blieb, erlaubte weder die Situation noch mein Charakter, dass ich als gleichgültiger und unbeteiligter Zuschauer der Ereignisse in Dresden geblieben wäre. Ich enthielt mich jedoch jeder Tätigkeit bis zum Tage der Wahl der »Provisorischen Regierung«. [1]

[1] Michael Bakunin, *Beichte an Zar Nikolaus I.*

Von Tzschirner aufgefordert, gab Bakunin endlich am 4. Mai seine Tarnung auf und übernahm die militärische Leitung des Aufstands. Mit dem ihm eigenen Elan machte sich der russische Gigant mithilfe zweier polnischer Revolutionäre sofort daran, die vereinzelten Anstrengungen der Aufständischen miteinander zu vernetzen und einen wirkungsvollen Gefechtsplan zur Verteidigung der Barrikaden auszuarbeiten. Dabei übertraf er Tzschirner bei weitem an Radikalität, vor allem, weil er die persönlichen Interessen anderer den strategischen Notwendigkeiten unterordnete. Diese Rücksichtslosigkeit machte den neuen Generalstabschef der provisorischen Regierung bald verhasst und nährte nach dem Scheitern des Aufstands unzählige Gräuelgeschichten, die mit der Wirklichkeit nichts zu tun hatten.

Tzschirner war neben dem Russen Bakunin, der jenen an gewalttätigen Sinn übertraf, zum bloßen Werkzeuge herabgesunken. Bakunin, welcher wie ein in einen Käfig gesperrtes wildes Thier in dem Rathhauszimmer auf und ab ging, hatte sich der obersten Gewalt über die Anführer ganz allein bemächtigt und ließ die provisorische Regierung nur noch als Drahtpuppe spielen. Er stellte den Barrikadencommandanten Erlaubnisscheine aus, jedes Haus niederzubrennen, wenn es der Zweck des Kampfes erfordere. [1]

Bakunin tat, was er konnte. Unermüdlich sann er über Möglichkeiten nach, die strategische Initiative wiederzugewinnen oder zumindest die Angriffe sächsischer und preußischer Truppen durch eine geschickte Verteidigung so lange hinzuhalten, bis Verstärkung eingetroffen wäre. Aber trotz seiner Ausbildung als Artillerieoffizier besaß Bakunin kein Feldherrntalent und war mehr Revolutionär denn Stratege. Seine Vorschläge beschränkten sich eher auf taktische Maßnahmen. Auf seine Anregungen hin wurden Brandsätze in Form von Pechkränzen

---

[1] David August Taggesell, *Tagebuch eines Dresdner Bürgers.*

angefertigt, um jederzeit strategisch wichtige Gebäude anzünden zu können. Vorbehalte ängstlicher Stadtbeamter ignorierend, ließ er das Rathaus zum zentralen Pulverdepot erklären, ohne sich um weitere Sicherheitsauflagen zu kümmern. Ungeachtet der Gefahr gingen die Revolutionäre mit brennenden Zigarrenstummeln im Mund im Munitionsdepot ein und aus, und weil ihre Musketen infolge von Unachtsamkeit ab und zu von selbst losgingen, fuhr den ängstlichen Abgeordneten und städtischen Beamten der Schrecken mehr als einmal in die Glieder. Wie durch ein Wunder wurde bei solchen Betriebsunfällen weder jemand verletzt noch eine Explosion ausgelöst, die das Rathaus mit Sicherheit pulverisiert hätte.

Erschwerend kam hinzu, dass der ausführende Oberkommandant Heinze über keinerlei Erfahrungen im Häuser- und Barrikadenkampf verfügte und keine Konsequenzen aus den Lehren des französischen Juniaufstands 1848 zog. In diesem blutigen Massaker hatte die französische Armee unter Marschall Cavaignac in Paris die Arbeiter bezwungen, indem sie in den an den Barrikaden angrenzenden Häusern die Zimmerwände durchstießen, diese so umgingen und die Barrikadenkämpfer von hinten niederschossen.

Dies alles war Heinze unbekannt. Nicht nur, dass er die Straße an dafür ungeeigneten Stellen verbarrikadieren ließ, der Operettenoberst erkannte weder die Schwächen der feindlichen noch die der eigenen Stellungen, befestigte Haupt- und Schlüsselpositionen der Aufständischen nur ungenügend oder besetzte sie zu schwach. Wie Heinze war auch das Verhalten der Kommunalgarde eine einzige Enttäuschung: Viele Gardisten kamen ihrem Gestellungsbefehl nicht nach oder begingen Fahnenflucht, was die Revolutionäre zusätzlich schwächte.

Heinzes Fehlverhalten sollten fatale Folgen haben. Dass der militärische Verlauf des Dresdner Maiaufstands nicht zum völligen Fiasko wurde, war vor allem einem jungen Leipziger zu verdanken, der Mitglied des Bundes der Kommunisten war:

Barrikadenkommandant Stephan Born. Da es offensichtlich war, dass die Königlichen die Barrikade an der Schlossstraße zuerst angreifen würden, hatte Born sie schwer befestigen lassen und nach der Cavaignac-Methode Durchbrüche in den Häusern anlegen lassen, um so den Feinden zuvorzukommen und ihre Sturmkolonnen von den Flanken aus beliebig unter Feuer nehmen zu können.

Alles wartete gespannt auf den Ablauf des Waffenstillstands, der um ein Uhr ablaufen sollte.

Nachdem ich meine Mannschaft postiert hatte, trat ein Abgeordneter der sächsischen Kammer zu mir mit der Bemerkung heran, ob wir etwa gesonnen seien, den berühmten passiven Widerstand hier zu wiederholen. Ich schickte ihn sogleich mit der Frage auf das Rathaus, ob auf die mit Soldaten besetzten Fenster des Schlosses Feuer gegeben werden solle? Er brachte mir die schriftliche Antwort, dass man dies meinem Ermessen überlasse, behielt aber diesen Zettel als ein ihm teures historisches Dokument, das er später noch auf der Flucht aus Sachsen besaß, bei sich. Ich ließ sogleich ein Pelotonfeuer auf die Schlossfenster geben und hiermit war der eigentliche Kampf eröffnet. Die Erwiderung vom Schlosse aus ließ keine Minute auf sich warten. Auf allen Straßen der Stadt brach jetzt zugleich das Gewehrfeuer los.

Die Schlacht um Dresden hatte begonnen.

VON HELDEN UND ÄNGSTLICHEN

Born wusste, dass die Rebellen in der Falle saßen und ihre Ausgangslage mehr als schlecht war. Das königstreue Militär beherrschte durch seine Artillerie die Brücken und damit die Verbindungen von der Altstadt zur Neustadt. Es besaß den Vorteil einer einheitlichen und professionellen Gefechtsführung und hatte keinen Mangel an Munition zu beklagen.

Borns Bericht veranschaulicht deutlich die Taktik, welche Verteidiger und Angreifer während der blutigen Maitage in Dresden verfolgten. Das Militär hatte seit den Berliner Märztagen dazugelernt und vermied nach Borns Beobachtungen massive Frontalangriffe auf Barrikaden.

Das Militär ließ sich nirgends auf offener Straße blicken, es entwickelte sich ein Kampf von Haus zu Haus. Beide Parteien waren gut gedeckt und diesem Umstande ist es zuzuschreiben, dass trotz des unausgesetzten Feuerns auf beiden Seiten die Zahl der Gefallenen eine mäßige blieb. Die Häuser, welche wir besetzt hatten, und besonders die Barrikaden wurden bald mit Kartätschkugeln überschüttet, auch Vollkugeln wurden gegen Erker und Balkone abgefeuert, doch meist ohne große Wirkung, da unsere Mannschaft während des Artillerieangriffs, bei dem die Infanterie nicht vorrücken konnte, sich rechts und links in die Hausflure in geschützte Stellung begab.

Neben Stephan Born ragte aus dem weitgehend namenlos gebliebenen Heer der Revolutionäre auch der Dresdner Kapellmeister und Komponist Richard Wagner hervor.

Da Wagner aufgrund seiner schmächtigen Statur und zarten Befindlichkeit für den Barrikadenkampf ungeeignet war, versah er seinen Dienst als Beobachtungsposten auf dem 96 Meter hohen Turm der Kreuzkirche, dem höchsten Aussichtspunkt der Stadt. Pflichtgetreu beobachtete er feindliche Truppenbewegungen und gab dann die Nachrichten an das Hauptquartier der provisorischen Regierung im Rathaus weiter, indem er durch Steine beschwerte Zettel von der Galerie auf die Straße hinabwarf. Mehr als einmal geriet er in Lebensgefahr, als königliche Scharfschützen seinen Posten unter Beschuss nahmen. Als ein um ihn besorgter Kämpfer den allseits bekannten Komponisten bat, sich nicht so sehr der Gefahr auszusetzen, soll Wagner geantwortet haben: »Keine Sorge, ich bin unsterblich!« – dass er damit nicht ganz unrecht hatte, sollte die Zukunft zeigen.

Noch hatten es die Revolutionäre nur mit sächsischen Truppen zu tun, aber das änderte sich. Am Abend traf das erste preußische Bataillon vom Kaiser Alexander Garde-Grenadier-Regiment unter dem Kommando von Friedrich Graf von Waldersee in Dresden ein. Bei diesen Truppen handelte es sich um eines der hervorragendsten Regimenter der preußischen Armee, das sich in den Märzkämpfen und in der Schlacht von Schleswig 1848 gegen die Dänen bestens bewährt hatte.

Gegen 8 Uhr am Abend erließ die provisorischen Regierung eine Erklärung, die keinen Zweifel an ihrer Entschlossenheit aufkommen lassen sollte und das Ziel hatte, den Kampfesmut der Bürger Dresdens anzufachen.

Gegen die von außen herbeigeführten Streitkräfte wird der Kampf mit verdoppeltem Mute fortgesetzt werden. Dank Euch, Ihr Helden der Freiheit! Der Tod für die Freiheit ist schön, und der Sieg ist Euer im Leben und Sterben. Kämpft fort, wie Ihr gekämpft habt. Du aber, sächsisches Volk, stehe wie bisher fest zur Sache, die wir führen. Wir wollen die Reichsverfassung, und durch die Reichsverfassung die Einheit und Freiheit des Vaterlandes, das Heil Sachsens, und für das, was wir wollen, kämpfen wir bis zum Tode.

So kriegerisch die provisorische Regierung sich auch gab – nicht jeder war von der Sache der Reichsverfassung derart überzeugt, wie es sich ihre Mitglieder wünschten. Noch bevor die Preußen eintrafen, verließen Tausende Dresdner Bürger mit Sack und Pack die Stadt. Auch der Komponist Robert Schumann rettete sich, seine Clara und eine Tochter vor den zu erwartenden kriegerischen Wirren, indem er zu Hause alles stehen und liegen ließ und aus der Stadt flüchtete. Auch bei der Kommunalgarde griff die Pflichtvergessenheit um sich. Viele Mitglieder der Bürgerwehr erschienen nicht an ihren Sammelplätzen, sodass die provisorische Regierung Zwangsmaßnahmen androhte, falls sie nicht zu ihren Waffen eilten.

Aber es gab auch gute Nachrichten. Aus den umliegenden Dörfern und Städten zogen viele revolutionäre Freischaren nach Dresden. Auch aus Leipzig, dessen Stadtregierung den Maiaufstand nicht unterstützte, eilten 200 Arbeiter aus eigener Initiative den Dresdnern zu Hilfe. Der mächtigste Zulauf erfolgte am 5. Mai aus dem Erzgebirge, wie der Kapellmeister Richard Wagner berichtet.

Ich wurde durch den Gesang einer Nachtigall geweckt, welcher aus dem unweiten Schätzeschen Garten zu uns heraufdrang; eine selige Ruhe und Stille lag über der Stadt und der von meinem Standpunkt aus übersehenen, weiten Umgebung Dresdens. Nur gegen Sonnenaufgang senkte sich ein Nebel auf diese herab: durch ihn vernahmen wir plötzlich, von der Gegend der Tharandter Straße her, die Musik der Marseillaise klar und deutlich zu uns herdringen. Wie sie immer mehr sich näherte, zerstreuten sich die Nebel, und hell beschien die glutrot aufgehende Sonne die blitzenden Gewehre einer langen Kolonne, welche von dort her der Stadt zuzog. Es war unmöglich, dem Eindrucke dieser andauernden Erscheinung zu wehren; dasjenige Element, welches ich so lange im deutschen Volke vermisst und auf dessen Kundgebung verzichten zu müssen nicht wenig zu den bisher mich beherrschenden Stimmungen beigetragen hatte, trat plötzlich sinnfähig in lebensfrischester Farbe an mich heran; es waren dies nicht weniger als ein Tausend gut bewaffneter und organisierter Erzgebirgler, meist Bergleute, welche zur Verteidigung Dresdens herangekommen waren.

Der Einmarsch der Bergleute aus dem Erzgebirge richtete die Kampfmoral der Dresdner wieder auf. Sie brachten nicht nur Gewehre und Munition, sondern auch einige kleine Kanonen mit, Vierpfünder auf Lafetten, für die es zwar Pulver, aber keine geeignete Munition gab. Rasch wurden die kleinen Geschütze über die Barrikaden gehoben und an den wichtigsten Bollwerken in Stellung gebracht. Mit zersägten Eisenstangen und zerhacktem Blei geladen, sollten die Kanonen der Bergknappen für kurze Zeit dem Gegner empfindliche Verluste beibringen. Ihr prominentestes Opfer sollte der Kommandeur der sächsischen Artillerie, General Homilius, werden. Er wurde ausgerechnet in dem Moment tödlich von einem der improvisierten Geschosse getroffen, als er seinen Kanonieren klarmachen wollte, dass die kleinen Geschütze völlig wirkungslos seien.

Die Ankunft der Bergleute aus dem Erzgebirge sollte die letzte große Verstärkung an revolutionären Kämpfern bleiben. Langsam begann die Strategie der Regierungstruppen zu greifen. Immer öfter gelang es der sächsischen Reiterei, herbeieilenden demokratischen Hilfsscharen den Weg nach Dresden zu versperren oder sie durch Angriffe in die Flucht zu schlagen. Damit dünnte sich der Zuzug an Verstärkungen für die Aufständischen dramatisch aus, während auf königlicher Seite langsam ein Hilfskorps nach dem anderen am Kriegsschauplatz eintraf.

Nachdem sächsische Truppen am Abend des 5. Mai schon drei Barrikaden in der Nähe des Zeughauses genommen hatten, fühlten sich die Regierungstruppen am Folgetag endlich so stark, dass sie die Stellungen der Aufständischen mit Elan angriffen.

ZWISCHEN HOFFNUNGSLOSIGKEIT UND EUPHORIE

Der Angriff der Regierungstruppen begann frühmorgens, um 4.30 Uhr, an den Barrikaden beim Opernhaus, das sich während der Kämpfe entzündete und niederbrannte. Daraufhin wurden Gerüchte in die Welt gesetzt, Bakunin oder Wagner hätten den Brand der Oper verursacht, was im Widerspruch zu ihren Aussagen steht. Wahrscheinlich ist, dass das Operngebäude während des Gefechts in Brand geschossen wurde. Es hatte schon immer als feuergefährlich gegolten und brannte nun den ganzen Tag über wie Zunder, wobei das Feuer auf den benachbarten Dresdner Zwinger übergriff.

Viel dramatischer als die Feuersbrunst am Opernhaus waren jedoch die Kämpfe am Neumarkt. Nach einer schweren Kanonade mit Vollkugeln und Kartätschenfeuer stürmten Preußen und Sachsen nach mehreren abgeschlagenen Angriffen die Barrikadennebenhäuser, das Hotel de Saxe und das Hotel Stadt Rom. Damit war das Schicksal der Barrikaden in der Moritzstraße und in der Kleinen Kirchgasse entschieden, welche die Volkskämpfer aufgeben mussten. Kämpfend zogen sie sich auf die zweite Barrikadenlinie zwischen Neu- und Altmarkt zurück.

Im Westen der Stadt machte das Militär ebenfalls Fortschritte. Hier fielen die Ostra-Allee und der Postplatz in die Hände der Preußen, was allerdings nicht ihrem überragenden Mut, sondern einzig und allein den Unterlassungssünden des unfähigen Oberstleutnants Heinze zu verdanken war. Der Barrikadenbefehlshaber hatte vergessen, wichtige Eckhäuser besetzen zu lassen oder zu wenig Mannschaften hineingelegt, wodurch wichtige Bastionen unwiederbringlich verloren gingen. Aufgrund des massiven Artilleriefeuers der Regierungstruppen kam es zudem zum fluchtartigen Verlassen von Barrikaden. Immer bedrohlicher zog sich der Belagerungsring zusammen.

Aber der Turner Otto Heubner war nicht der Mann, dies einfach zuzulassen. Ohne lange zu überlegen, fasste er den Entschluss, den Mut der Kämpfenden wieder anzufachen, und eilte in Bakunins Begleitung zu den verlassenen Verteidigungsstellungen. Dort angekommen, stieg er auf die Krone des Barrikadenwalls und hielt mit dem Rücken zu den feindlichen Truppen eine anfeuernde Rede an die verzagten Kämpfer. Heubners Auftritt überzeugte. Die Barrikade wurde wieder von ihren Verteidigern besetzt und anschließend bis zum letzten Blutstropfen verteidigt. Selbst Bakunin, der sonst seinen Spott mit der mangelnden Entschlossenheit und dem Unverstand der sächsischen Revolutionäre trieb, zeigte sich tief beeindruckt vom persönlichen Mut Heubners – auch wenn er dessen politische Ansichten sonst nicht teilte – und wich ihm bis zum bitteren Ende nicht mehr von der Seite, wie Richard Wagner schildert.

Jetzt erklärte er mir, Heubner möge eine noch so bornierte politische Meinung haben, er sei ein edler Mensch, dem er sich sofort mit seinem Kopfe zur Verfügung gestellt habe. Dieses Beispiel habe er nur erleben wollen, um nun zu wissen, was für ihn zu tun sei; er sei entschlossen, seinen Hals daran zu wagen und nach nichts weiter zu fragen.

Bakunin stand mit seiner Bewunderung für Heubner nicht allein. Ab jetzt ergriff eine seltsame kämpferische Entschlossenheit die Dresdner Revolutionäre, wie es sie zuvor nur in den Berliner Märztagen und während der blutigen Frankfurter Septemberunruhen des Vorjahres gegeben hatte.

Aber nicht jeder aus dem Revolutionstriumvirat bewies derartigen Heldenmut wie der Freiberger Amtmann. Als Heubner wieder ins Rathaus zurückkehrte, um zusammen mit Tzschirner und Todt die Aufstandsleitung fortzusetzen, erwartete ihn im Amtssitz der provisorischen Regierung ein leeres Sitzungszimmer. Tzschirner und Todt schienen ausgeflogen zu sein, niemand wusste, wo sie waren.

Heubners Abwesenheit ausnutzend, hatte sich Karl Gotthelf Todt stillschweigend davongemacht und ward nicht mehr gesehen. Angeblich durch den Opernbrand bis aufs Tiefste verstört, hatte Todt, ohne öffentlich seinen Amtsrücktritt zu erklären, von allen unbemerkt das Rathaus verlassen und die Flucht ergriffen, wobei er sogar seine Frau in Dresden zurückließ. War dies schon schmählich genug, so bewies der Liberale auch nach dem Scheitern des Aufstands in seinen Verteidigungsschriften gegenüber der sächsischen Regierung wenig Würde. Vergeblich versuchte er, seinen Anteil an den

Beschlüssen der provisorischen Regierung herunterzuspielen und sich als geheimer Saboteur für des Königs Sache in einem günstigen Licht darzustellen, indem er behauptete: »Wo ich passiv und negativ sein konnte, da meine Aktivität so wenig zu erreichen vermochte, bin ich es gewesen.«

Leidenschaftlich stellte sich Todt als das Opfer Tzschirners und Heubners dar und tat so, als sei er dazu gezwungen worden, die Proklamationen und Maßnahmen der provisorischen Regierung gegen seinen Willen mitzuunterzeichnen. Eine auf diese Vorhaltungen eingehende Äußerung Heubners in seiner Selbstverteidigung stellte den Sachverhalt klar und rückte Todts Betragen ins rechte Licht.

Auf diese allgemeine Anklage lässt sich nichts erwidern. Höchstens könnte ich dabei erwähnen, es gereiche mir zur besonderen Beruhigung, dass ich in der Lage bin, für die Sache, die ich vertreten, mit meinem ganzen Lebensgeschicke einzutreten.

Tzschirner kehrte kurz nach Heubners Eintreffen wieder ins Rathaus zurück. Entgegen Heubners Verdacht, hatte er seinen Posten nicht im Stich gelassen, sondern die Stellungen der Rebellen inspiziert und festgestellt, dass Dresden langsam, aber sicher von den sächsischen Regierungtruppen und den Preußen eingekreist wurde. Trotz dieser schlechten Nachrichten hielten die beiden Mitglieder der provisorischen Regierung daran fest, den Kampf um die Reichsverfassung fortzusetzen. Noch hielt das Gros der ca. 3000 Barrikadenkämpfer, ungeachtet der Geländegewinne preußischer und sächsischer Truppen, die Altstadt, wobei sich nicht zuletzt Frauen als Sanitäterinnen, Köchinnen, Kuriere, aber auch als Barrikadenkämpferinnen auszeichneten.

DIE BARRIKADENBRAUT PAULINE WUNDERLICH

Mehrfach hatte ich Gelegenheit zu beobachten, wie leicht doch Frauen sich in die ungewohnteste, schreckenerfüllte Lage finden und ihre volle Geistesgegenwart bewahren, sobald ihnen darin nur Gelegenheit zu einer entsprechenden Tätigkeit [gegeben] wird. In den exponiertesten Häusern, mitten im Gepfeife der Kugeln, unter den Kämpfenden, Verwundeten und Sterbenden, wirtschafteten Mädchen und Frauen mit einer ruhigen Besonnenheit, als wären sie in solchen Szenen aufgewachsen. Ein junges Mädchen, deren Bräutigam gleich in den ersten Tagen an ihrer Seite gefallen [war], hatte geschworen, seinen Tod zu rächen. In Trauerkleidung, mit aufgelöstem Haar, stand sie frei auf der gefährlichsten Barrikade, mit sicherer Hand ihre Kugeln aussendend, bis sie endlich, tödlich verwundet zusammenbrach. Sie war nicht die einzige Heldin jener Tage.

Mit diesem Bericht kolportierte August Röckel eine Märtyrerlegende, welche die Zeitungen noch Wochen später nach der Niederschlagung des Aufstands verbreiteten. Die beschriebene Frau, von der Presse zur Revolverbraut der Dresdner Revolution stilisiert, war die Dienstmagd Pauline Wunderlich. Sie hatte tatsächlich ihren Verlobten beim Zeughaussturm verloren und sich für dessen Tod an den Soldaten gerächt. Jetzt hatte der Dresdner Maiaufstand das, was er dringend brauchte: eine leidenschaftliche Marianne, welche in ihrem mutigen Kampf auf den Barrikaden ihre männlichen Mitstreiter mitriss. Schon damals griff sich die Presse gerne bewegende Einzelschicksale heraus, um sie umso plastischer zu überzeichnen.

Zeitungsberichte und Zeugenaussagen überschlugen sich, schmückten Pauline Wunderlichs blutigen Rachefeldzug aus oder verklärten ihre schwere Verwundung auf der Barrikade romantisch zum Opfer für die Revolution. Vor allem die von Louise Otto herausgegebene *Frauen-Zeitung* griff das Thema

der rächenden Barrikadenbraut dankbar auf, das die Schicksal-
haftigkeit eines Groschenromans gekonnt mit dem politischen
Mythos vereinte, wie das Gedicht »Das Helden-Mädchen auf
der Barrikade in Dresden« von G. A. Wollenhaupt zeigt.

Schütze mich, Gottheit! – Die Kugel traf!
Er taumelt zurück, schon sinkt er nieder.
Deutschland, wach' auf aus deinem Schlaf,
Gieb mir meinen Geliebten wieder!
Sieh, wie Verzweiflung den Busen durchwühlt,
Wie mich die Furien mächtig umfassen.
Rache nur ist's, die die Wunde mir kühlt,
Soll ich so ruhig Dich sterben lassen!

Ha, und ich zaud're noch? Frisch hinaus
Dort will ich kämpfen, wo Du mir geblieben.
Gebt mir die Fahne, mein Leben ist aus.
Mich könnt Ihr tödten, doch nimmer mein Lieben.
Sprach's und da stand sie, im Auge den Muth,
Schwenkte die Fahne mit kräftiger Rechte:
Der Mord des Geliebten erheischet Blut.
Ich ford' es von Euch, ihr himmlischen Mächte!

Und dem Nächsten entreißt sie die Waffe geschwind,
Drückt los, und kein einziger Schuß geht daneben.
Und wenn ein Engel zur Seite ihr stünd,
So kann keine Kugel dem Tode sie geben.
Der Himmel! was seh' ich? – die Fahne sinkt,
Sie wankt – Hat das tödtende Blei getroffen?
»Lebt wohl«, so ruft sie, »mein Bräutigam winkt,
Es ist erfüllt mein sehnliches Hoffen!«

Schlaf, Mädchen, wohl, ruft der Dichter Dir zu,
Ich will Deinem Namen Unsterblichkeit geben.
Für Deutschland, mein Vaterland, starbst Du,

Aus Deinem Grabe erblüht das Leben.
Und wenn zu später Sonnenbahn
Die Saat gereift ist zum fröhlichen Mähen,
Wird in den Herzen, was jetzt Du gethan,
In frischeren Farben geschrieben stehen. [1]

Am 17. Mai berichtete die *Deutsche Reform*, dass eine Woche vorher, am 9. Mai, der Leichnam von Pauline Wunderlich in einem Sarg liegend gesehen worden war. Doch außer der Tatsache, dass der gewaltsame Tod ihres Verlobten das Dienstmädchen auf die Barrikaden getrieben hatte, stimmte nichts an dieser Märtyrergeschichte: weder der Heldentod noch der Augenzeugenbericht vom Auffinden der Leiche. Pauline Wunderlich hatte die Kämpfe überlebt und lag schwer verwundet im Lazarett.

Andere Frauen, die als Kuriere, Köchinnen und Lazaretthelferinnen ihren Dienst taten, erlangten nicht diese Bekanntheit, verhielten sich dagegen nicht minder tapfer, wie die *Frauen-Zeitung* im Juli 1849 rückblickend berichtet.

In den Schreckenstagen in Dresden zeichneten sich besonders ein paar Frauen, Mutter und Tochter, als Krankenpflegerinnen in der Rathbaderei aus. Es lagen dort während des siebentägigen Kampfes gegen neunzig schwer und leichter Verwundete, zu deren Hilfe und Pflege nur ein einziger Arzt und die beiden Frauen da waren. Unter der größten Lebensgefahr – denn sie mußten fortwährend auf den Knien bleiben, um nicht von den zu den Fenstern hereinfliegenden Kugeln getroffen zu werden – bereiteten diese Samariterinnen den armen Kranken alle nur erdenklichen Erleichterungen. [...] Noch andere nahmen sich der Verwundeten an, verbanden sie, wenn es so sein musste, mitten unterm Kugel-Regen auf offener Straße oder trugen sie in ihre Häuser; viele Frauen haben Theil genommen und zwar aus allen Ständen. Viele halfen beim Barrikadenbau, schlepp-

[1] Frauenzeitung, Nr. 12, 7. Juli 1849.

ten Stein und Meubeln herzu, andere versorgten die Kämpfer auf der
Straße mit Lebensmitteln, die sie unter sie vertheilten.

Angesichts der wachsenden Begeisterung für den Aufstand und der Opferbereitschaft wuchs wieder der Optimismus Heubners. Bis zum Abend hatten sich die Stellungen der Rebellen stabilisiert, sodass Heubner und Tzschirner zuversichtlich sein konnten, sich in Erwartung weiterer Verstärkungen noch mehrere Tage halten zu können. Am Abend des 6. Mai fand der unermüdliche Statthalter der Revolution endlich Zeit, seiner Frau von den vergangenen Ereignissen zu berichten.

Ich habe in diesem Augenblick Gelegenheit, dir einige Zeilen zu senden. Noch steht unsere Sache gut. Gebe Gott seinen Segen! Nicht für mich, aber für Deutschland! [...] Unsere Barrikadenkämpfer sind Helden. Man hat nie größere Taten gesehen. Der Kampf dauerte ununterbrochen gestern von Vormittag bis mit sinkender Nacht, heute von früh 4 Uhr bis jetzt 3/4 11 Uhr. Doch wird der Kampf auch heute bis Abend fortdauern. Starke Zuzüge sind in Aussicht. Hoffe, meine Cili, und wenn die Hoffnung trügen sollte, so tröste Dich mit dem Gedanken, dass es der deutschen Sache galt. [1]

Doch Heubner irrte sich. Noch gegen Abend wurden mehrere Barrikaden an der Pirnaischen Straße und einige strategisch wichtige Eckhäuser durch preußische Truppen eingenommen.

Was noch schwerer wog: Die wütende Soldateska mordete ohne Unterschied Unbeteiligte, Verwundete und sich ergebende Revolutionäre. In den von der Front abgelegenen und ruhigen Straßen schossen Soldaten aus Langeweile auf Bürger und töteten einige von ihnen, darunter ein Dienstmädchen. August Röckel – der später selbst bei einem Versuch, aus dem Plauenschen Grund einen Zug Aufständischer heranzuführen, gefangen genommen und schwer misshandelt von Verhör zu

---

[1] Aus den Untersuchungsakten im Fall Heubner, A.V. S. 17.

Verhör geschleppt wurde – schildert in seinem Bericht »Soldaten des Königs« die Exzesse der Soldaten während und nach den Kämpfen.

Im Hotel zur Stadt Rom befand sich ein Prinz von Schwarzenburg-Rudolstadt, der wenige Tage vorher einer Augenkrankheit wegen nach Dresden gekommen war. Die in sein Zimmer dringenden sächsischen Soldaten töteten ihn und seinen Diener. Wenige Schritte weiter, in der Schuhmachergasse, fanden diese Wüteriche in einem Hause 14 Männer, die ihre Gewehre im 4. Stock gelassen hatten und sich wehrlos ergaben. Alle 14 wurden, nachdem sie in jeder Weise misshandelt worden waren, der Reihe nach aus den Fenstern des 3. Stockes mit solcher Gewalt auf die Straße geschleudert, dass ihre Körper meistenteils gegen das Haus auf der anderen Seite der engen Gasse anprallten. In der Frauengasse befand sich ein Lazarett mit vielen Verwundeten; sie wurden sämtlich ermordet.

Die Brutalität des Militärs kannte keine Grenzen. Für die Soldaten waren die Revolutionäre keine gleichwertigen Gegner, sondern nur liederliches Gesindel, mit dem man umspringen konnte, wie man wollte. Im Verlauf der weiteren Kämpfe wurde das Ausmaß der begangenen Grausamkeiten so groß, dass sogar König Friedrich August II. davon erfuhr und Kriegsminister Rabenhorst sich am 7. Mai dazu genötigt sah, in einen besonderen Aufruf die Truppen zu ermahnen, von derartigen Gewaltexzessen abzusehen. Wie der weitere Verlauf der Kämpfe zeigen sollte, folgten nur wenige Soldaten diesem Appell an die Menschlichkeit, sondern mordeten weiter.

DER ZUSAMMENBRUCH

Der Morgen des 7. Mai sollte zeigen, dass kaum noch mit rechtzeitiger Hilfe zu rechnen war. Statt revolutionärer Freischaren traf das zweite Bataillon des Kaiser Alexander Garde-Grenadier-Regiments in Dresden ein. Sofort machten sich die preußischen Truppen auf den Weg in die Innenstadt und griffen die Barrikaden an, die den Altmarkt zum Neumarkt hin abriegelten. Nach kurzem Kampf fielen ihnen die Verteidigungsstellungen an der Frauengasse in die Hände. Auch im Süden der Stadt erging es den Reichsverfassungskämpfern nicht besser. Im Laufe des Tages wurde die Moritzstraße genommen und das Gewandhaus von den Schützen gestürmt. Einzig das Kommando von Stephan Born verzeichnete auf Seite der Rebellen einen Erfolg.

Wir wussten in der Schlossgasse, die bisher allen Angriffen widerstanden hatte, von den Verlusten in anderen Teilen der Stadt zwei Tage lang nichts. Einer jetzt von der unserer Schlossgasse parallel laufenden Schössergasse drohenden Gefahr konnte noch begegnet werden, indem wir selbst nach der Schustergasse zu durchbrachen und so den vordringenden Soldaten in den Rücken kamen, die sich nun, um nicht abgeschnitten zu werden, wieder zurückzogen.

Trotz dieses Sieges war die Lage der Aufständischen verzweifelt. Während ihren Feinden neue, frische Truppen zuströmten, Dampfboote und die Eisenbahn Munition und Proviant brachten, schrumpfte die Anzahl der Barrikadenkämpfer durch Verluste, Desertion und Übermüdung kontinuierlich. Seit dem 5. Mai hatten die Rebellen ununterbrochen im Feuer gestanden, selten Schlaf gefunden und kaum einen Bissen zu sich genommen. Die Aufregung der vergangenen Tage, die ausgestandene Todesangst, die Nichterfüllung verzweifelter Hoffnungen, die nervliche Belastung und die körperlichen Anstrengungen der Kämpfe forderten jetzt ihren Tribut.

Darüber hinaus erreichte die Revolutionäre eine weitere Hiobsbotschaft, die einen Wechsel im militärischen Oberkommando zur Folge haben sollte.

Plötzlich drang das Gerücht zu uns, Heinze sei gefangen worden.
Er war in seiner bayrischen Uniform am Morgen des 7. Mai aus-
gegangen, um, wie er sagte, die Stellung des Feindes zu rekognoszie-
ren; er hatte zwei Wehrmänner mit sich genommen, denen er befahl,
fünfzig Schritte hinter ihm zu bleiben, und war mit einem Male
verschwunden. Man behauptet, vielleicht nicht ohne Grund, er habe
sich fangen lassen.

Mit der Gefangennahme Heinzes schlug die große Stunde von
Stephan Born. Bei einer Versammlung der Viertelkommandan-
ten wurde der erst 24-Jährige aufgrund seiner erwiesenen militärischen Begabung zum Oberkommandierenden gewählt.
     Es war ein schweres Amt, das Born antrat. Obwohl die pro-
visorische Regierung und Bakunin ernsthaft die Notwendigkeit eines Rückzugs aus Dresden erörterten, um den Kampf
auf dem Land fortzuführen, setzte sich Born mit seiner Ansicht durch, dass noch keine zwingende Notwendigkeit be-
stehe, die Stadt aufzugeben. Noch blieb die Hoffnung, dass
die von Chemnitz und Freiberg zugesagten Hilfskorps rechtzeitig einträfen und siegreich in den Kampf eingreifen könnten. Born gab sich siegesgewiss, die bisher gehaltenen Stellungen noch 24 weitere Stunden halten zu können. Sollte bis
dahin keine Verstärkung erfolgt sein, würde der Rückzug aus
Dresden angetreten und der Kampf in Freiberg fortgesetzt
werden. Doch während Heubner, Born und die Barrikaden-
kommandeure ihren Rückzug so zu gestalten dachten, dass
die Dresdner Altstadt wenig Schaden nähme, hatte Michael
Bakunin anderes im Sinn. Der Anarchist plädierte dafür, schon
am 8. Mai zurückzuweichen und das Rathaus in die Luft zu
sprengen, um damit den Rückzug zu decken und so viele Re-
aktionäre wie möglich in den Untergang zu reißen. Heubner
lehnte Bakunins Plan ab, und wieder begann das grauenvolle
Schlachten und Morden in den Straßen Dresdens.
     Während des folgenden Tages gelang es den Rebellen in
wechselvollen Kämpfen, größtenteils ihre Stellungen zu be-

haupten und die überlebenswichtige Rückzugslinie aus Dresden freizuhalten, wobei vor allem der großen Wilsdruffer Barrikade eine Schlüsselrolle zukam. Fiel sie, musste Dresden fallen. Sorgenvoll besprachen Heubner und Born die Strategie des nächsten Tages. Es wurde vereinbart, dass der Rückzug ab fünf Uhr erfolgen sollte. Heubner, der in sechs Tagen gerade einmal eine Stunde geschlafen hatte, war am Ende seiner Kräfte. Selbst Bakunin hatte allen revolutionären Elan verloren, will man den Ausführungen Borns Glauben schenken, der von dem Berufsrevolutionär nicht viel hielt.

Dieser Russe [...] aß und trank und schlief im Rathaus, und das war alles. Er hatte auch wirklich Glück in Dingen der Selbsterhaltung. Als die Nacht angebrochen war, meldete man mir, dass ein Zuckerbäcker dem Oberkommando einen Kuchen und zwei Flaschen Rotwein gesandt habe. »*Ein cherrlicher Mensch!*« *rief er aus.* »*Dem wird der Chimmel seine Sorge für die Chungrigen lohnen.*« *Er aß und trank, legte sich dann auf eine bereit gehaltene Matratze hin und schnarchte, während ich mit Heubner über die Sorge des kommenden Tages mich besprach und wir beide in der Erwartung der nahenden Dinge kein Auge schlossen.*

Die Sorgen Borns und Heubners waren berechtigt. Schon um zwei Uhr unternahmen königlich-sächsische und preußische Truppen einen Großangriff auf die Wilsdruffer Barrikade am Alten Markt, der jedoch zurückgeschlagen wurde. Als der Druck auf die letzten verbliebenen Stellungen immer stärker wurde, zogen sich die Rebellen, wie geplant, ab fünf Uhr morgens langsam zurück. Obwohl Born dabei äußerst umsichtig das Kommando führte, gelang es ihm nicht, jeden seiner Männer zu retten.

Nachdem ich den Rückzugsbefehl erteilt hatte, ging ich hinab in das Erdgeschoss des Rathauses, wo in allen Räumen und im Flur

die todmüden Kämpfer, die bei mangelhafter Ernährung nach
mehrtägigem ununterbrochenen Dienst sich nicht mehr auf den
Beinen halten konnten, und sich dorthin zurückgezogen hatten, in
schwerem Schlafe dalagen. Ich ließ in dem geschlossenen Raume die
Trommel schlagen, sie tönte, als gälte es Tote aus dem Grabe zu er-
wecken – umsonst! Einige Rathausbeamte halfen mit, den einen und
andern emporzuzerren. Wir schüttelten sie, ich schrie ihnen ins Ohr,
sie dürften jetzt nicht schlafen, sie müssten zum Aufbruch bereit sein.
Als ich die Hand von ihnen entfernte, fielen sie wie die Klötze wieder
um und schliefen weiter. Sie waren nicht zu retten, sie gerieten fast
alle in Gefangenschaft.

Durch Borns Rückzugstaktik gelang es immerhin 2000 Mann,
die hart umkämpfte Stadt zu verlassen. Müde nahmen die geschlagenen Reichsverfassungskämpfer den Weg nach Freiberg,
der Heimatstadt Heubners, wo die provisorische Regierung
erneut den Kampf aufzunehmen gedachte.

Insgesamt endeten mit dem Abzug der Revolutionäre die
Kämpfe in Dresden, wenngleich es noch zu Nachzüglerge-
fechten kam. Meist wurden diese von Barrikadenkommandos
geführt, die das Signal zum Rückzug fatalerweise nicht mit-
bekommen hatten, oder von eingekesselten Hausbesatzungen,
die nicht mehr zu ihren Kameraden stoßen konnten, weil die
Verbindungswege zur einzigen Rückzugsstraße von den Regierungstruppen versperrt wurden. Was folgte, war der letzte
Akt des Aufstands, das Gemetzel an wehrlosen Freiheitskämpfern, die sich auf Gedeih und Verderb den Truppen ausliefern
mussten. Denn trotz ihres Sieges war der Blutdurst der preußischen und sächsischen Soldaten noch längst nicht gelöscht. In
den Straßen und auf den Brücken Dresdens spielten sich am
9. Mai Szenen von unglaublicher Grausamkeit ab.

Vorläufig kasernierte das Militär seine Gefangenen in der
Frauenkirche, wo diese sich, von ihren jeweiligen Nebenmän-
nern links und rechts durch einen leeren Sperrsitz getrennt, so
hinsetzen mussten, dass sie ihren Oberkörper kerzengerade

hielten. Wer sich nicht aufrecht halten konnte oder auch nur ein Wort sagte, wurde mit Kolbenschlägen übel misshandelt oder sogar umgebracht. So mussten es die Festgenommenen erdulden, dass ein pensionierter sächsischer General durch die Sitzreihen schritt und sie völlig grundlos heftig ins Gesicht schlug, ohne dass der wachhabende Offizier dagegen einschritt. Ein Mann, der sich vor körperlicher Erschöpfung nicht mehr aufrecht halten konnte und versuchte, die Kirche zu verlassen, wurde von den Wachsoldaten totgeschlagen.

Andere Revolutionäre, die das Pech hatten, in die Hände der Truppen zu geraten, wurden kurzerhand von der Elbbrücke geworfen. Einigen kräftigen jungen Turnern wurden die Bein- und Armmuskeln aufgeschlitzt, bevor man sie ins Wasser schmiss, sodass die grölende Soldateska sich noch an ihrem Todeskampf in den Wellen weiden konnte. Wehrlose Verwundete wurden kaltblütig in ihren Betten erschossen, auf Leichenkarren gepackt und in die Elbe geworfen.

August Röckel erzählt eine besonders drastische Episode, die die Perfidität und die moralische Verrohung der Soldaten veranschaulicht.

Über den Tod meines Freundes, des talentvollen Arztes Dr. Haußner aus Pirna, erzählte mir selbst ein dabei anwesender Unteroffizier folgendes: Dr. Haußner sollte von einer Anzahl sächsischer Soldaten aus der Neustadt in die Altstadt gebracht werden. Auf der Brücke meinten einige, warum sie denn dieses Schuftes wegen noch weitergehen sollten? Sie könnten sich seiner ja gleich hier entledigen. Der Gedanke fand Beifall. Zehn, zwölf Arme hoben den sich Sträubenden über das Geländer. Drüben Fuß fassend, klammerte er sich mit seinen gebundenen Händen an das eiserne Gitter. Da hackten Säbel ihm so lange über die Finger und den Kopf, bis er losließ und sich selbst in die Fluten stürzte. Dr. Haußner, ein vortrefflicher Schwimmer, kam bald wieder auf die Oberfläche und schwamm, seiner gebundenen Hände wegen, auf dem Rücken stromabwärts. Das war gegen die Absicht der Mordgesellen, und sie schossen jetzt nach ihm. Er jedoch, die Brücke im Auge, tauchte bei jedem Aufblitzen der Gewehre rasch unter und kam an einer anderen Stelle wieder empor. Da schlich sich einer der Unteroffiziere abseits hinter einen Laternenpfahl, wo der Schwimmende keinen Feind vermutete, und sandte ihm von dort beim nächsten Luftschöpfen die tödliche Kugel zu. Haußners Leichnam kam weiter unten an Land.

Erst am folgenden Tage gelang es dem Oberkommando der preußischen und der sächsischen Truppen, dem blutigen Treiben Einhalt zu gebieten, ohne dass die Mörder zur Verantwortung gezogen wurden. Dieser Umstand wiegt besonders schwer, da die Oberbefehlshaber und ihre Offiziere jederzeit Gelegenheit gehabt hätten, die Gräueltaten zu unterbinden.

Der Versuch, den Blutrausch der Soldaten mit der Erbitterung über die eigenen Verluste zu erklären, mutet wie purer Zynismus an: Die Gesamtverluste der preußischen und der sächsischen Armee betrugen trotz der Schwere der Kämpfe nur 31 Tote und 97 Verwundete, die Aufständischen hatten ungefähr 200 Tote, von denen allein zwischen 50 und 70 Mann von den siegreichen Truppen ermordet worden waren, und 115 Verletzte zu beklagen.

DIE RACHE DER SIEGER UND DIE FOLGEN FÜR SACHSEN

Von all diesen grausamen Vorgängen ahnten die Reste der revolutionären Verbände auf ihrem Rückzug nichts, und noch hegte die provisorische Regierung die Hoffnung, den Kampf vom Lande aus fortführen zu können. Bei der Ortschaft Tharandt stießen die zurückflutenden Kolonnen der Volkskämpfer auf Zuzügler aus dem Voigtland, die von Heubner gebeten wurden, den Rückzug gegen die sächsische Kavallerie zu decken. In Tharandt traf Heubner auch ein letztes Mal auf Tzschirner, der bald auf Nimmerwiedersehen verschwinden sollte. Hier hielt der Amtmann eine glühende Rede vor einer frisch hinzugekommenen Freischar von 800 bis 1000 bewaffneten Männern, in der er die Dresdner Vorgänge schilderte und den Plan erläuterte, sich in Freiberg erneut zum Kampf zu stellen. Um die Stadt schneller zu erreichen, requirierte die provisorische Regierung Leiterwagen und Kutschen. Auf den Anhöhen vor dem Ort trafen die Revolutionäre auf Freischärler, die zu ihrer Begrüßung und zum Empfang weiterer Befehle angetreten waren. Noch einmal erstarkte der Kampfesmut Heubners. Zusammen mit Richard Wagner schritt er die Reihen der Freischärler ab, während Stephan Born erkundete, ob Freiberg gegen einen feindlichen Angriff gehalten werden könnte.

Abgesehen vom Freiberger Freischarenaufgebot entfachte das Eintreffen eines 2000 Mann starken Trupps der Chemnitzer Kommunalgarde den Mut der Geschlagenen aufs Neue. Doch die Unterhandlung mit dem Kommandeur gestaltete sich unangenehm. Aus unerfindlichen Gründen beharrte dieser darauf, dass seine Männer nur in Chemnitz gegen die Regierungstruppen kämpfen würden, und verweigerte jede Hilfeleistung für den Kampf in Freiberg.

Enttäuscht betrat Heubner zusammen mit Wagner seine Heimatstadt, um bei sich zu Hause zusammen mit ihm, Bakunin und dem mittlerweile von seinem Rundgang durch Freiberg eingetroffenen Born eine Stärkung zu sich zu nehmen und sich zu beraten.

Vom Balkon des Rathauses hielt Heubner dann eine flammende Rede an seine Landsleute, nicht zu verzagen und den Kampf für die Reichsverfassung fortzuführen. Trotz des Zuspruchs der Bevölkerung geriet Heubners Auftritt, ohne dass er daran Schuld trug, zur Posse, weil die städtischen Behörden ängstlich darum bemüht waren, in Freiberg einen ähnlich zerstörerischen Straßenkampf wie in Dresden zu verhindern. Diesem Ansinnen gab Heubner nach, wobei er in seinen späteren Darstellungen darauf hinwies, dass ihn Borns negative

Beurteilung der Verteidigungsmöglichkeiten Freibergs stark beeinflusst habe – was der jugendliche Revolutionskommandeur in seinen Erinnerungen völlig anders schildert.

Ich sprach meine Absicht aus, in Freiberg, das mir zur Verteidigung sehr geeignet schien, einen Versuch weiteren Widerstandes zu wagen. Heubner bat mich, diesen Gedanken aufzugeben, von seiner Vaterstadt ein solches Unglück abzuwenden; er selbst sei im Begriff, mit Wagner und anderen weiter zu ziehen, zunächst nach Chemnitz, dann ins Exil. Es sei für mich nun auch Zeit, an meine Sicherheit zu denken. Wir drückten uns die Hand. Ich begab mich auf den Platz hinaus zu meiner bewaffneten Freischar [...] Ich riet den aus Dresden abgezogenen Maikämpfern, sich in kleinen Trupps in ihre Heimat zu begeben. Ihnen würde man wenig anhaben, sagte ich, es gäbe sonst eine zu große Masse der Opfer. Nur auf die Führer werde man fahnden. Sie zogen traurig ab. Das Gefühl der erfahrenen Niederlage drückte auf ihre Gemüter.

Wo immer die Legendenbildung einsetzt und wer von den beiden Maikämpfern recht hat: Fakt ist, dass Heubner und Bakunin nach Chemnitz fuhren und sich in einem Gasthof einquartierten, wo sie infolge ihrer Übermüdung von verräterischen Kommunalgardisten im Schlaf überwältigt, verhaftet und sofort an die königlichen Truppen übergeben wurden.

Mit der Verhaftung der beiden führenden Köpfe des Dresdner Maiaufstands endete jeglicher Widerstand. Wie schon von Born geschildert, lösten sich die Freischaren in kleine Trupps auf und zogen entweder zurück in ihre Heimatorte, flohen über die Landesgrenzen oder wurden von der sächsischen Kavallerie gefangen genommen. Den beiden anderen Angehörigen der provisorischen Regierung gelang die Flucht; Tzschirner entkam nach Baden, wo er während der badischen Revolution eine führende Rolle spielen sollte, Todt konnte sich in die Schweiz retten.

Auch mit Richard Wagner, der Bakunin und Heubner in

einem Wagen folgte, meinte es das Schicksal gut. Zu seinem Glück logierte er in Chemnitz nicht in einem Gasthof, sondern schlief bei seiner Schwester, was ihn vor vorzeitiger Entdeckung bewahrte. In einer Postkutsche gelang es ihm, unerkannt aus Chemnitz nach Weimar zu fliehen, wo ihm ein misstrauischer Franz Liszt auf den Zahn fühlte, wie eine der unzähligen Wagner-Anekdoten zu berichten weiß.

Liszt: »Gib' zu, du hast eine Dummheit gemacht!« –
Darauf Wagner: »Nur eine kleine.«

Von Weimar aus schaffte es Wagner, wie viele andere Achtundvierziger, in die Schweiz zu fliehen. Zürich wurde ihm für das nächste Jahrzehnt dauerhaftes Exil und das Sprungbrett einer atemberaubenden Musikkarriere.

Stephan Born sah sich durch die Umstände genötigt, sich zu Fuß über das Erzgebirge nach Böhmen durchzuschlagen, von wo aus ihm ebenfalls die Flucht in die Schweiz gelang.

Diejenigen Anführer des Dresdner Maiaufstands, derer man habhaft werde konnte, hatten weit weniger Glück. Ursprünglich zum Tode verurteilt, dann vom sächsischen König zu lebenslanger Haft begnadigt, büßten Heubner zehn und Röckel elf Jahre ab. Am härtesten traf es Michael Bakunin, dem eine Odyssee durch die verschiedensten Kerker Europas und Russlands bevorstand. Erst in Sachsen zum Tode, dann zu lebenslänglich verurteilt, wurde er nach einem Jahr in sächsischer Haft wegen seiner Beteiligung am Prager Aufstand an Österreich ausgeliefert, wo er angekettet wie ein wildes Tier ein weiteres Jahr in einer Zelle der berüchtigten Festung Olmütz verbrachte. Angesichts dieser unmenschlichen Haftbedingungen mochte es für Bakunin fast wie ein günstiges Schicksal wirken, dass die Habsburgermonarchie 1851 einem Auslieferungsgesuch des Zarenreichs nachgab und der Überführung ihres prominenten Gefangenen nach Russland zustimmte. Dort wurde er jahrelang in der Festung Schlüsselburg bei Sankt Petersburg gefangen gehalten, bis der neue Zar seine Haft erleichterte und Bakunin nach Sibirien überführen ließ. Von dort aus gelang ihm 1861 zusammen mit seiner jungen Frau endlich die Flucht. Für kurze Zeit blieb er in den Vereinigten Staaten, dann zog es ihn wieder nach Europa. Seine in Italien und schließlich der Schweiz formulierten anarchistischen Ideen kollidierten derartig mit Marx' kommunistischen Ansichten, dass dieser seinen ärgsten Konkurrenten auf dem Kongress der Internationale in Den Haag ausschloss. Diese letzte Ächtung und der oft von Marx und Engels geäußerte Verdacht, dass der Führer der russischen Anarchisten ein Spion des Zarenregimes sei, traf Bakunin härter als all die Jahre in Kerkerhaft. 1873 starb Bakunin verbittert im Schweizer Exil.

In Sachsen selbst wurden die weniger prominenten Demokraten und Radikalen, die am Maiaufstand beteiligt gewesen waren, mit aller Härte verfolgt. Weil Zigtausende verhaftet wurden, quollen bald die Gefängnisse über, sodass viele Gefangene gegen Kaution entlassen werden mussten. In ganz Sachsen wurden gegen 9000 Verdächtige Untersuchungen eingeleitet, 869 wurden des Hochverrats überführt und verurteilt. Unter ihnen waren 26 Advokaten und Bürgermeister, neun Ärzte oder Apotheker, 13 abgedankte Offiziere, ebenso viele Lehrer und Beamte sowie zwei Professoren und ein Regierungsrat, der Rest gehörte dem Arbeiterstand an.

Der König und seine reaktionären Minister zeigten den Sachsen auch ohne Gefängnisstrafen, wer das Heft wieder fest in den Händen hielt. Die Regierung suspendierte Beamte und Lehrer, die mit dem Maiaufstand sympathisiert hatten, zerschlug die März- und Vaterlandsvereine und ordnete per Dekret Steuererhöhungen an. Von nun an war es gefährlich, ein Anhänger der schwarz-rot-goldenen, geschweige denn der roten Fahne zu sein. In Sachsen wurde es still, das einst so rege politische Leben versiegte.

DAS SCHEITERN DER ÜBRIGEN
VERFASSUNGSAUFSTÄNDE

Auf das weitere Schicksal der Reichsverfassungskampagne hatte das Scheitern des Maiaufstands großen Einfluss. Inspiriert vom Mut der Dresdner brachen vielerorts in Deutschland Aufstände aus, die in der Mehrzahl von Arbeitern durchgeführt wurden. In Breslau und Leipzig kam es zu Aufständen, die jedoch nach kurzer Zeit mit dem Sieg der Regierungstruppen endeten. Im Rheinland erhoben sich in Elberfeld und Iserlohn Arbeiter, wobei vor allen Dingen die Iserlohner den preußischen Truppen mehrere Tage lang verlustreich Gegenwehr leisteten, bis auch hier das Militär den Widerstand brach.

In Baden kam es, ausgelöst durch eine Soldatenrevolte, am 11. Mai wegen der Reichsverfassungsfrage zur Revolution, bei welcher der König und seine Minister vertrieben wurden. Auch die Pfalz schloss sich der Bewegung an und stürzte die Regierung. Beide Verfassungsaufstände erwiesen sich als so bedeutend, dass sie nur mithilfe der preußischen Armee niedergerungen werden konnten, wobei vor allem der Kampf gegen die badischen Revolutionstruppen zu einem regelrechten Krieg ausartete. Anders als bei bisherigen Erhebungen standen in Baden neben den üblichen Freischaren reguläre Truppen mit langjährigen Berufssoldaten aufseiten der Revolution. Diese fast 20 000 Mann umfassende Truppe konnte nur durch den Aufmarsch einer 55 000 Mann starken Armee aus Preußen, Hessen, Bayern, Württembergern und Mecklenburgern in den Schlachten von Waghäusel und in den Gefechten an der Murg bezwungen werden. Aufgelöst flutete ein Teil der geschlagenen badischen Armee über die Schweizer Grenze, während ein anderer sich hinter die vermeintlich sicheren Mauern der Reichsfestung Rastatt zurückzog, wo er am 23. Juli 1849 nach dreiwöchiger Belagerung auf die Zusicherung einer ehrenvollen Kapitulation hin aufgab. Doch das Ende der tapferen Rastatter Demokratieverteidiger sah anders aus: Die Preußen scherten sich nicht um die Einhaltung ehrenvoller Kriegskonventionen und richteten die Anführer der badischen Revolutionsarmee erbarmungslos hin. Von den Soldaten wurde jeder zehnte Mann erschossen. Der Rest der gefangenen Revolutionsarmisten wurde in den dumpf-feuchten Kasemattenlöchern eingepfercht, wo aufgrund katastrophaler hygienischer Zustände viele Gefangene an Typhus und Ruhr erkrankten und einen qualvollen Tod starben.

Die Frankfurter Nationalversammlung dagegen fand zwar kein qualvolles, aber ein klägliches Ende. Reichspräsident Heinrich von Gagern trat am 10. Mai, einen Tag, nachdem der Aufstand in Dresden gescheitert war, von seinem Amt zurück. Darauf zog Preußen seine Abgeordneten ab – mit der zynischen Begründung, die Hauptaufgabe der Nationalversammlung, nämlich eine Verfassung zu erarbeiten, sei seiner Auffassung nach erledigt und es gebe deswegen keinen Grund mehr für die preußischen Abgeordneten, noch länger in Frankfurt zu bleiben. Im Verlauf des Monats schrumpfte das Parlament auf 130 Abgeordnete zusammen. Am 30. Mai beschlossen die Vertreter der Paulskirche, unter denen die Linke dominierte, sich aus Angst vor einem Zugriff der in Mainz stationierten preußischen und österreichischen Truppen nach Stuttgart zurückzuziehen. Dort bildeten die verbliebenen Abgeordneten ein Rumpfparlament und ernannten eine provisorische Reichsregentschaft, die sich als Gegenregierung zu der in Frankfurt verbliebenen, durch Österreich kontrollierten konservativen Reichsregierung unter Erzherzog Johann verstand. Doch dem machtlosen Rumpfparlament und seinem Regentschaftsrat war keine lange Lebensdauer beschieden. Schon am 18. Juni wurden beide aufgrund des militärischen Drucks der Bundestruppen und Preußens aufgelöst. Mit dieser weiteren Niederlage, der vier Wochen später die Kapitulation der badischen Truppen folgte, waren die letzten Kräfte der deutschen Revolution zerschmettert worden. Die Konterrevolution hatte gesiegt. Leichtsinnig hatten die Revolutionäre die einmalige historische Chance verspielt, die

Monarchen zu entmachten, die nationale Zersplitterung zu beseitigen und die politischen und sozialen Ungleichheiten innerhalb des deutschen Volkes aufzuheben.

War deswegen alles umsonst gewesen? 1898 schrieb Stephan Born, einer der wenigen Achtundvierziger, der die Revolution nie verriet, anlässlich des 50-jährigen Jubiläums der Revolution über das Vermächtnis derjenigen, die für mehr Freiheit und Demokratie mit der Waffe in der Hand gekämpft hatten.

Ihr wurdet niedergeschlagen. Was tut's? Ihr habt denen, die euch das Gesetz gemacht und euch beherrscht haben, eure vereinte Kraft gezeigt. Sie rächten sich an solchen, die in ihre Hände gefallen waren, durch grausame Härte; aber sie haben euch kennen gelernt und sie begannen diejenigen zu achten, von denen man bisher kaum gesprochen. Ihr erhebt euch aus eurer Niederlage, ihr seid stark geworden. Nur einige Jahrzehnte und ihr stellt eine Macht dar, die aus dem Nichts zum Lichte emporgedrungen ist; man muss mit euch rechnen, ihr steht da als ein lebendiges Zeugnis für die Gesetze der Völkerentwicklung. Mehr noch: Aus den Reihen eurer angeblich geborenen Gegner treten die Denkenden zu euch heran, sie prüfen die Ideen, die eure Waffen waren und die euch getrieben zum Bau von Barrikaden und zur Bekämpfung eines erstarrenden, dem Tode geweihten Systems; eure Ideen erwerben euch Anhänger und immer mehr Anhänger im andern Lager, es kommt euch Hilfe von drüben und ihr werdet nicht mehr als tolle, birnverbrannte Wesen betrachtet und verabscheut.

Die Besten von drüben sagen: Sie haben recht gehabt und hätten wir schon damals aufrecht gestanden, wir hätten neben ihnen gestanden. Das ist der Sieg der Ideen, der mehr wert ist als der Vorteil des Augenblicks, mehr als materielle Kraft und zufällige Überlegenheit der Arme oder der Zahl, und dieser Sieg über die Geister, er ist die wirkliche, die eigentlich gewonnene Schlacht.

So dürfen wir, die Achtundvierziger, in unseren alten Tagen mit Beruhigung aussagen: Wir haben nicht vergeblich gerungen.

LITERATUR

Bakunin, Michael: *Barrikadenwetter und Revolutionshimmel*, Kramer, Berlin 1995

Blos, Wilhelm: *Die Deutsche Revolution 1848 und 1849*, Dietz, Stuttgart 1893

Born, Stephan: *Erinnerungen eines Achtundvierzigers*, Dietz, Berlin 1969

Engels, Friedrich: *Die deutsche Reichsverfassungskampagne*, Dietz, Berlin 1969

Jäckel, Günther: *Dresden zwischen Wiener Kongress und Maiaufstand*, Verlag der Nation, Berlin 1990

Kramer, Bernd: *»Lasst uns die Schwerter ziehen, damit die Kette bricht«*, Kramer, Berlin 1990

Matzerath, Josef: *Der sächsische König und der Maiaufstand*, Böhlau, Köln 1999

Meinel, Kurt: *Otto Leonhard Heubner*, Limpert, Dresden 1928

Schattkowsky, Martina: *Dresdner Maiaufstand und Reichsverfassung*, Leipziger Universitätsverlag, Leipzig 2000

Valentin, Veit: *Geschichte der deutschen Revolution 1848–49*, Ullstein, Berlin 1930

ROTE FAHNEN ÜBER DEUTSCHLAND
DIE KIELER MATROSENREVOLTE
UND DER AUSBRUCH DER NOVEMBER-
REVOLUTION 1918

*Die größte aller Revolutionen hat wie ein plötzlich losbrechender
Sturmwind das kaiserliche Regime mit allem, was oben und unten
dazugehörte, gestürzt. Man kann sie die größte aller Revolutionen
nennen, weil niemals eine so fest gebaute, mit so soliden Mauern
umgebene Bastille so in einem Anlauf genommen worden ist. Es
gab noch vor einer Woche einen militärischen und zivilen Ver-
waltungsapparat, der so verzweigt, so ineinander verfädelt, so tief
eingewurzelt war, dass er über den Wechsel der Zeiten hinaus seine
Herrschaft gesichert zu haben schien. Durch die Straßen von Berlin
jagten die grauen Autos der Offiziere, auf den Plätzen standen wie
Säulen der Macht die Schutzleute, eine riesige Militärorganisation
schien alles zu umfassen, in den Ämtern und Ministerien thronte
eine scheinbar unbesiegbare Bürokratie. Gestern früh war, in Berlin
wenigstens, das alles noch da. Gestern nachmittag existierte nichts
mehr davon.* [1]

Über die deutsche Novemberrevolution waren nach Meinung
des Publizisten Sebastian Haffner drei verschiedene Legenden
im Umlauf. Die erste Legende bestritt ihre Existenz, die zweite
behauptete, dass sie ausschließlich eine bolschewistische Revolution gewesen sei, und die dritte, die sogenannte »Dolchstoß-
legende«, beinhaltete, dass diese Revolution angeblich das un-
geschlagene deutsche Heer, während es noch an der Westfront
mit dem Feind rang, von hinten meuchlings gemordet habe.
Während des politischen Lebens der Weimarer Republik, des
Dritten Reiches und des geteilten Nachkriegsdeutschlands –
kapitalistischer und kommunistischer Prägung – behaupteten

[1] Theodor Wolff, *Berliner Tageblatt* vom 10. November 1918.

423

sich diese Legenden zäh und hartnäckig. Sie wurden, je nach geschichtlicher Vorbildung und politischer Prägung des Einzelnen, mit Inbrunst geglaubt. Doch selbst Legendenbildungen historischer Ereignisse setzen voraus, dass diese der Bevölkerung als geschichtliche Vorgänge noch bewusst sind.

DER VERGESSENE NOVEMBER 1918

War die Novemberrevolution von 1918 im 20. Jahrhundert wenigstens noch umstritten, so ist sie heute im Geschichtsbewusstsein der deutschen Bevölkerung so gut wie nicht mehr vorhanden, was angesichts der äußerst intensiven Beschäftigung von Fernsehen und Druckmedien mit dem wilhelminischen Kaiserreich und der Nazizeit verwundert. Selbst im Jahr der neunzigsten Wiederkehr der Novemberrevolution steht das Ausmaß der Publikationen zu diesem denkwürdigen Ereignis in keinem Verhältnis zur Anzahl der jüngsten Veröffentlichungen zum viel gepriesenen Revoltenjahr 1968.

Heute ist der 9. November für das Kollektivgedächtnis der Deutschen vor allem der Tag des Mauerfalls von 1989 beziehungsweise der sogenannten »Reichskristallnacht« 1938. Dass es ebenfalls ein 9. November war, an dem 1918 die erste deutsche Republik in Berlin ausgerufen wurde, wird dagegen eher verdrängt, wenn nicht vergessen. Dabei hat gerade dieser erfolgreiche Umsturz die deutsche Gesellschaft am nachhaltigsten verändert, indem er nicht nur den Kaiser, sondern alle deutschen Fürsten stürzte und die Weichen für ein republikanisches Deutschland stellte.

Gegenwärtig wirkt die Novemberrevolution wie eine dunkle Sage aus längst vergangener Zeit. Kläglich sind die Denkmäler, die an sie erinnern. In Kiel, dem Ort des Matrosenaufstands, gibt es gerade einmal zwei Plaketten und eine abstrakte Skulpturengruppe im Ratsdienergarten, auf dem Friedhof der Märzgefallenen in Berlin-Friedrichshain lugt die

von Hans Kies geschaffene Bronzeskulptur »Roter Matrose«
mit übergehängtem Gewehr und geballter Faust hinter dem
Gebüsch hervor, und in Bremen steht auf dem Waller Friedhof ein Denkmal der 1919 gefallenen Verteidiger der Bremer
Räterepublik. In München gibt man sich minimalistisch-krimi-
nalistisch und gedenkt des sozialistischen Gründers des Frei-
staats Bayern, Kurt Eisner, am Tatort seiner Ermordung auf
makabre Art und Weise mit einem metallenen Bodenrelief, auf
dessen rauer Metalloberfläche der damals von der Kriminal-
polizei mit Kreide gezeichnete Leichenumriss Eisners künst-
lerisch nachempfunden ist. Im krassen Gegensatz dazu zeigen
sich die Helden Bayerns vor der Münchner Feldherrnhalle im
besten Ornat, und in der Walhalla bei Regensburg thronen die
Köpfe großer und bedeutender Deutscher; in fast allen größeren Städten stehen riesige Standbilder Bismarcks oder der
Hohenzollernfürsten.

Gegen diese ungebrochene Verherrlichung konservativer
oder gar reaktionärer Politiker und Monarchen hat der Umgang mit den unbekannten Helden der Novemberrevolution
fast etwas Verschämtes. Vielleicht wirken noch immer die
ideologischen Grabenkämpfe nach, die zur Zeit des Kalten
Krieges um die Deutungs- und Interpretationshoheit der
Novemberrevolution tobten. Während die bürgerliche Geschichtsschreibung die Bedeutung der Revolution herunter-
spielte und im Bemühen um eine demokratische Traditions-
ableitung bestrebt war, eine Linie der Kontinuität vor allem
zwischen dem Parlamentarismus der Weimarer Republik und
der Bundesrepublik zu ziehen, verzerrte die marxistische Geschichtsschreibung der DDR die revolutionären Ereignisse des
Novembers 1918. In verzweifelter Suche nach einer eigenstän-
digen deutsch-bolschewistischen Bewegung verklärte sie Rosa
Luxemburg, Karl Liebknecht und den Spartakistenbund zu
den Revolutionsmachern von 1918.

Vielleicht liegt die Unsicherheit im Umgang mit diesem
zentralen Eckpunkt deutscher Geschichte darin begründet,

dass nicht einzelne politische Parteien und Charismatiker, sondern eine anonyme, mutige Volksmasse – die kriegsmüde Bevölkerung – jene Revolution durchführte, die wie ein Wirbelsturm über Deutschland hinwegfegte und nicht nur den Kaiser, sondern auch seinen autoritären Staat sowie sämtliche Herrscherdynastien Deutschlands stürzte.

Den Anstoß für diese gesellschaftliche Umwälzung gab Ende Oktober 1918 eine Matrosenmeuterei, die bald die gesamte kaiserliche Kriegsmarine erfasste. Was ursprünglich als Befehlsverweigerung einiger Tausend Matrosen auf der Reede vor Wilhelmshaven begann, wurde in Kiel durch die Unterstützung von Arbeitern, Soldaten und der Bevölkerung zum Volksaufstand, der innerhalb einer Woche ganz Deutschland erfasste und als Revolution in Berlin endete.

Aber aller Anfang ist schwer, und Ende Oktober schwante nicht einmal den kühnsten Matrosen, dass ihre Befehlswidersetzung das morsche Gebäude des Kaiserreichs innerhalb weniger Tage zum Einsturz bringen könnte. Dabei hatte sich der Missmut der Bevölkerung und der Widerstand gegen die Kriegspolitik der Obersten Heeresleitung zum ersten Mal bereits im Sommer 1917 auf den Schiffen seiner kaiserlichen Majestät gezeigt.

REVOLUTION ANTE PORTAS:
DIE MATROSENUNRUHEN VON 1917

Es begann buchstäblich wie in Sergej Eisensteins Revolutionsepos *Panzerkreuzer Potemkin*: Seit Wochen hatten ungenießbare Steckrübeneintöpfe, kaum zu kauendes Dörrgemüse und viel zu knapp bemessene Brotzuteilungen die Mannschaften der vor Wilhelmshaven auf Schillig-Reede liegenden kaiserlichen Hochseeflotte verärgert. Während die Marineoffiziere in ihren Offiziersmessen und in den Kasinos Wein- und Champagnerflaschen mit Säbeln köpften und sich wie in Friedenszeiten den Bauch mit Braten vollstopften, brachen unterernährte Matrosen an Deck und abgemagerte Heizer vor ihren Kesseln zusammen.

Was in Friedenszeiten von Matrosen und Heizern vielleicht noch geduldet worden wäre, funktionierte nach dem Hungerwinter 1916/17 nicht mehr. Fleisch gab es so gut wie gar nicht mehr, Butter und Kartoffeln waren Mangelware, Brot musste mittlerweile durch Kleie gestreckt werden. Die Auslagen der Schlachterei-Schaufenster verödeten immer mehr, und wo 1914 noch Rind- und Schweinefleisch vorhanden war, lagen magere Rationen Pferdefleisch. Aber selbst dieses wurde bald unerschwinglich und verschwand mit zunehmender Fortdauer des Krieges aus den Metzgereien. Bald lebte der Großteil der deutschen Bevölkerung nur noch von dem, was normalerweise die Mastschweine bekamen: Steckrüben, Gerstenschrot, Weizenkleie und verdorrtes Gemüse. Die Hungerkatastrophe wurde in Deutschland so groß, dass es in den Straßen der Großstädte zu grauenhaften Szenen kam. Die Diva des deutschen Stummfilms, Asta Nielsen, wurde in Berlin Zeugin, wie die ausgehungerte Stadtbevölkerung über ein Pferd herfiel, das vor ihren Augen auf der Straße verendete.

Im Nu, als hätte man darauf gelauert, stürmten die Frauen, mit langen Küchenmessern bewaffnet, aus den umliegenden Häusern auf den Kadaver. Man schrie und schlug sich um die besten Stücke. Andere ausgehungerte Gestalten kamen vorüber und fingen in Näpfen und Tassen das warme Blut auf, von dem das Pflaster rot gefärbt war. Erst als das Pferd, wie ein Skelett in der Wüste abgenagt, dalag, zerstreute sich die Menge, die eroberten Fleischklumpen ängstlich an die platten Brüste gepresst.

Was war der Grund für diese erbärmliche Versorgungslage? Mehrere Missernten in Folge hatten die Lage in der Heimat dramatisch verschärft, doch am härtesten traf die auf Rohstoff- und Nahrungsmittelimporte angewiesene deutsche Bevölkerung die britische Seeblockade, die verhinderte, dass das Deutsche Reich den Nahrungsmittelengpass durch Einfuhren aus dem Ausland ausgleichen konnte. Versuche, die britische Hochseeflotte 1916 zur Aufgabe der Hungerblockade zu zwingen, waren gescheitert. Der taktische Sieg der deutschen Flotte in der Seeschlacht am Skagerrak hatte nichts an der strategischen Gesamtsituation und den Ausmaßen der Hungerkatastrophe in Deutschland geändert, die bis Kriegsende 800 000 Menschen das Leben kosten sollte.

Doch nicht jedem ging es schlecht. Ungeachtet des Elends der Bevölkerung prasste die deutsche Oberschicht wie eh und je, lebten die Landjunker, Adeligen und Notablen des Großkapitals im alten Reichtum. Auch die Offiziere des Heeres genossen ihre alten Privilegien und bekamen selbst an der Front deutlich bessere Verpflegung als ihre Mannschaften. Im Hinterland, der sogenannten Etappe, waren die Unterschiede noch größer. Hier erhielten die Offiziere nicht nur das beste Essen, sondern auch die besten Häuser zum Quartier, während ihre Mannschaften in Ställen und Baracken übernachteten und auf den nächsten Einsatz an der menschenfressenden Front warteten. Zum Feindbild eines jeden Frontsoldaten wurden die »Etappenschweine«, jene Offiziere und Unteroffiziere, die sich vor dem Fronteinsatz drückten und sich durch Schiebereien verschiedenster Art eine goldene Nase verdienten.

Waren die Klassenunterschiede schon im Heer spürbar, so wurden sie von den sozialen Gegensätzen an Bord der Schiffe bei weitem übertroffen. Nirgends wurde dem Soldaten so deutlich vor Augen geführt, was für eine gesellschaftliche Null er in den Augen seiner Vorgesetzten war, wie in der kaiserlichen Marine. Hier, auf dicht gedrängtem Raum, fand die schärfste soziale Diskriminierung statt, hier wurde klar zwischen Untertanen und Herren unterschieden. Die ausschließlich aus dem Adel stammenden Seeoffiziere bildeten eine Kaste für sich, die oberste Klasse, danach kamen die technischen beziehungsweise Deckoffiziere, meist Ingenieure, die von den

Seeoffizieren nicht ernst genommen wurden und denen sogar der Zutritt zum Offizierskasino verboten wurde. Die dritte Kaste an Bord waren die Maate, Matrosen und Heizer. Sie hatten ihren adeligen Offizieren ohne zu mucken gehorsam zu sein. Befehle sollten ausgeführt, nicht verstanden oder gar hinterfragt werden. Ein denkender Soldat war ein schlechter Soldat – doch die Marinesoldaten wehrten sich, denn sie waren aus anderem Holz geschnitzt. Viele von ihnen waren vor dem Krieg Facharbeiter gewesen und als solche Mitglieder der SPD. Über Zeitschriften, Zeitungen und Parteibroschüren waren die Matrosen bestens über die Zustände an den Fronten in West und Ost sowie in der Heimat informiert.

In der kaiserlichen Marine kam noch erschwerend hinzu, dass die Mannschaften die privilegierte Stellung ihrer Vorgesetzten hautnah miterlebten. So stand einem deutschen Seeoffizier zum Beispiel eine Monatsration von 20 Weinflaschen zu, während die Mannschaft allenfalls Anspruch auf ein paar Gläser Bier hatte, deren Zuteilung mit buchhalterischer Akribie erfolgte. Mehr als einmal bekamen die Matrosen mit, wie ihnen versprochenes Fleisch auf den Tellern der Offiziere landete, die sich einen Teufel um die Verpflegung der Mannschaft scherten. Dies alles wäre von den Besatzungen noch mit Langmut zu ertragen gewesen, hätte nicht das Zusammenwirken von stumpfsinnigem Drill und engen räumlichen Verhältnissen die Missstände verstärkt. Als den Matrosen zu guter Letzt fast nur noch verdorbene Nahrungsmittel angeboten wurden, riss ihnen der Geduldsfaden.

Die Ersten, welche die Konsequenzen zogen, waren die Heizer des Schlachtschiffes SMS *Prinzregent Luitpold*. Am 6. Juni 1917 traten sie in den Hungerstreik und protestierten gegen die schlechte Verpflegung an Bord der Schiffe der kaiserlichen Hochseeflotte. Von da an ging es Schlag auf Schlag. Im selben Monat weigerten sich auf der SMS *Helgoland* dreißig Matrosen, 90 Zentner verdorbenes Mehl für die Mannschaftsverpflegung auszuladen. Am 4. und am 5. Juli

1917 traten auf der *SMS Friedrich der Große* Teile der Mannschaft nicht zum Dienst an, weil die Brotration gekürzt worden war. Das Gleiche wiederholte sich am 11. und am 19. Juli. Am 16. August 1917 weigerten sich auf der *SMS Westfalen* Matrosen, überhaupt zur Kohlenübernahme anzutreten, und protestierten damit gegen die unzulängliche Verpflegung. Auch auf der *SMS Posen* kam es im Juli und im August 1917 zu wiederholten Dienstverweigerungen, weil die Brotrationen nicht das dem Verpflegungssatz entsprechende Gewicht hatten und die Mittagsmahlzeiten, wie überall in der Marine, aus durchweg ungenießbarem Steckrübeneintopf bestanden. Nur dank rigoroser Disziplinarmaßnahmen behielten die Offiziere die Situation vorerst noch unter Kontrolle. Am 20. Juli 1917 gingen über 140 Besatzungsmitglieder der *SMS Pillau* während der Werftliegezeit unerlaubt von Bord, um dagegen zu protestieren, dass die Schiffsleitung Landurlaubsersuchen mit fadenscheinigen Begründungen abgelehnt hatte. In Wirklichkeit wollte der Kommandant der *Pillau* verhindern, dass die Matrosen Kontakte zu den niedersächsischen Werftarbeitern knüpften. Diese stellten eine ernsthafte Gefahr für die Mannschaftsdisziplin dar, hatten sie doch erst im April 1917 in allen Rüstungsbetrieben gestreikt, um die Erhöhung der Brotrationen durchzusetzen. Ein weiterer Fall von Urlaubsverweigerung betraf die gesamte Mannschaft der *SMS Rheinland*. Als diese zur Frühmusterung am 16. August 1917 vortrat und Landurlaub verlangte, schränkte der Kommandant aus dem gleichen Grund wie auf der *Pillau* den Landgang der Mannschaft stark ein.

Die Revolte der Matrosen überraschte das Flottenoberkommando, welches völlig ratlos zunächst mit Disziplinarmaßnahmen versuchte, den Aufstand unter Kontrolle zu bekommen. Die Meuterei grassierte wie ein Virus von Schiff zu Schiff, ohne dass ein Ende in Sicht schien. Vergebens versuchten die Kommandeure, die Mannschaften mit Urlaubsstreichungen einzuschüchtern. Jetzt rächten sich die Mariner, indem sie von vornherein ihren Dienst gar nicht erst antraten oder die Schiffe geschlossen verließen und an Land gingen.

Was aber bewog die Soldaten, das hohe Risiko einer Meuterei einzugehen? Anlass war ein den Mannschaften Mitte 1917 zufällig bekannt gewordener Erlass des Marineministeriums, aufgrund der Missstände in der Versorgung der Flotte die Bildung von Verpflegungskommissionen, den sogenannten Menagekommissionen, zu erlauben. Diese Menagekommissionen sollten auf jedem Schiff von eigens dazu abkommandierten Matrosen gebildet werden und die gesundheitlich einwandfreie Versorgung der Marine gewährleisten, waren aber bis jetzt nicht flächendeckend eingeführt worden. Dies sollte sich bald ändern. Ungeachtet des Versammlungsverbots an Bord bildeten die Matrosen an Bord jedes Schiffes durch freie Wahl Menagekommissionen, die schon bald aufgrund der vielfältigen Klagen der Mannschaften zu Beschwerdezentralen wurden. Durch Mittelsmänner und Kuriere sprang der Funke der Rebellion unter der Führung der Heizer und Matrosen Reichpietsch, Köbis, Sachse, Weber und Beckers von Schiff zu Schiff über. Vertrauensmänner sammelten die Klagen der Matrosen und stellten sie der zuständigen Menagekommission ihres Schiffes zu. Diese strukturierte die Beschwerden, um sie dem zuständigen Ersten Offizier vortragen zu können. Als die Matrosen merkten, dass die Schiffskommandanten wie auch die Hohe Admiralität der Beschwerdebewegung ablehnend gegenüberstanden, beschlossen sie zu streiken.

Um die Streikaktionen besser zu koordinieren, wurde die Menagekommission auf dem Flaggschiff des Geschwaders *Friedrich der Große* zur Flottenzentrale erklärt. Nie zuvor hatte es in der deutschen Armee – geschweige denn in der kaiserlichen Marine, die wohlgemerkt des Kaisers liebstes Kind war – derartige Streikaktionen gegeben. Obwohl die Menagekommission bald zum Sammelbecken aller an Bord Unzufriedenen wurde, war sie ihrer Tendenz nach vorerst unpolitisch. Allen Soldaten gemein war der Wunsch nach einer besseren

Verpflegung und nach Frieden; und genau das machte sie in den Augen der kaiserlichen Admiralität so gefährlich: 400 Matrosen hatten sogar eine Solidaritätserklärung für die sozialistische Stockholmer Friedenskonferenz unterschrieben und waren der USPD beigetreten.

Als besonders bedrohlich empfand das Flottenkommando, dass die Wilhelmshavener Matrosenunruhen von der russischen Februarrevolution inspiriert waren. In Sankt Petersburg war unter anderem durch einen Generalstreik kriegsmüder Arbeiter der Zusammenbruch des Zarenregimes herbeigeführt worden. Arbeiter- und Soldatenräte hatten die Macht in Russland übernommen und unter Führung der Menschewiki, der demokratisch orientierten Sozialisten, eine provisorische Regierung gebildet.

Der Erfolg des russischen Volksaufstands inspirierte die deutschen Matrosen und weckte allseits in Deutschland die Illusion, dass der Frieden nahe sei. Viele machten sich vergeblich Hoffnungen, dass die in Stockholm stattfindende erste internationale sozialistische Friedenskonferenz den Krieg beenden könnte. Hinzu kam, dass erste Arbeiterstreiks in der Rüstungsindustrie das Land erschütterten und die Desertionen von Soldaten zunahmen. Der Brief eines unbekannten Landwehrmanns ist symptomatisch für die vorherrschende Stimmung an der Front:

Alles ist uns zuwider, und man lebt sehr stumpfsinnig wie ein Vieh in den Tag hinein [...] nichts hat mehr ein Interesse für mich, nur noch der eine Gedanke, Friede, Friede, Friede.

Der Zeitpunkt der Matrosenunruhen schien günstig gewählt. Im Reichstag tobte die Auseinandersetzung darum, ob das Deutsche Reich einen Annexionsfrieden oder einen Verständigungsfrieden ohne Gebietsannexionen mit den feindlichen Alliierten abschließen sollte. Es war ausgerechnet Matthias Erzberger, ein ehemaliger Kriegsbefürworter der Zentrumspartei, der am 6. Juli 1917 den Vorstoß gegen die mittlerweile zur heimlichen Regierung Deutschlands aufgestiegene Oberste Heeresleitung (OHL) unter Führung von Generalfeldmarschall von Hindenburg und General Ludendorff führte. Eine Inspektionsreise an der Ostfront hatte Erzberger klargemacht, dass der Sieg der Mittelmächte unmöglich sei. Nun drängte er darauf, Kaiser und Oberste Heeresleitung mithilfe einer von der Reichstagsmehrheit verabschiedeten Friedensresolution an den Verhandlungstisch zu bringen. Da Erzbergers Friedenskampagne zeitlich einherging mit einer päpstlichen Friedensinitiative, blühte neue Hoffnung in Deutschland auf.

Dabei schwebte Erzberger und den Befürwortern keinesfalls die bedingungslose Kapitulation Deutschlands vor, sondern Friedensverhandlungen mit den Alliierten auf Augenhöhe. Noch stand das deutsche Heer ungeschlagen in Frankreich, ja es hatte sogar die große französische Sommeroffensive zurückgeschlagen, die 271 000 Franzosen das Leben gekostet hatte und fast zur Auflösung der französischen Armee geführt hätte. Auch an der Ostfront war das deutsche Heer siegreich geblieben. Mit vernichtenden Schlägen hatte Ludendorff die russischen Angriffskolonnen zurückgeschlagen, die noch Wochen zuvor die österreichisch-ungarischen Linien in Galizien überrannt hatten. Dem General war es gelungen, die Ostfront zu stabilisieren und der russischen Armee derartig blutige Verluste beizubringen, dass sie kurz vor dem Zusammenbruch stand.

Das deutsche Waffenglück, das den Nimbus von der Unbesiegbarkeit Hindenburgs und Ludendorffs steigerte, wurde zum Verhängnis der Friedensresolution. Ludendorffs Standpunkt war klar: Wie konnte man angesichts derartiger Erfolge erwarten, dass Deutschland Zugeständnisse an die Alliierten machte? War es nicht an Deutschland, seinen Feinden Bedingungen für einen Siegfrieden zu diktieren? Die Oberste Heeresleitung dachte nicht daran, sich vom Reichstag, dessen einzige wichtige Befugnis die Bewilligung von Kriegskrediten war, ins Handwerk pfuschen zu lassen. Alle durch Deutschland annektierten Gebiete sollten beim Reich bleiben, vor allen Dingen Belgien und das nordfranzösische Kohlerevier um Longwy. Aufgrund dieses unnachgiebigen Ansatzes der OHL scheiterte die päpstliche Friedensinitiative schon im Ansatz: Papst Benedikt XV. hatte zwischen den verfeindeten Mächten einen Verständigungsfrieden ohne Annexionen anbahnen wollen. Doch dies war jetzt hinfällig geworden, und die Friedensresolution Erzbergers verpuffte und wurde totgeredet. Die Kontroverse wurde sogar dazu benutzt, Reichskanzler Bethmann Hollweg, der schon 1915 kurzfristig die Idee eines Verständigungsfriedens verfolgt hatte, zu stürzen. Dieser hatte sich weniger für die Friedensresolution als tatsächlich für die Einführung des allgemeinen Wahlrechts in Preußen eingesetzt und sich damit die preußischen Junker, darunter Ludendorff, Hindenburg und die Vertreter der Alldeutschen Bewegung[1], zu Feinden gemacht. Als der Kaiser, der Bethmann Hollwegs Politik befürwortete, sich schützend vor seinen Kanzler stellte, setzte ihm Ludendorff in vollem Bewusstsein seiner Popularität die Pistole auf die Brust und drohte seinem obersten Kriegsherrn mit Rücktritt. Dies konnte der Kaiser unter dem Druck der öffentlichen Meinung nicht zulassen. Noch am 13. Juli 1917 trat Bethmann Hollweg zurück. Er wurde ersetzt durch den bisherigen Staatskommissar für Ernährung, Georg Michaelis, einen Parteigänger Ludendorffs. Dessen erste wichtige Aufgabe wurde die Annahme der von der Reichstagsmehrheit beschlossenen Friedensresolution.

[1] Die Alldeutsche Bewegung propagierte im 19. Jahrhundert die Vereinigung aller deutschsprachigen Völker in einem »Großdeutschland« unter Preußens Führung und bestand aus Vertretern von Großindustrie und Hochadel. Sie fand ihr politisches Forum in der 1917 von Großadmiral Tirpitz gegründeten Deutschen Vaterlandspartei, die einen rücksichtslosen Siegfrieden anstrebte.

Der Reichstag erstrebt einen Frieden der Verständigung und der dauernden Versöhnung der Völker. Mit einem solchen Frieden sind erzwungene Gebietserwerbungen und politische, wirtschaftliche oder finanzielle Vergewaltigungen unvereinbar. Der Reichstag weist auch alle Pläne ab, die auf eine wirtschaftliche Absperrung und Verfeindung der Völker nach dem Kriege ausgehen. [...] Solange jedoch die feindlichen Regierungen auf einen solchen Frieden nicht eingehen, solange sie Deutschland und seine Verbündeten mit Eroberung und Vergewaltigung bedrohen, wird das deutsche Volk wie ein Mann zusammenstehen, unerschütterlich ausharren und kämpfen, bis sein und seiner Verbündeten Recht auf Leben und Entwicklung gesichert ist. In seiner Einigkeit ist das deutsche Volk unüberwindlich. Der Reichstag weiß sich darin eins mit den Männern, die in heldenhaftem Kampf das Vaterland schützen. Der unvergängliche Dank des ganzen Volks ist ihnen sicher.

Die Annahme der Friedensresolution durch Reichskanzler Michaelis am 19. Juli 1917 hatte keinerlei unmittelbaren Einfluss auf den weiteren Kriegsverlauf. Ludendorff und Hindenburg beschlossen, sie zu ignorieren, die Alliierten nahmen sie nicht ernst. Wie schon die Jahre zuvor bewilligten auch in diesem Jahr bis auf die USPD alle Reichstagsparteien die Kriegskredite.

Im Grunde genommen hatte sich für den kleinen Mann auf der Straße und in den Schützengräben nichts geändert, auch wenn die Reichstagsmehrheit erstmals gegenüber der OHL Position bezogen hatte. Die Zeichen der Zeit standen auf Krieg und Sieg. Da war für »Wehrkraftzersetzung« kein Platz, weder im Heer noch in der Marine.

Kein Wunder also, dass sich das Flottenkommando unter Admiral Scheer geradezu verpflichtet fühlte, gegen die aufrührerischen Matrosen hart durchzugreifen und ein Exempel zu statuieren. Das Vorgehen der deutschen Marineleitung gegen die Matrosenführer sollte unmissverständlich klarstellen, dass die alldeutsche Kriegspartei für einen Siegfrieden über Leichen ging, und wenn es sein musste, jeglichen politischen Widerstand aus dem Weg räumte.

Als die Offiziere der *Prinz Luitpold* elf Matrosen wegen unerlaubten Entfernens von der Truppe gefangen nahmen, um mit ihrer Bestrafung die übrigen Schiffsbesatzungen einzuschüchtern, hielt die restliche Mannschaft unter Führung des Heizers Albin Köbis eine Versammlung am Deich ab. Unter dem Beifall der Mannschaften verlangte der junge Matrosenführer die Freilassung der Verhafteten, die Abschaffung des zusätzlichen Dienstes der Heizer sowie Gewährung der regulären Freizeit an Bord. Aber Köbis ging noch weiter, indem er die Mannschaften zur Beendigung des Krieges aufforderte: »Wir sind die wahren Patrioten. Nieder mit dem Krieg! Wir wollen nicht mehr weiter Krieg führen!«Die gesamte Mannschaft des Schiffes stellte sich sofort hinter diese Forderungen. Das war zu viel für die Seekriegsleitung unter Admiral von Scheer. Als die streikenden Mannschaften ihre gefangenen Kameraden durch eine Streikaktion freipressen wollten und auf mehreren Schiffen den Befehl zum Auslaufen verweigerten, schlug die Flottenführung unbarmherzig zu und verhaftete die Wortführer der Streikbewegung.

DER JUSTIZMORD AN REICHPIETSCH UND KÖBIS

In einem schnell durchgepeitschten Kriegsgerichtsverfahren wurden die vermeintlichen Rädelsführer durch von vornherein parteiische und befangene Richter wegen Hochverrats zum Tode verurteilt. Dabei wurde ihnen vor allem der juristische Tatbestand vorgeworfen, eine umstürzlerische Organisation gegründet und einen Aufstand durchgeführt zu haben. Durch erzwungene und manipulierte Geständnisse schuf die hohe Admiralität mit Absicht Präzedenzfälle, um die Bordbesatzungen von weiteren Meutereien abzuschrecken.

Fünf der sogenannten Meuterer wurden zum Tode verurteilt: der Oberheizer Sachse, die Heizer Weber, Beckers, Köbis und der Matrose Reichpietsch. Weber, Beckers und Sachse hatten das Glück, dass ihre Todesurteile in langjährige Haftstrafen umgewandelt wurden. Nicht so aber bei Max Reichpietsch und Albin Köbis: Reichpietsch wurde es zum Verhängnis, dass er während eines Landurlaubs aus freien Stücken den Kontakt zur USPD gesucht hatte, um von ihr Unterstützung für die Matrosenprotestaktionen zu erhalten. Dieser Umstand wog in den Augen der Kriegsgerichtsräte besonders schwer, war doch ausgerechnet die USPD jene Partei, die sich erst wenige Monate vor Beginn der Matrosenunruhen von der SPD abgespalten hatte, weil sie deren kriegsfreundlichen Burgfriedenskurs nicht mehr mittragen wollte. Bei der OHL und der Reichsmarine war die USPD verfemt, setzte sie sich doch, genauso wie die Matrosen, für einen Verständigungsfrieden ein und verweigerte ihre Zustimmung für die Kriegskredite.

Bei Albin Köbis lag der Fall etwas anders. Er wurde zum Tode verurteilt, weil er in den Augen des befangenen Kriegsgerichts seine Kameraden angeblich zum Aufstand angestachelt hatte, was nicht stimmte. Die Matrosen hatten wohl Befehle verweigert und passiven Widerstand geleistet, aber keinen »Aufstand« gemacht, wie selbst der mit der Überprüfung des Urteils beauftragte Oberkriegsgerichtsrat de Bary betonte:

Der Begriff »Aufstand« unter Angehörigen der deutschen Kriegsmacht [...] ist weitergehend als derjenige des militärischen Aufruhrs. [...] Unter Aufstand wird man vielmehr eine größere, in der Regel bewaffnete Erhebung gewaltsamer Art gegen die Vorgesetzten und die in ihnen verkörperte staatliche Autorität zu erblicken haben. [...] Das Gericht sieht aber die Aufstandserregung schon damit als vollendet an, dass bereits eine Organisation mit bestimmten landesverräterischen Zielen bestand, die auf einen Wink der Leitung jederzeit zuschlagen konnte. Meiner Ansicht entspricht es mehr, den Tatbestand des § 90 Ziffer 6 erst dann als erfüllt anzusehen, wenn der Aufstand ins Leben getreten, wenn die beabsichtigte gewaltsame Erhebung auch äußerlich in die Erscheinung getreten ist. [...] Ich halte daher die Verurteilung der ersten 7 Angeklagten wegen vollendeter Aufstandserregung für juristisch anfechtbar. [...] Aus den angeführten Gründen stehen der unveränderten Bestätigung des Urteils Bedenken entgegen.

Das Rechtsgutachten de Barys bestätigte: Weder waren die Matrosen bestrebt gewesen, das Kommando über ihre Schiffe zu erlangen, noch hatten sie sich gewaltsam gegen ihre Offiziere gewandt. Doch darauf kam es dem Kriegsgericht auch gar nicht an. Admiral Scheer sah allein die Intention eines Aufstands als ausreichend genug an, die Todesstrafe zu vollstrecken. Köpfe mussten rollen, ein Exempel statuiert werden. Der Schandfleck der Empörung sollte ein für alle Mal aus dem Logbuch der Kriegsmarine getilgt werden, auch wenn der Admiral selbst Zweifel an der Rechtmäßigkeit des Urteils hatte, wie seine Äußerung zu dem Rechtsgutachten de Barys belegt.

Die in dem Rechtsgutachten geltend gemachten Bedenken erkenne ich an. Ich gelange aber trotz danach bestehenden Zweifeln zu der Auffassung, dass der Gerichtsherr und das Feldkriegsgericht die Bestimmungen des § 90, 6 Strafgesetzbuch richtig ausgelegt haben. Auch nach meiner Überzeugung erregt einen Aufstand unter Angehörigen unserer Kriegsmacht, wer in landesverräterischer Absicht zur Herbeiführung des Aufstandes tätig wird; der Eintritt des von ihm gewollten Erfolges ist keine notwendige Voraussetzung für die Anwendung des Gesetzes.

Den 2. September 1917
Scheer, Admiral der Hochseestreitkräfte

Damit war klar, dass die zum Tode Verurteilten keinerlei Gnade zu erwarten hatten. Mit dem Urteil sollten nicht nur die Matrosen von weiteren Aktionen abgeschreckt, sondern auch die politischen Kräfte getroffen werden, die den Verständigungsfrieden herbeisehnten. Die nachträgliche Politisierung der Hungerrevolte von Wilhelmshaven diente dem Zweck, die friedensbereite USPD und ihre Abgeordneten zu diskreditieren und somit die einzig wahre oppositionelle Partei gegen die Fortführung des Krieges auszuschalten.

Wie ungefährlich und politisch naiv die beiden zum Tode Verurteilten in Wirklichkeit waren, zeigt der Abschiedsbrief von Max Reichpietsch an seine Eltern. Bis zuletzt lag es dem jungen Matrosen fern, zu glauben, dass er wirklich wegen eines derartig geringen Vergehens – dem Beitritt zur USPD und der Sammlung von Unterschriften gegen den Krieg – hingerichtet würde.

Donnerstag, den 30.8.17

Geliebte Eltern!
Ich hätte Euch schon lange geschrieben, was mit mir los ist, aber ich wollte erst mein Urteil abwarten. Nun ist dieser Tag gewesen, und er ist noch schlimmer ausgefallen, als ich gedacht hatte. Es ist ein Todesurteil geworden. Ob es vollstreckt wird, oder ob es durch die Gnade des Kaisers verhindert wird, liegt in Gottes Hand. Ich habe keine Hoffnung mehr und mit dem Leben abgeschlossen. Das hätte wohl keiner gedacht, als wir im Juni Abschied nahmen, dass es das letztemal sein sollte. [...] Nun entschuldigt, dass ich nicht mehr schreibe; aber mir ist das Herz so schwer, dass es mir unmöglich ist, noch weiter zu schreiben. Denn es ist traurig, als junger Mensch in der Blüte der Jahre, mit einem Herzen voll Hoffen und Sehnen, schon sterben zu müssen, sterben durch harten Richterspruch. Grüßt Willy und Gertrud, und Euch selbst umarmt und küsst zum letzten Male [...]

Euer Sohn Max

(P.S.) Alles, was Ihr für mich machen könnt, ist wenn Ihr durch einen Rechtsanwalt oder durch den Stammapostel [Reichpietsch war Mitglied der Neuapostolischen Kirche Berlin, Anm. d. Verf.] ein Gnadengesuch an den Kaiser macht, in dessen Hand augenblicklich mein Leben ruht, und dessen Hand auch hier mildtätig wirken wird.

M.

Leider war alles Hoffen von Max Reichpietsch umsonst. Der Abschiedsbrief wurde absichtlich zurückgehalten, damit der Marinejustiz nicht doch noch ein »Betriebsunfall« passierte und der unberechenbare, stets wankelmütige Kaiser den Unruhestifter im letzten Moment begnadigte. Damit war endgültig klar: Admiral Scheer wollte die Ehre der Marine wiederhergestellt wissen und Blut sehen – und dafür nahm er alles, ja sogar einen Justizmord in Kauf.

Aus Angst vor weiteren Unruhen in der kaiserlichen Hochseeflotte wurden Reichpietsch und Köbis nach Köln transportiert und am 5. September 1917 um 7.30 Uhr auf dem Schießplatz in Köln-Wahn standrechtlich erschossen. Ihr einziges Vergehen war, dass sie auf Frieden gehofft und gegen soziale Ungerechtigkeit und schlechte Verpflegung protestiert hatten. Zwei Wochen nach der Hinrichtung erreichte Reichpietschs Abschiedsbrief seine Eltern. Der Tag sollte kommen, an dem dieser Justizmord noch böse Folgen für die Militärdiktatur und den Kaiser haben sollte.

IM WESTEN VIEL NEUES

Vorerst schien es, als ob die Oberste Heeresleitung einen innen- wie außenpolitischen Sieg nach dem anderen errang. Im Januar 1918 schlug sie einen gegen den Krieg gerichteten Generalstreik der deutschen Arbeiterschaft mithilfe der SPD-Abgeordneten nieder, die sich an die Spitze der 500 000 Arbeiter umfassenden Streikbewegung setzten und so den Aufruhr durch mäßigendes Einwirken erstickten. Im Februar diktierte die OHL dem zusammengebrochenen Russland ihre Friedensbedingungen und warf die an der Ostfront frei werdenden Truppen nach Westen, wo sie nach mehreren Schlachten tief in die Champagne bis an die Marne vorstießen.

Schon schlugen die Granaten des 140 Tonnen schweren Langrohrgeschützes »Dicke Bertha« in den Pariser Außenbezirken ein und verbreiteten Angst und Schrecken, schon sahen sich Ludendorff und Hindenburg im Geiste an der Spitze ihrer siegreichen Truppen auf den Champs-Élysées paradieren, als endlich US-amerikanische Verbände in die Kämpfe eingriffen und zusammen mit Briten und Franzosen das deutsche Heer durch unermüdliche Gegenangriffe an der Marne zurückschlugen.

Seitdem ging es Woche für Woche bergab. Und dann kam der Tag, den das deutsche Oberkommando am meisten gefürchtet hatte. In einer eigenartigen Ironie wollte es das Schicksal, dass es ausgerechnet der Festtag des Erzengels Michael war: des Schutzheiligen aller deutschen Soldaten, der zugleich Namensgeber der soeben gescheiterten Großoffensive in Frankreich war.

Am 29. September 1918 ging im belgischen Kurort Spa ein gebrochener Mann schweren Schrittes über die mit kostbaren Teppichen ausgelegten Flure des mondänen Hotels Britannique, wo das Hauptquartier der Obersten Heeresleitung errichtet worden war. Es war jener Mann, der seit zwei Jahren hinter den breiten Schultern des greisen und schwerfälligen Generalfeldmarschalls Hindenburg mit harter Hand und eisernem Willen die Geschicke des Deutschen Reiches lenkte: General Erich Ludendorff.

Doch nun stand dem einst als militärisches Wunderkind gehandelten Feldherrn der schlimmste Moment seiner Karriere bevor. Hatte es nach dem Zusammenbruch des Zarenreichs im Februar 1918 noch den Anschein gehabt, dass Deutschland den Krieg durch den Einsatz der im Osten frei gewordenen Armeeeinheiten gewinnen könnte, war im September 1918 eine entscheidende Wende eingetreten. Zwischen März und Juli waren die mit ungeheurem Materialaufwand vorgetragenen deutschen Offensiven nach anfänglichen Erfolgen im Westen unter grauenvollen Verlusten endgültig gescheitert.

Im August schließlich kam endgültig die Wende. In der Schlacht von Amiens machten die Alliierten fast alle Geländegewinne der deutschen Frühjahrs- und Sommeroffensiven hinfällig. Zu Hunderten wälzten sich plumpe, stählerne Ungetüme mit quietschenden Panzerketten trotz des schweren deutschen Abwehrfeuers gnadenlos über Schützengräben und Trichter hinweg, rollten Drahtverhaue nieder, als wären sie Brombeergestrüpp, und versetzten die deutschen Infanteristen in Angst und Schrecken. Tausende verließen panisch ihre Stellungen und flohen aufs freie Feld, wo sie sich entweder ergaben oder von der den Tanks nachfolgenden feindlichen Infanterie niedergemäht wurden. Was die deutsche Generalität vor allem erschreckte: Der »Schwarze Tag des deutschen Heeres« (Ludendorff) hatte das deutsche Landheer an einem Tag 48 000 Mann gekostet. 15 000 waren gefallen, 33 000 galten als vermisst, was nichts anderes hieß, als dass sie entweder desertiert oder zum Feind übergelaufen waren.

Nur mit Mühe riegelte die deutsche Armee die alliierten Einbrüche ab. Die Front stabilisierte sich vorläufig, doch das deutsche Heer war angeschlagen. Was noch schlimmer wog: Durch die enttäuschte Hoffnung auf den Endsieg war die Kampfmoral der Truppe gebrochen. Mit Entsetzen griff die Einsicht um sich, dass all die schrecklichen Opfer vergeblich gewesen waren. Das Eingreifen der US-Amerikaner besorgte den Rest und demoralisierte die abgekämpften deutschen Truppen endgültig. Seit dem 1. Januar 1918 schifften die Vereinigten Staaten pro Monat 200 000 Mann in die Häfen Frankreichs aus; Mitte Oktober standen zwei Millionen US-Amerikaner in Frankreich unter Waffen. Insgesamt zählte das Heer der Alliierten fast vier Millionen Mann, von denen die US-Amerikaner unverbraucht und guten Mutes waren. Dem hatten die Deutschen nur noch zwei Millionen graugesichtige Männer entgegenzusetzen, die durch die Hölle unzähliger Materialschlachten gegangen und zum großen Teil unterernährt waren. Noch hielten sie die »Siegfriedstellung« und verteidigten sich mit eigentümlicher Zähigkeit, doch bei dieser numerischen, materiellen und moralischen Überlegenheit war es nur noch eine Frage der Zeit, wann das deutsche Westheer endgültig geschlagen sein würde.

REVOLUTION VON OBEN

Mit frischen Truppen griffen die Alliierten ab dem 26. September die von Ludendorff für unüberwindlich gehaltene Siegfriedstellung – von ihnen auch »Hindenburglinie« genannt – auf der gesamten Breite zwischen Flandern und den Argonnen an. Nach schweren Kämpfen gelang ihnen nur zwei Tage später der Einbruch in die deutschen Linien. Wie schon bei Amiens liefen auch hier Soldaten nach anfänglicher Gegenwehr zu den Alliierten über, brach auch hier die Kampfmoral zusammen.

Der gravierendste Vorfall ereignete sich jedoch nicht in den Schützengräben an der Front, sondern einige Hundert Kilometer weiter hinten, in der Etappe, genauer gesagt im Hauptquartier der Obersten Heeresleitung in Spa, Belgien. Unter dem Eindruck der Hiobsbotschaften einer gewaltigen Niederlage verlor Ludendorff die Nerven. Pausenlos überschüttete er das Auswärtige Amt mit panischen Telegrammen, die den sofortigen Zusammenbruch der Westfront prophezeiten, sollte der Krieg noch ein bis zwei Tage weitergeführt werden.

General Ludendorff sagte mir eben in Gegenwart von Oberst Heye
und Lersner, Euer Exzellenz seine dringende Bitte zu übermitteln,
das Friedensangebot sofort hinausgehen zu lassen und damit nicht
erst bis zur Bildung der neuen Regierung zu warten, die sich verzögern
könne. Heute hielte die Truppe noch, wir seien noch in einer würdigen
Lage; es könne aber jeden Augenblick ein Durchbruch erfolgen,
und dann käme unser Angebot im allerungünstigsten Moment.
Er käme sich vor wie ein Hasardspieler, und es könne jederzeit
irgendwo eine Division versagen. Ich habe den Eindruck, dass
man hier völlig die Nerven verloren hat, und möchte glauben, dass
wir schlimmstenfalls nach außen hin den Schritt mit der Haltung
Bulgariens begründen können.

Dies von Ludendorff zu hören, musste seltsam anmuten.
Großspurig hatte er noch im März verkündet, den Krieg im
Westen zu gewinnen. Im August hatte er sich gerühmt, den
Angriffsgeist der Alliierten durch die zähe Verteidigung der
Siegfriedstellung, die in seinen Augen als unüberwindbar galt,
lähmen zu können. Und jetzt? Jetzt – am 1. Oktober – hatte
er sozusagen über Nacht die Erkenntnis gewonnen, dass der
Krieg verloren war. Zusätzlich bestärkt wurde er in seiner ne-
gativen Lagebeurteilung noch durch die Nachricht der am 29.
September erfolgten Kapitulation Bulgariens und des immer
deutlicher absehbaren militärischen Zusammenbruchs Öster-
reich-Ungarns. Mit der Zerschlagung dieser Bündnispartner
durch die Alliierten hatte sich das Blatt auch auf dem Balkan
endgültig gewendet. Jetzt drohte dem Deutschen Reich ein
Kampf an mehreren Fronten, der angesichts seiner schwachen
Kräfte unmöglich zu führen war.

Wie aber wollten Ludendorff und Hindenburg dem Kaiser
diesen Katastrophencocktail verabreichen, ohne ihr Gesicht
und das der Armee zu verlieren?

Jetzt rächte es sich, dass das OHL dem Kaiser seit März
1918 immerzu geschönte Siegesbilanzen untergejubelt hatte,
wodurch sich dieser im Glauben wiegte, sein Heer eile kamp-

fesmutig von Sieg zu Sieg, und den Kontakt zur Realität verlor. Trotz der Niederlage sollte das Gesicht der Armee gewahrt bleiben; sie durfte nicht zerschlagen werden, sollte sie noch ein gefügiges Machtinstrument in den Händen des Oberkommandos bleiben. Nun galt es, alles so einzurichten, dass das Debakel an der Westfront und die Schwäche des kaiserlichen Heeres einigermaßen vor der deutschen Öffentlichkeit und den Alliierten verborgen blieben. Ludendorff wusste die Lösung, und er war auch bereit, sie skrupellos umzusetzen. Es musste ihm nur gelingen, die seit Langem nach der Macht strebenden größten Parteien des Reichstags endlich an der Regierung zu beteiligen. Die Schlüsselfunktion in Ludendorffs Plan kam dabei der Einbindung der Mehrheits-SPD (MSPD)[1] und des Zentrums, der Partei des deutschen Katholizismus, zu. Mithilfe dieser beiden Volksparteien wollte die Generalität die ungeheure Masse antimonarchistisch gesinnter SPD- und Zentrumsanhänger kontrollieren und so eine Revolution verhindern. Im Gegenzug sollten die Vertreter von MSPD und Zentrumspartei Waffenstillstandsverhandlungen führen und für diese die volle Verantwortung übernehmen. Auf diese Weise, so hoffte Ludendorff, blieben Ehre und Existenz der Armee gewahrt, das Kaiserreich erhalten und die demokratischen Parteien mit dem Makel der Niederlage befleckt.

War Ludendorffs Plan schon hinterhältig, so erhielt er durch die Anregungen des inzwischen in Spa eingetroffenen

---

[1] Im April 1917 erfolgte die Spaltung der SPD, und die Kriegsgegner innerhalb der Partei gründeten die Unabhängige Sozialdemokratische Partei Deutschlands (USPD). Die Mehrheitssozialdemokraten (MSPD) unter Ebert blieben zunächst bei ihrer Unterstützung der Burgfriedenspolitik; im Jahr 1919 kehrte die Partei wieder zum Namen SPD zurück. Die USPD ging weitgehend in der neuen Kommunistischen Partei (KPD) auf, einige Mitglieder kehrten wieder zur SPD zurück; ab 1922 spielte sie keine politische Rolle mehr.

Staatssekretärs des Auswärtigen[1], Admiral Paul von Hintze, den letzten Schliff. Hintze schlug vor, den vermeintlichen Systemwechsel so aussehen zu lassen, als sei er auf die freiwillige Initiative des Kaisers hin erfolgt: Um den Kurswechsel für die Öffentlichkeit nachvollziehbarer zu machen, sollte die nachträgliche Parlamentarisierung per kaiserliches Dekret als »Revolution von oben« verfügt werden. Auf diese Weise wäre der Armee, der Marine und dem Kaiser Ehre getan, eventuellen Revolutionsbestrebungen die Spitze genommen und die zukünftige Mitverantwortung der Reichstagsmehrheit nicht nur dem Volk, sondern auch den Alliierten klar und deutlich vor Augen geführt.

Die Revolution von oben dachte ich zunächst als ein Mittel, der Revolution von unten vorzubeugen; letztere hielt ich in unserer Lage für Selbstmord. Von oben durch die Initiative des Monarchen in Szene gesetzt, sollte sie einen Übergang bilden, die Umstellung von Sieg auf Niederlage tragbar zu machen durch Heranziehung möglichst viel Interessierter zur Mitwirkung an der Regierung; das sollte ihre palliative Wirkung sein. Noch wesentlicher und wichtiger war mir ihre positive Aufgabe: die beiseite stehenden Kräfte heranzulocken, die bereits eingesetzten Kräfte zu ermutigen unter der Losung »Das Vaterland ist in Gefahr!« zur Verteidigung des Vaterlandes. [...] Nach außen brauchte ich, wenn die Wirklichkeit nicht zu erreichen war, den Anschein und den Klang einer Einheitsfront des deutschen Volkes, bereit, eher zu sterben, als unwürdige oder unerträgliche Friedensbedingungen auf sich zu nehmen.

Ludendorff war begeistert und nahm Hintzes Vorschlag dankbar auf. Zusammen mit Hindenburg trafen sie am 29. September den Kaiser, den sie vor vollendete Tatsachen stellten. Resigniert nahm Wilhelm II. den Vorschlag einer »Revolution

---

[1] Im Kaiserreich Bezeichnung des Außenministers.

von oben« entgegen und fügte sich in sein Schicksal. Noch am selben Tag wurde der bisherige Reichskanzler Hertling auf eigenen Wunsch hin entlassen und der Parlamentarisierungserlass formuliert, in dem der Kaiser erklärte, mehr als bisher Vertreter des Volkes zu den Regierungsgeschäften herbeizuziehen.

Ludendorff frohlockte. Wieder einmal, so dachte er, hatte er den Kaiser und seine Umgebung eingewickelt. Doch Wilhelm II. hatte zwar die Kröte geschluckt, aber noch nicht verdaut. Mit sichtlichem Groll begegnete er von nun an dem Mann, der ihm einst die Rettung des Vaterlandes versprochen hatte und sich nun auf so einfache Weise aus der Verantwortung stehlen wollte. Aber der schwerste Gang stand Ludendorff noch bevor: das Eingeständnis der Niederlage vor dem Offizierskorps der Armee. Hier galt es vor allem, Fingerspitzengefühl zu beweisen und seinen Offizierskollegen schonend beizubringen, dass die von ihnen gehassten Sozialdemokraten, jene »Flaumacher« und »Jammergestalten« des Krisenjahres 1917, von nun an an der Regierung beteiligt seien.

Aber Ludendorff war ein gewiefter Taktiker, der seine Pappenheimer kannte. Wie schon tags zuvor beim Kaiser vermied er es geschickt, persönlich die Konsequenzen aus seinem Versagen zu ziehen, sondern wies die Schuld groteskerweise denjenigen zu, denen er jetzt die Regierungsverantwortung zu übergeben dachte.

Zur Zeit haben wir also keinen Kanzler. Wer es wird, steht noch aus. Ich habe aber S. M. gebeten, jetzt auch diejenigen Kreise an die Regierung zu bringen, denen wir es in der Hauptsache zu danken haben, dass wir so weit gekommen sind. Wir werden also diese Herren jetzt in die Ministerien einziehen sehen. Die sollen nun den Frieden schließen, der jetzt geschlossen werden muss. Sie sollen die Suppe jetzt essen, die sie uns eingebrockt haben!

Doch so stark wie er tat, war Ludendorff nicht. Tage nach diesen entscheidenden Vorgängen erhielten belgische Bauarbeiter den Auftrag, die Wände seines Arbeitszimmers zu dämmen, damit die blankliegenden Nerven des geschlagenen Generalissimus nicht zu sehr durch Gespräche und Schrittgeräusche belästigt würden. Widerwillig mauerten die zwangsrekrutierten Arbeiter eine zweite Wand vor die schon bestehende, wobei sie zwischen beiden Wänden einen Hohlraum ließen, den sie mit Sand auffüllten. Während Ludendorff sich so von den schädlichen Einflüssen seiner Umwelt absonderte, kam das Kaiserreich nicht mehr zur Ruhe.

Am 3. Oktober wurde nach Zustimmung der Obersten Heeresleitung und der Parteien der Reichstagsmehrheit, bestehend aus MSPD, Fortschrittlicher Volkspartei und dem Zentrum, der für monarchistische Verhältnisse liberale Prinz Max von Baden zum Reichskanzler berufen. Dieser bildete sofort eine Regierung, welcher der Fraktionsvorsitzende der SPD, Philipp Scheidemann, als Staatssekretär (das heißt Minister) ohne besonderes Ressort angehörte. Scheidemann sträubte sich anfangs gegen den Eintritt in die Regierung, weil er befürchtete, dass weder das misstrauische Ausland noch die werktätigen Massen die verordnete Demokratisierung Deutschlands glauben würden. Aber wie fast immer setzte sich der monarchistisch gesinnte Ebert gegen den mit der Staatsform der Republik sympathisierenden Scheidemann durch. Dabei verfolgte er vor allem ein Ziel:

Wollen Sie jetzt keine Verständigung mit den bürgerlichen Parteien und der Regierung, dann müssen wir die Dinge laufen lassen. Dann greifen wir zur revolutionären Taktik, stellen uns auf die eigenen Füße und überlassen das Schicksal der Partei der Revolution. Wer die Dinge in Russland erlebt hat, der kann im Interesse des Proletariats nicht wünschen, dass eine solche Entwicklung bei uns eintritt. Wir müssen uns im Gegenteil in die Bresche werfen. Wir müssen sehen, ob wir genug Einfluss bekommen, unsere Forderungen durchzusetzen, und wenn es uns möglich ist, sie mit der Rettung des Landes zu verbinden, dann ist es unsere verdammte Pflicht und Schuldigkeit, dies zu tun.[1]

Mit diesem Standpunkt verfolgte Ebert die seit Kriegsbeginn 1914 eingeschlagenen Richtlinien sozialdemokratischer Politik, die erst vor einem Jahr zur Spaltung der Partei geführt hatten. Angewidert von Eberts monarchistisch-kriegsbefürwortendem Kurs, der nicht mehr dem ursprünglich sozialistischen Programm der alten SPD entsprach, hatte sich der linke Parteiflügel unter Führung des zweiten Vorsitzenden Hugo Haase abgespalten und 1917 zur USPD formiert, während die Mehrheitssozialisten nun unter dem Parteinamen MSPD firmierten.

In der USPD fanden sich Anhänger der parlamentarischen Demokratie, Marxisten und Pazifisten. In ihr hatten Befürworter der Anwendung revolutionärer Mittel ebenso Platz wie Vefechter einer Kooperationsstrategie mit allen politischen Reformkräften. Trotz dieser äußerst heterogenen Zusammensetzung gab es für alle Mitglieder der USPD auch gemeinsame Nenner. Einigkeit herrschte darin, den Burgfriedenskurs der Reichstagsfraktion unter Führung von Ebert und Scheidemann zu bekämpfen sowie den Krieg durch einen Verständigungsfrieden zu beenden.

In den Augen der USPD war die SPD zum willigen Handlanger des Großkapitals und des Militärs herabgesunken und hatte schon lange aufgehört, eine Partei des sozialen Wandels oder gar eines revolutionären Umsturzes zu sein. Diese Einschätzung traf zu. Die Mehrheits-SPD war 1918 längst zu einer vom Großkapital domestizierten, reformistischen Arbeiterpartei geworden, die sich sogar systematisch gegen die eigene Parteibasis stellte, nur um an die Macht zu kommen beziehungsweise an ihr beteiligt zu werden. Die Galionsfigur dieser Politik war Friedrich Ebert. Evolution statt Revolution –

[1] E.O. Volkmann, *Revolution über Deutschland*, S. 170.

das war seine Parole. Dick, unansehnlich und klein, hielt der gelernte Sattler die SPD erst mit Hugo Haase, dann mit Philipp Scheidemann zusammen. Macht und Kontrolle bedeutete für Ebert alles, Ordnung und Parteidisziplin war sein ganzes Leben. Kein Wunder, dass ihn die USPD verabscheute, deren Stärke die Vielfältigkeit politischer Ideen und Anschauungen war.

Doch Ebert war im Gegensatz zu Hugo Haase, Walter Dittmann und Georg Ledebour kein Dogmatiker, sondern ein geschickter Pragmatiker und Taktiker. Wohl wissend, dass Max von Baden sich nur mit Sozialdemokraten umgab, um seiner Regierung eine demokratischere Fassade zu geben, beabsichtigte Ebert seinerseits, mit der MSPD die Parlamentarisierung zu benutzen und die Macht zu übernehmen, um den sich bildenden revolutionären Strömungen entgegenzuwirken. Was die SPD-Parteiführung in jenen Tagen dachte, macht ein Artikel des *Vorwärts* deutlich:

Das Ziel einer deutschen Demokratie wird in kurzer Zeit auf dem Wege der friedlichen Umwälzung erreicht sein. Dann tritt die gewaltige Frage der wirtschaftlichen Neuordnung an uns heran, und der Sozialismus wird seinen Vormarsch antreten. Jetzt kommt alles darauf an, dass von dem, was uns bleibt, nichts überflüssig zerstört und vernichtet wird.

Mit Feuereifer machten sich Ebert und Scheidemann daran, zusammen mit Max von Baden das neue Kabinett regierungsfähig zu machen. Um dem Volk die demokratische Wandlung zu verkaufen, wurde eine große Koalition aus Zentrums- und MSPD-Abgeordneten sowie Angehörigen der Fortschrittspartei und der Nationalliberalen gebildet. Die bekanntesten Politiker waren Erzberger (Zentrum), Scheidemann und Bauer (MSPD), Haußmann und Payer (Fortschrittspartei).

Besondere Eile war hinsichtlich des auszuhandelnden Waffenstillstands geboten, denn bereits im Januar 1918 hatte der

US-amerikanische Präsident Woodrow Wilson ein Friedensprogramm ausgearbeitet, das in 14 Punkten die Friedensbedingungen der Alliierten fest umriss. Diese Punkte waren für Deutschland angesichts der Schlechtwetterlage an allen Fronten relativ günstig. Sie sahen die Räumung der besetzten Teile Russlands, Belgiens und der übrigen besetzten Gebiete sowie die Nichteinmischung in die innerrussischen Verhältnisse vor. Des Weiteren sollten die am Krieg schuldigen Mächte – womit klar die Mittelmächte gemeint waren – Reparationen in Form von Kriegsentschädigungen leisten. Außerdem schlug Wilson vor, die Grenzen nach der Volkszugehörigkeit der Bevölkerung zu ziehen. Deutlich forderte er in seinem Programm Autonomie für die Völker der k. u. k. Monarchie, die Bildung eines unabhängigen Polen und die Schaffung eines Völkerbundes.

Noch bevor sämtliche politischen Ressorts besetzt waren, wurde hektisch an einer eigenen Note gearbeitet. Verzweifelt versuchte der neue Reichskanzler Max von Baden, eine neue Leitlinie deutscher Außenpolitik zu formulieren. Noch witterte er eine kleine Chance, indem er dem US-Präsidenten bei den künftigen Unterhandlungen eine Sonderrolle zuzuschanzen gedachte.

Eingekeilt zwischen erbarmungslosen Feinden im Westen und der Pest der Bolschewiki im Osten, ist die letzte Rettung möglicherweise noch Wilsons Wunsch, eine Rolle zu spielen, und seine Weltbeglückungstheorie.

Freilich basierte dieser Gedanke auf der Unwägbarkeit, dass die Mächte der Entente, Frankreich und Großbritannien, die Vermittlungsrolle der USA widerstandslos akzeptierten und sich mit den Forderungen des 14-Punkte-Programms einverstanden erklärten. Doch diese Hoffnung auf einen Verständigungsfrieden war naiv, genauso wie die trügerische Illusion, dass die durch den Diktatfrieden von Brest-Litowsk zwischen dem Deutschen und dem Russischen Reich gewonnenen Ostgebiete von den Friedensbedingungen ausgeklammert werden könnten. Die deutsche Regierung und Ludendorff hingen dem Glauben an, dass die Westmächte ihnen angesichts der bolschewistischen Gefahr im Osten besondere Zugeständnisse machen müssten. Ja, die Hoffnungen des neuen Kabinetts gingen sogar so weit, dass es tatsächlich noch erwog, Bedingungen an die Alliierten zu stellen. Max von Baden und Ludendorff dachten allen Ernstes, dass das Deutsche Reich Elsass-Lothringen, die Kolonien und die deutschen Eroberungen behalten könnte. Anlässlich seiner Rede vor dem Reichstag am 5. Oktober stellte der Reichskanzler die Zielsetzung seiner Politik heraus.

Deutschland sei entschlossen und einig, sowohl zu einem redlichen Frieden, [...] als auch zu dem Endkampf auf Leben und Tod, wenn die Antwort der mit uns im Kriege stehenden Mächte auf unser Angebot von dem Willen, uns zu vernichten, diktiert sein sollte.

War dies ein diplomatischer Bluff, blanke Unkenntnis der militärischen Lage oder einfach nur Trotz, der aus den Worten des Reichskanzlers sprach? Wohl von allem etwas. Deutlich scheint hier der Standpunkt des unverbesserlichen Generals Ludendorff durch, der tatsächlich noch glaubte, alle nötigen militärischen Trümpfe für einen Endkampf in der Hand zu haben.

Von Anfang an gelang es dem Prinzen nicht, die Bevölkerung von seinen Absichten zu überzeugen, auch wenn er bei seiner Antrittsrede feierlich verkündete, dass eine neue Epoche in Deutschlands Geschichte begonnen habe. Die von Kaiser Wilhelm II. erlassene Verfassungsänderung umfasste die Einführung des allgemeinen Wahlrechts in Preußen und anderen Bundesstaaten sowie eine Lockerung des militärischen Belagerungszustands. Dies alles wurde als Scheindemokratie empfunden, die einzig den Zweck hatte, die Bevölkerung ruhigzustellen, damit nicht doch noch die von den Regierungsparteien befürchtete Revolution ausbräche. Die Widersinnigkeit dieses unseligen Schutz- und Trutzbündnisses war selbst Max von Baden bewusst, als er schrieb:

Gottlob, dass ich in den Sozialdemokraten Männer auf meiner Seite habe, auf deren Loyalität wenigstens gegen mich ich mich vollkommen verlassen kann. Mit ihrer Hilfe werde ich hoffentlich im Stande sein, den Kaiser zu retten. Welche Ironie des Schicksals.

Das beabsichtigte also der Reichskanzler: die Rettung der Monarchie mithilfe der Sozialdemokratie, wobei die Zauberformel »Reform« hieß. Doch was Max von Baden im Schilde führte, hatte die First Lady des deutschen Sozialismus, Rosa Luxemburg, schon längst durchschaut. Noch im selben Monat beschrieb sie aus dem Gefängnis die eigentliche Rolle des Kabinetts:

Der historische Sinn und Zweck solcher »Reformministerien« der letzten Stunde [...] ist stets derselbe: die »Erneuerung« des alten Klassenstaats auf »friedlichem Wege«, das heißt die Änderungen von Äußerlichkeiten und Lappalien, um den Kern und das Wesen der alten Klassengesellschaft zu retten, um einer radikalen, wirklichen Erneuerung der Gesellschaft durch die Massenerhebung vorzubeugen. Das historische Schicksal dieser Ministerien der zwölften Stunde ist auch stets dasselbe: Sie sind durch ihre innere Halbheit und ihren inneren Widerspruch mit dem Fluche der Ohnmacht beladen [...] Die treibenden Kräfte der Geschichte, die das Reformministerium erzwungen haben, eilen alsbald über dasselbe hinaus. Es rettet nichts und verhindert nichts. Es beschleunigt und entfesselt nur die Revolution, der es vorbeugen sollte.

Rosa Luxemburg sollte recht behalten. Trotz der Regierungsumbildung gärte es in der Bevölkerung weiterhin, aber noch kam es nicht zu Unruhen, weil jeder in Deutschland auf den schnellen Abschluss des Verständigungsfriedens hoffte. Auch die Regierung gab sich Träumen hin, die dahin gingen, dass die Parlamentarisierung den Kaiser und die deutschen Dynastien gerade noch rechtzeitig vor der Revolution gerettet habe. Nur zehn Tage später platzte die Seifenblase mit dem Bekanntwerden der diplomatischen Antwort Wilsons, jener berühmten zweiten Note, in der er den Abschluss eines Waffenstillstands für Deutschland nicht nur unverblümt mit bedingungsloser Kapitulation, sondern auch mit der Einführung einer wahrhaft demokratischen Verfassung forderte. Dies hieß im Klartext, dass es nur Frieden gab, wenn der Kaiser abdankte. Das war zu viel für Ludendorff, der sich mittlerweile seelisch erholt hatte und plötzlich wieder die Zeit reif für einen letzten Verzweiflungskampf mit allen Mitteln wähnte. Energisch befahl er in militaristischer Verblendung die Wiederaufnahme des Kampfes bis zum letzten Mann und gebärdete sich dabei wieder wie der eigentliche Machthaber Deutschlands. Dieses Mal wurde er jedoch in seine Schranken gewiesen.

Max von Baden überzeugte den Kaiser, dass Ludendorff politisch kaltgestellt werden müsse, sollte endlich der Frieden geschlossen und das deutsche Heer vor völliger Vernichtung bewahrt werden. Die letzten Reserven der Truppen sollten unbedingt geschont werden, um sie im Kampf gegen eine vielleicht ausbrechende Revolution einsetzen zu können.

Der Reichskanzler hatte bei Wilhelm II. leichtes Spiel, denn dieser hatte nicht vergessen, wem er seine politische Entmachtung verdankte, und rächte sich jetzt an seinem selbstherrlichen Generalissimus. Als Ludendorff dem Kaiser für den Fall, dass die Friedensverhandlungen fortgeführt würden, mit seinem Rücktritt drohte, akzeptierte Wilhelm wider Erwarten, was Ludendorff verblüffte. Bei dem Hohenzollern hatte endlich die Einsicht gesiegt, dass der Krieg verloren und der großmäulige General nur ein weiteres Hindernis auf dem langen Weg zum Frieden war. Als Hindenburg diesmal seinem alten Freund nicht beisprang, machte Ludendorff wutschnaubend auf dem Absatz kehrt und verließ die kaiserliche Villa. Sein Groll ging sogar so weit, dass er sich nicht von Hindenburg im Auto mitnehmen lassen wollte, was den sehr auf Kameradschaft bedachten Feldmarschall schwer traf.

Wie es schien, war mit Ludendorffs Sturz der größte Unruheherd und Stolperstein im deutschen Heer beseitigt worden. Ludendorff wurde durch Generalleutnant Groener ersetzt, und die Verhandlungen mit den Alliierten wurden wieder aufgenommen. Langsam kehrte wieder Ruhe und Normalität im Hauptquartier der Obersten Heeresleitung von Spa ein. Der Kaiser ging viel spazieren, hackte wie immer Holz und rauchte wie ein Schlot, die Oberste Heeresleitung leitete den Rückzug des Westheeres aus Flandern ein und nahm, von den alliierten Armeekorps an allen Fronten bedrängt, immer wieder neue Verteidigungsstellungen ein. Alles harrte gespannt der neuen Note Wilsons, nur nicht die Reichskriegsmarine.

OPERATIONSBEFEHL NR. 19 WIRD NICHT AUSGEFÜHRT

Unbeachtet von Spa und Berlin hatten Admiral Scheer und sein Stabschef Konteradmiral von Trotha am 24. Oktober beschlossen, der britischen Flotte eine letzte große Seeschlacht zu liefern, um mit den Schiffen seiner Majestät ehrenvoll unterzugehen, anstatt sie kampflos auszuliefern. Die Einzelheiten des Operationsbefehls Nr. 19 sahen vor, dass die deutsche Hochseeflotte von Wilhelmshaven angeblich zum Schutz der flandrischen Küste in den Ärmelkanal auslaufen sollte, um die britischen Verbände auf sich zu ziehen und zur Schlacht zu stellen.

In den Augen der hohen Admiralität stellte dieser Flottenbefehl noch nicht einmal ein Vergehen dar, und die Seekriegsleitung argumentierte rein formaljuristisch folgendermaßen: Durch die Einstellung des U-Boot-Kriegs hatte die Hochseeflotte wieder die vorher eingeschränkte operative Freiheit erlangt, auf Feindfahrt zu gehen, und nicht jede Feindfahrt musste vorher vom Reichskanzler genehmigt werden, dafür war das Reichsmarineamt als eigenständiges Ministerium zuständig. Allerdings unterstand dieses wiederum in letzter Instanz dem Reichskanzler. Mit anderen Worten: Die Kriegsmarine konnte durchaus selbstständige taktische Operationen durchführen, aber eine geplante Seeschlacht, die den Einsatz der gesamten Kriegsflotte vorsah und das Leben von 80 000 Matrosen aufs Spiel setzte, bedurfte durchaus der Genehmigung durch den Reichskanzler. Die Tatsache, dass weder Max von Baden noch Wilhelm II. von der geplanten Operation wussten, zeigt, dass die Admiralität nicht gemäß ihrem Auftrag handelte, sondern auf eigene Faust und damit bewusst die Absichten der Regierung unterlief.

Trotz aller juristischen Spitzfindigkeiten lag hier ein eindeutiger Fall einer Offiziersrevolte vor, die mithilfe der geplanten Seeschlacht im Ärmelkanal die Verhandlungen des Reichs mit der Entente und den USA torpedieren wollte. Ob wirklich der Ehrbegriff der Offiziere das entscheidende Moment war, mag dahingestellt sein. Auf alle Fälle entsprach die geplante Aktion auch dem alldeutschen Geist der Offiziere seiner Majestät, und wie selbstverständlich gingen sie davon aus, dass die Matrosen freudig in den Tod ziehen würden. Doch sie irrten sich gewaltig: Die Schiffsbesatzungen sehnten den Frieden herbei und waren nicht gewillt, sich in einem sinnlosen Kampf für den Kaiser und die Ehre der Marine zu opfern. Sie machten Front gegen die Offiziers-Fronde und meuterten.

Als am 27. Oktober nach mehrtägigem gespannten Warten der Befehl an die Besatzungen der Panzerkreuzer *Derfflinger*, *Moltke*, *Seydlitz* und *Von der Tann* erging, Wilhelmshaven zu verlassen, konnte dieser schon nicht mehr ausgeführt werden, weil viele Besatzungsmitglieder fehlten und die an Bord befindlichen Matrosen und Heizer passiven Widerstand leisteten. Auf der *Von der Tann* vermissten die Deckoffiziere 100 Mann.

Der Kreuzer *Straßburg* konnte nicht auslaufen, weil 45 Heizer gar nicht erst zum Dienst angetreten waren, und entging nur knapp einem Selbstversenkungsversuch durch die aufständische Besatzung. Doch dabei blieb es nicht. Der Widerstand der Matrosen wuchs am folgenden Tag und zeigte sich in vielen Facetten. Auf dem Linienschiff *Markgraf* weigerten sich Matrosen und Heizer, die Anker zu lichten, und verhinderten so das Auslaufen. Auf der *König* und auf dem Linienschiff *Friedrich der Große* bildeten sich Soldatenräte, die den Beschluss fassten, keine Kohlen mehr zu bunkern. Die Offiziere waren machtlos und drohten Strafen an. Aber mit der Androhung von Disziplinarmaßnahmen allein war den kriegsmüden Matrosen nicht mehr beizukommen. Am nächsten Tag breitete sich die Meuterei mit rasender Geschwindigkeit aus und erfasste jetzt auch den Stolz der Flotte, die Großkampfschiffe. Auf der *Thüringen*, der *Helgoland* und der *Markgraf* verhinderten die Mannschaften, dass die Anker gelichtet wurden, während die Heizer das Feuer aus den Kesseln rissen. Vereinzelt sah man sogar schon rote Flaggen. Statt dem Feind entgegenzudampfen, dümpelten die stählernen Kolosse, von sanften Wellen umspielt, untätig vor dem Jadebusen auf und ab. Vergeblich versuchten die Offiziere der bestreikten Schiffe, für Ruhe und Ordnung zu sorgen. Erst als loyale Flottengeschwader die Geschütze auf die von Meuterern besetzten Schiffe richteten und Torpedoboote damit drohten, diese zu versenken, konnte die Erhebung noch einmal gewaltsam unterdrückt werden. Marineinfanteristen enterten die aufständischen Schiffe und nahmen die Meuterer fest. Mehr als 1000 Matrosen wurden gefangen genommen und auf die Militärgefängnisse Norddeutschlands verteilt. In einem Flugblatt drückte sich die pazifistische Grundhaltung der Matrosen aus:

Schmeißt die Arbeit nieder! Wir wollen Frieden oder nicht? Oder sollen wir unseren Kameraden an der Westfront entgegenarbeiten? Nieder mit dem Krieg!

Auch wenn das Flugblatt nicht mehr verteilt werden konnte, hatten die Matrosen durch ihren erfolgreichen Widerstand ihr Ziel erreicht und die Flotte am Auslaufen gehindert. Operationsbefehl Nr. 19 wurde nicht ausgeführt, der Plan zur Endzeit-Seeschlacht scheiterte schon im Ansatz. Frustriert löste die hohe Admiralität die auf Schillig-Reede versammelten Flottengeschwader auf. Im guten Glauben, weitere Meutereien zu verhindern, zog die Admiralität die vor Wilhelmshaven konzentrierten Kriegsgeschwader auseinander und verteilte sie auf ihre Heimathäfen.

Eines von ihnen, das aus den Schiffen *König, Bayern, Großer Kurfürst, Kronprinz* und *Markgraf* bestehende III. Flottengeschwader, nahm mit insgesamt über 5000 Mann Besatzung sofort Kurs auf Kiel. Noch in der Helgoländer Bucht testete der Geschwaderchef, Vizeadmiral Kraft, die Disziplin seiner Mannschaften und befahl der Flottille, in Gefechtsformation zu fahren. Nachdem dieser Befehl tadellos ausgeführt worden war, fühlte sich Kraft in seiner Position so sicher, dass er während der Durchfahrt des Nord-Ostsee-Kanals weitere 47 Matrosen verhaften ließ, die sich angeblich bei der Meuterei vor Wilhelmshaven als Rädelsführer hervorgetan hatten. Kaum in Kiel eingelaufen, wurden sie in verschiedene Gefängnisse Schleswig-Holsteins verbracht, wobei der Großteil der Festgenommenen in das im Norden Kiels liegende Fort Herwarth oder in das Arrestgebäude in der Kieler Innenstadt kam.

Mit der Verhaftung der Rädelsführer der *Markgraf* war, wie es schien, wieder Ruhe bei der Flotte eingekehrt und weiteren Aufstandsbestrebungen die Spitze genommen. Doch im Gegenteil erwies sich die Verhaftung der Seeleute geradezu als Bumerang für die Marineführung in Kiel. Das mahnende Beispiel der im Vorjahr hingerichteten Kameraden Reichpietsch und Köbis vor Augen, beschlossen die restlichen Mannschaften, zur Gegenaktion überzugehen. Zu sehr machten sie sich Selbstvorwürfe, in Wilhemshaven und bei der Verhaftung auf der *Markgraf* keinen entschiedenen Widerstand geleistet zu haben. Diesmal, so viel war klar, würden sie ihre Kameraden nicht im Stich lassen.

DER KIELER MATROSENAUFSTAND

Ein unvermuteter Glücksfall kam den Matrosen zu Hilfe, denn ausgerechnet Vizeadmiral Kraft spielte dem geplanten Aufruhr in die Hand. Scheinbar, weil ihn sein hartes Vorgehen gegen die eigene Mannschaft reute, vielleicht, weil er sich zu sehr Herr der Lage wähnte, schlug Kraft am 1. November dem neuen Kieler Militärgouverneur Admiral Souchon vor, die »unsicheren Elemente« der Mannschaft überwachen zu lassen und dem Rest der Mariner großzügig Urlaub zu befehlen. Der Plan schmeckte dem erst seit vier Tagen regierenden Militärgouverneur nicht, befürchtete er doch den Schulterschluss von Marinesoldaten und Rüstungsarbeitern. In der Ostseestation Kiel, wie die Flottenbasis auch genannt wurde, waren 50 000 Mann stationiert, wenn man alle Marinegarnisonen zusammenzählte. Hinzu kamen 70 000 Arbeiter, von denen die meisten auf der Germania- oder der Howaldtswerft arbeiteten oder bei der Torpedowerkstatt in Friedrichsort beschäftigt waren. Was, wenn die Matrosen die Kieler Werftarbeiter und ihre Kameraden in den Kasernen aufwiegelten? Andererseits musste Militärgouverneur Souchon Vizeadmiral Kraft in dem Punkt zustimmen, dass ein erneutes Auslaufen des dritten Geschwaders weiteren Aufruhr der kriegsmüden Mannschaften provozieren musste. Beide Männer einigten sich auf einen Kompromiss: Nicht nur die Meutereisympathisanten, auch die Urlauber sollten überwacht werden. Mit diesen Maßnahmen würde es den Matrosen schwerfallen, unbemerkt von den Militärbehörden ein konspiratives Netzwerk in Kiel aufzubauen.

Und doch geschah genau dies. Noch am selben Tag trafen sich 250 beurlaubte Matrosen der *König* und der *Markgraf* im

Gewerkschaftshaus an der Fährstraße, um zu diskutieren, wie sie ein erneutes Auslaufen der Flotte verhindern und die Befreiung ihrer verhafteten Kameraden erreichen könnten. Da jedoch zu wenige Matrosen anwesend waren, wurde der Beschluss gefasst, diese Fragen in größerer Zahl am nächsten Tag bei einer weiteren Versammlung im Gewerkschaftshaus zu diskutieren. Die Ankündigung einer weiteren Versammlung im Gewerkschaftshaus grassierte wie ein Lauffeuer unter den Matrosen und wurde schnell publik. Auch die örtlichen Vertreter der SPD vernahmen von der Unzufriedenheit der Matrosen – allerdings blieb der Plan auch der Admiralität und dem Militärgouverneur nicht verborgen.

Am 2. November kamen schon doppelt so viele Menschen wie am Vortag zum Gewerkschaftshaus, wo es für die Matrosen eine böse Überraschung gab. Polizei hatte sich vor dem Gebäude postiert und verweigerte allen Marineangehörigen den Zutritt. Auch im Wirtshaus »Harmonie«, wo sich die Matrosen daraufhin treffen wollten, wurde ihnen der Zutritt nicht gestattet. Damit hatte die Polizei eine Versammlung der Matrosen im Kieler Stadtzentrum vereitelt. Doch diese gaben nicht klein bei.

Unbehelligt von der Polizei richteten sie ihre Schritte auf den großen Exerzierplatz im Viehburger Gehölz, wo um 19.30 Uhr endlich 500 bis 600 Mann zusammentrafen, darunter auch die örtlichen Vertreter der USPD unter der Führung von Lothar Popp, um darüber zu beraten, mit welchen Mitteln sie die Freilassung der inhaftierten Heizer und Matrosen erreichen könnten.

Auf dieser Versammlung tat sich unter den Matrosen ein Mann hervor, der nur für kurze Zeit, dafür aber umso wirkungsvoller ins Rampenlicht der Weltgeschichte treten sollte: der Torpedospezialist Karl Artelt. Der ehemalige Werftarbeiter hatte schon 1917 zusammen mit den aufrührerischen Matrosen gemeinsame Sache gemacht und war als Streikführer zu sechs Monaten Haft verurteilt worden. Anschließend hatte

Artelt in Flandern beim Marinekorps dienen müssen, von wo er bald als Torpedospezialist den Absprung zur Torpedowerkstatt Friedrichsort schaffte. Zum Zeitpunkt der Versammlung auf dem Exerzierplatz war Karl Artelt in der 5. Kompanie der I. Torpedo-Division als Kolonnenführer in der Pumpenabteilung eingesetzt. Viel wichtiger als seine Tätigkeit war aber, dass er sich seit kurzem zu den politischen Zielen der USPD bekannte. Artelt war kein Mann des Kompromisses. Unmissverständlich forderte er die Versammelten dazu auf, den Militarismus niederzuschlagen und die herrschenden Klassen zu beseitigen. Sollte dies nicht friedlich erfolgen, so beschwor Artelt seine Zuhörer, müsse Gewalt angewendet werden.

Um ihre Kameraden zu befreien, appellierte Artelt an die Solidarität aller Versammelten und rief sie dazu auf, dabei mitzuhelfen, die Bevölkerung Kiels und alle in Kiel stationierten Marineangehörigen für den nächsten Tag zu einer großen Volksversammlung auf dem Exerzierplatz aufzurufen. Vom Exerzierplatz sollte es in einem großen Demonstrationszug durch die Innenstadt gehen, um so den Forderungen der Matrosen mit Unterstützung der Zivilbevölkerung mehr Nachdruck zu verleihen. Der örtliche USPD-Vertreter Lothar Popp versprach, die Einwohner Kiels mithilfe der Partei zu mobilisieren. Die auf dem Exerzierplatz anwesenden Matrosen stimmten Artelts und Popps Vorschlägen vorbehaltlos zu, dann verlief sich die Menge.

Ein Zwischenfall nach Beendigung der Versammlung machte den Protestbereiten Mut: Als die eigens zur Überwachung der Matrosen befohlenen Marineinfanteristen vom Militärpolizeimeister den Auftrag erhielten, die Aufrührer zu verhaften, sabotierte die Mannschaft den Befehl und verhielt sich so passiv, dass die Matrosen in der Dunkelheit entkommen konnten. Das gleiche Verhalten hatten dieselben Soldaten schon Stunden zuvor bei der Versammlung der Matrosen vor dem Gewerkschaftshaus gezeigt. Auch hier hatte sich die Marineinfanterie geweigert, gewaltsam gegen ihre Kameraden vorzugehen, und durch ihren Ungehorsam überhaupt erst das Treffen auf dem Exerzierplatz ermöglicht. Damit war den Matrosenführern klar geworden, dass zumindest ein Teil der Marineinfanterie ihnen solidarisch oder zumindest wohlwollend gegenüberstand.

Ermutigt durch diese erste Sympathiebekundung der Marineinfanterie eilten Artelt und Popp zum Parteibüro der USPD, um weitere Schritte auszuarbeiten, mit denen die Kieler Arbeiterschaft für die morgige Aktion gewonnen werden könnte. Die Zeit drängte, sollte die Demonstration ein Erfolg werden. Hilfsmittel standen kaum zur Verfügung, einzig ein Hektograph zur Vervielfältigung von Flugschriften. Hastig entwarfen Artelt und Popp den Text für ein Flugblatt, mit dem sie gleichermaßen Matrosen, Soldaten und Kieler Arbeiter für die Demonstration mobilisieren wollten. Mit den Parolen »Kameraden, schießt nicht auf eure Brüder! Arbeiter, demonstriert in Massen, lasst die Soldaten nicht im Stich!« war der Slogan für die Sonntagsdemonstration gefunden. Die ganze Nacht durch vervielfältigten Artelt und Popp die Flugzettel, die eine Revolution auslösen sollten.

Währenddessen ergriff die Station erste Vorsichtsmaßnahmen. Unablässig patrouillierten Marineinfanteristen durch die Straßen und bewachten Werfttore. Auch vor Lebensmittelläden bezogen sie Posten, um Plünderungen zu verhindern. Der Plan der Militärführung besaß allerdings eine Achillesferse: Sie hatte ihren Soldaten nur mitgeteilt, dass ein Streik der Werftarbeiter bevorstünde, aber verschwiegen, dass es möglicherweise galt, eine Meuterei niederzuschlagen. Anscheinend trauten das Flottenoberkommando und der neue Militärgouverneur ihren Truppen seit den Vorkommnissen am Exerzierplatz nicht mehr. Diese Skepsis sollte durch die Ereignisse des folgenden Tages bestätigt werden.

Der 3. November 1918 begann mit einem Schlag der Kommandantur. Um möglichst sicherzugehen, dass es zu keinen weiteren Unruhen kam, gab Vizeadmiral Kraft am Morgen dieses Tages einer Kompanie des Seebataillons den Befehl, weitere 57 Matrosen und Heizer der *Markgraf* zu verhaften, damit sie sich nicht der geplanten Demonstration und Vollversammlung anschließen konnten. Als der damit beauftragte Stadtkommandant Heine an seine Männer appellierte, nicht davor zurückzuschrecken, deutsches Blut zu vergießen, versagte sich, wie schon am Vortag, die Kompanie geschlossen dem Befehl ihres Vorgesetzten. Diesmal wandten sich die Soldaten sogar direkt gegen ihren Kommandeur und gaben als Grund für ihre Befehlsverweigerung an, dass es genüge, wenn die Feinde deutsches Blut vergössen. Erst als Heine noch einmal eindringlich an seine Männer appellierte, ihre Pflicht zu tun, konnte er 15 Mann dazu gewinnen, zusammen mit einer anderen herbeigeholten Kompanie des Seebataillons den Befehl auszuführen und die Meuterer der *Markgraf* zu verhaften; die Festgenommenen wurden nach Fort Herwarth gebracht. Damit glaubten Stadtkommandant Heine und Vizeadmiral Kraft, die Situation endgültig unter Kontrolle zu haben, und meldeten die erfolgreiche Durchführung der Operation an Militärgouverneur Souchon. Trotz der optimistischen Einschätzung der Lage blieb Souchon vorsichtig und sandte ein Telegramm ans Reichsmarineamt, in dem er von gefährlichen Zuständen in Kiel sprach und schleunigst um die Entsendung eines prominenten und hervorragenden SPD-Abgeordneten bat. Von diesem versprach sich der Militärgouverneur, dass er kraft seiner Autorität als SPD-Führer die aufrührerischen Massen unter Kontrolle bringen könnte. Da Souchon sichergehen wollte, setzte er per Funk noch ein weiteres Hilfsgesuch an die in Hamburg und Neumünster stationierten Einheiten des Feldheeres ab und bat deren Oberbefehlshaber, der Ostseestation zu Hilfe zu kommen.

Hatte bis jetzt die Station den Verlauf der Ereignisse diktiert, wendete sich nachmittags das Blatt. Ab 15 Uhr strömten immer mehr Matrosen in größerer Anzahl zum Versammlungsplatz. Noch einmal versuchte es das Flottenoberkommando mit einem Trick: Um 16 Uhr wurde in der ganzen Stadt Gefechtsalarm ausgelöst, damit die Matrosen auf ihre Schiffe zurückkehrten. Die Maßnahme verfing jedoch nicht und verkehrte sich sogar ins Gegenteil, wie Karl Artelt berichtet:

Hornisten und Alarmpatrouillen durchzogen die Straßen Kiels und forderten alle Marineangehörigen auf, zu ihren Truppenteilen zurückzukehren. Keiner befolgte diese Anordnung. Wir nutzten den Alarm der Kommandantur sogar für unsere eigenen Zwecke aus, indem wir kurz nach den Hornisten ebenfalls durch die Straßen zogen und die Soldaten aufforderten, sich an der Volkskundgebung zu beteiligen. Viele Soldaten und Einwohner strömten zur Kundgebung. Der Exerzierplatz auf der Waldwiese war voller Menschen.

Während sich auf dem großen Exerzierplatz noch Menschen sammelten, eröffnete Karl Artelt um 17.30 Uhr die Kundgebung. Unter dem Jubel seiner Zuhörer rief der Torpedoexperte sie dazu auf, gemeinsam zu handeln und zu marschieren, um die Freilassung der Matrosen zu erreichen. Diesem energiegeladenen Vortrag folgte ein eher verhaltener Vorstoß des Gewerkschaftsführers und MSPD-Mitglieds Gustav Garbe, der die Versammlung dazu ermahnte, mit überstürzten Aktionen noch zwei bis drei Tage zu warten, damit noch mehr Arbeiter teilnehmen könnten. Dies wurde abgelehnt. Jetzt sprachen Vertreter der Werftarbeiter. Sie machten nicht viele Worte und verkündeten feierlich ihre Verbrüderung mit Matrosen und Heizern. Andere ergriffen das Wort, begehrten mehr Brot, Freiheit, den sofortigen Frieden und die Republik. Die radikalsten Redner forderten, sofort die Kameraden zu befreien, die in der Innenstadt inhaftiert waren, und das Offizierskasino zu stürmen. Dieser Vorschlag fand endgültig den Beifall der Anwesenden und wurde sofort ausgeführt.

Aufgeregt setzte sich die gewaltige, etwa 5000 bis 6000 Mann umfassende Versammlung Richtung Innenstadt in Bewegung und stürmte noch in der Nähe des Exerzierplatzes eine

Gaststätte, in der eine Kompanie Marineinfanteristen einige Matrosen gefangen hielt. Am Bahnhof stieß der Demonstrationszug auf eine weitere Militärpatrouille und rannte sie nach kurzem Handgemenge buchstäblich über den Haufen, wobei eine Frau stürzte und unter eine Straßenbahn geriet. Dies war das erste Todesopfer an jenem Tag. Weitere sollten folgen.

Auf seinem Weg wuchs der Demonstrationszug stetig. Immer mehr Soldaten und Bürger schlossen sich ihm bereitwillig an, sodass sich seine Größe schon bald verdoppelt hatte. Entgegenkommende Militärpatrouillen gingen entweder zu den Protestierenden über oder wurden entwaffnet. Hochrufe auf die Internationale und die Republik wurden laut. »Weg mit dem Kaiser!«, skandierte die Menge und steuerte auf die Karlstraße (heute Feldstraße) zu, wo sich das Militärgefängnis befand. Ohne Schwierigkeiten durchbrachen die Protestierenden eine Absperrung der Polizei, als sie plötzlich an der Ecke Brunswiker- und Karlstraße auf 40 Mann in Gefechtsformation trafen.

Es war das letzte Aufgebot des Gouverneurs: ein Zug blutjunger Rekruten und Offiziersanwärter unter dem Oberbefehl des unerfahrenen Leutnants Steinhäuser. Dieser hatte von Souchon den Befehl erhalten, den Demonstranten mit allen Mitteln entgegenzutreten und rücksichtslos von der Waffe Gebrauch zu machen.

Für einen Moment stockte die Menschenmenge. Dann ertönte die schneidende Stimme Leutnant Steinhäusers. Aufgeregt warnte er die Demonstranten davor, noch einen Schritt weiterzugehen, ansonsten würde er schießen lassen. Doch eine Demonstration von mehreren Tausend Menschen lässt sich nicht so einfach zum Stehen bringen. Die Nachrückenden, die Steinhäuser und seine Männer nicht sahen, drängten vorwärts und schoben die ersten Reihen der Demonstranten gefährlich nah in Richtung der Soldaten.

Der Leutnant wurde unruhig, seine Soldaten fingerten am Abzug. Immer bedrohlicher wälzte sich der Aufmarsch der Protestierenden auf die Soldaten zu. Als nur noch wenige Meter Steinhäuser und die Demonstranten trennten, gab er seinen Männern den Feuerbefehl. Die Salve tötete sofort acht Protestierende und verletzte 29 Menschen. Doch auch die Demonstranten verfügten über Gewehre und wehrten sich. Ihre Kugeln streckten einen Soldaten tödlich nieder und verwundeten den Leutnant schwer, der bewusstlos zu Boden sackte und von den Matrosen für tot liegen gelassen wurde. Nachdem sie ihren Offizier zu Boden sinken sahen, flüchteten Steinhäusers Soldaten kopflos in die Nebenstraßen, kurz darauf gefolgt von den Demonstranten, die ebenfalls die Flucht ergriffen, weil herbeieilende Feuerwehr und Soldaten sie auseinandertrieben. Täter und Opfer tauchten ins Dunkel der mittlerweile angebrochenen Nacht.

Noch einmal hatte sich die hohe Admiralität durchgesetzt. Aber es war ein Pyrrhussieg. Durch das Massaker in der Karlstraße wuchs die Erbitterung der Matrosen und Arbeiter; die Meuterei wurde zum offenen Aufstand und endlich auch von der parlamentarischen Regierung als solcher wahrgenommen.

BERLIN REAGIERT

Die Nachricht vom Kieler Matrosenaufstand erreichte die parlamentarische Regierung am Morgen des 4. November, als sie gerade dabei war, den Einmarsch deutscher Truppen in Tirol zu verfügen und lang und ausführlich darüber zu diskutieren, wie die Anredeform der neuen Staatssekretäre im Einzelnen auszusehen hatte:

Die Staatssekretäre werden nicht zugleich, wie das bisher üblich war, zu Wirklich Geheimen Räten mit dem Prädikat »Exzellenz« ernannt. Das Prädikat »Exzellenz« ist den Staatssekretären durch eine bereits vorher ergangene Kaiserliche Kabinettsordre allgemein für die Dauer ihres Amtes beigelegt worden. Es ergibt sich daraus, dass das Exzellenz-Prädikat, da eine Ernennung zum Wirklichen Geheimen Rat nicht erfolgt, nur für die Dauer des Amtes gilt. Diese Regelung entspricht dem Brauche parlamentarisch regierter Länder. [1]

Diese »Exzellenz-Debatte« lässt tief blicken und zeigt, was die parlamentarische Regierung unter »Demokratisierung« verstand. Der Eindruck, den die Debatte in der Öffentlichkeit machte, entsprach dem, was das Volk von seiner Regierung hatte. Die Parlamentsreform, die Ebert am 5. Oktober so frenetisch als Geburt der deutschen Demokratie feierte, kam nicht vom Fleck und verhedderte sich in Nebensächlichkeiten, von Wandel war keine Spur festzustellen. Seitens des Militärs und der konservativen Beamtenschaft bestand wenig Neigung, die postulierten Veränderungen auch durchzuführen. So regierte auf der Straße immer noch das Kriegsrecht, bestand das Verbot der Versammlungsfreiheit und die Pressezensur. Die Städte des Reiches wurden nicht durch eine Ziviladministration, sondern durch die Militärverwaltung regiert.

Den ganzen Oktober hindurch tobte immer noch der Krieg. Zwischen den kriegführenden Parteien wurden diplomatische Noten hin und her gewechselt, weil die Regierung unter allen Umständen die bedingungslose Kapitulation zu vermeiden suchte. Die so gewonnene Zeit wurde mit dem Blut der eigenen Soldaten erkauft, denn die Alliierten bedrängten die deutsche Armee mit unablässigen Offensiven. Langsam wurden die Zustände an der Front haarsträubend: Schon am 15. August hatten 52 Divisionen nur noch eine Feldstärke von jeweils 600 Mann gehabt – normalerweise zählte eine Division mindestens 10 000 Soldaten –, jetzt, im Oktober, wurden weitere 22 Divisionen wegen Mannschaftsmangels aufgelöst.

Auch in der Heimat hatte sich nichts verändert: Nach wie vor verhungerten Menschen auf offener Straße oder fielen vor

---

[1] E. O. Volkmann, *Revolution über Deutschland*, S. 188

Entkräftung um. Trotz der drohenden, immer länger werdenden Schatten der Revolution thronten nutzlose Dynasten und ein machtloser Kaiser über einem Volk, dessen Langmut mit seinen Militärs und Fürsten am Ende war.

Die Nachricht vom Kieler Matrosenaufstand machte Max von Baden und seinem Kabinett klar, dass die Gnadenfrist der Monarchie abzulaufen drohte. Jetzt musste die Regierung in Berlin energisch und schnell handeln, sollte der Aufstand auf Kiel begrenzt bleiben und nicht zur Revolution werden. Der Prinz wandte sich an Scheidemann um Rat. Der Regierung stellten sich nur zwei Alternativen: Entweder wurde der Rebellion mit Gewalt Einhalt geboten, oder ein prominenter MSPD-Abgeordneter fuhr nach Kiel, um die Matrosenrevolte nach dem bewährten Muster des Januarstreiks 1918 zu ersticken, als Ebert und Scheidemann sich an die Spitze der Unmutsbewegung gesetzt hatten, um sie zum Erliegen zu bringen. Scheidemann und Ebert entschieden sich für die letzte Variante und entsandten den Marinereferenten der MSPD Gustav Noske in die Fördestadt. Ihm gab Scheidemann mit auf den Weg, die Matrosen durch Amnestieversprechungen und Teilzugeständnisse zu beruhigen, um so die Machtposition der Soldatenräte zu schwächen und die Rebellion einzuschläfern. Noske nahm den Auftrag an und machte sich zusammen mit Staatssekretär Haußmann auf den Weg nach Kiel, wo er erst am Abend ankommen sollte. Bis dahin hatte sich die Situation jedoch innerhalb weniger Stunden dramatisch geändert.

EIN GOUVERNEUR GIBT SICH GESCHLAGEN

Die Niederschlagung der Massenkundgebung in den Abendstunden des 3. November hatte der Ostseestation nur eine Gnadenfrist von wenigen Stunden beschert. Noch in der Nacht überwältigten 260 Heizer und Matrosen des Großlinienschiffes *Großer Kurfürst* ihre Offiziere und bemächtigten sich des Kommandos. Andere Matrosen, 200 Mann an der Zahl, pilgerten zum Tatort des Massakers und legten angesichts der noch nicht getrockneten Blutlachen ihrer am Vorabend gefallenen Kameraden den heiligen Schwur ab, die Tat zu sühnen.

Doch nicht nur die Schiffsbesatzungen waren zum Aufstand entschlossen. Bereits um 7.30 Uhr verließen 75 bis an die Zähne bewaffnete Angehörige der 1. Matrosen-Division ihre Unterkunft in der Wilhelminenstraße und marschierten zur nächstgelegenen Kaserne. Dort drangen sie ohne Gegenwehr in die Waffenkammer ein und erbeuteten weitere Gewehre und Munition, wobei sie von vielen der in der Kaserne untergebrachten Soldaten unterstützt wurden. Anschließend ging der Marsch weiter. Diesmal waren es schon 150 Mann, die die nächste Kaserne stürmten, sich mit Waffen und Munition eindeckten und ihre Kameraden zum Aufstand zu bewegen versuchten. Nicht immer waren sie erfolgreich, aber zumindest widersetzten sich ihnen diejenigen nicht, die sich der Erhebung nicht anschließen wollten. So gelang es den Aufrührern, eine Kaserne nach der anderen in ihre Hände zu bekommen und sich zu bewaffnen. Bis Mittag waren derartig viele Arsenale geplündert, dass 20 000 bewaffnete Matrosen Besitz von den Straßen und Kasernen Kiels ergriffen.

Mit Schrecken musste die Ostseestation mitansehen, wie sie nach und nach die Kontrolle über die Situation verlor. Einheiten, die den Aufständischen entgegengeschickt wurden, liefen zu den Rebellen über, Appelle und Kommandos von Offizieren wurden nicht mehr befolgt. In den Kasernen in Kiel-Wik, die drei Divisionen beherbergten, übernahm Karl Artelt die Führung der Mannschaften. Mit einem Appell an den deutschen Kadavergehorsam versuchte Divisionskommandeur Bartels noch einmal, die meuternde Truppe in den Griff zu bekommen:

Wir Soldaten haben keine Ahnung von Politik, also haben wir uns auch nicht mit Politik zu befassen. Soldat soll gehorchen, Soldat muss gehorchen und Soldat gehorcht!

Genau das taten seine Soldaten aber nicht mehr. Statt auf ihre Stuben zu gehen, rotteten sie sich zusammen, bildeten Grüppchen, in denen sie erregt miteinander diskutierten, was zu unternehmen sei. Nachdem sie sich geeinigt hatten, bildeten 700 bis 800 Mann einen Zug und machten ihren Weg durch die Kaserne, um andere Kameraden zum Anschluss an den Aufstand zu bewegen, was ihnen zumeist ohne Mühe glückte. Widerstand gab es nur vereinzelt, und wenn, dann äußerte er sich meist passiv. In der großen Masse gingen die Soldaten der in Wik stationierten Torpedo-, U-Boot- und Werftdivision zum Aufstand über. Dabei kam es weder zu Ausschreitungen gegen Offiziere noch zu Massendesertionen. Die Aufständischen bewahrten die militärische Disziplin und ersetzten die einstigen Autoritäten durch Soldatenräte, die sie kompanieweise wählten. Die Soldatenräte der Kompanien wiederum traten in einer Versammlung zusammen und wählten pro aufständische Division einen zentralen Soldatenrat, der Karl Artelt zum Leiter der Matrosendelegation ernannte, welche mit Militärgouverneur Souchon über die Forderungen der Meuterer verhandeln sollte.

Als Gouverneur Souchon davon hörte, dass selbst die für treu gehaltenen Truppen in den Wiker Kasernenanlagen nicht mehr zuverlässig waren und einen Soldatenrat gebildet hatten, beschloss er, in eigener Person Unterhandlungen mit den Rebellen zu führen. Was Souchon brauchte, war ein Waffenstillstand, um Zeit zu gewinnen und die Absichten der Aufständischen genauer zu erkunden. Gegen 14 Uhr ging von der Station ein Funkspruch an die Aufsässigen heraus, in dem Souchon sie bat, für ein persönliches Gespräch zu ihm ins Hauptquartier zu kommen. Die Matrosen akzeptierten den Vorschlag, stellten eine Abordnung unter Artelts Führung zusammen und fuhren um 15 Uhr mit einem rotbeflaggten Automobil in die Höhle des Löwen, um dem Gouverneur ihre Forderungen zu überbringen. Die Matrosen verlangten Veränderungen, die nicht nur sie selbst, sondern auch die Zukunft des Reiches betrafen:

1. *Abdankung des Hohenzollernhauses*

2. *Die Aufhebung des Belagerungszustandes*

3. *Freilassung unserer gemaßregelten Kameraden vom 3. Geschwader*

4. *Freilassung aller im Zuchthaus in Celle sitzenden Kameraden von der Matrosenerhebung 1917*

5. *Freilassung sämtlicher politischer Gefangenen*

6. *Einführung des allgemeinen, gleichen und geheimen Wahlrechts für beide Geschlechter*

Der Zeitpunkt für die Unterhandlung war für den Soldatenrat günstig. Seit Beginn der Rebellion hatte sich der Aufstand sprunghaft über alle Militärstützpunkte Kiels ausgeweitet. Nirgendwo befolgten Marineeinheiten noch die Befehle ihrer Vorgesetzten. Dies hieß für die Ostseestation, dass es in ganz Kiel keine Kompanie mehr gab, die über die volle Mannschaftsstärke verfügte und wahnsinnig genug gewesen wäre, sich 40 000 meuternden Matrosen, Heizern, Landwehrmännern und Marineinfanteristen entgegenzustellen. Hilfe konnte nur noch von außen kommen, doch selbst dann war die Gefahr groß, dass die Hilfstruppen nicht gleichzeitig und an Zahl zu gering in Kiel einträfen, um den Aufstand wirksam zu bekämpfen.

Dies gab Karl Artelt und dem Soldatenrat die Möglichkeit, nicht wie Bittsteller, sondern souverän aufzutreten. In seinem

1958 veröffentlichten Erlebnisbericht »Mit der Roten Fahne zum Vizeadmiral Souchon« schildert Artelt detailgetreu, wie die Unterredung zwischen dem Matrosen und dem Gouverneur verlief.

Bevor wir in Verhandlungen mit ihm eintraten, fragte ich ihn, ob er uns als die von den Soldaten gewählten Vertrauensleute anerkenne und auf gleichberechtigter Basis mit uns verhandeln würde. Angesichts der realen Tatsachen antwortete er gezwungenermaßen mit »Ja«. Ich erklärte ihm nunmehr, dass wir zunächst die Fragen klären müssten, die in seinem Machtbereich liegen.

Bevor Artelt und die Matrosendelegation auf die weiteren Verhandlungspunkte zu sprechen kamen, warnte der Matrosenführer den Gouverneur davor, sich falschen Hoffnungen hinzugeben und Hilfstruppen gegen die revolutionären Matrosen einzusetzen. Für den Fall, dass Souchon Truppen gegen die Matrosen einsetzen wollte, verdeutlichte Artelt, hätte das III. Geschwader Anweisung, das Offiziersviertel Düsternbrook in Schutt und Asche zu schießen. Das war zu viel für Souchon, der die Feuerkraft des Geschwaders bestens kannte. Artelt fährt fort und beschreibt, wie Souchon reagierte:

Daraufhin sagte der Gouverneur: »Aber meine Herren, können Sie verantworten, dass Frauen und Kinder vernichtet würden?« Ich erklärte ihm, dass es in seiner Macht läge, ein Blutbad zu verhindern. Wenn er es verantworten könne, dass Infanteristen auf Matrosen schießen, dann könnten auch wir jederzeit unsere Gegenmaßnahmen verantworten.

Das waren stolze Worte für einen ehemaligen Oberheizer gegenüber einem Vizeadmiral der Kriegsmarine, der als Gouverneur noch bis vor wenigen Stunden der Vorgesetzte Artelts gewesen war. Souchon beeilte sich, Artelt zu versichern, dass er keine auswärtigen Truppen heranzöge und die schon auf dem Transport befindlichen wieder zurückschicke. Artelt hakte nach und stellte an Souchon die oben genannten Forderungen. Als die Unterhändler von ihm die Freilassung ihrer Kameraden, den Verzicht auf ein weiteres Auslaufen der Flotte und die Bestrafung der Offiziere verlangten, die am Vortag auf die Demonstranten geschossen hatten, taktierte Souchon geschickt. Er gestand die Freilassung der inhaftierten Matrosen des III. Geschwaders zu, verwies aber die Matrosendelegation für die Klärung weiterer Fragen an den SPD-Abgeordneten Gustav Noske und den Staatssekretär Conrad Haußmann, einem Abgeordneten der Fortschrittspartei, deren Ankunft für denselben Abend am Bahnhof erwartet wurde.

Artelt und der Soldatenrat akzeptierten Souchons Vorschlag. Der Verweis auf den MSPD-Abgeordneten Gustav Noske erfüllte die Aufständischen mit neuem Optimismus, dass die Regierung ihnen helfen würde. Noske kannten die Matrosen und Soldaten aufgrund seiner Funktion als Marinereferent der sozialdemokratischen Fraktion gut, ihm war also zuzutrauen, dass er die Situation in den Griff bekäme.

Ein tragischer Irrtum, denn Noske sollte sich für die Kieler Arbeiter- und Soldatenräte als viel gefährlicher erweisen als alle waffenstarrenden Bataillone des Kaisers. In diesem Punkt wurde Souchon wider Willen wortbrüchig. Im Laufe des Nachmittags trafen nach und nach die am Vortag vom Gouverneur zu Hilfe gerufenen Truppen am Bahnhof in Kiel ein. Für kurze Zeit drohte Blutvergießen. Doch ehe sie sichs versahen, wurden sie von Matrosen entwaffnet, oder sie verbrüderten sich mit diesen. Um 19.30 Uhr trafen, sehnsüchtig von Tausenden erwartet, Gustav Noske und Staatssekretär Conrad Haußmann am Kieler Bahnhof ein. Sie wurden enthusiastisch empfangen und bejubelt. Noske und Haußmann sprachen einige Dankesworte, gaben eine kurze Schilderung der politischen Gesamtsituation und forderten Matrosen und Arbeiter dazu auf, Ordnung zu bewahren. Diese nahmen die Worte mit Wohlwollen auf und waren guter Dinge. Hätten sie gewusst, mit welchem Auftrag Noske nach Kiel gekommen war, er wäre sofort von ihnen verhaftet worden.

Die Entsendung des Sonderbeauftragten der MSPD verfolgte von Anfang an nur den Zweck, das Vertrauen der Matrosen zu gewinnen und sich an die Spitze des Aufstands zu stellen, um ihn umso besser im Keim ersticken zu können, bevor die revolutionäre Bewegung von Kiel aus in andere Reichsteile überschwappte. Und zu einer revolutionären Bewegung war der Matrosenaufstand mittlerweile durch das Bündnis mit den Arbeitern geworden.

Gewerkschaften und revolutionäre Obleute hatten sich zeitgleich zu Artelts Verhandlungen mit Souchon im Gewerkschaftshaus getroffen und einen zentralen Arbeiterrat gewählt, der in gleicher Anzahl aus MSPD-, USPD-Mitgliedern, Gewerkschaftsangehörigen und revolutionären Obleuten bestand. Nahezu einstimmig hatte dieser Arbeiterrat zusammen mit den Gewerkschaften zum Generalstreik für den morgigen Tag aufgerufen. Durch die Rückendeckung der gesamten Arbeiterschaft Kiels konsolidierte sich der Matrosenaufstand zur revolutionären Bewegung, mit gesamtgesellschaftlichen Forderungen außerhalb der Kasernen und Kriegsschiffe. Eine Welle der Solidarität hatte die seit Jahren politisch entmündigten unteren Schichten des Reiches erfasst. Hier hatten zwei mächtige Netzwerke sich zusammengefunden. Auf der einen Seite stand eine seit Jahrzehnten im politischen Widerstand geschulte, in Parteien und Gewerkschaften organisierte Arbeiterschaft; auf der anderen Matrosen und Soldaten, die zu jeder Zeit spontan ihre Kameraden in den Kasernen und auf den Schiffen zu revolutionären Aktionen mobilisieren konnten.

Wie eng Soldaten und Arbeiter schon am zweiten Tag der Erhebung zusammenarbeiteten, verdeutlicht, dass sich parallel zum Arbeiterrat die stellvertretenden Räte der in Kiel stationierten Divisionen im Gewerkschaftshaus trafen, um einen zentralen Soldatenrat der gesamten Garnison Kiel zu wählen.

Dieser verabschiedete noch am Abend sein Leitprogramm, die 14 Kieler Punkte, in denen die Matrosen Folgendes forderten:

1. *Freilassung sämtlicher Inhaftierten und politischen Gefangenen.*

2. *Vollständige Rede und Pressfreiheit.*

3. *Aufhebung der Briefzensur.*

4. *Sachgemäße Behandlung der Mannschaften durch Vorgesetzte.*

5. *Straffreie Rückkehr sämtlicher Kameraden an Bord und in die Kasernen.*

6. *Die Ausfahrt der Flotte hat unter allen Umständen zu unterbleiben.*

7. *Jegliche Schutzmaßnahmen mit Blutvergießen haben zu unterbleiben.*

8. *Zurückziehung sämtlicher nicht zur Garnison gehöriger Truppen.*

9. *Alle Maßnahmen zum Schutz des Privateigentums werden sofort vom Soldatenrat festgesetzt.*

10. *Es gibt außer Dienst keine Vorgesetzten mehr.*

11. *Unbeschränkte persönliche Freiheit jedes Mannes von der Beendigung des Dienstes bis zum Beginn des nächsten Dienstes.*

12. *Offiziere, die sich mit den Maßnahmen des jetzt bestehenden Soldatenrates einverstanden erklären, begrüßen wir in unserer Mitte. Alles übrige hat ohne Anspruch auf Versorgung den Dienst zu quittieren.*

13. *Jeder Angehörige des Soldatenrates ist von jeglichem Dienst zu befreien.*

14. Sämtliche in der Zukunft zu treffende Maßnahmen sind nur mit der Zustimmung des Soldatenrates zu treffen.

Diese Forderungen sind für jede Militärperson Befehl des Soldatenrats.

Der Soldatenrat.

Auch wenn die Forderungen noch sehr von den Bedürfnissen und Änderungswünschen der Matrosen geprägt waren, zeigte sich vor allem im letzten Programmpunkt die revolutionäre Ausrichtung des Kieler Soldatenrats.

Der nächste Tag sollte trotz Noskes Bemühungen, die Erhebung zu ersticken, einen Soldatenrat zeigen, der seine neue Macht mit aller Konsequenz ausübte. Es war der 5. November, an dem der Kieler Matrosenaufstand zum Fanal der deutschen Revolution wurde.

»MACHEN SIE, DASS SIE 'RAUSKOMMEN!«

Als in den frühen Morgenstunden des 5. November der Generalstreik der Werft- und Rüstungsarbeiter begann, war Kiel zu Lande wie zu Wasser ein Meer roter Flaggen. Überall auf den Schiffen der in der Kieler Förde liegenden Ostseeflotte wurde die Reichskriegsflagge eingeholt und die rote Fahne gehisst, was die Offiziere widerstandslos zuließen. Dies waren nicht mehr dieselben Männer, die vor einer Woche noch bereit gewesen waren, für Kaiser und Vaterland den Heldentod zu sterben. Eingeschüchtert von den Massen rebellierender Matrosen hatte das Offizierskorps resigniert, und nur wenige schlugen sich noch für den Kaiser. Einer von ihnen war Kapitän zur See Weniger, der Kommandant der *König*, ein Schiff des III. Geschwaders, das nicht mit den anderen ausgelaufen war, sondern im Dock lag. Als die Matrosen von Weniger verlangten, die Reichskriegsflagge durch die Rote Fahne zu ersetzen, erschoss dieser ohne Vorwarnung den Matrosen, der diese hissen wollte. Gleichzeitig feuerten die kaiserlichen Offiziere in die versammelten Matrosen hinein, wobei ein Seemann getötet und mehrere verletzt wurden. Die Aufständischen erwiderten das Feuer, töteten einen Offizier und verletzten zwei weitere, darunter auch den Kommandanten. Es war ein unsinniges Gefecht, das nichts am schon vorher feststehenden Ausgang des Dramas ändern konnte. Wenige Minuten nach dem blutigen Zwischenfall zogen kräftige Matrosenhände die rote Fahne am Mast der *König* hoch. Jetzt galt es nur noch, ein einziges Widerstandsnest von hohem Symbolwert zu bezwingen: das Kieler Schloss, in dem des Kaisers jüngerer Bruder, Prinz Heinrich, residierte.

Der ehemalige Oberbefehlshaber der Ostseeflotte war jahrelang einer der populärsten höheren Offiziere der Kriegsmarine gewesen. Als Bewohner des Kieler Schlosses hatte er in den vergangenen zwei Tagen die revolutionären Ereignisse aus nächster Nähe mitverfolgen können, ohne dass er von den Rebellen behelligt worden war. Dies änderte sich mit der Machtübernahme des Soldatenrats, der am 5. November eine Abteilung abkommandierte, welche die diensthabende, kaisertreue Wache ersetzen sollte. Als Prinz Heinrich dies gewahr wurde, stellte er sich den Aufständischen entgegen. Es entspann sich ein hitziges Wortgefecht zwischen einem der Matrosen und dem Bruder des Kaisers, das verdeutlicht, wie realitätsfern das Leben der Mitglieder der kaiserlichen Familie war, schenkt man dem Bericht des Kommandeurs der Schlosswache Glauben:

Der Prinz sagte allgemein, er verstünde nicht, dass die Marine so etwas mache, und fragte einen, der die Wache übernehmen wollte, ob er denn nicht wüsste, dass er eidbrüchig gegen den Kaiser würde. Dieser entgegnete, das wüsste er schon, aber der Kaiser flöge in einigen Tagen selbst vom Thron. Darauf fuhr der Prinz die Leute an: »Machen Sie, dass sie 'rauskommen!«

Die Tatsache, dass Heinrich zunächst versuchte, dem revolutionären Matrosen einen Platzverweis zu erteilen, amüsiert und beweist, dass der Hohenzollernprinz die Lage nicht völlig überblickte, sondern die Revolution eher als eine Art Hausfriedensbruch ansah. Erst als die Schlosswache abrückte und die Matrosenwache tatsächlich Stellung bezog, scheint es auch ihm gedämmert zu haben, dass der Aufstand zur Revolution geworden war. Und was tat der Bruder des Kaisers, von dem man erwarten konnte, dass er als einstiger Großadmiral die Ehre Wilhelms verteidigen und bis zuletzt kämpfend für die Monarchie untergehen würde? Er reagierte völlig unsoldatisch und bereitete alles zur Flucht vor. Hier zeigte sich, wie sozialistisch Hohenzollern plötzlich sein konnten, wenn es die Situation verlangte, denn um nicht weiter aufzufallen, rüstete Prinz Heinrich seine Luxuslimousine mit einer riesigen roten Flagge aus und schmückte sich selbst mit einem roten Tuch. Dann bestieg er mit seinen Familienangehörigen den Wagen, gemeinsam verließen sie trotz der vom Soldatenrat aufgestellten Wache das Schloss. Dann schlug der Prinz, der selbst am Steuer saß, die Richtung zu seinem bei Eckernförde gelegenen Gut Hemmelmark ein. Doch kaum auf der Straße, stieß er auf Hindernisse. Erst versperrte ein Lastwagen mit einer Reifenpanne den Weg, dann nötigten zwei desertierte Matrosen den Prinzen, sie bis Eckernförde mitzunehmen. Heinrich und seine Familie machten gute Miene zum bösen Spiel, die Matrosen bestiegen die Trittbretter der Limousine. Die Reisegesellschaft hatte gerade einen besetzten Kontrollposten an der Hochbrücke hinter sich gelassen, als plötzlich Schüsse ertönten, wie der Prinz einige Zeit nach dem Vorfall in einem Brief an einen Freund berichtet.

Ich war eben im Tunnel links an einem Lastauto vorüber, als ich einen Knall hörte und rechts vorn einen Spritzer sah, gleich darauf dasselbe links hinten. Ich war in dem Glauben, die Pneumatiks wären geplatzt und war im Begriff, die Fahrt zu vermindern, als mir

Eicke und Waldemar [der Sohn von Prinz Heinrich, Anm. d. Verf.]
zuriefen: »Äußerste Kraft, die Kerle schießen.« Und so war es – ein
heftiges Schützenfeuer setzte ein, dem die Insassen wie durch ein
Wunder entkamen.

Ganz so viel Glück wie der Prinz und seine Begleiter hatten
die beiden Trittbrettfahrer nicht. Einer von ihnen wurde von
den Kugeln der Matrosen tödlich getroffen, von dem anderen
verliert sich jede Spur. Interessant ist, dass es von den vermeintlichen Todesschützen an der Hohenbrücke eine ganz
andere Version des Tathergangs gibt. Nach dieser hatte der
Prinz selbst das Feuer auf die Matrosen eröffnet und war im
anschließenden Kugelhagel geflüchtet. Auf alle Fälle zog dieser Vorgang seine Kreise und drang bis zum Stationsgebäude
vor, wo Noske zusammen mit dem Arbeiter- und Soldatenrat den Versuch unternahm, die Kieler Revolution unter Kontrolle zu bekommen.

Noske hintertrieb die Verfolgung des Hohenzollernprin-
zen erfolgreich und verhinderte, dass ihm ein Wagen nachge-
schickt wurde. Entgegen seinen Befürchtungen blieb Heinrich
auch nach seiner Flucht aus Kiel unbehelligt, was zeigt, dass
die Matrosenrevolte keinen blutrünstigen Charakter hatte
und nur an der Entmachtung, nicht an der Vernichtung des
Hochadels interessiert war. Die deutschen Arbeiter- und Soldatenräte waren weder radikale Jakobiner noch blutrünstige
russische Bolschewiki, sondern einfache Männer des Volkes,
deren Hauptziel das Ende des Krieges und die Umgestaltung
Deutschlands von der Monarchie zur Republik war. Dies änderte sich auch nicht, als in Kiel Gerüchte kursierten, dass ein
Angriff kaisertreuer Truppen bevorstand. Eine der wenigen
Zwangsmaßnahmen, welche die Arbeiter- und Soldatenräte
daraufhin ausübten, bestand darin, Gouverneur Souchon als
Geisel zu nehmen. Doch auch diese Maßnahme währte nur
einige Stunden. Das Gerücht einer drohenden militärischen
Intervention hatte sich als Chimäre entpuppt, das Reichsma-

rineamt hielt sich an die Abmachung, die Souchon mit Artelt getroffen hatte. Kein Gerücht waren allerdings die Berichte von einzelnen Scharfschützen, die aus sicheren Verstecken heraus die Matrosenpatrouillen unter Beschuss nahmen und so für Panik sorgten. Bei den anschließenden Wirren verloren die Soldatenräte bald den Überblick über die Patrouillen, die entweder autorisiert oder auf eigene Faust Jagd auf die heimtückischen Scharfschützen machten, in denen sie nichts anderes als abgedankte Offiziere vermuteten. Den ganzen Tag über kam es zu kleineren Scharmützeln, bei denen zehn Tote und 21 Verletzte zu beklagen waren. Die Verunsicherung ging so weit, dass Gouverneur Souchon noch einmal seine ganze Autorität in die Waagschale warf und die Scharfschützen in einem Flugblatt dazu ermahnte, das Feuer einzustellen. Der Aufruf hatte Erfolg, was dafür spricht, dass wohl doch einige Offiziere zu den Heckenschützen zählten.

Aber die Verwirrung jener Tage war mit Flugblättern allein nicht mehr zu beseitigen, in Kiel ging es drunter und drüber. Da Vizeadmiral Souchon als Gouverneur von den Arbeiter- und Soldatenräten entmachtet worden war, bedurfte es eines kühlen Kopfes, die aufgeputschten Revolutionäre in den Griff zu kriegen.

NOSKE ÜBERNIMMT KIEL

Der einzige, der inmitten dieser turbulenten Situation einen klaren Kopf behielt, war Gustav Noske. Blitzschnell erkannte er die Ursachen des Chaos: Die schnelle Ausbreitung des Aufstands hatte ein Mitwachsen der revolutionären Struktur verhindert, zudem fehlte es den Soldaten an fähigen Führern. Diejenigen, die zur Stelle waren, zeigten mehr Talent zur Agitation als zur Organisation. Die Befehlsketten liefen durcheinander, Anweisungen kreuzten sich und riefen dadurch

Verwirrung hervor, sodass sogar Artelt den Überblick verlor. Kriminelle nutzten das Chaos, es kam zu Plünderungen von Verpflegungsstationen. Durch die Stadt patrouillierten teils vom Soldatenrat autorisierte, aber auch selbsternannte Militärstreifen. Wenn dies so weiterging, drohte Kiel unweigerlich im Chaos zu versinken.

Der Marinereferent bewies Nerven und brachte langsam, aber sicher die Lage unter Kontrolle. Als er anlässlich einer dringenden Angelegenheit den zentralen Soldatenrat nicht ausfindig machen konnte, beschloss er, Ordnung in die Bewegung zu bringen, und ließ sich selber von den anwesenden Matrosen zum Vorsitzenden des Soldatenrats wählen. Wieder war ihm zugutegekommen, dass die Matrosen ihm vertrauten. Aber Noske war nicht der Mann, der sich auf seinen Erfolgen ausruhte. Rasch baute er seine Machtbasis aus, indem er 50 bis 60 Vertrauensleute der einzelnen Einheiten einberief, um einen neuen Soldatenrat zu bilden. Das verwundert angesichts der Tatsache, dass erst am Vorabend im Gewerkschaftshaus ein Soldatenrat gewählt worden war. Wahrscheinlich, und dies sollte noch recht häufig während der nächsten Monate in Deutschland passieren, hatte sich der Rat durch Mitgliederschwund aufgelöst, weil die betreffenden Matrosen sich auf den Weg in ihre Heimat gemacht hatten oder an Bord ihrer Schiffe zurückgekehrt waren.

Der endlosen Diskussionen überdrüssig, die jetzt ausbrachen, reduzierte Noske die Anzahl der zentralen Soldatenräte auf acht Personen, zu denen auch Karl Artelt gehörte. Eine der ersten Amtshandlungen dieses Arbeiter- und Soldatenrats war ein von Noske und Artelt gemeinsam verfasstes Flugblatt vom 5. November, in dem sie Matrosen, Arbeiter und Soldaten dazu ermahnten, Ruhe zu bewahren und Ordnung zu halten.

Jedes zwecklose Schießen hat zu unterbleiben [...] Patrouillen sollen nur auf Anordnung des Soldatenrats gehen. Alle Anordnungen des Soldatenrats haben die Unterschrift des Vorsitzenden Abgeordneten

Noske, und eines weiteren Mitglieds des Soldatenrats zu tragen.
Der Soldatenrat machte es allen Soldaten zur Pflicht, im eigensten
Interesse nur solche gezeichneten Anordnungen zu befolgen, diese
aber unbedingt und sofort!

Der Aufruf wurde vom Kieler Magistrat dahingehend ergänzt,
dass dieser die Bevölkerung dazu anhielt, von Ansammlungen
fernzubleiben und keine Gerüchte zu verbreiten, welche die
Stimmung in der Stadt anheizen könnten. Natürlich fehlte
auch im Aufruf des Magistrats nicht die Forderung, Ordnung
zu bewahren.

Dies alles zeigte die Handschrift Noskes und damit der
MSPD. Gerade noch vor Eintreffen der prominenten USPD-
Abgeordneten Haase und Ledebour hatte Noske es geschafft,
die Arbeiterschaft auf seine Seite zu ziehen. Dafür, dass er
gerade einmal 24 Stunden in der Stadt war, hatte er sehr viel
erreicht. Schon am nächsten Tag verebbten die Unruhen, nur
selten kam es noch zu Schießereien. Die Straßenbahn fuhr
wieder, und Matrosen nahmen sogar den Sicherheitsdienst
in der Ostsee wieder auf, um die Marineanlagen gegen einen
etwaigen feindlichen Angriff zu schützen. Noch war Krieg,
noch war eine intakte deutsche Hochseeflotte ein mögliches
Druckmittel bei den Waffenstillstandsverhandlungen, die
nur zwei Tage später in Compiègne bei Paris stattfinden
sollten.

Durch Noskes clevere Taktik behielt die Regierung die
Lage in Kiel unter Kontrolle. In einem vertraulichen Telefon-
gespräch gab Scheidemann seinem Parteifreund weitere Anweisungen: Zusicherung einer Amnestie für alle, die sich am
Aufstand gegen das Flottenkommando in Kiel beteiligt hatten;
im Gegenzug Abgabe der beschlagnahmten Waffen. Auch an
eine Wiederherstellung der Militärregierung wurde gedacht.
Für ganz unmöglich hielt Scheidemann die Verwirklichung
weitgehender politischer Veränderungen wie das allgemeine
Wahlrecht.

ROTE FAHNEN ÜBER DEUTSCHLAND

Diese Maßnahmen machten nur allzu deutlich, dass das Kabinett Baden die Resultate des Aufstands auf den Status quo ante zurückdrehen wollte und noch felsenfest daran glaubte, eine Revolution verhindern zu können. Ansonsten wollte die MSPD-Führung in Kiel zur Tagesordnung übergehen und die Autorität der vor zwei Tagen gestürzten Militärregierung wenn möglich wiederherstellen. Dies hingegen verhinderten die Vertrauensmänner, die darüber wachten, dass die Macht des Soldatenrats nicht weiter beschnitten wurde. Auch blieben die meisten Matrosen bis zum 7. November noch bewaffnet.

Trotzdem: Aus Sicht der MSPD hatte sich die Entsendung Noskes bewährt. Mit ihm war es der Partei gelungen, einen »Trojaner« – um auf die Computerterminologie zurückzugreifen – in die erste Eroberung der Revolution einzuschleusen: Noske verhielt sich in diesem Sinne vergleichbar einem Programm, das – als nützliche Anwendung getarnt – im Hintergrund ohne Wissen des Anwenders andere Funktionen erfüllt. Während Noske nach außen hin den Soldatenrat unterstützte, knüpfte er hinter den Rücken von Arbeitern und Matrosen sofort Kontakte zu den eben noch von ihren Mannschaften abgesetzten Offizieren und plante die Errichtung eines konterrevolutionären Freikorps.

Am 7. November, als endlich Haase und Ledebour in Kiel ankamen, brachte Noske die Stadt vollkommen unter seine Kontrolle, indem er sich durch die Soldatenratsversammlung zum Gouverneur Kiels wählen ließ und mit dem Posten des Soldatenratsvorsitzenden den örtlichen Vertreter der USPD, Lothar Popp, betraute. Während Popp und seine Parteifreunde sich freuten, den wichtigeren Posten ergattert zu haben, machte sich Noske sofort auf zum noch amtierenden Gouverneur, um diesem seine Wahl mitzuteilen. Vor vollendete Tatsachen gestellt, blieb Souchon nichts anderes übrig, als seiner Absetzung zuzustimmen und an das Reichsmarineamt von diesem ungeheuerlichen Vorgang zu telegraphieren:

Ausübung der Gouverneursbefugnisse durch Abgeordneten Noske bietet einzige Aussicht, die Erhebung in ruhige Bahnen zu leiten. Meine Person dafür hinderlich. Bitte um Anerkennung dieser Auffassung der Lage.

Der Staatssekretär des Reichsmarineamts akzeptierte. Es war ein bedeutender Augenblick, denn mit ihrer Zustimmung fügte sich die kaiserliche Marine darin, die Früchte des Kieler Matrosenaufstands anzuerkennen. Zum ersten Mal in Deutschland hatte eine Soldatenrevolte die Absetzung eines militärischen Vertreters des deutschen Kaisers bewirkt und einen Parlamentarier an die Spitze gesetzt. Mit dieser Umkehrung der Herrschaftsverhältnisse war aus dem Kieler Matrosenaufstand endgültig eine Revolution geworden, auch wenn Gustav Noske es schaffte, sie bis Ende Dezember in Kiel einzuschläfern.

In einem jedoch hatte Scheidemanns Entsandter versagt. Es war ihm nicht gelungen, die Revolution auf Kiel einzuschränken. Noch vor Noskes Ankunft war die revolutionäre Erhebung rechtzeitig in Gestalt Tausender Matrosen aus dem Ei geschlüpft und zu Lande und zu Wasser in die anderen Reichsteile entwichen.

DER ZUSAMMENBRUCH DER DYNASTIEN

Schon am 3. und 4. November hatten verschiedene Abteilungen von Marinesoldaten Kiel verlassen. Da die Militärregierung die Bahnverbindungen ab dem 5. November unterbrechen ließ, waren einige Matrosenkolonnen sogar zu Fuß von Kiel bis zum Bahnhof von Neumünster marschiert, um dort die Züge zu entern und zu ihren Bestimmungsorten zu fahren. Noch heute herrscht Unklarheit, ob dies aus eigenem revolutionären Antrieb oder auf Geheiß des USPD-Abgeordneten Lothar Popp geschah. Vermutlich stimmt beides. Doch die

Matrosen erreichten ihre Ziele nicht nur per Bahn, sondern auch ganz regulär per Schiff. So hatte das III. Geschwader noch am 4. November Kiel verlassen, damit die Mannschaften nicht weitere Gelegenheiten erhielten, in den Aufstand eingreifen zu können. Diese Maßnahme verfehlte ihren Zweck, denn kaum in Travemünde angekommen, trugen die Matrosen die Fackel des Aufstands nach Lübeck. Mit atemberaubender Schnelligkeit besetzten sie den Bahnhof und das Postamt und verbrüderten sich mit den Garnisonssoldaten der Kasernen, die komplett zu ihnen überliefen. Schon am Abend des 5. November wehte die rote Fahne über Lübeck. Damit waren Noskes Bemühungen, die Revolution auf Kiel zu beschränken, endgültig hinfällig geworden.

In der Nordsee sah die Situation nicht wesentlich anders aus. Dort erhoben sich am 6. November die Matrosen in den Marinestützpunkten Wilhelmshaven, Brunsbüttel und Cuxhaven, wobei es zu einigen kurzen Gefechten mit regierungstreuen Truppen kam, die allesamt siegreich für die Aufständischen endeten. Am Abend des Tages war die Elbebucht mit den strategisch wichtigen Schleusen am Nord-Ostsee-Kanal in der Hand der Matrosen.

Von nun an flatterte die rote Fahne den Matrosen voran, und in Hamburg, Bremen, Neumünster, Flensburg, Rendsburg und Schleswig verbrüderten sie sich mit den Arbeitern und Garnisonssoldaten. Die Vorgehensweise dabei war immer gleich: Kaum in der Stadt angekommen, besetzten die Matrosen zuerst den Bahnhof, zogen dann zu den Kasernen und verbrüderten sich mit den Soldaten, deren Offiziere mehr oder weniger tatenlos zusehen mussten. Von dort marschierten die Revolutionäre gemeinsam zu den örtlichen Polizeistationen, die sich angesichts der Übermacht meist kampflos ergaben. Auf diese Weise fiel den Aufständischen die Exekutive jeder Stadt wie von selbst in die Hände. Dann erfolgte die Bildung eines Arbeiter- und Soldatenrats. Die beiden Gremien teilten die Arbeit untereinander auf: Während der Soldatenrat die polizeilichen Aufgaben wahrnahm und die Wahrung der öffentlichen Sicherheit garantierte, etablierte sich der Arbeiterrat als plebejisches Kontrollorgan der bestehenden kaiserlichen Zivilbehörden und wachte darüber, dass die revolutionären Beschlüsse des Arbeiter- und Soldatenrats auch tatsächlich administrativ umgesetzt wurden.

Auf diese Weise eroberten die Arbeiter- und Soldatenräte die Macht im Sturm. Wie Dominosteine fielen die Städte des Deutschen Reiches in die Hände der Revolutionäre. Binnen eines weiteren Tages wurde ganz Norddeutschland erfasst, von wo aus der Funke auf Mittel- und Süddeutschland übersprang, einzig Preußen hinkte hinterher.

Was aber war der Grund für den plötzlichen Erfolg dieser aus dem Augenblick heraus geborenen revolutionären Bewegung? War es nur die Unfähigkeit und Trägheit ihrer politischen Gegner, oder gab es noch ein anderes Moment, das eine Rolle spielte? Wollte man den Erfolg der deutschen Novemberbewegung nur auf die bloße Nachahmung der revolutionären Taktik der russischen Februarrevolution zurückführen, so griffe dieses Erklärungsmuster zu kurz. Vielmehr kamen alle möglichen Punkte zusammen: die Solidarität des Volkes, die Kriegsmüdigkeit in der Heimat, der schwächliche Widerstand der Behörden, die Verbrüderung der Matrosen mit dem Landheer, die immer offenkundiger werdenden sozialen Gegensätze zwischen Arm und Reich. Und ein weiteres psychologisches Moment trat hinzu: die Ausweglosigkeit der Situation der Matrosen. Der Schwung, mit dem sie gewissermaßen als revolutionäre Avantgarde die Ideen der Freiheit verbreiteten, erklärt sich dadurch, dass sie keine andere Wahl hatten. Der Weg zurück zu ihren Schiffen oder Kasernen blieb ihnen versperrt, denn dort wartete nur das Kriegsrecht auf sie, da sie in den Augen ihrer Vorgesetzten nicht mehr als Deserteure und Meuterer waren. Was ihnen blühte, das wussten sie nur zu gut aufgrund der Urteile gegen Reichpietsch und Köbis, die vor einem Jahr wegen viel geringerer Vergehen zum Tode verurteilt worden waren. Also mussten sie vorwärts, und nur eine Generalamnestie hätte ihren Elan bremsen können. Doch die parlamentarische Regierung in Berlin unterschätzte die Heftigkeit und die Schnelligkeit der revolutionären Bewegung. Als die Regierung schließlich zu Zugeständnissen bereit war, hielten die Matrosen schon die politische Macht in ihren Händen und wollten von Amnestie nichts mehr wissen.

Ein weiterer Faktor kam ihnen zugute: die Gerüchteküche. Ereignisse wurden verzerrt, die Anzahl der revoltierenden Matrosen bei Weitem übertrieben. Mit der Taktik, die Aufständischen zu bolschewistischen Schreckgespenstern zu erklären, erreichten die Militärbehörden das Gegenteil von dem, was sie beabsichtigten. Dies lag in der Natur der Dinge und konnte den Meuterern nur recht sein, profitierten sie doch davon, dass man ihre Erhebung als revolutionäre Massenbewegung ansah.

Von Norden bis Süden fegte ein gewaltiger Orkan die deutschen Dynastien hinweg, die sich seit der gescheiterten Revolution 1849 vor derartigen Bewegungen sicher wähnten. Doch jetzt wehte ein neuer Geist durch das Land, zum ersten Mal seit sechs Jahrzehnten schien die Republik endlich zum Greifen nah.

Das politische Spektrum derjenigen, die sich für eine Revolution engagierten, war breit. In ihren Reihen fanden sich UDPD-, MSPD- und Zentrumsanhänger genauso wie Mitglieder der Fortschrittspartei. In Hamburg dominierten sogar tatsächlich Bolschewisten und Spartakisten, wie der Aufruf der Hamburger Arbeiter- und Soldatenräte vom 6. November 1918 zeigt:

Arbeiter und Soldaten Hamburgs!
Im ersten Kampfe seid ihr siegreich geblieben. Glaubt nicht, dass ihr
jetzt ruhen könnt. Die schnell erworbene Freiheit könnt ihr euch
nur erhalten, wenn ihr sie täglich neu verteidigt. Strenge Zucht und
kein Nachlassen in der Wachsamkeit. Und sofort an den Auf-

bau. An Stelle der finsteren Festung des Kapitalismus gilt es, die
lichten Hallen der freien sozialistischen Gesellschaft aufzubauen.
Gründliche Arbeit ist dafür nötig und ruhiges, aber eisenfestes Zu-
packen. Die Gefahren von außen sind noch nicht beseitigt. Aber der
Soldatenrat bürgt uns dafür, es bürgt uns die straffe, opferfreudige
Disziplin der Roten Garde, dass Hamburg militärisch nicht zu
bewältigen ist. Alle Maßregeln zum Schutze der Revolution und
der Bevölkerung werden ergriffen werden. Aber auch hier heißt es:
Kühnheit, Kühnheit und abermals Kühnheit!
Kühnheit und festes Vertrauen, ihr Kämpfer all! Die Vorgänge der
ersten Novemberwoche sind keine Putsche, 's ist der Geschichte
eh'rnes Muss! Es ist der Anfang der deutschen Revolution, der
Weltrevolution! Glückauf zur gewaltigsten Tat der Weltgeschichte!
Es lebe der Sozialismus!
Es lebe die deutsche Arbeiterrepublik!
Es lebe der Weltbolschewismus! [1]

Andernorts fiel das Programm der Erhebung weniger filigran
und radikal aus. Oft fehlte es den Arbeiter- und Soldatenräten an politischer Perspektive – ein klarer Hinweis dafür,
dass kaum politische Kader am Werke waren und es sich bei
der Novemberrevolution um einen Volksaufstand handelte,
der wider Erwarten zur Revolution geworden war. Von diesem Umstand profitierte, wie fast überall, die größte Partei
Deutschlands, die MSPD. Ihr gehörten die meisten Soldaten-
und Arbeiterräte an, ihre Hilfe beanspruchten die Revolutionäre, wenn sie nicht weiterwussten. Die gerade ein Jahr alte
USPD hielt dagegen nur in den Industrie- und Ballungsgebie-
ten wie im Ruhrgebiet, Hamburg und Bremen mit einem großen Bevölkerungsanteil von Arbeitern die Führungsposition.
So kam es, dass mit der MSPD ausgerechnet diejenige Partei,
die keine Revolution wollte, widerwillig deren Führung übernahm – und sie meist hintertrieb.

[1] *Rote Fahne*, 6. November 1918.

Wie ein Flächenbrand fraß sich die Revolution durchs Land. Am 7. November erreichte sie München, wo der USPD-Abgeordnete Kurt Eisner im Anschluss einer riesigen Massendemonstration auf der Theresienwiese einen Arbeiter- und Soldatenrat bildete und Bayern zur Republik erklärte. Wie stark die revolutionäre Bewegung allein in München war und wie spontan sie ausbrach, verdeutlichen folgende Zeilen aus den *Münchner Neuesten Nachrichten* vom 8. November:

Heute früh hatten noch führende Abgeordnete keine Ahnung von den Dingen, die über Nacht sich vollzogen. In der gleichen Lage wie heute früh viele Einwohner, waren gestern schon die mit Nachtschnellzügen ankommenden Reisenden. Sie waren wie aus allen Wolken gefallen, als sie den Bahnhof militärisch besetzt fanden, als Offiziere angehalten wurden, von ihren Mützen die schwarzweißrote Kokarde abzunehmen, und als sie endlich das Bild des Straßenlebens erblickten, in dem ab 8 Uhr abends die Straßenbahnen fehlten. Überall waren Gruppen gebildet, kleinere und größere Züge bewegten sich mit roten Fahnen durch die Stadt [...]. Eine Reihe von Betrieben und Lokalen waren durch den im Matthäser errichteten Arbeiter- und Soldatenrat in aller Eile militärisch besetzt worden, darunter auch das Redaktionsgebäude der »Münchner Neuesten Nachrichten«, über deren erste Seite die Neuordner verfügten.

Jetzt zeigte sich, dass sich die Monarchie in Deutschland überlebt hatte. Ein Fürst nach dem anderen verlor seine Krone und stürzte wie ein tönerner Riese von seinem angestaubten Podest. Das waren also die Herrscher gewesen, zu denen ihre Untertanen aufgeblickt hatten. Papiertiger, von weitem furchtbar anzusehen, doch ohne Kraft und Mut, ihre Krone zu verteidigen. Oft reichte nur ein Dutzend Rotgardisten, eine Dynastie auszuschalten, die wie Wittelsbacher und Welfen seit mehreren Jahrhunderten regierten. Manchmal, wie in Braunschweig, ging es bei der Abdankung zu wie beim Verkauf eines Hauses.

So erhielt der Arbeiter- und Soldatenrat Braunschweigs die Abdankungsurkunde des Welfenherzogs nach nur 25 Minuten »reiflicher« Überlegung. In Sachsen nahm König Friedrich August III. seine Abdankung entgegen, als wäre er ein Hausdiener, den seine Herrschaft gerade fristlos und völlig zu Unrecht vor die Tür gesetzt hatte. »Dann macht doch euren Dreck alleene!«, soll er wütend den Arbeiter- und Soldatenräten nachgerufen haben, als er sich des abscheulichen Vorgangs seiner Entmachtung bewusst wurde. Bis zum 23. November versanken 22 einst mächtige und bedeutende Fürstentümer im Staub der Geschichte, ohne dass irgendein Deutscher ihnen besonders nachgeweint hätte. Für die ohnehin dekadente Herrscherkaste war dies, wie sich später herausstellen sollte, kein besonders großer Verlust. Ohnehin politisch bedeutungslos, konnten ihre Mitglieder sich von nun an noch ungestörter ihren Zerstreuungen widmen, ohne die lästigen Pflichten eines Souveräns ausüben zu müssen. Denn eins blieb ihnen erspart: Sie wurden nicht enteignet, sondern konnten nach wie vor über ihre Ländereien verfügen.

Bis zum 9. November hatte die Revolution fast ganz Deutschland erfasst und die politische Verfassung von heute auf morgen geändert. Nur ein Puzzlestück fehlte noch: Preußen, das mächtigste und größte Mosaikstück des deutschen Staatenbundes. Sein König war der mächtigste Potentat Deutschlands: Kaiser Wilhelm II. – und der dachte gar nicht daran, abzudanken.

»BRÜDER, NICHT SCHIESSEN!« – DER 9. NOVEMBER IN BERLIN

Was die Oberste Heeresleitung und ihr oberster Kriegsherr aus allen Landesteilen Deutschlands am 7. November vernehmen mussten, bestätigte ihre größten Befürchtungen. Ausge-

rechnet jetzt, einen Tag vor Beginn der Waffenstillstandsverhandlungen, wurde offensichtlich, dass die parlamentarische
Monarchie den Wettlauf mit der revolutionären Erhebung verloren hatte. In der Obersten Heeresleitung in Spa herrschte
gedrückte Stimmung, Ordonnanzen liefen ratlos auf und ab.
Was Ludendorffs Nachfolger, Generalleutnant Groener, aus
der Heimat zu berichten hatte, war äußerst besorgniserregend. Ganz Deutschland war in Aufruhr, überall wehten rote
Fahnen. Nach Meinung der OHL war das deutsche Hinterland
auf dem besten Wege, vollkommen bolschewisiert zu werden,
die Regierung hatte die Lage nicht mehr unter Kontrolle.

Die Kabinettsmitglieder der MSPD hatten dem Reichskanzler Max von Baden ein Ultimatum gestellt, in dem nicht
nur eine stärkere Regierungsbeteiligung, sondern auch die
Abdankung des Kaisers gefordert wurde. Für den Fall, dass
der Kanzler sich ihrem Verlangen verweigerte, drohten Ebert
und Scheidemann mit sofortigem Austritt aus der Regierung,
was für Max von Baden den völligen Kontrollverlust über die
deutsche Arbeiterschaft und in der Folge den Ausbruch der
Revolution bedeutet hätte. Dieses Risiko wollte der Reichskanzler nicht eingehen, hätte dies doch automatisch nicht nur
den Sturz seiner Regierung, sondern den sämtlicher Dynasten
Deutschlands nach sich gezogen. Noch hoffte der Prinz, das
System der parlamentarischen Monarchie dadurch retten zu
können, indem er den Kaiser opferte.

Was die MSPD dem Kanzler als letzte Chance für die Rettung
der Monarchie verkaufte, war der Beginn eines Drahtseilaktes.
Nachdem die Eindämmung der Matrosenrevolte missglückt war,
hatten Ebert und Scheidemann beschlossen, die Revolution im
letzten Moment doch noch zu verhindern: mittels der Abdankung des Kaisers und der vollständigen Regierungsübernahme
durch ein Kabinett unter ihrer Führung.

Diesmal verrechneten sie sich aber und unterschätzten die
Gefahr. Denn Berlin war die Hochburg der Revolutionären
Obleute, jener radikalen Arbeiterorganisation, die schon im

Januar unbeeinflusst von den Gewerkschaften erfolgreich zum Generalstreik gegen die Regierung aufgerufen hatte. In Anlehnung an den spartakistischen linken Flügel der USPD unter Karl Liebknecht plante das revolutionäre Netzwerk den Sturz der Regierung. Ihre Führer Emil Barth, Richard Müller und Ernst Däumig hatten den Umsturz für den 11. November angesetzt, und ihr Ziel war kein anderes, als die parlamentarische Monarchie in eine sozialistische Republik umzuwandeln.

Der Kieler Matrosenaufstand und der siegreiche Verlauf der Revolution im übrigen Deutschland warfen diesen fein ausgetüftelten Plan jedoch über den Haufen. Erregt diskutierten die Obleute am 6. November mit Däumig und Liebknecht, ob sie den geplanten Zeitpunkt der Erhebung vorverlegen sollten. Liebknecht plädierte dafür, Barth, Müller und Däumig waren dagegen und setzten sich mit ihrer Ansicht durch, bis zum 11. November mit der Erhebung zu warten.

Der Beschluss war kaum in Kraft gesetzt, als Ernst Däumig zwei Tage später auf offener Straße verhaftet wurde und mit ihm sämtliche Aufstandspläne in die Hände der obersten preußischen Militärbehörde fielen. Jetzt blieb keine Zeit mehr. Noch am Abend des 8. November beschloss der Rat der Revolutionären Obleute zusammen mit den Spartakisten, am nächsten Morgen loszuschlagen.

Doch auch die Gegenseite schlief nicht. Der preußische Kriegsminister Scheüch zog Truppen in Berlin zusammen, darunter die als besonders zuverlässig geltenden Naumburger Jäger. Aber die Revolution war schon im Vormarsch, nicht nur auf der Straße, sondern auch in den Köpfen. Als die Naumburger von ihren Offizieren angewiesen wurden, große Mengen Munition zu fassen, reagierten sie nicht befehlsgemäß. Fern davon, willige Vollstrecker zu sein, begannen sie den Auftrag zu hinterfragen und nahmen ihre Offiziere ins Kreuzverhör, die den Soldaten allerdings Lügen auftischten und ihnen erzählten, sie hätten nur routinemäßig die Gebäude des Regierungsviertels zu bewachen. Instinktiv die Lüge riechend, beschloss eine Abteilung der Naumburger Jäger, zum Redaktionsbüro der MSPD-Parteizeitung *Vorwärts* zu fahren und sich selbst zu informieren. Noch bevor der für den 9. November angesetzte Generalstreik begann, sprengten die Naumburger Jäger um sieben Uhr morgens eine Krisensitzung der SPD-Betriebsvertrauensleute und forderten einen Parteifunktionär dazu auf, mit ihnen in die Kaserne zu kommen und die dort wartenden Mannschaften aufzuklären. Schweren Herzens willigte der MSPD-Reichstagsabgeordnete Otto Wels ein, nichts ahnend, dass er die Sternstunde seiner Karriere erleben würde. Wels gelang es, das als ausgesprochen kaisertreu geltende Naumburger Regiment »umzudrehen«: »Es ist eure Pflicht, den Bürgerkrieg zu verhindern! Ein Hoch auf den freien Volksstaat!«

Die Soldaten waren erleichtert und stimmten in den Hochruf des Abgeordneten ein. Auch sie waren kriegsmüde und nicht gewillt, für ein marodes System zu kämpfen und ihre eigenen Landsleute zu massakrieren. Doch es war nicht nur pure Nächstenliebe, die Wels dazu getrieben hatte, sich mit den Soldaten auseinanderzusetzen. Hinter seinem Engagement steckte auch die Aussicht, die in Berlin konzentrierten Truppen für die Zwecke der MSPD zu gewinnen. Nach der voraussichtlichen Abdankung des Kaisers konnte es nicht schaden, ein Druckmittel gegen die revolutionären Massen in der Hand zu haben, die seit den frühen Morgenstunden unter Führung von Revolutionären Obleuten, USPD und Spartakisten in immer größerer Zahl auf der Straße erschienen.

Von dieser Ansicht überzeugt, sprang Wels erneut auf die Ladefläche eines Armeelasters. Wenige Minuten später kämpfte sich das Automobil hupend durch das Menschenmeer auf den Straßen Berlins und nahm Kurs auf die nächste Kaserne, um ihre Garnison der preußischen Regierung abspenstig zu machen und sie auf Parteilinie der MSPD zu bringen.

Während der Reichstagsabgeordnete sich bemühte, die Soldaten für seine Partei zu gewinnen, rüstete sich die von den Revolutionären Obleuten zusammengerufene Arbeiterschaft zum Aufstand. Die Aktivistin Cläre Derfert-Casper berichtet, wie sie die frühen Morgenstunden des 9. November zusammen mit ihrem Genossen Arthur Schöttler erlebte.

Zur ersten Schicht schon standen wir beide vor der Waffenfabrik und verteilten Flugblätter, in denen die Arbeiter aufgefordert wurden, die Betriebe zu verlassen. Nachdem wir diese Aufgabe gegen 7 Uhr beendet hatten, halfen wir schnell den anderen Genossen die Revolver auspacken und die Patronen in die Magazine füllen. Bald kamen auch schon die in den Betrieben informierten Arbeiter und holten ihre Waffen ab. Alles ging ruhig und gefasst seinen Gang. Endlich waren alle Waffen ausgegeben, und nun ordnete sich der Demonstrationszug. Voran die bewaffneten Männer, die unbewaffneten Männer und dann die Frauen.

Nun begann endlich die Revolution auch in Berlin. Zusammen mit Cläre Derfert-Caspers Demonstrationszug sammelten sich zehn weitere, durch die Revolutionären Obleute aufgerufene Arbeiterkolonnen der Berliner Groß- und Rüstungsbetriebe an der Peripherie der Spreemetropole und setzten zum Sternmarsch auf das Regierungsviertel an. Flugblätter kursierten, die Stimmung wurde kämpferisch. Jeder war gewiss, dass die Abdankung des Kaisers und der Sturz der verhassten Regierung ohne Gewaltanwendung nicht mehr möglich war. Auf Schritt und Tritt musste mit Opfern gerechnet werden, weswegen sich die Arbeiter bewaffnet hatten.

Die gefährlichsten Waffen waren jedoch nicht ihre Gewehre und Revolver, mit denen sie keine Chance gegen die Maschinengewehre des Militärs gehabt hätten, sondern ihre kämpferische Überzeugung und ihre Zahl, die durch Zulauf von hungernden Frauen und Kindern ins Unermessliche wuchs. Bald schon wälzten sich Zehntausende abgemagerter Gestalten zu den Kasernen, die auf dem Weg lagen. Gelang es, die Soldaten von der Notwendigkeit des Systemwechsels zu überzeugen, hatte die Revolution eine Chance, wenn nicht, drohte

ROTE FAHNEN ÜBER DEUTSCHLAND

der Bürgerkrieg und damit die sichere Niederlage, denn militärisch waren die Soldaten haushoch überlegen. Aber würden sie ihre Waffen auch gegen ihre eigenen, halb verhungerten Landsleute richten, die mit Schildern wie »Brüder, nicht schießen!« an ihr Gewissen appellierten? Der Zeitzeuge Hans Pfeifer, Mitglied der Spartakusgruppe, berichtet:

Wir hatten den Auftrag, uns mit den Zügen aus Moabit und aus Charlottenburg zu vereinigen und die Soldaten an der Kaserne am Lehrter Bahnhof für die Revolution zu gewinnen. Das Tor einer Kaserne war verschlossen. Die Massen riefen daraufhin: Brüder schießt nicht auf uns! Macht Schluss mit dem Krieg! Frieden! Weg mit Kaiser Wilhelm! [...] Wir, die wir bewaffnet waren, rechneten mit Schießereien und waren in Feuerstellung gegangen. Aber unsere Unterhändler haben auch diese Soldaten überzeugt und unter dem riesigen Jubel der Arbeiter veranlasst, am Zug zur Maikäferkaserne teilzunehmen.

Wie hier, so war es fast überall, die Soldaten schlossen sich meist der revolutionären Bewegung an und verbrüderten sich gegen den Widerstand ihrer Offiziere mit den Arbeitern. Fast sah es so aus, als ob es keine Opfer geben würde. Aber nicht immer hatten die Demonstranten ein solches Glück wie vor der Lehrter Kaserne. Als der Demonstrationszug die Maikäferkaserne erreichte und die Soldaten zur Befehlsverweigerung überreden wollte, schoss ein Offizier auf die Anführer der Kolonne und tötete drei Menschen, bevor er überwältigt wurde.

Doch die Demonstranten ließen sich nicht entmutigen und zogen weiter. Ihre Entschlossenheit hatte Erfolg: Die Soldaten verweigerten Feuerbefehle und liefen zu den Demonstranten über, der Bann war gebrochen. Überall, wie schon die Tage zuvor in Deutschland, verbrüderten sich Arbeiter und Soldaten, während die meisten Offiziere sich resigniert zurückzogen. Nur einige nahmen den Kampf auf. An der Straße Unter den

Linden und an der Universität vor der Preußischen Staatsbibliothek schlossen sich Offiziere zu Widerstandsnestern zusammen, die nach heftigen Kämpfen von den Revolutionären ausgehoben wurden. Die revolutionäre Stimmung auf der Straße und der Zusammenbruch des Militärs verängstigten die Regierung. Jetzt liefen die Drähte zwischen dem Reichskanzler und der Obersten Heeresleitung in Spa heiß. Verzweifelt versuchte Max von Baden, den Kaiser zu erreichen und ihn rechtzeitig zur Abdankung zu bewegen. Vergebens, in der kaiserlichen Villa in Spa waren die einzigen beiden Leitungen fast dauernd besetzt. Nur einmal kam der Reichskanzler durch und setzte dem ehemaligen Staatssekretär des Äußeren und Freund des Kaisers Admiral von Hintze auseinander, dass er bis zwölf Uhr die Abdankung Wilhelms brauche. Hintze versprach, den Kaiser von diesem Schritt zu überzeugen. Dies allerdings war leichter gesagt als getan, denn Wilhelm II. dachte überhaupt nicht daran, nur aufgrund des Drucks der Straße zurückzutreten. Wertvolle Zeit verstrich, Zeit, die der Reichskanzler und seine Vertrauten Ebert und Scheidemann nicht hatten.

EIN KAISER WIRD ABGEDANKT

Die Situation der MSPD wurde immer prekärer, vor allem Ebert war verzweifelt. Mit jeder Stunde, in der es nicht gelang, den Kaiser rechtzeitig zur Abdankung zu bewegen, wuchs die Gefahr der Errichtung einer sozialistischen Republik und war die MSPD dabei, ihren Einfluss auf die Massen zu verlieren. Bange Minuten verstrichen. Dann kam endlich die Antwort aus Spa, und sie war niederschmetternd. Wilhelm II. schlug allen Ernstes vor, als Kaiser abzudanken, aber weiterhin als König von Preußen zu regieren. Abgesehen davon, dass diese Lösung aufgrund der Bismarck'schen Reichsverfassung gar nicht möglich gewesen wäre, implizierte Wilhelms Vorschlag, dass er einen Bürgerkrieg riskierte, nur um seine Krone zu retten. Romantischer Träumer, der er war, glaubte der Hohenzoller, nach gelungenem Friedensschluss an der Spitze seiner Armee sofort nach Deutschland ziehen zu können, um die Revolution zumindest in Preußen niederzuschlagen. Als in Berlin klar wurde, dass weitere Verhandlungen mit dem Kaiser nicht vor zwölf Uhr das gewünschte Ergebnis brächten, beschloss Max von Baden, eine Falschmeldung zu lancieren und die Abdankung des Kaisers ohne dessen Zustimmung zu verkünden.

Der Kaiser und König hat sich entschlossen, dem Thron zu entsagen. Der Reichskanzler bleibt noch so lange im Amt, bis die mit der Abdankung des Kaisers, dem Thronverzicht des Kronprinzen des Deutschen Reiches und von Preußen und der Einsetzung der Regentschaft verbundenen Fragen geregelt sind. Er beabsichtigt, dem Regenten die Ernennung des Abgeordneten Ebert zum Reichskanzler und die Vorlage eines Gesetzentwurfs wegen der sofortigen Ausschreibung allgemeiner Wahlen für eine verfassunggebende deutsche Nationalversammlung vorzuschlagen, der es obliegen würde, die künftige Staatsform des deutschen Volkes, einschließlich der Volksteile, die ihren Eintritt in die Reichsgrenzen wünschen sollten, endgültig festzustellen.

Das war ein klarer Staatsstreich, geboren aus der Notwendigkeit, die Revolution in letzter Minute zu verhindern. Damit hatte der Reichskanzler schwere Schuld auf sich geladen, was ihm durchaus bewusst war. Sich seines Makels als »Königsmörder« bewusst, trat er von seinem Amt zurück und ernannte Ebert zu seinem Nachfolger. Im Gegenzug bot der MSPD-Vorsitzende dem Prinzen den Titel des Reichsverwesers an, was dieser ablehnte.

Als Wilhelm II. davon hörte, dass Max von Baden seine Abdankung ohne seine Zustimmung betrieben hatte, war er erst fassungslos, dann wütend. Bald fasste er sich aber wieder und erklärte, dass er gegen seine erzwungene Abdankung in aller Öffentlichkeit protestieren werde, was aber durch Admiral von Hintze geschickt hintertrieben wurde. Der findige Diplomat schlug dem abgesetzten Herrscher vor, eine Protestnote abzufassen, diese jedoch nicht zu veröffentlichen, sondern an einem sicheren Ort zu hinterlegen. Der Kaiser stimmte zu, womit sein Protest wertlos wurde.

Staatsrechtlich stellte Eberts Ernennung zum Reichskanzler einen klaren Verfassungsbruch dar, da ein Reichskanzler nicht aus eigenem Ermessen seinen Nachfolger selbst bestimmen konnte; dies stand nach der im Oktober erfolgten Demokratisierung nur dem Kaiser in Abstimmung mit dem Reichstag zu. Doch verfassungsrechtliche Fragen spielten am 9. November 1918 keine Rolle mehr.

Wie es schien, hatten neben der Regierung in Berlin selbst die OHL und die diplomatischen Vertreter des Kaisers kein Interesse mehr daran, ihrem entthronten Herrscher zur Macht zurückzuverhelfen. Stattdessen wurde sofort nach Bekanntwerden der Abdankungsnote von Oberster Heeresleitung und Auswärtigem Amt diskutiert, ob der Kaiser nach Holland ins Exil gehen sollte. Davon aber wollte der gestürzte Hohenzoller noch nichts wissen und verharrte trotzig auf dem Standpunkt, an der Spitze seiner treuen Armee in Deutschland einzumarschieren und die revolutionären Verräter zur Raison zu rufen.

Generalleutnant Groener sah dies anders und machte dem Kaiser in aller Deutlichkeit klar, dass das Heer nicht unter seinem Befehl, sondern unter dem seiner Offiziere nach Deutschland zurückmarschieren werde. Wilhelm war perplex. Derartig unverblümt hatte noch nie ein deutscher Offizier, noch dazu ein von ihm ernannter Oberfehlshaber, zu ihm zu sprechen gewagt. Schmerzlich mit der Realität konfrontiert, dass seine Zeit abgelaufen war, fügte er sich nach anfänglich heldischen Untergangsfantasien noch im Laufe des Tages in sein Schicksal und bereitete alles für seine Flucht nach Holland vor.

EIN TAG, ZWEI REPUBLIKEN

In Berlin spielte die Abdankung des Kaisers schon um 13 Uhr keine Rolle mehr. Immer lauter wurden die Stimmen der vor dem Reichstag demonstrierenden Menschenmenge, die lauthals die Republik forderte. Ebert musste handeln – und zwar schnell. Wie schon im Januar versuchte er auch in diesen schicksalsschweren Stunden, zwischen den Stühlen zu lavieren und sich die Möglichkeit offenzuhalten, den Aufstand entweder doch noch in letzter Minute niederzuschlagen oder seine Führung zu übernehmen. Als immer klarer wurde, dass die Truppen zu den Revolutionären überliefen, beschloss Ebert die Gründung eines zentralen Arbeiter- und Soldatenrats, in dem nur MSPD-Abgeordnete vertreten waren. Auf diese Weise wollte er versuchen, Einfluss auf die Volksmassen zu nehmen, um sie später unter dem Deckmantel vermeintlichen Revoluzzertums besser manipulieren zu können.

Während Eberts neue Schöpfung sich konstituierte und an die Arbeit machte, zeigte sich der Parteivorsitzende den Demonstranten ganz von seiner autoritären Seite und gab den Text eines Flugblatts in Auftrag, das sofort unter den Massen verteilt wurde:

Mitbürger! Der bisherige Reichskanzler hat mir unter Zustimmung sämtlicher Staatssekretäre die Wahrnehmung der Geschäfte des Reichskanzlers übertragen. [...] Mitbürger! Ich bitte euch alle dringend: Verlasst die Straßen! Sorgt für Ruhe und Ordnung!

Mit diesen Maßnahmen glaubte sich Ebert für einige Zeit sicher und ging zum Mittagessen. Nun würde es ihm gelingen, nach bewährter Taktik die Streik- und Demonstrationsbewegung zu unterlaufen und dem Volk die Flausen einer sozialistischen Republik auszutreiben. Als der neue Reichskanzler beschloss, in der Kantine des Reichstags eine Kartoffelsuppe zu sich zu nehmen, erklomm ausgerechnet sein Parteigenosse

Philipp Scheidemann, angespornt von den vielen Rufen nach einer sozialistischen Republik, eine Fensterbrüstung und hielt jene berühmte Rede, die zum Grundstein der Weimarer Republik wurde:

Der Kaiser hat abgedankt. Er und seine Freunde sind verschwunden, über sie alle hat das Volk auf der ganzen Linie gesiegt. Prinz Max von Baden hat sein Reichskanzleramt dem Abgeordneten Ebert übergeben. Unser Freund wird eine Arbeiterregierung bilden, der alle sozialistischen Parteien angehören werden. Die neue Regierung darf nicht gestört werden, in ihrer Arbeit für den Frieden und der Sorge um Arbeit und Brot. Arbeiter und Soldaten, seid euch der geschichtlichen Bedeutung dieses Tages bewusst: Unerhörtes ist geschehen. Große und unübersehbare Arbeit steht uns bevor. Alles für das Volk! Alles durch das Volk! Nichts darf geschehen, was der Arbeiterbewegung zur Unehre gereicht. Seid einig, treu und pflichtbewusst. Das alte und morsche, die Monarchie ist zusammengebrochen. Es lebe das Neue. Es lebe die deutsche Republik!

Damit waren die Würfel gefallen. Deutschland war eine Republik geworden, egal ob Scheidemanns Worte verfassungsrelevante Bedeutung hatten oder nicht. Was an diesem Tag zählte, waren Emotionen – und die konnten nicht per Parlamentsbeschluss verabschiedet werden.

Aber nicht jeder im deutschen Volk dachte so. Als Scheidemann zurückkehrte und in die Kantine kam, um seinerseits eine Kartoffelsuppe zu fassen, trat Ebert an seinen Tisch und machte seinem Parteigenossen eine furchtbare Szene, wie sich Scheidemann in seinen *Memoiren eines Sozialdemokraten* entsinnt.

Er schlug mit der Faust auf den Tisch und schrie mich an: »Ist das wahr?« Als ich ihm antwortete, dass »es« nicht nur wahr, sondern selbstverständlich sei, machte er mir eine Szene, bei der ich wie vor einem Rätsel stand. »Du hast kein Recht, die Republik auszurufen! Was aus Deutschland wird, ob Republik oder was sonst, das

entscheidet eine Konstituante!« [gemeint ist eine verfassunggebende
Versammlung, Anm. d. Verf.]

Mit Scheidemanns Rede war Eberts Traum von einer parlamentarischen Monarchie endgültig geplatzt und die Republik wahr geworden. Wie klug Scheidemann gehandelt hatte,
merkte der neue Reichskanzler erst, als in den Reichstag das
Gerücht von einer Rede drang, die Karl Liebknecht ungefähr
zur selben Zeit vor Tausenden von einem Balkon des Berliner
Schlosses gehalten hatte. Auch der Führer der Spartakisten
hatte es verstanden, die Gunst der Stunde zu nutzen. Nachdem die mittlerweile auf mehrere Hunderttausend Menschen
angeschwollene Volksmasse das Polizeipräsidium, die Reichs-
kanzlei, die großen Zeitungsverlage sowie die Hauptkom-
munikationsadern des Kaiserreichs, das »Wolffsche Telegra-
phenbüro« und das Telegraphenamt, gestürmt hatte, war sie
zum Berliner Schloss vorgestoßen. Beim Anblick dieses übermächtigen Menschenmeeres hatte die nur 300 Mann starke
Besatzung klugerweise Reißaus genommen oder war zu den
Revolutionären übergelaufen.

Einer in der Menge erfasste die Symbolkraft der Stunde
und wusste mit untrüglichem Instinkt die Aufmerksamkeit der
Massen auf die historische Bedeutung dieses Augenblicks zu
lenken: Karl Liebknecht. Unter roten Fahnen, die von den
Eingangsportalen des Schlosses herunterhingen, verhieß der
Führer des linken Flügels der USPD der Menge eine neue Zukunft:

Der Tag der Revolution ist gekommen. Wir haben den Frieden
erzwungen. Der Friede ist in diesem Augenblick geschlossen. Das Alte
ist nicht mehr. Die Herrschaft der Hohenzollern, die in diesem Schloss
jahrhundertelang gewohnt haben, ist vorüber. In dieser Stunde
proklamieren wir die freie sozialistische Republik Deutschland. [...]
Die Herrschaft des Kapitalismus, der Europa in ein Leichenfeld ver-
wandelt hat, ist gebrochen. [...] Wenn auch das Alte niedergerissen

ist, dürfen wir doch nicht glauben, dass unsere Aufgabe getan sei.
Wir müssen alle Kräfte anspannen, um die Regierung der Arbeiter
und Soldaten aufzubauen und eine neue staatliche Ordnung des
Proletariats zu schaffen, eine Ordnung des Friedens, des Glücks
und der Freiheit unserer deutschen Brüder und unserer Brüder in der
ganzen Welt. Wir reichen ihnen die Hände und rufen sie zur Voll-
endung der Weltrevolution auf.

Mit dieser Rede hatte Liebknecht – stärker als Scheidemann –
einen Schlussstrich unter die wilhelminische Ära gezogen,
was sich am sichtbarsten darin zeigte, dass am Fahnenmast
des Schlosses die Reichsflagge durch eine rote Flagge ersetzt wurde. Wenig später stürmten jubelnde Revolutionäre
das Schloss und plünderten die Wäscheschränke des kaiserlichen Ehepaars. Drei Tage lang hatte das Volk freien Zutritt
zu den Gemächern des Hochadels, die es nach Herzenslust
ausräumte; dann rückte eine Wache aus Arbeitern und Soldaten vor das Schloss, welches wenig später von der aus revolutionären Matrosen neu gegründeten Volksmarinedivision
besetzt wurde.

DER RAT DER VOLKSBEAUFTRAGTEN

Die Freude der Massen wurde schnell getrübt durch den Umstand, dass hinter den Kulissen der Siegesfeiern und allgemeinen Verbrüderungen ein Kampf um die Neuverteilung der
Macht tobte.

An einem Tag war es in Berlin zweimal zur Ausrufung der
Republik gekommen, einmal als bürgerlich-demokratische,
einmal als sozialistische. Zwei der charismatischsten und besten Redner hatten an unterschiedlichen Orten ihren Führungsanspruch angemeldet. Der MSPD kam dabei zugute, dass sie
schon an der Macht war und im Laufe des Tages die Mehrzahl
der Soldaten für sich gewann; die USPD hatte in Berlin den

Vorteil, die Massen der revolutionären Arbeiter und Matrosen hinter sich zu haben. Aber mit der Verkündung der Republik waren die Demonstranten noch nicht von der Straße und die Revolution noch längst nicht vorbei. Denn: Was ist eine Revolution ohne die Umgestaltung der gesellschaftlichen Verhältnisse und ohne die politische Macht zu besitzen, diese Wunschvorstellungen tatsächlich auch Wirklichkeit werden zu lassen? So jedenfalls dachten die Revolutionären Obleute unter der Führung von Richard Müller und Emil Barth. Als Scheidemann und Ebert die Situation langsam wieder unter Kontrolle wähnten und gerade dabei waren, unter Ausschluss der Öffentlichkeit die Regierung umzubilden, erreichte sie eine neue Schreckensnachricht: Die Revolutionären Obleute waren in den Reichstag eingedrungen und berieten im Fraktionsraum der USPD gerade mit Karl Liebknecht und dem Parteivorstand über die Umformung der parlamentarischen Monarchie in eine sozialistische Republik.

Sofort wurde eine Delegation des von der MSPD gebildeten Arbeiter- und Soldatenrates ausgeschickt, um die Verhandlungsbereitschaft der USPD zu erkunden und sie zur Regierungsbildung mit der Schwesterpartei aufzufordern. Denn nur eine handlungsfähige Regierung, so lautete die Argumentation, könnte den so dringend benötigten Waffenstillstand zwischen dem Deutschen Reich und den Alliierten abschließen. Dieser Vorschlag stieß auf Ablehnung. Auch eine zweite, diesmal durch Scheidemann höchstpersönlich vorgebrachte, Koalitionsanfrage wurde brüsk zurückgewiesen, wobei vor allem Karl Liebknecht sich äußerst heftig einer gemeinsamen Regierungsbildung verweigerte. Doch der Spartakistenführer unterschätzte den zunehmenden Druck der Massen, die nach der Abdankung des Kaisers eine schnelle Lösung herbeisehnten. Als immer mehr Arbeiter- und Soldatenräte die USPD-Führung und die Revolutionären Obleute bestürmten, entschieden diese sich, der Scheidemann-Ebert-Fraktion ihre

Bedingungen vorzustellen, unter denen sie eine gemeinsame Regierungsbildung für möglich hielten:

1. *Deutschland soll eine sozialistische Republik sein.*

2. *In dieser Republik soll die gesamte exekutive, legislative, jurisdiktionelle Macht ausschließlich in den Händen von gewählten Vertrauensmännern der gesamten werktätigen Bevölkerung und der Soldaten liegen.*

3. *Ausschluss aller bürgerlichen Mitglieder aus der Regierung.*

4. *Die Beteiligung der Unabhängigen gilt nur für drei Tage als ein Provisorium, um eine für den Abschluss des Waffenstillstandes fähige Regierung zu schaffen.*

5. *Die Ressortminister gelten nur als technische Gehilfen des eigentlichen und entscheidenden Kabinetts.*

6. *Gleichberechtigung der beiden Leiter des Kabinetts.*

Dies waren Forderungen, auf die sich Ebert und Scheidemann nicht einlassen konnten, denn eine sozialistische Räterepublik kam für sie genauso wenig infrage wie der Ausschluss aller bürgerlichen Mitglieder der Regierung. Daraufhin weigerte sich Liebknecht kategorisch, überhaupt noch eine Regierungsbildung von MSPD und USPD anzustreben. Ganz so radikal wie der Spartakistenführer sahen Richard Müller und Emil Barth die Sache nicht. Sie schlossen generell keine gemeinsame Regierungsbildung aus, betonten aber, dass sie das Herrschaftssystem der Räterepublik dem der parlamentarischen Demokratie vorzögen. Ihrer Ansicht nach sollte die politische Gewalt bei der Vollversammlung aller Arbeiter- und Soldatenräte des Reiches liegen und die Einberufung einer verfassunggebenden Nationalversammlung erst nach Stabilisierung der revolutionären Verhältnisse erfolgen. Auf diese Forderungen ließen sich die Regierungssozialisten ein. Die Leitungen der USPD und der MSPD einigten sich darauf, gemeinsam eine provisorische Regierung zu bilden, die als »Rat der Volksbeauftragten« bis zur Wahl der Nationalversammlung die Geschicke des Landes lenken sollte.

Und so kam es, dass Deutschland nach mehrstündigen, harten Koalitionsdebatten eine sechsköpfige provisorische Regierung bekam, die aus jeweils drei Mitgliedern der USPD und der MSPD bestand. Aufseiten der MSPD traten Scheidemann, Landsberg und Ebert in die Regierung ein, während Haase, Barth und Dittmann die USPD vertraten. An der Spitze des Kabinetts standen Friedrich Ebert und Hugo Haase.

Am nächsten Tag trat im Zirkus Busch die Vollversammlung der deutschen Arbeiter- und Soldatenräte zusammen. Hier zeigte sich, anders als sonst im Reich, dass die MSPD es dank der geschickten Agitation von Otto Wels geschafft hatte, die Soldaten auf ihre Seite zu ziehen, während revolutionäre Obleute und USDP durch die Arbeiterschaft unterstützt wurden. Erneut erwiesen sich die Mehrheits-Sozialdemokraten als sehr wandlungsfähig, wenn es galt, die Macht zu verteidigen. Ausgerechnet Ebert, dessen Burgfriedens- und Kriegsbewilligungspolitik die Parteispaltung überhaupt erst bewirkt hatte, glänzte mit der Parole, den Bruderstreit zu verhindern und sich nicht untereinander zu zerfleischen. Plötzlich wünschte sich der bis vor einem Tag so antirevolutionäre SPD-Monarchist, die Errungenschaften des Sozialismus gemeinsam mit derjenigen Partei zu verteidigen, deren politisches Programm er noch vor 24 Stunden heftig bekämpft hatte.

Das war zu viel für Liebknecht, der 1916 wegen seiner standhaften Weigerung, die Kriegskredite zu bewilligen, eingesperrt worden war, ohne dass Ebert und Scheidemann nur einen Finger zu seiner Verteidigung gerührt hatten. Unbeeindruckt davon, dass Hugo Haase Ebert zustimmte, entlarvte Liebknecht gnadenlos die Ruhigstellungsstrategie des MSPD-Vorsitzenden:

Ich muss Wasser in den Wein eurer Begeisterung schütten.
Die Gegenrevolution ist bereits auf dem Marsche, sie ist bereits
in Aktion! Sie ist bereits unter uns!

Dies war ein schwerer Angriff, den Eberts Anhänger sofort
mit heftigen Buhrufen quittierten.

Als Emil Barth unmittelbar darauf die Vorschlagsliste zur
Wahl des Vollzugsrats vorlas, auf der nur Unabhängige und
Spartakusleute wie Wilhelm Pieck, Rosa Luxemburg und Karl
Liebknecht standen, kam es zu Tumulten. Mit gezogenen Säbeln und Gewehren bahnten sich die von Otto Wels gewonnenen Soldaten ihren Weg zum Präsidium und setzten die
paritätische Besetzung des Vollzugsrats mit einer gleichen
Zahl von MSPD- und USPD-Parteimitgliedern durch. Dass
diese Gleichberechtigung nur auf dem Papier bestand, erwies sich rasch nach der Stimmenauszählung: Der Vollzugsrat setzte sich aus je sieben MSPD- und USPD-Vertretern als
Arbeiterdelegierte zusammen, ergänzt um vierzehn Soldaten-
repräsentanten, welche in ihrer Mehrzahl der Ebert-SPD na-
hestanden. Nur einen Tag nach der Revolution hatten USPD,
Spartakisten und Revolutionäre Obleute eine empfindliche
Niederlage erlitten. Von nun an bildeten sie eine Minderheit
im Vollzugsrat, der ähnlich wie der Rat der Volksbeauftragten nur als Provisorium eingerichtet worden war, um die Wahl
zum Zentralrat der deutschen Arbeiter- und Soldatenräte zu
koordinieren, der als proletarisches Kontrollgremium seinen
Platz neben der verfassunggebenden Nationalversammlung
einnehmen sollte.

Ihr vollständiges Waterloo erlitten die Befürworter des
Rätesystems, als am selben Abend ein folgenschweres Tele-
fongespräch zwischen dem Oberkommandierenden des
Heeres, Generalleutnant Groener, und Friedrich Ebert stattfand. In diesem Telefonat versicherte Groener Ebert die
Unterstützung des rückflutenden Heeres und erklärte sich
bereit, Deutschland gegen den Linksradikalismus und das

Rätesystem zu verteidigen. Befriedigt legte Ebert den Hörer auf.

Die Gegenrevolution hatte begonnen.

DIE BEDEUTUNG DER NOVEMBERREVOLUTION

Als der 11. November 1918 anbrach, ahnte niemand auf den Straßen Deutschlands, dass schwere Zeiten folgen würden. Vorerst gab es Grund zu weiterem Jubel: Erzberger hatte nach zähen Verhandlungen die Suppe ausgelöffelt, die Ludendorff und Hindenburg ihm eingebrockt hatten, und einen Waffenstillstand mit den Alliierten geschlossen. Endlich würde das Massensterben aufhören, Väter, Söhne und Verwandte wieder nach Hause kommen.

Der Krieg war beendet, doch er sollte katastrophale Folgen haben. Deutschland sollte 1919 in Versailles genötigt werden, sich zum Alleinschuldigen des Krieges zu bekennen und El-sass-Lothringen sowie seine östlichen Eroberungen verlieren; darüber hinaus würde es sich zu Reparationszahlungen in Milliardenhöhe verpflichten, die die Wirtschaft des Landes ruinieren sollten. Diejenigen, die das Desaster zu verantworten hatten, waren auf der Flucht. Schon um fünf Uhr morgens hatte Wilhelm II. Spa in einem Sonderzug verlassen, um nach Holland zu fahren, wo er Ende November tatsächlich abdankte und den Rest seines Lebens auf Schloss Dorn verbrachte. Etwa gleichzeitig floh Ludendorff aus dem revolutionären Berlin nach Schweden, wo er im Winter 1918/19 untertauchte und die Ereignisse in Deutschland abwartete.

Dieses versank schon im Dezember kurz nach den Tumulten im Zirkus Busch für zwei Jahre in einem Bürgerkrieg, der mit dem Sieg der Gegenrevolution enden sollte. Die Opferliste dieses Konflikts liest sich wie das »Who's who« des deutschen Sozialismus: Karl Liebknecht, Rosa Luxemburg, Kurt Eisner und Hugo Haase fielen wie Tausende andere dem »weißen« Terror der erzreaktionären Freikorps zum Opfer, die im Sold von Großkapital, preußischem Junkertum und der parlamentarischen Demokratie standen. Und trotzdem hatten die Kämpfer der Novemberrevolution einen historischen Sieg errungen: Ihr Verdienst bestand weniger darin, den Kaiser gestürzt, als vielmehr die Republik selbst gegen den schärfsten Widerstand von Regierung, Militär und MSPD als Staatsform in Deutschland durchgesetzt zu haben. Eberts Politik, die Revolution unter allen Umständen zu verhindern und Wilhelm II. durch einen anderen hochadeligen Regenten zu ersetzen, war nicht aufgegangen; ja, der größte Republikverhinderer war sogar gezwungen gewesen, sich an die Spitze der Revolution zu setzen.

Der Lorbeer für den epochalen Sieg über Kaiser und Militärdiktatur gebührt einzig und allein dem Volk: der Massenbewegung aus Matrosen, Soldaten, Arbeiterschaft, Linkssozialisten und Revolutionären Obleuten. Sie hatten auf den Straßen Deutschlands Leib und Leben riskiert und die Erbmonarchie bezwungen. Es war ihr Verdienst, dass ab 1919 das allgemeine Wahlrecht in Deutschland eingeführt wurde und Männer wie Frauen sowohl den Reichstag als auch den Reichspräsidenten wählen konnten; sie allein hatten das Vermächtnis der 1849 gescheiterten Reichsverfassung erfüllt. Dank der Novemberrevolution hatte im dichtbesiedeltsten Land Europas das Prinzip der Volkssouveränität gesiegt. Deutschland war endlich Republik geworden und hatte den Anschluss an die führenden demokratischen Nationen Europas gefunden.

Dähnhardt, Dirk: *Revolution in Kiel*, Wachholtz, Neumünster 1978

Dittmann, Wilhelm: *Die Marine-Justizmorde von 1917 und die Admiralsrebellion von 1918*, Dietz, Berlin 1926

Grebing, Helga: *Geschichte der deutschen Arbeiterbewegung*, Vorwärts-Buch, Berlin 2007

Haffner, Sebastian: *Die deutsche Revolution 1918/19*, Rowohlt, Reinbek bei Hamburg 2004

Institut für Marxismus-Leninismus: *Geschichte der deutschen Arbeiterbewegung von 1917–1923*, Band 3, Dietz, Berlin 1966

Kluge, Ulrich: *Soldatenräte und Revolution*, Vandenhoeck & Ruprecht, Göttingen 1975

Machtan, Lothar: *Die Abdankung*, Propyläen, Berlin 2008

Rosenberg, Arthur: *Entstehung der Weimarer Republik*, Europäische Verlagsanstalt, Frankfurt/Main 1961

Strenge, Irene: *Spa im Ersten Weltkrieg (1914–1918)*, Königshausen & Neumann, Würzburg 2007

Volkmann, E. O.: *Revolution über Deutschland*, Stalling, Oldenburg 1930

Westarp, Kuno Graf von: *Das Ende der Monarchie am 9. November 1918*, Rauschenbusch, Berlin 1952

NIEDER MIT DER SED!
DER VOLKSAUFSTAND
VOM 17. JUNI 1953

*Wenn ihr mich so weit bringt, dass ich mir weder Brot noch Holz,
noch Kleidung verschaffen kann, wenn ihr die Waren zurückhaltet
und die Preise steigert, wenn ihr mir alle Arbeitsmöglichkeiten nehmt,
mir den Mund verbietet und meinen begründeten Protest erstickt
[...] dann treibt ihr mich mit vollen Segeln in die Verzweiflung.
Dort veranlasst mich mein gesunder Menschenverstand, darüber
nachzudenken, was die Ursache meiner Leiden ist. Ich brauche mich
nicht lange abzumühen, um herauszufinden, dass ihr die Ursache
meiner Leiden seid, denn ihr allein seid alles, ihr verwaltet, bestimmt,
regiert alles. [...]*

*Ihr habt in eurer Vermessenheit dem Volke alle Möglichkeiten ge-
nommen, sich zu versammeln und miteinander zu beraten; ihr habt
verhindert, dass es frei und offen seine Meinung über euch äußert;
wir durften nicht einmal frohlocken, als ihr eure Schändlichkeiten
begingt, was nicht selten ist, denn ich sehe euch kaum etwas anderes
tun. Aber glaubt ihr, dass euch das bedeutend weiterbringt?*

*Ich habe es schon einmal gesagt: würdet ihr euren Verkehr nicht auf
kostspielige Lasterhöhlen, auf Luxuswohnungen [...] beschränken,
wäret ihr fähig, in die bescheidenen Behausungen der großen Masse
hinabzusteigen, so würden euch auch eure Hände vor euren Augen
nichts mehr nützen. [...] Ihr würdet erkennen, dass jede elende Ba-
racke, jeder Dachboden jetzt ein Klub ist. Schickt doch eure Geheim-
polizei in diese zahllosen Behausungen: nie und nimmer werdet ihr
genug Spitzel dafür haben.* [1]

---

[1] Gracchus Babeuf, 28. Januar 1795.

Dieses Zitat aus dem Zeitungsartikel »Das Recht des Volkes auf den Aufstand« ist nicht etwa eine in der zweiten Hälfte des 20. Jahrhunderts publizierte Anklage der politischen Machtverhältnisse zu Zeiten der DDR, sondern stammt aus der Feder des unter dem Fallbeil gestorbenen französischen Agrarkommunisten Gracchus Babeuf, der im Jahr 1795 so die korrupte Diktatur des Directoire[1] angriff. Wie im damaligen Frankreich regierte auch in der DDR eine Diktatur, die keinerlei Abweichlertum duldete und sich trotzdem ihrer Macht nie sicher sein konnte. Knechtschaft, Unterdrückung, Verlust der persönlichen Freiheit, Misswirtschaft, Korruption, Bonzenherrlichkeit und eine alles erfassende Bespitzelung schufen über Jahre hinweg eine derartig revolutionäre Situation, dass es nur eine Frage der Zeit war, bis die Bewohner der DDR aus all diesen Faktoren das Recht zum Aufstand ableiteten.

Noch niemals – mit der großen Ausnahme der blutrünstigen Ära des Dritten Reiches – waren Deutsche mehr geknechtet und geknebelt worden als zu den Zeiten der SED-Parteidiktatur. Gegen den ostdeutschen Überwachungsstaat erschienen Metternich und Bismarck, die einstigen Schreckgestalten demokratischer Freiheitsbewegungen, wie Waisenknaben. Allein in den Jahren 1952/53 hatte die Stasi 10 000 informelle Mitarbeiter mehr als die Gestapo des Dritten Reiches in den Jahren 1933 bis 1939, und das, obwohl die Gesamtfläche der DDR nur einen Bruchteil von Hitlers Großdeutschem Reich betrug.

Allerdings war der SED-Staat selbst mithilfe eines perfektionierten Überwachungsapparats nicht in in der Lage, sich selbst am Leben zu erhalten und jegliche Opposition zu unterdrücken. Dass das marode DDR-Staatsgebäude nicht schon vorher in sich zusammenbrach und moralisch wie wirtschaft-

[1] Directoire: dt. »Direktorium«; Revolutionsregierung, bestehend aus mehreren, gleichberechtigten Direktoren während der Französischen Revolution zwischen 1794 und 1799; im Oktober 1799 von Napoléon Bonaparte gestürzt.

lich den Staatsbankrott erklärte, lag nur am Stützkorsett des Eisernen Vorhangs, der verhinderte, dass dem 1949 gegründeten Arbeiter- und Bauernstaat sein eigenes Volk weglief. Vor allem waren es die massiven Wirtschaftshilfen der Sowjetunion und die auf dem Territorium der DDR stationierte Rote Armee, die das System 40 Jahre lang aufrechterhielten.

Doch ein Volk, das nicht einfach weggehen kann und sich ohne Unterlass und in jeder Lebenssituation politischer Unterdrückung ausgesetzt sieht, wird jede Gelegenheit nutzen, um sich gegen diese Gewaltherrschaft aufzulehnen und seine Freiheit zurückzuerkämpfen – und genau dies war 1953 wie 1989 der Fall. Trotz einiger gravierender Unterschiede in der Zielsetzung sind die Parallelen auffällig. Genau wie im Jahr 1989 waren es auch 1953 die Reformimpulse des Kremls gewesen, die ein politisches Tauwetter in der DDR einleiteten und die Opposition erst stark machten. Alles hing mit einem Ereignis zusammen, das sich am 1. März in Moskau abspielte und für Deutschland und die ganze Welt ernsthafte Folgen haben sollte.

DER TOD DES SCHLÄCHTERS

Die Stimmung in der prachtvollen Datscha an der Peripherie Moskaus war an jenem 1. März 1953 gedrückt. Seit dem frühen Nachmittag huschten Diener und Leibwächter besorgt durch die Korridore und lauschten an der geschlossenen Tür von Stalins Schlafzimmer, um irgendein Lebenszeichen des Sowjet-Diktators wahrzunehmen. Nichts geschah, alles blieb ruhig – zu ruhig. Weder erschallte die befehlsgewohnte Kommandostimme des 74-jährigen blutrünstigen Tyrannen durch die Korridore, noch zeugte irgendein Trittgeräusch davon, dass Stalin sich in seinem Schlafzimmer regte. Doch dort musste er sein, denn nach dem gestrigen Zechgelage mit Geheimdienstchef Berija, Außenminister Bulganin, den beiden Präsidiumsmitgliedern der Kommunistischen Partei der Sowjetunion (KPdSU), Nikita Chruschtschow und Georgi Malenkow, hatte sich Stalin um vier Uhr morgens direkt auf sein Zimmer begeben. Als um 22 Uhr im Schlafzimmer des Diktators immer noch Totenstille herrschte, öffnete der stellvertretende Sicherheitschef der Datscha, Pjotr Losgaschow, endlich die Tür. Was er sah, ließ ihm das Blut in den Adern gefrieren: Der allgewaltige Beherrscher des Sowjetreichs, der gewissenlose Mörder von Abermillionen, lag regungslos, die Hose halb heruntergezogen, inmitten einer Urinlache; den Diktator hatte der Schlag getroffen. Hastig hoben Losgaschow und andere Leibwächter den röchelnden Sowjetherrscher auf und betteten ihn auf ein Sofa. Dann verständigten sie Geheimdienstchef Berija, der sofort Chruschtschow und Malenkow informierte, die noch in derselben Nacht um drei Uhr morgens auf der Datscha eintrafen.

Es wurde ein kurzer Krankenbesuch. Selbst halbtot flößte Stalin seinen Untergebenen noch so viel Angst ein, dass die drei mächtigsten Männer sich nur scheu dem roten Zaren näherten, der dumpf auf dem Sofa dahinvegetierte. Sie beschlossen, vorerst keinen Arzt zu Hilfe zu holen, sondern abzuwarten, ob der Diktator nicht auch ohne ärztliche Hilfe das Bewusstsein wiedererlange. Als dies selbst Stunden später nicht der Fall war, gaben Malenkow, Berija und Chruschtschow den Dienern ihre Zustimmung, für Stalin ärztliche Hilfe zu holen. Doch dafür war es schon zu spät. Fünf Tage danach war Stalin tot, was Millionen Russen in tiefe Trauer stürzte, im Ausland dagegen mit kaum verhohlener Erleichterung und Freude zur Kenntnis genommen wurde.

Unter denen, die sich freuten, waren auch jene Genossen, die ihn mit unerschütterlicher Trauermiene zu Grabe trugen und ihn politisch zu beerben gedachten: Berija, Malenkow und Chruschtschow. Die Welt atmete auf, doch würde sich die russische Außenpolitik mit dem Tode Stalins ändern? Fast schien es so, denn die Erben Stalins trachteten danach, im Sowjetreich wichtige politische Reformen durchzuführen und nach außen hin eine Entspannungspolitik des gemeinsamen Dialogs zu betreiben.

Vor allem beabsichtigten sie, der erst vier Jahre alten Deutschen Demokratischen Republik eine neue politische Führung zu geben, denn aus dem Frontstaat des Kalten Krieges kamen beängstigende Nachrichten.

TAGE DES TERRORS – DER »AUFBAU DES SOZIALISMUS«

Im Frühjahr 1953 zeigten sich in katastrophalem Ausmaß die Folgen einer auf der II. Parteikonferenz der SED im Juli 1952 beschlossenen Stalinisierungskampagne, die den hehren Namen »Aufbau des Sozialismus« trug. Mit diesem Beschluss erhoffte sich die Führungsriege um Ministerpräsident Otto Grotewohl und den Ersten Sekretär der SED, Walter Ulbricht, Fortschritte in der »Verschärfung des Klassenkampfes«. Allgemein hieß die Zauberformel jener Tage: Beschleunigung des Aufbaus der Schwerindustrie, Zwangskollektivierung und Zurückdrängung der Privatwirtschaft durch staatlich geförderte Genossenschaften mittels Überschreibung oder Enteignung.

Betroffen von dieser Maßnahme waren die wenigen noch funktionierenden Elemente der freien Marktwirtschaft: das Kleingewerbe, die freie Bauernschaft, Händler und Gewerbetreibende, Freiberufler wie Anwälte. Da die verordnete Zwangskollektivierung sich nicht ohne Widerstand durchsetzen ließ, folgten bald schikanöse Gesetze und Auflagen, welche so weitgehend waren, dass die Diskriminierten nicht nur entrechtet, sondern bei der geringsten Verfehlung sogar kriminalisiert wurden.

Ab April 1953 griff der Ministerrat in die letzten Lebensbereiche ein, die sich bis jetzt noch einer staatlichen Kontrolle entzogen hatten. Am 9. April wurde die Neuregelung der Lebensmittelversorgung für »Nicht in der Produktion Tätige« beschlossen: Ab dem 1. Mai erhielten Privatunternehmer und Großhändler, selbstständige Rechtsanwälte und Steuerberater, Einzelhändler und Hausbesitzer, die überwiegend vom Mietzins lebten, keine Lebensmittelkarten mehr. Da vom Ministerrat nur elf Tage später drastische Preiserhöhungen für Fleisch, Fleischwaren, zuckerhaltige Erzeugnisse und andere bewirtschaftete Lebensmittel beschlossen wurden, befanden sich Ende April fast zwei Millionen Deutsche, also ein Zehntel der DDR-Bevölkerung, an der Grenze zur Unterversorgung.

Jetzt war es für Bauern und Gewerbetreibende nur noch möglich, sich in den teuren Läden der staatlichen Handelsorganisation (HO) zu versorgen, wo das reinste Chaos herrschte. Allein 1952 betrug das Defizit der HO 53 Millionen Mark, und ein Beispiel mag verdeutlichen, wie es um die Versorgungslage in ihren Läden aussah: Für den Sommer bestimmte Badeanzüge und -hosen erreichten den Kunden erst, als das Laub auf den Straßen vermoderte; Winterware wie Mäntel, Mützen, Handschuhe wurden ausgeliefert, als die Krokusse blühten. Zum Ärger der Bevölkerung war die Ware nie da, wenn man sie brauchte.

Fern davon, Verständnis für den wachsenden Unmut ihrer Staatsbürger zu entwickeln, prügelte die Staatsjustiz mit drakonischen Maßnahmen sogar noch auf die wenigen Glückspilze ein, die es geschafft hatten, sich mit dem ein oder anderen »Luxusgegenstand« selbst zu versorgen. So wurde die Pächterin eines Kindererholungsheims in Kühlungsborn zu 16 Monaten Haft verurteilt, weil sie auf dem freien Markt Getreidefutter für die heimeigenen Hühner gekauft hatte, um die Kinder mit frischen Eiern zu versorgen. In Berlin-Pankow wurde ein Kohlenhändler aus dem Bett geholt und enteignet, weil er ein paar Weinflaschen mit westlichen Etiketten im Keller hatte.

Am 23. April proklamierte das Sekretariat des Zentralkomitees der SED die Losung »Arbeiter auf das Land«. Zur unmittelbaren Hilfe bei der »sozialistischen Umgestaltung« des Dorfes wurde den Volkseigenen Betrieben empfohlen – befohlen wäre das bessere Wort –, mit den Produktionsgenossenschaften Patenschaften abzuschließen. Innerhalb eines Jahres wurden 31 422 Parteimitglieder, klassenbewusste und parteilose »Arbeiter« – wie man sie im Parteijargon nannte – auf die Dörfer geschickt, um die neu gegründeten Landesproduktionsgenossenschaften mit der nötigen Mannschaftsstärke zu bestücken. Die wenigen freien Bauern, die noch in der Lage waren, ihren Hof mit leidlichem Gewinn selbst zu bewirtschaften, wurden als »Großbauern« gebrandmarkt und in förmlichen Hetzkampagnen diskriminiert. Ab jetzt war es ihnen nur noch unter erschwerten Bedingungen möglich, Saatgut zu kaufen, da auch die privaten Saatguthersteller entweder verstaatlicht oder aufgrund der Ausschöpfung ihrer Kreditlinien bankrott waren, staatliche Saatgutunternehmen aber nicht an Privatbauern verkauften. Auf diese Weise hoffte die Führung der SED, die Bauern in die Knie zu zwingen, was ihr auch gelang.

Abgesehen von derartigen Repressalien führte die Unterdrückung des freien Bauernstandes zu einer ernsthaften Lebensmittelverknappung und zu horrenden Preiserhöhungen. Grundnahrungsmittel wie Fleisch, Milch, Margarine, Öl, Zucker und Butter wurden knapp. Ein Pfund Margarine kostete 4, ein Pfund Schmalz gar 9,50 Mark. Dies waren für den Großteil der Bevölkerung horrende Summen, verdiente doch ein Produktionsarbeiter im Durchschnitt gerade einmal 313 Mark im Monat – zu wenig zum Leben, zu viel zum Sterben.

Angesichts der allgemeinen Verteuerung und Verknappung war es nur eine Frage der Zeit, wann die diskriminierten Gewerbetreibenden und freien Bauern einknicken würden. Wer sein Soll nicht erfüllte oder bei der Zahlung seiner Steuer ins Hintertreffen geriet, wurde unbarmherzig zu mehreren Monaten Gefängnis verurteilt.

Kein Wunder, dass die staatlichen Maßnahmen für den

sozialistischen Aufbau bei der Landbevölkerung äußerst unpopulär waren. Widerstand regte sich. Aber es half nichts, dass die freien Bauern protestierten und sogar vereinzelt vom Staat verurteilte Standesgenossen aus dem Gefängnis befreiten. Am Ende gab es für diejenigen, die ihren Hof nicht einer LPG überschreiben wollten, nur noch eine einzige Möglichkeit, um nicht zu verhungern: die Flucht. 1952 verließen 14 100 Bauern den Hof, 1953 sollten es sogar 37 300 sein. Die Landmasse, die der Staat annektierte, war gewaltig: 750 000 Hektar. Diese wurden meist den LPGs zugeschlagen, welche jedoch weder über das Know-how noch über die Manpower verfügten, diese riesige Nutzfläche in kurzer Zeit ertragreich zu bewirtschaften, sodass viele der beschlagnahmten Felder brachlagen.

Ähnlich schlecht wie den Bauern erging es dem Handwerk. Nicht in der Lage, dem Druck der Partei zu widerstehen, schlossen 1952/1953 nach und nach immer mehr meist als Familienunternehmen geführte Betriebe – im Ganzen etwa 45 000 – und stimmten ihrer Überführung in eine Produktionsgenossenschaft für Handwerk (PGH) zu. Auch dem privaten Einzelhandel erging es in dieser kurzen Zeitspanne schlecht; sein Anteil am Einzelhandelsumsatz erreichte den größten Tiefpunkt seit Kriegsende und sank von 54 Prozent auf ein Drittel ab.

Die dramatischen Einbußen des Einzelhandels waren nichts verglichen mit dem, was die SED-Führung mit dem Gaststättengewerbe vorhatte. In seltener Militanz plante das Politbüro seine Zerschlagung mit »Operationen«, die in ihrer Terminologie stark an die gerade überwunden geglaubte Nazizeit erinnerten. Mit der »Aktion Rose« zerschlug das Ulbricht-Regime das private Gaststättengewerbe an der Ostsee und enteignete mehr als 621 Hotel-, Pensions- und Gaststättenbesitzer. Im Rahmen dieser Aktion wurden Sondergerichte gebildet und allein 447 Menschen festgenommen, wobei es zu fast inquisitorisch anmutenden Exzessen kam, die einer Ketzerprozession des Mittelalters würdig gewesen wären. In Stralsund wurden Gastronomen, deren einziges Vergehen darin bestanden hatte, ein Hotel oder eine Pension zu besitzen, in Handschellen gefesselt und mit Plakaten um den Hals, die sie als »Volksschädlinge« auswiesen, durch die Straßen getrieben, bevor sie ihre Haftstrafe antraten.

Die Motive für diese Enteignungskampagne waren niederer Natur: Die kommunistischen Machthaber suchten sich die schönsten Häuser als Feriendomizile aus und wiesen der neu gegründeten Kasernierten Volkspolizei, der Vorläuferorganisation der Nationalen Volksarmee, die restlichen Gebäude als Ferienheime zu.

Eine weitere Aktion besiegelte das Schicksal derjenigen Bürger, die an der innerdeutschen Grenze lebten. Während der »Aktion Ungeziefer« wurden ungeniert über 2000 Familien zwangsumgesiedelt, ohne eine Entschädigung vom Staat zu erhalten. Mit dieser Maßnahme gelang es der SED, den kleinen Grenzverkehr zu unterbinden und die Überwachung der Grenze zu verbessern, damit nicht noch mehr Republikflüchtlinge in den Westen zogen.

Innerhalb der Partei betrieb die SED-Führung eine Säuberungskampagne, der vor allen Dingen ehemalige Sozial- und Christdemokraten zum Opfer fielen, die sich bei der Umsetzung der Parteibeschlüsse als inkonsequent und »umfallerisch« erwiesen hatten. Nach Auffassung der Parteiführung hatten viele von ihnen die Maßnahmen zum Aufbau des Sozialismus entweder nur halbherzig umgesetzt oder bewusst hintertrieben, weil sie angeblich heimlich mit dem Klassenfeind in Verbindung standen. Dass dies Unterstellungen waren, die oft nur auf Verdächtigungen, ja Denunziationen beruhten, störten weder Ulbricht noch Grotewohl – der selbst ein ehemaliger Sozialdemokrat war –, wie der im November 1952 geführte Schauprozess gegen den angeblichen Trotzkisten Paul Merker beweist. Dieser fiel einer antijüdischen Hetzkampagne zum Opfer, weil er sich wiederholt für Wiedergutmachungsleistungen an jüdische Opfer eingesetzt hatte. Dies genügte, um Merker 1952 den Prozess zu machen und ihn als »Subjekt der US-Finanzoligarchie« und »zionistischen Handlanger« zu acht Jahren Zuchthaus zu verurteilen. Die Vorwürfe waren so absurd, die Beweislage so dürftig, dass Merker nach nur einem Jahr freigesprochen wurde.

Doch der »Aufbau des Sozialismus« beschränkte sich nicht nur auf die Zwangskollektivierung der Privatwirtschaft und die politische Säuberung der Sozialistischen Einheitspartei. Mit besonderer Härte ging die SED ab Frühjahr 1953 gegen die evangelische Kirche vor. Diese war der Parteiführung im März 1953 unangenehm bei den Stalin-Gedächtnisfeiern aufgefallen, weil ihre Vertreter in Predigten den Tod des verstorbenen Sowjetdiktators mit dem Sturz Satans gleichgesetzt hatten. Zudem hatte die Kirche noch einen nicht zu unterschätzenden Einfluss auf die Landbevölkerung. Aus diesen Gründen plante das Politbüro die schrittweise Zurückdrängung des Einflusses der evangelischen Kirche im öffentlichen Leben. Allein an den Universitäten des Landes wurden 2000 Studenten exmatrikuliert, weil man ihnen vorwarf, mit dem Klassenfeind zu paktieren. Mit der gleichen Maßnahme wurden 3000 Gymnasiasten von ihren Schulen entfernt, 1000 Lehrer entlassen oder strafversetzt und 70 evangelische Jugendleiter und Pfarrer verhaftet. Besonders aber war der Partei, und hier vor allem der FDJ unter Führung Erich Honeckers, die Junge Gemeinde der evangelischen Kirche verhasst. Um sie auszuschalten, wurde sie zur illegalen Organisation erklärt und ihr »feindliche Tätigkeit« unterstellt. In Wirklichkeit ging es der SED-Führung darum, die einzige alternative Jugendorganisation zur FDJ zu zerschlagen und so das staatliche Erziehungsmonopol fest zu verankern.

Wie es den Anschein hatte, war es Ulbricht und Grotewohl im Frühjahr 1953 vollends geglückt, jegliche politische Opposition zu beseitigen und endgültig die »Diktatur des Proletariats« zu errichten. Doch der Preis, den die SED-Regierung dafür zahlte, war hoch. Der wirtschaftliche Ruin und die Staatsflucht der Mittelschicht bewirkten fast den Ruin des Staates und eine ernsthafte Versorgungskrise. Auch in der Schwer- und Konsumgüterindustrie sowie im Baugewerbe herrschte Krisenstimmung. Die zur Steigerung der Produktion eingeführten freiwilligen Normen wurden von den Arbeitern nicht eingehalten, das Jahresproduktionssoll nicht erfüllt, was das ZK der SED während seiner 13. Plenarsitzung festhielt:

Die völlig unbefriedigende Bestimmung der Arbeitsnormen in unseren sozialistischen Betrieben aller Wirtschaftszweige zeigt, dass der Verwirklichung dieser für unsere wirtschaftliche Entwicklung so bedeutungsvollen Erkenntnisse ungenügende Beachtung geschenkt wurde. Der Anteil der technisch begründeten Arbeitsnormen ist unbefriedigend niedrig und die bestehenden »erfahrungsstatistischen« Normen stehen im Gegensatz zu der entwickelten Technik, zu den Erfahrungen und Leistungen der Aktivisten. [...] Das Zentralkomitee der Sozialistischen Einheitspartei Deutschlands steht auf dem Standpunkt, dass die Minister, Staatssekretäre sowie die Werkleiter alle erforderlichen Maßnahmen zur Beseitigung des schlechten Zustandes in der Arbeitsnormung einleiten und durchführen mit dem Ziel, die Arbeitsnormen auf ein normales Maß zu bringen und eine Erhöhung der für die Produktion entscheidenden Arbeitsnormen um durchschnittlich mindestens 10 Prozent bis zum 1. Juni 1953 sicherzustellen.[1]

Die Normenerhöhung hatte nur einen Haken: Sie kam, nachdem eine freiwillige Normenerhöhung von den Arbeitern verständlicherweise abgelehnt worden war, im Gewand einer stalinistisch verordneten Maßnahme daher und fiel in eine Periode, in der die Lohnentwicklung nicht mehr mit den Preiserhöhungen Schritt hielt. Dies führte dazu, dass die Arbeiter

---

[1] Beschluss der 13. ZK-Tagung, 13./14. Mai 1953. Quelle: *Dokumente der SED*, Band IV, Berlin (Ost) 1954, S. 410 ff.

auf die Prämien, die sie aus der Normenerfüllung zogen, unbedingt angewiesen waren, um die Differenz zwischen Preissteigerung und Löhnen auszugleichen. Kein Wunder also, dass sie nicht gewillt waren, auch nur einen Schritt nachzugeben, wie folgender im *Neuen Deutschland* erschienener Zeitungsbericht eines parteitreuen Journalisten vom 22. April 1953 veranschaulicht.

Als das »Neue Deutschland« meinen Artikel »Brigade Konrad fordert technische Arbeitsnormen« veröffentlichte, löste er in den verschiedenen Abteilungen des Karl-Marx-Werkes heftige Diskussionen aus. »Weißt du überhaupt, was es heißt, nach technisch begründeten Arbeitsnormen zu arbeiten?« wurde ich gefragt. »Wir wollen Geld verdienen, und da denken wir nicht daran, unsere Minutenzeit von 90 auf 60 Minuten zu senken!« Solche und ähnliche falsche Meinungen musste ich mir von den Drehern sagen lassen. Trotzdem schon bewiesen war, dass viele Normen falsch sind, stellten sich Kollegen auf den Standpunkt, sie seien nicht so »wahnsinnig«, ihre Norm freiwillig zu erhöhen. Diese oftmals sehr drastischen Stellungnahmen waren aber nur möglich, weil mit diesen Kollegen noch nicht über die Notwendigkeit technisch begründeter, fortschrittlicher Normen gesprochen worden war.

Erste Maßnahmen, die Erhöhung der Arbeitsnorm auf freiwilliger Basis durchzusetzen, scheiterten am Widerstand der Arbeiter. Kaum dass der Beschluss zur Normenerhöhung bekannt wurde, streikten die Arbeiter zweier Betriebe der Werkzeugmaschinenfabrik in Ostberlin. Als die Schlackensteinarbeiter im Mansfelder Kupferbergbau erfuhren, dass ihnen wetterbedingte Feierschichten künftig nicht mehr bezahlt werden sollten, legten sie ebenfalls die Arbeit nieder, worauf die Werkleitung die Streikführer festnehmen ließ. Doch die Arbeiterdelegationen aus anderen Betriebsbereichen solidarisierten sich mit ihnen und erzwangen durch Androhung einer allgemeinen Arbeitsniederlegung ihre Freilassung. Von diesem

Zeitpunkt an wurde die Normenerhöhung überall bekämpft, wo sie verkündet wurde. In der gesamten DDR kam es in den letzten Mai- und ersten Junitagen zu punktuellen Kurzstreiks und Arbeitsniederlegungen. Zu Zentren des Arbeitskampfes wurden Finsterwalde, Gotha, Hennigsdorf, Karl-Marx-Stadt (seit dem 10. Mai des Jahres der neue Name von Chemnitz) und Nordhausen sowie die Baustellen in Ostberlin und das Reichsbahnausbesserungswerk Treptow.

Unaufhaltsam trieben Ulbricht und Grotewohl die DDR mit ihrer Politik weiter in die Krise. Immer öfter schlug der Ärger der Bevölkerung in offene Empörung, Streiks und Unruhen um. Zu groß waren die wirtschaftliche Notlage, die politische Entrechtung und die soziale Verelendung ganzer Bevölkerungsschichten. Verzweifelt bat Ulbricht Moskau um finanzielle Hilfen oder einen teilweisen Erlass der Reparationszahlungen, was der Ministerrat der Sowjetunion ablehnte. Die marode DDR steuerte weiter auf die Krise zu, ohne dass die Lotsen an Bord das Ruder aus eigener Kraft herumzureißen wünschten.

Der Aufbau des Sozialismus fesselte Ulbricht so sehr, dass er die Augen vor der Wahrheit verschloss und sich lieber den schönen Dingen des Lebens zuwandte, wie der Planung seines bevorstehenden 60. Geburtstags, den der »Spitzbart« – wie er von der DDR-Bevölkerung genannt wurde – mit einem Personenkult stalinistischer Prägung begehen wollte. Woanders jedoch, und zwar in Moskau, sah man genauer hin und erkannte die steigenden Probleme des Ulbricht-Regimes. Der Parteispitze der KPdSU ging der Aufbau des Sozialismus in der DDR unter zu großen wirtschaftlichen Opfern vonstatten.

Die Analyse der inneren politischen und wirtschaftlichen Situation in der DDR und die Massenflucht der Bevölkerung Ostdeutschlands in den Westen (ca. 500 000 sind bereits geflüchtet!) zeigt mit aller Deutlichkeit, dass wir es mit der Gefahr einer inneren Katastrophe zu tun haben. Wir [sind] verpflichtet, nüchtern der Wahrheit ins Auge zu

*schauen und anzuerkennen, dass das bestehende Regime in der DDR ohne
die Anwesenheit sowjetischer Truppen nicht zu halten ist.* [1]

Der prekären Lage bewusst, wies das Führungskollektiv um
Malenkow Ulbricht in einer vorsichtig formulierten Direktive
an, einen etwas gemäßigteren Kurs einzuschlagen – was dieser ignorierte. Dieser Ungehorsam kam ihn teuer zu stehen.
Als dem Zentralkomitee der KPdSU die ungeheure Zahl der
Flüchtlinge bekannt wurde, zitierte Moskau am 2. Juni 1953
seinen Statthalter zu einer Geheimaudienz in den Kreml. In
gewohnter Erwartung weiterer, modifizierter Regierungsvor-
gaben traten Ulbricht, Grotewohl und das Politbüro-Mitglied
Fred Oelßner die Reise nach Moskau an. Es wurde eine erst-
klassige Demontage der SED-Führung und eine totale Niederlage Ulbrichts und Grotewohls.

GENOSSE BERIJA RASTET AUS

In Moskau traf die SED-Spitze auf die neue kollektive Führung
der Sowjetunion unter Führung von Georgi Malenkow, Nikita
Chruschtschow, Lawrenti Berija und Wjatscheslaw Molotow.
Hatten die deutschen Stalinisten eine moderate Probleman-
sprache oder gar die Zusage wirtschaftlicher Erleichterungen,
vielleicht sogar den Verzicht auf weitere Reparationszahlungen erwartet, sahen sie sich getäuscht. Stattdessen erhielten
sie eine Standpauke ersten Ranges, und den Deutschen wurde
ein Beschluss vorgelesen, der die bisher geltenden politischen
Richtlinien des Stalinismus auf den Kopf stellte. Entgegen
den Erwartungen von Ulbricht und Grotewohl zeigten sich
die Sowjets zutiefst unzufrieden mit der brutalen Umsetzung
des Sozialismus in der DDR und kamen zu dem Schluss, dass

---

[1] Georgi Malenkow, Erster Vorsitzender des Ministerrats der UdSSR,
1953.

dessen Beschleunigung in der DDR kläglich gescheitert war. Die Tatsache, dass nach sowjetischen Analysen von Januar 1951 bis April 1953 447 000 Menschen nach Westdeutschland geflüchtet waren, wog umso schwerer, da von diesen 120 000 allein in den zurückliegenden vier Monaten die DDR verlassen hatten und kein Ende der Flüchtlingskrise in Sicht war. Tief besorgt zeigte sich der Ministerrat darüber, dass 18 000 Arbeiter, 17 000 Angestellte und fast 3000 SED-Mitglieder der DDR den Rücken gekehrt hatten, was nach sowjetischer Auffassung die Frucht der rigorosen Hetze der SED-Führung war. Besonders schwer wog in den Augen Moskaus, dass 500 000 Hektar Land von den Bauern verlassen worden waren und brachlagen. Auch mit der übereilten Gründung Landwirtschaftlicher Produktionsgenossenschaften zeigten sich die Sowjets unzufrieden. Ihrer Meinung nach hatte die Zwangskollektivierung zu ernsten Versorgungsschwierigkeiten und einem starken Kursverfall der Mark geführt. Die willkürliche Einschränkung der Privatwirtschaft, der Entzug der Lebensmittelkarten für alle Freischaffenden und die Bekämpfung der Kleingewerbetreibenden stieß ebenfalls auf harsche Kritik, ganz zu schweigen von der einseitigen Entwicklung der Schwerindustrie zulasten der Konsumgüterindustrie. Der Generalangriff auf die Kirche und die Unterdrückung der Geistlichen hatten nach Meinung der Sowjetführer den Exodus vieler gläubiger Christen verstärkt und waren schwere politische Fehler gewesen.

Alles in allem ging aus dem Papier klar hervor, dass die Sowjetführung nicht mehr an den Weiterbestand der DDR glaubte, sollte der Hardliner Ulbricht weiterhin die deutsche Bevölkerung mit altstalinistischen Direktiven drangsalieren. Um eine vollkommene politische Kehrtwendung zu erreichen und die DDR noch zu retten, forderte die Moskauer Führung die Rücknahme der brutalen Stalinisierung – was in Kurzform Folgendes hieß: Auflösung aller bestehenden LPGs, die unrentabel waren oder aufgrund von Zwang errichtet wurden; Rücknahme der Verstaatlichung der Handwerks- und Kleinbetriebe und des Gewerbes; Verteilung der materiellen Ressourcen wie Rohstoffe, Heizmittel, Elektroenergie; Bereitstellung von Krediten an Privatunternehmen und Revidierung der Besteuerung der Privatunternehmer; Ausgabe von Lebensmittelkarten an Privatunternehmer und Freischaffende. Weiterhin verlangten die Russen von der DDR-Führung unter anderem:

- ... *Maßnahmen zur Stärkung der Gesetzlichkeit und Gewährung der Bürgerrechte zu treffen, von harten Strafmaßnahmen, die durch Notwendigkeit nicht hervorgerufen werden, abzusehen. Die Gerichtsunterlagen der bestraften Bürger wieder zu prüfen zwecks Befreiung der ohne genügende Gründe zur Verantwortung gezogenen Personen. [...]*

- *Der Fünfjahrplan der Entwicklung der Volkswirtschaft der DDR ist zu revidieren in der Richtung einer Lockerung des überspannten Tempos der Entwicklung der schweren Industrie und einer schroffen Vergrößerung der Produktion der Massenbedarfswaren und der vollen Sicherung der Versorgung der Bevölkerung mit Lebensmitteln, um schon in der nächsten Zeit [...] das Kartensystem der Versorgung mit Lebensmitteln zu liquidieren; [...]*

- *Einem nackten Administrieren in Bezug auf die Geistlichen ist Schluss zu machen, und die schädliche Praxis der groben Einmischung der Behörden in die Angelegenheiten der Kirche ist einzustellen.* [1]

Dies war starker Tobak für die SED-Parteispitze und stellte alles Erreichte infrage. Ulbricht war konsterniert, schien wie vor den Kopf geschlagen. Zaghaft wagte es die deutsche Delegation, das Führungskollektiv des großen Bruders darauf hinzuweisen, dass es nur die Direktiven aus Moskau umgesetzt habe.

[1] aus: Kowalsczuk, *Volksaufstand in der DDR*, S. 87.

NIEDER MIT DER SED!

Ein fataler Fehler. Ulbricht, Grotewohl und Oelßner wurden derartig angefahren, dass sie keinen Widerspruch mehr wagten. Offensichtlich waren sie in eine Situation geraten, deren komplexe Zusammenhänge sie nicht mehr überblickten. Berija und Malenkow dachten gar nicht daran, mit den Delegierten des deutschen Satellitenstaates von Moskaus Gnaden Inhalte zu diskutieren. Was ihnen vorschwebte, war ein Kommunikationsmodell im Sinne von Befehl und Paraphrase – so wie ein General seinem Soldaten einen Befehl erteilt, welchen dieser mit eigenen Worten wiedergibt, um zu zeigen, dass er die Order verstanden hat.

Hatte Moskau unter der Ägide Stalins noch die Zwangskollektivierung der Gesellschaft mit all ihren Auswirkungen befürwortet, wollte es jetzt eine reduzierte Sozialisierung, um die DDR als Staatsgebilde zu retten und den Staatsbankrott zu verhindern. Zu diesem Zweck erhielt die ostdeutsche Delegation die Aufgabe, das Leitprogramm der Sowjets stärker auf die deutschen Notwendigkeiten hin umzuarbeiten und am nächsten Tag dem Führungskollektiv zur Genehmigung vorzulegen. Die Deutschen akzeptierten und verließen den Kreml wie geprügelte Hunde, wohl wissend, dass ihr politisches Schicksal auf dem Spiel stand. Aber Ulbricht und Grotewohl waren in der Nacht unfähig, die an sie gestellte Aufgabe auch nur hinreichend zu erfüllen. Als sie ihren Programmentwurf zur Überprüfung vorlegten, bekam Berija einen Wutanfall und schleuderte den Deutschen ihr Papier mit den Worten »Das könnt ihr wieder mitnehmen!« entgegen. Dann schrie er Ulbricht, Grotewohl und Oelßner derartig zusammen, dass die Situation sogar Nikita Chruschtschow genierte, der nicht gerade für seine Selbstbeherrschung bekannt war. Auch der erste stellvertretende Ministerpräsident, Lazar Kaganowitsch, fühlte sich bemüßigt, den Deutschen auf arrogante Art und Weise klarzumachen, dass das von ihnen ausgearbeitete Dokument ungenügend sei: »Unser Dokument ist Wendung. Euer Dokument ist Reform.«

Nur Malenkow fand freundlichere Worte und mahnte die SED-Führung, keine Angst vor einem Prestigeverlust zu haben. Eindringlich warnte er die deutschen Genossen, die Kurskorrekturen schnell durchzuführen, sollte es nicht zur Katastrophe kommen. Mit diesen Worten war der Kurswechsel beschlossene Sache, die DDR-Delegation wurde entlassen.

Da man Ulbricht und Grotewohl nicht zutraute, den Kurswechsel aus eigener Kraft einzuleiten, wurde ihnen der erfahrene Deutschlandkenner und Diplomat Semjonow zur Seite gestellt. Dieser sollte darüber wachen, dass die neuen Vorgaben schnell und konsequent umgesetzt wurden. Doch ein abrupter Kurswechsel bot auch große Gefahren, die die russische Führung vielleicht unterschätzte. Der Chefredakteur der Zeitung *Neues Deutschland*, Rudolf Herrnstadt, machte einen letzten verzweifelten Versuch, Semjonow auf die Gefahren eines sofortigen Kurswechsels hinzuweisen.

Herrnstadt: »Gen. Semjonow, ich bin zwar der Verfasser des Kommuniqués, aber ich möchte gegen seine Veröffentlichung protestieren.«

Semjonow: »Warum?«

Herrnstadt: »So darf man den Kurswechsel nicht einleiten. Das Kommuniqué kann nur Verwirrung stiften.«

Semjonow: »Das Kommuniqué muss morgen in der Zeitung stehen.«

Herrnstadt: »Geben Sie uns 14 Tage, und wir können den Kurswechsel so überzeugend und fortreißend begründen, dass wir mit ihm in die Offensive gehen und nicht der Gegner.«

Semjonow: »In 14 Tagen werden Sie vielleicht schon keinen Staat mehr haben.«

NIEDER MIT DER SED!

Damit war der Neue Kurs beschlossene Sache, ob Ulbricht, Herrnstadt und Grotewohl wollten oder nicht. Er sollte einige Wochen zu spät kommen und bewirkte mit der Beschleunigung einer Volkserhebung ironischerweise genau das Gegenteil von dem, was er bezweckte. Denn auch wenn der Neue Kurs beschlossene Sache war und Genosse Semjonow argwöhnisch über die Durchführung wachte, in einer Frage blieb Ulbricht hart: der Debatte um die Normenerhöhung. Sie sollte dem SED-Regime trotz starker russischer Truppenpräsenz fast das Genick brechen.

Gemäß den Vorgaben Semjonows wurde am 9. und 11. Juni 1953 jeweils in einem Kommuniqué des Politbüros und des Ministerrats über das Zentralorgan *Neues Deutschland* der Neue Kurs verkündet. Er beinhaltete die Rücknahme fast aller scharfen Maßnahmen, die im Rahmen des »Aufbaus des Sozialismus« durchgeführt worden waren, und löste eine Sensation aus. Die Bevölkerung traute ihren Augen kaum: Was sie zu lesen bekam, verhieß den Beginn einer neuen freiheitlichen Ära. Denn wortwörtlich hieß es in dem von Herrnstadt verfassten Artikel:

Härten bei der Sozialversicherung und der Sozialfürsorge werden beseitigt und die Leistungen werden auf den ursprünglichen Stand gebracht. Landwirtschaftliche Betriebe, deren Eigentümern auf Grund einer Verordnung vom 19. Februar 1953 die weitere Bewirtschaftung untersagt wurde, werden zurückgegeben.

Republikflüchtige Personen, die in das Gebiet der Deutschen Demokratischen Republik und den demokratischen Sektor von Berlin zurückkehren, erhalten ihr Eigentum zurück. Die Rückkehrer sind in ihre vollen Bürgerrechte einzusetzen und entsprechend ihrer Qualifikation in das wirtschaftliche und gesellschaftliche Leben einzugliedern.

Bauern, die im Zusammenhang mit Schwierigkeiten in der Weiterführung ihrer Wirtschaft ihre Höfe verlassen haben und republikflüchtig geworden sind, können auf ihre Höfe zurückkehren. Wenn in Ausnahmefällen die Rückgabe ihres landwirtschaftlichen Besitzes nicht möglich ist, so erhalten sie vollwertigen Ersatz. Das Justizministerium und der Generalstaatsanwalt haben alle Verhaftungen, Strafverfahren und Urteile zur Beseitigung etwa vorliegender Härten sofort zu überprüfen.

Der Ministerrat nahm zustimmend von den Vereinbarungen Kenntnis, die der Ministerpräsident mit den Vertretern der Kirche getroffen hat. [1]

Die Nachricht schlug ein wie eine Bombe. Noch ehe die Zeitungskioske und -händler sichs versahen, waren die Exemplare mit dem Kommuniqué des Neuen Kurses vergriffen. Wo Einzelne ihre Zeitung lasen, bildeten sich sofort Menschentrauben um sie herum. Gierig saugten die DDR-Bürger jedes einzelne Wort des Erlasses auf und diskutierten erregt in ihren Betrieben oder Stammkneipen über seine politische Bedeutung. Andere hielten sich gar nicht erst mit langwierigen Erörterungen auf, sondern gingen schnurstracks zu den örtlichen Gefängnissen. Dort bildeten sich im Verlauf des Tages überall lange Schlangen von Menschen, die unter Berufung auf den Kurswechsel die Freilassung ihrer zu Unrecht verurteilten Ehepartner, Kinder, Verwandten und Freunde forderten.

Hatten Ulbricht und Grotewohl jedoch gehofft, sich mit dem Kommuniqué des Neuen Kurses etwas Luft verschafft zu haben, so irrten sie sich gewaltig. Durch die Publikation des Kurswechsels hatten sie nur die Büchse der Pandora geöffnet. Von nun an ergoss sich eine ungeheure Flut von Spekulationen über den Grund der Reform in die Seelen und Gemüter der erregten DDR-Bürger.

Die Veränderung war so unglaublich, dass viele Menschen sie gar nicht fassen konnten. Bischof Dibelius meinte, im Neuen

[1] *Neues Deutschland* vom 12. Juni 1953.

Kurs endlich ein Zeichen Gottes zu sehen, andere reagierten mit Misstrauen. Was war der Grund für diesen abrupten Richtungswechsel? Gab es Probleme mit Moskau? Wenn ja, warum zog die Regierung nicht die nötigen Konsequenzen und trat zurück? Hatten sich Ost und West etwa doch noch auf ein neutrales Deutschland geeinigt, das, wie 1952 von Stalin vorgeschlagen und in Österreich realisiert, eine unbewaffnete, neutrale Pufferzone zwischen den beiden verfeindeten Blöcken des Kalten Krieges bilden sollte? War dies der erste Schritt zur Verständigung mit dem Westen? Stand gar die Wiedervereinigung bevor?

Die Gerüchteküche brodelte. Wie von Rudolf Herrnstadt befürchtet, war der Neue Kurs zu früh publik gemacht worden. Nur allzu schnell stellte sich heraus, dass der Kurswechsel wie eine Kapitulation des Systems wirkte. Statt zu beruhigen und den Druck von der Regierung zu nehmen, baute er erst recht weiteren Druck auf. Jetzt rächte sich die brutale Politik Walter Ulbrichts, die nur auf Unterdrückung und Restriktion ausgelegt gewesen war. Jetzt schien es aus mit dem verhassten »Spitzbart«, dessen steifes Wesen ohnehin keine Sympathien weckte.

Verunsichert reagierten die Bauern und Landarbeiter, die im Dienste des Staates die Landesproduktionsgenossenschaften bewirtschafteten. Verhieß der Neue Kurs die endgültige Rücknahme der gerade erst vollzogenen Verstaatlichung? Blühte es ihnen, arbeitslos zu werden?

Während die Angehörigen der LPGs sich ängstigten, herrschte bei den freien Bauern nicht nur grenzenlose Erleichterung, sondern sogar Siegerstimmung. Ganze Ortschaften waren von Jubel erfüllt, viele sahen im Neuen Kurs nicht nur eine Reform, sie werteten ihn vor allem als Bankrotterklärung des Systems und erwarteten den baldigen Rücktritt der Regierung. In gewaltigen Saufgelagen feierte die verbliebene freie Bauernschaft den vermeintlichen Untergang des Systems. Im Kreis Schönebeck wurden am

11. Juni schon Befreiungsfeiern abgehalten, im Kreis Seehausen saß ein ganzes Dorf sturzbetrunken in der einzigen Kneipe und stieß auf Adenauer an. In Brandenburg befreiten sechs Möbelpacker, unterstützt von einer Menschenmenge, ihren zu Unrecht einsitzenden Chef aus dem Gefängnis. Überall frohlockten die Bauern, dass es nun zur Schließung der verhassten LPGs kommen würde. Immer öfter erklang das Deutschlandlied auf den Straßen der Dörfer. Spontan versammelten sich Menschenmengen und forderten freie Wahlen sowie den Sturz der Regierung.

Aber nicht nur auf dem Land war die SED-Diktatur bedroht. Auch in den Großstädten der Republik wurden die Stimmen derjenigen lauter, die nicht nur die Reform begrüßten, sondern freie Neuwahlen verlangten. Dass diese Unmutsbezeugungen über den Umweg eines Generalstreiks zur Volksrevolution werden sollten, lag an der halsstarrigen Weigerung des SED-Regimes, die Erhöhung der Arbeitsnorm zurückzunehmen.

Differenzen mit der Abteilung für Normerhöhung hatte es auch vorher schon immer wieder gegeben, wie ausgerechnet ein Artikel des Zentralorgans der SED am 14. Juni 1953 festgestellt hatte:

»Du schreibst ja doch nicht in die Zeitung, was wir dir sagen!«
Mit diesen Worten wurden wir von den erregten Mitgliedern der Brigade Zock empfangen, als wir in ihre Baubude am Strausberger Platz traten: Als die Abrechnung für diese Brigade bekanntgeworden war, stellte sich heraus, dass sie durchschnittlich nur 1,63 DM Leistungsstundenlohn im Monat Mai verdient hatte. Die Brigade verlangte eine Überprüfung. Darauf geschah nichts. Sie weigerte sich weiterzuarbeiten. Darauf bequemten sich die verantwortungslosen Mitarbeiter des VEB Wohnungsbau endlich, die Überprüfung der Abrechnung vorzunehmen. Und was stellte sich heraus? Dass man falsch gerechnet hatte und dass den Arbeitern ein durchschnittlicher Leistungsstundenlohn von 1,99 DM zustand.

Ähnlich den Arbeitern der Brigade Zock erging es auch den Bauarbeitern der Stalinallee. Auf Geheiß der Parteiführung hatten die Genossen von der Buchhaltung einfach 10 Prozent des Lohnes einbehalten und so ganz beiläufig für die Erhöhung der Arbeitsnorm gesorgt. Diese Behandlung ließen sich die Baubrigaden der Stalinallee nicht mehr bieten. Nach einem gemeinsamen Betriebsausflug auf dem Mügelsee beschlossen die Bauarbeiter, am 16. Juni 1953 zu streiken.

BAUARBEITER GEGEN ARBEITSNORM

Der Tag für eine derartige Streikaktion konnte nicht besser gewählt sein. Ausgerechnet am 16. Juni erschien im Gewerkschaftsblatt *Tribüne* ein verhängnisvoller Artikel, der als Nachbesserung des Kommuniqués vom 11. Juni gedacht war und die administrative Normerhöhung ausdrücklich bestätigte.

Im Zusammenhang mit der Veröffentlichung des Kommuniqués des Politbüros und des Ministerrats vom 9. bzw. 11. Juni 1953 wird in einigen Fällen die Frage gestellt, inwieweit die Beschlüsse über die Erhöhung der Arbeitsnormen noch richtig sind und aufrechterhalten bleiben. Die Beschlüsse über die Erhöhung der Normen sind in vollem Umfang richtig.

Mit diesem Artikel goss die SED weiteres Öl ins Feuer. Empört legten etwa 80 Arbeiter aus Block 40 der Stalinallee um neun Uhr die Arbeit nieder und formierten sich zu einem Protestzug gegen die Erhöhung der Arbeitsnorm. Ehemalige SED-Transparente, welche vor wenigen Tagen noch die Bauarbeiter zur freiwilligen Normerhöhung aufgerufen hatten, wurden einfach umgedreht und mit aufgemalten Parolen wie »Wir fordern Herabsetzung der Normen« sinnentfremdet.

Dann ging es los durch die Stalinallee, wobei der Zug peinlichst darauf achtete, nur auf dem Bürgersteig zu gehen und nicht den frisch gepflanzten Rasen zu betreten. Dies war allerdings nicht lange möglich. Schon nach den ersten paar Hundert Metern wuchs die anfänglich überschaubare Zahl der Protestierenden durch Zulauf der Arbeiter anderer Baustellen stark an. Auf dem Weg zum Haus der Ministerien befreiten die Bauarbeiter einige auf der Baustelle am Krankenhaus Friedrichshain eingeschlossene Kollegen, die die Volkspolizei durch Schließen der Baustellentore vorläufig festgesetzt hatte. Als die Bauarbeiterkolonne von Friedrichshain über Leninplatz, Friedensstraße, Stalinallee und Strausberger Platz marschierend am Alexanderplatz anlangte, zählte sie schon 3000 Mann. Der spätere Dissident Robert Havemann, damals Volkskammerabgeordneter und Professor an der Humboldt-Universität, beschrieb, wie der Protestzug von Meter zu Meter anschwoll: »Von allen Seiten kamen sie angerannt in ihrer Arbeitskleidung, angezogen wie Eisensplitter von einem Magneten.«

Aber nicht nur die Eigendynamik des Arbeiterauflaufs beeindruckte leitende SED-Funktionäre. Auch die aufrechte Haltung der Streikenden machte einen guten Eindruck, wie später der SED-Funktionär Heinz Brandt schrieb:

Der Zug hatte eine innere, natürliche Disziplin. [...] Es war ein dumpfes Brodeln und Summen in ihm, wie er da anquoll, und eine erregende, aufrüttelnde Entschlossenheit. Nur vereinzelt wurden Rufe laut. Gerade die aktive Ruhe war es, welche die Demonstranten so bedrohlich erscheinen ließen. Die Rufe richteten sich gegen die Normenschinderei, gegen Partei und Regierung, vor allem aber gegen Walter Ulbricht.

Was Brandt in seinen Erinnerungen mit »vereinzelte Rufe« beschreibt, waren Parolen, die mittlerweile zu gewaltigen Sprechchören angewachsen waren. Mit Forderungen wie »Wir lassen uns nicht mehr ausbeuten!«, »Mehr Lohn statt Hohn!«, »Wir sind Arbeiter, keine Sklaven!« und erstmalig auch »Wir wollen freie Wahlen!« steuerten die Unzufriedenen unter den

Augen der Volkspolizei auf die Prachtstraße Unter den Linden zu, um von dort weiter auf das Haus der Ministerien zuzumarschieren. Die Polizei hatte von den Sowjets Anweisung bekommen, nicht einzugreifen und die Demonstranten vorerst gewähren zu lassen, registrierte jedoch genau die Vorfälle, was angesichts der anwachsenden Menschenmenge immer schwieriger wurde. Je mehr sich der Zug von den Baustellen entfernte, desto bunter wurde seine Zusammensetzung. Hatten auf der Stalinallee noch weiße Maurerkittel und -mützen dominiert, mischte sich jetzt der schwarze Manchester-Cord der Zimmermänner unter die Protestierenden, um nur wenig später eine weitere Ergänzung durch verwaschene Arbeitskittel der sich dem Streik spontan anschließenden Lager- und Produktionsarbeiter zu erfahren. Angestellte in grauen Anzügen, Handwerker und Monteure in Blaumännern stießen hinzu. Von der Neugierde gepackt, blieben Frauen, Kinder und halbstarke Judendliche erst am Straßenrand stehen, bevor sie von der Begeisterung angesteckt wurden und mitliefen. Die Stimmung hob sich. »Berliner, reiht euch ein, wir wollen freie Menschen sein«, skandierten die Demonstranten immer wieder, was geradezu magnetisch auf die Berliner Bevölkerung wirkte.

Als der Zug endlich den Regierungssitz an der Leipziger Straße erreichte, zählte die Menge etwa 10 000 Menschen, die vergeblich darauf warteten, Ulbricht und Grotewohl zu Gesicht zu bekommen. Ihre Gesprächsbereitschaft wurde damit quittiert, dass die Polizeibeamten, die das Haus der Ministerien bewachten, das Scherengitter am Eingang des Regierungssitzes herunterließen. Die Mitarbeiter Grotewohls versuchten, die Demonstranten mithilfe des Pförtners abzuwimmeln, und ließen ihnen ausrichten, sie sollten sich an das zuständige Ministerium wenden. Auch Robert Havemann, der sich mittlerweile an die Spitze der Bauarbeiter gesetzt hatte, versuchte, die Menge zu beruhigen. Nachdem er auf den Sattel seines Fahrrads gestiegen war, erklärte er im Namen des Politbüros der Menge, dass die Arbeitsnorm mit sofortiger Wirkung abgeschafft worden sei, womit er allerdings nur Unglauben erntete. Auch seine Beschwörung, dass der Neue Kurs zu freien Wahlen für ganz Deutschland führen würde, verfing nicht. Zu sehr glich Havemanns Ansprache dem Parteichinesisch, das die Arbeiter zur Genüge von den SED-Funktionären kannten. Anscheinend fehlte Professor Havemann die richtige »Antenne«, um die aufgeregte Berliner Bevölkerung emotional zu erreichen. Seine Phrasendrescherei entlarvte ihn jedenfalls als billigen Agitator. Als er den Menschen vorschlug, dass sie lieber in den Westen ziehen und dort demonstrieren sollten, weil dort die eigentlichen Spalter Deutschlands säßen, erhob sich lautes Wutgeheul. Havemann stieg vom Sattel und tauchte in der Menge unter, während die Protestierenden weiterhin Druck machten und ununterbrochen die Forderung »Wir wollen Grotewohl und Ulbricht sehen!« wiederholten.

Während Havemann versuchte, die Menge zu spalten, liefen die Drähte zwischen dem Regierungssitz und der Parteizentrale der SED heiß, wo Ulbricht und Grotewohl die allwöchentliche Sitzung des Politbüros leiteten. Der Minister für Hüttenwesen und Erzbergbau, Fritz Selbmann, telefonierte mit Ulbricht und forderte ihn dazu auf, sich den Demonstranten zu stellen und zum Regierungssitz zu kommen. Ulbricht lehnte ab und tat so, als ob der Auflauf von 10 000 Menschen eine alltägliche Bagatelle sei. Der erste Sekretär des ZK der SED schützte vor, die Parteisitzung nicht verlassen zu können, und gab seiner Hoffnung Ausdruck, dass der einsetzende Platzregen die Volksmenge bald auseinandertreiben werde. Dann legte er auf.

Selbmann schaute ratlos zum stellvertretenden Ministerratsvorsitzenden Heinrich Rau. Auf die Polizei konnten sie sich nicht verlassen, da dieser durch den Befehl des obersten Sowjetkommandeurs, keine Waffengewalt anzuwenden, die Hände gebunden waren. Jetzt mussten die im Regierungssitz versammelten Minister und Politfunktionäre allein mit der Menschenmenge fertig werden. Wer aber war dazu geeignet, mit den Arbeitern zu reden? Wer hatte den Mut, sich Tausenden zu stellen? Eine Staatssekretärin wagte den Versuch, zu der Menge zu sprechen, scheiterte allerdings schon im Ansatz. Zu ihrem Pech hieß sie »Walther« mit Nachnamen, worauf die Menschenmenge, die nur das Wort »Walther« aufschnappte, sie für die Vorzimmerdame Walter Ulbrichts hielt und heftig ausbuhte.

Nach diesem Fehlschlag erklärte sich Selbmann dazu bereit, mit den Protestierenden zu sprechen. Das Scherengitter des Regierungssitzes öffnete sich, und wie ein kampfbereiter Gladiator trat Selbmann in die Menschenmenge heraus, die seiner gespannt harrte. Dann stieg er auf einen Tisch, der als provisorisches Podium diente, und verschaffte sich Gehör. Es sollte ein kurzer Auftritt werden. Als Erstes versuchte Selbmann, sich bei den Arbeitern lieb Kind zu machen, indem er auf seine proletarische Herkunft verwies.

Selbmann: »Ich war auch Bauarbeiter!«

Unbekannte Arbeiter: »Ach, ja? Dann zeig' doch mal deine Hände!«

Selbmann: »Hier!«

Unbekannte Arbeiter: »Zu fette Hände! Du bist kein Arbeiter!«

Das wäre eigentlich Selbmanns Stichwort gewesen, die kleine Politbühne vor dem Haus der Ministerien schleunigst zu verlassen. Hätte sich dieser Dialog nicht im wahren Leben abgespielt, sondern wäre er einem Theaterstück entnommen worden, hätte mit Sicherheit nach der letzten vernichtenden Entgegnung des unbekannten Proleten die Regieanweisung »Abgang Selbmann« gelautet. Stattdessen glaubte Selbmann an seine Mission. Wie Havemann versuchte er, die Menge davon zu überzeugen, dass das Politbüro und der Ministerialrat die Erhöhung der Arbeitsnormen gekippt hatten, was auch tatsächlich stimmte. Doch es war schon zu spät, die erregte Menge mit Teilzugeständnissen abzuspeisen. Worum es wirklich ging, machte Selbmann ein unbekannter Arbeiter klar, der ihn mit den Worten »Wir sind nicht nur die Bauarbeiter von der Stalinallee [...] wir sprechen für die Arbeiter der ganzen Zone [...] wir verlangen Freiheit. Dies ist eine Revolution!« unter grölendem Beifall der Demonstranten einfach beiseiteschob. Als darauf schlagartig aus Tausenden Kehlen die Rufe »Weg mit Ulbricht!«, »Wir fordern freie Wahlen!« und »Abtreten, Abtreten!« erklangen, musste selbst dem starrköpfigsten Parteihengst klarwerden, dass das Schicksal der DDR an einem seidenen Faden hing. Der kleine Tisch vor dem Regierungsgebäude mutierte zum »Speakers' Corner«, der mutigen Unzufriedenen als Bühne diente, ihren Forderungen freien Lauf zu lassen. Die Atmosphäre vor dem Haus der Ministerien wurde immer gereizter. Eifrig notierten sich Stasi-Mitarbeiter die Namen von »konterrevolutionären« Akteuren, versuchten, sich Gesichter einzuprägen. Einige hielten sogar vermeintlich treue Parteikader zur Denunziation an. Eine von denen, die von einem als Protestler getarnten Stasi-Agenten aufgefordert wurde, sich Gesichter und Namen der Demonstranten einzuprägen, war die FDJ-Instrukteurin Ella Sarre. Aber der Undercover-Stasimitarbeiter hatte sich im Charakter der jungen Frau getäuscht. Statt wie viele andere dem Regime klammheimlich belastende Informationen zuzuspielen, sprang Ella Sarre in ihrer FDJ-Uniform auf die Bühne, riss sich die blaue Jacke herunter und warf sie unter großem Gejohle der Bauarbeiter in die Menge.

Unter euch sind Spitzel. Ich bin gerade dazu aufgefordert worden, Namen zu nennen. Ich mache das nicht. Lasst euch nicht als Denunzianten gebrauchen!

538

Der Auftritt imponierte. Auf Ella Sarre folgten andere Redner, doch auch ihre beherzten Reden zauberten Ulbricht und Grotewohl nicht herbei. Die Geduld der Demonstranten drohte zu erlahmen, zumal der Himmel die Schleusen öffnete und es heftig zu regnen anfing. Jetzt, wo das ursprüngliche Ziel erreicht war, doch die Regierung sie ins Leere laufen ließ, zeigte sich langsam die Führungslosigkeit der Streikenden. Was sollten sie jetzt tun? Ein 24-jähriger Arbeiter namens Horst Schlaffke hatte die rettende Idee und sprang auf den Tisch, um allen Anwesenden eine neue Perspektive des weiteren Kampfes gegen die Regierung aufzuzeigen:

Wenn Ulbricht und Grotewohl nicht binnen einer halben Stunde hier sind, dann marschieren wir durch die Straßen und rufen zum Generalstreik auf!

Damit hatte Schlaffke die sich anbahnende Desorientierung in der Menge erfolgreich bekämpft und den Demonstranten wieder ein Ziel gewiesen. Gemeinsam beschlossen die Bauarbeiter der Stalinallee, sich am kommenden Morgen auf dem Strausberger Platz zu versammeln, um erneut gegen die Regierung zu demonstrieren. Gegen 16 Uhr löste sich langsam der Menschenauflauf vor dem Haus der Ministerien auf. Eine Stunde später flutete er über die Stalinallee zu den Außenbezirken zurück.

Als Lautsprecherwagen der Regierung sich den Weg durch die Menge bahnten, um die Massen zu beschwichtigen und sie darauf hinzuweisen, dass die Normerhöhung durch das Politbüro aufgehoben worden sei, kaperten mehrere Demonstranten einen Lautsprecherwagen und riefen ihrerseits zum morgigen Generalstreik auf.

Daraufhin gingen die meisten Arbeiter nach Hause. Drei Männer jedoch blieben nicht in Ostberlin, sondern wandten sich nach Westen und überschritten die Sektorengrenze. Sie waren fest entschlossen, ein modernes Medium zu nutzen, das eine größere Reichweite als ein Lautsprecherwagen hatte:

den Rundfunk. In den späten Nachmittagsstunden erschien eine Delegation Ostberliner Bauarbeiter, von denen die Aktion ausgegangen war, im Funkhaus des RIAS in Westberlin und überbrachte eine Resolution mit der Bitte, ihren Wortlaut auszustrahlen. Gordon Ewing, der amerikanische Direktor des RIAS Berlin, erinnert sich:

Im Korridor war eine echte Delegation. Ich glaube, es waren drei Arbeiter, die an diesem Morgen an den Vorgängen in der Stalinallee teilgenommen hatten, und sie gaben nun unseren Redakteuren einen ausführlichen Bericht. Sie wollten gleich eine Sendung machen und so begann es, die ganze politische Frage. Wir waren weit und breit die ersten, die die Nachricht brachten, um 4.30 Uhr am Nachmittag des 16., dass in Ost-Berlin tatsächlich eine größere Streikaktion stattfand. Nun, die Presseagenturen, die amerikanischen Dienste, DPA (Deutsche Presseagentur), Agence France Press, Reuter, sie glaubten es nicht. Sie dachten zuerst, wir wären zu weit gegangen. Wir begannen, unser gesamtes Programm zu ändern, als wir bemerkten, dass sich die Vorgänge zu einem großen Ereignis ausweiteten. Wir warfen alle anderen Nachrichten heraus und widmeten die gesamte Nachrichtenzeit den detaillierten Berichten von den Ereignissen in Ost-Berlin.

Die Delegation der Ostberliner Bauarbeiter erhielt die Erlaubnis, ihre Forderungen zu senden, durfte aber unter keinen Umständen zum Generalstreik aufrufen. Folgende Punkte standen auf der Liste:

1. *Auszahlung der Löhne nach den alten Normen schon bei der nächsten Lohnzahlung*

2. *Sofortige Senkung der Lebenshaltungskosten*

3. *Freie und geheime Wahlen*

4. *Keine Maßregelung der Streikenden und ihrer Sprecher*

Diese Resolution wurde im Nachrichtendienst des RIAS ab 19.30 Uhr in steter Rotation wiederholt. Sie wurde durch die Aufforderung des Berliner DGB-Vorsitzenden Scharbowski an die Westberliner und die ostdeutsche Arbeiterschaft ergänzt, am nächsten Tag überall in den Städten, Dörfern und Gemeinden der Republik in großer Zahl auf den »Strausberger Plätzen« zu erscheinen, womit nichts anderes als der Generalstreik auf dem gesamten Staatsgebiet der DDR gemeint war.

Langsam begannen auch Ulbricht und Grotewohl, den Ernst der Lage zu erfassen, auch wenn sie noch am selben Abend im Friedrichstadtpalast auffallend gelassen zu mehreren Tausend Funktionären sprachen und über den Demonstrationszug der Bauarbeiter kein Wort verloren.

Der Schein trog. Hinter den Kulissen wurden vorsorglich die Volkspolizei und Einheiten der Kasernierten Volkspolizei (KPO), der im Aufbau befindlichen späteren Nationalen Volksarmee, in Alarmbereitschaft versetzt. Auch der große Bruder mobilisierte seine Panzerdivisionen. Die ganze Nacht durch erbebte in den Nordberliner Bezirken die Erde, dröhnten Motoren und ertönte das Quietschen schwerer Fahrzeugketten. Kehlige Kommandos in russischer Sprache drangen an das Ohr der Brandenburger und Berliner. Unendliche Konvois von Mannschaftswagen, Spähpanzern und schweren Tanks fuhren auf die Spreemetropole zu. Insgesamt rückten im Laufe des 17. Juni allein 20 000 Sowjetsoldaten mit 600 Kampfpanzern aus dem Berliner Umland in die Hauptstadt der DDR ein, um den ersten Arbeiter- und Volksaufstand gegen ein totalitäres Regime mit allen Mitteln zu unterdrücken. Doch nicht nur Berlin war das Ziel der Roten Armee. Da eine Ausweitung der Unruhen auf die Provinz befürchtet wurde, setzte der Oberkommandierende der Sowjetarmee, Marschall Gretschko, 13 Divisionen nach Mittel- und Südostdeutschland in Marsch, um die wichtigen Industriezentren Leipzig, Karl-Marx-Stadt, Halle, Gera, Jena, Eisleben, Bitterfeld sowie die Zonen des Uranbergbaus zu besetzen.

Nicht unbegründet, denn mittlerweile hatte die in Berlin ausgegebene Losung vom Generalstreik auch die Provinz erfasst, wo sie sich wie ein Lauffeuer ausbreitete und nicht nur die Großstädte und die Industriereviere, sondern auch die Kleinstädte und die Dörfer erreichte. Interne Betriebsfernsprechnetze der großen Kombinate hatten die Nachricht weitergegeben, Bekannte und Reisende vom Protest der Berliner Bauarbeiter berichtet. Zum wichtigsten Medium wurden die permanent rotierenden Rundfunksendungen des RIAS Berlin und des NWDR Hamburg. Erst sie bewirkten, dass die Arbeiter der mitteldeutschen und sächsischen Industriereviere mit einer bis dahin unbekannten Schnelligkeit in den Generalstreik traten und gegen das verhasste SED-Regime demonstrierten.

DER 17. JUNI IN BERLIN

Am frühen Morgen des 17. Juni zeigte sich auf den Baustellen Ostberlins fast überall das gleiche Bild: Baustellen lagen brach, die Arbeit wurde nicht mehr aufgenommen. Der Aufruf zum Generalstreik war angekommen, die Arbeitsniederlegungen griffen nahezu auf alle Betriebe und wirtschaftlichen Bereiche über. Von überall her schlossen sich Angehörige der verschiedensten Gewerbe und Unternehmen den Demonstrationszügen an. Selbst aus den industriellen Außenbezirken wie Henningsdorf kamen 12 000 demonstrierende Arbeiter anmarschiert, teilweise in Holzpantinen oder barfuß. Eine Kettenreaktion lief ab: Angespornt vom Mut der anderen, sammelten sich in den Hauptstraßen Ostberlins langsam Zehntausende streikender Arbeiter, Schüler und Studenten, Geschäftsleute, Angestellte, aber auch Hausfrauen und Rentner.

Ihre Ziele waren der Strausberger Platz, der Potsdamer Platz, der Alexanderplatz, die Kontrollposten an den Sektorengrenzen, das Brandenburger Tor und das verhasste Ostberliner Polizeipräsidium.

Obwohl es in Strömen regnete, marschierten ab sieben Uhr morgens aus allen Stadtteilen riesige Demonstrationszüge – der von Köpenick war fast zehn Kilometer lang! – in Stärke von mehreren Zehntausend auf die Berliner Innenstadt zu und überrannten nach kurzem Handgemenge die Absperrketten der Polizei, die sich angesichts dieser gewaltigen Menschenmenge trotz massivem Schlagstockeinsatz zurückziehen musste. Langsam erreichten die Demonstranten die Sammelpunkte.

Trotz der Regengüsse herrschte eine gute, von wilder Entschlossenheit geprägte und fast siegessichere Stimmung. Was sich hier abspielte, war kein Generalstreik mehr, sondern ein Volksaufstand fast aller Schichten und Klassen, wie die Sprechchöre bewiesen. Sie beschränkten sich diesmal nicht mehr nur auf die Abschaffung der Arbeitsnormen, sondern forderten unverblümt den Rücktritt der Regierung. Mutiger geworden, rief die Menge: »Der Spitzbart muss weg!«, »Wir wollen freie Wahlen!« oder »Wir wollen freie Menschen sein!«.

Ihre große Anzahl nahm den Demonstranten ihre Angst – und trotzdem: Fotografen, ob westliche oder östliche, waren nach wie vor nicht gern gesehen und wurden misstrauisch beäugt. Viele wandten sich ab oder hielten sich die Hände vors Gesicht. Die Angst war nicht unbegründet: Mittels fotografischer Auswertungen gelang es der Stasi später, viele Demonstranten nach der Niederschlagung des Aufstands zu identifizieren.

Auch die Gegenseite schlief nicht. Schon um neun Uhr trafen die ersten sowjetischen Panzerspähwagen ein, hielten sich aber vorerst noch zurück. Ihnen folgten gegen zwölf Uhr schwere Panzer vom Typ T-34, die sich am Potsdamer Platz, auf der Prachtallee Unter den Linden und in der Leipziger Straße postierten, vorerst ohne zu intervenieren.

Dabei geschah um sie herum, unmittelbar vor den Augen der Panzerbesatzungen, Unglaubliches. Ab zehn Uhr brachen überall an den Sektorengrenzen zwischen West- und Ostberlin Tumulte und tätliche Auseinandersetzungen aus. Die verhassten Sektorenschilder wurden abmontiert, Wachhäuser angezündet, Propagandaplakate umgestürzt oder eingerissen, Kioske mit Regierungsschriften gingen in Flammen auf. Vor den HO-Läden kam es zu Massenaufläufen und Demonstrationen. In der Leipziger Straße stießen Demonstranten auf weitere Polizeiketten und durchbrachen sie nach einem heftigen Handgemenge.

Regierungslimousinen und Lautsprecherlastwagen wurden umringt und umgeworfen. Einige Volkspolizisten kamen ums Leben, als ihr Funkstreifenwagen umgekippt wurde, andere wurden gesteinigt, als sie verletzt aus ihrem umgestürzten PKW steigen wollten. Die meisten Polizei- und Regierungsfahrzeuge wurden jedoch nur demoliert oder angesteckt, ohne dass ihre Insassen zu Schaden kamen. Die Lage auf den Straßen Berlins wurde immer gefährlicher, auch für russische Zivilisten, denen der wachsende Hass der Bevölkerung auf die sowjetischen Besatzer nicht verborgen blieb, wie der Berliner Berichterstatter der *Prawda* Naumow berichtet:

> *Einmal geriet unser Auto in die Mitte der Menschenmenge (es war noch morgens, die Leidenschaften waren noch nicht entbrannt). Als sie das sowjetische Kennzeichen gesehen hatten, kamen zu uns einige Jungen und schrien bedrohend: »Russen, steigt aus!« Wir stiegen aus dem Auto und haben uns unter die Menschen gemischt. Mit dem Auto machten sie nichts. Zwei Stunden nach diesem Ereignis kippten die Banditen am Alexanderplatz das Auto des Vertreters von »Sowexportfilm«, Genossen Pronin, mit ihm darin, um.*

Heerscharen von »faschistischen Agenten« und »Provokateuren« – wie es später im Parteijargon hieß – belagerten Büros der SED, der Gewerkschaften und der FDJ, in deren Zentrale der FDJ-Vorsitzende Erich Honecker sogar Pistolen an seine Jugendinstrukteure verteilen ließ, um das Gebäude mit Waffengewalt gegen den »Klassenfeind« verteidigen zu können. Am Potsdamer Platz stürmte die aufgebrachte Menge das Columbushaus, in dem sich ein HO-Laden und eine Volkspolizeiwache befanden, und zwang die Volkspolizisten zur Übergabe. Unter dem Siegesjubel der Demonstranten warfen die Polizisten ihre schweren Ledermäntel aus dem ersten Stock und zogen ab, anschließend besetzten die Streikenden das Gebäude. Die Lage wurde für die Volkspolizei immer unkontrollierbarer. Ohne Schießbefehl konnte sie gegen diese aufgebrachten Menschenmassen nichts ausrichten. Nur mit Schlagstöcken bewaffnet, zogen die Vopos im direkten Kampf mit den Demonstranten den Kürzeren. Panik griff unter den Uniformierten um sich, Polizisten liefen zu den Demonstranten über oder begaben sich in den Westen.

Vor den Gebäuden des Politbüros und am Polizeipräsidium am Alexanderplatz ging es hoch her. Hier kam es zu schweren Zusammenstößen, als Demonstranten versuchten, das Gebäude zu erstürmen, um Gefangene zu befreien. Hier spielten sich Szenen ab wie bei einer mittelalterlichen Belagerung. Tosend und johlend umwogte die aufgebrachte Menschenmenge die verhasste Zwingburg der Handlanger des SED-Regimes, die sich der bedrohlichen Situation als nicht gewachsen erwiesen. Scheinbar verhinderten die schwarzen Rauchschwaden von vier lichterloh brennenden Polizei-Lastkraftwagen, dass die Einsatzleitung einen klaren Überblick über die Lage gewann. Verängstigt durch die Menschenmassen, verweigerte ein ganzer Zug Polizisten den Befehl, gegen die Demonstranten vorzugehen. Zermürbt durch den unentwegten Steinhagel, der unaufhörlich gegen die Häuserwände prasselte und beinahe jede Fensterscheibe des Gebäudes zerschlug, verlor Polizeipräsident Waldemar Schmidt die Nerven und tauschte seine Uniform mit Zivilkleidung, um besser in der Masse untertauchen zu können. Diese erstürmte um 14 Uhr ein HO-

Kaufhaus auf dem Alexanderplatz und verwüstete es völlig. Am Haus der Ministerien ging es sogar noch schlimmer zu. Hier schrien 30 000 bis 40 000 Menschen ihre geballte Wut heraus und drangen bis zum zweiten Stock in das Gebäude ein, das sie mit Brandsätzen schwer beschädigten. Dann, um elf Uhr, geschah am Brandenburger Tor das Unglaubliche, das, was niemand für möglich gehalten hatte. Ohne dass die Sowjets eingriffen, bestiegen drei tollkühne junge Berliner das Brandenburger Tor, rissen unter dem frenetischen Jubel der Bevölkerung die dort gehisste rote Fahne vom Mast und warfen sie in die Menschenmenge hinunter.

Dies war die symbolische Tat, welche die Massen entflammte. Die abgerissene Fahne wurde am Boden in Fetzen gerissen und angezündet. Als Generalmajor Dibrowa sah, wie übel die Demonstranten der roten Fahne mitspielten, gab er seinen Panzern den Einsatzbefehl. Schüsse peitschten über den Platz, trieben die Menge auseinander. Rumpelnd setzten sich die schweren Stahlkolosse Richtung Lustgarten in Bewegung und fuhren in die Menschenmassen hinein. In Todesangst stob die Menge auseinander. Manch einer war nicht schnell genug, wie es Dieter Borkowski, Rundfunkjournalist aus Ostberlin, in einer ergreifenden Radioreportage schilderte:

Im geöffneten Turm des ersten Panzers steht Generaloberst Gretschko [hier irrt Borkowski, gemeint ist Generalmajor Dibrowa, Anm. d. Verf.], jetzt schwenkt der Koloss vom Zeughaus seitwärts mitten in die Kolonne der Arbeiter, die bis zur noch vom Krieg her zerstörten Neuen Wache des Baumeisters Schinkel in Gruppen stehen und diskutieren. Ein schreckliches Knirschen, General Gretschkos Führungspanzer ist in die Menschenmenge hineingefahren, ein blutender Klumpen menschlichen Fleisches liegt auf der alten Hauptstraße Berlins.

Der Unbekannte sollte nicht der einzige tote Berliner an diesem Tag bleiben. Mittlerweile hatte Moskau der sowjetischen

Armee und den deutschen Ordnungskräften Erlaubnis gegeben, von der Schusswaffe Gebrauch zu machen und den Aufstand mit allen Mitteln niederzuschlagen. Das war das Zeichen für die Einheiten vor Ort, in die Offensive zu gehen. Mit Warnschüssen, Zickzackkursen und halsbrecherischen Zufahrten auf die Menschenmenge versuchten die sowjetischen Panzer, die Demonstrierenden massiv einzuschüchtern und die Straße frei zu räumen. Aber nach anfänglichem Schock gewöhnten sich vor allem die jungen Berliner an die Taktik der Russen und spielten ihrerseits ein gewagtes Katz-und-Maus-Spiel mit den Tanks der gefürchteten Besatzungsmacht. Näherten sich die Panzer, ergriffen sie die Flucht, entfernten sie sich, bewarfen sie die Stahlungetüme mit Steinen. Viele griffen zu Stöcken und schlugen blindlings auf die Panzerplatten ein. Andere versuchten, mit Eisenstangen die Fahrzeugketten der Panzer zu blockieren. Einem beherzten Berliner gelang es sogar, auf einen Panzer aufzuspringen und die Antenne abzuknicken, über die der Kommandant seine Befehle empfing. Es war ein Kampf David gegen Goliath – mit dem Unterschied, dass Goliath diesmal siegte. Der sowjetischen Übermacht hatten die Demonstranten nichts mehr entgegenzusetzen, zumal jetzt auch bewaffnete Einheiten der Kasernierten Volkspolizei erschienen und die Streikenden ebenfalls unter Feuer nahmen.

Am Sitz der Regierung ging die deutsche Polizei gemeinsam mit russischen Truppen in die Offensive und feuerte in die vielköpfige Menge der Demonstranten, wobei es Tote und Verwundete gab. Die Protestierenden reagierten mit Verzweiflungsakten. Nachdem sie in den Bezirken Alexanderplatz und Pankow Barrikaden und Sperren errichtet hatten, fackelten sie die Buchhandlung »Das internationale Buch« ab und schlugen an einigen Regierungsgebäuden und Geschäften die Fensterscheiben ein.

Wo aber war, während dies alles in Berlin geschah, die Regierung der DDR? Wieso weilte sie nicht am Brennpunkt des

Geschehens und versuchte, ihre Staatsidee, von der sie sich immer so überzeugt gab, zu verteidigen? Die Antwort lautet, dass Ulbricht, Grotewohl und der Rest der Regierung von Hochkommissar Semjonow ins sowjetrussische Hauptquartier nach Karlshorst evakuiert worden waren, wo sie der Roten Armee dabei zuschauten, wie sie den Volksaufstand systematisch niederschlug.

Das ZK der SED war mit der Lage schlichtweg überfordert. Besonders Ulbricht versagte. Auf einen telefonischen Lagebericht aus dem Politbüro hin, der ihm schonungslos die wahre Situation im Berliner Zentrum schilderte, soll er totenbleich geworden sein und den Rapport mit den Worten »Aus, ich will nichts mehr hören!« abgebrochen haben. Als Semjonow erfuhr, dass der RIAS in seinen Rundfunksendungen behauptete, die DDR habe keine Regierung mehr, konnte er sich mit süffisantem Blick auf Ulbricht und Grotewohl einen kleinen Seitenhieb nicht verkneifen: »Na, fast stimmt es doch.« Wie ihre obersten Repräsentanten in Karlshorst, so gab die SED überall in Ostdeutschland eine klägliche Figur ab, wie ein russischer Journalist später in einem Geheimbericht an Nikita Chruschtschow schreibt: »Das Verhalten der Parteimitglieder während der Unruhen war nicht anders als mit Feigheit zu bezeichnen.«

Leider konnte der Westen aus dieser Verzagtheit keinen Gewinn schlagen, sondern war gezwungen, äußerst behutsam zu taktieren. Für Briten, Franzosen und Amerikaner kam der Aufstand ausgesprochen ungelegen. Vorsichtig versuchten die Westmächte alles zu vermeiden, was wie eine offene Unterstützung der Aufständischen aussehen könnte. Einen heißen Krieg, gar eine atomare Auseinandersetzung, wollte wegen eines deutschen Volksaufstands keiner riskieren. Hinzu kam die Einschätzung, dass sowohl Paris als auch Bonn den Aufstand für ein angezetteltes Komplott der Russen hielten, die einen plausiblen Vorwand brauchten, um Ulbricht und Grotewohl abzusetzen. Dem widersprach der britische Premierminister Churchill, der aufgrund guter Geheimdienstinformationen zu wissen glaubte, dass er tatsächlich spontan ausgebrochen war. Dieser Auffassung schloss sich US-Präsident Eisenhower an, ohne konkrete militärische Schritte zu erwägen. Und so blieben die Westmächte passiv und beließen es bei Sympathiebekundungen mit der Bevölkerung Ostberlins. Energisch richteten sie Proteste an den sowjetischen Stadtkommandanten, in denen sie sich über die abkommenswidrige Abriegelung Ostberlins beschwerten und dessen Anschuldigungen zurückwiesen, seinerseits verantwortlich für den Aufstand zu sein. Das war alles.

Tatsächlich sorgten die Amerikaner sogar dafür, dass Ernst Reuter, der charismatische Oberbürgermeister Westberlins, der zum Zeitpunkt des Aufstands auf einer Tagung in Wien weilte, erst zwei Tage später in seine Heimatstadt zurückkehren konnte. Obwohl von offizieller Seite stets abgestritten wurde, dass man Reuter behindert habe, so steht doch außer Zweifel, dass sein Fernbleiben eine Deeskalation der Situation erleichterte. Reuter war äußerst beliebt, ein charismatischer Redner und noch dazu von der SPD, die sich zu dieser Zeit als einzige Volkspartei Westdeutschlands für ein wiedervereinigtes, aber blockfreies Deutschland nach österreichischem Vorbild starkmachte.

Dies widersprach der Politik Bundeskanzler Adenauers, der nach Ablehnung der Stalin-Noten im Vorjahr ein erklärtes Ziel verfolgte: die Integration Deutschlands in ein westliches Verteidigungsbündnis als Basis für eine spätere Wiedervereinigung. Aus diesem Grund wurde die Bundesregierung nicht müde, die Demonstranten zu ermahnen, nicht unnötig ihr Leben zu gefährden und vorsichtig zu sein.

Die Demonstrationen der Bevölkerung in Ostberlin können niemanden überraschen, der die unhaltbaren Zustände des sowjetzonalen Regimes kennt. Trotzdem richte ich an jeden einzelnen Ostberliner und an jeden Bewohner der Sowjetzone die Mahnung, sich weder durch Not noch durch Provokationen zu unbedachten

Handlungen hinreißen zu lassen. Niemand soll sich selbst und seine Umgebung in Gefahr bringen.

Die grundlegende Änderung Eures Daseins kann und wird nur durch die Wiederherstellung der deutschen Einheit und Freiheit erreicht werden. Gerade in diesem Augenblick, da die Politik um die Wiedervereinigung immerhin in Bewegung geraten ist, sollte sich niemand zu gefahrvollen Aktionen verleiten lassen. Denkt daran, dass wir uns unserer Verpflichtung für Euch in jedem Augenblick bewusst sind. Wir werden den großen Mächten die Dringlichkeit einer raschen Lösung der deutschen Frage gerade mit besonderem Nachdruck vor Augen führen. Dabei brauche ich nicht zu betonen, dass sich jedermann in der Bundesrepublik und in der ganzen freien Welt mit Euch in Solidarität verbunden weiß. Wir wissen den Sinn und den Mut Eurer Demonstrationen zu würdigen; wir bitten Euch aber, in Vertrauen auf unsere Solidarität Besonnenheit zu wahren. [1]

Leider stießen die Ermahnungen der Bundesregierung in West- wie in Ostberlin auf taube Ohren. Ungeachtet des Aufrufs Jakob Kaisers bevölkerten sich die Berliner Plätze und Prachtalleen mit Tausenden von Demonstranten, darunter viele Sympathisanten aus dem Westteil der Stadt. Langsam, aber stetig nahm der Menschenauflauf ungeheure Dimensionen an. Bis zum Zeitpunkt der Erteilung des Feuerbefehls durch das sowjetische Oberkommando wurden die Straßen schwarz vor Menschen. Wie Inseln ragten die aufmarschierten Sowjetpanzer aus dem Menschenmeer hervor, das sie umtoste. Um zu verhindern, dass weitere westliche »Provokateure« in Scharen in den sowjetischen Sektor gelangten und Streikende aus den Außenbezirken Ostberlins in die Innenstadt, gab Stadtkommandant Dibrowa den Befehl, innerhalb Ostberlins den gesamten öffentlichen Nahverkehr einzustellen.

---

[1] Erklärung von Jakob Kaiser, Bundesminister für gesamtdeutsche Fragen.

NIEDER MIT DER SED!

Um 12.45 Uhr fuhren Lautsprecherwagen durch die Straßen Berlins und verkündeten die Einführung des Ausnahmezustands.

1. *Ab 13 Uhr des 17. Juni 1953 wird im Sowjetischen Sektor von Berlin der Ausnahmezustand verhängt.*

2. *Alle Demonstrationen, Versammlungen, Kundgebungen und sonstige Menschenansammlungen über 3 Personen werden auf Straßen und Plätzen wie auch in öffentlichen Gebäuden verboten.*

3. *Jeglicher Verkehr von Fußgängern und der Verkehr von Kraftfahrzeugen und Fahrzeugen wird von 9 Uhr abends bis 5 Uhr morgens verboten.*

Diejenigen, die gegen diesen Befehl verstoßen, werden nach den Kriegsgesetzen bestraft.

Militärkommandant des Sowjetischen Sektors von Berlin Generalmajor Dibrowa

Damit war die Vorentscheidung so gut wie gefallen und jedem klar geworden, dass die DDR keine Regierung mehr hatte. Innerhalb von 24 Stunden verhängte die sowjetische Militärverwaltung den Ausnahmezustand in über 167 von 217 Stadt- und Landkreisen. Statt Ulbricht und Grotewohl bestimmte in ihrer einstigen Besatzungszone wieder die sowjetische Militärverwaltung über Sein oder Nichtsein, was einer Bankrotterklärung des Regimes gleichkam.

Langsam gewannen die Rote Armee und die DDR-Ordnungskräfte in Berlin die Kontrolle über die Straße zurück, obwohl die Demonstrationen und Tumulte noch bis zum späten Nachmittag anhielten und mehrere Gebäude wie das Columbushaus in Flammen aufgingen. Aber entgegen dem allgemein verbreiteten Irrglauben, dass der 17. Juni nur in Ostberlin stattgefunden habe, hatte der Aufstand in der Provinz revolutionäre Formen angenommen und die Macht der SED schwer erschüttert.

DER VOLKSAUFSTAND WEITET SICH AUS

Dank ihrer Verbreitung durch den RIAS waren in allen anderen Teilen der DDR die Beschäftigten der Aufforderung zum Generalstreik um sieben Uhr nachgekommen und hatten die Arbeit niedergelegt. In allen Großstädten, unzähligen Kleinstädten und Dörfern entwickelte sich vom 11. bis 21. Juni 1953 der anfängliche Streik vom Arbeiter- zum Volksaufstand, der vielerorts revolutionäre Züge annahm und mit der völligen Entmachtung der SED endete, bevor er von russischen Panzern niedergeschlagen wurde.

Nach Erkenntnissen des Historikers Ilko Sascha Kowalczuk kam es in fast 700 Städten und Gemeinden von insgesamt 5585 in der DDR zu Demonstrationen und Streiks. Überall zeigte sich das gleiche Schema der Eskalation wie in Berlin: Nach anfänglichen Arbeitsniederlegungen entschieden sich die Streikenden für einen Protestmarsch durch die Innenstädte, um ihren Unmut in lautstarken Sprechchören wie »Wir brauchen keine KPO, wir brauchen Butter!«, »HO schlägt uns k.o.!« und »Weg mit den Arbeitsnormen!« Luft zu machen.

Doch dabei blieb es nicht. Im Laufe des Tages wurden die Forderungen in ganz Ostdeutschland revolutionärer. Schon am späten Vormittag erklangen bereits direkte Rücktrittsaufforderungen wie »Nieder mit der SED«, »Nieder mit Ulbricht!«, »Spitzbart, Bauch und Brille sind nicht des Volkes Wille!«. Rufe nach freien Wahlen und der Freilassung aller politischen Häftlinge wurden laut, ja sogar durch das Verlangen nach Abzug der sowjetischen Besatzungstruppen und der Wiedervereinigung ergänzt. Vereinzelt verlangten Vertriebene aus den ehemaligen deutschen Ostgebieten die Revision der Oder-Neiße-Grenze, ohne dass Ordnungskräfte gegen die Demonstranten einschritten. Fast überall kam es zur Ausarbeitung von revolutionären Programmen. Das Telegramm der Zentralen Streikleitung des Elektrochemischen Kombinats Bitterfeld an die Regierung in Ostberlin zeigt, dass es in den Augen der Aufständischen für die DDR um Sein oder Nichtsein ging:

Die Werktätigen des Kreises Bitterfeld fordern:

1. *sofortigen Rücktritt der Regierung, die durch Wahlmanöver an die Macht gekommen ist;*

2. *Einsetzung einer provisorischen Deutschen Demokratischen Regierung;*

3. *freie, demokratische, geheime und direkte Wahlen in vier Monaten;*

4. *Zurückziehung der deutschen Polizei von den Zonengrenzen und sofortiger Durchgang für alle Deutschen;*

5. *sofortige Freilassung der politischen Häftlinge (Kirche, weltliche Anschauung, so genannte Wirtschaftsverbrecher) und Rückkehr aller Gefangenen aus aller Welt;*

6. *sofortige Normalisierung des Lebensstandards ohne Lohnsenkung;*

7. *Zulassung aller großen deutschen demokratischen Parteien Westdeutschlands in unserer Zone;*

8. *keine Repressalien gegen die Streikenden;*

9. *sofortige Abschaffung der so genannten Volksarmee;*

10. *Zulassung der Delegation aus der Ostzone, die eine der westdeutschen Parteien gründen wollen.*

Das Streikkomitee des Kreises Bitterfeld. [1]

Dies war nicht mehr das Programm eines Arbeitskampfes, sondern das einer Revolution. Eigentlich hätten Polizei und Armee mit allen Mitteln sofort dagegen vorgehen müssen, zumal aus der Sicht einer totalitären Herrschaft wie in der DDR. Was aber taten Volkspolizei und Kasernierte Polizei: gar nichts. Wollten oder konnten sie nicht? Diese Frage lässt den Historiker bis heute nicht los. Die heute gängige These lautet: Sie konnten nicht, weil sie keinen Schießbefehl hatten und von der Vehemenz der Ereignisse fast völlig überrascht wurden. Weder Offiziere noch Mannschaften verfügten über Erfahrung im Umgang mit radikalisierten Volksmassen, was sich aus Sicht der SED für den weiteren Verlauf der Ereignisse als verhängnisvoll erweisen sollte.

Mehr noch als in der Hauptstadt der DDR waren Volkspolizei und Kasernierte Polizei in der Provinz unfähig, den Massen Paroli zu bieten. Am 16. Juni waren die schlagkräftigsten Abteilungen nach Berlin gesandt worden; die Einheiten, die in der Provinz blieben, handelten entweder zögernd oder schauten tatenlos dem Treiben zu. In Halle wurden Volkspolizisten entwaffnet und ein Kommissar vor den Augen seiner Männer verprügelt, ohne dass diese gegen die Demonstranten einschritten. In vielen Orten weigerten sich Volkspolizisten und Abteilungen der Kasernierten Volkspolizei, gegen die Aufständischen auszurücken oder – wie in der Kleinstadt Schmölln – auf diese zu schießen. Dass dies nicht oder nicht nur an ihrer Feigheit, sondern an ihrer Sympathie für die Aufrührer lag, zeigte sich beispielsweise darin, dass in Wolfen 50 Volkspolizisten ihre Uniformen wegwarfen und zu den Demonstranten

---

[1] Ilko-Sascha Kowalczuk, *17.6.1953: Volksaufstand in der DDR*, S. 204

überliefen. Ähnliches geschah in Bitterfeld. Manchmal waren es auch einfach familiäre Gründe, die den einen oder anderen Volkspolizisten dazu veranlassten, seine Pflicht zu vergessen, vor allen Dingen, wenn – wie beim folgenden Vorfall in Brandenburg – demonstrierende Eltern den eigenen Sohn unter den Volkspolizisten erkannten. Ein ehemaliger Angehöriger der KVP erinnert sich:

> *Ein VP-Angehöriger der vorderen Reihe, zum Rundumschutz des VP-Gebäudes eingesetzt, wurde plötzlich von seinen Eltern aus Brandenburg aufgefordert, sofort mitzukommen, sonst könne er was erleben. Wir konnten nicht verhindern, dass er seine Waffe sowie Koppel und Patronentasche einem Volkspolizisten übergab und seinen Eltern folgte. Die Menge tobte.*

Im gesamten Staatsgebiet der DDR erstürmten die Aufständischen über 250 öffentliche Gebäude, darunter fünf Kreisdienststellen des Ministeriums für Staatssicherheit in Niesky, Görlitz, Bitterfeld, Jena und Merseburg, zwei SED-Bezirksleitungen in Halle und Magdeburg und andere.

Darüber hinaus versuchten die Aufständischen zwischen dem 17. und dem 20. Juni mindestens 19 Gefängnisse zu stürmen, mit dem Ziel, politische Häftlinge zu befreien. Der Generalsturm auf diese Bastillen der DDR gelang nicht vollständig, jedoch sind während dieser drei Tage aus zwölf Haftanstalten vorübergehend knapp 1400 Häftlinge befreit worden. Nur 200 konnten tatsächlich in den Westen fliehen, 1200 wurden nach der Niederschlagung des Aufstands erneut festgenommen.

Besonders spektakulär gestaltete sich der Sturm auf die Haftanstalt Sudenburg bei Magdeburg. Hier wurden über 10 000 Gefängnisstürmer durch den Einsatz von Sowjettruppen nach einem blutigen Feuergefecht zurückgeschlagen, bei dem ein Stasi-Offizier, zwei Volkspolizisten und mindestens sechs Demonstranten starben und Dutzende verletzt wurden. Woanders hatten sie mehr Glück: Am Magdeburger Bahnhof gelang es den Demonstranten, den Gefängniswaggon eines Personenzuges zu umstellen und die Häftlinge zu befreien. Hans Herzberg, Erster Kapellmeister der Städtischen Bühnen Magdeburg, war an diesen Aktionen beteiligt:

Als wir vom Bahnpersonal erfuhren, dass auf Bahnsteig 5 ein Personenzug aus Halberstadt mit einem Gefängniswagen einläuft, besetzten wir sofort den Bahnsteig und umringten den Wagen. Von dem begleitenden Polizeikommando griff ein Vopo zur Schusswaffe und machte Miene, uns niederzuschießen. Ein geistesgegenwärtiger Arbeiter schlug ihm eine Flasche Karbolineum über den Kopf. Die dunkle stinkende Flüssigkeit lief ihm übers Gesicht. Der Mann ließ sofort die Waffe fallen, war aber nicht bewusstlos. Unter dem Beifall der Menge wurden ihm sogleich die Schulterstücke und die Mütze heruntergerissen. Der Mann blutete am Kopf und an den Schultern und war kampfunfähig geworden. Die Menge war damit zufrieden und ließ ihn laufen. Die anderen Volkspolizisten waren sogleich überwältigt, und wir holten die Begleitpapiere der Gefangenen und die Schlüssel herbei. Wir prüften die Papiere und stellten fest, dass sich im Wagen keine Kriminellen befanden. Nun öffneten wir die Zellen. 24 blasse, schwache Menschen, die ängstlich und eingeschüchtert in 24 kleinen Zellen saßen, erfuhren nun, dass sie frei waren. Sie konnten es noch gar nicht begreifen. Ich öffnete einem 74-jährigen Bauern, der wegen Nichterfüllung seines Solls bereits ein Jahr im Gefängnis gesessen hatte, die Tür. Er wollte es einfach nicht fassen und brachte kein Wort hervor. Als ich ihm wieder sagte, dass er frei sei, brach er weinend zusammen und ich musste ihn hinaustragen.

Andernorts ging es für die Ordnungskräfte nicht ganz so glimpflich ab, sondern nahmen die Aktionen der Aufständischen Formen der Lynchjustiz an. In Rathenow kam es zur blutigen Abrechnung mit dem Betriebsschutzmann Willi Hagedorn, der nach eigenen Angaben der Stasi »300 Menschen ans Messer geliefert hatte«. Er wurde von Demonstranten durch die Stadt gejagt und mit Stangen und Knüppeln derartig schwer zusammengeschlagen, dass er kurz darauf im Krankenhaus seinen Verletzungen erlag. Die parteitreue *Märkische Volksstimme* verzerrte diesen Vorgang wenig später derartig, dass aus Hagedorn ein unschuldiger, von Provokateuren erschlagener Märtyrer des Sozialismus wurde:

Die Frau, mit der wir uns heute auf der Straße unterhalten, war Zeuge dieser Untat. »Schlagt ihn tot, den Hund, oder hängt ihn auf!« *So hatten die faschistischen Rowdys gerufen. Ein anderer hatte gebrüllt:* »Wir werden ihn ersäufen!« *Ganz weiß im Gesicht ist die Frau, als sie das erzählt, und ihre Hände zittern. Dann spricht sie weiter:* »Durch die Straßen haben sie ihn auf dem Pflaster entlanggeschleift. Er muß schon tot gewesen sein, da traten sie ihn noch mit den Füßen in den Leib. Es war entsetzlich. Das waren keine Menschen mehr.«

Es steht in keinem Fall außer Frage – der 17. Juni war der Tag der Abrechnungen: mit der verfehlten Politik der SED, mit der Ulbricht-Grotewohl-Regierung und ihren verhassten Werkzeugen, von denen jeder wusste, wo sie residierten. Gerade in übersichtlichen Kleinstadtgemeinden wie Rathenow, wo jeder jeden kannte, rächte sich – wie im Falle des ermordeten Hagedorn – das Spitzeltum für die Regierung besonders grausam. Es war gar nicht Berlin, das so sehr mit revolutionären Aktionen glänzte, es waren vielmehr die kleineren Großstädte des mitteldeutschen Industriezentrums wie Magdeburg und Halle oder Städte wie Brandenburg, Gera, Merseburg, Jena und Görlitz, wo sich der Aufstand am 17. und 18. Juni radikalisierte. Hier wäre die Erhebung fast noch zur Revolution angewachsen, hätte nicht im letzten Moment die russische Armee noch das Blatt gewendet, wie ein geheimes Funktelegramm des sowjetischen Hochkommissars an die Moskauer Führungsriege beweist:

Die Lage in der DDR ist allmählich auch wieder normalisiert. Die
ernsteste Lage herrscht in der Stad Görlitz an der deutsch-pol-
nischen Grenze, wo eine Menge von 30 000 die Geschäfte, das
Gefängnis, das Gebäude der Sicherheitsdienstabteilung und das
Bezirkskomitee der SED demoliert hat. Nach Görlitz wurde das
verstärkte Schützenbataillon mit SPW [Spähwagen, Anm. d. Verf.]
geschickt. In Magdeburg haben die Provokateure das Gebäude des
Kreiskomitees der SED und das Gefängnis angezündet, sie führten
ein Feuergefecht mit Truppen der Staatssicherheit der DDR. In
die Stadt werden Sowjettruppen eingezogen. Bedeutende Ausmaße
erlangten die Unruhen im Kreis Halle. Etwa 1000 Arbeiter von
den Werken »Leuna« und »Buna« – meistens in angetrunkenem
Zustand – haben den Polizeischutz der Betriebe überwunden. In
Berlin sind etwa 70 Leute verhaftet. Den sowjetischen Truppen, die
in der DDR wirken, und den Abteilungen der deutschen Volks- und
Kasernenpolizei hat man den Befehl zum Waffeneinsatz in notwen-
digen Fällen und zur Verhaftung und Verurteilung der Anstifter der
Unruhen gegeben.
Über Weiteres werden wir berichten.
Semjonow

Dass der Volksaufstand um ein Haar in eine erfolgreiche Revolution umgeschlagen wäre, konnte selbst die SED-Parteizei-
tung Neues Deutschland nicht mehr verheimlichen. In dem am
23. Juni 1953 erschienenen Leitartikel »So zeigte der Faschis-
mus seine Fratze« entlarvte sie unfreiwillig die Machtlosigkeit
der eigenen Partei:

In Jena hausten ebenfalls am 17. Juni faschistische Provokateure
und verursachten einen erheblichen Sachschaden. So wurden –
wie die »Volkswacht« berichtete – die Gebäude der Kreisleitung der
SED und die Gebäude der Massenorganisationen gestürmt, fa-
schistische Rowdys zerschlugen die Einrichtungen, warfen Akten
auf die Straße und verbrannten sie. Funktionäre unserer Partei, die
sich den Banditen mutig entgegenstellten, wurden niedergeschlagen

und bestohlen, wobei die Rowdys es besonders auf Geld abgesehen hatten. Selbst als die Misshandelten in die Klinik eingeliefert waren, versuchten die Provokateure, einen Druck auf die Ärzte auszuüben. Drastisch kamen der faschistische Charakter und die faschistischen Methoden in Jena zum Ausdruck, wo von Provokateuren auf dem Holzmarkt das Horst-Wessel-Lied gesungen wurde.

Im Hause der Kultur wurden die Türen aus den Angeln gerissen und Sachschaden im Werte von 1500 DM angerichtet, in der FDJ-Kreisleitung die Inneneinrichtung demoliert, Schreibmaschinen teils aus dem Fenster geworfen, teils gestohlen. Der Sachschaden beträgt 25 000 DM. In der Geschäftsstelle des Kulturbundes haben Provokateure die Telefonzentrale zerstört, Aushängekästen und Literatur auf die Straßen geworfen. Der Schaden beträgt ebenfalls 1500 DM. Über 40 Passanten wurden von diesen Banditen zum Teil schwer verletzt und mussten in das Kreiskrankenhaus eingeliefert werden. Der Bandit Diener trat bei diesen Überfällen als Rädelsführer auf und gab Anweisungen zu Plünderungen und zu Zerstörungen. Bei dem Überfall auf das Haus der Kreisleitung der Sozialistischen Einheitspartei Deutschlands übernahm er persönlich die Führung, schlug mit einem Beil die Türen ein und betätigte sich bei der Zerstörung der Schreibtische. Die Provokateure waren mit Äxten und Beilen, Schaufeln, Schlagwaffen und Pistolen ausgerüstet. Inzwischen hat der Bandit Diener seine gerechte Strafe erhalten. Wie der sowjetische Kommandant der Stadt Jena bekanntgab, wurde Diener zum Tode durch Erschießen verurteilt und hingerichtet.

Der Bericht deutet an, was sich bis zum 23. Juni 1953 auf dem Staatsgebiet der DDR abgespielt hatte: Bis zum 17. beziehungsweise 20. Juni hatte die sowjetische Militäradministration die Aufstände fast völlig unter Kontrolle gebracht und über 167 der 217 Land- und Stadtkreise den Ausnahmezustand verhängt. Panzer, Kanonenstellungen, Checkpoints und Postenketten sicherten die neuralgischen Gefahrenpunkte deutscher Städte und schüchterten die Bevölkerung ein. Mit der faktischen Übernahme des DDR-Staates durch die Sowjetarmee brach der Volksaufstand, der weder geplant worden war noch eine zentrale Leitung besessen hatte, in sich zusammen. Auf sich allein gestellt, einen übermächtigen Feind vor Augen, ohne jegliche Aussicht auf Hilfe aus dem Westen, wagte die Bevölkerung keinen weiteren Widerstand mehr.

Die vielfach unterstellte Leitung vom Westen aus, die Infiltrierung der Aufständischen durch abgefeimte Faschisten, dies alles erwies sich als Verschwörungsmythos. Es gab einfach keinen Plan, wie Robert Havemann, der damals noch kein Dissident, sondern ein linientreuer SED-Agitator war, nüchtern und sachlich feststellte:

Der Aufstand vom 17. Juni brach in Wirklichkeit nicht deshalb zusammen, weil Panzer stärker sind als unbewaffnete Volksmassen. Volksmassen sind stärker als Panzer, aber nur dann, wenn sie ein klares politisches Ziel haben, das unter den gegebenen Umständen überhaupt erreichbar ist, und wenn sie eine entschlossene, organisiert arbeitende Führung haben, der sie vertrauen.

Und trotzdem brachte gerade die Spontanität des Aufstands Ulbricht und Grotewohl in die Defensive. Vor den Augen der ganzen Welt hatten sich der wahre Charakter der SED-Parteidiktatur und ihre Schwäche gezeigt, auch bei den eigenen Anhängern und Sympathisanten. Der Vertrauensverlust wog so schwer, die Erklärungsnotlage war so dringend, dass eine Propagandalüge hermusste: der »Tag X«, an dem faschistische Rowdys zusammen mit anderen, schon vorher eingeschleusten, »Provokateuren« und »Agenten« den, nach SED-Selbstkritik berechtigten, Arbeiterstreik ausnutzten, um den Arbeiter- und Bauernstaat zu vernichten.

Einen Tag X wird es in der Waggonfabrik nie wieder geben. Wir Waggonbauer, die immer und immer wieder ihren Friedenswillen zum Ausdruck brachten, sind auf die Provokationen faschistischer Horden hereingefallen und haben uns zu einem Streik hin-

reißen lassen. Ja, wir haben sogar einen Protestmarsch veranlasst und – jetzt kommt der Haken – was daraus wurde, war nicht unser Wille. Nur wenige haben sich dazu hergegeben, Transparente und Bilder abzureißen und Gebäude zu stürmen. Wie war das möglich, dass in mehreren Orten unserer DDR zur gleichen Stunde derartige Ausschreitungen möglich waren? Das frage ich mich, das fragen sich heute unzählige Arbeiter, die von den Provokateuren gegen die Regierung aufgehetzt wurden.

Die sofort vom ZK der SED eingeleiteten Maßnahmen lassen erkennen, dass Gründe vorhanden waren, die Mißstimmungen verursachten, und dies wurde von Hetzern ausgenutzt, um den Streik anzuzetteln. Wir haben aber jetzt erkannt, dass es falsch war, und werden – wir haben als erste Abteilung (125) die Arbeit in unserem Werk aufgenommen – jetzt erst recht eintreten für Frieden, Einheit und Demokratie.

Den Tag X wird es in der Waggonfabrik Ammendorf nie wieder geben.

H. Hönicke, Schleifer [1]

Dies war natürlich absoluter Blödsinn und eine Art Autosuggestion für die Parteiführung, um sich nicht mit den Realitäten eines Volksaufstands auseinandersetzen und mindestens die Hälfte des eigenen Staatsvolkes entweder hinrichten oder einkerkern zu müssen. Aber er wirkte und setzte sich in den Köpfen der nachfolgenden Generation fest, die den 17. Juni fortan nur noch als »Tag X« kennen lernten.

Trotz dieser eklatanten Propagandalüge hatten die SED-Parteifunktionäre noch Wochen nach dem 17. Juni 1953 mit den Nachwehen der Volksrebellion zu kämpfen. In zahlreichen Betrieben, wie den Zeiss-Werken Jena, der Farbenfabrik Wolfen, den Buna-Werken bei Merseburg und im Elektrochemischen Kombinat Bitterfeld, kam es zu neuen Streiks, die der Freilassung der Kollegen galten, die als Streikführer

---

[1] *Freiheit* (Halle), Organ der SED, vom 24.6.1953.

verhaftet worden waren, was nur wenig Aussicht auf Erfolg hatte.

DIE BESTRAFUNG DER »FASCHISTISCHEN VOLKSFEINDE«

Zu diesem Zeitpunkt lebte ein Teil der Streikführer des Elektrochemischen Kombinats Bitterfeld schon nicht mehr. Im Eilverfahren hatten die Standgerichte der Sowjetarmee und des DDR-Unterdrückungsapparats ganze Arbeit geleistet und die Angeklagten – ohne dass diese sich mithilfe eines Anwalts hätten verteidigen können – zum Tode verurteilt und das Urteil hastig vollstreckt.

Das Verfahren gegen den Magdeburger Teigwarenhändler Stauch kann als ein Beispiel unter vielen dafür gelten, was das Leben eines aufrechten Demokraten in jenen hitzigen Tagen wert war. Stauch war während der Proteste vor dem Polizeipräsidium als Sprecher einer vierköpfigen Delegation für die Freilassung politischer Gefangener eingetreten. Nach seiner Festnahme durch die Volkspolizei war er noch in derselben Nacht an die Russen ausgeliefert worden, die sein Schicksal am darauffolgenden Tag während einer 40-minütigen, nichtöffentlichen Gerichtsfarce verhandelten und Stauch im Namen der Union der Sozialistischen Sowjetrepubliken nach 15 Minuten »reiflicher« Erwägung zum Tode durch Erschießen verurteilten. Die Begründung lautete folgendermaßen:

Herbert Stauch, Mitglied der CDU-Partei, war an der konterrevolutionären Kundgebung vom 17. Juni 1953 gegen das Besatzungsregime und die örtlichen Machtorgane aktiv beteiligt. Als Mitglied der vierköpfigen Delegation, gewählt von der Menschenmasse, drang er ins Polizeipräsidium ein, wo er die Gewährung der politischen und wirtschaftlichen Freiheiten für die Rebellen, die Freilassung der Staatsverbrecher, sowie die Regierungsablösung forderte.

Anschließend wurde das Urteil sofort vollstreckt. Drei Volkspolizisten töteten den unglücklichen Delegationsführer in dem am Vortag noch heftig umkämpften Gefängnis Magdeburg-Sudenburg per Genickschuss.

Das gleiche Schicksal ereilte, wie bereits in dem zitierten Artikel des *Neuen Deutschland* erwähnt, den 26-jährigen Kraftfahrzeugschlosser Alfred Diener, der am 17. Juni von sowjetischen Soldaten im Gebäude der SED-Kreisleitung festgenommen worden war. Dieners Vergehen war, dass er zusammen mit anderen das SED-Büro gestürmt und die Kühnheit besessen hatte, dessen 1. Sekretär wegen der missratenen Politik seiner Partei zur Rede zu stellen. Dies reichte in den Augen der Sowjets aus, um Diener des Hochverrats anzuklagen. Der Arbeiter wurde mit ebenso grausamer Konsequenz von einem sowjetischen Militärtribunal zum Tode verurteilt und anschließend sofort in einem Raum der sowjetischen Militärkommandantur in Weimar erschossen.

Stauch und Diener blieben nicht die einzigen Opfer der sowjetischen Militärjustiz. Insgesamt sind in westlichen Archiven 19 Todesurteile sowjetischer Militärgerichte gegen Juni-Aufständische registriert worden, von denen 18 zwischen dem 17. und 22. Juni 1953 durch Erschießen vollstreckt wurden. Wie viele Aufständische tatsächlich sowjetischen und deutschen Standgerichten zum Opfer gefallen sind, lässt sich nicht mehr genau klären, genauso wenig besteht Gewissheit über die tatsächliche Zahl der Opfer des 17. Juni. Selbst die Gerüchte über hingerichtete Sowjetsoldaten, die sich angeblich geweigert haben sollen, auf Demonstranten zu schießen, sind bis heute unbestätigt.

Die unsichere Faktenlage hinderte Ost und West unmittelbar nach Ende des Aufstands nicht daran, den größtmöglichen Nutzen aus der Tragödie zu ziehen. Ein zeitgenössischer Bericht des Ministers für Staatssicherheit, Zaisser, spielte die Opferanzahl herunter, um das Ausmaß der Erhebung zu verschleiern. Diesem Bericht zufolge kamen während des Aufstands neunzehn Demonstranten und zwei unbeteiligte Personen sowie drei Volkspolizisten und ein Mitarbeiter des Ministeriums für Staatssicherheit um und wurden 126 Demonstranten, 61 unbeteiligte Personen und 191 Angehörige der Sicherheitskräfte verletzt.

Westliche Beobachter bezifferten dagegen zum Zeitpunkt der Erhebung die Anzahl der Todesopfer wesentlich höher und sprachen von 267 Toten unter den Aufständischen und 116 Toten unter den Sicherungskräften und Funktionsträgern des Regimes. Waren die Zahlen Zaissers zu niedrig, erschienen die anfänglich in westlichen Berichten auftauchenden Angaben zu hoch. Heute geht man aufgrund der Akten der mittlerweile zugängigen Archive von etwa 50 bis 80 Toten und 1000 Verletzten im gesamten damaligen Staatsgebiet der DDR aus.

Im Gegensatz dazu sind die Angaben der Zahl der zu Gefängnisstrafen verurteilten DDR-Bürger recht präzise. Wie aus einem von Justizministerin Hilde Benjamin und Generalstaatsanwalt Ernst Melsheimer entworfenen Bericht »Zur Durchführung des neuen Kurses in der Justiz« hervorgeht, wurden 5583 Verfahren verhandelt:

Von den 1526 Angeklagten, die verurteilt wurden, erhielten 2 Angeklagte die Todesstrafe, 3 Angeklagte lebenslänglich Zuchthaus, 13 Angeklagte Strafen von 10–15 Jahren, 99 Angeklagte Strafen von 5–10 Jahren, 824 Angeklagte Strafen von 1–5 Jahren und 546 Angeklagte Strafen bis zu einem Jahr.

Da zum Zeitpunkt der Untersuchung noch anhängige Strafverfahren ebenfalls mit Verurteilungen endeten, muss die Gesamtzahl der im Zusammenhang mit dem Juni-Aufstand von DDR-Gerichten Verurteilten auf mindestens 1600 beziffert werden. Davon waren 88 Prozent Arbeiter, der Rest Selbstständige, Angestellte und Bauern.

Die Sowjets verhängten ebenfalls Hunderte von Freiheitsstrafen in Höhe von drei bis 25 Jahren, die ein Fünftel der

Verurteilten in Straflagern der UdSSR, der Rest in Deutschland verbüßte.

DIE KONSEQUENZEN DES GESCHEITERTEN VOLKSAUFSTANDS

Diese repressive Politik quittierte die Bevölkerung mit einer neuen Flüchtlingswelle. Noch im Juni verließen 40 381 Menschen Ostdeutschland, im Juli wurden 17 260 DDR-Bürger in westlichen Notaufnahmelagern registriert. Damit befand sich das Ulbricht-Regime wieder dort, wo es unmittelbar vor der Verkündung des Neuen Kurses gestanden hatte. Die Regierung hatte den Aufstand zwar überstanden, jedoch eine moralische Niederlage erlitten. Wie zuvor flohen die Menschen aus dem Land, und diejenigen, die geblieben waren, hatten jegliches Vertrauen in die Regierung verloren. Die wirtschaftliche Situation war fatal, durch die mehrwöchigen Streiks hatte die DDR-Wirtschaft Verluste in Millionenhöhe erlitten. Wenn Moskau nicht bald Ostberlin wirtschaftlich unter die Arme griff, war es nur noch eine Frage der Zeit, bis entweder neue Unruhen ausbrachen oder die DDR wirtschaftlich zusammenbrach.

Darüber hinaus geriet Ulbricht in der eigenen Partei ins Kreuzfeuer. Die innerparteiliche Opposition von Zaisser (Ministerium für Staatssicherheit) und Herrnstadt *(Neues Deutschland)* strebte danach, den SED-Generalsekretär zu entmachten und im Sinne der Politik Berijas einen moderateren Kurs gegenüber der Bundesrepublik einzuschlagen. Im Zentralkomitee fanden plötzlich Aussprachen von seltener Offenheit statt, die dem Mann mit dem Spitzbart klarmachten, dass seine Tage gezählt waren – als für ihn ein Wunder geschah. Wie zuvor und auch später entschied sich das Schicksal der SED-Satrapen im Zentrum des Sowjetreiches, hinter den dunklen, geheimnisumwitterten Mauern des Kreml.

Dort fand der Machtkampf zwischen Nikita Chruschtschow und Lawrenti Berija ein dramatisches Ende. Verdrossen über Berijas Öffnung nach Westen und verängstigt durch seine Machtfülle, hatte sich um Chruschtschow und Molotow eine Oppositionsgruppe gebildet, hinter der vor allem die russische Generalität stand: der stellvertretende Verteidigungsminister Marschall Schukow und der Chef der sowjetischen Landstreitkräfte Marschall Konjew.

Beide hassten Berija bis aufs Blut, weil er viele ihrer Kameraden während der großen stalinistischen Säuberungsaktionen hatte hinrichten lassen. Zudem wurde vor kurzem noch allen der Beweis geliefert, dass der Geheimdienstchef – trotz einer liberalen Politik nach außen – ein gnadenloser Despot ersten Ranges war. Nur zwei Monate zuvor hatte er den ehemaligen stellvertretenden Minister für Staatssicherheit, Michail Rujim, dafür hinrichten lassen, dass er im Rahmen von Ermittlungen gegen eine jüdische Ärztegruppe, die angeblich das Führungsgremium hatte vergiften wollen, Beweise gefälscht und bei den Verhören die Folter angewandt hatte. Und Foltermethoden ließ Berija, der jahrelang von ihnen profitiert hatte, im Rahmen des Neuen Kurses verbieten.

Am 26. Juni 1953 kam die entscheidende Stunde, in der sich endlich das Schicksal des tausendfachen Massenmörders Berija erfüllte. Sie begann damit, dass Chruschtschow den ZK-Mitgliedern vorschlug, den Fall Berija zu verhandeln, worauf der Minister des Innern und der Staatssicherheit totenbleich in seinem Sessel zusammensank und Chruschtschow reflexartig bei der Hand fasste: »Was ist denn los, Nikita Sergejewitsch, was erzählen Sie denn da?« Was folgte, könnte dem Drehbuch eines Mafiafilms entsprungen sein, wenn das Syndikat der Gangsterorganisation über die Verfehlungen eines ihrer Mitglieder tagt. Chruschtschow beschuldigte Berija, Deutschland an den Westen verraten zu wollen und mit dem abtrünnigen Tito im Geheimen zu konferieren. Fassungslos vernahm Berija die endlosen Anklagen gegen ihn. Als Chruschtschow fertig war und vorschlug, das Politbüromitglied seiner Ämter zu entheben, drückte Malenkow einen geheimen Knopf. Wie aus dem Nichts stürzten drei der ranghöchsten Sowjetmarschälle, darunter Schukow, in das Sitzungszimmer und forderten Berija mit vorgehaltener Waffe auf, den Raum zu verlassen. Am selben Abend fand sich der einst mächtigste Mann Moskaus in einem Bunker wieder, bewacht von Schukows Männern. Sechs Monate später wurde er wegen Hochverrats in einem Schauprozess zum Tode verurteilt und hingerichtet.

Der Sturz Berijas blieb nicht ohne Folgen für die russische Deutschlandpolitik und rettete Ulbricht. Die Moskauer Direktive des Neuen Kurses blieb auch nach Berijas Entmachtung weiterhin bestehen, aber nach dem 17. Juni scheute die UdSSR davor zurück, Ulbricht zu stürzen, weil ein solcher Schritt von der Bevölkerung als falsches Signal angesehen werden konnte. Für Moskau war es jetzt wichtiger, das Ulbricht-Regime mit Hilfsmaßnahmen zu stabilisieren und fester an sich zu binden. Damit gab Moskau die Idee eines neutralen Deutschlands zwischen den Blöcken auf und entschied sich, das marode Ostberliner System bis zu seinem endgültigen Sturz massiv finanziell zu unterstützen und wirtschaftlich zu subventionieren.

Ulbricht zögerte nicht und instrumentalisierte den Sturz Berijas für seine Zwecke: Er unterstellte Zaisser und Herrnstadt, in einem Bunde mit Berija gewesen zu sein und die DDR durch ihr Kompromisslertum ernsthaft gefährdet zu haben. Diese Anschuldigungen ließen sich zwar durch nichts beweisen, doch erreichte Ulbricht, was er wollte. Der ohnehin schon wegen des Versagens der Staatssicherheit am 17. Juni stark angeschlagene Zaisser musste als Minister zurücktreten und wurde durch Ernst Wollweber ersetzt; Herrnstadt verlor seinen Posten als Chefredakteur des *Neuen Deutschland*. Außerdem erfolgte der Parteiausschluss der beiden Ulbrichtgegner. Wenig später wurde Justizminister Max Fechner aufgrund eines Zeitungsinterviews verhaftet, in dem er den Streik als verfassungsmäßig anerkannt und den streikenden Arbeitern

Straffreiheit zugesichert hatte. Unmittelbar darauf ließ sich Walter Ulbricht zum Ersten Sekretär des ZK wählen.[1] Damit saß der Mann mit dem Spitzbart wieder fest im Sattel. Als Konsequenz der gefährlichen Opposition Zaissers wurde das Ministerium für Staatssicherheit bis 1955 zum Staatssekretariat zurückgestuft und der Kontrolle des ZK der SED unterstellt. Hinsichtlich der eigenen Partei zog der Spitzbart ebenfalls Konsequenzen: Generalstabsmäßig wechselte Ulbricht 62 Prozent der Parteikader in den SED-Bezirksleitungen aus. Doch welche Konsequenzen zog Ulbricht aus dem Aufstand, um das Leben der ostdeutschen Bevölkerung zu verbessern?

Um es nicht noch einmal zu einem 17. Juni kommen zu lassen, beschloss der Ministerrat die Berechnung der Arbeitslöhne nach alten Normen und die Erhöhung der Mindestrenten um 10 Mark pro Monat. Außerdem leitete er Maßnahmen zur Verbesserung der Versorgung ein, die durch Hilfslieferungen aus der Sowjetunion sichergestellt wurde. Weiterhin sicherte eine Reihe weiterer Reformen den am 9. und 11. Juni angekündigten Neuen Kurs ab. Der Ministerrat vefügte die Erhöhung der Arbeitslöhne für Arbeiter der »volkseigenen« Industrie in den unteren Lohngruppen um monatlich 20 bis 38 Mark. Ebenso wurden die Gehälter des Verkaufspersonals im staatlichen Handel um monatlich 50 Mark angehoben.

Für die Schwerindustrie brachen dagegen harte Zeiten an. Die Beschlüsse des ZK der SED sahen vor, auf ihre Kosten die Produktion der Nahrungs- und Genussmittelindustrie sowie der Leichtindustrie zu steigern, was viele Arbeiter verängstigte und noch im Juli neue Streikwellen zur Folge hatte. Die materielle Lage der Bevölkerung sollte durch die Entfaltung des privaten Handels und der Privatindustrie sowie durch

---

[1] Zwischen Juli 1953 und Mai 1976 lautete die Bezeichnung des SED-Vorsitzenden »Erster Sekretär«, vor und nach diesem Zeitraum »Generalsekretär«.

die Förderung der bäuerlichen Wirtschaft verbessert werden. Zur entscheidenden Erholung der Lage trugen allerdings die Hilfsmaßnahmen der Sowjetunion bei.

Am 1. Januar 1954 verkündete die Sowjetunion feierlich die Aufhebung der Reparationszahlungen – so waren zum Beispiel seit 1946 50 Prozent des Gewinns der chemischen Schwerindustrie alljährlich nach Moskau geflossen –, gab der DDR 33 annektierte Großproduktionsbetriebe wie die Agfa Wolfen Film zurück und förderte die DDR-Wirtschaft mit einer Finanzspritze von 456 Millionen Rubel. Einzig der Uranbergbau im Erzgebirge verblieb in russischer Hand.

Auch politisch tat sich einiges im Verhältnis der kommunistischen Führungsmacht zu ihrem deutschen Trabanten. Am 25. März 1954 verkündete die Sowjetunion die Aufhebung der Kontrolle durch den Hohen Kommissar und sicherte dem SED-Staat die Freiheit zu, über seine inneren und äußeren Angelegenheiten zu entscheiden. Nur ein Jahr später schloss die Sowjetunion mit der DDR einen Staatsvertrag und nahm sie als eines der Mitglieder in den neu gegründeten Warschauer Pakt auf. Dies war eine Antwort auf den Beitritt der Bundesrepublik zur NATO, der wenige Tage zuvor erfolgt war.

Damit hatte der gescheiterte Aufstand vom 17. Juni 1953 eine wahrhaft europäische, wenn nicht sogar weltpolitische Dimension angenommen: Er war der erste Aufstand eines Volkes gegen ein totalitäres Regime gewesen, und zweitens besiegelte seine Niederschlagung die zunächst vorläufige Frage der deutschen Blockzugehörigkeit und Wiederbewaffnung auf Jahrzehnte hin.

Bitter war für die Ostdeutschen eine Erfahrung, die sie auch 1961 beim Bau der Berliner Mauer und noch einmal 1989 machen sollten – dass die Westmächte und später die NATO kein Interesse an der Einheit Deutschlands hatten und trotz hehrer Propagierung der Menschenrechte nicht bereit waren, für die demokratischen Grundrechte des gesamten deutschen Volkes auch nur einen Panzer zu rühren.

Was die ostdeutschen Arbeiter als die eigentlichen Initiatoren des Aufstands vom 17. Juni anbetraf, so blieb zwar ihr Selbstbewusstsein ungebrochen, denn sie erreichten ihre Minimalforderungen. Politisch hörten sie jedoch nach der zweiten Streikwelle im Juli 1953 auf, eine zweite Macht im Staate zu sein. Der Arbeiter- und Bauernstaat verstand es in der Folgezeit, seine Arbeiter durch materielle Sonderzulagen und Vergünstigungen an sich zu binden. Wie es schien, fanden die deutschen Altstalinisten langsam wieder einen Zugang zur deutschen Volksseele: Am 21. Dezember 1953 meldeten mehrere westliche Zeitungen, dass in der »Ostzone« erstmals wieder ein seltsamer, fast stalinistisch anmutender Personenkult zugelassen wurde, dessen Mittelpunkt ein rotgewandetes hutzeliges Männlein mit einem weißen Bart bildete:

Es wirkte wie eine Sensation: Der Weihnachtsmann ist in der Sowjetzone wieder erlaubt. Der rote Rock, die Rute, der Sack und der Bart sind nicht mehr verboten. [...] Wilhelm Pieck persönlich gab den Kurswechsel bekannt. Er ließ sich mit einem Weihnachtsmann fotografieren. Dieses Bild erschien am nächsten Tag in allen Zeitungen, sodass jeder wusste, dass im neuen Kurs auch der Weihnachtsmann wieder eingeplant ist.

Ideologisch erwies sich die DDR-Führung trotz solcher Zugeständnisse auch weiterhin auf der Hut. Die für die SED-Funktionäre schreckliche Erkenntnis, dass der Volksaufstand fast mit einer Revolution geendet hätte, verstärkte die Verschwörungsparanoia der Parteiführung. Um einen zweiten 17. Juni zu verhindern, sahen sich Politbüro und ZK der SED jahrzehntelang dazu gezwungen, die Stasi zu einem gigantischen Überwachungsapparat auszubauen, der letztendlich doch versagen musste. Denn eines hatte der 17. Juni aller Welt offenbart – dass die Mehrheit der ostdeutschen Bevölkerung die SED-Regierung verabscheute und dass man die Freiheit und ein Volk auf die Dauer nicht unterdrücken konnte.

Im Grunde genommen stürzte das SED-Regime schon 1953 und wurde nur mittels großzügiger Subventionen aus der UdSSR und der BRD wie ein klinisch Toter am Leben erhalten. Bei dieser fragilen Konstellation war es nur eine Frage der Zeit, bis sich eine Volkserhebung wie der 17. Juni 1953 unter anderen Gesichtspunkten wiederholen würde.

Der Bonner Bundestag gedachte ebenfalls, aus dem 17. Juni politischen Nutzen zu ziehen und war sich seines Symbolwerts derart bewusst, dass er schon am 7. August 1953 ein Gesetz über den »Tag der deutschen Einheit« einbrachte. Der 17. Juni wurde zum gesetzlichen Feiertag, um der Opfer für die Freiheit zu gedenken. Der bundesdeutsche Umgang mit dem Nationalfeiertag veränderte sich erst ab 1970, mit der neuen Ostpolitik Willy Brandts. Plötzlich waren der 17. Juni und die mit ihm verbundene Idee der Wiedervereinigung nicht mehr en vogue, sondern eher ein lästiges Hindernis auf dem Weg in eine bessere Zukunft. Dies änderte sich wiederum 1989, als sich in der Folge von Gorbatschows Perestroika die historische Möglichkeit zum Sturz des verhassten SED-Regimes und damit zur deutschen Wiedervereinigung bot.

LITERATUR

Beier, Gerhard: *Wir wollen freie Menschen sein*, Bund-Verlag, Köln 1993

Bundesministerium für gesamtdeutsche Fragen: *Der Volksaufstand vom 17. Juni 1953. Denkschrift über den Juni-Aufstand in der sowjetischen Besatzungszone und in Ost-Berlin*, Deutscher Bundesverlag, Bonn 1953

Fricke, K. W./Spittmann, Ilse: *17. Juni 1953*, Edition Deutschland Archiv, Köln 1982

Knabe, Hubertus: *17. Juni 1953 – Ein deutscher Aufstand*, Ullstein, München 2004

Knopp, Guido: *Der Aufstand 17. Juni 1953*, Hoffmann und Campe, Hamburg 2003

Kowalczuk, Ilko-Sascha: *17.6.1953: Volksaufstand in der DDR*, Edition Temmen, Bremen 2003

REVOLUTION AM MONTAG
DER SANFTE UMSTURZ 1989

»Die Demokratie in ihrem Lauf halten weder Ochs noch Esel auf« [1]

Mitte der achtziger Jahre war die DDR ein Staat in Uniform. Das Ministerium für Staatssicherheit unterhielt 91 000 hauptamtliche und 189 000 inoffizielle Mitarbeiter, dicht gefolgt in puncto Mannschaftsstärke vom Ministerium des Innern (MdI) mit 127 000 Angestellten, darunter 67 000 Polizisten. Als weitere Ordnungsmacht stand die Nationale Volksarmee (NVA) mit 92 400 Berufs- und Unteroffizieren sowie 74 000 Wehrpflichtigen bereit, den Truppen der NATO, aber auch den Feinden im Innern zu begegnen. An den Grenzen wachten 47 000 Mann darüber, dass Unbefugte weder hinein- noch hinausgelangten, und schossen nahezu auf alles, was sich im Sperrgebiet verdächtig bewegte. Alles in allem beschirmten eine halbe Million Mann argwöhnisch die Errungenschaften des Sozialismus, während die greisen Führungskräfte der Nation in ihren Wandlitzer Datschen den Schlaf der Gerechten schliefen.

Aus Sicht der Überwachungsdiktatur hatte sich der seit 1953 intensivierte Ausbau des Spitzel- und Überwachungssystems gelohnt. Seit Jahrzehnten war es, bis auf einige Jugendkrawalle in Folge von Beatkonzerten und den Protest gegen die Sprengung der gotischen Universitätskirche 1968 in Leipzig, zu keinen Massenprotesten ähnlich denen vom 17. Juni gekommen. Erst mit der Wahl Gorbatschows zum Generalsekretär der KPdSU im Jahr 1985 und dessen entscheidenden

---

[1] Persiflage von Demonstranten auf Honeckers Spruch »Den Sozialismus in seinem Lauf halten weder Ochs noch Esel auf«.

Richtlinienveränderungen, die unter den Namen »Glasnost« und »Perestroika« in die Geschichte eingegangen sind, wuchs auch der Widerstand gegen das SED-Regime. Die von Gorbatschow innerhalb der Sowjetunion geforderte »Offenheit« – so die wörtliche Bedeutung von Glasnost – äußerte sich in zunehmender Meinungsfreiheit, die auch mit Kritik am kommunistischen System nicht sparte und die Autorität der KPdSU insofern untergrub, als sie die an blutigen Unterdrückungen und politischen Verbrechen reiche Geschichte der Sowjetunion der russischen Öffentlichkeit, und damit der ganzen Welt, publik machte. Unter diesem Aspekt erwies sich die Glasnost bald schon als Geißel des Kommunismus, die unentwegt die Autorität des Politbüros mit immer neuen Enthüllungsstories unterhöhlte – was vor allem auch der SED-Führung ein Dorn im Auge war, weil sie damit die Unterminierung ihrer eigenen Position befürchtete.

SPANNUNGEN MIT DEM GROSSEN BRUDER

Als wesentlich gefährlicher als Glasnost erwies sich für das kommunistische System jedoch Gorbatschows Kurs der Perestroika. Vom neuen Mann in Moskau ursprünglich als marktwirtschaftliche Reform innerhalb des Sozialismus gedacht, wurde sie zum Synonym radikaler Umstrukturierung. Der Veränderungswille strahlte bald nicht nur auf die Wirtschaft, sondern auf die Vielvölkerphilosophie der Sowjetunion aus.

Mit der Einführung marktwirtschaftlicher Aspekte gefährdete Perestroika die staatliche Autorität und die kommunistische Planwirtschaft. Das Steuerungsinstrument wandte sich letzten Endes gegen den Piloten, der bald hilflos mitansehen musste, wie die Instrumente seiner Politik ausschlugen und den Kurs der Maschine zum Schlingern brachten. Die Metapher des Zauberlehrlings drängt sich auf, der die Geister, die er rief, nicht mehr loswurde. Mit seiner Politik hatte

Gorbatschow nach und nach die Stützpfeiler des Sowjetimperiums weggeschlagen und die Autorität der Zentralmacht untergraben. Das Riesenreich bröckelte an allen Ecken und Enden. Die Niederlage in Afghanistan hatte das Prestige der bis dahin unbesiegten Roten Armee beträchtlich angeschlagen; überall regten sich Sezessionsbewegungen, die nicht nur mehr staatliche Autonomie, sondern auch die Unabhängigkeit von Moskau forderten. Bald sah sich Moskau in den baltischen Sowjetrepubliken, der Ukraine und Georgien mit wachsenden Unabhängigkeitsbewegungen konfrontiert. In Litauen ließen die Sowjets nach bewährtem Muster Panzer auffahren und versuchten, die Sezession im Keim zu ersticken, was ihnen nicht gelang, aber viele Todesopfer forderte. Wie von Gorbatschows erbittertsten Gegnern befürchtet, trug die Perestroika aus Moskauer Sicht fast nur negative Früchte.

Besonders starken Widerstand erfuhr die Politik des Reformers in der DDR. Nach dem Berija-Experiment grundsätzlich misstrauisch gegenüber Moskauer Reformbestrebungen, stellte sich die SED-Führung massiv dem Generalsekretär entgegen. Man verfügte über Erfahrungen mit sowjetischen Erneuerern: Berija hatte seine riskante Entspannungspolitik 1953 das Leben gekostet, Chruschtschows Entstalinisierungskampagnen waren 1956 von Aufständen in Ungarn und Polen überschattet gewesen und hatten 1964 mit seiner Entmachtung durch das Politbüro der KPdSU geendet. Aus machtpolitischer Sicht hatte Honecker allen Grund, skeptisch zu sein. Zu Recht sah Ostberlin voraus, dass Gorbatschows neuer Kurs nicht nur den Bestand des Sowjetreichs, sondern auch den der DDR gefährdete. Zudem wirkten noch die Lehren des 17. Juni in den Köpfen der Ostberliner Führung nach: dass vorzeitiges Nachgeben und Einlenken umso verstärkter zum Aufstand und damit zur Systemdestabilisierung führten.

In einem im April 1989 stattfindenden Gespräch mit dem sowjetischen Leiter der KGB-Spionageabteilung, Generalmajor Scherbaschin, brachte Stasi-Chef Mielke klar zum Ausdruck, was die Führungsriege um Honecker von der Perestroika hielt und dass sie die Lage fest im Griff wähnte:

> *Ich muss hier offen sagen, dass wir es nicht verstehen, wenn in einigen sozialistischen Ländern jetzt versucht wird, die vorhandenen ernsten ökonomischen Probleme dadurch zu lösen, indem man zu einer mehr oder weniger kapitalistischen Marktwirtschaft übergehen will, kapitalistische Wirtschaftsformen und -reformen praktiziert, die zentrale staatliche Planung, Leitung und Kontrolle der Volkswirtschaft drastisch reduziert und eventuell gänzlich beseitigen möchte oder wenn der Einfluss der Partei in der Wirtschaft erheblich begrenzt bzw. ganz ausgeschaltet werden soll.*

Die Art und Weise, wie Mielke mit einem hohen Repräsentanten der einzigen Garantiemacht der DDR sprach, lässt tief blicken und die großen Spannungen zwischen Honecker und Gorbatschow erahnen. Fern davon, wie eh und je der devote Satellit zu sein, der ordnungsgemäß auf der ihm vorgeschriebenen Umlaufbahn kreist, wagte es die SED-Führung 1988, dem großen Reformer zu trotzen, und probte – salopp formuliert – den »Zwergenaufstand«.

Als Erstes schossen Honecker und das Politbüro – um beim Bild des Kosmos zu bleiben – die deutsche Ausgabe der sowjetrussischen Zeitschrift *Sputnik* ab: Sie verboten das Magazin am 19. November 1988, weil es zu viele systemkritische Informationen enthielt. Dies rief bei der Bevölkerung einen Sturm der Entrüstung hervor, hatte aber keine ernsthaften Konsequenzen, außer dass die Moskauer Führung sich im nächsten Jahr mit der Abbestellung sämtlicher DDR-Druckerzeugnisse revanchierte. Doch dabei blieb es nicht. Wo Honecker konnte, wagte er, den Moskauer Direktiven zu trotzen. Fern aller Perestroika, verfolgte der SED-Generalsekretär stur seinen alten Kurs weiter und setzte weiterhin auf Repression. Es war ein Tanz auf dem Vulkan, und auf die Dauer war klar, dass Moskau den längeren Atem hatte.

Im Grunde hatte Gorbatschow die DDR schon längst zum Abschluss freigegeben, als er sich am 10. April 1987 von der Breschnew-Doktrin[1] abwandte:

> *Wir meinen nicht, dass wir die endgültigen Antworten auf alle Fragen gefunden haben, vor die uns das Land gestellt hat. Wir sind auch weit davon entfernt, irgend jemanden dazu aufrufen zu wollen, uns zu kopieren. Jedes Land hat seine Spezifik. Die Bruderparteien legen den Kurs unter Berücksichtigung der nationalen Bedingungen fest.*

Dies hieß in der Sprache der Diplomatie nichts anderes, als dass Moskau keinen Finger rühren würde, käme es zu einem Machtwechsel in der DDR. Doch davon wollte Honecker nichts wissen. Er interpretierte Gorbatschows Aussagen auf seine Art und Weise und legte den Kurs »unter Berücksichtigung der nationalen Bedingungen fest«. Starrsinnig hielt er von nun an alles, was mit Perestroika und Glasnost zu tun hatte, von der DDR fern. Obwohl sich der SED-Chef einen derartigen Konfrontationskurs eigentlich nicht erlauben konnte, verschloss er sich Moskaus »Empfehlungen«.

Seine Verweigerung und den Willen, diesen Tatbestand zu ignorieren, hatte Honecker so verinnerlicht – selbst körperlich –, dass er einen gesundheitlichen Zusammenbruch erlitt, als der Warschauer Pakt sich der Aufgabe der Breschnew-Doktrin anschloss. Der schlechte Gesundheitszustand Honeckers verhielt sich analog zur »körperlichen Verfassung« des maroden Regierungssystems der DDR, das sich weiterhin beharrlich weigerte, den Tatsachen ins Auge zu sehen.

---

[1] 1968 hatte der damalige Erste Vorsitzende des ZK der KPdSU, Leonid Breschnew, anlässlich des Einmarsches sowjetischer Truppen in die Tschechoslowakei verkündet, dass die Verteidigung des Sozialismus in der ČSSR nicht nur eine innere Angelegenheit des Volkes dieses Landes, sondern auch mit der Verteidigung der Positionen des Weltsozialismus verknüpft sei. Mit anderen Worten: Moskau hatte das Recht, überall dort in der Welt zu intervenieren, wo es die Herrschaft des Kommunismus bedroht sah.

Die Beziehungen zwischen der DDR und der UdSSR wurden steifer und schließlich feindselig. Dies war angesichts der wirtschaftlichen Abhängigkeit des DDR-Regimes von Moskau äußerst riskant, wie folgender Witz zeigt, der unmittelbar vor der Revolution 1989 in Ostdeutschland kursierte und zeigte, dass sich das Schicksal der DDR an der Moskwa, nicht an der Spree entschied.

Gorbatschow schenkt Honecker ein neues Auto. Der sieht unter die Motorhaube und staunt: »Da ist kein Motor drin!« – »Den brauchst du nicht«, sagt Gorbi, »in der DDR geht es nur noch bergab.« »Und wenn es wieder bergauf geht?« »Dann sitzt du nicht mehr am Steuer!«

DER REVOLUTION ENTGEGEN

Starrköpfig wie er war, schien Honecker nicht zu begreifen, dass er keine andere Wahl hatte, als sich der neuen Konstellation anzupassen. Das galt umso mehr, als er ein völlig ausgelaugtes Land regierte, das seit 1982 als zahlungsunfähig galt und nur durch westdeutsche und sowjetische Subventionen wirtschaftlich überlebte. War schon der Devisenmangel besorgniserregend, so erwies sich die Rohölverteuerung Mitte der achtziger Jahre als äußerst bedrohlich für die Wirtschaftslage der DDR. Seit 1954 hatte Moskau den wichtigen Rohstoff subventioniert und so die Schwerindustrie des Arbeiter- und Bauernstaats unterstützt, die dank des verbilligten Öls gute Preise für ihre Produkte erzielen konnte oder es manchmal – sehr zum Ärger Moskaus – auf dem Weltmarkt zu realen Marktpreisen mit Gewinn verkaufte, um so an Devisen heranzukommen. Derartige Bauerntricks rächten sich natürlich und halfen der SED-Führung keineswegs. Die Krise blieb substanziell: Einerseits fehlte es an Geld für Investitionen in neue Technologien, andererseits kamen die Investitionen aufgrund der starren Fünfjahrespläne oft zu spät, sodass die industrielle Fertigung fast zehn Jahre hinter internationalen Produktionsstandards hinterherhinkte.

Wie es die Machthaber aus Ostberlin auch drehten und wendeten – die Wirtschaft der DDR glich dem eines Schwellenlandes und war Mitte der achtziger Jahre weit davon entfernt, an internationale Standards anknüpfen zu können. Im Ranking der Industrienationen bewegte sich der Arbeiter- und Bauernstaat, obwohl er sich zu den ersten zehn Industrienationen zählte, im Mittelfeld. Nur dank massiver Kredite aus der Bundesrepublik und anderer Zusatzeinnahmen wie Transitgebühren hielt sich die DDR noch über Wasser. Zudem betrieb sie seit 1964 einen lukrativen Menschenhandel mit der BRD und erzielte durch den gestatteten Freikauf von Häftlingen und die Billigung von Ausreiseanträgen – auch dafür zahlte die Bundesregierung – die stattliche Summe von 3 Milliarden Mark an Devisen. In den darauffolgenden Jahren gewährte die BRD sogar zweimal Kredite in Milliardenhöhe, die nur kurzfristig das klaffende Finanzloch stopfen konnten.

Honecker dagegen ging nicht auf Sparkurs, sondern verfolgte eine gewagte Sozialpolitik. Ohne entsprechende Einnahmen zu haben, subventionierte er Mieten, Nahrungsmittel, den sozialen Wohnungsbau, die Kinderbetreuung und noch vieles mehr. Das führte dazu, dass die innere Verschuldung wuchs. Zum absoluten Millionengrab wurde ein Prestigeobjekt Honecker'scher Innenpolitik: der soziale Wohnungsbau. Zwischen 1976 und 1989 verkündeten offizielle Statistiken den Bau von 2,8 Millionen Wohnungen. Diese Zahl war zwar stark übertrieben, und in der Realität handelte es sich nur um 1,7 Millionen Wohnungen in den neu errichteten Trabantenstädten, doch die Förderung der Plattenbauten ging zulasten der Innenstädte, die für jeden ersichtlich verfielen und nicht saniert wurden. Die Häuser in diesen Vierteln, meist um die Jahrhundertwende entstanden, hatten lecke Dächer, tropfende Wände, undichte Kohleöfen und noch das Klo auf halber Treppe.

Ein anderes Problem jener Jahre stellten die Mängelwirtschaft und die Versorgungskrise dar: Selten, ja fast nie waren die Waren dort, wo und wann sie gebraucht wurden – und wenn doch einmal, dann nur in geringer Menge. Lebensmittel erreichten oft erst die Läden, wenn sie schon verrottet waren. Trotzdem standen die Leute geduldig in endlosen Warteschlangen an, in der Hoffnung, das ein oder andere Schnäppchen zu machen, das sich bei der nächstbesten Gelegenheit eintauschen ließ.

Bei solchen Umständen blieb es nicht aus, dass sich unter der Bevölkerung allgemeine Hoffnungslosigkeit breitmachte. Der triste Alltag, die Allmacht der ungeliebten Diktatur, das Gefühl des Eingesperrtseins und die Perspektivlosigkeit wirkten frustrierend auf die Volksseele und erhöhten den Wunsch nach Veränderung.

Zum traurigen Höhepunkt gerieten 1989 die Fälschungen bei den Kommunalwahlen, die jedem DDR-Bürger klarmachten, dass eine Verbesserung der bestehenden Verhältnisse unter der amtierenden Regierung undenkbar war. Die Folge war ein erneutes Anwachsen der Ausreiseanträge sowie der Republikflucht, wie schon zwischen 1950 und 1954 und 1959 bis 1961.

Im Jahr 1989 kam es zu einer erneuten Ausreisewelle. Grund war die seit dem 1. Januar des Jahres bestehende Möglichkeit, die DDR auf Antrag hin legal zu verlassen, worauf die Zahl der Antragsteller rapide stieg. Wem jedoch die Ausreise verweigert wurde, versuchte auf anderem Wege, die Republik zu verlassen, wie Chris Gueffroy, der im Februar 1989 bei einem Fluchtversuch als letztes Opfer der Berliner Mauer erschossen wurde. Andere, etwa 12 000, zogen es vor, nach einem Besuch in der BRD 1988 gar nicht mehr zurückzukommen. Ab dem 1. Januar gingen verzweifelte DDR-Bürger sogar dazu über, die Botschaften der Bundesrepublik in Ostberlin, Prag, Warschau und Budapest zu besetzen.

Zur Sensation für alle Republikfluchtwilligen wurde die Nachricht, dass Ungarns Ministerpräsident Németh am 2. Mai

1989 den Schießbefehl an der Grenze zu Österreich aufhob und den Abbau des Grenzsperrgebiets sowie den Beitritt seines Landes zur Genfer Flüchtlingskonvention verfügte. Mit diesem Abkommen hatten sich die Ungarn dazu verpflichtet, Republikflüchtlinge nicht mehr wie Straftäter zu behandeln und an das Herkunftsland auszuliefern. Ab jetzt war kein Halten mehr. Stärker als erwartet entwickelte sich eine Fluchtbewegung, die alles bis daher Gesehene in den Schatten stellte.

Anlässlich des von ungarischen Oppositionellen veranstalteten »Paneuropäischen Picknicks« wurde am ungarischen Grenzkontrollpunkt Sopron für einige Stunden der Grenzübergang nach Österreich geöffnet. Diese Chance ließen sich Hunderte DDR-Bürger nicht entgehen. Glücklich strömten sie in Scharen über die Grenze, bevor diese wieder geschlossen wurde. Zurück ließen sie ihre kostbarsten Schätze: endlose Reihen verwaister Trabbis, die einst das größte Glück von DDR-Familien bedeutet hatten.

Auch andere deutsche Urlauber nutzten die Gunst der Stunde. Viele flohen über die grüne Grenze zwischen Österreich und Ungarn, andere besetzten ab August die bundesdeutsche Botschaft in Budapest. Damit hatte nicht nur das Flüchtlingsdrama unaufhaltsam begonnen, sondern war auch die Talfahrt des Honecker-Systems mehr als deutlich geworden, das ausgerechnet im vierzigsten Gründungsjahr der DDR unaufhaltsam auf eine Staatskrise zusteuerte, wie sie die ostdeutsche Republik zuletzt 1953 erlebt hatte. Insgesamt hielten sich im August 200 000 DDR-Urlauber allein in Ungarn auf, von denen ein Großteil bereit war, die Flucht zu ergreifen. Als die Westgrenze Ungarns im September geöffnet wurde, flüchteten bis zum Ende des Monats allein 34 000 Bürger des Arbeiter- und Bauernstaates.

Auch in der Tschechoslowakei und in Polen sah es nicht viel besser aus. Hier stürmten DDR-Staatsbürger die bundesdeutschen Botschaften in Prag und Warschau, um von dort aus endlich in die Freiheit zu gelangen. Die Botschaftsbesetzungen wurden zum Offenbarungseid der DDR und machten klar, dass Honeckers Kurs des Sozialismus kläglich gescheitert war. Die BRD sprang den Flüchtlingen bei und setzte – gegen Zahlung dringend benötigter Devisen – die Ausreise der Republikflüchtlinge durch. Diese wurden in Sonderzügen durch die DDR geleitet, um die Personalien der bis dahin nicht namentlich bekannten Flüchtlinge aufnehmen zu können und ihnen aus purer Schikane ihre Pässe zu entwenden. Aber wie so oft in diesem Jahr, wandte sich die perfide Maßnahme gegen ihre Urheber. Als die Züge auf den Bahnhöfen der DDR einfuhren, erwarteten sie ungeachtet des starken Stasi- und Polizeiaufgebots Hunderte DDR-Bürger, die im wahrsten Sinne des Wortes »auf den Zug aufspringen wollten«, wovon sie nur durch massiven Gewalteinsatz der Polizei abgehalten werden konnten.

Besonders in Dresden kam es am 3. Oktober 1989 zu schweren Unruhen, als einer der Sonderzüge auf dem Hauptbahnhof hielt. Mit aller Härte und Brutalität gingen die Sonderstaffeln gegen die Demonstranten vor, von denen viele »Wir wollen raus!« skandierten. Abfalleimer und Brandflaschen wirbelten durch die Luft, Schlagstöcke fanden ihr Ziel. Dutzende von Protestierenden und Polizisten wurden verletzt, der Dresdner Bahnhof total verwüstet.

Wieder einmal sah sich die DDR-Regierung gezwungen, mit aller Härte gegen die eigenen Bürger vorzugehen, die Grenzen zur ČSSR dichtzumachen und die Polizei- und Militärpräsenz in den Städten und auf dem Land zu verstärken.

Ein Riss ging durch Deutschland. Bizarrerweise war es nicht der Riss zwischen Staat und Bürgern, sondern zwischen »Ausreisern« und »Hierbleibern«. Die steigende Ausreisehysterie hatte neue Bürgerrechtsbewegungen auf den Plan gerufen, die sich die Veränderung der bestehenden Verhältnisse im Dialog mit der Regierung auf die Fahnen geschrieben hatten. Aus »Wir wollen raus!« wurde »Wir bleiben hier!« – womit klar eine Forderung nach umfassenden Reformen gemeint war.

REVOLUTION AM MONTAG

»WIR BLEIBEN HIER!« – DIE OPPOSITION FORMIERT SICH

Die Versorgungskrise, der niedrige Lebensstandard, die politische Unfreiheit und die Systemüberdrüssigkeit begünstigten 1989 die Entstehung bürgerlicher Reformbewegungen, unter denen das Neue Forum im Oktober/November zum Symbol des Wandels und der Auflehnung wurde. Das Neue Forum verstand sich als links-pluralistisches Sammelbecken der Opposition und sprach die »Hierbleiber« an, die ihren Staat nicht verlassen, sondern konkret vor Ort, durch ihr Engagement Veränderungen herbeiführen wollten. Im Gründungsaufruf umrissen die Initiatoren klar ihr Programm:

Um alle diese Widersprüche zu erkennen, Meinungen und Argumente dazu anzuhören und zu bewerten, allgemeine von Sonderinteressen zu unterscheiden, bedarf es eines demokratischen Dialogs über die Aufgaben des Rechtsstaates, der Wirtschaft und der Kultur. Über diese Fragen müssen wir in aller Öffentlichkeit, gemeinsam und im ganzen Land, nachdenken und miteinander sprechen. […] Wir bilden deshalb gemeinsam eine politische Plattform für die ganze DDR, die es Menschen aus allen Berufen, Lebenskreisen, Parteien und Gruppen möglich macht, sich an der Diskussion und Bearbeitung lebenswichtiger Gesellschaftsprobleme in diesem Land zu beteiligen. Für eine solche übergreifende Initiative wählen wir den Namen »Neues Forum«.

Eine ältere Plattform der Opposition bildeten die seit 1982 abgehaltenen Montagsgebete der Leipziger Nikolaikirche, die vielen Menschen Zuflucht und Trost boten. Aufgrund der sich anschließenden Demonstrationszüge durch die Leipziger Innenstadt entwickelten sich die Friedensgebete zu Kristallisationspunkten der Opposition, die bald alles entscheidend für die Revolution werden sollten. Eine weitere wichtige »Schlüsselkirche« der Revolution wurde die Gethsemanekirche in

Ostberlin, wo analog zu Leipzig Friedensgebete, Solidaritäts-Lichterketten sowie Fürbitten für Verurteilte und Häftlinge stattfanden.

Andere bedeutende Oppositionsgruppen nicht kirchlichen Ursprungs waren »Demokratie jetzt«, »Demokratischer Aufbruch« und das ostdeutsche Pendant zur SPD, die »SDP« (Sozialdemokratische Partei in der DDR).

Diese neuen Gruppierungen blieben natürlich von der Stasi nicht unbemerkt. Seit 1986 gingen die geschulten Abwehrkräfte immer gezielter und härter gegen die Unmutsbewegung vor, die ihren Protest immer massiver auf die Straße trug und dadurch öffentlichkeitswirksamer agierte. So restriktiv die SED auch gegen die Demonstrierenden vorging, der Unmut wurde immer größer, da die Kette politischer Verfehlungen der Parteidiktatur nicht abriss. Von nun an begann die Phase der »Eroberung der Straße«, die im Oktober 1989 ihren Höhepunkt erfahren sollte.

In diesem Monat hatte die SED-Führungsriege Michail Gorbatschow nach Berlin geladen, um den vierzigsten Geburtstag der DDR zu feiern. Es sollte ihr Schwanengesang werden. Schon im Vorfeld kam es in vielen Städten der DDR zu Protestdemonstrationen, die mit aller Härte niedergeschlagen wurden.

Der 7. Oktober selbst wurde zum traurigen Höhepunkt der Gewalteinsätze der Ordnungskräfte. Während die Honoratioren zusammen mit dem sowjetischen Staatsoberhaupt im Palast der Republik konferierten und den vorschriftsmäßig vorbeidefilierenden Truppen- und FDJ-Paraden zulächelten, spielten sich in Leipzig und Plauen anlässlich von Protestkundgebungen bürgerkriegsähnliche Szenen ab.

Von alldem bekam der russische Ehrengast nichts mit, trotzdem erlaubte er sich, deutlich die DDR-Führung darauf hinzuweisen, dass »das Leben denjenigen bestraft, der zu spät kommt« – womit Gorbatschow andeutete, dass aus seiner Sicht in der DDR Reformen dringend notwendig seien. Erich

Honecker beschloss jedoch, den warnenden Hinweis zu ignorieren und weiterhin die Kräfte der Reformbewegungen zu unterdrücken.

Aber die dem Staatsvolk verordnete Rosskur der Schlagstöcke, Wasserwerfer und vorläufigen Festnahmen – im Polizeijargon »Zuführungen« genannt – verfing nicht mehr. Der Virus der Freiheit hatte die Menschen der DDR erfasst und sollte wie eine Pandemie Besitz von ihnen ergreifen. Zwei Tage später wurde der erste »Massenbefall« in Leipzig deutlich sichtbar. Es war der Tag, der über das weitere Schicksal der DDR entschied. Drohte der Bürgerprotest erneut zum 17. Juni zu werden, bahnte sich ein Blutbad wie in Peking auf dem Platz des Himmlischen Friedens an – oder würde die Demonstration friedlich verlaufen? Dies alles lag in der Hand der Beteiligten – der Ordnungskräfte wie der Demonstrierenden.

DER 9. OKTOBER – TAG DER ENTSCHEIDUNG

Die Straßenschlachten von Dresden und Berlin ließen nichts Gutes hoffen für die Leipziger Montagsdemonstration, die auf den 9. Oktober angesetzt worden war. Sie war weder die erste noch die letzte, aber sie sollte die entscheidendste von allen Massenkundgebungen werden: Entweder würde der Reformwille Tausender in einem Meer von Tränen und Blut erstickt werden oder zu Gesprächen am runden Tisch führen.

Bisher hatte es drei größere Montagsdemonstrationen in Leipzig gegeben, die alle nach demselben Schema abgelaufen waren. Seit dem 25. September hatten sich die Demonstranten immer montags um 17 Uhr in der Nikolaikirche getroffen, um am Friedensgebet teilzunehmen. Danach hatten sich die Protestler in den letzten Wochen gegen 18 Uhr auf dem Platz vor der Oper versammelt und waren um den Leipziger Ring marschiert, um sich wenig später beim Neuen Rathaus zu zerstreuen. Kontinuierlich war die Zahl der Teilnehmer angestiegen. Am 25. September bestand der Protestmarsch aus etwa 5000 Teilnehmern, am 2. Oktober kamen 25 000, und am Sonnabend, den 7. Oktober waren es trotz massiver polizeilicher Sicherheitsvorkehrungen etwa 10 000 Demonstranten gewesen, die den Weg zur Nikolaikirche nicht gescheut hatten. Der Zeitzeuge Hans-Jürgen Sieffers, seit 1989 Pfarrer in der evangelisch-reformierten Gemeinde, berichtet von der revolutionären Aufbruchstimmung, die alle erfasste, die am Friedensgebet teilnahmen:

Im Anschluss an das Friedensgebet formiert sich die erste große Demonstration, die sich vom Nikolaikirchhof über den Karl-Marx-Platz zum Hauptbahnhof bewegt. Die Menschen rufen die Losung der Französischen Revolution: Freiheit – Gleichheit – Brüderlichkeit! Und es ertönt der Ruf »Neues Forum zulassen!«. Auch erklingen die Internationale und »We shall overcome«. Bezeichnend scheint mir, dass, wenn es um Freiheit, Demokratie und Menschenrechte geht, unsere Kultur keine entsprechende Hymne hervorgebracht hat, sodass wir bei anderen Völkern Anleihen machen müssen. Selbst Polizei und Stasi scheinen überrascht von der Vehemenz und dem Ausmaß der Demonstration. Im Oktober verschärft sich die Situation zusehends. Innerhalb von zwei Wochen hat sich die Zahl der Demonstranten nach dem Friedensgebet in der Nikolaikirche am 2. Oktober auf 25 000 verzehnfacht. In Richtung der anstürmenden Sicherheitsstaffeln schallt der Ruf »Wir bleiben hier!« Und dann erstmals der Chor, der zum Schlagwort der friedlichen Revolution werden soll: »Wir sind das Volk!«

Damit hatte die Polizei nicht gerechnet. Von den meisten Demos war sie gewohnt, »Wir wollen raus!« zu hören, jetzt ertönte plötzlich die Losung »Wir bleiben hier!«. Die Regierung entschied sich, das zu tun, was sie immer in solchen Fällen tat, wenn sie nicht weiterwusste: Sie verstärkte das Aufgebot von Polizei und Staatssicherheit und versuchte, die Protestbewegung durch den Einsatz massiver Gewalt einzuschüchtern. Mit beispielloser Härte versuchten Polizei und Stasi, die Protestzüge aufzulösen und viele der Teilnehmer »zuzuführen« (das heißt zu verhaften), was sich während der folgenden Demonstrationen wiederholte.

Am 9. Oktober lag jedoch etwas Besonderes in der Luft. Angst legte sich über Leipzig, eine schwarze Wolke der Sorge schlug auf die Gemüter. Jetzt galt es alles oder nichts. Nach den Vorfällen vom vergangenen Samstag musste eine starke Reaktion von den Bürgern kommen, sonst war alles verloren. Gerüchte machten die Runde, dass sich in der Stadt eine Montagsdemo mit bisher nicht gekannten Ausmaßen abspielen sollte und es deswegen unweigerlich zu schweren Zusammenstößen kommen würde. Informanten glaubten, aus sicherer Quelle zu wissen, dass in den Krankenhäusern Blutkonserven und Verbandszeug aufgestapelt wurden und die Polizeikräfte in einer Gesamtstärke von mehreren Tausend Mann am Stadtrand von Leipzig und im Zentrum Stellung bezogen hätten. Diese Gerüchte stimmten. In den Krankenhäusern räumte das Dienstpersonal tatsächlich die Betten und stellte Blutplasma bereit, während die Ärzte sich in den OP-Sälen auf die Behandlung von Schussverletzungen vorbereiteten. In den Betrieben war die Nachricht verbreitet worden, die Stadt nach 17 Uhr zu meiden. Polizisten wiesen Geschäfte an, ab 17 Uhr zu schließen. Im Hof der Deutschen Bücherei fuhren Mannschaftswagen auf. Wie es aussah, schwebte der SED-Führung statt Verhandlungen die chinesische Lösung vor [1].

Und trotzdem kamen Tausende. Denn fast jeder Leipziger, der nicht vom System profitierte, ahnte, dass dies vielleicht auf Jahre hin die letzte Chance war, tatsächlich etwas zu ver-

---

[1] Im Juni 1989 beendete das von der kommunistischen Führung Chinas befohlene Massaker auf dem Platz des Himmlischen Friedens in Peking den hauptsächlich von Studenten getragenen Volksaufstand.

ändern, ohne der Republik für immer den Rücken zukehren zu müssen.

Ab 18 Uhr strömten, aus allen Richtungen kommend, Zehntausende auf dem Karl-Marx-Platz zusammen. Wie viele es genau waren, wird für immer unklar bleiben. Doch egal ob 50 000, 70 000 oder 100 000 – wichtig war, dass die Straßen Leipzigs an diesem Tag schwarz vor Menschen wurden, die auf dem Wege der Gewaltlosigkeit nur eins wollten: eine gerechtere, freiere Gesellschaft. Schweigend sahen die Sicherheitspolizisten und Kampfgruppen zu, wie die bahnbrechende Demonstration Tausender den Herrschenden unmissverständlich klarmachte, dass sie die Masse ihres Staatsvolkes nicht mehr hinter sich hatten. Unbehelligt strömte die Menschenmenge nach dem Gottesdienst in der Nikolaikirche zum Bahnhof und von dort über den Ring, um den allwöchentlichen Demonstrationsmarsch durchzuführen. Sprechchöre wurden laut. Die Teilnehmer riefen Losungen wie »Wir sind das Volk«, »Wir sind keine Rowdies« und »Keine Gewalt«. Auf dem Weg zum Neuen Rathaus wurden Unentschlossene und Ängstliche, die scheu am Rande der Straße standen, miteinbezogen: »Schließt euch an!«

Die Aufrufe des Protestzugs waren nicht die einzigen, die an diesem Tag erschollen. Aus den Lautsprechern des Stadtfunks krächzte immer wieder der Aufruf der Leipziger Sechs und forderte Demonstranten und Ordnungskräfte zur Einhaltung der Gewaltlosigkeit auf: Der Leipziger Gewandhauskapellmeister Kurt Masur, Pfarrer Dr. Peter Zimmermann, der Kabarettist Bernd-Lutz Lange und die Sekretäre der SED-Bezirksleitung Dr. Kurt Meyer, Jochen Pommert und Dr. Roland Wötzel versuchten, beruhigend auf die Lage einzuwirken:

Unsere gemeinsame Sorge und Verantwortung haben uns heute zusammengeführt. Wir sind von der Entwicklung in unserer Stadt betroffen und suchen nach einer Lösung.

REVOLUTION AM MONTAG

Wir alle brauchen einen freien Meinungsaustausch über die Weiter-
führung des Sozialismus in unserem Land.
Deshalb versprechen die Genannten allen Bürgern, ihre ganze Kraft
und Autorität dafür einzusetzen, dass dieser Dialog nicht nur im
Bezirk Leipzig, sondern auch mit unserer Regierung geführt wird.
Wir bitten Sie dringend um Besonnenheit, damit der friedliche Dia-
log möglich wird.

Der Aufruf wurde mit stürmischem Beifall aufgenommen. Dann wurde es für die Demonstranten gefährlich: An der Fuß-gängerbrücke drohte zum ersten Mal Lebensgefahr, die allerdings nicht von der Staatsmacht, sondern von den Zuschauern und Demonstranten selbst ausging. Hunderte von Zuschauern, die neugierig am Brückenrand verweilten, brachten zusammen mit dem gewaltigen Demonstrationszug fast die Brücke zum Einsturz. Dank der umsichtigen Losung, sich den Demonstranten anzuschließen, konnte die Situation entspannt und die Brücke entlastet werden.

Dann, kurz hinter dieser Brücke, einige Meter vor dem Hauptgebäude des Sicherheitsdienstes, lauerte die nächste Gefahr, und der Zug kam ins Stocken. Die Vertreter des Neuen Forums verzagten angesichts der massiven Sicherheitskräfte, die die Volksmasse bis an die Zähne bewaffnet an jenem Kontrollpunkt erwarteten. Vergeblich mühte sich die Spitze, den Demonstrantenstrom in eine andere Richtung zu lenken. Die Trägheit der Masse siegte über die Angst, der Zug zog unbeirrt und unbehelligt von der Polizei weiter über den Stadtring. Langsam wich die Furcht dem Gefühl, einen wichtigen Sieg errungen zu haben. Als die Demonstranten Leipzig einmal umrundet hatten und wieder am Karl-Marx-Platz angekommen waren, löste sich der Protestzug langsam auf. Die ausgestandene Todesangst wich einem Hochgefühl der Erleichterung. Dass auch den Mitgliedern der Kampfgruppen nicht wohl bei der ganzen Sache gewesen war, merkten die Demonstranten, die mit den am Schwanenteich zwischen Karl-Marx-Platz und

Oper in Stellung gegangenen Kampfgruppenangehörigen diskutierten. Um 18.30 Uhr konnte endgültig Entwarnung gegeben werden. Die meisten Sicherheitskräfte hatten sich plötzlich zurückgezogen.

Damit waren das »Wunder von Leipzig« und der Sieg der gewaltlosen Revolution fast perfekt. Jetzt wusste jeder, dass es möglich war, das bestehende System allein durch die schiere Masse an Protestierenden in die Knie zu zwingen und dialogbereit zu machen. Dem Ruf »Wir sind das Volk!« sollten immer mehr Menschen folgen. Allein in Leipzig wuchsen die Teilnehmerzahlen an den Montagsdemos bis zum 6. November ständig, danach pegelten sie sich bei etwa 200 000 ein.

Was aber war der Grund dafür gewesen, dass die ansonsten nicht zimperliche SED-Führung an diesem Tag vom bewaffneten Einsatz der Polizei Abstand nahm und die Demonstration zuließ, die ihr Schicksal besiegeln sollte? Ihre Führungsschwäche oder eine unvorhergesehene Menschlichkeit, das Leben vieler Tausender nicht zu gefährden? Warum zögerte Krenz, der den kranken Honecker vertrat? War es der Aufruf der Sechs? Oder die gigantische Zahl der »Helden von Leipzig«? Wahrscheinlich Letzteres.

DER DIALOG UND DIE SIEBEN GEISSLEIN

Auch wenn von heute aus rückblickend der 9. Oktober als entscheidender Wendepunkt der sanften Revolution von 1989 gilt, war die Reformbewegung noch lange nicht am Ziel ihrer Wünsche. Evangelische Kirche wie Bürgerrechtsbewegungen wollten eine demokratische Reform des Sozialismus, hatten aber in den bisherigen Demonstrationen nur das Recht der Versammlungsfreiheit und der freien Meinungsäußerung auf der Straße erkämpft. Noch regierte Honecker, noch saß die SED an den Schaltstellen der Macht. Wie sich schon bald zeigen sollte, dachte sie auch nicht so schnell daran, diese aufzugeben. Die einzige Revolution, die in diesem Oktober stattfand, war eine Palastrevolution. Angesichts des geballten Unmuts der Volksmassen brauchte die SED rasch ein Bauernopfer, und ein solches fand der Kreis der jüngeren Parteikader um Günter Schabowski, Hans Modrow und Egon Krenz im kranken Mann von der Spree, Erich Honecker. In einer Sitzung des Politbüros wurde Honecker nach kurzer Beratschlagung ausgerechnet von seinem Kronprinzen Egon Krenz abserviert, der sich in Windeseile darum bemühte, ein glaubwürdiges Reformkabinett auf die Beine zu stellen, das in der Lage wäre, den demonstrierenden Massen eine glaubwürdige Wende zu suggerieren. Folgerichtig entmachtete das Politbüro nicht nur Honecker, sondern auch seine treuesten Gefolgsleute. Fügsam folgten der verdutzte Sekretär des ZK für Wirtschaft Günter Mittag genauso wie der Sekretär des ZK der SED Joachim Herrmann dem gestürzten Machthaber, der mit den warnenden Worten »Ein anderer wird euch auch nicht helfen« von der politischen Bühne abtrat.

Der Sturz Honeckers am 18. Oktober 1989 verschaffte der SED etwas Zeit, sich programmatisch umzuorientieren, brachte aber außer hehren Erklärungen keine greifbaren Ergebnisse. Mit Egon Krenz war ausgerechnet der Mann an die Regierungsspitze berufen worden, der als Leiter der zentralen Wahlkommission die Fälschungen bei den Kommunalwahlen zu verantworten hatte. Auch aus einem anderen Grund war Krenz' Besetzung denkbar ungeeignet, bei Opposition und Bevölkerung neues Vertrauen in die Regierung zu wecken. Jeder wusste noch ganz genau, dass der einstige Kronprinz Honeckers das Massaker auf dem Platz des Himmlischen Friedens in Peking aus tiefstem Herzen gutgeheißen hatte. Wie würde so jemand mit den Oppositionsgruppen im eigenen Lande verfahren? Die Zeichen standen auf Sturm, nicht auf Reform, auch wenn Egon Krenz eine Hinwendung zur Perestroika – daraus wurde die sogenannte »Wende« – versprach und so tat, als sei er aufrichtig an einem Dialog mit der unzufriedenen Bevölkerung interessiert. Gleichzeitig versuchte der Generalsekretär der SED, in die Offensive zu gehen und einen Trennstrich zwischen der unzufriedenen Bevölkerung und den oppositionellen Bürgerrechtsbewegungen zu ziehen:

Wir übersehen gleichzeitig nicht, dass die Gegner des Sozialismus – die äußeren wie die inneren – verstärkt versuchen, daraus Vorteile für sich zu ziehen. Sie wittern Morgenluft und setzen darauf – ohne das Risiko offener Aggression –, die DDR in kapitalistische Verhältnisse zu »reformieren«.

Auch sonst zeigte sich Krenz markig. Von seiner Partei forderte er die Rückeroberung der Straße und den Dialog mit Kirche und Bevölkerung, um die Massen von der Teilnahme an den Protestzügen wegzubekommen. Krenz wollte die Menschen auf das Terrain locken, auf dem die SED mithilfe der Stasi wie gewohnt ihre Schlachten schlug: auf das der Sitzungssäle. Doch daraus wurde nichts.

Für die Opposition war der Nachfolger Honeckers diskreditiert, und sie hielt ihm seine befleckte Vergangenheit vor; die DDR-Bürger durchschauten die Lügen der SED und das Gefasel von Perestroika. Ein Pamphlet, das Oppositionellen zugespielt wurde, machte klar, dass die Massenkundgebungen die SED nur vorübergehend an den Verhandlungtisch gezwungen hatten. So hieß es beispielsweise in ihm: »Die Autoren dieses ›Neuen Forums‹ betreiben das Geschäft der Feinde des Sozialismus.«

Die SED erwies sich als unverbesserlich und versuchte sich zu stabilisieren, indem sie den engen Dialog zur Kirche suchte, was ihr auch zeitweise gelang. Wo er konnte, präsentierte sich Krenz als neuer starker Mann, als den Retter, den die Partei so dringend brauchte. Seine Wahl zeigt das Ausmaß des Realitätsverlustes innerhalb der SED. Ausgerechnet jener Mann, der seit Jahren als designierter Nachfolger Honeckers galt und noch im Juni das Massaker am Platz des Himmlischen Friedens in Peking aus ganzem Herzen gutgeheißen hatte, mimte urplötzlich den aufgeklärten Reformer? Das war nicht glaubwürdig. Sofort nach seiner Wahl zum Staatsratsvorsitzenden am 24. Oktober kam es zu Massenaufläufen von 20 000 Menschen, die gegen Krenz' Wahl protestierten und sich über seine »Wende« lustig machten: »Wir sind keine Fans von Egon Krenz!«, »Ohne Geld in den Westen – Egon, du hältst uns zum besten«. Am genauesten beschrieb folgender Plakatspruch das Gefühl vieler, wenn Egon Krenz wieder einmal die deutsch-demokratische Perestroika im eigenen Land propagiert hatte: »Vergesst die sieben Geißlein nicht, wenn Egon von Reformen spricht«.

Die Warnung wurde befolgt. Gegendemonstrationen vereitelten die Parteiaufläufe der SED, ihre rhetorisch schlechten Redner unterlagen reihenweise auf den Massenkundgebungen und erreichten das Staatsvolk nicht mehr, ja wurden ausgebuht und ausgepfiffen. Die Politik, die Volksmasse von der Straße zu holen und sie im Sinne der Partei zu manipulieren, scheiterte kläglich. Stasi-Mitarbeiter mussten sogar mitansehen, wie einige Parteimitglieder den Rednern der Gegenseite applaudierten. Trotz anhaltender Bedrohung durch Stasi, Sicherheitskräfte und Kampfgruppen gingen die Menschen weiterhin, und dies in noch verstärkterem Maße als am 9. Oktober, auf die Straße, um zu demonstrieren. Slogans wie »SED – das tut weh«, »SED-Führungssucht treibt unser Volk in die Flucht«, »SED – Hochmut kommt vor dem Fall« und »SED – Ade!« zeigten nur allzu deutlich, wie groß die Entfremdung zwischen Partei und Volk schon gediehen war. So wie Krenz persönlich scheiterte auch seine Politik des Dialogs.

Der Todesstoß für die Partei erfolgte innerhalb weniger Tage. Am 31. Oktober erfuhr Krenz, dass die DDR fast zahlungsunfähig war und äußere Verschuldung gegenüber dem Westen 49 Milliarden, die innere 123 Milliarden Mark betrug. Dies hieß für Krenz: Kredite mussten her – und zwar schnell, wollte er seinem ohnehin schon darbenden Staatsvolk nicht absolute Enthaltsamkeit verordnen. Krenz fackelte nicht lange und tat das, was DDR-Politiker in der vierzigjährigen Existenz des Arbeiter- und Bauernstaates immer machten, wenn sie in Not gerieten oder nicht mehr weiterwussten: Er flog in die UdSSR.

Am 1. November machte Krenz seinen Antrittsbesuch bei Gorbatschow, um ihn um politische und materielle Hilfe zu bitten. Wie schon bei Honecker lautete die Antwort »Nein«. Stattdessen gab der Erfinder der Perestroika Krenz den Rat, der Bevölkerung in aller Offenheit die desolate Lage zu erläutern. Eine Angst nahm Gorbatschow Krenz – er versicherte ihm, dass für die UdSSR eine Wiedervereinigung beider deutscher Staaten nicht infrage käme. Dies tröstete den geplagten DDR-Chef wenig, vorerst hatte er andere Sorgen.

Beunruhigt reiste Krenz aus Moskau ab und beauftragte, kaum dass er in Ostberlin gelandet war, am 6. November den Leiter des Bereichs Kommerzielle Koordinierung, Alexander Schalck-Golodkowski, mit der heiklen Mission, schnellstmöglich einen Kredit in Höhe von 13 Milliarden Mark von Bonn zu erbitten. Zur Überraschung des DDR-Unterhändlers ließ sich die Kohl-Regierung darauf ein, stellte aber dem SED-Regime für die finanziellen Hilfen geradezu existenzgefährdende Bedingungen:

Wir wollen nicht unhaltbare Zustände stabilisieren. Aber wir sind zu umfassender Hilfe bereit, wenn eine grundlegende Reform der politischen Verhältnisse in der DDR verbindlich festgelegt wird. Die SED muss auf ihr Machtmonopol verzichten und muss freie Wahlen und damit die freie Zulassung von Parteien verbindlich zusichern. Unter dieser Voraussetzung bin ich auch bereit, über eine neue Dimension unserer wirtschaftlichen Hilfe zu sprechen. Dabei ist auch klar, dass ohne eine grundlegende Reform des gesamten Wirtschaftssystems, den Abbau bürokratischer Planwirtschaft und den Aufbau einer marktwirtschaftlichen Ordnung jede wirtschaftliche Hilfe letztlich vergeblich bleiben wird.

Einen grundlegenden politischen und wirtschaftlichen Wandel in der DDR zu fördern ist unsere nationale Aufgabe. [1]

De facto verlangte die Bundesregierung mit dieser Bedingung von der herrschenden SED-Parteiclique, ihr eigenes politisches Todesurteil zu unterschreiben. Mit dieser Rede hatte Bundeskanzler Kohl die Reformkräfte jenseits des Eisernen Vorhangs anerkannt und der SED-Führung die Daumenschrauben angelegt. Ab jetzt griff Bonn massiv in die Innenpolitik Ostberlins ein und beschleunigte den Reformkurs mittels massiver finanzieller Zuwendungen bis zur Wiedervereinigung. Aber trotz dieser geschickten Politik waren es wieder einmal die Volksmassen, die die Dynamik der Ereignisse vorantrieben.

Schon zwei Tage zuvor war es am 4. November in Ostberlin zur größten Demonstration in der Geschichte der DDR gekommen: 500 000 Menschen hatten auf dem Alexanderplatz für freie Wahlen, Presse- und Meinungsfreiheit und Demokratie protestiert, was auf Krenz vernichtend gewirkt haben musste. Am 8. November inszenierte er die Anerkennung des Faktischen und ließ das Neue Forum als Partei zu. Auch innerhalb der SED propagierte er Erneuerung und holte im bescheidenen Rahmen neue Führungskader ins Politbüro. Als wichtigste Personalentscheidung sollte sich die Wahl von Hans Modrow, dem Ersten Sekretär der Bezirksleitung der SED in Dresden, herausstellen. Modrow wurde vom Politbüro zum Ministerpräsidenten nominiert und trat sein Amt am 13. November 1989 an.

Dann kam der schicksalsträchtige 9. November und das berühmte Missverständnis, das die Volkspolizei »ab sofort« nötigte, die Grenze für Ausreisewillige zu öffnen, die entweder über einen Reisepass verfügten oder ein Visum für die ständige Ausreise beantragten, was sich hinsichtlich der auf die Grenzposten einstürmenden Menschenmassen bald als

---

[1] Erhart Neubert, *Unsere Revolution*, S. 210.

undurchführbar erwies. Die Mauer fiel und damit das ganze System. Der Riss des Eisernen Vorhangs zog das endgültige Ende des SED-Regimes nach sich. Am 10. November passierten Hunderttausende die Grenzen, am 1. Dezember strich die Volkskammer die Führungsrolle der SED aus der Verfassung; am 3. Dezember traten das ZK und das Politbüro der SED zurück. Am selben Tag schloss die Partei Honecker, Sindermann, Stoph und Mielke aus der Partei aus, andere führende Mitglieder der SED wie Günter Mittag wurden verhaftet. Schlag auf Schlag ging es weiter: Am 5. Dezember verlor Egon Krenz alle Parteiämter, einen Tag später wurde Erich Honecker unter Arrest gestellt. Und dann kam der Tag, an dem der Sieg der sanften Revolution für jedermann sichtbar wurde: Unter kirchlicher Schirmherrschaft fanden sich am 7. Dezember zum ersten Mal in der DDR-Geschichte Vertreter der oppositionellen Bürgerbewegungen und der Übergangsregierung Modrow am »Runden Tisch«[1] zusammen. Der Rest ist bekannt.

Dies alles wäre nicht möglich gewesen ohne die mutige Bereitschaft Hunderttausender, für mehr Gleichberechtigung und Freiheit auf die Straße zu gehen und sich gegen eine mörderische Regierung aufzulehnen. Während des Herbstes 1989 hatte sich durch einen immer stärker werdenden Zulauf der Bevölkerung eine spontane Revolution entwickelt, die nicht mehr zu bremsen war und der hohen Politik den Lauf der Dinge diktierte.

---

[1] Der »Runde Tisch« verstand sich als Organ der öffentlichen Kontrolle im Land. Nach anfänglichem Zögern akzeptierte die Regierung Modrow den Runden Tisch und stimmte wichtige Entscheidungen mit ihm ab. Nach dem Vorbild des zentralen Runden Tisches bildeten sich Runde Tische mit analogen Aufgaben überall in der DDR.

REVOLUTION AM MONTAG

LITERATUR

Glaeßner, Gert-Joachim: *Eine Deutsche Revolution* (Berliner Schriften zur Politik und Gesellschaft, Band 4), Lang, Frankfurt/Main 2001

Kowalczuk, Ilko-Sascha: *Endspiel – Die Revolution von 1989 in der DDR*, Beck, München 2009

Neubert, Ehrhart: *Unsere Revolution – Die Geschichte der Jahre 1989/90*, Piper, München 2008

Opp, Karl-Dieter: *Die volkseigene Revolution*, Klett-Cotta, Stuttgart 1993

Sievers, Hans-Jürgen: *Stundenbuch einer deutschen Revolution – Die Leipziger Kirchen im Oktober 1989*, G2W, Zollikon 1990

Wettig, Gerhart: *Das Ende der DDR 1989/1990 – Ergebnis eines geschichtlichen Zufalls?*, Bundesinstitut für ostwissenschaftliche und internationale Studien, Köln 1994

NACHWORT

Nur wenige Autoren der Nachkriegszeit widmeten deutschen Aufständen Überblicksdarstellungen und untersuchten sie hinsichtlich ihrer übereinstimmenden Merkmale und Unterschiede. Angesichts der überbordenden Faktenlage möchte ich an dieser Stelle noch einmal in einer Art Vogelschau die wichtigsten Punkte zusammenfassen.

Die Heerscharen des Arminius, die Sachsenaufgebote Widukinds und die wilden Slawenkrieger der Liutizen kämpften verzweifelt um ihre kulturelle Identität und ethnische Unabhängigkeit. Wirtschaftliche Faktoren spielten sicher eine große Rolle, waren aber nicht das hauptsächliche Motiv dieser Freiheitskämpfe. Stand bei Arminius der Widerstand gegen die Grausamkeit römischer Rechtsprechung und die Praxis der Tributeintreibung im Vordergrund, dominierten bei Widukind und den Liutizen vor allem der Kampf gegen Zwangschristianisierung und die Einführung fränkischer beziehungsweise ottonischer Rechtsprechung.

Begünstigt wurden alle drei Aufstandsbewegungen durch das fast identische Verhalten der Besatzer, gegen die sie sich richteten. Ohne Rücksicht auf die kulturellen Eigenheiten der unterworfenen Völker versuchten sie auf brutale Weise, den Geschlagenen nicht nur Tributzahlungen aufzubürden, sondern auch massiv und oft übereilt in deren alte Rechtstraditionen und Glaubensüberlieferungen einzugreifen.

Die Einführung des fränkischen beziehungsweise ottonischen Rechtssystems bedeutete nicht nur einen massiven Bruch alter Traditionen, sie beinhaltete auch die Entmachtung lokaler Autoritäten und eine Zentrierung der Macht in den einzelnen Regionen. Zwingburgen und städtische Siedlungen entstanden, Kirchen wurden gebaut, der Zehnt eingetrieben. Dies zog eine stärkere Effizienz der Verwaltung nach sich, was nichts anderes hieß, als dass die neuen Machthaber bestrebt waren, die Steuereintreibung konsequent und flächendeckend durchzuführen. Hinzu kam – wie im Falle der ottonischen Ostexpansion – der Wechsel der Macht- und Besitzverhältnisse im eroberten Land. Dieser betraf besonders den alteingesessenen Adel, sofern er sich nicht gütlich mit den Besatzern arrangiert hatte, was meist der Fall war. Weiterhin ausschlaggebend war der persönliche Umgang der Besatzer mit den Unterworfenen. Auch hier ist festzuhalten, dass vonseiten der Römer, der fränkischen und ottonischen Feudalherren im Bewusstsein ihrer eigenen kulturellen Überlegenheit große Fehler begangen wurden. Die Besatzer gebärdeten sich als Herrenmenschen und hatten für die Sitten und Gebräuche der einheimischen Bevölkerung meist nur Verachtung übrig. Die gedemütigten Unterworfenen wiederum sannen auf Rache, studierten die Gewohnheiten der Unterdrücker, nur um sie später desto grausamer vernichten zu können.

Alle drei Aufstände sind dadurch gekennzeichnet, dass ihre Träger militärisch geschlagen und politisch stark geschwächt waren, sodass die Sieger ihre Widerstandskraft als zu gering veranschlagten. Arroganz, Leichtsinn, Hab- und Landgier begünstigten die Erhebungen, die in den ersten Aufstandsphasen derartig erfolgreich waren, dass sie den Charakter von Unabhängigkeitskriegen annahmen, aus denen Arminius und die Liutizen als Sieger hervorgingen, Widukind hingegen als Verlierer.

Den weiteren in diesem Buch geschilderten Rebellionen und Revolutionen von 1525 bis 1848 ist eines gemeinsam: In allen Auseinandersetzungen ging es um die Wiederherstellung älterer Rechtsverhältnisse, die Beseitigung unerträglicher wirtschaftlicher Bedrückungen und aufoktroyierter Rechtszustände. Im thüringischen Bauernaufstand unter Führung Müntzers stand die Wiederherstellung der göttlichen Ordnung im

Vordergrund; beim Fettmilch-Aufstand, der letztendlich zur Revolution wurde, dominierte anfangs die Forderung nach Einsicht in die verbrieften Privilegien der alten Reichsstadt Frankfurt, um mit ihrer Hilfe den Kampf gegen die korrupte Stadtregierung zu wagen. Auch beim bayrischen Volksaufstand war der konservative Wunsch nach Wiederherstellung einstiger Rechtsverhältnisse vorherrschend, auch wenn der Widerstand gegen die Rekrutenaushebungen den Anlass für die Erhebung darstellte. Selbst bei den Webern 1844 lässt sich die Sehnsucht nach den geordneten und gerechten Lohnverhältnissen einer krisenfreien Zeit feststellen.

Erst ab 1848 beginnen deutsche Oppositionelle, die Umgestaltung der deutschen Gesellschaft mittels einer revolutionären Bewegung anzustreben. Trotz erster Anfangserfolge zeigte sich 1848/49 recht bald die Zerrissenheit des demokratischen Lagers und die Schwäche der deutschen Revolutionäre. Zu sehr überwogen noch die Skrupel, alte Machtstrukturen konsequent zu beseitigen und neue aufzubauen. Außerdem lähmten die Revolutionäre ihr politisches Ziel: ihr Streben nach Freiheit, das eng mit dem Kampf um die Einheit Deutschlands verbunden war. Dieses Ziel in die Tat umzusetzen, erwies sich 1848 ohne die Autorität einer starken Zentralmacht als unmöglich. Nach und nach rieben sie sich in parlamentarischen Flügelkämpfen auf, während die Kräfte der Gegenrevolution wiedererstarkten und die Erhebung blutig niederschlugen.

Ein Jahr nach dem Scheitern der Revolution zog ein Deutscher die Konsequenzen aus den Fehlern von 1848/49: Friedrich Engels, der selbst an den Kämpfen der Reichsverfassungskampagne 1849 teilgenommen hatte. Mit deutscher Genauigkeit und aller Entschiedenheit brachte er auf den Punkt, worauf es bei einem Aufstand ankommt:

Nun ist der Aufstand eine Kunst, genau wie der Krieg oder irgendeine andere Kunst, und gewissen Regeln unterworfen, deren Vernachlässigung zum Verderben der Partei führt, die sich ihrer schuldig macht. Diese Regeln, logische Schlussfolgerungen aus dem Wesen der Parteien und der Verhältnisse, mit denen man in einem solchen Falle zu tun hat, sind so klar und einfach, dass die kurze Erfahrung von 1848 die Deutschen ziemlich bekannt mit ihnen gemacht hat. Erstens darf man nie mit dem Aufstand spielen, wenn man nicht fest entschlossen ist, alle Konsequenzen des Spiels auf sich zu nehmen. Der Aufstand ist eine Rechnung mit höchst unbestimmten Größen, deren Werte sich jeden Tag ändern können; die Kräfte des Gegners haben alle Vorteile der Organisation, der Disziplin und der hergebrachten Autorität auf ihrer Seite; kann man ihnen nicht mit starker Überlegenheit entgegentreten, so ist man geschlagen und vernichtet. Zweitens, hat man einmal den Weg des Aufstands beschritten, so handele man mit der größten Entschlossenheit und ergreife die Offensive. Die Defensive ist der Tod jedes bewaffneten Aufstands; er ist verloren, noch bevor er sich mit dem Feinde gemessen hat. Überrasche deinen Gegner, solange seine Kräfte zerstreut sind, sorge täglich für neue, wenn auch noch so kleine Erfolge; erhalte dir das moralische Übergewicht, das der Anfangserfolg der Erhebung dir verschafft hat; ziehe so die schwankenden Elemente auf deine Seite, die immer dem stärksten Antrieb folgen und sich immer auf die sichere Seite schlagen; zwinge deine Feinde zum Rückzug, noch ehe sie ihre Kräfte gegen dich sammeln können; um mit den Worten Dantons, des größten bisher bekannten Meisters revolutionärer Taktik zu sprechen: de l'audace, de l'audace, encore de l'audace!

Diese Kühnheit (*l'audace*) und Konsequenz in der Durchführung eines Aufstandes zeigten deutsche Matrosen und Arbeiter während der Novemberrevolution von 1918, indem sie sich – abgesehen von Kiel – nicht auf taktische Hinhaltemanöver ihrer Feinde einließen, sondern in Eigenregie die Revolution verbreiteten. Dass die Errungenschaften dieser Revolution verraten wurden, lag an dem perfiden Pakt Eberts mit den Militärs sowie an der Zerrissenheit der Linken. Trotzdem war erst ein Bürgerkrieg nötig, um die Machtfrage in Deutschland vorerst für die nationalkonservativen Kräfte Deutschlands zu entscheiden.

1953 und 1989 blickte die globale Öffentlichkeit erneut auf Deutschland, als zwei Volkserhebungen nicht nur die DDR, sondern auch die Welt erschütterten. Während die Revolution von 1953 sich gegen den altstalinistischen Terror des Ulbricht-Regimes auflehnte und ihre politischen Ziele vorwiegend durch Streikaktionen, notfalls unter Anwendung von Gewalt, zu erreichen suchte, übte die sanfte Revolution von 1989 sich im passiven Widerstand gegen die Staatsmacht. Die Initiatoren des Volksaufstands von 1953 waren Bau- und Industriearbeiter gewesen, die nach und nach Angestellte, Gewerbetreibende, Bauern und viele Jugendliche mit sich rissen, Intellektuelle und Studenten jedoch nicht für ihre spontane Straßenrevolution gewinnen konnten.

1989 verhielt es sich genau umgekehrt. Hier übernahmen anfangs christliche Bürgerrechtsbewegungen die Führungsrolle, während die große Masse der arbeitenden Bevölkerung erst nach und nach zu den Protestierenden stieß, um die verkrustete Parteioligarchie aufzubrechen und das SED-Regime zu zerschlagen.

Obwohl beide Volkserhebungen sich in Methoden und Führung unterschieden, waren ihre politischen Ziele identisch: Reisefreiheit, wirtschaftliche Reformen, Demokratisierung und Sturz der kommunistischen Machthaber.

Dass dies 1989 gelang, lag entgegen der Legende nicht am Prinzip der Gewaltlosigkeit des Protests. Der eigentliche Unterschied bestand in der weltpolitischen Situation und der Haltung der Sowjetunion zu den sich anbahnenden gesellschaftlichen Umwälzungen in der DDR. Während Moskau den Volksaufstand von 1953 mit Panzern und einer Armee von 500 000 Soldaten nach nur wenigen Tagen erstickte, duldete es 1989 nicht nur den Sturz der Honecker-Regierung, sondern auch die Entmachtung der SED und im Folgejahr sogar die deutsche Wiedervereinigung.

Mit der siegreichen Revolution von 1989 endete eine Kette von Aufständen. Möge die Erkenntnis ihres Wertes endlich bei den Deutschen und auch im Ausland die Überzeugung untermauern, die der Berliner Bürgermeister Ernst Reuter am 18. Juni 1953 äußerte – nur einen Tag nach dem Volksaufstand:

Die Welt möge begreifen, [...] dass die Deutschen ein Volk sind, das den Wert der Freiheit kennt, und dass die Deutschen ein Volk sind, das für die Freiheit sich einsetzt.

PERSONENVERZEICHNIS